# (UN)BERECHENBAR?

# ALGORITHMEN UND AUTOMATISIERUNG IN STAAT UND GESELLSCHAFT

# IMPRESSUM

**Herausgeber:**
Resa Mohabbat Kar, Basanta Thapa, Peter Parycek
Kompetenzzentrum Öffentliche IT (ÖFIT)
Fraunhofer-Institut für Offene Kommunikationssysteme FOKUS
Kaiserin-Augusta-Allee 31, 10589 Berlin

**Kontakt:**
Resa Mohabbat Kar, Basanta Thapa
Kompetenzzentrum Öffentliche IT
Telefon: +49-30-3463-7173
Telefax: +49-30-3463-99-7173
info@oeffentliche-it.de
www.oeffentliche-it.de
www.fokus.fraunhofer.de

1. Auflage Juni 2018

ISBN: 978-3-9818892-5-3

**Empfohlene Zitierweise:**
Mohabbat Kar, Resa, Thapa, Basanta E.P., Parycek, Peter (Hg.) 2018.
»(Un)Berechenbar? Algorithmen und Automatisierung in Staat und
Gesellschaft« Berlin: Kompetenzzentrum Öffentliche IT

**Bildnachweise:**
Umschlag: Kunst von Algorithmen basierend auf: Substrate Watercolor,
j.tarbell, June, 2004, Albuquerque, New Mexico, complexification.net

**Gestaltung:**
Basanta Thapa, Reiko Kammer

# INHALT

## Herausforderungen von Algorithmen in Politik und Verwaltung

## Herausforderungen von Algorithmen in medialen Öffentlichkeiten

## Handlungsempfehlungen aus der Wissenschaft

## Positionen aus der Politik

# Berechnen, ermöglichen, verhindern: Algorithmen als Ordnungs- und Steuerungsinstrumente in der digitalen Gesellschaft

Resa Mohabbat Kar & Peter Parycek

Kompetenzzentrum Öffentliche IT, Fraunhofer-Institut für offene Kommunikationssysteme, Berlin

> *»Algorithm = Logic + Control«*
> Robert Kowalski, 1979

## 1.    Einleitung

Während diese Zeilen verfasst werden, geben zwei aktuell laufende gesellschaftliche und politische Initiativen einen Eindruck von den ganz praktischen Dimensionen des Themenfeldes, welches der vorliegende Band beleuchten soll. Im Rahmen des Projekts »Open Schufa« versuchen zivilgesellschaftliche Akteure gegenwärtig, den »Schufa-Code zu knacken«, also eine Nachvollziehbarkeit der algorithmischen Berechnungen herzustellen, mit denen die Auskunftei die Bonität bzw. das Kreditausfallrisiko von Individuen kalkuliert.[1] Parallel dazu laufen in Brüssel Verhandlungen über die EU-weite Einführung von sogenannten »intelligenten Upload-Filtern«, mit

---

[1]    Open Knowledge Foundation Deutschland, 2018

denen Online-Plattformen automatisiert urheberrechtlich geschützte Inhalte erkennen und ihre Verbreitung verhindern sollen.[2] Bereits in Anwendung befinden sich Upload-Filter zur automatisierten Identifikation und Löschung von Inhalten, die private IT-Unternehmen als »Terrorpropaganda« oder »extremistisch« markiert haben.[3]

Während die »intelligenten Upload-Filter« die Zirkulation von Informationen in den Infrastrukturen der digital vernetzten Gesellschaft algorithmisch regulieren sollen, ruft uns die »Open Schufa«-Initiative unter anderem in Erinnerung, dass, in einer »Risikogesellschaft«[4], der Teilnahme am Wirtschaftsleben *Berechnungen* vorgeschaltet sind. Diese Berechnungen sollen die Risiken für die am Wirtschaftsverkehr Beteiligten kalkulieren und verteilen. Das zivilgesellschaftliche Bedürfnis, diese Berechnungen – wenn auch nur in ihren wesentlichen Rechenoperationen – nachvollziehen zu können, erscheint einleuchtend: Mit der Entscheidung über die Teilnahme am Wirtschaftsleben entscheiden diese Rechenoperationen auch über die Möglichkeiten für gesellschaftliche Teilhabe.

Die beiden Fallbeispiele werfen lediglich exemplarische Schlaglichter auf die »algorithmische Revolution«[5], also auf die Berechenbarkeit der digitalisierten, in Nullen und Einsen übersetzten Erfahrungswelt. Die aktuelle kritische Beschäftigung mit algorithmischen Bewertungs- und Entscheidungssystemen ist insofern bemerkenswert, als dass die algorithmische Revolution zu großen Teilen bereits hinter uns liegt, also – beflügelt durch Universalrechner und

---

[2]  siehe Heldt (2018) in diesem Band
[3]  EU-Kommission, 2017
[4]  Beck, 1986.
[5]  Nake, 2016.

Computerprogrammierung – Entwicklungen nicht nur in Finanzwesen, Management, Technik und Kommunikation, sondern auch in Architektur, Kunst und Musik schon über Jahrzehnte fundamental geprägt hat. Es gibt kaum eine Kulturtechnik, bei der die Sequenzierungstechnik Entscheidungsprozeduren nicht berechenbar und somit zumindest in Teilen automatisierbar gemacht hat. Wie erklärt sich also die nun aufkeimende Faszination für Algorithmen, die nicht nur eine technisch-wissenschaftliche, sondern eben eine allgemeine Faszination zu sein scheint?

Auf dem Weg in das »Datenzeitalter« erkennen wir digitale Algorithmen als notwendiges Instrumentarium, um das exponentielle Wachstum an Daten bewältigen zu können, also überhaupt handhabbar, navigierbar, verwaltbar zu machen. Über diese Notwendigkeit hinaus wird bei genauerer Betrachtung deutlich, dass es nicht lediglich das absolute Mehr an Daten ist, das transformativ auf Gesellschaften wirkt. Unter den Bedingungen des »Datenreichtums« richtet sich unsere Aufmerksamkeit zunehmend auch auf die Werkzeuge der Datenverarbeitung und -veredelung, die wir nicht mehr ausschließlich als technische Artefakte, sondern immer mehr auch als Methoden der Erkenntnisgewinnung betrachten und somit kritisch prüfen möchten. Der Verweis darauf, dass sich mit Big Data und künstlicher Intelligenz der Zugang zu Erkenntnissen öffnet, die bisher schlicht außerhalb unserer Reichweite lagen, ist eben auch ein Verweis auf die Potenz digitaler Algorithmen.

Schließlich haben durch das Internet und digitale Technologien ausgelöste, grenzüberschreitende digitale und soziale Vernetzungsprozesse, *information overflow* und das Auseinanderfallen massenmedialer Öffentlichkeiten in fragmentierte Teilöffentlichkeiten zu enormen gesellschaftlichen Komplexitätssteigerungen geführt. Zur gleichen Zeit scheinen politische Institutionen und ältere soziale Ordnungssysteme an Integrationskraft und Legitimität eingebüßt zu haben.[6] Die Algorithmisierung von virtuellen und realen Räumen und Prozessen und die Organisation gesellschaftlicher Prozesse via digitale Plattformen lassen sich vor dieser Kulisse auch als Reaktion auf die Steuerungsproblematiken lesen, die mit diesen Dezentralisierungs- und Desintegrationsprozessen einhergehen. Mit ihnen scheinen organisatorische und staatliche Hoffnungen auf eine bessere Umsetzung von Ordnungs-, Sicherheits- und Kontrollbestrebungen verbunden zu sein. Unsicherheit, Komplexität und Risiken sollen so *berechenbarer* gemacht werden. Zur gleichen Zeit jedoch macht sich ein wachsendes gesellschaftliches Unbehagen bemerkbar, das im Wesentlichen auf die Diskrepanz zwischen der zunehmenden Bedeutung und Verwendung von algorithmischen Entscheidungssystemen einerseits und andererseits auf der grundsätzlichen Undurchsichtigkeit bzw. *Unsichtbarkeit* ihres Tätigseins basiert.[7]

Dieses in Umrissen dargestellte Spannungsfeld führt uns zur Thematik des vorliegenden Sammelbandes. Die Beiträge des Sammelbandes thematisieren Veränderungsprozesse von Staatlichkeit und Öffentlichkeit im Kontext der Algorithmisierung und Automatisierung von Entscheidungsverfahren und Handlungsvollzügen. Wie wirken datenbasierte Technologien, Algorithmisierung und Automatisierung auf staatliches Handeln, auf politisch-administrative Prozesse, auf Regierungspraktiken und -rationalitäten? Nach welchen Logiken entsteht Öffentlichkeit in den von algorithmischen Schaltungsprozessen strukturierten digitalen Kommunikationsräumen? Welche neuen Handlungsräume und Perspektiven eröffnen

---

[6]  Zu Krisendiagnosen der Demokratie und Legitimationsproblemen politischer Institutionen siehe z.B.: Isakhan et al., 2014; Habermas, 1973; Schäfer, 2009; Imhof, 2011; Offe, 2013; Bauman, 2000; Dahl, 1994.

[7]  Barocas et al., 2013; Brauneis et al., 2008.

10

sich für Regierungs- und Verwaltungshandeln, wie wirken datenbasierte Technologien aber auch wieder auf diese zurück? Welche politischen, demokratietheoretischen, rechtlichen und ethischen Fragestellungen ergeben sich? Diese Kernfragen werden aus der Perspektive der Verwaltungswissenschaften, der Rechtswissenschaften, der politischen Theorie, der Informatik und Gesellschaft sowie der Medien- und Kommunikationswissenschaften beleuchtet. Den einzelnen Beiträgen vorangestellt sind kurze Abstracts, die einen zusammenfassenden Überblick des jeweiligen Textes ermöglichen. Auf eine ausführliche Besprechung der einzelnen Beiträge wird daher in diesem einleitenden Editorial verzichtet.

Die Erstellung des Sammelbandes wurde angestoßen durch die gleichnamige, vom Kompetenzzentrum Öffentliche IT Ende 2017 durchgeführte wissenschaftliche Tagung, auf der das Themenfeld gemeinsam mit Gästen aus Wissenschaft und Praxis sondiert wurde.[8] Der nun vorliegende Sammelband soll einer interessierten (Fach-)Öffentlichkeit Impulse und Grundlagen liefern für eine kritische Auseinandersetzung mit algorithmischen Entscheidungssystemen und datenbasierten Technologien, die sich in Form von konkreten Anwendungen und aber auch von Rationalitäten in Gesellschaft, Politik und Wirtschaft einschreiben und diese verändern.

Dieser Band versammelt hierfür sowohl konzeptionelle Beiträge als auch praxis- bzw. anwendungsorientierte Perspektiven, die Handlungsfelder und Gestaltungsoptionen der Nutzung und Regulierung beleuchten. Ergänzt werden die wissenschaftlichen Beiträge durch Positionen aus der Politik.

---

[8]   Kompetenzzentrum Öffentliche IT, 2017

## 2. Über politische Arithmetik und Echtzeit-Datenanalyse: Technische Möglichkeitsräume des Regierens

Noch vor einer Beschäftigung mit den aktuell beobachtbaren politisch-administrativen Nutzungsformen datenbasierter Technologien und ihren gesellschaftlichen Wirkungen lohnt sich eine übergeordnete Betrachtung der engen historischen Zusammenhänge zwischen wissenschaftlich-technischem Fortschritt einerseits und Regierungshandeln andererseits. Mit Blick auf das hier zu beleuchtende Themenfeld drängt sich geradezu die Verbindung zwischen Staat und Statistik auf. Politische Arithmetik, amtliche Statistik und kalkulative Denkweisen und Verfahren wie die Wahrscheinlichkeitsrechnung sind als zentrale Regierungstechniken konstitutiv für Staatlichkeit und die Herausbildung des modernen Nationalstaates und seiner Herrschafts- und Kontrollbestrebungen.[9]

*Einerseits* entsteht mit der Etablierung der amtlichen Statistik im Laufe des 19. Jahrhunderts die grundlegende Technik zur Wissensproduktion und Verwaltungspraxis im Bürokratie- und Nationalstaat. Hier verweisen die Beiträge von Basanta Thapa, Gernot Rieder und Judith Simon in diesem Band auf das historisch gewachsene Streben nach numerischem Wissen als Grundlage staatlichen, bürokratischen Handelns. Thapa macht darauf aufmerksam, dass in den Wissensregimen und -hierarchien der europäisch geprägten politisch-administrativen Systeme quantifiziertes, technisch ausgewertetes Wissen als privilegierter Wissenstyp betrachtet wurde und wird. Auch Rieder und Simon liefern mit Ihrem Beitrag eine historische Kontextualisierung des aktuellen Big-Data-Diskurses, indem

---

[9] Zur Verbindung zwischen Staatswissenschaften, Politik und Statistik und Quantifizierungstechniken siehe: Desrosières, 2005; Schmidt, 2006

sie die Dominanz von Big Data als Wissenstyp und die damit verbundenen Werte, Normen und erkenntnistheoretische Versprechen als »eingebettet in eine langwährende historische Kultur der Messung und Quantifizierung«[10] darstellen. Automatisierungs-, Formalisierungs- und Analysetechniken wie algorithmische Entscheidungssysteme und Big Data Analytics sowie Leitbilder wie die datengetriebene Verwaltung werden so erkennbar als vorläufige Höhepunkte einer in der ersten Hälfte des 20. Jahrhunderts zunehmenden Nachfrage nach quantitativer Strenge, die durch verschiedene technische und gesellschaftspolitische Dynamiken befeuert wurde.[11]

*Andererseits* konstituiert sich mit der Etablierung der amtlichen Statistik als zentrale Wissens- und Erfassungstechnik auch das Objekt politisch-administrativen Handelns: die Bevölkerung. Mit dem statistischen Staatswissen über die Bürger[12] wurden Phänomene wie Armut, Kriminalität und Krankheit als Massenphänomene darstellbar, die Bevölkerung tritt als statistische Größe und somit als Handlungs- und Interventionsfeld politischer Praxis in Erscheinung. Mit der Mathematisierung des Bevölkerungsbegriffs ging auch die genauere Untersuchung, Klassifizierung und Kategorisierung der Bevölkerung einher. Wachsende Datenbestände und neue Möglichkeiten der Prognose ermöglichten (und verlangten geradezu) politische Interventionen. »Die ›Bevölkerung‹, relativiert, segmentiert, operationalisiert, war vom Reichtum des Staats zu einem Wissens- und Interventionsproblem geworden.«[13] Zur Erreichung politischer Ziele

---

[10]  siehe Rieder & Simon (2018) in diesem Band

[11]  ebd.

[12]  Aus Gründen der besseren Lesbarkeit wird im gesamten Sammelband verallgemeinernd das generische Maskulinum verwendet. Diese Formulierungen umfassen gleichermaßen weibliche und männliche Personen; alle sind damit selbstverständlich gleichberechtigt angesprochen.

[13]  Schmidt, 2006, S. 51

richten sich fortan die steuernden Interventionen des Staates auf die Handlungsoptionen des Einzelnen, um messbare Wirkungen auf der Ebene der Bevölkerung zu erzielen. »Regieren« im Sinne von Steuerungsinterventionen wird zur charakteristischen Form staatlichen Handelns bzw. der Machtausübung. Vor diesem Hintergrund fragt Janosik Herder in diesem Band, ob die Steuerungsleistungen, die von reichweitenstarken algorithmischen Systemen kommerzieller Akteure ausgehen, nicht auch Regierungsleistungen darstellen, die eigentlich nur demokratisch legitimierten Regierungen zustehen.

Korrespondierend zur Etablierung und Verfeinerung statistischen Wissens im 19. Jahrhundert stehen die Entwicklung und Verbreitung von Technologien der Informationsverarbeitung und -übertragung in der ersten Hälfte des 20. Jahrhunderts. Insbesondere nach dem zweiten Weltkrieg dringen mit der Verbreitung der zuvor in militärischen (Forschungs-)Kontexten genutzten digitalen Computer und mit zunehmender digitaler Vernetzung Informations- und Kommunikationstechnologien tief in die Regierungspraxis ein. Diese dienen nicht nur als *Mittel* zur Realisierung politischer Zwecksetzungen. Informationstechnische Systeme – wie Technik im Allgemeinen – ermöglichen jeweils spezifische Formen sozialer Organisation und Koordination, beeinflussen somit die Ausformung von konkreten Praktiken des Regierens und können damit auch als *Medien* des Regierungsvorgangs wirksam werden. Mit Technisierungsprozessen gehen nicht nur neue Formen der Lesbarkeit der Welt einher, es werden zugleich auch neue Handlungsräume ebenso wie Problemfelder politischen Agierens sichtbar, neue Einschränkungen ebenso wie Möglichkeiten von Regierungshandeln entstehen.[14] Durch technische Innovationen und ihre Diskurse kann Politik so »auf historisch

---

[14] Vergleiche etwa Benjamin Seibels wissenschafts- und technikhistorische Analyse kybernetischer Regierungstheorien und Regelungsmodelle der

je spezifische Weise aktualisiert werden.«[15] Ohne eine direkte Kausalität feststellen zu wollen, kann man doch eine strukturelle und zeitliche Ko-Evolution beobachten zwischen technischem Fortschritt und der Antwort auf die Frage, was der Staat zu leisten im Stande ist bzw. sein sollte.

In der Tat – bedenkt man die Anforderungen, denen Staaten im 21. Jahrhundert im Rahmen der Erledigung öffentlicher Aufgaben gegenüberstehen – lassen sich staatliches Beobachten, Planen, Entscheiden und Intervenieren nicht ohne den Einsatz von IT denken. Dabei setzen – wie bei großen Technikinnovationen üblich – die aktuellen Möglichkeiten der algorithmischen Datenverarbeitung sowie ihre wissenschaftlichen und populären Diskurse auch in der Politik »Dynamiken der Erwartung«[16] bzw. »Potenzialerwartungen«[17] in Gang, mit denen ein grundlegend neues zukünftiges Regieren antizipiert wird. Die Anwendungspotenziale der Algorithmisierung und künstlichen Intelligenz in Rechnung stellend, verweisen zahlreiche aktuelle Leitbilder und Diskurse um beispielsweise Smart City, evidenzbasierte Politik oder Smart Government auf fundamentale Erneuerungsmöglichkeiten in der demokratisch-politischen Willensbildung und Entscheidungsfindung, bzw. in der Planung und Erstellung öffentlicher Leistungen.

Mit den Beiträgen von Peter Parycek & Basanta Thapa, Ines Mergel, Jörn von Lucke, Christian Djeffal, Jan Etscheid und Benjamin Fadavian thematisieren gleich mehrere Autoren in diesem Band die so ermöglichte Erweiterung regierungstechnischer Handlungsräume

---

politischen Kybernetik, in der das Zusammenspiel von Technisierungsprozessen und Regierungsrationalitäten nachgezeichnet wird: Seibel, 2016
[15]  Seibel, 2016, S. 7
[16]  Borup, 2006
[17]  Kaminski, 2010, S. 29ff., zitiert nach Seibel, 2016, S. 7

und Steuerungsinstrumente. Die von den Autoren diskutierten Nutzungsszenarien sind im Kern vereint durch die ihnen zugrunde liegenden technischen Verfahren und Bedingungen. Diese lassen sich im Wesentlichen herunterbrechen auf die signifikante Erweiterung der verfügbaren Datengrundlage – die durch digitale Kommunikation und vernetzte Sensoren entsteht – und auf neue Möglichkeiten der Datenanalyse und maschinellen Lernens sowie daraus hervorgehende Automatisierungsprozesse, die zusammengenommen sämtliche Etappen der Entscheidungsfindung und Intervention sowohl auf politischer Ebene als auch aufseiten der Verwaltung prägen können.

Auf die Verwaltung bezogen kann sich Automatisierung sowohl auf einzelne Teilprozesse beziehen oder aber durch die Vollautomatisierung eines Verwaltungsvorgangs menschliche Bearbeiter vollständig aus dem Entscheidungsprozess herausnehmen.[18] »Insbesondere dort, wo ein hoher Standardisierungsgrad die Tätigkeit der Verwaltung ausmacht, sind Algorithmen ein mittlerweile unverzichtbares Instrument zur Sicherstellung der einfachen, zügigen und zweckmäßigen Aufgabenerledigung.«[19] Die Autoren verweisen auf Effizienzsteigerungen und den Nutzen für die Allgemeinheit, der durch algorithmische Systeme der Entscheidungsfindung und Entscheidungsunterstützung beispielsweise bei der Analyse von großen Datenmengen in der Finanz- und Steuerverwaltung, der Umweltverwaltung oder der Ordnungs- und Sicherheitsverwaltung entstehen können.

Dabei beziehen sich Datenerfassung und Datenanalyse auf die Tätigkeiten des Beobachtens der Umwelt sowie auf die Erarbeitung von

---

[18] Für einen Überblick über Automatisierungspotenziale siehe Beitrag Etscheid (2018) in diesem Band.

[19] siehe Fadavian (2018) in diesem Band

entscheidungsrelevantem Wissen. Hier sehen die genannten Autoren eine neue Qualität der Entscheidungsgrundlage geschaffen. Sowohl die Prämissen als auch die Wirkungen von Regierungshandeln sollen in einem neuen Detailgrad und in neuer Geschwindigkeit gemessen und abgebildet werden können. Dadurch eröffnen sich neue Steuerungskorridore, politische Ziele sollen angesichts von unterschiedlichen, teils konkurrierenden Lösungswegen effizienter und effektiver erreicht werden können. Hierbei zielen Datenerfassung und Datenanalyse sowohl auf das, was ist, als auch auf Zukünftiges. Für den Staat kann die vorhersagende Modellierung von Entwicklungen und Ereignissen also als Entscheidungsgrundlage dienen, um präventiv zu handeln, Politiken zu formulieren und regulativ einzugreifen. Als Entscheidungsunterstützung können hier etwa die Prognose von zukünftigen Werten (*Wie lange muss eine Maßnahme dauern, um ein politisches Ziel zu erreichen?*) oder die Schätzung von Wahrscheinlichkeiten (*Wie wahrscheinlich ist es, dass eine Maßnahme ein Ereignis herbeiführt/verhindert?*) herangezogen werden. Eine grundlegende Herausforderung und zugleich Ziel prädiktiver Verfahren und in die Zukunft gerichteter Handlungen ist, die Unsicherheiten, die sich aus der Komplexität sozialer Phänomene ergeben, auf ein akzeptables Maß zu minimieren. Bei der Formulierung von Politiken bzw. von institutionellen Handlungsentwürfen im Allgemeinen gilt es somit, Kontingenz zu bewältigen.

## 3. Berechnen, ermöglichen, verhindern, steuern: Algorithmische Techniken der Kontingenzbewältigung

Institutionelle und individuelle Entscheidungen und Handlungen beinhalten immer auch Erwartungen und Annahmen über die Zukunft bzw. über den zukünftigen Erfolg von Maßnahmen. In einem besonderen Spannungsverhältnis hierzu steht die Einsicht in die prinzipielle Offenheit und Ungewissheit möglicher Zukünfte bzw. des Sozialen, die nicht nur, aber vor allem in der Soziologie als Kontingenz ausgiebig thematisiert und beschrieben wurde.

>*Wie dieses Phänomen bewertet wird, ist bekanntlich immer noch sehr unterschiedlich. Die Risikodebatte verdeutlicht dies: Die Ausdehnung des Möglichen führt dazu, dass aktiv Gelegenheiten geschaffen werden, die genutzt werden können, sie erzeugt aber auch die Gefahr vor Verletzungen, Enttäuschungen und Schuldzuweisungen. Kontingenz bedeutet Freiheit aber auch Störung und Unsicherheit, und diese Zweideutigkeit muss verwaltet werden.*«[20]

Damit Erwartungen und Annahmen über die Zukunft nicht gänzlich ins Leere laufen, haben immer schon verschiedene gesellschaftliche Mechanismen der Kontingenzbewältigung dazu beigetragen, die inhärenten Unsicherheiten des Handelns einzuschränken. Die Strategien reichen dabei von der Etablierung von (religiösen) Glaubens- und Deutungssystemen, über normativ wirkende Institutionen wie Bildungseinrichtungen bis zu Rechtssystemen mit ihren Ge- und Verboten oder zu kalkulativen, wissenschaftlich-technischen Verfahren der Prognose, über die sich Erwartungen über die Zukunft formieren können.[21] Insbesondere solche zahlenmäßigen, technisch erzeugten Zukünfte gewinnen zunehmend an Relevanz in Wirtschaft, Gesellschaft und Politik. Alle Formen der Kontingenzbewältigung jedoch wirken auf die Reduktion von Unsicherheit, die Herstellung von Erwartbarkeit und die Ermöglichung von Handlungsorientierung und -koordination in der Gesellschaft. Verfahren der Kontingenzbewältigung können damit als zentrale Elemente in der

---

[20] Esposito, 2014, S. 233
[21] Schubert, 2014

Herausbildung und Stabilisierung von übergreifenden gesellschaftlichen *Ordnungsprozessen* betrachtet werden. In diesem Sinne und ausgehend von der Algorithmisierung von immer mehr gesellschaftlichen Handlungszusammenhängen und Entscheidungsabläufen lassen sich digitale Algorithmen auch als neue Instrumente der Kontingenzbewältigung und gesellschaftlichen Ordnungsbildung erkennen und beschreiben.

>»Denn in [den] neuen Kommunikations- und Begegnungsräumen setzen sich Algorithmen als Dritte durch, die ganz ähnliche Funktionen erfüllen wie sie Recht und kulturelle Programme zur Entscheidungserleichterung (etwa Normen, Geschmack, Autorität) traditionellerweise in der Offline-Welt haben. Da die Trennung zwischen Offline- und Online-Welt heute analytisch fragwürdig geworden ist, müssen digitale Algorithmen als eine weitere gesellschaftliche Kontrollinstanz begriffen werden, zeitigen diese doch ganz reale Effekte.«[22]*

Wie bereits angedeutet, wirken Algorithmen dabei in Wechselwirkung mit anderen Mechanismen. Christian Katzenbach etwa zieht in diesem Band als theoretischen Rahmen für die Beschreibung der »Macht von Algorithmen« techniksoziologische und institutionentheoretische Überlegungen heran, um die aktuell beobachtbare Herausbildung neuer Regeln, Prozesse und Ordnungen (digitaler) gesellschaftlicher Kommunikation einzuordnen. »Neben Gesetzen und formalen Regeln stellen auch soziale Normen und geteilte Sichtweisen und Deutungsmuster kollektive Verbindlichkeit her, leisten die Koordination unterschiedlicher Interessen und bieten soziale Orientierung – aber eben auch Technologien.«[23] Algorithmen wirken

---

[22] Lehner, 2018, S. 21
[23] siehe Katzenbach (2018) in diesem Band

demnach – bei digitaler Kommunikation ebenso wie in anderen An-
wendungsbereichen – auf einer *technischen* Ebene neben einer regulativen Ebene (formale Regeln), einer normativen Ebene sowie einer
kulturell-kognitiven Ebene (Deutung und Wahrnehmung) darauf
ein, dass gesellschaftliche Ordnungsprozesse in Gang gesetzt, stabilisiert, aber auch wieder hinterfragt werden können. »Algorithmen
verleihen im Verbund mit anderen institutionalisierten Elementen
dem sozialen Handeln von Akteuren Regelmäßigkeit und Stabilität«,[24] sie wirken ordnungsstiftend und reduzieren Kontingenz.

Mit Blick auf algorithmische Techniken der Kontingenzbewältigung
können dabei einige grundlegende Anwendungs- und Wirkungslo-
giken von Algorithmen beobachtet und voneinander unterschieden
werden.[25]

## 3.1.   Berechnung, Formalisierung und Rationalisierung

Die aktuell beobachtbare Algorithmisierung lässt sich in der ein-
gangs dargestellten modernen Tradition des kalkulativen Umgangs
mit der Umwelt beschreiben, also als Fortführung der Wahrscheinlichkeitsrechnung, der Statistik, der Systeme der formalen Logik
usw. Die Bewältigung von Kontingenz wird demnach durch *Berechnung, Formalisierung und Rationalisierung* von Unsicherheit versucht. Dem Beobachter, der in einer kontingenten Welt Entscheidungen treffen muss, bietet dieser probabilistische Ansatz der Kontingenzbewältigung die Möglichkeit, seine Unsicherheit in die for-

---

[24]   ebd.
[25]   Es wird hier selbstverständlich kein Anspruch auf Vollständigkeit erhoben.
Die dargestellten Beispiele dienen lediglich der Veranschaulichung der
ordnungsstiftenden Wirkung von Algorithmen.

malisierte Berechenbarkeit und Handlungsanweisungen des Algorithmus zu überführen und zu rationalisieren. Historisch betrachtet geht damit auch eine Veränderung von Verfahren der Entscheidungsfindung einher, wobei die »unwägbare« subjektive Urteilsfähigkeit zugunsten von algorithmischen Regelwerken an Bedeutung verliert.

> »In the models of game theory, decision theory, artificial intelligence, and military strategy, the algorithmic rules of rationality replaced the self-critical judgments of reason. The reverberations of this shift from reason to rationality still echo in contemporary debates over human nature, planning and policy, and, especially, the direction of the human sciences. [...] By the early 1950s, the dream of reducing intelligence, decision-making, strategic planning, and reason itself to algorithmic rules had spread like wildfire to psychology, economics, political theory, sociology, and even philosophy.«[26]

Auch Rieder und Simon zeichnen in Ihrem Beitrag nach, wie die in der ersten Hälfte des 20. Jahrhunderts zunehmende gesellschaftliche und politische Nachfrage nach technischen Verfahren der Quantifizierung und Formalisierung unter anderem darauf gerichtet war, Entscheidungsverfahren zu befreien von subjektiven, menschlichen Eingriffen, Urteilen und Interpretationen und diese zu ersetzen durch formalisierte Grundsätze, einheitliche Standards und die angenommene Objektivität der Maschine und automatisierter Prozesse.

[26] Daston, 2013

Durch probabilistische Techniken der Kontingenzbewältigung erfahren die Entscheider zwar nicht unbedingt etwas über die Beschaf-
fenheit der Welt, das Wesen des zu behandelnden Problems oder
darüber, ob die so berechnete Entscheidung auch tatsächlich die
richtige ist, um ein Ziel zu erreichen. Entscheidend ist vielmehr das
*Verfahren*, das den handelnden Akteuren versichert, dass die mittels
eines Regelwerkes hergeleitete, berechnete Entscheidung angesichts der Ungewissheit bzw. der verfügbaren Informationen die *vernünftige* ist. Der Algorithmus verarbeitet die Unsicherheit des Be-
obachters durch ein formalisiertes, rationales Verfahren, verleiht
damit Orientierung und hinreichende Entscheidungssicherheit.[27]

## 3.2. Vorstrukturierung von Handlungsoptionen

Die gegenwärtig diskutierte regulative »Macht von Algorithmen«
über die Gesellschaft verweist auf eine weitere Anwendungs- bzw.
Wirkungslogik von Algorithmen, die einen Umgang mit der Unbe-
stimmtheit der Handlungen gesellschaftlicher Akteure ermöglicht.

Neben den Techniken der Probabilistik und Rationalisierung gelingt
die algorithmische Verwaltung von Kontingenz durch die *Vorstrukturierung von Handlungsoptionen* in digitalen Informationsumgebungen. Die algorithmische Kuratierung von Handlungsoptionen und
Entscheidungspfaden reguliert das Verhalten von Akteuren. Dass
technische Konfigurationen regulierende Wirkung entfalten können, wurde bereits vom Rechtswissenschaftler Lawrence Lessig beschrieben, der die Wirkung von rechtlichen Ge- und Verboten auf
Nutzerverhalten mit der von Architekturen, Code und Protokollen
in digitalen Informationsumgebungen verglich.[28] Aus dem »*er-*

---

[27] Esposito, 2014
[28] Lessig, 1997

*laubt/nicht erlaubt* des Rechts [wird] ein schlichtes *möglich/unmöglich* der Technik«[29] schreibt Katzenbach in diesem Zusammenhang mit Verweis auf das Beispiel von Digital-Rights-Management-Systemen im Musiksektor. »Wie gebaute Architektur zwingt uns starre Software auf Wege. Was mit ihr geregelt wird, ermöglicht kein Ausweichen, solange nicht findige Bastler Umgehungsformen entwickeln.«, so charakterisiert Klaus Lenk in diesem Band das hier beschriebene Prinzip als eines von mehreren »algorithmischen Governance-Instrumenten«, die er als mögliche Instrumente für staatliches Regieren und Verwalten kritisch bewertet.

Die Mechanismen, die Lessig unter »Code is Law« für die Rechtswissenschaft aufgezeigt hat, untersuchte der Soziologe Aneesh Aneesh Ende der 1990er Jahre anhand von Veränderungen in den Formen der Arbeitsorganisation, insbesondere im Kontext der räumlichen und zeitlichen Entgrenzung globalisierter Arbeit. Dabei prägt Aneesh bereits 1999 den Begriff »Algocracy« und beschreibt aus der Perspektive der Organisationstheorie »algokratische Steuerung« (»algocratic governance«) als einen Modus der Organisation, der als Steuerungsprinzip auf die Logik des Binärcodes bzw. auf die Imperative algorithmischer Softwareprogrammierung setzt.[30] Aneesh arbeitet »Algokratie« im Vergleich zu anderen Organisationssystemen heraus, vor allem dem der Bürokratie Weberianischer Prägung, welches als Steuerungsprinzip auf autoritätsbasierte Kontrolle auf Grundlage von niedergeschriebenen Regeln und Weisungen setzt.

[29] siehe Katzenbach (2018) in diesem Band. Kursiv wie im Original.
[30] Aneesh, 1999

Durch die Analyse virtueller Arbeitsumgebungen und der Muster von Softwareprogrammierungen zeigte Aneesh auf, dass die Veränderungen am Arbeitsplatz, das »lean management«, partizipative Kultur und Individualisierung, die Einebnung von bürokratischen Hierarchie- und Kontrollstrukturen sowie räumliche und zeitliche Entgrenzung von Arbeit nicht etwa einen Verlust an organisatorischen Kontroll- und Steuerungskapazitäten bedeuten: Diese würden lediglich »by design« in die »code-guided« Handlungsabläufe und Arbeitsprozesse virtueller Umgebungen implementiert werden.[31]

Eine so verstandene algorithmische Steuerung kann als Fortführung und letztlich Intensivierung und Ausweitung bürokratischer Organisation verstanden werden. Sie ist jedoch nicht »bloß« eine softwareseitige Abbildung von Bürokratie, also von Regeln, Weisungen und Autoritätsverhältnissen, die in bürokratischen Organisationssystemen immerhin auf Akzeptanz und Legitimität angewiesen sind.

> *»In bureaucracy, rule adherence is managed through socialization or training (action orientation), integrating the demands of rules into one's behavior, which acquires the willingness to distinguish between permissible and nonpermissible action. [...] Programming technologies seek to structure the possible field of action without a similar need for orienting people toward learning the legal rules [...]. Action is controlled neither by socializing workers into regulatory demands, nor by punishing workers for their failure, but by shaping an environment in which there are only programmed alternatives to performing the work.«[32]*

---

[31] Aneesh, 2009
[32] ebd., S. 356

Diesen Umstand thematisiert auch Klaus Lenk in seinem Beitrag, wenn er »Code is Law« präzisiert: »Feste Vorgaben durch Software und Hardware arbeiten *nicht* wie das Recht mit Ge- und Verboten. Wie gebaute Architektur, etwa ein Drehkreuz, lassen sie keine Wahl im Verhalten. Es gibt keine Freiheit zur Nichtbefolgung mehr.«[33], was wiederum Machtmittel zur Durchsetzung überflüssig macht.

Diese Form algorithmischer Steuerung durch Vorstrukturierung von Handlungsoptionen kann über den Arbeitskontext hinaus in sämtlichen digitalen Umgebungen eingesetzt werden, um das Verhalten sozialer Akteure zu beeinflussen. Insbesondere mit Blick auf vernetzte physische Objekte, die – mit Sensoren, Aktoren und Datenverarbeitungskapazitäten ausgestattet – bestimmte Handlungen zulassen und fördern, andere wiederum unterbinden bzw. unwahrscheinlich machen, ergibt sich eine signifikante Ausweitung des Steuerungspotenzials auch über rein virtuelle Umgebungen hinaus. »Interpretierbares und umgehbares Recht wird in seiner instrumentalen Funktion durch zwingende Vorkehrungen ersetzt. Das erleichtert die Durchsetzung von schon bestehendem Recht. Mit zwingender Architektur können aber auch implizit neue Normen gesetzt werden. Sie brauchen den Akteuren nicht bewusst zu sein.«[34]

## 3.3. Reputation und Feedback

Die Weiterentwicklung des Internets, von einer digitalen Bibliothek zur Aufbewahrung und Organisation von Informationen hin zum *Social Web* als Ort der »Massen-Selbst-Kommunikation«[35], der Begegnung, sozialen Interaktion und des (Aus-)Tausches, ist sowohl

---

[33] Lenk (2018) in diesem Band. Kursive Hervorhebung hinzugefügt.
[34] ebd.
[35] Castells, 2007

Ausdruck als auch Treiber der zunehmenden Relevanz von *Reputa-tions- und Feedbacksystemen* als weiterer Form der Kontingenzbe-wältigung. So vielfältig die Typen, Verfahren, Einsatzgebiete und konkreten Zwecke von Reputations- und Feedbacksystemen auch sein mögen[36], ihrer grundlegenden Funktion nach können sie auf drei Wirkungsebenen Handlungsorientierung liefern und ordnungs-stiftend wirken.[37]

Reputations- und Feedbacksysteme entfalten eine *präskriptive Wir-kung*, denn das Verhalten ihrer Teilnehmer orientiert sich üblicher-weise an die im System herrschenden Verhaltensregeln zur Generie-rung guter Reputation, womit das System auch vorgibt, wie »gutes Verhalten« auszusehen hat. »Users are strongly encouraged to follow the prescribed behavior, lest their reputation – and their abi-lity to use the system – suffer.«[38] Zur Berechnung der digitalen Re-putation können Algorithmen verschiedenste Signale heranziehen, nach dynamischen Regeln gewichten und miteinander kombinieren, wobei das Ergebnis als »Reputation« häufig in Form von Scores dar-gestellt wird. Zur Verhaltenssteuerung müssen entsprechende Sys-teme nicht auf Verbote und Weisungen setzen, sie basieren vielmehr auf verhaltenswissenschaftlichen und sozialpsychologischen Er-kenntnissen – wie sie beispielsweise auch in Konzepten von *Gami-fication* oder *Nudging* zur Wirkung kommen – und generieren *selbst-regulierende Prozesse* unter den Teilnehmern.[39] In Reputations- und Feedbacksysteme fließen üblicherweise verschiedenste Anreizme-chanismen, Instrumente der Vertrauensbildung durch Bewertung und aber auch Dynamiken sozialer Kontrolle ineinander, wodurch

---

[36] Für einen Überblick siehe Schaffert, 2010
[37] siehe hierzu Adler & de Alfaro, 2007
[38] ebd. S 262
[39] vgl. hierzu Alemanno et. al., 2014; Bröckling, 2017; Mau, 2017

Abweichungen von normativen Erwartungen schnell zutage treten und reguliert werden können.

Die häufig als Score geleistete Rückmeldung (Feedback) des Systems an den individuellen Teilnehmer soll in dieser Hinsicht vor allem dazu motivieren, aktiv zu werden, zu partizipieren und das eigene Verhalten anzupassen. Feedback dient somit zur Demonstration der unmittelbaren Verknüpfung zwischen dem eigenen Verhalten und Veränderungen im Score.

> *»Das Ergebnis [der algorithmischen Berechnung] ist ein score, das zwangsläufig dazu neigt, zu einem ranking zu werden (der jeweils zugewiesene Wert ist kleiner oder größer als der von jedem anderen). Wie in den traditionellen Interaktionen, führt dies dazu, dass Menschen ihr Verhalten ändern, um ihren Score zu verbessern.«*[40]

Online-Reputations- und Feedbacksysteme versuchen, diesen gesamten Prozess »zu moderieren und zu automatisieren, indem die Nutzeraktivitäten verfolgt werden und die Reaktionen der Mitglieder darauf ausgewertet werden. [...] ›Reputation‹ entsteht in solchen Systemen nicht ausschließlich durch Einschätzungen und Bewertungen von Dritten, sondern wird in einzelnen Systemen alleine durch das Verhalten eines Nutzers und Reaktionen von anderen indirekt ermittelt.«[41] Darüber hinaus können Reputations- und Feedbacksysteme dazu beitragen, auf Grundlage des »digitalen Rufs« Teilnehmer eines Systems einzuschätzen und zu klassifizieren, sie ermöglichen also über ihre *deskriptive Wirkung* einen Umgang mit Risiken und Unsicherheit, was insbesondere im Hinblick auf die zunehmende Zahl plattformbasierter sozialer Interaktionen und Transaktionen Entscheidungsprozesse erleichtern und Orientierung

---

[40] Esposito, 2014, S. 245
[41] Schaffert et. al, 2010, S. 9

liefern kann. Schließlich wirken Reputations- und Feedbacksysteme *prädikativ*, wenn auf Grundlage der Reputation von Teilnehmern Erwartungen und Annahmen über ihr zukünftiges Verhalten ermöglicht werden.

## 4.  Schlussbetrachtungen

Eine historisch informierte Perspektive auf aktuelle datenbasierte Technologien, Verfahren und Anwendungen ermöglicht es uns, trotz der bereits erkennbaren und in Aussicht gestellten »Disruptionen« auch grundlegende Kontinuitäten zu erkennen und in die Analyse einzubeziehen. Mit Blick auf das Thema des Bandes tritt die historisch verwurzelte und kontinuierlich wachsende Nachfrage nach Wissensformen und Entscheidungsprozessen zutage, die sich durch Quantifizierung, Rationalisierung und Formalisierung auszeichnen. Mit dem sich weiterentwickelnden Stand der Technik potenzieren sich lediglich die Möglichkeiten, dem Streben nach Quantifizierung nachzukommen. Wissensproduktion und Entscheidungsfindung werden in privaten wie in öffentlichen Bereichen des täglichen Lebens zunehmend durch entsprechende Verfahren vermittelt.[42] In einer von Komplexität und Unsicherheit geprägten Gesellschaft ist dieses Streben im staatlichen Sektor – eines der wissensintensivsten Sektoren – besonders stark ausgeprägt. Entsprechend hoch sind in diesem Sektor die Erwartungen an algorithmische Entscheidungssysteme, Big Data Analytics, maschinelles Lernen und cyberphysische Systeme, die als Grundlage für politisch-administratives Entscheiden und Handeln dem Staat neue Hebel und Handlungsräume erschließen sollen. Einen »neuen Empirismus«[43] und überlegenen Wissenstyp in Aussicht stellend, knüpfen neue Technologien der

---

[42] Porter, 1995; Cohen, 2005; Mau, 2017
[43] Kitchin, 2014

Datenerfassung und -analyse nicht nur an historisch kultivierte statistische und kalkulative Verfahren an, sie stellen auch in Aussicht, ihre Limitierungen zu überwinden, wie Rieder & Simon in Ihrem Beitrag zusammenfassen:

> *»Früher waren Datenanalysen mit hohem Kosten- und Zeitaufwand verbunden, heute sind sie schnell und günstig; früher musste man erst Proben nehmen, heute macht es die fortlaufende Computerisierung der Gesellschaft möglich, Daten ganzer Bevölkerungsgruppe zusammenzutragen; früher brauchte es Theorien, heute spricht die reine Datenmenge schon für sich selbst; früher wurden Messungen durch menschliche Vorurteile verzerrt, heute gewährleisten agnostische Algorithmen objektive Sichtweisen.«*

Vor diesem Hintergrund ist es plausibel, davon auszugehen, dass datenbasierten Technologien, Verfahren und Anwendungen perspektivisch betrachtet ein immer größerer Raum in Entscheidungsprozessen und Handlungsvollzügen des Staates eingeräumt werden wird.

Wie umfassend und mit welchen konkreten Ausprägungen sich die technischen Möglichkeiten tatsächlich realisieren, ist keine Frage der Technik, sondern eine politische, die gesellschaftlich ausgehandelt wird. In diesem Zusammenhang hat sich in der kritischen Debatte und Problematisierung dieser sich abzeichnenden Entwicklungstendenz seit einigen Jahren ein dominanter Diskussionsstrang herausgebildet, der Forderungen, Notwendigkeiten und Möglichkeiten »ethischer Algorithmen« und »ethischer KI« erörtert.[44] Im Fokus dieser ethischen Perspektive auf das Themenfeld stehen im Wesentlichen die Forderungen nach Transparenz und Rechenschaftspflicht

---

[44] Ananny, 2015; Bostrom & Yudkowski, 2014; Mittelstadt et. al, 2016

(Accountability), um die gesellschaftliche Verträglichkeit zu gewährleisten und Risiken zu minimieren: Entsprechende soziotechnische Systeme der automatisierten Datenverarbeitung und Entscheidungsfindung sollen nur dann in gesellschaftlich sensiblen Bereichen eingesetzt werden, wenn sie transparent operieren und Rechenschaft ablegen können über ihre Entscheidungen.[45] Im Kern beschäftigt sich ein großer Teil dieser ethischen Debatte also mit *methodologischen* Fragen, sie thematisiert einen »code of conduct« bzw. fragt nach der Art und Weise, *wie* entsprechende Systeme arbeiten müssen, um »gut«, ethisch unbedenklich – hier also transparent und rechenschaftsfähig – zu sein. Die Aushandlung und Formulierung gesellschaftlicher Ansprüche in diesem Zusammenhang ist ein notwendiger Schritt zur Herausbildung von Standards in einem Feld, das sich bei der Entwicklung und dem Einsatz von algorithmischen und künstlich intelligenten Systemen vor allem durch die Abwesenheit von etablierten Guidelines auszeichnet.[46]

Die Vorstellung jedoch, die »Einprogrammierung« von ethischen Maßstäben in Algorithmen würde ihren ethisch unbedenklichen Einsatz über Anwendungsfelder hinweg ermöglichen, ist zu kurz gegriffen. Die zunehmende Zahl an Anwendungsfeldern, in denen neue datenbasierte Technologien in Entscheidungsverfahren involviert sind – von Personalmanagement und dynamischer Preisgestaltung über Strafverfolgung, Justiz, Sozialpolitik und Versicherungswesen bis hin zu Information und Kommunikation – macht deutlich, dass ethisch begründete Fragen und Anforderungen je nach Anwendungsbereich variieren können und anwendungsfeldspezifisch identifiziert und adressiert werden müssen.

---

[45] Neyland, 2016; Diakopoulos, 2015; Ananny & Crawford, 2016; Wachter et al, 2017

[46] Campolo et al, 2017

Darüber hinaus ist es vor allem fraglich, ob eine rein ethische Perspektive, die im Sinne eines »code of conduct« ausschließlich die Art und Weise fokussiert, wie datenbasierte Entscheidungssysteme operieren, tatsächlich ausreicht, um alle gesellschaftlich relevanten Fragestellungen zu erfassen und problematisieren zu können. Eine zu eng gefasste ethische Debatte scheint nicht nur erkenntnistheoretische Problemfelder auszuklammern, die sich mit der Vorstellung von Big Data als »neuem Empirismus«[47] auftun.[48] Auch eine genuin politische Bewertung datenbasierter Entscheidungs- und Steuerungssysteme könnte dadurch vernachlässigt werden. Janosik Herder veranschaulicht das etwa in seinem Beitrag am Beispiel der Google-Suche. Eine transparente, nachvollziehbare und diskriminierungsfreie Google-Suche würde nach aktuell diskutierten Maßstäben als ethisch unbedenklich bewertet werden können. Davon unberührt bliebe jedoch die politische Bewertung des konzentrierten Machtpotenzials, also z. B. des Umstandes, dass ein privates Unternehmen die öffentliche Auffindbarkeit von digitalen Informationen weitestgehend kontrolliert. Diese Perspektive verweist auf grundsätzliche Fragen danach, wie Schlüsseltechnologien wie Künstliche Intelligenz und Big-Data-Kapazitäten an bereits bestehende Machtstrukturen im privaten und öffentlichen Sektor anknüpfen und diese verändern. Mit Blick auf den Staat weist Basanta Thapa diesbezüglich in diesem Band auf verschiedene machtpolitische Verschiebungen hin, die mit dem Einzug von Big-Data-Technologien in das politisch-administrative System einhergehen können. Diese reichen von der Monopolisierung von politikrelevantem

---

[47]  Kitchin, 2014

[48]  Für eine kritische Bewertung der mit Big-Data-Praktiken einhergehenden Wissensformen siehe: Rieder & Simon, 2017; McFarland et al, 2015; Pigliucci, 2009

Wissen aufseiten des Staates über den durch Technokratisierung von politischen Fragen ermöglichten Aufstieg von Data Scientists zu politischem Einfluss bis zum Ausschluss von Interessensgruppen, die keine Big-Data-basierte Gegenexpertise aufbauen können.

Es gibt jedoch noch zahlreiche weitere Zugänge zu politischen Dimensionen der zunehmenden Algorithmisierung von Entscheidungsverfahren. Julia Krüger und Konrad Lischka fordern in ihrem Beitrag beispielsweise eine Prüfung der gesellschaftlichen Angemessenheit datenbasierter Entscheidungssysteme – eine Forderung, mit der auch eine gesellschaftspolitische Bewertung und Folgenabschätzung möglich wird. Explizit geht es den Autoren um die Frage nach den organisationalen und gesellschaftlichen Optimierungszielen, auf die algorithmische Entscheidungssysteme ausgerichtet sind. Sie diskutieren dies am Beispiel der algorithmischen Optimierung des Verteilungsprozesses, mit dem Schüler der Stadt New York auf die verfügbaren Schulen verteilt werden. Hier könne das System die Befriedigung möglichst vieler Einzelpräferenzen priorisieren, oder aber auf eine ausgewogene soziale Durchmischung von Schulen ausgerichtet sein. Für diese Aushandlung ist eine politische Debatte über Wertvorstellungen zu führen, in der vor allem auch die Betroffenen involviert sein müssen. Dabei geht es eben um mehr als um Nachvollziehbarkeit, Transparenz oder Konsistenz algorithmischer Entscheidungen. Mit der Entwicklung und dem Einsatz entsprechender Systeme gehen also auch Wertsetzungen einher, denn es ist zwischen alternativen Möglichkeiten der Organisation des Gemeinwesens zu entscheiden, unterschiedliche, teils konkurrierende Problem- und Zieldefinitionen müssen erörtert werden. Diese politischen Aushandlungsprozesse müssen den technischen Debatten vorgelagert sein.

Auch nach der gesellschaftlichen Aushandlung von übergeordneten Zielen sind weitere politische Dimensionen involviert, wenn entsprechende Systeme entwickelt und eingesetzt werden sollen:

> »*There will be tradeoffs in implementing any policy goal, even one as uncontroversial as reducing traffic wait time. What risk to pedestrian safety is permissible in the service of traffic flow? How does the reduction of tailpipe emissions factor in? The general directive to reduce wait times does not dictate what those tradeoffs should be. Indeed, some choices may not even have occurred to policymakers, but surface only when the engineers come to design the algorithms, and are left to resolve the tradeoffs.*«[49]

Wir können also festhalten, dass Algorithmen nicht immer alternativlose, funktionale Lösungen für gesellschaftliche Probleme anbieten, sondern »ihr Anwendungsgebiet aus einer speziellen, nicht selbstverständlichen Perspektiven bearbeiten und mit ganz bestimmten und nicht von allen Betroffenen unbedingt geteilten Motiven eingesetzt werden.«[50] Der gesamte sozio-technische Prozess, von der Problem- und Zieldefinition über die Entwicklung bis zur Implementierung kann demnach Interessensabwägungen und Werturteile beinhalten. Insbesondere beim Einsatz im öffentlichen Sektor wird dieser Umstand dort problematisch, wo diese Werturteile und Interessensabwägungen implizit, nicht offensichtlich oder schlicht unsichtbar sind, da sie, in Software eingebettet, aus dem Deliberationsprozess genommen wurden. Diese impliziten Wertsetzungen gilt es zu identifizieren und explizit zu machen, damit sie in den dafür vorgesehenen, legitimierten Prozessen entschieden werden können.

[49] Brauneis & Goodman, 2008, S. 12.
[50] siehe Katzenbach (2018) in diesem Band

Mit Blick auf den staatlichen Einsatz der in diesem Band themati-
sierten aktuellen Technologien, Verfahren und Anwendungen können wir zum Schluss nochmals in Erinnerung rufen, dass diese keine
bestimmten Zwecksetzungen in sich tragen. In welcher konkreten
Ausprägung sie Eingang finden in das staatliche Entscheiden und
Handeln – welche Art des Regierens und des Regiert-Werdens sie
nach sich ziehen – ist prinzipiell offen. Unbestritten ist jedoch, dass
sie die Kenntnis über und die Einwirkungsmöglichkeiten auf das zu
Regierende und zu Verwaltende signifikant erhöhen können. Im Ergebnis ergibt sich also eine durch Technik ermöglichte *Vervielfälti-
gung der Alternativen*, wie regiert und verwaltet werden kann. Die
Frage, welche dieser Alternativen genutzt werden sollten, um auf die
Gesellschaft einzuwirken und das Gemeinwesen zu ordnen, erfordert politische Antworten.

## Quellen

Adler, T. & de Alfaro, L. (2007). A Content-Driven Reputation System for
the Wikipedia. Proceedings of the 16th international conference on World
Wide Web Pages (S. 261 – 270)

Alemanno, A. et. al. (2014). Nudging legally: On the checks and balances of
behavioral regulation, In: International Journal of Constitutional Law 12, 2
(S. 429 – 456)

Ananny, M. (2015). Toward an Ethics of Algorithms: Convening, Observation, Probability, and Timeliness, In: Science, Technology & Human Values,
41,1 (S. 93 – 117)

Ananny, M. & Crawford, K. (2016). Seeing without knowing: Limitations of
the transparency ideal and its application to algorithmic accountability, In:
New Media & Society, 20, 3 (S. 973 – 989)

Aneesh, A.h (1999). Technologically Embedded Authority: The Post-Industrial Decline in Bureaucratic Hierarchies. Sociological Abstracts, American Sociological Association

Aneesh, A. (2009). Global Labor: Algocratic Modes of Organization, *Sociological Theory* 27,4 (S. 347–370)

Barocas, S. et al. (2013). *Governing Algorithms: A Provocation Piece.* New York University

Bauman, Z. (2000). *Die Krise der Politik. Fluch und Chance einer neuen Öffentlichkeit,* Hamburger Edition

Beck, U. (1986). *Risikogesellschaft. Auf dem Weg in eine andere Moderne.* edition suhrkamp

Bröckling, U. (2017). *Gute Hirten führen sanft - Über Menschenregierungskünste.* Suhrkamp

Brauneis, R. & Goodman, E. (2018). Algorithmic Transparency for the Smart City, *Yale Journal of Law & Technology* 20, 103 (S. 103–176)

Borup, Mads et al (2006). The Sociology of Expectations in Science and Technology, *Technology Analysis & Strategic Management* 18, 3/4 (S. 285–298)

Bostrom, N. & Yudkowski, E. (2014). The Ethics of Artificial Intelligence, In: William Ramsey und Keith Frankish (Hrsg.), *Cambridge Handbook of Artificial Intelligence* (S. 316–334)

Campolo, Alex et a. (2017). AI Now 2017 Report. AI Now Institute. http://s.fhg.de/yPr

Castells, M. (2007). Communication, Power and Counter-power in the Network Society, *International Journal of Communication* 1 (S. 238–266)

Cohen, B. I. (2005). Triumph of Numbers: How Counting Shaped Modern Life, New York, NY

Daston, L. (2013). *How Reason Became Rationality.* Max Planck Institut für Wissenschaftsgeschichte. http://s.fhg.de/3nY

Dahl, R. A. (1994). A Democratic Dilemma. System Effectivness versus Cititzen Participation, In: *Political Science Quarterly* 109: 1 (S. 23–34)

Desrosières, A. (2005). *Die Politik der großen Zahlen. Eine Geschichte der statistischen Denkweise.* Berlin

Diakopoulos, N. (2015). Algorithmic accountability: Journalistic investigation of computational power structures, *Digital Journalism* 3, 3 (S. 398–415)

Esposito, E. (2014). Algorithmische Kontingenz. Der Umgang mit Unsicherheit im Web, In: Cevolini, A. (Hrsg.): *Die Ordnung des Kontingenten. Beiträge zur zahlenmäßigen Selbstbeschreibung der modernen Gesellschaft* (S. 233–249). Springer VS

Etscheid, J. (2018). Automatisierungspotenziale in der Verwaltung. In: Resa Mohabbat Kar, Basanta E. P. Thapa & Peter Parycek (Hrsg.) *(Un)berechenbar? Algorithmen und Automatisierung in Staat und Gesellschaft*. Kompetenzzentrum Öffentliche IT, Berlin.

EU-Kommission (2017). Bekämpfung des Terrorismus im Internet: Internetforum drängt auf automatische Entdeckung terroristischer Propaganda. http://s.fhg.de/6kw

Fadavian, B. (2018). Chancen und Grenzen der algorithmischen Verwaltung im demokratischen Verfassungsstaat. In: Resa Mohabbat Kar, Basanta E. P. Thapa & Peter Parycek (Hrsg.) *(Un)berechen-bar? Algorithmen und Automatisierung in Staat und Gesellschaft*. Kompetenzzentrum Öffentliche IT, Berlin.

Habermas, J. (1973). *Legitimationsprobleme im Spätkapitalismus,* edition suhrkamp, Frankfurt am Main

Heldt, A. (2018). Intelligente Upload-Filter: Bedrohung für die Meinungsfreiheit?. In: Resa Mohabbat Kar, Basanta E. P. Thapa & Peter Parycek (Hrsg.) *(Un)berechenbar? Algorithmen und Automatisierung in Staat und Gesellschaft*. Kompetenzzentrum Öffentliche IT, Berlin.

Imhof, K. (2011). *Die Krise der Öffentlichkeit. Kommunikation und Medien als Faktoren des sozialen Wandels,* Campus Verlag, Frankfurt am Main

Isakhan, B. et al. (2014). *Democracy and Crisis. Democratising Governance in the Twenty-First Century,* Basingstoke

Kaminski, A. (2010). *Technik als Erwartung. Grundzüge einer allgemeinen Technikphilosophie,* transcript

Katzenbach, C. (2018). Die Ordnung der Algorithmen – Zur Automatisierung von Relevanz und Regulierung gesellschaftlicher Kommunikation. In: Resa

Mohabbat Kar, Basanta E. P. Thapa & Peter Parycek (Hrsg.) *(Un)berechenbar? Algorithmen und Automatisierung in Staat und Gesellschaft*. Kompetenzzentrum Öffentliche IT, Berlin.

Kitchin, R. (2014). Big Data, new epistemologies and paradigm shifts, In: *Big Data & Society*, April–Juni (S. 1–12)

Kompetenzzentrum Öffentliche IT (2017). http://s.fhg.de/oefit2017

Nake, F. (2016). Die algorithmische Revolution, In: Fuchs-Kittowski, F. & Kriesel, W. (Hrsg.): *Informatik und Gesellschaft. Festschrift zum 80. Geburtstag von Klaus Fuchs-Kittowski* (S. 139–149). Peter Lang, Frankfurt/Main

Kowalski, R. (1979). Algorithm = Logic + Control, *Communications of the ACM*, 22, 7 (S. 424–436)

Lehner, N. (2018). Etappen algorithmischer Gouvernementalität: Zur rechnerischen Einhegung sozialer Flüchtigkeit, In: Buhr, L. et. al. (Hrsg.): *Staat, Internet und digitale Gouvernementalität* (S. 17–42). Springer VS

Lenk, K. (2018). Formen und Folgen algorithmischer Public Governance. In: Resa Mohabbat Kar, Basanta E. P. Thapa & Peter Parycek (Hrsg.) *(Un)be-rechenbar? Algorithmen und Automatisierung in Staat und Gesellschaft*. Kompetenzzentrum Öffentliche IT, Berlin.

Lessig, L. (1997). The constitution of code: Limitations on choice-based critiques of cyberspace regulation, *CommLaw Conspectus*, 5 (S. 181–193)

Mau, S. (2017). *Das metrische Wir: Über die Quantifizierung des Sozialen*. Suhrkamp

Mittelstadt, B. et. al (2016). The ethics of algorithms: Mapping the debate, *Big Data & Society*, July–Dezember (S. 1–21)

McFarland, D. et al (2015). Big Data and the danger of being precisely inaccurate, *Big Data & Society*, Dezember, S. 1–4

Neyland, D (2016). Bearing accountable witness to the ethical algorithmic system, *Science, Technology & Human Values* 41,1 (S. 50–76)

Open Knowledge Foundation Deutschland (2018). Open Schufa. Wir knacken die Schufa. http://s.fhg.de/K9A

Offe, C. (2013). Ungovernability, In: Jansen, Stephan A., et al. (Hrsg), *Fragile Stabilität – Stabile Fragilität* (S. 77–87). Wiesbaden

Pigliucci, M. (2009). The End of Theory in Science? *Embo Reports* 10(6)

Porter, T.M. (1995). *Trust in Numbers: The Pursuit of Objectivity in Science and Public Life.* Princeton, NJ

Rieder, G. & Simon, J. (2018). Vertrauen in Daten oder: Die politische Suche nach numerischen Beweisen und die Erkenntnisversprechen von Big Data. In: Resa Mohabbat Kar, Basanta E. P. Thapa & Peter Parycek (Hrsg.) *(Un)berechenbar? Algorithmen und Automatisierung in Staat und Gesellschaft.* Kompetenzzentrum Öffentliche IT, Berlin.

Rieder, G. & Simon, J. (2017). Big Data: A New Empiricism and its Epistemic and Socio-Political Consequences, In: Pietsch, Wolfgang et al. (Hrsg.): *Berechenbarkeit der Welt? Philosophie und Wissenschaft im Zeitalter von Big Data* (S. 85–105). Springer VS

Schäfer, A. (2009): Krisentheorien der Demokratie. Unregierbarkeit, Spätkapitalismus und Postdemokratie, *Der moderne Staat – Zeitschrift für Public Policy, Recht und Management* 2: 1 (S. 159–183)

Schmidt, D. (2006). *Statistik und Staatlichkeit.* Wiesbaden.

Schubert, C. (2014). Zukunft sui generis? Computersimulationen als Instrumente gesellschaftlicher Selbstfortschreibung, In: Cevolini, A. (Hrsg.): *Die Ordnung des Kontingenten. Beiträge zur zahlenmäßigen Selbstbeschreibung der modernen Gesellschaft* (S. 209-232). Springer VS

Seibel, B. (2016). *Cybernetic Government. Informationstechnologie und Regierungsrationalität von 1943–1970.* Springer VS

Schaffert, Sandra et al. (2010). Reputation und Feedback im Web. Einsatzgebiete und Beispiele, In: Güntner, G. und Schaffert, S. (Hrsg.): Band 4 der Reihe *»Social Media«.* Salzburg Research, Salzburg

Thapa, B.E.P. (2018). Vier wissenspolitische Herausforderungen einer datengetriebenen Verwaltung. In: Resa Mohabbat Kar, Basanta E. P. Thapa & Peter Parycek (Hrsg.) *(Un)berechenbar? Algorithmen und Automatisierung in Staat und Gesellschaft.* Kompetenzzentrum Öffentliche IT, Berlin.

Wachter, S. et. al (2017). Counterfactual Explanations Without Opening the Black Box: Automated Decisions and the GDPR. *SSRN Electronic Journal.* 10.2139/ssrn.3063289

# Über die Autoren

## Resa Mohabbat Kar

Resa Mohabbat Kar ist wissenschaftlicher Mitarbeiter am Kompetenzzentrum Öffentliche IT (ÖFIT). Dort arbeitet er zu technologischen und gesellschaftlichen Aspekten der Digitalisierung im öffentlichen Raum und zu den staatlichen Handlungsfeldern und Regulierungsanforderungen, die sich daraus ergeben. Seine Interessen liegen insbesondere bei datenbasierten Technologien, ihren Nutzungsformen als (gesellschaftliche) Steuerungsinstrumente sowie damit einhergehende Veränderungen in den Formen und Instrumenten von Staatlichkeit und politischer Organisation. Er hat Politikwissenschaften und Kulturanthropologie in Hamburg studiert und leitete vor seiner Tätigkeit beim ÖFIT die Denkfabrik *Internet & Gesellschaft Collaboratory*.

## Peter Parycek

Peter Parycek verantwortet als Universitätsprofessor für E-Governance das Department für E-Governance in Wirtschaft und Verwaltung und das Zentrum für E-Governance der Donau-Universität Krems. Zusätzlich leitet er das Kompetenzzentrum Öffentliche IT (ÖFIT) am Fraunhofer-Institut FOKUS, Berlin, das vom Bundesministerium des Innern gefördert wird. Das Kompetenzzentrum ÖFIT versteht sich als Denkfabrik für die erfolgreiche Digitalisierung des öffentlichen Raums in Deutschland. Gemeinsam mit Univ.-Prof. Dr. Gerald Steiner ist er zudem wissenschaftlicher Co-Lead des mit dem österreichischen Bundeskanzleramt gegründeten GovLabAustria, welches an der Schnittstelle von Theorie und Praxis einen interdisziplinären Experimentierraum für Verwaltung, Zivilgesellschaft und Wirtschaft bietet.

# Data Analytics in Politik und Verwaltung

Basanta E. P. Thapa & Peter Parycek

Kompetenzzentrum Öffentliche IT, Fraunhofer-Institut für Offene Kommunikationssysteme, Berlin

Die neuen digitalen Technologien zur Erhebung und Auswertung von Daten bergen große Chancen für den Staat. Welche Datenquellen stehen dabei zur Verfügung? Welche politisch-administrativen Funktionen können die neuen Datentechnologien übernehmen und welche öffentlichen Aufgaben unterstützen? Wie verändert sich dadurch der klassische Politikzyklus? Welche Möglichkeiten der Verwaltungsautomatisierung eröffnen sich? Welche Varianten der Aufgabenteilung zwischen Mensch und Maschine gibt es? Mit diesen Fragen beschäftigt sich dieser Beitrag, um einen Überblick über die Einsatzmöglichkeiten und den Nutzen von Data Analytics in Politik und Verwaltung zu geben.

Durch die Datenrevolution, mit Schlagworten wie Big Data und *Data Analytics,* wird unsere physische und soziale Umwelt in immer höherem Maße digital abbildbar und somit auch verarbeitbar.[1] Für den Staat, zu dessen Kernaufgaben stets die Informationssammlung und -verarbeitung gehörte,[2] eröffnet dies neue Möglichkeiten zur datenbasierten Entscheidungsunterstützung und Verwaltungsautomatisierung:

> *»Sensoren, Virtualisierungen, geografische Informationssysteme, Social-Media-Anwendungen und andere Elemente könnten wie ein*

---

[1]  Eckert, Henckel & Hoepner 2014
[2]  Becker 2010

*Gehirn funktionieren, um die Ressourcen und Fähigkeiten des Staates, aber auch gesellschaftliche Akteure, die physische Infrastruktur und die Maschinen und Geräte, die diese Infrastruktur nutzen, zu steuern.«* [3]

Wir argumentieren in diesem Beitrag, dass die neuen Datentechnologien einen derartigen Qualitätssprung bei Datenerhebung und -analyse mit sich bringen, dass lang etablierte Abfolgen von Beobachten, Auswerten und Handeln in Politik und Verwaltung neu gedacht werden können. Hierzu zeigen wir auf, wie *Data Analytics* und datenbasierte Verwaltungsautomatisierung in Politik und Verwaltung eingesetzt werden können, welche Datenquellen es gibt und welche Zwecke sie erfüllen können

Wir nehmen in diesem Beitrag eine offen technikeuphorische Perspektive ein, um vor allem die vielfältigen Chancen von *Data Analytics* für das politisch-administrative System herauszuarbeiten. Die kritischen Perspektiven auf dieses Thema – die wichtig, berechtigt und zahlreich sind – finden sich an anderer Stelle in diesem Sammelband. [4]

## 1.    Der datengetriebene Politikzyklus

Eine idealtypische Darstellung der Prozesse in Politik und Verwaltung ist der Politikzyklus. [5] Der originär politische Bereich des Politikzyklus umfasst das *Agenda Setting* – also das Erringen politischer Aufmerksamkeit für bestimmte Themen und Fragen –, die Phase der politischen Diskussion – in der Problemdefinitionen konkurrieren

---

[3]   Gil-Garcia 2012, eigene Übersetzung
[4]   siehe Fadavian 2018; Lenk 2018; Thapa 2018 in diesem Band
[5]   Jann & Wegrich, 2005

und Werte- und Zielkonflikte ausgetragen werden – und die Politik-
formulierung, in der konkrete Maßnahmen festgelegt werden. In das
Aufgabengebiet der öffentlichen Verwaltung fallen vor allem die
Phasen der Implementierung, also der Umsetzung der politisch ge-
setzten Maßnahmen, sowie die anschließende Evaluierung des
Maßnahmenerfolgs, die das Thema häufig erneut auf die politische
Tagesordnung setzt.

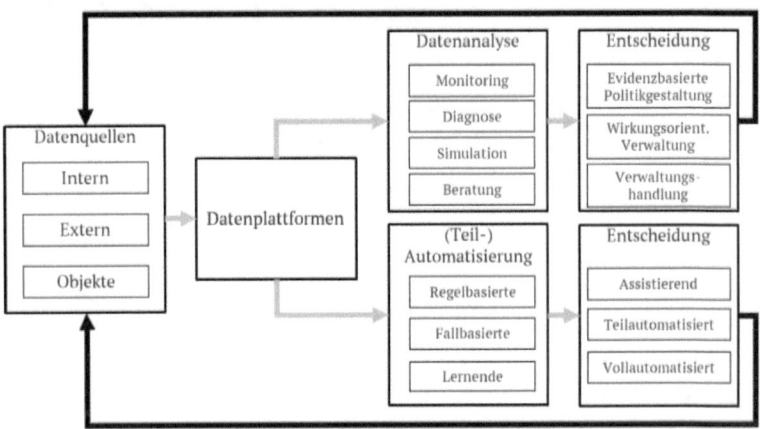

*Abbildung 1: Datenbasierte Evaluation und Optimierung in Politik und*
*Verwaltung*

Neue Datentechnologien wie Big Data und *Analytics* können jede
Phase des klassischen Politikzyklus verändern.[6] So können Themen
mithilfe von *Data Analytics* auf die politische Tagesordnung gesetzt
werden, sei es als Ergebnis politischer Frühwarnsysteme, wie dem
»*Risk Assessment and Horizon Scanning*«-Programm in Singapur[7] o-
der dem »*Horizon Scanning*«-Programm in Großbritannien,[8] sei es

[6]   Höchtl, Parycek & Schölhammer 2015
[7]   Chong, Hann, Hua, et al. 2011
[8]   Gov.uk 2014

durch die Big-Data-gestützte Beobachtung und Analyse der öffentlichen Meinung.[9] Problemdefinition und Politikformulierung können durch Kausalanalysen und die Simulation verschiedener Interventionen im Sinne einer evidenzbasierten Politikgestaltung unterstützt werden.[10] Beispielsweise hat es in der Umweltpolitik lange Tradition, mit Ökosystemmodellen und anderen Simulationen die Auswirkungen verschiedener politischer Handlungsalternativen durchzuspielen.[11] In der Implementierungsphase liegt der Einsatz von *Analytics* für Optimierung und Mustererkennung im Verwaltungshandeln nahe. So wertet das Gesundheitsamt von Chicago die Daten früherer Betriebsinspektionen, Bürgerbeschwerden und sogar sozialer Medien aus, um gezielt jene Gastronomiebetriebe zu inspizieren, bei denen am wahrscheinlichsten Verstöße anzutreffen sind.[12] Einige Staaten setzen bereits *Analytics* in der Steuerverwaltung ein, um verdächtige Steuerfälle für die genauere Prüfung durch Finanzbeamte zu identifizieren.[13] Die abschließende Evaluationsphase des Politikzyklus trifft die Kompetenz von *Analytics* im Kern, sodass nicht nur deskriptiv das Ergebnis einer politischen Maßnahme festgehalten, sondern bei entsprechender Datenlage auch ein differenziertes Wie und Warum der Wirkungsweise herausgearbeitet werden kann. Beispielsweise erlaubt individuelle Lernsoftware an Schulen nicht nur die Auswertung des Lernfortschritts jedes einzelnen Schülers, sondern kann theoretisch auch zu einem hochaufgelösten Bild des Einflusses von Bildungsreformen auf verschiedene Schüler- und Schultypen zusammengesetzt werden.[14] So lassen

---

[9] Gonzalez-Bailon 2013
[10] Dawes & Janssen 2013
[11] Umweltbundesamt 2013
[12] Thornton 2015
[13] OECD 2016
[14] West 2012; Macfadyen, Dawson, Pardo, et al. 2014

sich für jede einzelne Phase des Politikzyklus zahllose Anwendungen von *Data Analytics* finden.

*Data Analytics* können im Politikzyklus sowohl unterstützend in der klassischen Datenanalyse eingesetzt werden, wobei Verwaltungsverfahren und politische Entscheidungswege zunächst einmal unverändert bleiben, als auch zur mehr oder weniger umfassenden Automatisierung von Verwaltungsvorgängen. Unabhängig vom konkreten Einsatzzweck wird die Nutzbarkeit und Nützlichkeit von *Analytics* maßgeblich von den verfügbaren Daten bestimmt, die in die Analyse einfließen können. Durch die Digitalisierung der Gesellschaft haben sich auch die möglichen Datenquellen vervielfacht sowie der Aufwand zu ihrer Erschließung verringert. Daher ist zunächst ein näherer Blick auf die Datenquellen für *Data Analytics* für Politik und Verwaltung sinnvoll.

## 2.  Datenquellen als Voraussetzung für *Data Analytics* in Politik und Verwaltung

Die Auswertung von Daten für Politik und Verwaltung ist an sich nichts Neues. Auch die Auswertungsmethoden, die unter *Data Analytics* zusammengefasst werden, sind zum Großteil nicht neu, wobei die wachsende Rechenleistung teilweise Anwendungen in ungekannter Dimension ermöglicht hat. All diese Analysemethoden erhalten ihren Wert erst mit einer Datenbasis, auf die sie angewendet werden können. Die neuen Möglichkeiten von *Data Analytics* speisen sich daher vor allem aus der Verfügbarkeit von Daten in ungekannter Dichte, Frequenz und Verknüpfbarkeit. So erhält Big Data seine Nützlichkeit nicht aus dem Datenvolumen in Giga- oder Terabytes. Vielmehr erlauben gigantische Fallzahlen die Anwendung statistischer Methoden, die bei kleineren Stichproben kaum signifikante Ergebnisse liefern. Zusätzlich kann eine extrem hohe Fallzahl mangelnde Datenqualität kompensieren, da einzelne Fehler in der Masse verrauschen. Gleichzeitig erhält Big Data die Granularität, d. h. die Isolierbarkeit einzelner Datenpunkte – beispielsweise einzelner Personen – in einem Datensatz. Im Optimalfall können diese Datenpunkte in anderen Datensätzen wiedergefunden und somit die Informationen zusammengeführt werden – Stichwort *Linked Data*. Eine weitere neue Qualität ist die hohe Frequenz und Aktualität der Datenerhebung, die bis zum *Nowcasting,* der Beobachtung in Echtzeit, reichen kann. Im Kontext von Politik und Verwaltung gibt es im Wesentlichen drei Arten von Datenquellen, auf die sich *Data Analytics* stützen kann: verwaltungsinterne und verwaltungsexterne Datenquellen sowie cyberphysische Systeme.

## 2.1. Verwaltungsinterne Datenquellen

Amtliche Daten sind die offensichtlichste Quelle für *Data Analytics* in Politik und Verwaltung. Dies reicht von hochstrukturierten digitalen Registern, beispielsweise Kraftfahrzeug- oder Personenregister, auf die Behörden in Sekundenschnelle über Online-Schnittstellen zugreifen können, bis hin zu historischen Urkunden in den Stadtarchiven, deren Finden und Lesen einen großen Aufwand darstellen kann. Dazwischen befinden sich die mehr oder weniger isolierten Datenbanken digitaler Fachverfahren, Listen in Tabellenkalkulationsformaten, Protokolle und Dokumente in Textbearbeitungsprogrammen, und vieles mehr. Häufig wird daher von einem zu hebenden »Datenschatz« der öffentlichen Verwaltung gesprochen. Das deutsche *Open-Government-Data*-Portal *GovData.de,* auf dem die Verwaltung ausgewählte Datensätze der Öffentlichkeit bereitstellt, bot im Frühjahr 2018 rund 21.000 separate Datensätze an. Geht man davon aus, dass nur ein Bruchteil der Daten in öffentlicher Hand zu *Open Government Data* wird, lässt sich erahnen, was für eine Breite an Datensätzen in der öffentlichen Verwaltung vorhanden ist.

Leider haben die wenigsten Behörden einen Überblick über ihre internen Datenbestände, sodass zwischen dem Vorhandensein der Daten und ihrer Inwertsetzung durch *Data Analytics* zunächst eine Bestandsaufnahme nötig ist.

In vielen Fällen geht der Impuls für eine solche Bestandsaufnahme von der Einführung von *Open Government Data* aus. Nicht nur, weil eine Übersicht der vorhandenen Datensätze geschaffen wird, um zu entscheiden, welche Daten veröffentlicht werden können.[15] Auch, weil oft erst in diesem Prozess ein Bewusstsein dafür entsteht, was »Daten« alles umfassen kann. So sind ein internes »Daten-Cockpit« für das Aufbereiten von Datensätzen und ein allgemeines *Data Monitoring* Kernbestandteil des »Open Government Vorgehensmodells«,[16] das beispielsweise in Wien und dem Land Brandenburg implementiert wurde.

Eine weitere Herausforderung ist das Teilen von Daten innerhalb der öffentlichen Verwaltung. Neben rechtlichen Schranken, etwa Datenschutzvorschriften oder dem Gebot der Zweckgebundenheit, ist vor allem organisationspolitisches Kalkül ein Hindernis. Den Zugriff zu bestimmten Datensätzen zu kontrollieren, bedeutet Macht – sei es als Teil von »Kuhhandeln« zwischen Abteilungen oder Behörden, sei es, weil diese Daten die Leistung und etwaige Fehler einer Organisationseinheit dokumentieren. Behörden sind daher häufig zögerlich beim Verfügbarmachen von Datensätzen, und deshalb ist auch die Erschließung verwaltungsinterner Datenquellen nicht trivial.[17] Gerade mit Blick auf die Verknüpfung von Datensätzen liegt hier jedoch großes Potenzial brach.

---

[15] Klessmann & Staab 2018
[16] Krabina & Lutz 2016
[17] Thapa & Schwab 2018

## 2.2. Verwaltungsexterne Datenquellen

Die Nutzung externer Datenquellen ist für die öffentliche Verwaltung eher ungewohnt, denn klassischerweise sind nur amtlich erhobene Daten verlässlich genug, um als Grundlage für Verwaltungsakte zu dienen. Externe Datenquellen können beispielsweise Arbeitgeber, Bildungseinrichtungen, Banken, Versicherungen, Versorgungsunternehmen, Gesundheitsdienstleister, Kommunikationsanbieter, soziale Medien, Mobilitätsanbieter und viele mehr sein. Die personenbezogene Nutzung von externen Datenquellen für Einzelfallentscheidungen setzt ein besonderes Maß an Verlässlichkeit sowie Vereinbarungen über Datenweitergabe und Datenschutz voraus, und ist somit mit einem hohen Aufwand verbunden. Interessanter ist daher die Nutzung offener externer Datenquellen für die Beobachtung gesellschaftlicher Entwicklungen. Bei diesen sind die Anforderungen an die Datenqualität viel geringer, da es nicht um korrekte Detailinformationen zu Einzelfällen, sondern um den Blick auf gesellschaftliche Gruppen im Aggregat geht, sodass vereinzelte fehler- oder lückenhaft Angaben in der Masse verrauschen. Externe Datenquellen sind für Politik und Verwaltung wertvoll, weil sie einerseits Licht auf Lebensbereiche werfen, zu denen der Staat keine eigenen Daten erhebt, andererseits Daten häufig schneller und aktueller bereitstellen als amtliche Erhebungs- und Meldungsverfahren. So wurden beispielsweise im Rahmen von *UN Global Pulse,* dem Big-Data-Programm der Vereinten Nationen, in Ostafrika die Aufladesummen von Mobilfunkguthaben als Frühwarnsystem für Liquiditätsengpässe in der Bevölkerung genutzt.[18] In Indonesien beobachtet das gleiche UN-Programm durch die Auswertung sozialer Medien

---

[18]  Decuyper, Rutherford, Wadhwa, et al. 2014

die Preise von Reis und anderen Grundnahrungsmitteln in Echtzeit.[19] Das nationale Statistikamt der Niederlande hat erfolgreich Versuche zur Ergänzung amtlicher Statistiken durch externe Big Data durchgeführt, beispielsweise die Echtzeit-Einschätzung des Verbrauchervertrauens auf Grundlage sozialer Medien.[20] Diese Beispiele machen deutlich, wie die öffentliche Verwaltung gezielt externe Datenquellen erschließen kann und diese helfen können, etwa Wirtschaftspolitik an aktuellen, aber nicht ganz exakten Näherungswerten anstelle von sehr präzisen, aber meist Monate oder sogar Jahre alten Wirtschaftsdaten auszurichten und so eine bessere politische Steuerung zu erzielen.

## 2.3. Cyberphysische Objekte als Datenquellen

Mit dem Aufkommen des Internets der Dinge wird die physische Welt zunehmend mit vernetzten Sensoren durchsetzt. Unsere Smartphones, mit Positions- und Beschleunigungssensoren sowie Mikrofonen und Kameras ausgerüstet, sind nur das offensichtlichste Beispiel. So wurden im Rahmen des EU-geförderten Projekts »SmartSantander« in der spanischen Stadt Santander auf 35 Quadratkilometern etwa 15.000 Sensoren in Straßenlaternen, Gebäuden, Asphalt und städtischen Fahrzeugen verbaut, die Daten über Lichtverhältnisse, Temperatur, Geräusche, Kohlendioxid und z. B. auch freie Parkplätze drahtlos an das Rathaus übertragen.[21] Andere Beispiele sind öffentliche Abfalleimer, die ihren Füllstand melden, Vibrationssensoren in Straßen und Fahrzeugen, die frühzeitig Schlaglöcher erkennen, Überwachungskameras, die Bewegungen von Men-

---

[19] UN Global Pulse 2014
[20] Daas, Puts, Buelens, et al. 2015; Daas & Puts 2014
[21] Cheng, Longo, Cirillo, et al. 2015

schen und Fahrzeugen erkennen und einordnen können, und intelligente Stromzähler, die über den Stromverbrauch einzelne Haushaltsgeräte erkennen.[22] Diese Sensornetze eröffnen einen bisher ungekannten Überblick über das öffentliche Geschehen, noch dazu in Echtzeit. In vielen Politikfeldern, z. B. Verkehr, Umwelt, Daseinsvorsorge und Katastrophenschutz, ergeben sich daraus neue Möglichkeiten des Monitorings, der Planung und der Feinsteuerung. Im Zusammenspiel mit verwaltungsinternen und -externen Datenquellen verknüpfen sich die Daten aus cyberphysischen Objekten zu der dichten Datendecke, die die »Datenrevolution« für politische Entscheidungsträger erst nützlich macht.[23]

## 2.4. Datenplattformen für die Verwaltung

Um Datensätze auszutauschen und gemeinsam zu nutzen, setzen Verwaltungen zunehmend zentrale Datenplattformen ein, auf denen verschiedene Datenquellen für die gesamte Organisation verfügbar gemacht werden. Neben von der Verwaltung aufbereiteten Datensätzen werden hier auch die Datenströme cyberphysischer Sensoren eingespeist und archiviert. Kopenhagen betreibt beispielsweise den »City Data Exchange«, einen virtuellen Marktplatz, auf dem öffentliche wie private Organisationen Datensätze anbieten und herunterladen bzw. kaufen können.[24] Vorteil derartiger Datenplattformen ist nicht nur die Übersichtlichkeit, Aktualität und direkte Verfügbarkeit der Verwaltungsdaten, sondern auch die damit meist einhergehende Einheitlichkeit von Klassifikationen und Formaten. Denn im besten Fall unterliegt eine solche Datenplattform einer organisationsweiten *Data Governance,* die die Datenqualität

---

[22] Kitchin 2013; Bienzeisler 2017; Hashem, Chang, Anuar, et al. 2016; Borgia 2014

[23] Kitchin 2014b

[24] Hill 2017

sichert und Standards für Datenformate vorgibt. Da diese Datensätze zudem üblicherweise in maschinenlesbarem Format vorliegen, können die Daten der verwaltungsinternen Datenplattform mit minimalem Aufwand in diversen *Analytics*-Instrumenten zusammengeführt und verarbeitet werden. Auf solchen Plattformen kann zudem vertrauenswürdig und produktiv mit personenbezogenen Datensätzen umgegangen werden, etwa mithilfe von Funktionen zur automatischen Anonymisierung und Verrauschung der Daten sowie der Zugangskontrolle für berechtigte Zwecke und Nutzer. Derzeit sind vor allem Open-Data-Plattformen wie das deutsche Verwaltungsdatenportal *GovData.de* verbreitet, die ausgewählte Datensätze nach dieser Logik für die allgemeine Öffentlichkeit zur Verfügung stellen. Weitergedacht ermöglichen aber erst verwaltungsinterne Datenplattformen den reibungslosen Zugang zu Datenquellen, der für die Umsetzung von weitreichender datengetriebener Politikgestaltung nötig ist.

## 3. *Data Analytics* für die klassische Datenanalyse

Auch im klassischen Politikzyklus spielen Daten und Datenanalyse an vielen Stellen eine Rolle: für die datenbasierte Problemdiagnose gesellschaftlicher Herausforderungen, die empirisch fundierte Politikfolgenabschätzung, das begleitende Monitoring von Politikimplementierung und die abschließende Evaluation der Wirksamkeit politischer Maßnahmen. Aus den neuen Datentechnologien, also der Erschließung verwaltungsinterner, verwaltungsexterner und cyberphysischer Datenquellen einerseits, und der Anwendung neuer Analysetechniken dank gestiegener Rechenkapazitäten andererseits, ergibt sich hier ein deutlicher Sprung in der Qualität. Die gestiegene Granularität der Daten – zum Teil nachvollziehbar bis zum einzelnen Verwaltungsfall, Bürger oder Unternehmen – sowie Datenfrequenz, bis hin zur Echtzeit, ermöglicht eine Beobachtungsdichte, die auch die Aussagekraft in den klassischen Anwendungsfällen von Datenanalysen im politischen Prozess merklich steigert. *Data Analytics* in der klassischen Datenanalyse verändert also nicht grundsätzlich den Ablauf des Politikzyklus, bietet jedoch genauere und nützlichere Informationen für die Entscheidungsträger als bisher.

## 3.1.   Monitoring

Monitoring, also das fortlaufende Überwachen von Verwaltungsmaßnahmen und ihren Auswirkungen, gehört bereits seit Langem zum Instrumentarium von Politik und Verwaltung. Umfassendes und tiefgehendes Monitoring, das über die in Informationssystemen automatisch erzeugten Verfahrensdaten hinausgeht und auch die Zielseite staatlicher Programme umfassend erfasst, war bisher aber aus Kostengründen rar.[25] Stattdessen konzentrieren Politik und Verwaltung den Erhebungsaufwand, insbesondere zu den Effekten von Maßnahmen, auf Zwischen- oder Abschlussevalutionen an bestimmten Stichtagen. Durch *Data Analytics* sinken die Informationskosten, und ergänzend zur bzw. anstelle der Evaluation am Ende des Politikzyklus wird durch neue Datentechnologien ein fortlaufendes Monitoring politischer Maßnahmen und ihrer Auswirkungen erschwinglich. Dies kann beispielsweise ein überschaubares Set von wichtigen Indikatoren in einem Politikfeld sein, das Entscheidungsträgern regelmäßig aktualisiert als Überblick angeboten wird. Für Kommunalverwaltungen gibt es inzwischen zahlreiche sogenannter *Dashboards* oder Cockpits, die verschiedene Maße – von der

---

[25]   Hatry 1992

Feinstaubbelastung im Innenstadtbereich über die durchschnittliche Wartezeit im Bürgeramt bis zur Betreuungsquote durch die kommunalen Seniorenheime – anschaulich aufbereiten.[26] Bei entsprechender Datendichte können so auch die Auswirkungen politischer Maßnahmen verfolgt werden. Wenn eine Kommune beispielsweise keine Gebühren mehr für Kindertagestätten erhebt, wie wirkt sich dies auf die Anmeldungen der Kindertagestätte, das Erwerbskräfteangebot und die Geburtenrate in der Gemeinde aus? Welche sozioökonomischen Gruppen wechseln nun von der Heimbetreuung zur Kindertagestätte? Ist nachvollziehbar, wofür Familien das bei der Kinderbetreuung eingesparte Geld einsetzen? Durch datengetriebenes Monitoring verlagert sich die Evaluation vom Abschluss des Politikzyklus hin zu einem kontinuierlichen Vorgang parallel zur Implementierung, was ein frühzeitiges Nachsteuern bei nichtintendierten Folgen einer politischen Maßnahme möglich macht.

## 3.2. Diagnose

Der Politikzyklus beginnt üblicherweise mit der Identifikation eines gesellschaftlichen Missstandes, der genug öffentliche Aufmerksamkeit erfährt, um auf die politische Agenda gehoben zu werden. Um diesen Missstand zu beheben, muss jedoch eine Diagnose über seine Ursachen getroffen werden. Diese Diagnose ist meist Kern der politischen Auseinandersetzungen.[27] Steigt beispielsweise die Jugendkriminalität in einem Bundesland, mag die eine politische Fraktion Langeweile und Perspektivlosigkeit als Ursache identifizieren und folglich Maßnahmen wie mehr Sozialarbeiter, Jugendclubs und Jugendarbeitsagenturen fordern. Die andere Fraktion mag Verrohung

---

[26] Kitchin, Lauriault & McArdle 2015
[27] Rochefort & Cobb 1994

und mangelnde Erziehung als Ursache sehen und für mehr Polizisten, kurze Haftstrafen bereits für kleine Vergehen und Sittenunterricht in der Schule eintreten. Begleitet werden diese Debatten üblicherweise von wissenschaftlichen Studien, die ihrerseits mit Hilfe wissenschaftlicher Methoden versuchen, die Ursachen und daher erfolgversprechendsten Maßnahmen zu ermitteln. Das Verhältnis von Wissenschaft und Politik ist komplex und der Einfluss wissenschaftlicher Studien auf die politische Entscheidungsfindung wechselhaft.[28] Nichtsdestotrotz kann diese klassische, diagnostische Funktion von Datenanalysen im Politikzyklus durch *Data Analytics* schneller, günstiger und besser umgesetzt werden: Der Rückgriff auf vorhandene, eventuell auch verwaltungsexterne Datenquellen kann teilweise Langzeitstudien ersetzen, die nicht spontan nachgeholt werden können, sobald ein Thema auf die politische Agenda gelangt. Je nach Datenlage können weitere Faktoren und Wirkungsmodelle, die in der politischen Diskussion aufkommen, einfacher in die Diagnosemodelle integriert werden. So kann *Data Analytics* einen Teil dazu beitragen, Debatten um politische Diagnosen effizienter und flexibler um evidenzbasierte Perspektiven zu ergänzen, weil Daten zur Beantwortung von Fragen bereits in dem Moment vorliegen, in dem diese gestellt werden.

## 3.3. Simulation

Politische Entscheidungen finden unter Ungewissheit statt: Wie wird sich die gewählte politische Maßnahme auswirken? Welche nichtintendierten Nebenwirkungen treten eventuell auf? Um diese Ungewissheit zu mindern, lassen Entscheidungsträger in Politik und Verwaltung Politikfolgenabschätzungen unterschiedlichster Komplexität anfertigen.[29] Dass Wirtschaftsforschungsinstitute mit

---

[28] Weiss 1991
[29] Oh & Rich 1996

volkswirtschaftlichen Modellen die Folgen wirtschaftspolitischer Maßnahmen berechnen, sind wir seit vielen Jahrzehnten gewohnt.[30] Studien zur Politikfolgenabschätzung konkurrierender Vorschläge sind beliebte Munition in der politischen Auseinandersetzung. Dabei nutzen solche Politikfolgenabschätzungen nur selten den vollen Werkzeugkasten aus, der für die Simulation und Modellierung gesellschaftlicher Prozesse inzwischen zur Verfügung steht. Mit *Agent-based Modeling* und anderen Methoden der *Computational Sociology* lassen sich inzwischen ganze Gesellschaften im Computer simulieren.[31] Mithilfe der neuen Datenquellen und Erhebungs- und Analysefähigkeiten von *Data Analytics* können nun historische Daten leichter ausgewertet werden, um Verhaltensmuster zu erkennen und so Vorhersagen im Sinne von *Predictive Analytics* zu treffen, inklusive der Simulation unterschiedlicher Rahmenbedingungen. Plant eine Regierung beispielsweise durch das Anheben der Mineralölsteuer den Personenfernverkehr vom individuellen Automobil auf die umweltfreundlichere Schiene zu verlagern, kann mithilfe von *Data Analytics* die Reaktion der Bürger auf diese Maßnahme simuliert werden. So können beispielsweise vergangene Reaktionen verschiedener Konsumentengruppen auf Ölpreishochs Vorhersagen darüber ermöglichen, ob die Bürger tatsächlich auf die Bahn ausweichen oder doch eher auf den umweltschädlicheren Flugverkehr. Auf diese Weise können Simulationen mithilfe von *Data Analytics* das Gefühl der Ungewissheit bei Entscheidungsträgern in Politik und Verwaltung mindern. Allerdings können diese Simulationen natürlich irren, auch wenn Big Data aufgrund der extrem hohen Fallzah-

---

[30] Hawkins 2005
[31] Epstein 2006

len geringere Fehlergrenzen aufweist als die klassische Inferenzstatistik und durch maschinelles Lernen optimierte Kausalmodelle eine hohe Robustheit an den Tag legen.[32]

## 3.4.  *Data Analytics* zur Entscheidungsunterstützung

*Data Analytics* in der klassischen Datenanalyse für Politik und Verwaltung, sei es im Monitoring politischer Maßnahmen, der Ursachendiagnose gesellschaftlicher Probleme oder der Simulation für die Folgenabschätzung, dient der Entscheidungsunterstützung bzw. Beratung der menschlichen Entscheidungsträger. Die Frage, ob Entscheidungshoheit und Verantwortung bei Mensch oder Maschine liegen, kann also definitiv beantwortet werden, nämlich weiterhin bei den politischen Mandats- und Amtsträger. Es obliegt den menschlichen Politikern, den Ausgleich zwischen widerstreitenden Interessen zu finden und zu vermitteln.

*Data Analytics* kann zur Entscheidungsunterstützung auf verschiedene Arten eingesetzt werden: Als Informationsquelle zur evidenzbasierten Politikgestaltung für politische Entscheidungsträger, als Instrument der Wirkungskontrolle von Programmen und Maßnahmen für Entscheidungsträger in der Verwaltung und als Informationsbeschaffungs- und Optimierungshilfsmittel im fallorientierten Verwaltungshandeln.

Daraus darf keine blinde Datengläubigkeit folgen: Datenbasierte »Evidenz« sollte nur ein Signal unter vielen sein, die Entscheidungsträger in ihre Meinungsbildung einbeziehen. Schließlich können Datengrundlagen unzureichend oder verzerrt, Fragestellungen un-

---

[32]  Cukier & Mayer-Schönberger 2013

angemessen operationalisiert und Auswertungsalgorithmen unzureichend kalibriert sein.[33] Im Zusammenspiel mit weiteren Informationsquellen kann *Data Analytics* jedoch dabei helfen, ein umfassenderes Bild der Sachverhalte zu gewinnen und so eine bessere Entscheidungsgrundlage bieten.

## 3.4.1. Evidenzbasierte Politikgestaltung

Evidenzbasierte Politikgestaltung meint nicht nur das Einbeziehen allgemeiner wissenschaftlicher Erkenntnisse in politische Entscheidungen, sondern auch die Evaluation politischer Maßnahmen mit wissenschaftlicher Methodik in politischen Entscheidungsprozessen zu beachten.[34] Wie bereits dargelegt, erweitern die neuen Datentechnologien die Fähigkeiten hierzu durch verbesserte Monitoring-, Diagnose- und Simulationsfähigkeiten enorm. So kann *Data Analytics* helfen, zentrale Fragen der Politikgestaltung zu beantworten, wie zum Beispiel: Was sind die Anliegen und Bedürfnisse verschiedener Bevölkerungsgruppen? Welche Maßnahmen befriedigen diese voraussichtlich am effizientesten? Mit welchen Auswirkungen auf die Interessen anderer ist in Folge zu rechnen?

Entscheidungsträger mit derartigen Informationen zu versorgen, ist traditionell Aufgabe der öffentlichen Verwaltung und kann es auch weiterhin bleiben. Um sich bei der strategisch so bedeutsamen Datenanalyse nicht abhängig von privatwirtschaftlichen Anbietern zu machen, sollten die entsprechenden Fachabteilungen der öffentlichen Verwaltung eigene Kompetenz in *Data Science* aufbauen.

---

[33] Kitchin 2014a
[34] Solesbury 2001

### 3.4.2. Wirkungsorientierung und strategische Steuerung der Verwaltung

Spätestens seit den Reformen des *New Public Management* bzw. des Neuen Steuerungsmodells wird der Erfolg von Verwaltungsarbeit im Allgemeinen durch das Erreichen zuvor festgelegter Ziele bei möglichst geringem Ressourceneinsatz gemessen.[35] Zu diesem Zweck haben viele Verwaltungen aufwendige *Performance-Measurement-*Systeme mit Leistungskennzahlen eingeführt, bei denen häufig die zu bewertenden Organisationseinheiten oder Mitarbeiter ihren eigenen Output melden. Die tatsächliche Wirkung der Verwaltungsmaßnahmen bei Bürgern und Unternehmen zu messen, ist hingegen zumeist zu kostspielig.[36]

*Data Analytics* kann hier nicht nur dazu beitragen, *Performance Measurement* weitgehend zu automatisieren und so den Erhebungsaufwand zu reduzieren, indem beispielsweise Verfahrensdaten aus den Fachverfahrenssystemen herangezogen werden, sondern auch das prinzipielle Problem der Selbstmeldungen zu reduzieren.[37] Zusätzlich können durch die Beobachtung in Quasi-Echtzeit statt durch Jahresberichte Entscheidungsträger früher und flexibler nachsteuern, wenn Verwaltungsmaßnahmen nicht so wirken oder angenommen werden wie ursprünglich geplant.

Die strategische und wirkungsorientierte Steuerung der Verwaltung kann mit der Unterstützung durch *Data Analytics* also insgesamt zielführender und mit weniger Aufwand für die Mitarbeiter umgesetzt werden.

---

[35] Kegelmann 2007
[36] Baker 2000, S.VI
[37] Rogge, Agasisti & De Witte 2017

### 3.4.3.  Fallbezogenes Verwaltungshandeln

Jenseits politischer Entscheidungen und strategischer Steuerung kann *Data Analytics* auch die Bearbeitung einzelner Verwaltungsfälle und spezifischer Verwaltungsaufgaben unterstützen. So können beispielsweise Fälle nach ermittelter Dringlichkeit, vorhergesagtem Bearbeitungsaufwand oder berechneter Trefferwahrscheinlichkeit priorisiert werden, wie im Fall der Chicagoer Gesundheitsinspektion oder der New Yorker Brandschutzinspektion.[38] Ebenfalls möglich sind Plausabilitätsprüfungen auf Basis der Zusammenführung und Auswertung verschiedener Datenquellen, wie sie etwa durch die deutschen Finanzämter bei der Prüfung von Steuererklärungen vorgenommen werden.[39] Auch die Empfehlung besonderen Erfolg versprechender Maßnahmen für den konkreten Fall, wie dies etwa die deutsche Bundesagentur für Arbeit auf Grundlage ihrer historischen Falldaten und der persönlichen Merkmale umsetzt,[40] ist denkbar. In England werden im Rahmen des *»Troubled Families«*-Programmes Daten verschiedener Behörden und Dienste zusammengezogen, um das soziale Abrutschen von Familien frühzeitig erkennen und mit den datenbasiert den meisten Erfolg versprechenden Interventionen reagieren zu können.[41] *Predictive Analytics* wird derzeit beispielsweise für die Einsatzplanung von Sicherheits- und Rettungskräften genutzt, wobei etwa mit dem in Deutschland verbreiteten *»PreCobs«*-System die Wahrscheinlichkeit von Wohnungseinbrüchen in verschiedenen Straßenzügen vorhergesagt wird.[42]

---

[38]  Dwoskin 2014
[39]  Scher 2018
[40]  Brown, Chui & Manyika 2011
[41]  Department for Communities and Local Government 2017; Ipsos MORI Social Research Institute 2017
[42]  Richter & Kind 2016

Im Handlungsfeld des operativen Verwaltungshandelns überschlägt sich derzeit das Identifizieren und Umsetzen von Anwendungsfällen für *Data Analytics,* wie die Zahl und Breite der erwähnten Beispiele verdeutlicht. Im Gegensatz zum Einsatz von *Data Analytics* für Entscheidungsträger in Politik und Verwaltung ergibt sich hieraus aber zunächst keine Veränderung am traditionellen Politikzyklus, da die politisch-strategische Sphäre weitgehend unberührt bleibt.

## 3.5. Agiles Regieren

Tatsächlich erlauben die neuen Datentechnologien jedoch, den Politikzyklus neu zu denken. Die Evaluation als eigener, abschließender Schritt wird durch die Möglichkeit zur kontinuierlichen Beobachtung und Analyse der Implementationsphase weitgehend überflüssig. Stattdessen können Politik und Verwaltung die gesellschaftlichen Auswirkungen neuer rechtlicher Regelungen oder Verwaltungsmaßnahmen im Optimalfall in Echtzeit verfolgen – und dementsprechend auch sofort nachjustieren. Hier setzen Ideen für ein sogenanntes »agiles Regieren« an, in Anlehnung an agile Softwareentwicklungsverfahren.[43] Die agile Methode zeichnet sich durch einen iterativen Ansatz aus, in dem in vielen kleinen Schritten implementiert und evaluiert wird, gemäß dem Credo *»Test early, test often«.* Entsprechend würden die Phasen der Politikformulierung, Implementierung und Evaluierung zu einem eigenen kleinen agilen Politikimplementierungszyklus, den die Verwaltung viele Male durchläuft, ehe der nächste Schritt im großen Politikzyklus genommen wird. Voraussetzung hierfür ist ein entsprechendes Verhältnis zwischen Legislative und Exekutive, das der Exekutive ausreichend Autonomie verleiht, um politische Maßnahmen agil und schnell nachjustieren zu können, wie es im parlamentarischen Prozess

---

[43] Parcell & Holden 2013

kaum möglich ist. Agiles Regieren kann an dieser Stelle also heißen, dass der Gesetzgeber vornehmlich politische Ziele und Maßnahmenkorridore vorgibt und die Verwaltung innerhalb dieses Handlungsrahmens mit größerer Freiheit als bisher optimale Interventionsmixe finden kann. Dies greift auch Ansätze einer experimentierenden Politikgestaltung aus den 1960ern auf, nach der beispielsweise an verschiedenen Orten unterschiedliche Varianten einer Maßnahme angewendet, evaluiert und anschließend die erfolgreichste Variante in der Fläche eingeführt wird.[44] So könnte beispielsweise in der Steuerpolitik der Gesetzgeber als Maßnahmenkorridor eine Bandbreite an Steuersätzen sowie Ziele, beispielsweise die Entlastung bestimmter gesellschaftlicher Gruppen um eine absolute monatliche Summe, vorgeben, mit denen die Finanzverwaltung in verschiedenen Kommunen experimentieren kann. Als *Randomized Control Trials* hat ein derartiges experimentierendes Vorgehen zum quasi-klinischen Vergleich unterschiedlicher Interventionen in der Entwicklungs-, Arbeitsmarkt- und Bildungspolitik in den letzten Jahren Aufmerksamkeit erregt.[45]

Dass diese Überlegungen nicht rein hypothetisch sind, beweisen die Regierungsstrategie »wirksam regieren« der deutschen Bundesregierung und die zugehörige Projektgruppe im Bundeskanzleramt. Die Projektgruppe erkundet seit 2015 in der Praxis, wie unter anderem Agilität, Evidenzbasierung und *Nudging* im Regierungshandeln funktionieren können.[46] Mit den fortgeschrittenen Analysetechniken und insbesondere den neuen Datenquellen eröffnen sich für derartige Ansätze agilen Regierens neue Möglichkeiten, die jedoch traditionelle Aufgabenteilungen zwischen Politik und Verwaltung

---

[44] Campbell 1969
[45] Banerjee & Duflo 2011
[46] Bundesregierung 2015

sowie althergebrachte Verfahren des politisch-administrativen Systems infrage stellen.

## 4. *Data Analytics* für die Verwaltungsautomatisierung

Dieselben Techniken der Datenerhebung und -auswertung, die *Data Analytics* zu einem wertvollen Instrument der beratenden Entscheidungsunterstützung machen, können auch für die Automatisierung der Verwaltung eingesetzt werden. Der Unterschied besteht lediglich darin, dass die Handlungsempfehlung aus der Datenanalyse automatisch als Entscheidung der Verwaltung gilt. Dementsprechend sind die Ansprüche an die Präzision und Robustheit der Entscheidungssysteme höher als bei reinen Empfehlungssystemen, die stets noch durch einen Menschen abgenommen werden.

### 4.1. Regelbasierte, fallbasierte und komplettautonome Automatisierung

Die einfachste Form der algorithmischen Verwaltungsautomatisierung sind vollständig regelbasierte Systeme, deren Entscheidungen auf deutlichen Wenn-Dann-Bedingungen beruhen. Technisch kann dies also in klar vordefinierten Entscheidungsbäumen abgebildet werden, die Menschen leicht nachvollziehen können. Ein Beispiel ist die österreichische Familienbeihilfe, die als Bedingungen lediglich an den Wohnsitz in Österreich, den Aufenthaltsstatus und das Vorhandensein minderjähriger Kinder geknüpft ist.[47] Fällt die automatische Prüfung dieser Kriterien positiv aus, wird selbsttätig die Auszahlung der Beihilfe eingeleitet. Ähnlich gelagert ist die Ausstellung

---

[47] Eixelsberger & Wundara 2018

des Bewohnerparkausweises, für den lediglich die gültige Melde-adresse und Fahrzeughalterschaft ermittelt sowie die Gebühr ge-zahlt werden muss. In Frankfurt am Main konnte so 2016 bereits rund die Hälfte der beantragten Bewohnerparkausweise vollautoma-tisch bearbeitet werden.[48] In derartigen regelbasierten Anwen-dungsfällen ist eine Automatisierung der Verwaltungsverfahren heutzutage technisch problemlos möglich.

Anspruchsvoller ist die Automatisierung fallbasierter Entscheidun-gen, für die bestehendes Recht auf komplexe Sachverhalten ange-wendet wird, Fälle verglichen werden und im Rahmen von Ermes-senspielräumen verschiedene Faktoren gegeneinander abgewogen werden. Durch das Auswerten historischer Akten können lernende Algorithmen anhand früherer Entscheidungen menschlicher Ver-waltungsmitarbeiter trainieren, angemessene fallbasierte Entschei-dungen selbstständig zu treffen.[49] Im Idealfall sind die automatisier-ten Entscheidungen schließlich konsistenter und weniger von Vor-urteilen, persönlichen Sympathien und Tagesform geprägt als jene menschlicher Entscheider.[50]

Den höchsten Grad der Automatisierung erreichen komplettauto-nome lernende Systeme, die ganze Infrastrukturen oder gesell-schaftliche Teilbereiche selbsttätig innerhalb definierter Parameter und Zielvorgaben steuern, und sich im Betrieb ständig selbst opti-mieren. Durch die zunehmende Verbreitung von Smart-City-Kon-zepten erfährt diese Systemklasse wachsende Relevanz, beispiels-

[48] Kommune21 2016
[49] Aupperle, Langkabel & Ramsauer 2018; Bruns 2017
[50] Danziger, Levav & Avnaim-Pesso 2011

weise in der Steuerung von Stromnetzen *(Smart Grids)* oder von Verkehr.[51] Unternehmen wie Siemens berichten bereits von ersten Pilotprojekten, etwa in der südindischen Stadt Bengaluru,[52] mit komplettautonomen Verkehrssteuerungssystemen, die Fußgänger und Fahrzeuge (wieder-)erkennen sowie Ampeln und Geschwindigkeitsvorgaben kontrollieren, um einen optimalen Verkehrsfluss zu erreichen. Diese Systeme sind nicht mehr in jedem Einzelschritt durch Menschen überwachbar und überprüfbar, sondern stellen ihre Funktionstüchtigkeit und Legitimität durch die Resultate ihrer Arbeit unter Beweis.[53]

Während regelbasierte Automatisierung bereits seit mehr als einem Jahrzehnt technisch möglich und auch zunehmend in der Verwaltung im operativen Einsatz ist, sind fallbasierte und komplettautonome Entscheidungssysteme noch Gegenstand von Debatten und ersten Pilotprojekten. So bestehen bei der Vollautomatisierung fallbasierter Entscheidungen mit Ermessensspielraum noch Bedenken zur rechtlichen Zulässigkeit in Deutschland.[54] Auch die Kontrolle und Transparenz lernender Algorithmen im Allgemeinen ist eine anhaltende Debatte.[55]

## 4.2.    Entscheidungen zwischen Mensch und Maschine

Egal, um welche Form der Verwaltungsautomatisierung es sich handelt, die Entscheidungen können letztgültig von Menschen, von der

---

[51]  Geisberger & Broy 2012

[52]  Chandran 2018

[53]  Ananny & Crawford 2018

[54]  Stelkens 2018

[55]  siehe Krafft & Zweig 2018; Lischka & Krüger 2018; Esken 2018; Künast 2018; Verbraucherzentrale Bundesverband 2018 in diesem Band

Maschine, oder verschieden gelagerten Mensch-Maschinen-Tandems getroffen werden. Das Spektrum lässt sich hier analog zum autonomen Fahren aufspannen: In der manuellen »*driver-only*«-Variante nutzt der Mensch IT-Verfahren lediglich als Umsetzungswerkzeug, sämtliche Entscheidungen werden durch ihn getroffen und Vorgänge durch ihn angestoßen. Die nächste Stufe sind assistierende Systeme, bei denen das IT-Verfahren weiterhin manuell durch den Menschen bedient und Vorgänge durch ihn angewiesen werden, ihn jedoch automatische Assistenzfunktionen wie beispielsweise Mustererkennung und Empfehlungssysteme unterstützen. Beim Auto sind dies etwa Warnsignale bei zu dichtem Auffahren, in der öffentlichen Verwaltung beispielsweise die dokumenteninterne Plausabilitätsprüfung der Angaben in einer Steuererklärung. Als Nächstes werden bei der Teilautomatisierung bereits einzelne Teilprozesse automatisiert, der Mitarbeiter steuert lediglich durch die Prüfung der Teilergebnisse und die Freigabe des jeweils nächsten Prozessschritts. In der Automobilwelt sind hierfür Einparkassistenten ein Beispiel, in der Verwaltung etwa die automatische Prüfung von Kriterien der Anspruchsberechtigung, die dem Verwaltungsmitarbeiter zur Entscheidungsfindung angezeigt werden.

Noch mehr Verantwortung erhält die Maschine auf der Stufe der Hochautomatisierung, bei der der gesamte Prozess automatisiert abläuft und nur noch in Ausnahmesituationen menschliches Eingreifen nötig ist. So ist derzeit bei autonom fahrenden Automobilen meist ein eingriffsbereiter Mensch auf dem Fahrersitz vorgeschrieben.[56] In der Verwaltung sei an die automatische Bearbeitung des Bewohnerparkausweises in Frankfurt am Main erinnert, wo in der Hälfte der Fälle doch ein Verwaltungsmitarbeiter hinzugezogen

---

[56] Gasser 2015

wird, um unklare Fälle zu entscheiden. Das Extrem auf der Maschinen-Seite des Entscheidungsspektrums sind vollautomatisierte bzw. autonome Systeme, die ohne jegliche menschliche Intervention arbeiten und entscheiden. In einigen deutschen Gemeinden fahren autonome Shuttlebusse mit geringer Geschwindigkeit in Pilotprojekten,[57] auch wenn zur Sicherheit stets noch ein Mensch über eine Notbremse wacht. Im Regelbetrieb würden diese Busse fahrerlos ihren Weg durch den Straßenverkehr finden und ihre Route entsprechend den Zielwünschen ihrer Passagiere optimieren. In der Verwaltung sind vollautomatisierte Systeme bisher vorwiegend in einfachen regelbasierten Fällen wie der österreichischen Familienbeihilfe umgesetzt, bei denen das Verwaltungsverfahren automatisch angestoßen wird, die Berechtigungen automatisch geprüft werden und schließlich die Leistung bereitgestellt wird.[58] Ein weiteres Einsatzfeld im öffentlichen Sektor ist die Steuerung von Infrastruktur wie Strom- und Wassernetzen oder des Verkehrs, wo die autonomen Systeme jedoch noch unter sehr engen Handlungsparametern agieren.

Das aufgespannte Mensch-Maschine-Entscheidungspektrum und die Beispiele verdeutlichen: Welche Aufgabenteilung zwischen Mensch und Maschine angemessen ist, muss von Fall zu Fall entschieden werden. Einerseits ist dies eine Frage des technisch Möglichen: Welche Daten stehen für die Entscheidungsfindung zur Verfügung? Dürfen diese verwendet werden? Lässt sich ein ausreichend robuster Algorithmus entwickeln? Andererseits ist dies auch eine politisch-ethische Frage: Welche Auswirkungen können algorithmische Fehlentscheidungen im betrachteten Fall nach sich ziehen? Sind für die Betroffenen maschinelle Entscheidungen akzeptabel?

---

[57] Winkelhake 2017
[58] Etscheid 2018 in diesem Band

Ähnlich zum autonomen Fahren werden auch bei der angemessenen Mischung zwischen menschlichem und maschinellem Entscheiden im Verwaltungs- und Politikbereich die technischen Fragen mit der fortschreitenden technischen Entwicklung zunehmend in den Hintergrund rücken und die politisch-ethischen Fragen entscheidend werden.

*Tabelle 1: Analogie zwischen Verwaltungsautomatisierung und autonomem Fahren (nach Matthias Flügge in Anlehnung an die Norm SAE J3016)*

| | |
|---|---|
| vollautomatisiert/<br>autonom | – Gesamtprozess läuft automatisiert<br>– Mitarbeiter muss nie eingreifen<br>– selbstkontrollierendes, eventuell lernendes System |
| hochautomatisiert | – Gesamtprozess läuft automatisiert<br>– In Ausnahmesituationen wird an den Menschen übergeben |
| teilautomatisiert | – Einzelne Teilprozesse automatisiert<br>– Verwaltungsmitarbeiter überwacht |
| assistiert | – IT-Verfahren wird manuell bedient<br>– Unterstützungsfunktionen für Mitarbeiter |
| manuell/<br>*»driver only«* | – IT-Verfahren wird manuell bedient<br>– keine Automatisierung, Mensch entscheidet alles |

# 5.  Politisch-administrative Stellschrauben

*Data Analytics* hat, sowohl zur Entscheidungsunterstützung als auch in der Verfahrensautomatisierung das Potenzial, lange etablierte Abläufe und Aufgabenteilungen in Politik und Verwaltung aufzubrechen und neu zu arrangieren. Die Heuristik des Politikzyklus verdeutlicht, wie zentral Datenerhebung und -auswertung für das politisch-administrative System sind und wie tiefgreifend daher technische Innovationen in diesen Bereichen dieses System verändern können. *Data Analytics* zur Entscheidungsunterstützung ermöglicht – vor allem durch die Breite und Geschwindigkeit der Datenerhebung – ein ungekanntes Niveau der Evidenzbasierung in Politik und Verwaltung, stellt dadurch jedoch auch das klassische, sehr lineare Entscheidungsmodell in Verwaltung und Parlament infrage. Die Automatisierung von Verwaltungsentscheidungen hat ein enormes Potenzial, den öffentlichen Sektor schneller und effizienter zu machen. In der Praxis sehen wir jedoch bisher technisch eher einfache Anwendungen. Weiterführende Anwendungen – insbesondere mithilfe lernender Algorithmen –zeichnen sich allerdings bereits ab und heben dementsprechende Fragen auf die politische Agenda.

Gleichzeitig haben wir herausgestellt, dass *Data Analytics* weder zwingend zur Vollautomatisierung der Verwaltung führen muss noch kann. Vielmehr sind zahlreiche Einsatzvarianten mit unterschiedlichen Aufgabenteilungen zwischen Mensch und Maschine denkbar, die sich aus dem technisch Machbaren, rechtlich Erlaubten und politisch Gewollten ergeben. So muss jede Einzelanwendung wohlüberlegt justiert werden.

Dementsprechend ergeben sich für Politik und Verwaltung drei zentrale Stellschrauben für *Data Analytics* und Verwaltungsautomatisierung:[59]

1. *IT-Governance,* mit Fragen wie: Welche IT-Systeme setzt die Verwaltung ein? Wie interoperabel sind diese? Wieviel »Verantwortung« darf ein maschinelles Entscheidungssystem übernehmen?

---

[59] Viale Pereira, Cunha, Lampoltshammer, et al. 2017

2. *Data Governance:* Welche Daten liegen der Verwaltung vor? Sind diese einheitlich, verständlich und maschinenlesbar strukturiert? Unter welchen Bedingungen und für welche Zwecke dürfen die Daten verwendet werden? Wie leicht sind diese Daten intern zugänglich?

3. *Collaborative Governance:* Wie sind Bürger, Politiker und Verwaltungsmitarbeiter in übergeordnete Entscheidungsprozesse eingebunden? Wieviel Akzeptanz finden Datenanalysen und maschinelle Entscheidungen?

Die neuen Datentechnologien haben also das Potenzial, Politik und Verwaltung in vielerlei Hinsicht schneller, effizienter und wirkungsvoller zu machen. Die Bedingungen zur Ausschöpfung dieses Potenzials zu schaffen und zu entscheiden, welche Rolle *Data Analytics* beim Regieren unserer Gesellschaft spielen soll, ist allerdings kein Automatismus, sondern eine politische Gestaltungsaufgabe.

## Quellen

Ananny, M. & Crawford, K. (2018) Seeing without knowing: Limitations of the transparency ideal and its application to algorithmic accountability. *New Media and Society.* 20 (3), S. 973–989.

Aupperle, A., Langkabel, T. & Ramsauer, K. (2018) *Denkimpuls Digitale Ethik: Künstliche Intelligenz – Assistenz oder Konkurrenz in der zukünftigen Verwaltung?.* Initiative D21.

Baker, J.L. (2000) *Evaluating the impact of development projects on poverty: A handbook for practitioners.* World Bank Publications.

Banerjee, A. V & Duflo, E. (2011) *Poor economics: A radical rethinking of the way to fight global poverty.*

Becker, P. (2010) *Kulturtechniken der Verwaltung.*

Bienzeisler, B. (2017) Smart City oder die Digitalisierung der Abfallwirtschaft–was jetzt anders wird. In: Hans-Peter Obladen & Michael Meetz

(Hrsg.). *Betriebswirtschaftliche Strategien für die Abfallwirtschaft und Stadt-reinigung 2017*. S. 63–68.

Borgia, E. (2014) The internet of things vision: Key features, applications and open issues. *Computer Communications*, 54, S. 1–31.

Brown, B., Chui, M. & Manyika, J. (2011) Are you ready for the era of ›big data‹? *McKinsey Quarterly*.

Bruns, L. (2017) *Autonome Verwaltungsverfahren*.

Bundesregierung (2015) *wirksam regieren*. http://s.fhg.de/mHi

Campbell, D.T. (1969) Reforms as experiments. *American Psychologist*. 24 (4), S. 409–429.

Chandran, T. (2018) *Smart Cities: Schlau statt Stau*. Siemens.com. http://s.fhg.de/UTs.

Cheng, B., Longo, S., Cirillo, F., Bauer, M., et al. (2015) Building a Big Data Platform for Smart Cities: Experience and Lessons from Santander. *Proceedings - 2015 IEEE International Congress on Big Data*. S. 592–599.

Chong, T.K., Hann, J.K.Y., Hua, J.T.T., Fah, W.R., et al. (2011) *Risk Assessment and Horizon Scanning Experimentation Centre*.

Cukier, K. & Mayer-Schönberger, V. (2013) The Rise of Big Data: How it's Changing the Way We Think about the World. *Foreign Affairs*. 92.

Daas, P.J.H., Puts, M.J., Buelens, B. & van den Hurk, P.A.M. (2015) Big Data as a source for official statistics. *Journal of Official Statistics*. 31 (2), S. 249–262.

Daas, P.J.H. & Puts, M.J.H. (2014) Social Media Sentiment and Consumer Confidence. *ECB Statistics Paper, 5*.

Danziger, S., Levav, J. & Avnaim-Pesso, L. (2011) Extraneous factors in judicial decisions. *Proceedings of the National Academy of Sciences*. 108 (17), S. 6889–6892.

Dawes, S. & Janssen, M. (2013) Policy informatics: addressing complex problems with rich data, computational tools, and stakeholder engagement. *Proceedings of the 14th Annual International Conference on Digital Government Research*. S. 251–253.

Decuyper, A., Rutherford, A., Wadhwa, A., Bauer, J.-M., et al. (2014) Estimating Food Consumption and Poverty Indices with Mobile Phone Data. *arXiv:* 1412.2595 ([cs.CY]).

Department for Communities and Local Government (2017) National evaluation of the Troubled Families Programme 2015 - 2020: family outcomes – national and local datasets: part 1. http://s.fhg.de/ZgN

Dwoskin, E. (2014) How New York's fire department uses data mining. *Wall Street Journal.* http://s.fhg.de/ey2.

Eckert, K.-P., Henckel, L. & Hoepner, P. (2014) Big Data - Ungehobene Schätze oder Digitaler Albtraum. Kompetenzzentrum Öffentliche IT.

Eixelsberger, W. & Wundara, M. (2018) Aktuelle Entwicklungen und Handlungsempfehlungen aus österreichischer Sicht. In: J. Stember, W. Eixelsberger, A. Spichiger (Hrsg.). *Wirkungen von E-Government.* S. 61–68.

Epstein, J.M. (2006) *Generative social science: Studies in agent-based computational modeling.*

Esken, S. (2018) Algorithmen: Eine (Gestaltungs-)Aufgabe für Politik?. In: R. Mohabbat Kar, B. E. P. Thapa, & P. Parycek (Hrsg.). *(Un)berechenbar? Algorithmen und Automatisierung in Staat und Gesellschaft.*

Etscheid, J. (2018) Automatisierungspotenziale in der Verwaltung. In: R. Mohabbat Kar, B. E. P. Thapa, & P. Parycek (Hrsg.). *(Un)berechenbar? Algorithmen und Automatisierung in Staat und Gesellschaft.*

Fadavian, B. (2018) Chancen und Grenzen der algorithmischen Verwaltung im demokratischen Verfassungsstaat. In: Resa Mohabbat Kar, Basanta E. P. Thapa, & Peter Parycek (Hrsg.). *(Un)berechenbar? Algorithmen und Automatisierung in Staat und Gesellschaft.*

Gasser, T.M. (2015) Grundlegende und spezielle Rechtsfragen für autonome Fahrzeuge. In: M. Maurer, J. Gerdes, B. Lenz, & H. Winner (Hrsg.). *Autonomes Fahren.* S. 544–574.

Geisberger, E. & Broy, M. (2012) Integrierte Forschungsagenda Cyber-Physical Systems.

Gil-Garcia, J.R. (2012) Towards a smart State? Inter-agency collaboration, information integration, and beyond. *Information Polity.* 17, S. 269–280.

Gonzalez-Bailon, S. (2013) Social Science in the Era of Big Data. *Policy & Internet*. 5 (2), S. 147–160.

Gov.uk (2014) *Horizon Scanning Programme team*. http://s.fhg.de/vdR.

Hashem, I.A.T., Chang, V., Anuar, N.B., Adewole, K., et al. (2016) The role of big data in smart city. *International Journal of Information Management*. 36 (5), S. 748–758.

Hatry, P. (1992) The Case for Performance Monitoring. *Public Administration Review*. 52 (6), S. 604–610.

Hawkins, J. (2005) Economic forecasting: history and procedures. *Economic Roundup*.

Hill, J. (2017) City Data Exchange: Integrierte Services statt Datensilos. *ComputerWoche*. http://s.fhg.de/pnh.

Höchtl, J., Parycek, P. & Schölhammer, R. (2015) Big Data in the Policy Cycle: Policy Decision Making in the Digital Era. *Journal of Organizational Computing and Electronic Commerce*, 26, 1-2. S. 147-169.

Ipsos MORI Social Research Institute (2017) National evaluation of the Troubled Families Programme 2015 to 2020: Qualitative Case study research Phase 1 - 2015-2017. http://s.fhg.de/ZgN.

Jann, W. & Wegrich, K. (2005) Theories of the policy cycle. In: Fischer, F. & Miller, G. J. (2005) *Handbook of Public Policy Analysis*. S. 69-88.

Kegelmann, J. (2007) *New Public Management: Möglichkeiten und Grenzen des Neuen Steuerungsmodells*.

Kitchin, R. (2014a) Big Data, new epistemologies and paradigm shifts. *Big Data & Society*. 1 (1), 1–12.

Kitchin, R. (2014b) *The Data Revolution: Big Data, Open Data, Data Infrastructures & Their Consequences*.

Kitchin, R. (2013) The real-time city? Big data and smart urbanism. *GeoJournal*. 79 (1), S. 1–14.

Kitchin, R., Lauriault, T.P. & McArdle, G. (2015) Knowing and governing cities through urban indicators, city benchmarking and real-time dashboards. *Regional Studies, Regional Science*. 2 (1), S. 6–28.

Klessmann, J. & Staab, T. (2018) Strategische Bereitstellung offener Verwaltungsdaten. Kompetenzzentrum Öffentliche IT.

Kommune21 (2016) Digital zum Bewohnerparkausweis.

Krabina, B. & Lutz, B. (2016) Open-Government-Vorgehensmodell 3.0.

Krafft, T.D. & Zweig, K.A. (2018) Wie Gesellschaft algorithmischen Entscheidungen auf den Zahn fühlen kann. In: R. Mohabbat Kar, B. E. P. Thapa, & P. Parycek (Hrsg.). *(Un)berechenbar? Algorithmen und Automatisierung in Staat und Gesellschaft.*

Künast, R. (2018) Algorithmen: ›Ethik-by-Design‹ – Diskriminierung systematisch verhindern. In: R. Mohabbat Kar, B. E. P. Thapa, & P. Parycek (Hrsg.). *(Un)berechenbar? Algorithmen und Automatisierung in Staat und Gesellschaft.*

Lenk, K. (2018) Formen und Folgen algorithmischer Public Governance. In: R. Mohabbat Kar, B. E. P. Thapa, & P. Parycek (Hrsg.). *(Un)berechenbar? Algorithmen und Automatisierung in Staat und Gesellschaft.*

Lischka, K. & Krüger, J. (2018) Was zu tun ist, damit Maschinen den Menschen dienen. In: R. Mohabbat Kar, B. E. P. Thapa, & P. Parycek (Hrsg.). *(Un)berechenbar? Algorithmen und Automatisierung in Staat und Gesellschaft.*

Macfadyen, L.P., Dawson, S., Pardo, A. & Gasevic, D. (2014) Embracing big data in complex educational systems: The learning analytics imperative and the policy challenge. *Research & Practice in Assessment.* 9 (2), S. 17–28.

OECD (2016) Advanced Analytics for Better Tax Administration: Putting Data To Work.

Oh, C.H. & Rich, R.F. (1996) Explaining use of information in public policymaking. *Knowledge and Policy.* 9 (1), S. 3–35.

Parcell, J. & Holden, S. (2013) Agile policy development for digital government: an exploratory case study. *Proceedings of the 14th Annual International Conference on Digital Government Research.* S. 11–17.

Richter, S. & Kind, S. (2016) *Predictive Policing.* Büro für Technikfolgen-Abschätzung beim Deutschen Bundestag.

Rochefort, D.A. & Cobb, R.W. (1994) Problem Definition: An Emerging Perspective. In: D. A. Rochefort & R. W. Cobb (Hrsg.). *The Politics of Problem Definition: Shaping the Policy Agenda*. S. 1–31.

Rogge, N., Agasisti, T. & De Witte, K. (2017) Big data and the measurement of public organizations' performance and efficiency: The state-of-the-art. *Public Policy and Administration*. 32 (4), S. 263–281.

Scher, D. (2018) Was der Fiskus alles über uns weiß. *Frankfurter Allgemeine Zeitung*. 25.08.2018.

Solesbury, W. (2001) Evidence Based Policy: Whence it Came and Where it's Going. *ESRC UK Centre for Evidence Based Policy and Practice - Working Paper 1*. http://s.fhg.de/BCZ.

Stelkens, U. (2018) Der vollständig automatisierte Erlass eines Verwaltungsakts als Regelungsgegenstand des VwVfG. In: H. Hill, D. Kugelmann, & M. Martini (Hrsg.). *Digitalisierung in Recht, Politik und Verwaltung*. S. 81–122.

Thapa, B.E.P. (2018) Vier wissenspolitische Herausforderungen einer datengetriebenen Verwaltung. In: R. Mohabbat Kar, B. E. P. Thapa, & P. Parycek (Hrsg.). *(Un)berechenbar? Algorithmen und Automatisierung in Staat und Gesellschaft*.

Thapa, B.E.P. & Schwab, C. (2018) Herausforderung E-Government-Integration –Hindernisse von E-Government-Reformen im Berliner Mehrebenensystem. In: J. Ziekow (Hrsg.). *Verwaltungspraxis und Verwaltungswissenschaft*.

Thornton, S. (2015) Delivering Faster Results with Food Inspection Forecasting: Chicago's Analytics-Driven Plan to Prevent Foodborne Illness. Data-Smart City Solutions. http://s.fhg.de/J8j.

Umweltbundesamt (2013) *Systemanalyse*. http://s.fhg.de/cgZ.

UN Global Pulse (2014) Nowcasting Food Prices in Indonesia using Social Media Signals. *Global Pulse Project Series*. (1), S. 1–2.

Verbraucherzentrale Bundesverband (2018) Thesenpapier: Algorithmische Entscheidungsfindung. In: R. Mohabbat Kar, B. E. P. Thapa, & P. Parycek (eds.). *(Un)berechenbar? Algorithmen und Automatisierung in Staat und Gesellschaft*.

Viale Pereira, G., Cunha, M.A., Lampoltshammer, T.J., Parycek, P., et al. (2017) Increasing collaboration and participation in smart city governance: a cross-case analysis of smart city initiatives. *Information Technology for Development*. 23 (3), S. 526–553.

Weiss, C.H. (1991) Policy research: data, ideas, or arguments? In: P. Wagner, C. H. Weiss, B. Wittrock, & Hellmut Wollmann (Hrsg.). *Social sciences and modern states*.

West, D.M. (2012) Big Data for Education: Data Mining, Data Analytics, and Web Dashboards. *Governance Studies at Brookings*.

Winkelhake, U. (2017) Technologien für Digitalisierungslösungen. In: U. Winkelhake (Hrsg.). *Die digitale Transformation der Automobilindustrie: Treiber - Roadmap - Praxis*. S. 47–81.

# Über die Autoren

## Peter Parycek

Peter Parycek verantwortet als Universitätsprofessor für E-Governance das Department für E-Governance in Wirtschaft und Verwaltung und das Zentrum für E-Governance an der Donau-Universität Krems. Zusätzlich leitet er in Deutschland das Kompetenzzentrum Öffentliche IT (ÖFIT) am Fraunhofer Fokus Institut Berlin, das vom Bundesministerium des Innern gefördert wird. Das Kompetenzzentrum ÖFIT versteht sich als Denkfabrik für die erfolgreiche Digitalisierung des öffentlichen Raums in Deutschland. Gemeinsam mit Univ.-Prof. Dr. Gerald Steiner ist er wissenschaftlicher Co-Lead des mit dem Bundeskanzleramt gegründeten GovLabAustria, welches an der Schnittstelle von Theorie und Praxis einen interdisziplinären Experimentierraum für Verwaltung, Zivilgesellschaft und Wirtschaft bietet.

## Basanta E. P. Thapa

Basanta Thapa arbeitet am Kompetenzzentrum Öffentliche IT am Fraunhofer-Institut für offene Kommunikationssysteme zur Digitalisierung des öffentlichen Sektors. Am DFG-Graduiertenkolleg »Wicked Problems, Contested Administrations: Knowledge, Coordination, Strategy« der Universität Potsdam promoviert er zur Institutionalisierung von neuen Datentechnologien in europäischen Stadtverwaltungen. Er hat Verwaltungs- und Politikwissenschaft sowie Volkswirtschaftslehre an den Universitäten Münster und Potsdam studiert und unter anderem an der Hertie School of Governance, dem European Research Center for Information Systems und der Technischen Universität Tallinn geforscht.

# Big Data und Data-Science-Ansätze in der öffentlichen Verwaltung

Ines Mergel

Universität Konstanz

Big Data und Data-Science-Ansätze finden Einzug in die öffentliche Verwaltung. Dieses Kapitel bietet zunächst eine Definition von Big Data in der öffentlichen Verwaltung an und leitet die unterschiedlichen Datenquellen für historische, Echtzeit- und prädiktive Big-Data-Analysen ab. Danach werden Beispiele für organisationale Einheiten in der öffentlichen Verwaltung erläutert, die Big-Data-Analysen durchführen. Anhand der folgenden drei ausgewählten Beispiele wird das Potenzial von Big Data aufgezeigt: USGS »Did you feel it?«-Twitter-Karten, prädiktive Analysen in Finanzbehörden und Vorhersagen von Grippewellen mit Hilfe von Google Flu Trends. Aus diesen und weiteren Beispielen werden dann die Herausforderungen für die Verwendung von Big Data und Data-Science-Ansätzen in der öffentlichen Verwaltung erläutert sowie offene Forschungsfragen für die Verwaltungswissenschaft abgeleitet.

## 1.    Einleitung

Big Data entsteht dann, wenn zum Beispiel Millionen von Datenpunkten durch Online-Interaktionen auf Social-Media-Plattformen kreiert werden und mit anderen Datensätzen verbunden werden. Zusätzlich entstehen durch die Sharing Economy, die Nutzung von Internet-Plattformen riesige Mengen von Daten, die kontinuierlich und in nahezu Echtzeit ausgewertet werden können.

Die meisten Publikationen, die den Begriff verwenden, berichten positiv über die Chancen, die große Datenmengen zu bieten scheinen. So veröffentlichte der Economist kürzlich einen Artikel, in dem der ökonomische Wert von Big Data herausgehoben wurde: »Daten sind für dieses Jahrhundert das, was Öl für das letzte Jahrhundert war: ein Motor für Wachstum und Wandel«[1]. Forbes gibt an, dass Big Data das sind, was intelligente Städte antreibt: die Kontrolle über die Menge der Daten und damit das Erkennen von Bedürfnisse der Bürger in Echtzeit.[2] Andere Autoren verwerfen den Begriff Big Data als ein Konstrukt, das von der Industrie entwickelt wurde, um neue Geschäftsfelder zu erschließen, jedoch oftmals zu irreführenden Anwendungen von Algorithmen führt, die nicht für riesige Datenmengen entwickelt wurden.[3]

Im Folgenden werden deshalb zunächst der Begriff Big Data geklärt, dessen unterschiedliche Anwendungen in der öffentlichen Verwaltung dargestellt und die bestehenden Herausforderungen aufgezeigt.

## 2.    Was ist Big Data?

Big Data wird derzeit als Oberbegriff verwendet, um verschiedene Arten von Daten und Aspekte datenintensiver Ansätze zu beschreiben.[4] Deshalb ist es sinnvoll, die verwendeten Datenbegriffe zunächst zu definieren und miteinander zu vergleichen.

*Administrativ gesammelte Daten* entstehen durch Datensammlungen, die entweder durch reguläre Verwaltungsakte erzeugt werden, wenn die Bürger eine Dienstleistung erhalten, oder wenn andere

---

[1]    n. a., 2017
[2]    Newman, 2016
[3]    Nijhus, 2017
[4]    Mergel, Rethemeyer et al., 2016; Mergel, Rethemeyer et al., 2016a

Formen von Transaktionen durchgeführt werden. Diese Datensammlungen sind zumeist systematisch strukturiert und werden von offiziellen Behörden oder Firmen gesammelt. Dadurch sind es oftmals hochwertige vorstrukturierte Datensätze, in denen genau definierte persönliche Daten, wie Alter, Geschlecht, Einkommen usw., enthalten sind. Sie entstehen in der öffentlichen Verwaltung, wenn Register erstellt werden oder wenn Volkszählungsdaten in bestimmten Zeitabständen erhoben werden. Administrative Daten werden in Form von Berichten der Öffentlichkeit in aggregierter Form (mit Zeitverzögerung) zur Verfügung gestellt. Ein Teil dieser administrativ gesammelten Daten wird dann auf offenen Datenplattformen oder anderen Regierungswebsites veröffentlicht und wird damit zu *Open Data*. Sie können wiederverwendet werden, da sie oftmals in maschinenlesbaren Formen zur Verfügung gestellt werden, und eignen sich damit für die Weiterverarbeitung in Form von Visualisierungen oder anderen Interpretationsformen. Im Unterschied zu anderen Arten von Datensätzen wurde über die Sammlung, Bereinigung, Kombination und andere Analyseschritte vorab entschieden und die Daten stehen der Öffentlichkeit oder anderen Behörden oftmals nur in aggregierten Formaten zur Verfügung.

*Benutzer- oder bürgergenerierte Daten* sind Daten, die außerhalb der öffentlichen Verwaltung von Bürgern erstellt werden, die sowohl mit Online-Inhalten oder auch miteinander interagieren, um einen Wert für sich selbst zu schaffen. Beispiele hierfür sind: Amazon Mechanical Turks Click Worker, Online-Kreditvergabeseiten, Crowdsourcing-Plattformen, wie ThreadLess, aber auch Social-Media-Feeds, wie Twitter, Facebook, YouTube, Weblogs, Clickstreams, Online-Suchdaten, oder Daten aus Online-Verkaufstransaktionen (wie *Amazon Sales)*. Abhängig von den Benutzereinstellungen der Webseiten, aber auch dem individuellen Nutzerverhalten sind diese Daten entweder öffentlicher oder privater Natur.

*Automatisch generierte Daten* sind Daten von menschlichen und physikalischen Sensoren, die z.B. an Gebäuden angebracht sind und den Personenverkehr aufnehmen, in Form von Dashcams an Fahrzeugen Aufzeichnungen machen, durch Handysignalen entstehen oder aber mit Hilfe von polizeilichen Bodycams gesammelt werden. Jede Bewegung wird automatisch erfasst und es entstehen umfassende kontinuierlich erweiterbare Datensätze, die sich auf ganze Populationen anstatt nur auf gezielte Stichproben beziehen. Dadurch können beispielsweise alle Interaktionen von Nutzern einer App innerhalb einer Stadt, Landes oder sogar weltweit mit Hilfe ihrer Handydaten nachvollzogen werden. Als Resultat entstehen umfassende Datensätze von ganzen Populationen, die automatisch und oft ohne Wissen der Benutzer und Bürger generiert werden. Die Daten werden angereichert durch zusätzliche Metadaten, wie z. B. Geolokalisierung, die durch Wetter-Applikationen auch dann gespeichert wird, wenn der Nutzer nicht aktiv nach seinen lokalen Wetterbedingungen sucht.

Big Data umfasst somit große, komplexe, unstrukturierte Datenmengen, die zu groß sind, um herkömmliche Tools zur Erfassung und Analyse zu verwenden.[5] Dabei handelt es sich nicht um eine einzige Datenbank, sondern Daten, die aus den folgenden Quellen gesammelt werden: Unstrukturierte Internetquellen, wie z. B. Social-Media-Interaktionen, Handy-Apps, Videos, geteilte Bilder, menschliche und physische Sensoren oder Online-Suchverhalten, Online-Verkäufe von Internet-Shops, oder auch Telefonverbindungen in Mobilfunknetzen.

[5]  Cox & Ellsworth, 1997

# 3.    Big Data-Analyseformen

Eine *historische Analyse* mit Hilfe von administrativ designten und gesammelten Daten enthält historische Daten, die gesammelt, bereinigt und dann zeitverzögert analysiert werden. Über diese Datensätze wurden in der öffentlichen Verwaltung Entscheidungen getroffen, d.h. es sind keine Rohdaten mehr, sondern Daten, die bereits bereinigt wurden, und die Analyse bezieht sich auf vergangene Entwicklungen. Dazu gehören z.B. alle Verwaltungsakte, Transaktionen mit Dritten oder auch Census-Daten. Historische Analysen koennen sowohl zu Trendanalysen genutzt werden, aber auch um den zukünftigen Ressourcenbedarf des öffentlichen Sektors oder einer einzelnen Behörde zu ermitteln.

Unstrukturierte Interaktionen von Bürgern und Organisationen im Internet über soziale Medien, z. B. Verbreitung von Meinungen, *Fake News*, abgeleitetes Abstimmungsverhalten aufgrund von Such- und Lesepräferenzen, Verbindungen auf Social-Networking-Websites, individuelle strukturelle Positionen (wer mit wem wie verbunden ist) oder Inhalte von Beziehungen (Stimmung, politische Meinungen etc.) können dazu genutzt werden, um *Echtzeitanalysen* zu wirtschaftlichen Online-Aktivitäten durchzuführen. Diese Analysen sind für (fast) Echtzeit-Einblicke in die aktuellen Präferenzen und Verhaltensweisen von Nutzern geeignet und für sogenanntes Nowcasting - Vorhersagen der Gegenwart – verwendbar.[6]

In Kombination können administrativ gestaltete Datensätze zusammen mit unstrukturierten, automatisch generierten und kontinuierlich einfließenden Daten verwendet werden, um genauere und

---

[6]    Banbura, Giannone et al., 2013

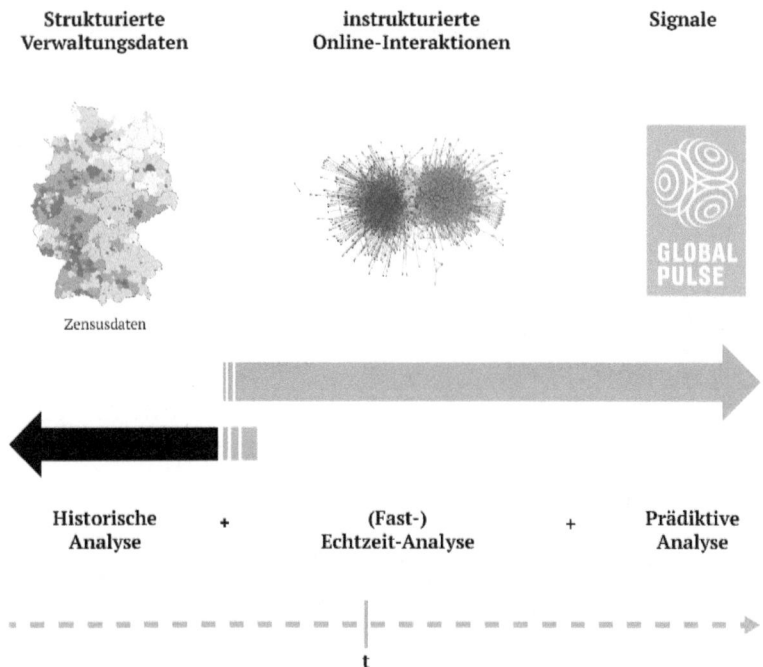

Abbildung 1: Big-Data-Analysen

schnellere Vorhersagen über Verhaltensänderungen und -präferenzen zu treffen.[7] Diese Daten werden als Signale genutzt, mit denen sich zum Beispiel die Ausbreitung von Krankheiten, menschliche Mobilität und wirtschaftliche Entwicklungen modellieren lassen. Historische Daten werden herangezogen, um Muster zu identifizieren und mathemaische Modelle zu erstellen, wodurch Trends erkennbar werden können. Diese prädikativen Modelle (können auf aktuelle Daten angewendet werden und) erlauben

Wahrscheinlichkeitsaussagen über zukünftige Entwicklungen. Damit kann die öffentliche Verwaltung beispielsweis Flüchtlings-

---

[7] George, Haas et al., 2014

ströme voraussagen, sie werden z.B. durch die United Nations in ihrem Global Pulse verwendet. Diese Form der Datenanalyse wird als predictive analytics – also *prädiktiven Analysen* - zur Ableitung von Vorhersagen verwendet und hilft dem öffentlichen Sektor zukünftige Bedürfnisse und Ressourceneinsätze zu planen.

Abbildung 1 zeigt, welche unterschiedlichen Formen von Big-Data-Analysen mit Hilfe der Datentypen vorgenommen werden können. Administrativ designte Datensätze eignen sich vor allem für historische Analysen, unstrukturierte Internetinteraktionen und -transaktionen für Echtzeitanalysen, und Signale für prädiktive Analyse.

## 4. Anwendungsbeispiele: Big Data in der öffentlichen Verwaltung

Big-Data-Analysen oder Data-Science-Vorgehensweisen sind mittlerweile in der öffentlichen Verwaltung angekommen. Data Scientists können jedoch nicht wie bisher nur traditionelle Statistiker oder Programmierer sein. Vielmehr müssen Verwaltungsfachkräfte ihr bisheriges inhaltliches Spezialwissen mit um Datenanalysefaehigkeiten erweitern.

In der öffentlichen Verwaltung gibt es aktuell unterschiedliche Organisationseinheiten, die Big Data-Analyseverfahren einsetzen:

– *Thematische Data-Science-Teams* in spezifischen Ministerien oder Behörden, wie z.B. im Finanzministerium, die beispielsweise Vorhersagen von Mehrwertsteuerbetrug und Mehrwertsteuer-Karussellbetrug durchführen können, indem sie Netzwerkanalysen mit Risikoindikatoren verbinden, um so prädiktive Analysen durchzuführen.

– *Social & Behavioral Insights Teams*, wie z. B. das vom britischen Cabinet Office eingesetzte Team, das sich mit der Messung der

Regierungsleistung beschäftigt, um aus diesen Einsichten die öffentliche Leistungserbringung effektiver gestalten zu können.

- *Digital Operation Center, z. B.* des Roten Kreuzes, verarbeiten eine Kombination aus Daten von menschlichen und physischen Sensoren in den unterschiedlichen Phasen des Katastrophenmanagements und nutzen dafür Nowcasting-Methoden.

- *Citizen Data Scientists* sind Laien und Nicht-Experten, die von der öffentlichen Verwaltung z. B. durch Hackathons eingebunden werden, um mithilfe von Predictive-Modelling-Methoden bei der Auswertung von Big Data zu helfen.

**Organisationseinheiten im öffentlichen Sektor, die Big Data verarbeiten**

| Thematische Data-Science-Teams | Social & Behavioral Insights Teams | Digital Operation Center | Bürger-Data-Scientists |
|---|---|---|---|
| Steuerbetrug vorhersagen | Verwaltungsperformance messen | Menschliche und physische Sensoren zusammenführen | Nicht-Experten oder Beamte in Freizeit |
| SNA | Öffentliche Angebote neu gestalten | während und nach Katastrophen | Hackathons |
| Risikoindikatoren | Data Analytics | Nowcasting | Predictive modelling & analytics |
| Predictive Analytics | | | |

*Abbildung 2: Ausgewählte Big-Data- und Data-Science-Organisationseinheiten im öffentlichen Sektor*

Es gibt mittlerweile viele verschiedene Beispiele für Big-Data-Analysen in benachbarten Forschungsdisziplinen:

- *Politikwissenschaft*: Vorhersage des Wählerverhaltens basierend auf Twitter-Interaktionen.[8]

---

[8] Mislove, Lehmann et al., 2011, Gayo-Avello, 2012

- *Public Health*: Die Auswertung von Google-Flu-Trends-Algo-rithmen zur Vorhersage von Grippeausbrüchen ist fehlgeschla-gen, weil der Algorithmus den Kontext nicht berücksichtigt hat und Google zugab, dass ihre Algorithmen ungeeignet sind.[9] Google analysiert darüber hinaus die Krankheitssymptome von Millionen von Nutzern und sagt damit den potenziellen Krank-heitsverlauf voraus.[10]

- *Notfall- und Disastermanagement*: Zusammenführung offizieller wissenschaftlicher Sensordaten zur Abschätzung der Auswir-kungen von Erdbeben mit Twitter-Daten der Bürger, die die tat-sächlichen Auswirkungen in ihrer Region wahrnehmen und be-richten. Als Beispiel dient hier die Analyse der Twitter-Daten und deren Vergleich mit seismologischen Messungen während eines Erdbebens durch den U.S. Geological Service.[11]

Im Folgenden werden drei Beispiele von Big-Data-Analysen im De-tail besprochen, die auch für Verwaltungswissenschaftler und Ver-waltungspraktiker von hoher Relevanz sein können.

## 4.1.   Beispiel 1: »Did you Feel It?«-Twitter-Karten

Der United States Geological Service (USGS) war in den U.S.A. eine der ersten Verwaltungseinheiten, die große, nicht-wissenschaftlich erhobene, öffentlich zugängliche Datenmengen genutzt hat:[12] Auf

---

[9]   Google.org, 2008, Lazer, Kennedy et al., 2014, Raghupathi & Raghupathi, 2014

[10]   Rajkomar, Oren et al., 2018

[11]   USGS, 2015.

[12]   Robbins, Simonsen et al., 2008; USGS, 2015.

*Abbildung 3: USGS »Did you feel it?«-Karte*
*(https://earthquake.usgs.gov/data/dyfi)*

den »Did you feel it?«-Twitter-Karten kartografierte die Behörde die mit Hilfe von geo-markierten Tweets von Bürgern gesammelten Updates, die während eines Erdbebens die gespürten Auswirkungen auf Twitter teilten und damit auch ermöglichten, Schäden während der Katastrophe zu dokumentieren. Auf den Twitter-Karten werden dann die gefühlten Auswirkungen mit wissenschaftlich gesammelten seismographischen Daten des Erdbebens kombiniert. Die Twitter-Nutzern sortieren in selbstreflektierenden kollektiven Prozessen, sogenannte »social milling«-Prozesse die Fake News aus den Fakten aus, um daraus die tatsächlichen Schäden aufzudecken und ein realistisches Lagebild zu erschließen.

Herkömmliche Seismometer benötigen normalerweise 2 bis 20 Minuten um mit einer Schnelligkeit von 3–5 km pro Sekunde seismische Daten zu verbreitet und einen Alarm auszulösen. Twitter-Daten werden dagegen über Glasfaserkabel mit 200.000 km pro Sekunde verbreitet. Die öffentliche Verwaltung verwendet diese Big-Data-Analysen, um während einer Katastrophenlage bessere und schnellere Entscheidungen zu treffen und Ressourcen gezielter einsetzen zu können. Die folgende Grafik zeigt die Ausbreitung von Tweets, die entsprechend der gefühlten Heftigkeit der Erdbebenauswirkung farblich kodiert sind und kombiniert werden mit den Messungen der tatsächlichen geologischen Tätigkeiten:

## 4.2. Beispiel 2: Der Einsatz von prädiktiven Analysen in Steuer- und Finanzbehörden

Traditionell werden Daten der öffentlichen Verwaltung in Datenbanken gespeichert, die tief in Regierungsbehörden versteckt sind und nicht über Behördensilos hinweg mit anderen Abteilungen geteilt werden. Die hochstrukturierten Daten von Steuerzahlern oder Steuerberatern, die in vordefinierten Zeitabständen eingereicht werden, erlauben meist vor allem eine chronologische Analyse historischer Daten, leisten jedoch selten einen Beitrag, um prädiktive Analysen oder Echtzeitanalysen durchzuführen.

Mit Hilfe von prädiktiven Analysen nutzen Finanzministerien der OECD-Länder Daten von Rechnungen, Kontoauszügen, Zollerklärungen, Lieferantenrechnungen und Bankbelegen von Unternehmen und anderen im Internet generierten Daten von Online-Verkaufsplattformen ermöglichen.[13] Diese Daten werden mit Risikoindikatoren der einzelnen Wirtschaftsakteure einer sozialen Netzwerkanalyse zugeführt, sodass in nahezu Echtzeit Einblicke gewonnen werden können, wie das folgende Zitat eines Data Scientists in einer Finanzbehörde nahelegt:

>*Wir senden unsere Informationen über riskante Objekte an die Revisionsabteilung. Wir suchen dann nach Hintergrundinformationen, um herauszufinden, ob es ein Risiko gibt oder*

---

[13] OECD – Advanced analytics for better tax administration: http://s.fhg.de/as4

*nicht, oder ob die Indikatoren normal sind. Wir setzen uns mit der Person in Verbindung, um zu verstehen, warum es Anomalien gibt. Bleibt das Risiko bestehen, dann beginnen wir mit einigen Aktionen. Die Revisionsabteilung leitet dann eine Untersuchung ein: In 95 Prozent der Fälle bekommen wir das Geld in zwei Tagen zurück. Nicht nach einem Vierteljahr oder einem ganzen Jahr.«*[14]

Die Analysen führen damit zu Einsichten über das Kundenverhalten und deren Präferenzen, tragen dem Datenaustausch zwischen den Finanzbehörden und anderen Behörden für Monitoring-Zwecke und Performance-Analysen bei. Sie führen oftmals zu einer Änderungen der Risikobewertung von wirtschaftlichen Akteuren.[15] Als Resultat konnte beispielsweise Estland die Erhebungsquote seiner Mehrwertsteuer auf 98 Prozent steigern, was einer Steigerung um 12 Prozent durch die Anwendung von prädiktiven Analyseverfahren entspricht.[16]

Andere Anwendungen im öffentliche Sektor beziehen sich auf die Kriminalitäts- und Korruptionsprävention, Rechnungs- und Konformitätsprüfungen in nahezu Echtzeit zur Erhöhung der Mehrwertsteuererhebung. Zukünftig können Big Data-Analysen auch zur Verbesserung der Entscheidungsfindung genutzt werden, z.B. Folgenabschätzung auf das Sozialsystem hervorzusagen, falls große Arbeitgeber in einer bestimmten Region schließen sollten. Damit entwickeln sich reaktive öffentliche Verwaltungen hin zu proaktiv handelnden Einheiten.

---

[14] Interview geführt 2017 mit Verantwortlichem für Big Data-Analyse im österreichisches Finanzministerium.

[15] Mergel, 2017

[16] Interview geführt 2017 mit Verantwortlichem für Big Data-Analyse im estnischen Finanzministerium.

Der öffentliche Sektor steht zurzeit vor der Herausforderung Big Data-Analysen in die Fachverfahren der Verwaltung zu integrieren, in die Fachprozesse miteinzubeziehen und nicht als unabhängige Data Science-Abteilungen ohne Fachverständnis aufzustellen. Der Leiter einer Data-Science-Gruppe in einem europäischen Land sagt: »*Wir müssen uns auf eine kontextspezifische Fallauswahl zubewegen, statt auf rein mathematische oder methodengetriebene Ansätze.*« Ein anderer fügt hinzu: »*Die Verantwortlichkeiten und administrativen Prozesse müssen angepasst werden, um die Datenstrategien widerzuspiegeln.*« So entsteht in der öffentlichen Verwaltung die Notwendigkeit für organisatorische Änderungen und kulturelle Veränderungen, wie zum Beispiel die Notwendigkeit für: »*Kulturellen Wandel hin zur Integration von Rechenmethoden und IT mit tiefem Verwaltungswissen.*«

## 4.3.   Google Flu Trends

Google Flu Trends (GFT) wurde 2008 entwickelt, um Grippepandemien aus Google-Keyword-Suchen früher vorherzusagen als die offiziellen Arzt- und Seuchenberichte veröffentlicht werden.[17] Die anfängliche Datenerhebung wurde so konzipiert, dass große Datenmengen (50 Millionen Google-Suchanfragen) mit kleinen Datenmengen (ca. 1.500 offiziellen Meldungen von Ärzten, die Grippefälle an die Seuchenbehörden melden) kombiniert wurden. Im Jahr 2013 berichtete allerdings das Magazin Nature, dass GFT weit höhere Wahrscheinlichkeiten einer Grippeepidemie vorhersagte als durch die tatsächlichen an das Center for Disease Control and Prevention (CDC) eingereichten offiziellen Ärzteberichte.[18] Programmierer bei Google hatten die Entscheidung getroffen, bestimmte Suchbegriffe

---

[17]   Google.org, 2008
[18]   Lazer, Kennedy et al., 2014

und Korrelationen auszusortieren. Das Ergebnis: Google Flu Trends überschätzte den tatsächlichen Ausbruch der Grippe und die prädiktiven Analysen führten zu falschen Ergebnissen.

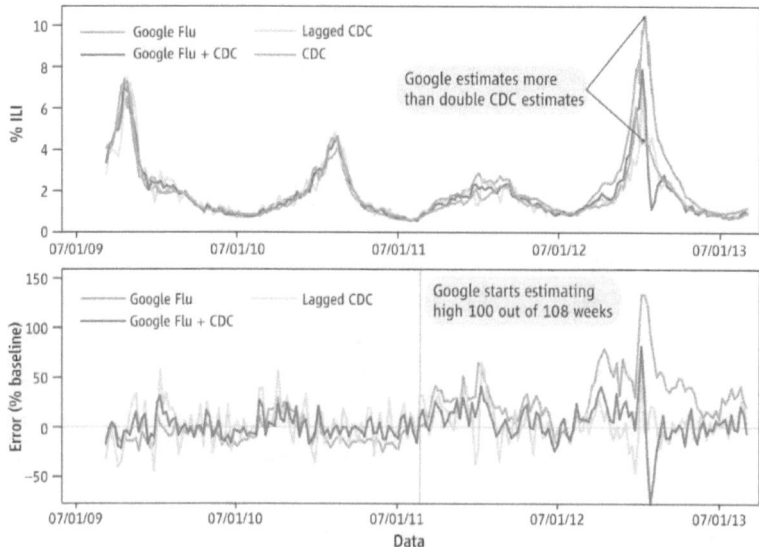

*Abbildung 4: Google Flu Trends[19]*

Da Google Flu Trend oft als das Paradebeispiel für die prädiktive Wirkungskraft von Big-Data-Analysen genutzt wird, um die Vorhersagekraft von großen Daten zu zeigen, hat Google seine Analysen auf falschen Algorithmen bezogenen Analysen zurückziehen müssen. Google Flu Trends wurde archiviert und Google arbeitet jetzt mit Forschern zusammen, um die Ergebnisse der Algorithmen zu verbessern.

[19] Lazer, Kennedy et al., 2014

# 5. Herausforderungen für die Verwaltung

Angesichts der allgegenwärtigen Verfügbarkeit von Big Data und des Versprechens, mit riesigen Datenmengen neue Erkenntnisse zu gewinnen, gibt es für die öffentliche Verwaltung und die Politik viele Herausforderungen.

*Nutzung des sogenannten »digital exhaust«:* Die schiere Masse des Sammel- und Reinigungsaufwandes von riesigen Datenmengen überfordert oftmals die traditionellen Statistikämter der öffentlichen Verwaltung. Die relativ leicht zugänglichen Daten über Bürger und die zusätzlich von ihnen in sozialen Medien produzierten Big Data führen oftmals zu der Versuchung, auf die Daten von Gesamtpopulationen zuzugreifen. Jedoch wird dabei häufig außer Acht gelassen, dass diese großen Datenmengen für technische und kommerzielle Zwecke gesammelt werden, wobei Verknüpfungen und Datenkonstrukte verwendet wurden, die möglicherweise nicht zuverlässig und für die Zwecke der öffentlichen Verwaltung ungeeignet sind.

*Garbage in, garbage out?* Auf die vor allem auf sozialen Medien entstehenden Big Data werden Algorithmen verwendet, die für wesentlich kleinere Datensätze entwickelt wurden. Aus diesem Grund funktionieren Algorithmen möglicherweise nicht wie erwartet, unabhängig davon, mit wie vielen Daten sie »gefüttert« werden.[20] Sie erlauben deshalb oftmals nur eine eingeschränkte Suche nach Mustern und dem Durchschnitt,[21] jedoch nicht nach Anomalien. Deshalb ist es notwendig Algorithmen anzupassen und zu testen da ansonsten das Dilemma von Goodhards Gesetz verstärkt wird: Oftmals kon-

---

[20] Boyd & Crawford, 2011
[21] Lazer, Pentland et al., 2009

zentrieren sich Data Scientists zurzeit auf das mathematisch mögliche. Erst durch das Hinzufügen von fachlichem Kontext können die Daten interpretiert werden und möglicherweise erkannt werden, ob Algorithmen korrekt sind oder revidiert werden müssen.[22]

*Hathaway-Effekt:* Algorithmen brauchen menschliche Interpretationen und Eingriffsmöglichkeiten. Jedes Mal, wenn die Schauspielerin Anne Hathaway in den Nachrichten genannt wird, z. B. in Form von Filmkritiken, Oscar-Verleihungen oder Garderobenunglücken, steigen die Börsenkurse von Warren Buffetts Holdinggesellschaft Berkshire-Hathaway.[23] Daher könnte man annehmen, dass es eine Kausalität zwischen dem Anstieg des Aktienkurses und Anne Hathaways Erwähnungen in den Medien gibt. Was jedoch viel wahrscheinlicher ist, ist, dass automatisierte, computergestützte Trading-Programme den Eintrag »Hathaway« aufgreifen und auf die Börse übertragen. Die Programmierung kann nicht zwischen der Schauspielerin Anne Hathaway und Berkshire-Hathaway-Aktien unterscheiden und führt zu Verzerrungen der Börsenkurse.

*Streetlight- & Beobachtungseffekte:*[24] Durch die oftmals bestehende Beschränkung auf die Analyse von bestimmten, leicht zugänglichen Social-Media-Datensätzen, wie z. B. von Twitter, werden Populationen vor-ausgewählt, die nicht unbedingt repräsentativ für die Bevölkerung sind[25]. Beispielsweise nutzen nur 17 Prozent der Internetnutzer auch Twitter, wobei viele der Twitterkonten inaktiv sind. Trotzdem werden aus den Äußerungen von Twitternutzern Vorhersagen für politische Wahlergebnisse oder Trends in der öffentlichen Meinung getroffen. Dieser sogenannte *Drunkard's Search* bzw.

---

[22] Chrystal & Mizen, 2003
[23] Mirvish, 2017
[24] Kaplan, 1964
[25] Freedman, 2010

*Streetlight Effect* bedeutet: Wir suchen dort, wo Daten leicht zugänglich sind, aber nicht da, wo Erkenntnisse über die Gesamtpopulation gewonnen werden können.

*Gefahren durch den öffentlichen Charakter der Datensätze:* Online Interaktionen erlauben direkte Rückschlüsse auf persönliche identifikationsmerkmale einzelner Bürger. Der kürzlich bekannt gewordene Cambridge-Analytica-Fall hat verdeutlicht, dass Marketing- und Datenanalysefirmen die sozialen Graphen aller Facebooknutzer erheben und sogar Rückschlüsse auf Bürger zulassen, die kein eigenes Facebook-Konto besitzen. Es gibt zurzeit jedoch wenig Handhabe gegen US-Firmen – auch wenn die EU und Deutschland versuchen mit lokalen Vorschriften die Nutzung der Daten einzuschränken.

# 6. Schlussfolgerungen und Aufgaben für Verwaltung und Regierung

Für die Nutzung von Big Data und Data Analytics in der öffentlichen Verwaltung besteht sowohl aus verwaltungsinterner kultureller wie auch aus rechtlicher Sicht weiterhin großer Handlungsbedarf. Die Erstellung von Big Data-Datensätzen und die Nutzung mit Hilfe von Data-Science-Ansätzen ist immer von bestimmten menschlichen Annahmen und Entscheidungen getrieben. Das heißt, dass die Art und Weise, wie besonders Internetunternehmen Datensätze generieren und die öffentliche Verwaltung oder Forscher sie nutzen ist niemals neutral und ohne systematische menschliche Fehler einzustufen, sondern immer mit bestimmten Entscheidungen verbunden. Die öffentliche Verwaltung und der Gesetzgeber müssen die Regulierung nichtöffentlicher und auch öffentlich zugänglicher Daten, deren Wiederverwendung oder gemeinsame Nutzung über Sektorengrenzen und Websites hinweg begutachten und gegebenenfalls einschränken, sodass Persönlichkeitsrechte der Bürger gewahrt werden.

Es bleiben viele Forschungsfragen im Zusammenhang zur Nutzung von Big Data und Data Science-Ansätzen in der öffentlichen Verwaltung offen, wie z. B.: Was sind die ethischen Überlegungen, die sich aus der Wiederverwendung großer Datenmengen als Teil der Sharing & Data Economy ergeben? Wie soll vor allem der Privatsektor zur Rechenschaft gezogen werden, wenn Datensätze erstellt werden, die persönliche Informationen über das politische Verhalten von Bürgern nachvollziehbar machen? Welchen Einfluss haben Big Data-Analysen auf die Demokratie und Repräsentation der Bevölkerung? Wie können Data Scientists bei der Nutzung von Big Data-Analysen auch die Randgruppen, die nicht auf populären Social-Media-Plattformen vertreten sind oder gar nicht online interagieren, mit einbeziehen?

Des Weiteren sollten Big-Data-Analysen auch zur Messung und zum Vergleich von Verwaltungsleistungen genutzt werden: Wie können wir große Datenmengen nutzen, um vergleichende Einblicke in Verwaltungshandeln zu erhalten? Wie kann die Analyse großer Datenmengen dazu beitragen, dass Behördenvorgänge agiler, anpassungsfähiger und reaktionsschneller werden?[26] Es bleibt weiter wichtig, menschliche Einsichten und analytische Fähigkeiten in der öffentlichen Verwaltung auszubauen: Wie können also analytisch orientierte Data Scientists menschliches Wissen (Bauchgefühl, Gefühle, Veränderungen, Einstellungen) mit einbeziehen und analysieren?

[26] Mergel, 2016

# Quellen

Banbura, M., Giannone, D., Modugno, M. & Reichlin, L. (2013). Now-casting and the real-time data flow. In: *Handbook of economic forecasting* 2 (Part A), S. 195-237

Boyd, D. & Crawford, K. (2011). Six provocations for big data. In: *A decade in internet time. Symposium on the dynamics of the internet and society.* Oxford Internet Institute. 21, Oxford

Chetty, R., Hendren, N., Kline, P. & Saez, E. (2014). Where is the land of opportunity? The geography of intergenerational mobility in the United States. In: *The Quarterly Journal of Economics* 129(4), S. 1553-1623

Chrystal, K. A. & Mizen, P. D. (2003). Goodhart's law: its origins, meaning and implications for monetary policy. In: *Central banking, monetary theory and practice: Essays in honour of Charles Goodhart* 1 (S. 221-243)

Cox, M. & Ellsworth, D. (1997). Application-controlled demand paging for out-of-core visualization. In: *Proceedings of the 8th conference on Visualization '97,* IEEE Computer Society Press

Gayo-Avello, D. (2012). »I Wanted to Predict Elections with Twitter and all I got was this Lousy Paper« - A Balanced Survey on Election Prediction using Twitter Data. arXiv preprint arXiv:1204.6441

George, G., Haas, M. R. & Pentland, A. (2014). Big data and management. In: *Academy of Management Journal* 57(2), S. 321-326

Google.org (2008). Google Flu Trends. http://s.fhg.de/sB4

Kaplan, A. (1964). The Conduct of Inquiry. Chandler, San Francisco, CA

Lazer, D., Kennedy, R., King, G. & Vespignani, A. (2014). Big Data: The Parable of Google Flu: Traps in Big Data Analysis. In: *Science* 343(6176), S. 1203-1205

Lazer, D., Pentland, A. S., Adamic, L, Aral, S., Barabasi, A. L., Brewer, D., Christakis, N., Contractor, N., Fowler, J., Gutmann, M., Jebara, T., King, G., Macy, M., Roy, D. & Alstyne, M. V. (2009). Life in the network: the coming age of computational social science. In: *Science* 323(5915)

Mergel, I. (2016). Agile Innovation Management in Government: A Research Agenda. In: *Government Information Quarterly* 33(3), S. 516-523

Mergel, I. (2017). Korruptionsbekämpfung in Echtzeit. In: Behörden Spiegel. http://s.fhg.de/kQ6

Mergel, I., Rethemeyer, R. K. & Isett, K. R. (2016). Big data in public affairs. In: *Public Administration Review* 76(6), S. 928-937

Mergel, I., Rethemeyer, R. K. & Isett, K. R. (2016a). What does Big Data mean to public affairs research? Understanding the methodological and analytical challenges. LSE Impact Blog

Mervis, J. (2014). How two economists got direct access to IRS tax records. In: *Science-Insider*

Mirvish, D. (2017). The Hathaway Effect: How Anne Gives Warren Buffett a Rise. In: *Huffington Post*

Mislove, A., Lehmann, S., Ahn, Y.-Y., Onnela, J.-P. & Rosenquist, J. N. (2011). *Understanding the Demographics of Twitter Users*

n. a. (2017) The world's most valuable resource is no longer oil, but data. In: *The Economist*

Newman, D. (2016) Big Data And The Future Of Smart Cities. Forbes

Nijhus, M. (2017) How to call Bullshit on Big Data: A Practical Guide. In: The New Yorker.

Raghupathi, W. & Raghupathi, V. (2014). Big data analytics in healthcare: promise and potential. In: *Health Information Science and Systems* 2(1), S. 3

Rajkomar, A., Oren, E., Chen, K., Dai, A. M., Hajaj, N. Liu, P. J., Liu, X., Sun, M., Sundberg, P. & Yee, H. (2018). Scalable and accurate deep learning for electronic health records. arXiv preprint arXiv:1801.07860.

Robbins, M. D., Simonsen, B. & Feldman, B. (2008). Citizens and Resource Allocation: Improving Decision Making with Interactive Web-Based Citizen Participation. In: *Public Administration Review* 68(3), S. 564 - 575

USGS (2015). Did you feel it? Internet Impact Map. http://s.fhg.de/3xC

# Über die Autorin

## Ines Mergel

Dr. Ines Mergel ist Universitätsprofessorin für *Public Administration* an der Universität Konstanz, wo sie im Fachbereich Politik- und Verwaltungswissenschaften zu Themen der Digitalisierung und Digitalen Transformation des öffentlichen Sektors forscht und lehrt. Nach ihrem Diplom in Wirtschaftswissenschaften, Universität Kassel, hat sie 2005 ihren Doktor in Informationsmanagement an der Universität St. Gallen (Schweiz) abgeschlossen und von 2002 - 2008 an der *Harvard University, Kennedy School of Government* am *National Center for Digital Government* und dem *Center for Networked Governance* geforscht. Danach war sie von 2008 - 2016 *Assistant* und *Associate Professor* mit *Tenure* an der *Maxwell School of Citizenship and Public Affairs, Syracuse University (USA)* tätig.

# Smart Government auf einem schmalen Grat

Jörn von Lucke

Zeppelin-Universität Friedrichshafen

In Zeiten von Industrie 4.0 und smarten Fabriken prägen intelligent vernetzte Gegenstände zunehmend unseren Alltag. Dabei handelt es sich um sogenannte »smarte Objekte«, die in der Lage sind, mit Sensoren zu fühlen, mit Aktoren zu agieren und mit anderen Dingen direkt zu kommunizieren: Vom Smartphone bis zum Smart Home mit persönlichem digitalen Assistenten. Den Verbrauchern und der Bevölkerung ist diese Nutzung von scheinbar intelligenten Objekten und cyberphysischen Systemen kaum bewusst. Für den Staat eröffnet sich durch »Smart Government« jedoch ein großes Potenzial und »viel Neuland«. Viele denkbare Anwendungsfelder bewegen sich dabei jedoch auf einem schmalen Grat zwischen Datenschutz, Überwachung und Fremdsteuerung. Der Beitrag zeigt, wo es rund um Smart Government und autonome Systeme in Staat und Verwaltung derzeit dringenden Diskussionsbedarf gibt. Zahlreiche Herausforderungen bestehen rund um verlässliche Entscheidungsgrundlagen, um die Entscheidungsfindung durch autonome Systeme, um die Umsetzung dieser Entscheidungen und um die erforderlichen Rahmenbedingungen von autonomen Entscheidungssystemen.

## 1. Smart Government

Ein intelligent vernetztes Regierungs- und Verwaltungshandeln (Smart Government) wird die Möglichkeiten smarter Objekte und cyberphysischer Systeme (CPS) zur effizienten wie effektiven Erfüllung öffentlicher Aufgaben nutzen, wie dies die Ingenieure smarter Fabriken in Zeiten von Industrie 4.0 zur Optimierung von Produktion und Logistik tun. Mit dem Schlagwort »Smart Government« wird die Anwendung des Internets der Dinge und des Internets der Dienste im Rahmen der Prozesse des Regierens und Verwaltens konkretisiert. Dabei geht es um weit mehr als nur um die technische Integration von smarten Objekten und CPS in die öffentliche Verwaltung. Diese Ansätze eröffnen eine direkte Kommunikation von Maschine zu Maschine, von System zu System, ohne noch menschliche Mittler zu benötigen. Dadurch werden sich die Wertschöpfung, die Geschäftsmodelle sowie die nachgelagerten Dienstleistungen und die Arbeitsorganisation im öffentlichen Sektor verändern.[1] Schließlich verlocken die Einfachheit der Datenerfassung, die Verfügbarkeit der Datenbestände und die leichte Bedienbarkeit vorhandener Analyse- und Steuerungssoftware zu vielfältigen Ansätzen der Beobachtung der Bürger und ihres Verhaltens. All dies kann, wenn weder regulierend noch begrenzend eingegriffen wird, rasch in einem technisch aufgerüsteten Überwachungsstaat unter Kontrolle weniger Spezialisten münden, in dem zunehmend sich selbst steuernde autonome Systeme eigenständig Entscheidungen in Staat und Verwaltung treffen.

Es mag zahlreiche Gründe wie etwa Geschwindigkeit, Wirtschaftlichkeit und Kontrolle geben, die für den Einsatz autonomer Systeme im öffentlichen Sektor sprechen. Ebenso gibt es zahlreiche Argumente, die aus Sorge vor einer solchen Entwicklung formuliert werden, um den Menschen ihre Entscheidungsspielräume zu erhalten. Technisch lassen sich autonome Systeme zunehmend leichter konzipieren, implementieren und in Betrieb nehmen. Aber sind

---

[1]  von Lucke, 2015, S. X und S. 8

Staat und Verwaltung schon darauf vorbereitet? Welche Herausforderungen müssen benannt und beantwortet werden, bevor man autonome Systeme guten Gewissens für die Erledigung öffentlicher Aufgaben dauerhaft einsetzen sollte?

Dieser Beitrag wird herausarbeiten, mit welchen smarten Objekten und welchen CPS in Staat und Verwaltung zu rechnen ist. Darauf aufsetzend gilt es, Chancen, Risiken und Grenzen autonomer Systeme in Staat und Verwaltung zu bestimmen und zu reflektieren. Da diese Systeme nicht nur informieren und analysieren, sondern zunehmend auch Steuerung und Entscheidungsfindung übernehmen, ohne dass noch menschliche Entscheidungsträger eingebunden sein müssen, ist besondere Vorsicht geboten. Dies führt zu vier Herausforderungen für die Gestalter autonomer Systeme, die es abschließend zu konkretisieren und in der Verwaltungspraxis zu lösen gilt.

## 2. Smarte Objekte im Internet der Dinge und im Internet der Dienste

Smarte Objekte sind Gegenstände, die mit Sensoren, Aktoren und einer Kommunikationseinheit ausgestattet sind. Sie haben eine eindeutige Identität im Internet und sind somit für Menschen und andere smarte Objekte ansprechbar. Sie können mit Menschen und untereinander interagieren. Dies führt dazu, dass ihnen eine gewisse Intelligenz (Smartness) zugeschrieben wird, obwohl diese im Sinne von besonderen Fähigkeiten, Weisheit oder gar menschlicher Intelligenz nicht vorhanden ist. Trotzdem leitet sich daraus die Bezeichnung als intelligent vernetzte oder smarte Objekte ab.[2]

In unserem Alltag sind intelligent vernetzte Objekte längst keine Seltenheit mehr. Eine Vielzahl von Dingen ist inzwischen durch

---

[2]  von Lucke & Große, 2017, S. 314

Sensoren, Reaktionsfunktionalitäten und eine Breitband-Verbindung erweitert worden.[3] Sie lassen sich in Wearables, Smart-Home-Geräte, smarte stationäre Geräte und smarte mobile Geräte unterteilen.[4]

Wearables sind Geräte, die Menschen laufend mit sich führen und die mit dem Internet direkt oder indirekt verbunden sind. Diese Kategorie umfasst Geräte wie etwa smarte Armbänder, smarte Uhren, Smartphones, Body Cams, smarte Brillen, smarte Hörgeräte, smarte Herzschrittmacher und smarte Fußfesseln.

Die Kategorie der Smart-Home-Geräte umfasst vor allem Haushaltsgeräte, von Lampen und Lichtschaltern bis hin zu Bewegungsmeldern, Thermostaten, Türschlössern, automatischen Jalousien, Smart TVs, smarten Mülleimern, smarten Kühlschränken, smarten Waschmaschinen und smarten Zählern. Über die WLAN-Verbindung zum Router wird das Smartphone, das Tablet oder der Laptop zum Online-Dashboard und Steuergerät für die Smart-Home-Anwendungen.

Die Kategorie der smarten stationären Geräte umfasst alle unbeweglichen Dinge, deren Sensoren bei zunehmender Flexibilität nun von außen über das Internet zugänglich werden. Dazu gehören etwa Überwachungskameras, Umweltstationen und intelligente Straßenbeleuchtungen.

In der Kategorie der smarten mobilen Geräte werden jene Dinge gebündelt, die mobil verwendet werden können und oft mit einem Mobilfunknetz verbunden sind. Hierzu gehören tragbare Geräte wie Pumpen, Ventilatoren, Gassensoren und Wärmebildkameras, aber

---

[3] ebd.
[4] von Lucke, 2018

auch bemannte und unbemannte Fahrzeuge einschließlich Boden-fahrzeuge, Überwasserfahrzeuge, Unterwasserfahrzeuge und Luft-fahrzeuge (inklusive Drohnen) sowie Roboter.[5]

Alle diese intelligent vernetzten Objekte können und werden von ih-ren Besitzern für verschiedenste Aufgaben verwendet. Meistens ge-schieht dies für bestimmte Vorhaben und in guter Absicht. Aber manchmal erfolgt dies auch zum Schaden anderer, bewusst oder un-bewusst. Anbieter, Eigentümer und Nutzer werden durch IoT-Ent-wicklungsplattformen mittlerweile in die Lage versetzt, ihre Objekte nicht nur für die vom Hersteller vorgesehenen Zwecke einzusetzen. Sie können die Objekte auch manipulieren und so in ihren Funktio-nen erweitern oder einschränken, bewusst und unbewusst. Alle diese smarten Objekte erzeugen zudem Datenströme, die über das Internet der Dinge fließen. Mit zunehmender Verbreitung derartiger Objekte wird das Datenvolumen und dessen Auswertung in den kommenden Jahren weiter stark wachsen. Die Nutzung smarter Ob-jekte kann staatlich reguliert werden, wie dies etwa mit einem Ver-bot smarter Puppen in Deutschland bereits geschehen ist, da man eine audiovisuelle Ausspähung von Kindern, ihrer Spielzimmer und ihrer Badezimmer befürchtete.[6] Verbote sind jedoch ein harsches Regularium. Auflagen kommen ebenso in Betracht. Dennoch sind ei-nige Bürger alarmiert. IT-Sicherheitsprobleme, Datenschutzbeden-ken und das offenkundige Interesse von Geheimdiensten verschie-dener Staaten an Nutzungsdaten wirken besorgniserregend. Als Ver-braucher vertrauen sie den Anbietern von smarten Objekten nur noch bedingt. Aber sie wären richtig schockiert, sollte ihre Regie-rung, deren Verwaltung, deren Nachrichtendienste oder die Polizei systematisch damit beginnen, smarte Objekte, smarte Datensamm-

---

[5]  Links, 2015, S. 3
[6]  Bundesnetzagentur, 2017

lungen oder Nutzungsprofile, die von den Bürgern oder ihren smarten Objekten erzeugt werden, zur Überwachung zu verwenden, um Verbote konsequent durchzusetzen, um illegale Handlungen aufzuzeichnen und um Strafen sofort aussprechen zu können.[7]

## 3. Cyberphysische Systeme in Zeiten von Smart Government

Smarte Objekte können in sogenannte »cyberphysische Systeme« (CPS) eingebettet werden. Diese vernetzen physische Objekte mit digitalen Informations- und Kommunikationssystemen. Somit wird die Interaktion der Objekte erst richtig ermöglicht.[8] CPS können Daten sammeln, analysieren und die Ausführung von Aufgaben einleiten. Dazu nutzen sie smarte Objekte, aber auch eingebettete Systeme sowie Sensor- und Aktoren-Netzwerke. Dank der globalen Vernetzung und des Internets können CPS über große geografische Distanzen operieren. Leistungsstarke CPS können nahezu in Echtzeit Veränderungen in der Umwelt ihrer jeweiligen Objekte detektieren und ihr Handeln entsprechend anpassen. Sie können so auf spezifische Situationen reagieren, mit Benutzern interagieren und deren Verhalten beeinflussen.[9] Darauf basierend lassen sich smarte Ökosysteme entwickeln, in denen IT-Systeme, Menschen, Daten, Objekte und Services gleichermaßen involviert sind. Diese Ökosysteme können selbstständig Informationen einholen, analysieren, Entscheidungen treffen, handeln, dies überwachen und sich selbst kontrollieren. Sie können also autonom agieren. Die analoge und digitale Welt werden so zunehmend integriert.[10]

---

[7]   von Lucke, 2018; von Lucke, 2018b
[8]   Acatech, 2011, S. 13; Geisberger & Broy, 2012, S. 22
[9]   Geisberger & Broy, 2012, S. 22
[10]  von Lucke & Große, 2017, S. 314 - 315

Technisch setzt diese Entwicklung auf dem Internet der Dinge *(Internet of Things, IoT)* und dem Internet der Dienste *(Internet of Services, IoS)* auf. Das Internet der Dinge ist das Resultat der globalen elektronischen Vernetzung von Gegenständen[11] über die Internet-Protokoll-Familie *(IP-Suite)*. Es werden auf direktem Wege und ohne menschliche Intervention Daten und Informationen zwischen Objekten ausgetauscht. Eine Kommunikation von Maschine zu Maschine[12] wird zunehmend Realität. Das Internet der Dienste stellt feingranulare Softwarekomponenten auf Abruf zur Verfügung. Dies wird über *Web Services, Cloud Computing* und standardisierte Schnittstellen ermöglicht.[13]

Die direkte Kommunikation von Maschinen untereinander (M2M) und ohne Einbindung von Menschen wird so den signifikantesten Effekt erzielen. Mit Blick auf die industrielle Nutzung von CPS wird bereits von der »vierten industriellen Revolution« (Industrie 4.0) gesprochen. CPS werden sich zunehmend eigenständig informieren und Situationen analysieren können, aber auch automatisch und autonom Entscheidungen treffen und diese umsetzen. Sensoren und sensorbasierte Datensammlungen werden in diesem Zusammenhang eine besondere Rolle einnehmen, denn Industrie, Wirtschaft, Politik, Gesetzgebung, Verwaltung und Justiz werden sich zunehmend auf sie verlassen. Sensorbasierte Entscheidungen und sensorbasierte Rückkopplungen werden bei Entscheidungen aller Art an Einfluss gewinnen. Menschen werden durch entscheidende Systeme eher in den Hintergrund gedrängt und zu steuerbaren Objekten heruntergestuft, deren Verhalten andererseits durch Raum und Zeit

---

[11] BMBF, 2013

[12] Ein CPS kann Bestandteil des IoT sein. Es sind aber auch in sich geschlossene, losgelöste CPS möglich.

[13] von Lucke & Große, 2017, S. 315

vollständig verfolgbar wird. Neue smarte Lösungen werden zu Disruption und Transformation führen, wenn die CPS im Hintergrund den bisherigen Ansätzen an Nutzen, Flexibilität, Qualität und Wirksamkeit überlegen sind. Mit einer grundlegenden Marktbereinigung, einer Konvergenz von Märkten und einer Privatisierung staatlicher IKT ist gerade hier durch neuartige Ansätze und Anbieter zu rechnen. Sorge bereiten allerdings jene Akteure, die Sensoren und CPS versuchen zu manipulieren, um Systeme durch unzutreffende Eindrücke zu ihren Gunsten zu steuern..[14]

Eine zentrale Herausforderung für das Verständnis der Konsequenzen für die öffentliche Verwaltung besteht darin, zu reflektieren, welche intelligenten Objekte für den öffentlichen Sektor relevant sind, wer die Eigentümer dieser intelligenten Geräte sind und wie diese Objekte oder die generierten smarten Daten Teil von CPS sein könnten. Zu den zentralen CPS im öffentlichen Sektor zählen etwa smarte Amtsgebäude *(Smart Building),* smarte Behörden *(Smart Agency)* und smarte Städte *(Smart City),* im weiteren Sinne auch smarte Häfen *(Smart Port),* smarte Flughäfen *(Smart Airport),* smarte Straßen *(Smart Road),* smarte Tunnel *(Smart Tunnel),* smarte Eisenbahnnetze *(Smart Rail Network),* smarte Mobilitätsnetze *(Smart Mobility Network),* smarte Energienetze *(Smart Energy Network, Smart Grid),* smarte Gesundheitsnetze *(Smart Health Network)* und smarte Bildungsnetze *(Smart Education Network).*[15]

---

[14]  von Lucke, 2017, S. 230-231; von Lucke, 2018b, S. 341-342
[15]  von Lucke, 2018b, S. 342

# 4. Autonome Systeme für und in Staat und Verwaltung

Smarte Ökosysteme, in denen reale (physische) und virtuelle (im digitalen Raum befindliche) Objekte selbstkontrolliert operieren, bergen ein riesiges Potenzial. Sie können nicht nur bei Information und Analyse unterstützen, sondern sie können Prozesse kontrollieren und Automation steuern. Vor allem können sie autonom und unabhängig von Menschen operieren und Entscheidungen treffen.[16] Diese Potenziale lassen sich weiter erhöhen, etwa wenn die smarten Ökosysteme mit künstlicher Intelligenz versehen werden, also in die Lage versetzt werden, sich intelligent (wie etwa ein Mensch) zu verhalten. Noch dominieren einfachere Ansätze zur Lösung bestimmter Aufgabenstellungen die Entwicklung künstlicher Intelligenz, etwa ein Spiel, eine Fragestellung oder eine Prognose. Komplexere Ansätze führen zu selbststeuernden autonomen Systemen wie etwa autonomen Drohnen oder selbstfahrenden Kraftfahrzeugen. Vorstellbar und in Deutschland bereits durch §35a VwVfG rechtlich zulässig wären aber auch entscheidungstreffende autonome Systeme in der Verwaltung.[17]

Ein intelligent vernetztes Regierungs- und Verwaltungshandeln (Smart Government) setzt darauf, smarte Objekte und CPS zur effizienten Erfüllung öffentlicher Aufgaben einzusetzen. Mittelfristig ist damit zu rechnen, dass diese Technologien zu disruptiven Veränderungen im öffentlichen Sektor führen. Spätestens wenn digitale autonome Systeme mit ihrer neuartigen Funktionslogik bestehende Abläufe und Prozesse substanziell übertreffen, indem sie bei geringeren Kosten und schnelleren Abläufen zu höherwertigen Ergebnissen führen, sind diese

---

[16] Chui, Löffler & Roberts, 2010, S. 1-9
[17] von Lucke & Große, 2017, S. 315

Altsysteme politisch in Frage zu stellen. Der Staat, die Gesetzgeber, die öffentliche Verwaltung und die Justiz selbst können von diesem disruptiven Wandel betroffen sein. Regierungen und Verwaltungen sollten ihn daher nicht ignorieren. Sie sollten sich nicht nur auf Veränderungen in Industrie und Wirtschaft vorbereiten. Vielmehr ist auch frühzeitig zu reflektieren, wie sie in welchen Behörden das Potenzial von smarten Objekten, CPS und autonomen Systemen für die eigenen Prozesse nutzen wollen, um bestehende Systeme und Strukturen zu erweitern oder zu ersetzen. Die intelligente Vernetzung bietet vielfältige Möglichkeiten zur Effizienz- und Effektivitätssteigerung, die besonders in Zeiten einer bevorstehenden Ressourcen- und Personalknappheit im öffentlichen Dienst absolut unabdingbar sind.[18]

Die Entwicklung smarter Objekte, CPS und autonomer Systeme für eine Verwendung in Staat und Verwaltung erfolgt aufgrund der technischen Möglichkeiten und der Nachfrage weltweit. Sie lässt sich beim besten politischen Willen nicht mehr verhindern, denn ausgereifte Lösungen sind bereits am Markt verfügbar. Und die Wirkungen werden dauerhaft sein, wenn sie bisherige Lösungen substanziell überflügeln. Aufgrund unterschiedlicher Ausgangslagen, Anforderungen und verfügbarer Budgets geschieht all dies jedoch überall mit unterschiedlichen Geschwindigkeiten, Ansätzen und Folgen. Zaghaften Testinstallationen mit smarten Straßenlaternen, smarten Parkräumen und smarten Messzählern stehen professionelle, kamera- und Wi-Fi-basierte Sicherheits- und Überwachungskonzepte, profilbildende Mobilitätskonzepte und kennzahlenbasierte Dashboards gegenüber. In den vergangenen Jahren wurden in vielen Staaten bereits zahlreiche Investitionsentscheidungen zugunsten solcher Systeme in Verwaltung, Polizei und Justiz getroffen, die Auswirkungen auf die jeweilige Arbeits- und Lebenswelt haben.

---

[18]  von Lucke & Große, 2017, S. 316

Selten spielten bei diesen Entscheidungen die gestaltenden Vorstellungen der Verwaltung oder Wünsche der Bürger eine Rolle. Vielfach ging es um die Einführung von bereits woanders entwickelten und erprobten Produkten, Diensten und Systemen großer internationaler Konzerne. Und genau diese Entwicklung und ihre Konsequenzen sollten die Gesellschaft nachdenklich machen.

## 5. Auf einem ganz schmalen Grat: Chancen und Risiken

Viele denkbare Anwendungsfelder in der öffentlichen Verwaltung bewegen sich auf einem schmalen Grat zwischen Datenschutz, Überwachung und Fremdsteuerung. Das Verhalten von Menschen, Dingen, Daten und anderem durch Raum und Zeit wird durch smarte Objekte und CPS dauerhaft verfolgbar. Smarte Brillen verbessern die Echtzeitwahrnehmung der eigenen Umgebung, erhöhen aber auch die Beeinflussbarkeit durch Big-Data-Analysen, Anwendungen mit künstlicher Intelligenz und Datenvisualisierungsalgorithmen. In Deutschland hat der Gesetzgeber 2017 mit dem neu eingeführten §35a des Verwaltungsverfahrensgesetzes den Gedanken eines vollautomatisierten Verwaltungsaktes bereits aufgegriffen. Mag eine automatisierte Steuerung in geschlossenen Systemen wie etwa bei einer Steuererklärung noch wünschenswert sein, so wird man sich schon bald mit Fällen von komplexen autonomen Systemen in offenen Umgebungen mit großen Unsicherheiten auseinandersetzen müssen. Die Diskussionen um selbstfahrende Autos und den automatisierten und vernetzten Fahrzeugverkehr[19] zeigen, wie wichtig ethische Debatten und darauf aufsetzende Grundlagenpapiere von Ethik-Kommissionen sind. Smart Government sollte nach den eige-

---

[19] siehe hierzu als weltweiten Vorreiter: BMVI, 2017

nen nationalen, rechtlichen und ethischen Vorstellungen unter Beteiligung der Bevölkerung gestaltet werden können. Und diese ethischen Debatten sind dabei dringend notwendig. Schließlich finden sich bereits in zahlreichen Strategiepapieren von Verbänden und Unternehmen Hinweise auf neuartige Geschäftsmodelle, um die öffentliche Sicherheit, die Überwachung, mobile Einsatzzentren und eine kennzahlenbasierte Steuerung urbaner Räume mit Hilfe von Smart Government zu realisieren.[20] Diese Geschäftsfelder und die angebotenen Lösungen stehen zum Teil aber nicht im Einklang mit Überlegungen zu einer offenen und freien Gesellschaft, finden aber große Aufmerksamkeit in autoritären Polizeistaaten und bei ambitionierten Sicherheitspolitikern. Und bereits dies gibt ausreichend Anlass zur Sorge.

Einige Autoren gehen mit ihren Gedankenspielen noch weiter. Sie sehen Einsatzmöglichkeiten für autonome Systeme nicht nur bei der Implementierung politischer Beschlüsse durch die öffentliche Verwaltung. Sie erweitern den Blick auf den gesamten Politikzyklus und skizzieren Anknüpfungspunkte bei der Problemdefinition, der Agenda-Setzung, der Meinungsbildung und der Entscheidungsfindung sowie beim Monitoring und bei der Evaluation des Verwaltungshandelns. Tonn und Stiefel[21] zeigen auf, dass im Angesicht komplexer Probleme durch Computersysteme bessere Entscheidungen getroffen werden können. Das solle das Überleben sichern und Kriege vermeiden helfen. Außerdem unterstützen sie die Einbindung verschiedener Akteure und fördern so eine Schwarmintelligenz. Computer überwinden außerdem potenziell schwache Institutionen, die aufgrund der Rahmenbedingungen nicht entscheidungs-

---

[20]  siehe etwa: IET, 2017, S. 133-142
[21]  Tonn & Stiefel, 2012, S. 812-822

fähig seien. Sie sorgen idealtypisch für einen transparenteren Entscheidungsprozess. Bei ungleichen Machtverhältnissen können Computersysteme für Gerechtigkeit sorgen und außerdem das Allgemeinwohl im Blick behalten. In Zeiten schwindenden Vertrauens können sie einen alternativen Entscheidungsprozess anbieten und die Entscheidungsfindung beschleunigen. Sie seien außerdem besonders von Wert, wenn Sach- und nicht Werte-Entscheidungen getroffen werden.[22]

Zugegeben kann es in einigen Fällen aber unethisch sein, Entscheidungen an autonome Computersysteme abzugeben, etwa wenn es um Haftstrafen oder um Leben und Tod geht. Tonn und Stiefel[23] sehen dadurch einen möglichen Verlust an Menschlichkeit, an Entscheidungsfähigkeit und an ethisch korrektem Handeln durch Menschen. Sie betonen, dass Computern bisher zudem Kreativität fehle, dass sie menschliche Werte nicht abbilden können und ihnen die Möglichkeit fehle, abzuwägen oder sich einzufühlen. Fehlende Akzeptanz und Ängste in der Bevölkerung sind vielmehr dann zu erwarten, wenn autonome Systeme insbesondere in der Politik eine zunehmend dominierende Rolle spielen. Selbstbewusste Politiker und gewählte Parlamentarier werden sich ihr Recht auf Gesetzgebung und Entscheidungsfindung sicher nicht von autonomen IT-Systemen nehmen lassen wollen. Sie könnten dann weder ihre Interessen noch die ihrer Wähler einbringen und durchsetzen. Eigentlich wären sie dann sogar überflüssig. Schon aus Eigeninteresse werden sie ein solches Szenario verhindern wollen. Mit entscheidungsunterstützenden Systemen könnten sie sich aber sicherlich arrangieren, denn diese haben in der Politik schon eine lange Tradition. Dennoch ist auch hier Vorsicht geboten, denn durch Hackerangriffe

---

[22] von Lucke & Große, 2017, S. 322
[23] Tonn & Stiefel, 2012

und den Einsatz smarter Technologien in der Politik[24] in Zeiten von Fake News, Social Bots und Troll-Armeen muss permanent mit Propaganda, Desinformationen und Manipulation gerechnet werden, ohne dass diese von außen erkennbar sind.[25] Auch Richter und Gerichtshöfe werden sich früher oder später der Herausforderung stellen müssen, ob der Einsatz autonomer Systeme zur Rechtsprechung, zur Urteilsfindung und für Vergleiche von Parteien sinnvoll sein kann.

Aus all diesen beschriebenen Debatten ergibt sich eine eindrucksvolle Liste an Fragestellungen zu entscheidungstreffenden autonomen Systemen um die folgenden vier Herausforderungen: Verlässliche Entscheidungsgrundlagen, Entscheidungen autonomer Systeme, Umsetzungen von Entscheidungen autonomer Systeme sowie Rahmenbedingungen und Umwelt von autonomen Entscheidungssystemen.[26] Diese Herausforderungen müssen von der Verwaltungsinformatik und der Politikinformatik zusammen mit ihren weiteren Schwesterdisziplinen Verwaltungswissenschaft, Politikwissenschaft, Rechtswissenschaft, Psychologie, Wirtschaftsinformatik und Informatik in den nächsten Jahren inter- und transdisziplinär bearbeitet werden. Die folgenden Abschnitte reflektieren die derzeit relevantesten Fragestellungen und skizzieren so eine Forschungsagenda für autonome Systeme im öffentlichen Sektor.

---

[24]  Novoselic, 2016
[25]  von Lucke & Große, 2017, S. 322-323
[26]  ebd., S. 324-327

# 6. Herausforderung: Verlässliche Entscheidungsgrundlagen

Für autonome Systeme jeglicher Art ist eine verlässliche Entscheidungsgrundlage unerlässlich. Zunächst stellt sich daher die Frage, wie gut und wertvoll die im Kontext von Smart Government erhobenen Daten sind. So ist regelmäßig zu prüfen, ob die Sensoren in smarten Objekten auch korrekt funktionieren, ob die Daten unverfälscht an CPS übermittelt und zusammengetragen werden und ob noch weitere Datenqualitätsmaßnahmen erforderlich sind. Daten sind zu sichern, Manipulationen durch IT-Sicherheitsmaßnahmen zu verhindern. Zahlreiche Gerichtsverfahren wegen angeblich fehlerhafter Radarkontrollen zeigen, dass dieses Problem in der Verwaltungspraxis längst bekannt ist und auch von Anwälten im Streitfall genutzt wird.

Zweitens stellt sich im Kontext staatlicher Offenheit und Transparenz die Frage, ob und gegebenenfalls welche sensorbasierten Datenbestände des Staates im Sinne von Open Data geöffnet und über das Internet offen *(open-by-default)* erschlossen werden sollten. Hierbei ist auch zu reflektieren, welche smarten Datenbestände in der öffentlichen Verwaltung wegen Personenbezogenheit oder anderer schutzbedürftiger Gründe davon auszunehmen sind.

Drittens müssen bei der Sammlung verlässlicher Entscheidungsgrundlagen für autonome Systeme Wege gefunden werden, wie die Pluralität von Akteuren, Informationen und Meinungen sichergestellt werden kann. Dazu sind auf Seiten des Parlaments, der öffentlichen Verwaltung und der Justiz notwendiges Wissen und Kompetenzen aufzubauen sowie angemessene Ressourcen bereitzustellen. Über die Bereitstellung einer Bibliothek hinaus müssen Investitionen in Aus- und Weiterbildung an der Schnittstelle zwischen Recht und IT getätigt werden. Gerade vor der Annahme, dass in Entscheidungssituationen Daten nie neutral sind, sondern ihre Auswahl immer auch von den zuständigen Experten beeinflusst wird, muss dafür Sorge getragen werden, dass die gewünschte Objektivität keine Illusion ist.[27]

Viertens stellt sich die gar nicht so einfache und nur mit empirischen Studien zu lösende Frage, ob durch die Datenbasen autonomer Systeme eine größere oder eine geringere Transparenz von Entscheidungen erzielt werden kann. Wachsende Datensammlungen werden durch ihre Vielfalt und ihr Volumen überfordern können. Smart Government dürfte sicherlich von Visualisierungswerkzeugen und Ad-hoc-Analysen zur neutralen Überprüfung der Entscheidungsgrundlagen profitieren, soweit diese bereitstehen und offen oder eingeschränkt genutzt werden.[28]

# 7. Herausforderung: Entscheidungen autonomer Systeme

Autonome Systeme treffen Entscheidungen. Dazu setzen sie auf Algorithmen, die ihnen entweder von versierten Entwicklern einprogrammiert worden sind oder die sie sich als lernendes System im Laufe der Zeit selbst erarbeitet haben.

Zugegeben gibt es zahlreiche Entscheidungsarten, die auf ganz unterschiedlichen Datengrundlagen aufsetzen und sich verschiedener Logiken und Algorithmen bedienen. Smarte Objekte, CPS und autonome Systeme eröffnen in Verbindung mit Anwendungen künstlicher Intelligenz ganz neue Entscheidungsansätze. Zumindest für

---

[27] Novoselic, 2016, S. 88-89
[28] von Lucke & Große, 2017, S. 324-325

den öffentlichen Sektor macht dies eine erneute Grundlagenforschung erforderlich. Die bisher in der Literatur skizzierten Klassifikationen[29] müssen reflektiert und um neue, smarte Ansätze ohne menschlichen Eingriff ergänzt werden.

Die vom deutschen Gesetzgeber in §35a VwVfG eingebrachten Begriffe »*Ermessen*« und »*Beurteilungsspielraum*« reichen sicherlich nicht aus, um eine umfassende wie dauerhafte Entscheidung über den Einsatz autonomer Systeme in Staat und Verwaltung zu treffen. Ganz konkret und entlang der überarbeiteten Liste an Entscheidungsarten muss zweitens geklärt werden, für welche Entscheidungsarten sich nur der Einsatz entscheidungsunterstützender Systeme (bei menschlicher Entscheidung) eignet und für welche der Einsatz autonomer Systeme zulässig wäre.

Entscheidungs- und Ermessensspielräume können eng oder weit, freundlich im Sinne des Antragstellers oder hart im Sinne der Staatgewalt sein. Setzt ein Staat auf den Einsatz entscheidungsunterstützender Systeme oder gar entscheidender autonomer Systeme, sollte er mit Blick auf seine rechtsstaatlichen Prinzipien und seine Rechtsgeschichte auch diese Spielräume konkretisieren. Vielfach sind in Gesetzen Formulierungen bewusst so gewählt worden, dass Entscheider auf die besonderen Umstände Rücksicht nehmen und im eigenen Ermessen der Situation angemessen entscheiden können. Drittens sollten daher von einer Ethikkommission ethische Grundsätze bestimmt oder Rahmenempfehlungen für die Entscheidungsfindung autonomer Systeme erarbeitet werden, zu denen auch der angemessene Umgang mit politisch gewollten Ermessensspielräumen gehört.

Aus diesen Rahmenempfehlungen leitet sich ab, wie die Prozesse in der Verwaltung bei Fragestellungen ohne Ermessensspielräume und

---

[29] Beck & Fisch, 2005, S. 15 ff.; Nesseldreher, 2006, S. 160 ff.

wie bei Fragestellungen mit Ermessensspielräumen zu gestalten sind. Novoselic[30] reflektiert in diesem Zusammenhang über das Ermessen, das der Gesetzgeber bisher den handelnden Behörden mit seinen Formulierungen ganz bewusst einräumt, um sich nicht mit allen Detailfragen beschäftigen zu müssen und um diesen selbst zu gestaltende Handlungsspielräume zu eröffnen. Diese hängen auch damit zusammen, dass bei vielen Entscheidungen eigentlich eine Ursachenforschung erforderlich sei, die bei einer reinen Dateninterpretation zu kurz komme.[31] Wie soll aber mit persönlichem Ermessen und Abwägungen der bisherigen Entscheider umgegangen werden? Welche Rolle sollen Beweggründe, Einzelschicksale und Ursachenforschung bei der Entscheidungsfindung spielen? Und wie können diese in automatisierten Prozessen eingebunden sein?

Gerade bei kreativen Fragestellungen, etwa im Umgang mit den Ergebnissen eines Wettbewerbs, stellt sich die Frage, wie diese Entscheidungsprozesse künftig zu gestalten sind. In diesem Zusammenhang ist ebenso zu klären, ob der durchaus vorhandene Bedarf an Kreativität und Innovation in Staat und Verwaltung auch über autonome Systeme ergänzend oder bei überragender Qualität sogar exklusiv genutzt werden sollte.

Darüber hinaus stellen sich Fragen, wie Staat und Verwaltung, Politiker, Beamte und Richter, Bürger, Unternehmen und Anwälte mit Entscheidungen autonomer Systeme umgehen werden, auf die im Anschluss noch detaillierter einzugehen ist. Wie gut und passend sind die automatisiert und datenbasiert getroffenen Entscheidungen wirklich? Wie können die Grundsätze des Rechtsstaates, von »Good Governance« und von Fairness in Technologie überführt werden? Wie kann Chancengleichheit für alle Akteure sichergestellt

---

[30] Novoselic, 2016, S. 89
[31] von Lucke & Große, 2017, S. 323

werden? Wie können das Allgemeinwohl und die Rechte künftiger Generationen berücksichtigt werden? Und welche Rolle spielen Werte bei der Entscheidungsfindung? Wie können beziehungsweise sollen diese in autonomen Systemen abgebildet werden? Ebenso muss an den Umgang mit unvorhergesehenen Informationen sowie bewusst gestreuten Falschinformationen gedacht werden, die im Falle von Anhörungen oder Analysen überraschend auftauchen und die bisherigen Tatbestände in Frage stellen. Wie kann in autonomen Systemen die notwendige Flexibilität abgedeckt werden?

Vertrauen ist ganz wesentlich für die Akzeptanz entscheidender autonomer Systeme. So muss gewährleistet sein, dass einzusetzende entscheidende Systeme ihre Entscheidungen auf aktueller gesetzlicher Grundlage treffen, dass diese protokolliert und nicht von Dritten manipuliert werden können. Transparenz kann wesentlich dazu beitragen, dieses Vertrauen aufzubauen, zu sichern und zu erhalten. Aber wie lassen sich transparente Entscheidungssysteme einrichten? Wie lassen sich transparente Algorithmen einrichten? Wie lassen sich Entscheidungen dieser Systeme transparent aufbereiten, ohne gegen Datenschutz und andere schutzwürdige Interessen zu verstoßen? Bietet die personell in Deutschland sehr dünn besetzte Rechtsinformatik als Wissenschaft bereits die erforderlichen Konzepte, Programmiersprachen und Systeme, um juristische Logik in Computerprogrammierung zu übersetzen? Oder ist hier noch weitere Grundlagenforschung im nationalen oder im europäischen Rahmen erforderlich? Wie lassen sich Systeme, Algorithmen und Entscheidungen so transparent darstellen, dass Prüfungsämter, Rechtsanwälte und interessierte Bürger sich jederzeit problemlos vom ordnungsgemäßen Zustand des entscheidenden Systems überzeugen können. Welche Rolle müssen in diesem Kontext die Algorithmen-kontrolle und offener Quellcode (Open Source) spielen?[32]

## 8. Herausforderung: Umsetzungen von Entscheidungen autonomer Systeme

Die dritte große Herausforderung liegt im Umgang mit und in der Umsetzung von Entscheidungen autonomer Systeme. Nach dem Treffen von Entscheidungen sind diese auch vom Staat und der Verwaltung, von den Beamten, Angestellten und Soldaten zu akzeptieren und umzusetzen. Hierzu ist nicht nur ein dauerhaftes Vertrauen in solche Systeme und ihre Leistungsfähigkeit erforderlich. Die Systeme müssen auch die Prozesse zur Umsetzung der getroffenen Entscheidung direkt anstoßen können. Sollten durch Qualitätssicherungsmaßnahmen Fehlentscheidungen der Systeme offensichtlich werden, muss wie im realen Verwaltungsalltag sofort angemessen reagiert werden können. Berechtigte Presseberichte über stark fehleranfällige Entscheidungssysteme, die Menschen durch Fehlentscheidungen und rasche Umsetzungen in schwere Notlagen bringen (wie etwa das Schuldeneintreibungsprogramm von Centrelink in Australien[33]), zerstören das Vertrauen in autonome Systeme des Staates dauerhaft. Dies darf nicht passieren.

Im Rahmen der Einführung entscheidender Systeme im öffentlichen Sektor muss eine Kommunikationsstrategie erarbeitet werden, wie mit Informationsangeboten und unterstützenden Maßnahmen für eine breite Akzeptanz von entscheidungsunterstützenden und von autonomen Systemen im Arbeitsalltag gesorgt werden kann. Konse-

---

[32] von Lucke & Große, 2017, S. 325 - 326
[33] Eltham, 2017

quent muss ein Veränderungsmanagement zur Einführung autonomer Systeme in Staat und Verwaltung konzipiert und umgesetzt werden. Dies sollte darauf abzielen, dass die Mitarbeiter zur konstruktiven Zusammenarbeit mit diesen Systemen motiviert werden und sie die Entscheidungen dieser Systeme auch zeitnah umsetzen.

Zugegeben lässt sich nicht mit hundertprozentiger Sicherheit ausschließen, dass autonome Systeme Fehler begehen. Hieraus entstehen Haftungsfragen, sollten Regressansprüche gegen den Staat, die zuständige Behörde, den technischen Dienstleister oder die Systementwickler geltend gemacht werden. Der Abschluss von Haftpflichtversicherungen gegen Fehlentscheidungen autonomer Systeme kann helfen, einerseits solche Risiken, die Haftung und die Rechtskosten zu begrenzen. Andererseits würde mit der Versicherungsbranche ein Akteur ins Spiel gebracht, der dann dauerhaft ein hohes Interesse an einer Qualitätssicherung solcher Systeme hat, um seine eigenen Erstattungsrisiken zu minimieren. Dennoch muss auch im Rahmen der Umsetzung geklärt werden, wie mit Fehlentscheidungen autonomer Systeme umgegangen werden soll. Sofortige Widersprüche, der Rechtsweg und eine Anhörung durch einen menschlichen Richter dürfen in einem demokratischen Rechtsstaat nicht ausgeschlossen werden.

Bewähren sich autonome Systeme und können sie transparent nachweisen, dass sie entsprechend den Kriterien des Rechtsstaats Entscheidungen richtig treffen können, ohne dass Fehlentscheidungen eine signifikante Rolle spielen, etwa da diese ebenso rasch behoben werden, trägt dies zur Vertrauensbildung in der Öffentlichkeit bei. Sicherlich wird es eine empirische Aufgabe für Psychologen und Soziologen sein, zu messen, ob das Vertrauen in Entscheidungen steigt, wenn diese von Computern statt von Menschen getroffen werden. Ebenso wird zu überprüfen sein, ob sich durch automatisierte Entscheidungen Konfliktpotenziale in Staat und Verwaltung verringern lassen und ob Entscheidungsprozesse bei gleichbleibend hoher Qualität beschleunigt werden können.[34]

## 9. Herausforderung: Rahmenbedingungen und Umwelt von autonomen Entscheidungssystemen

Zum Abschluss müssen auch die Herausforderungen skizziert werden, die sich aus den erforderlichen Rahmenbedingungen und der Umwelt von autonomen Entscheidungssystemen in Staat und Verwaltung ergeben. Autonome Systeme existieren nicht im luftleeren Raum, sondern sie sind eingebunden in komplexere Systeme aus Menschen, Technik und Organisation. Es gilt, geeignete Rahmenbedingungen zu schaffen, damit der Einsatz autonomer Systeme überhaupt zulässig und für Staat, Wirtschaft und Gesellschaft akzeptabel wird.

Die Kernfrage lautet, ob es ethisch überhaupt vertretbar wäre, Entscheidungen an autonome Systeme abzugeben. Die Realität und das Verwaltungsverfahrensgesetz in Deutschland haben bereits die Antwort gegeben, dass der deutsche Gesetzgeber dies bejaht. Dennoch muss auch debattiert werden, in welchen Grenzen dies ethisch vertretbar ist und welche Entscheidungskomplexe jenseits dieser ethischen Grenzen liegen, also ungeeignet für autonome Systeme sind. In diese Kartierung müssen auch die Ergebnisse der jahrzehntelangen Debatten über entscheidungsunterstützende Systeme einfließen, die Entscheidungsträger bei ihrer Entscheidung nur unterstützen, und die Möglichkeiten von Big-Data-Analysen, die ganz neue Ansätze für ein evidenzbasiertes Handeln und ein *Nudging* (Stupsen) eröffnen.

---

[34] von Lucke & Große, 2017, S. 326

Zweitens ist zu analysieren, ob es in Zeiten von Big Data und empirischen sowie evidenzbasierten Herangehensweisen nicht die Gefahr einer Datengläubigkeit gibt, bei der eine Objektivität von Daten und computergestützten Entscheidungen angenommen wird, die in der Realität aber nicht existiert. An diesem Diskurs sollten sich nicht nur empirisch arbeitende Wissenschaftler beteiligen. Es sind inter- und transdisziplinäre Erkenntnisse zu dieser Fragestellung erforderlich.

Drittens ist empirisch aus unterschiedlichen Blickwinkeln zu untersuchen, ob autonome Entscheidungssysteme in ihrem Handlungsfeld und damit über die vorliegende Entscheidungsgrundlage hinaus für eine größere oder doch eher für eine geringere Transparenz sorgen.

Viertens muss das Problem der Verantwortlichkeit und Rechenschaft geklärt werden. Vor dem Einsatz autonomer Entscheidungssysteme ist zu analysieren und dann rechtlich zu klären, wer die von Systemen getroffene Entscheidungen verantwortet, wer die Systeme auch kurzfristig korrigieren und wer sie im Falle von signifikanten Fehlentscheidungen auch sofort abschalten darf.

In diesem Zusammenhang stellt sich fünftens die Frage, ob überhaupt und gegebenenfalls wie entscheidende Systeme abgestellt werden können. Diese Frage mag bei einfachen autonomen Systemen überraschen, da das Umlegen eines Stromschalters ausreichen sollte. Lernende und verteilte autonome Systeme auf Basis künstlicher Intelligenz, die bisher vor allem für Unterhaltungsfilme als inszeniertes Schreckensszenario (etwa *Skynet* in der *Terminator*-Reihe) herhalten müssen, werden unter Umständen eigenständig Mechanismen entwickeln, um das eigene Wissen im System zu schützen, sodass eine Abschaltung für Menschen nicht oder nur schwer möglich sein wird.

Sechstens müssen die Rollen der Entwickler autonomer Systeme konkretisiert und hinterfragt werden. Ebenso ist zu reflektieren, wie sich die Kontrolle solcher Systeme durch nur wenige Experten verhindern lässt. Novoselic[35] spricht in diesem Zusammenhang die Gefahr an, dass sich neue elitäre Gruppen bilden, die als einzige die Entscheidungstechnologie verstehen und so durchaus auch gezielt politische Prozesse beeinflussen können. Mit Aus- und Weiterbildungsangeboten müssen die in Verantwortung und Umsetzung stehenden Personen frühzeitig geschult werden, damit solche Abhängigkeiten gar nicht erst entstehen. Zugleich müssen alle Rollen rund um autonome Systeme klar definiert und vermittelt werden, die insbesondere Politiker und Beamte künftig zu übernehmen haben.[36]

Siebtens ist zu klären, wie in Zeiten entscheidender autonomer Systeme und einer Maschine-zu-Maschine-Kommunikation die persönlichen Rechte der Bürger erhalten, Datenschutz sichergestellt und staatliche Überwachung verhindert werden kann. Novoselic[37] spricht die Gefahren aus einem mangelhaften Datenschutz und aus der zunehmenden Überwachung durch internationale Geheimdienste an. So besteht die begründete Sorge, dass etwa vertraulich zu behandelnde Entscheidungsgrundlagen und Entscheidungsergebnisse auch in Hände unberechtigter Dritter gelangen, die diese für eigene Zwecke verwenden.

Achtens muss geklärt werden, wie sich die Entscheidungsabgabe an autonome Systeme auf die menschlichen Fähigkeiten, Werte, Einstellungen und Motivationen auswirkt und welche Konsequenzen dies für die Fähigkeiten künftiger Generationen hat. Insbesondere sollte frühzeitig geklärt werden, ob Menschen in einem intelligent

---

[35] Novoselic, 2016, S. 92
[36] von Lucke & Große, 2017, S. 323
[37] Novoselic, 2016, S. 90-91

vernetzten Staat überhaupt noch Entscheidungen selbst frei treffen dürfen, ob sie zu ihren Entscheidungen sanft gestupst werden oder ob ihnen dies von entscheidenden Systemen vollkommen abgenommen wird. Antworten auf diese letzte Fragestellung werden auch vom Staatsverständnis und der gelebten Kultur im Umgang mit den Bürgern abhängen. Experten aus Diktaturen, autoritär geführten Staaten und kommunistischen Systemen kommen sicherlich zu anderen Antworten als Experten aus Staaten, die das Ideal einer offenen, freien und selbstbestimmten Bürgergesellschaft umsetzen.[38]

## 10. Zusammenfassung

Staat und Verwaltung müssen sich in Zeiten von Industrie 4.0 und Smart Government auf substanzielle Veränderungen durch die neuen Möglichkeiten des Internets der Dinge und des Internets der Dienste einstellen. Die weite Verbreitung von Wearables, Smart-Home-Geräten, smarten stationären Geräten und smarten mobilen Geräten sorgt dafür, dass dezentral, über die Sensoren in smarten Objekten, konkrete Zustände in Form von »smarten Daten« erfasst werden. Oft werden diese Objekte, wie etwa smarte Uhren, Smartphones, Body Cams, Drohnen oder Roboter, in komplexere CPS eingebettet, die die Daten sammeln, analysieren, Menschen informieren und die Ausführung von Aktivitäten einleiten. Smarte Amtsgebäude, smarte Behörden und smarte Städte, aber auch smarte Häfen, smarte Flughäfen, smarte Straßen und smarte Tunnel werden Staat und Verwaltung durch neue digitale Ansätze nachhaltig verändern.

CPS können Menschen entscheidungsunterstützend bei Information und Analyse helfen. Sie könnten aber auch, vom Menschen unabhängig, Automation und Steuerung vollständig übernehmen. In Staat und Verwaltung eröffnet dies autonomen Systemen ganz neue

---

[38]  von Lucke & Große, 2017, S. 326-327

Möglichkeiten, die sich auf einem schmalen Grat zwischen Daten-schutz, Überwachung und Fremdsteuerung bewegen. Ethische De-batten und darauf aufsetzende Rahmenempfehlungen zu Algorith-men und autonomen Systemen in Staat und Verwaltung müssen jetzt geführt werden, um ein intelligent vernetztes Regierungs- und Verwaltungshandeln (Smart Government) noch nach den eigenen Vorstellungen gestalten zu können. Ansonsten droht die Gefahr, woanders entwickelte Lösungen mit allen Risiken und Nebenwir-kungen implementieren zu müssen, weil diese sich gegenüber den eigenen Systemen bei bestimmten Kriterien substanziell positiv ab-heben. Parlamente, Verwaltungen und die Justiz sind hier gleicher-maßen gefordert. So kann in Zeiten von Big Data auf Dauer nicht mehr ausgeschlossen werden, dass autonome Systeme die täglichen Aufgaben von politischen Referenten, Verwaltungsmitarbeitern und Richtern vollständig übernehmen.

Die Einführung selbst-entscheidender autonomer Systeme in Staat und Verwaltung ist nicht trivial. Sie darf auch nicht auf die leichte Schulter genommen werden, denn sie hat grundlegende Folgewir-kungen für Staat, Verwaltung und Gesellschaft. Rund um vier Her-ausforderungen sind in diesem Beitrag zahlreiche aktuelle wie of-fene Fragestellungen zusammengetragen worden. Für eine erfolg-reiche Umsetzung autonomer Systeme sind Antworten erforderlich, wie verlässliche Entscheidungsgrundlagen geschaffen, wie Ent-scheidungen von autonomen Systeme getroffen werden, wie die Umsetzungen von Entscheidungen autonomer Systeme realisiert wird sowie welche Rahmenbedingungen erforderlich sind. Diese Herausforderungen skizzieren eine Forschungsagenda, die die Ver-waltungsinformatik und die Politikinformatik zusammen mit der Verwaltungswissenschaft, der Politikwissenschaft, der Rechtswis-senschaft, der Psychologie, der Wirtschaftsinformatik und der Informatik in den kommenden Jahren inter- und transdisziplinär zu bearbeiten haben. Staat und öffentliche Verwaltung wären gut beraten, sich mit der Wissenschaft diesen Fragestellungen zeitnah zu stellen. Sie wären dann frühzeitig in der Lage, Antworten und Rahmenempfehlungen geben zu können, wenn die Umsetzung von Smart Government und autonomen Systemen ansteht. Und da gibt es für den gesamten öffentlichen Sektor noch vieles zu tun.

## Quellen

Acatech (2011). *Cyber-Physical Systems - Innovationsmotor für Mobilität, Gesundheit, Energie und Produktion.* acatech Position. Springer, Heidelberg

Beck, D. und Fisch, R. (2005). *Entscheidungsunterstützende Verfahren für Politisch-Administrative Aufgaben.* Speyerer Forschungsberichte. Band 235. Forschungsinstitut für Öffentliche Verwaltung, Speyer

BMBF (2013). Zukunftsbild »Industrie 4.0«. Bundesministerium für Bildung und Forschung, Berlin

BMVI (2017). Bericht der Ethik-Kommission Automatisiertes und Vernetztes Fahren. Bundesministerium für Verkehr und digitale Infrastruktur, Berlin

Bundesnetzagentur (2017). Bundesnetzagentur zieht Kinderpuppe »Cayla« aus dem Verkehr. Bundesnetzagentur, Bonn

Chui, M., Löffler, M. & Roberts, R. (2010). The Internet of Things. *The McKinsey Quarterly,* 47(2), S. 1-9

Eltham, B. (2017). Robo-debt And Denial: The Protocols Of Centrelink. New Matilda, Point Lookout. http://s.fhg.de/snt

Geisberger, E. & Broy, M. (2012). agendaCPS – Integrierte Forschungsagenda Cyber-Physical Systems, acatech Studie. acatech – Deutsche Akademie der Technikwissenschaften e.V., München/Garching

IET (2017). IoT 2020 - Smart and secure IoT platform. International Electrotechnical Commission, Genf

Links, C. (2015). The Internet of Things will Change our World. ERCIM News, 101, S. 3

von Lucke, J. (2015). *Smart Government – Wie uns die intelligente Vernetzung zum Leitbild »Verwaltung 4.0« und einem smarten Regierungs- und Verwaltungshandeln führt.* The Open Government Institute, Zeppelin Universität, Friedrichshafen.

von Lucke, J. (2018). In What Kind Of Smart Government World Do We Want To Live?, Beitrag in einem laufenden Begutachtungsverfahren, Friedrichshafen

von Lucke, J. (2018b). Von smarten Städten zu Smart Government - Eindrücke aus Südkorea, Japan und den Vereinigten Arabischen Emiraten. In: Schweighofer, E.; Kummer, F.; Saarenpää, A. & Schafer, B. (Hrsg.), *Datenschutz/LegalTech – Data Protection/Legal Tech.* Tagungsband des 21. Internationalen Rechtsinformatik Symposions, S. 339-348. Editions Weblaw, Bern

von Lucke, J. & Große, K. (2017). Smart Government – Offene Fragen zu autonomen Systemen im Staat 4.0. In: Welf Schröter (Hrsg.), *Autonomie des Menschen - Autonomie der Systeme – Humanisierungspotenziale und Grenzen moderner Technologien,* S. 313 - 327. Talheimer Verlag, Mössingen-Talheim

Nesseldreher, A. (2006). *Entscheiden im Informationszeitalter.* Dissertation. Der Andere Verlag, Tönning

Novoselic, S. (2016). Smart Politics - Wie können computergestützte IT-Systeme und IT-Netze die politische Willensbildung und Entscheidungsfindung unterstützen? In: von Lucke, J. (Hrsg.), *Smart Government – Intelligent vernetztes Regierungs- und Verwaltungshandeln in Zeiten des Internets der Dinge und des Internets der Dienste,* S. 77-95. epubli, Berlin

Tonn, B. & Stiefel, D. (2012). The future of governance and the use of advanced information technologies. *Futures,* 44(9), S. 812–822

# Über den Autor

**Jörn von Lucke**

Prof. Dr. Jörn von Lucke, geb. 1971 in Bielefeld, hat seit 2009 den Lehrstuhl für Verwaltungs- und Wirtschaftsinformatik am *The Open Government Institute* an der Zeppelin-Universität Friedrichshafen inne. Seine aktuellen Forschungsschwerpunkte liegen in E-Government, Web 2.0, Open Government (offenes Regierungs- und Verwaltungshandeln), offenen Daten, offenen Haushaltsdaten, *Open Budget 2.0, Open Government Collaboration,* offener gesellschaftlicher Innovation und *Smart Government* (Internet der Dinge und Internet der Dienste im öffentlichen Sektor; Verwaltung 4.0). Zugleich vertritt er die Interessen der Gesellschaft für Informatik e. V. im Rahmen der deutschen Aktivitäten zur Open Government Partnership. Von 2007 bis 2016 war Prof. von Lucke als Senior Researcher am Fraunhofer-Institut für offene Kommunikationssysteme (FOKUS) in Berlin tätig.

# Automatisierungspotenziale in der Verwaltung

Jan Etscheid

Zeppelin Universität, Friedrichshafen

Die öffentliche Verwaltung sieht sich großen zukünftigen Herausforderungen gegenüber. Sowohl die sinkende Verfügbarkeit an qualifizierten Arbeitskräften bedingt durch den demographischen Wandel als auch die schwindenden finanziellen Spielräume durch steigende Pensionslasten werden die Verwaltung zunehmend dazu zwingen, ihre Leistungen mit weniger Personal zu erbringen. Möchte man dabei die heutige Leistungsbreite und -tiefe aufrechterhalten, bietet die Automatisierung von Prozessen eine charmante Möglichkeit, den personellen Aufwand zu senken. Anfang 2017 hat der Gesetzgeber die Grundlagen für die Vollautomatisierung von Verwaltungsverfahren geschaffen. In einem nächsten Schritt ist es nun notwendig, die hierfür geeigneten Verfahren zu identifizieren. Der Beitrag möchte aufzeigen, an welchen Stellen im Zusammenspiel von Politik und Verwaltung Potenziale für Entscheidungsunterstützung, Teil- und Vollautomatisierung existieren.

## 1.      Neue Möglichkeiten durch § 35a VwVfG?

Automatisierung wird in der öffentlichen Verwaltung noch sehr zurückhaltend angegangen. Laut der 2017 durch das Beratungsunternehmen Sopra Steria veröffentlichten Potenzialanalyse »Künstliche

Intelligenz«[1] sehen nur 25 Prozent der Verwaltungsentscheider lohnende Potenziale in einer gemeinsamen Vorgangsbearbeitung von Mensch und Computer. Einen ganz anderen Eindruck vermittelt dagegen die Wirtschaft: 80 Prozent der privaten Unternehmen versprechen sich davon Vorteile. Dabei ist der Einsatz von IT-Systemen und die Automatisierung von Verwaltungsvorgängen in der öffentlichen Verwaltung kein völliges »Neuland« (Angela Merkel). Anwendungen aus dem Bereich der »Künstlichen Intelligenz« (KI) kommen heute bereits im Bundesamt für Migration und Flüchtlinge zum Einsatz. Hierbei handelt es sich sowohl um Programme zur Spracherkennung, zwecks der Zuordnung von Flüchtlingen nach Herkunftsländern, als auch um Automatisierung von Verwaltungsabläufen, beispielsweise in der Postsendungsbearbeitung oder der Kommunikation mit den Verwaltungsgerichten.

2017 hat der Gesetzgeber mit § 35a Verwaltungsverfahrensgesetz (VwVfG) die Möglichkeit geschaffen, Verwaltungsverfahren vollständig automatisiert abzuwickeln, sofern kein Beurteilungs- oder Ermessensspielraum besteht. Der darin enthaltene Gesetzesvorbehalt erfordert jedoch eine spezielle gesetzliche Regelung für jedes Verfahren, das vollautomatisiert werden soll. Bislang wurde von dieser Möglichkeit aber nur wenig Gebrauch gemacht. Anwendungsfälle finden sich in der Finanzverwaltung im Rahmen der automatisierten Prüfung von Steuererklärungen. Die rechtliche Grundlage findet sich im weitestgehend inhaltsgleichen § 155 Abs. 4 der Abgabenordnung. Technisch wären in Deutschland viele weitere Einsatzmöglichkeiten vorstellbar.

Aus dem Blickwinkel von Politik und Verwaltung in Deutschland im Jahr 2018 empfiehlt es sich, die nächsten Schritte hin zu automatisierten Verwaltungsverfahren anzudenken, vorzubereiten und diese

---

[1]  Sopra Steria, 2017

sukzessive umzusetzen. Dafür sollten zunächst die Verwaltungsverfahren identifiziert werden, die sich für eine Automatisierung eignen. Die vom VwVfG genannte Voraussetzung - Verfahren ohne Beurteilungs- und Ermessensspielraum - bietet hierzu aber noch kein ausreichendes und abschließendes Kriterium. Einerseits eignen sich nicht alle Verfahren ohne Ermessensspielraum für eine automatisierte Bearbeitung. Gleichzeitig schließt eine solche Eingrenzung eine Automatisierung, wenn auch unter erhöhtem technischen Aufwand, nicht kategorisch aus.

Der vorliegende Beitrag zeigt Kriterien auf, die zur Identifizierung von Verfahren für die vollautomatische Abwicklung geeignet sind. Hierzu werden zunächst die unterschiedlichen Aufgabentypen der Verwaltung dargestellt und ein Überblick über Automatisierung und künstliche Intelligenz gegeben. Anschließend werden die Aufgabenmerkmale anhand ihrer Eignung für die unterschiedlichen Formen der Automatisierung geordnet. So soll der Beitrag Entscheidungsträgern einen Überblick bieten, auf welche Kriterien im Zuge der Identifikation zur Automatisierung geeigneter Verfahren ein besonderes Augenmerk gelegt werden sollte.

## 2.    Automatisierung

Hinter den Schlagworten »Automatisierung«, »Automatismus« oder »Automation« verbergen sich eine ganze Reihe von Konzepten. Das diesem Beitrag zugrunde liegende Verständnis orientiert sich an der Definition von Automatisierung als »Übertragung von Funktionen [...] vom Menschen auf künstliche Systeme«.[2] Im weiteren Verlauf ist es jedoch notwendig, diese sehr weite Definition in Bezug auf die öffentliche Verwaltung näher zu spezifizieren.

---

[2]   Gabler Wirtschaftslexikon 2018a

Die Teilautomatisierung bezeichnet, abgeleitet von der obenstehenden Definition, die Übertragung von einzelnen Teilschritten und Teilaufgaben eines Verwaltungsaktes an IT-Systeme. Die Ergebnisse dieser Teilschritte werden anschließend durch einen menschlichen Bearbeiter wieder in einen Gesamtprozess eingefügt. Der menschliche Bearbeiter trägt somit inhaltlich und koordinativ weiterhin Verantwortung für den Verwaltungsprozess, indem er die Ergebnisse der Teilverfahren kontrolliert und zusammenfügt. Dies sagt jedoch grundsätzlich nichts über die Komplexität der automatisierten Teilbereiche aus. Auf der einen Seite umfasst Teilautomatisierung die selbstständige Kalkulation, wie es beispielsweise durch die Rentenversicherung bereits seit vielen Jahren genutzt wird. Auf der anderen Seite können auch hoch komplexe Verfahrensteile teilautomatisiert abgewickelt werden. Beispielhaft können hierbei baurechtliche Verwaltungsverfahren genannt werden, welche eine Reihe von Faktoren sowie Entscheidungen unterschiedlicher Stellen einfließen lassen. Durch die menschliche Gesamtverantwortung ist das System zudem nicht zwingend zu einer Überprüfung der Ergebnisse verpflichtet, insbesondere nicht in Bezug auf die Ergebnisse anderer Teilaufgaben. Diese Aufgabe bleibt vielmehr weiter dem menschlichen Verantwortlichen vorbehalten.

Demgegenüber umfasst die Vollautomatisierung neben der Übertragung aller Teilschritte auch die Koordination des Gesamtprozesses durch ein künstliches, autonomes System. Der Prozess selbst läuft folglich ohne menschliches Zutun ab. In Anlehnung an die Definition von vollautomatisierter Produktion schließen vollautomatisch abgewickelte Verwaltungsakte gleichzeitig eine manuelle Eingabe sowie die Verwertung der Ergebnisse nicht aus.[3] Liegen die Daten medienbruchfrei elektronisch vor, etwa erfasst über eine digitale

---

[3] Gabler Wirtschaftslexikon 2018b

Eingabemaske, können diese direkt in den elektronischen Prozess übernommen werden. Beispielsweise telefonisch oder handschriftlich übermittelte Daten müssen hingegen in einem ersten Schritt durch einen Assistenten, einen Sachbearbeiter oder durch KI mit Sprach- bzw. Handschrifterkennung in das System eingepflegt werden. Das Gleiche gilt auch für den nach Abschluss eines Verwaltungsverfahrens zu erstellenden Bescheid. Dieser kann automatisch an den Empfänger versendet und gleichzeitig in die entsprechende Akte aufgenommen werden oder, in einem Zwischenschritt hin zur Vollautomatisierung, aus dem Automationsprozess herausgelöst weiterhin manuell versendet werden. Der technische Fortschritt wird diese Fragen jedoch zunehmend in den Hintergrund treten lassen. Auch komplexere Aufgaben können mittelfristig in den automatisierten Prozess eingebunden werden. Durch die elektronische Abwicklung des Gesamtprozesses übersteigt die technische Komplexität einer Vollautomatisierung die reine Addition der teilautomatisierten Schritte. Denn dabei müssen nicht nur die Teilverfahren durchgeführt, sondern auch deren Ergebnisse koordiniert und zu einem Gesamtergebnis zusammengefügt werden.

## 3. Aufgabentypen

Das breite Aufgabenspektrum des öffentlichen Sektors bietet eine ganze Reihe an Einsatzmöglichkeiten für automatisierte Verfahren. Politische Verfahren bestehen aus Formulierungs- und Entscheidungsverfahren, während die Verwaltung im Kern die Um- und Durchsetzung von staatlichen Gesetzen und Verordnungen durchführt. Hinzu kommen weitere wichtige Funktionen wie Dienstleistung, Lizensierung und Informationssammlung.[4] Idealtypisch veranschaulicht werden kann der politische Prozess anhand der Heuristik des Politikzyklus.

Im Sinne dieses Modells umfassen die klassischen Aufgaben der Politik die Phasen des Agenda-Settings sowie der Policy-Adoption. Die Verwaltung hingegen trägt die Verantwortung für die Phasen der Implementation und Evaluation, an den weiteren Phasen sind sowohl Politik als auch Verwaltung beteiligt.[5] Zweifelsfrei stellt dies einen idealtypischen Prozess dar, da in der Praxis die Zuständigkeiten von Politik und Verwaltung verschwimmen und nicht immer klar voneinander abgegrenzt werden können. Unabhängig von der Zuständigkeit im konkreten Einzelfall zeigt dieser Beitrag die idealtypischen Möglichkeiten zur Automatisierung in den unterschiedlichen Phasen auf.

[4]  Roskin, Cord, Medeiros & Jones 1997, S. 310
[5]  Jann & Wegrich 2014, S. 107ff

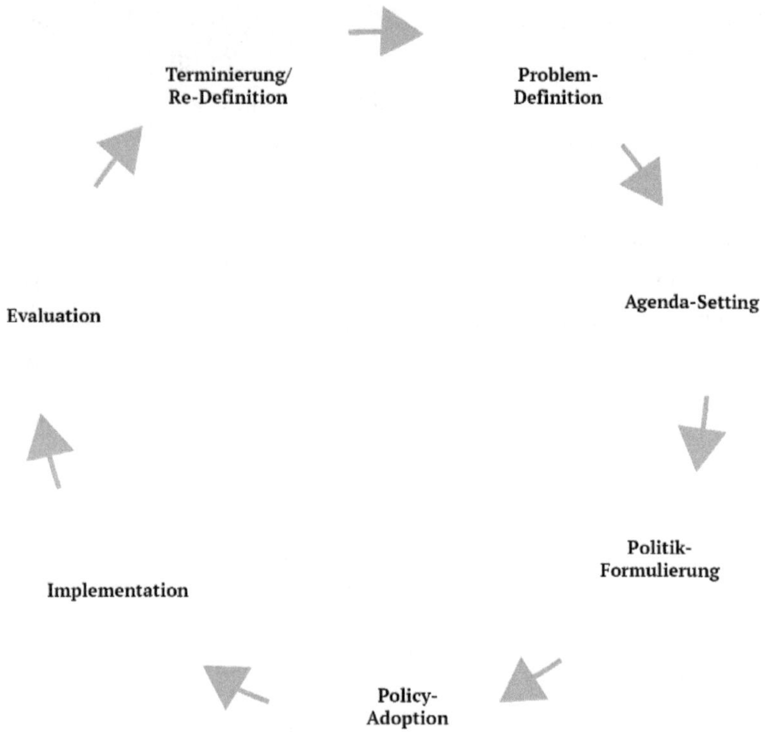

Terminierung/
Re-Definition

Problem-
Definition

Evaluation

Agenda-Setting

Implementation

Politik-
Formulierung

Policy-
Adoption

*Abbildung* 1: *Policy Cycle*[6]

---

[6]   modifiziert nach Blum/Schubert 2011, S. 105

*Tabelle 1: Phasen des Policy-Cycles*[7]

| Phase | Definition | Politische Fragen | Kernprozesse |
|---|---|---|---|
| Problemdefinition | Erfassung und Wahrnehmung | Was sind Phänomene? | Sammlung und Aufbereitung von Informationen |
| Agenda-Setting | Auswahl und Festlegung der als relevant betrachteten Phänomene | Was kommt auf die politische Tagesordnung? | Einordnung und Bewertung |
| Politik-Formulierung | Konkrete Ausarbeitung von Lösungs-vorschlägen | Welche Handlungsalternativen existieren? | Formulierung von Möglichkeiten zur Zielerreichung |
| Policy-Adoption | Auswahl einer Handlungsalternative | Welche Handlungsoption wird ausgewählt? | Bewertung der Handlungsoptionen und Voraussage des Outcomes |
| Implementation | Durchführung der gewählten Policy | Welche Folge tritt durch die tatsächliche Anwendung ein? | Anwendung der Gesetze und Normen auf den Einzelfall |
| Evaluation | Überprüfung der direkten und indirekten Wirkungen | Wie erfolgreich war die Policy? | Erstellung von Kriterien, Sammlung und Messung |

---

[7] erweitert in Anlehnung an Jann/Wegrich 2014, S. 121

## 3.1. Politische Aufgaben

Bei einer Betrachtung politischer Vorgänge kann die grobe Unterscheidung nach Formulierungs- und Entscheidungsverfahren vorgenommen werden. Formulierungsverfahren finden sich vor allem in der Phase des Agenda-Settings wieder, Entscheidungsverfahren insbesondere im Rahmen der Policy-Adoption. Diese unterscheiden sich bereits durch die als Entscheidungsgrundlage verwendeten Sach-, Verfahrens-, oder politischen Informationen. Sachinformationen umfassen alle aus fachlicher oder rechtlicher Hinsicht relevanten Aspekte und bilden die Grundlage für Verwaltungsprozesse.[8] Verfahrensinformationen hingegen geben Auskunft über den Gang von Verwaltungsprozessen. Sie dienen der fachlichen und organisationalen Koordination von Verfahren. In Abgrenzung hierzu geben politische Informationen vor allem Stimmungslagen und Meinungsbilder wieder.

Besonders die politischen Informationen erfordern eine stärkere Interpretation. Sie können also schlechter objektiviert werden und eignen sich daher nur bedingt zur elektronischen Erfassung, Aufbereitung und Verbreitung. Alle Informationstypen werden für unterschiedliche Verfahrenstypen verwendet. So stützen sich Formulierungsprozesse zum Großteil auf Sachinformationen, wobei eine möglichst große Menge an Informationen gesammelt werden soll, um die Frage zu beantworten, was eigentlich getan werden sollte.[9] Gleichzeitig bedeutet dies jedoch nicht, dass diese Sachinformationen zwingend als vollständig objektiv betrachtet werden können. Sowohl die Auswahl der relevanten Informationen als auch die spezifische Einordnung kann einem Bias folgen. Meinungsbildung, politische Überzeugung, erfolgreiche Abstimmung und anschließende

[8]  Hertel 2001, S. 127
[9]  Hertel 2001, S. 136

Implementation von politischen Vorhaben erfordert hingegen, dass möglichst viele Akteure für das Vorhaben gewonnen werden. Hierbei geht es vor allem um Überzeugungsarbeit und die anschließende Frage, wie es administrativ umgesetzt wird. Diese Verfahren im Rahmen der Policy-Adoption stützen sich folglich wesentlich stärker auf politische Informationen.

Das Handeln im öffentlichen Sektor folgt im Wesentlichen seiner hierarchischen Organisationsstruktur. Jedoch unterscheidet sich die konkrete Ausprägung einzelner Verwaltungsverfahren erheblich. Ist die letztlich entscheidungsbefugte Person in manchen Fällen klar benannt, so ist in anderen Fällen der Entscheidungsfindungsprozess innerhalb eines definierten Rahmens das Ergebnis einer Aushandlung zwischen verschiedenen Parteien. Die beiden vorangegangenen Dimensionen fassen Feldmann und Sarbaugh-Thompson[10] in einer zweidimensionalen Typologie von Entscheidungsprozessen zusammen. Dabei werden die folgen Probleme innerhalb der Prozesse identifiziert.

*Tabelle 2: Problemfelder in Entscheidungsprozessen[11]*

|  | Formulierung | Implementierung |
| --- | --- | --- |
| Hierarchische Entscheidungsstruktur | Unzureichende Informationsversorgung der leitenden Stellen | Entscheidungen werden von nachgeordneten Stellen ignoriert |
| Kooperative Entscheidungsstruktur | Gruppenharmonie höher geschätzt als kritische Auseinandersetzung | Kontinuierliche Neudefinition des Problems |

[10] Feldmann & Sarbaugh-Thompson 1996, S. 4
[11] nach Hertel 2001, S. 137

Unter Einbezug beider Dimensionen zeigen sich zwei unterschiedliche Problemfelder, welche sowohl im Agenda-Setting als auch in der Policy-Adoption an Relevanz erlangen. Im Prozess des Agenda-Settings stellt die Informationsversorgung ein gewichtiges Problem dar. Im hierarchischen Umfeld ist der Grund hierfür häufig in den Strukturen selbst zu finden, welche eine Weitergabe von Informationen stark formalisieren und damit erschweren oder zeitlich verzögern. In kooperativen Strukturen wiederum besteht die Gefahr einer vorzeitigen Herausbildung eines Konsenses innerhalb der Entscheidungsträger, welcher aufgrund von Gruppendynamiken auch durch neu vorliegende Informationen kaum noch hinterfragt wird.[12]

Im Zuge des Beschlusses von Vorhaben können Probleme durch mangelnde Motivation und Überzeugung der beteiligten Akteure entstehen. In kooperativen Strukturen kann dabei der als »social deadlock« bezeichnete Effekt eintreten, dass sich Akteure auf ihre jeweilige Position zurückziehen und letztlich von keiner Partei der Wille ausgeht, den Stillstand zu überwinden. Auch in hierarchischen Strukturen stellt fehlende Motivation und Überzeugung dahingehend ein Problem dar, dass die getroffenen Entscheidungen schlicht nicht oder nur unzureichend umgesetzt werden.[13]

## 3.2.  Verwaltungsaufgaben

Den klassischen Verwaltungsaufgaben sollen die Phasen der Implementation und der Evaluation zugeordnet werden. Die Kernaufgaben der Verwaltung beschränken sich jedoch nicht nur auf die im Policy-Cycle abgebildeten Phasen. Oftmals resultieren aus den Implementierungsprozessen weitere Aufgaben, welche dauerhaft von der Verwaltung ausgeführt werden. Derzeit geht die Geschäfts- und

[12]  Hertel 2001, S. 137f
[13]  ebd., S. 138

Koordinierungsstelle Leistungskatalog des IT-Planungsrats für Deutschland von mehr als 5700 ständigen Verwaltungsleistungen aus (siehe http://www.gk-leika.de). Zu deren Kategorisierung kann eine betriebswirtschaftliche Unterscheidung nach Picot[14] herangezogen werden, wobei zwei organisationsrelevante Aufgabenmerkmale unterschieden werden: Die Aufgabenstrukturiertheit kann als Beschreibbarkeit beziehungsweise Analysierbarkeit einer Aufgabe bezeichnet werden, wohingegen die Aufgabenveränderlichkeit die Ähnlichkeit von Vorgängen beschreibt. Franck bildet ausgehend davon die Kategorien der Spezialisten- und Generalistenaufgaben.[15]

| Aufgabenbeschreibbarkeit | | | | |
|---|---|---|---|---|
| Teilweise beschreibbar | Spezialisten-aufgabe | | | |
| | | Generalisten- | | |
| Kaum beschreibbar | | | Aufgabe | |
| | | | Ständiges Erschließen | |
| | Gering veränderlich | | Stark veränderlich | Aufgaben-veränderlichkeit |

*Abbildung 2: Aufgabentypen*[16]

Spezialistenaufgaben, welche sich in der konkreten Fallbearbeitung nur unwesentlich voneinander unterscheiden, setzen oftmals ein hohes Fachwissen, nicht jedoch ein breites Wissen aus unterschiedlichsten Fachbereichen zur Bearbeitung voraus. Neben diesen Prozessen existiert in der öffentlichen Verwaltung auch eine Reihe von Generalistenaufgaben. Zu deren Bearbeitung ist zumeist der Einbezug von Informationen aus unterschiedlichen Quellen und Wissensgebieten erforderlich, da sich einzelne Fälle stärker voneinander unterscheiden und häufiger als Einzelfallbetrachtung behandelt werden. Manche Aufgaben lassen sich darüber hinaus nur als ständiges Erschließen beschreiben. Diese sind kaum beschreibbar, da es sich

[14] Picot 2005, S. 117ff
[15] Franck 1991, S. 255ff
[16] nach Franck 1991, S. 259

im Wesentlichen um das Erschließen neuer Wirklichkeiten, wie beispielsweise Problemen oder Lösungsbedarfen, handelt. Gleichzeitig sind diese Aufgaben auch kaum beschreibbar, da sie sich stark am jeweiligen Einzelfall orientieren.[17] Im Hinblick auf eine mögliche Automatisierung erfordert die dafür notwendige Verarbeitung von Informationen aus einer Vielzahl unterschiedlicher Quellen die Übersetzung in eine einheitliche sprachliche Logik.

Die im Policy-Cycle der Verwaltung zugeordnete Aufgabe der Implementation beinhaltet neben den Fragestellungen der Programmkonkretisierung (Wie und durch wen soll die Ausführung erfolgen?) und der Ressourcenbereitstellung (Wie werden die Finanzen verteilt?) auch die Umsetzung von Entscheidungen und die Anwendung auf den Einzelfall.[18] Die Implementation besteht somit im unmittelbaren Kontext des Policy-Cycles aus der Konkretisierung abstrakter Gesetze und Normen sowie im weiteren Verlauf aus deren Vollzug und Ausführung. Die Herausforderung dabei besteht darin, die im Einzelfall einschlägigen Normen und Regelungen zu identifizieren sowie entsprechend anzuwenden. In diesem Kontext sind auch die über 5700 Verwaltungsleistungen zu sehen, die von der öffentlichen Verwaltung in Deutschland (Bund, Länder und Kommunen) angeboten werden.

Der Vorgang der Überprüfung, ob die intendierten Ziele und Wirkungen tatsächlich erreicht wurden, wird im Policy-Cycle als Phase der Evaluation bezeichnet. Um die Frage nach Wirkung und Auswirkung beantworten zu können, ist es notwendig, geeignete Indikato-

---

[17]  Franck 1991, S. 258f
[18]  Jann & Wegrich 2014, S. 114

ren zur Messung zu identifizieren. Im Anschluss steht die Sammlung, Aufbereitung und Interpretation relevanter Daten im Mittelpunkt, auf deren Grundlage letztlich die Bewertung stattfindet.[19]

## 3.3. Gemeinsame Verfahren von Politik und Verwaltung

Die Phasen der Problemdefinition und der Politikformulierung lassen sich weder völlig der Politik noch völlig der Verwaltung zuordnen. Als Grundlage für alle weiteren Phasen des Policy-Cycles ist zunächst die Identifikation eines politisch zu lösenden Problems notwendig. In diesem Kontext thematisieren eine Reihe von politischen und gesellschaftlichen Akteuren ihre jeweiligen Anliegen. Der Verwaltung kommt hierbei aber eine besonders herausgehobene Rolle zu. Sie fungiert nicht nur als ein Interessen artikulierender Akteur (mit einem Binnenzugang zur Politik) neben anderen Verbänden oder Interessengruppen. Sie gibt auch am »Ende« des Politik-Zyklus die Rückmeldung über den eingetretenen Erfolg oder Misserfolg beziehungsweise eine Darstellung der weiterhin offenen oder nun auch neu geschaffenen Probleme. Zudem kommt der Verwaltung als personellem »Unterbau« der Politik die Rolle zu, die Fülle an Informationen für die politischen Entscheidungsträger aufzubereiten und sie dieser (gegebenenfalls mit einer Empfehlung) zur Entscheidung vorzulegen. Probleme werden zum Nachweis der eigenen Leistungskraft nur ungerne thematisiert.[20] Probleme sind zudem in den seltensten Fällen objektiv als solche zu erkennen, der Status des Unerwünschten bzw. des Problems wird einem Objekt oder Sachverhalt stattdessen subjektiv zugeschrieben.[21] Daher besteht die Phase der

[19] ebd., S. 117f
[20] Glasl 1999, S. 194
[21] Blum 2011, S. 106

Problemdefinition neben der Sammlung von bereits durch den öffentlichen Diskurs wertgeladenen Informationen stark aus der jeweiligen individuellen Interpretation und Einordnung, wobei Sachinformationen mit politischen Informationen angereichert werden.

Die Phase der Politikformulierung bezeichnet die Ausarbeitung von Gesetzesentwürfen. Dabei wird konkretisiert, welche Ziele erreicht und durch die Bereitstellung welcher Mittel verfolgt werden sollen.[22] Zwar wirken auch in dieser Phase noch zahlreiche Akteure wie z. B. Lobbygruppen am Prozess mit, die Verantwortung verschiebt sich jedoch zunehmend in Richtung der politischen Entscheidungsträger und insbesondere in die der Regierung.[23] Ausgearbeitet werden diese Entwürfe freilich nicht durch die politischen Entscheidungsträger selbst, sondern meist durch Verwaltungsmitarbeiter, die somit Einfluss auf Gesetzentwürfe und Verordnungen nehmen können.[24]

## 4.    Algorithmen

Möglichkeiten der Automatisierung basieren auf Computerprogrammen, welche wiederum aus Algorithmen bestehen. Ein Algorithmus bezeichnet im Wesentlichen eine »Anleitung zur Lösung einer Aufgabenstellung«.[25] Konventionelle Algorithmen basieren auf vollständigen, präzisen, und endlichen Handlungsanweisungen zur schrittweisen Lösung der Aufgabenstellung.[26] Bisherige Ansätze zur Automatisierung durch Algorithmen in der öffentlichen Verwaltung beschränken sich auf Prozesse, die klaren und eindeutigen Regeln

---

[22]  Blum 2009, S. 113
[23]  ebd., S. 113f
[24]  Schedler & Eicher 2013, S. 371f
[25]  Pomberger & Dobler 2008, S. 29
[26]  Rechenberg 2000

folgen. Diese werden durch einfache »Wenn → Dann« Beziehungen abgebildet und entsprechend programmiert. Alle Fragen mit Ermessens- oder Beurteilungsspielraum bleiben bislang und nach § 35a VwVfG auch zukünftig ausgeschlossen, da sich solche Entscheidungen in der Regel nicht auf einfache Wenn-Dann-Beziehungen herunterbrechen lassen - hier müssen die äußeren Umstände durch eine Reihe von individuell, innerhalb eines gesetzten Rahmens, zu bestimmenden Faktoren erfasst und in einen fallbasierten Kontext gesetzt werden. Dabei beeinflussen sich die Ergebnisse der Einzelentscheidungen gegenseitig, sodass komplexe Wirkungsgeflechte entstehen.

Diese Einschränkung bleibt auch künftig bestehen, solange § 35a VwVfG nicht vom Gesetzgeber überarbeitet und ergänzt wird. Dies könnte der Gesetzgeber mit Blick auf den technischen Fortschritt aber jederzeit von sich aus tun.

Rein technisch betrachtet könnten bereits heute wesentlich komplexere Prozesse mit Hilfe von künstlicher Intelligenz bearbeitet werden. Künstliche Intelligenz beschreibt dabei den Versuch der Nachbildung menschlicher Intelligenz, z. B. durch den Gebrauch neuronaler Netze. Der wesentliche Unterschied zu konventionellen Algorithmen besteht in den Fähigkeiten, selbstständig aus Erfahrungen zu lernen und darauf aufbauend Entscheidungen zu treffen, welche zuvor nicht eindeutig als Handlungsanweisungen programmiert wurden. Während klassische Computerprogramme die zuvor programmierten Anweisungen »nur« ausführen, sind auf künstlicher Intelligenz basierte Programme in der Lage, ihre eigene Vorgehensweise selbstständig zu verbessern und anzupassen. Dies ermöglicht wiederum die kontextbasierte Einordnung von Sachverhalten und in aller Konsequenz die automatisierte Bearbeitung von Verfahren, die sich nicht anhand von eindeutigen Anweisungen abbilden lassen. Bezogen auf solche Einsatzmöglichkeiten bietet KI die technische

Basis, um neben aus vielen Teilverfahren bestehende Verwaltungsprozesse auch Verfahren, welche zudem über Ermessensspielräume verfügen, vollautomatisiert abwickeln zu können.

Die derzeitigen und durchaus zu Recht als »schwache künstliche Intelligenz« bezeichneten Systeme (rein reaktive Systeme für konkrete, eng definierte Anwendungsprobleme) stellen zwar noch eine Beschränkung dar. Die Forschung geht aber derzeit davon aus, bis 2030 die Leistungsfähigkeit des menschlichen Gehirns durch KI-Systeme nachbilden zu können.[27] Insbesondere ist in diesem Zusammenhang die Verfügbarkeit von Quantencomputern zu nennen, welche in wenigen Jahren ein Vielfaches der heutigen Rechenleistung bieten sollen.[28] Daneben darf aber nicht außer Acht gelassen werden, dass Einschränkungen und Hindernisse, wie etwa die elektronische Abbildbarkeit von Informationen, das mangelnde Know-how an Data Science sowie die fehlende soziale Akzeptanz weiterhin existieren.[29]

## 5.    Geeignetheit

Durch § 35a VwVfG hat der Gesetzgeber in Deutschland 2017 die Möglichkeit geschaffen, vollautomatisierte Prozesse in der öffentlichen Verwaltung dauerhaft einzuführen. Der darin enthaltene Gesetzesvorbehalt (»sofern dies durch Rechtsvorschrift zugelassen ist und weder ein Ermessen noch ein Beurteilungsspielraum besteht«) erfordert, geeignete Prozesse und Verfahren zu identifizieren, diese zu analysieren und neu zu konzeptionieren, für diese spezielle Regelungen zu entwerfen und diese dann vom Deutschen Bundestag in Form eines Gesetzes beschließen zu lassen.

[27] Israel 2015
[28] Rauner 2018
[29] Hensel & Litzel 2017

Die einzig genannte Bedingung des Fehlens eines Ermessensspielraums stellt keine ausreichende Bedingung dar. Entsprechend der Zielsetzung des Beitrags werden zunächst jene Verfahren betrachtet, für die heute bereits die technischen Voraussetzungen existieren und die gleichzeitig sichtbare Vorteile bieten. Diese Prozesse versprechen eine zügige Umsetzung sowie eine leichte Rechtfertigung der nötigen Investitionen, da nach kurzer Zeit Verbesserungen vorgewiesen werden können.

Die zur Bearbeitung von Formulierungsverfahren benötigten Sach- und Verfahrensinformationen lassen sich verhältnismäßig leicht elektronisch abbilden. Es handelt sich zum Großteil um Daten und Fakten, die zusammengetragen werden. Ebenso kann das System eine kontextbasierte Einordnung vornehmen, wenn beispielsweise sich widersprechende Informationen vorliegen. Eine weitergehende Interpretation im Sinne von Werten und Normen findet bisher durch Menschen statt. Insbesondere im Prozess der Sammlung und Aufbereitung werden Teilautomatisierungen oder Entscheidungsunterstützungssysteme vielfach genutzt. Dabei werden Informationen aus verschiedenen Quellen wie Berichten, Datenbanken, Presseerzeugnissen oder Webseiten zusammengetragen, geordnet und mit dem entsprechenden Nutzerkreis geteilt.

Politische Verfahren im Sinne von Agenda-Setting und Policy-Adoption weisen bereits auf der Input-Seite Unterschiede auf. In politischen Verfahren ist ein wesentlich höheres Maß an Interpretation von Aussagen und an Überzeugungsarbeit notwendig. Sowohl im Prozess der Interpretation als auch in dem der Überzeugung spielen Emotionen eine wichtige Rolle, welche bisher durch technische Systeme nicht in gleichem Maße abgebildet werden können. Hierdurch fällt es technischen Systemen schwerer, einen Menschen zu überzeugen. Es besteht in der Psychologie weitgehend Einigkeit, dass menschliche Entscheidungen nicht auf einer nüchternen Betrachtung der Fakten basieren, sondern diese individuell eingeordnet und bewertet werden.[30] Es bedarf einer gesellschaftlichen Aushandlung, ob diese »menschlichen« Aspekte in bestimmten Fällen auch durch Computer abgebildet werden oder das Ziel einer rein rational denkenden Verwaltung angestrebt werden sollte.

Die Phase der Problemdefinition weist starke Ähnlichkeiten mit dem Agenda-Setting auf. Hierbei steht jedoch noch stärker die Sammlung von Informationen im Zentrum, während sich das Agenda-Setting stärker auf die Interpretation bezieht. Insbesondere im Prozess der Informationssammlung lassen sich Prozesse automatisiert abwickeln, sodass politisch nicht gewünschte Ergebnisse schneller erkannt werden können. Hierbei werden politische Zielvorgaben definiert, Abweichungen hiervon können durch die Auswertung von Berichten, Artikeln sowie potenziell auch von durch smarte Geräte erzeugten Daten schnell erkannt und angezeigt werden. Zudem können diese Informationen dem jeweiligen Entscheidungsträger in einer kompakten, aufbereiteten Form zur Verfügung gestellt werden, sodass dieser die Informationen selbst schneller erfassen kann. Dabei findet eine Trennung zwischen der Sammlung und Aufbereitung von Sach- und politischen Information durch Computer sowie der Interpretation und Einordnung durch den Menschen statt. In diesem Sinne kann man hier von Potenzial für eine Teilautomatisierung sprechen.

Prozesse im Rahmen der Evaluation einer Policy müssen differenzierter betrachtet werden. Die Kernfrage ist dabei, inwiefern die Kriterien zur Erfolgsmessung qualitativ abgebildet werden können. Ist der Erfolg beispielsweise an der Erreichung von quantitativ messba-

---

[30]  Weibler & Küpers 2008, S. 460ff

ren Kennzahlen festzumachen, so ist deren Abgleich mit zuvor definierten Zielwerten ein zweifellos vollautomatisierbarer Prozess. Schwieriger stellt sich eine vollautomatische Evaluation hingegen dar, wenn die zu erreichenden Ziele und/oder die Kriterien zur Erfolgsmessung lediglich im Rahmen einer qualitativen Messung erfasst werden können und damit Raum für Interpretationen bieten.

Die eigentliche Kernaufgabe der Verwaltung liegt in der Implementation und Ausführung von Gesetzen und Vorschriften. Alleine durch die hohe Anzahl an bearbeiteten Fällen liegt das Potenzial hierbei stärker in den 5700 ständigen Verwaltungsverfahren als in dem im Policy Cycle abgebildeten Prozess des Herunterbrechens abstrakter Gesetze und Normen in konkrete Handlungsanweisungen. Jedes Verfahren muss individuell anhand geeigneter Kriterien zur Automatisierbarkeit betrachtet werden. Dabei erscheint es offensichtlich, dass stärker strukturierte Aufgaben leichter algorithmisch abgebildet werden können. Nur wenn eine Aufgabe exakt beschreibbar ist und Prozessschritte eindeutig (elektronisch) abbildbar sind, können Handlungsanweisungen für Algorithmen formuliert werden. Je weniger die Aufgabe grundsätzlich beschrieben werden kann, desto mehr muss der Algorithmus im einzelnen Verwaltungsvorgang eine Abwägung vornehmen, was wiederum die Komplexität der Entscheidung und des Verfahrens erhöht. Gleiches gilt auch für den Grad der Veränderlichkeit. Denn auch für eine genau beschreibbare Aufgabe, deren Umsetzung in jedem Anwendungsfall aber sehr individuell ist, kann nicht im Vorhinein für jeden denkbaren (und undenkbaren, aber möglichen) Anwendungsfall eine Entscheidungsroutine definiert werden. Der Einsatz künstlicher Intelligenz ermöglicht in diesen Fällen die Auslegung von Regeln im Einzelfall. Je mehr, insbesondere auf unstrukturierten Daten basierende, Faktoren in den Fall einfließen, desto komplexer wird der Algorithmus ausgestaltet sein. Gleichzeitig steigt die Komplexität auch mit einem zunehmenden Ermessensspielraum. Schwer beschreibbare sowie stark veränderliche Verfahren eignen sich somit nur bedingt bzw. unter hohem technischem Aufwand dazu, vollautomatisiert abgewickelt zu werden.

## 6.  Rahmenbedingungen

Um sichtbare Vorteile zu erzielen, sollten zusätzlich auch Rahmenbedingungen betrachtet werden, die zwar mit dem Verwaltungsverfahren in Zusammenhang stehen, aber weder dessen Struktur noch Inhalte betreffen. So sollten im Zuge der Bewertung der Geeignetheit grundsätzlich die nötigen Investitionen den künftigen Einsparungen gegenübergestellt werden. Durch die Programmierung des Algorithmus entstehen zunächst Investitionskosten, die erst im späteren Verlauf durch kürzere Bearbeitungszeiten und geringeren Personaleinsatz ausgeglichen werden können. Vielfach abgewickelte Massenverfahren bieten damit größere finanzielle Potenziale als zahlenmäßig seltene Prozesse.

Einen weiteren Entscheidungsfaktor stellt die Art der Antragstellung des Verfahrens dar. Im idealen Fall sollten die Antragsdaten direkt in elektronischer Form und somit medienbruchfrei in das digitale Entscheidungssystem übernommen werden. Dies ist beispielsweise möglich, indem der Antragsteller die Daten in ein elektronisches Formular eingibt. Zugegeben können Papierformulare für gewöhnlich mit relativ geringem Aufwand in eine digitale Form überführt werden. Formlose Anträge bedürfen hingegen einer aufwendigeren Bearbeitung durch Mitarbeiter oder KI, um die zunächst unstrukturiert vorliegenden Informationen in eine strukturierte und damit algorithmisch verwertbare Form zu überführen. Generell lässt sich festhalten, dass in strukturierter Form vorliegende Daten die

*Tabelle 3: Automatisierungspotenziale im Politikprozess*

| | Strukturiertheit | Veränderlichkeit | Art der Information | Grad an Hierachie | Anwendungsfelder | Möglichkeiten KI |
|---|---|---|---|---|---|---|
| **Problem-Definition** | Gering | Sehr hoch | Sach- und politische Informationen | Gering | Informationssammlung und -Aufbereitung | Einordnung und Bewertung |
| **Agenda-Setting** | Gering | Hoch | Sach- und politische Informationen | Gering | Informationssammlung und –Aufbereitung, Entscheidungsunterstützung | Einordnung, Handlungsempfehlung |
| **Politik-Formulierung** | Mittel | Mittel | Vorwiegend Sachinformationen | Hoch | Informationsverteilung, -bereitstellung | Vorschläge zur Zielerreichung; Autonome Entwürfe |
| **Politik-Adaption** | Hoch | Gering | Sach- und politische Informationen | Gering | Information, Folgenabschätzung | Einschätzung direkter und indirekter Folgen |
| **Implementierung** | Unterschiedlich | Unterschiedlich | Sachinformationen | Hoch | Informationssammlung, -Aufbereitung, autonome Entscheidungen | Komplexe und Ermessensentscheidungen, Prozessdesign |
| **Evaluation** | Hoch | Mittel | Sachinformationen | Hoch | Informationssammlung, -Aufbereitung, -Auswertung, Handlungsempfehlungen | Qualititative Messmethoden, Empfehlungen |

*Tabelle 4: Eignung für Automation (gemeinsame Erarbeitung von Lucke und Etscheid)*

| Phase | Kernprozessart | Eignung |
|---|---|---|
| **Problem-definition** | Ständiges Erschließen Kreativität, Recherchen | Einordnung Entscheidungsunter-stützung |
| **Agenda-Setting** | Kreativität Vorbereitende Recher-chen | Einordnung Entscheidungsunter-stützung |
| **Politik-formulierung** | Formulierung Politische Entscheidung | Einordnung Entscheidungsunter-stützung |
| **Policy-Adoption** | Umsetzung des Be-schlusses in Verwaltungsorganisa-tion | Einordnung Entscheidungsunter-stützung |
| **Implementation** | Vorbereitende Recher-chen Verwaltungsentschei-dung | Entscheidungsunter-stützung Teil- und Vollauto-matisierung |
| **Evaluierung** | Vorbereitende Recher-chen Politische Entscheidung | Einordnung Entscheidungsunter-stützung |

elektronische Verarbeitung erleichtern beziehungsweise keinen weiteren Zwischenschritt zur Extrahierung der Informationen erfordern.

Eine Frage, die über die rein technische Umsetzbarkeit hinausgeht, betrifft die Akzeptanz von algorithmischen Entscheidungen. Um Vertrauen in vollautomatisiert getroffene Entscheidungen herstellen zu können, ist es notwendig, die Entscheidungsprozesse transparent und nachvollziehbar zu gestalten. Laufen die Entscheidungsprozesse ohne eine Möglichkeit der öffentlichen Einsichtnahme ab, wird die Legitimität der Entscheidung vermutlich angezweifelt werden. Daher ist es notwendig, den verwendeten Algorithmus zumindest so weit offen zu legen, dass die Entscheidungsfaktoren sowie deren Gewichtung bekannt sind. Gleichzeitig steigt aber, wie zuvor dargestellt, mit zunehmender Komplexität des Verwaltungsverfahrens auch die Komplexität des verwendeten Algorithmus an. Im Falle sehr komplexer, selbstlernender Systeme, welche eine Reihe von einzelnen Entscheidungen in einem Cluster zusammenfassen, kann die Nachvollziehbarkeit eine große Herausforderung darstellen, auch wenn die Informationen grundsätzlich zur Verfügung stehen. Hierbei stellt Open Source auch für die Verwaltung selbst einen Mehrwert dar, indem mögliche durch die Entwickler entstandene Bias identifiziert werden können. Dabei müssen auch die Auswirkungen der Entscheidung betrachtet werden. Entscheidungen, die einen großen Einfluss auf das Leben der Betroffenen haben, werden tendenziell, vor allem im Falle von negativen Bescheiden, stärker hinterfragt werden.

## 7.　Handlungsempfehlungen

Die unterschiedliche Eignung von Verfahrenstypen für die Automatisierung zeigt eine erste Richtung der Einsatzmöglichkeiten automatisierter Systeme auf. Für die politischen Entscheidungsprozesse existiert für eine Vollautomatisierung weder die gesetzliche Grundlage noch die nötige gesellschaftliche Akzeptanz. Zwar dürften die meisten der dargestellten Hindernisse technisch überwindbar sein. Erfolge lassen sich aber zu Beginn auch mit wesentlich weniger Aufwand durch die Konzentration auf Prozesse erzielen, die diese Barrieren vermeiden. Aufbauend auf den Möglichkeiten des § 35a VwVfG sollte sich der Gesetzgeber zunächst auf die Verfahren mit dem besten Kosten-Nutzen-Verhältnis konzentrieren. Orientiert man sich an den eben dargestellten Kriterien, so zeichnet sich das ideale Verfahren durch eine hohe Spezifität, eine strikte Hierarchie, eine Basierung auf Sach- und Verfahrensinformationen sowie eine hohe Analysierbarkeit und niedrige Veränderlichkeit aus. Solch ideale Verfahren sind in der Praxis jedoch nur schwer zu finden. Es stellt sich also die Frage, für welche Verfahrenstypen als erstes die speziellen Voraussetzungen für eine Automatisierung geschaffen werden sollten.

## 7.1. Teilautomatisierung

Die Teilautomatisierung bietet sich für Prozesse an, die sich durch eine hohe Strukturiertheit bzw. Beschreibbarkeit und eine geringe Veränderlichkeit auszeichnen und deren Grundlage möglichst aus Daten innerhalb eines thematischen Kontexts besteht. Idealerweise handelt es sich dabei auch noch um Verfahren, die häufig vorkommen, ein hohes Maß an Ähnlichkeit vorweisen und deren Verfahrensdaten bereits in strukturierter und elektronischer Form vorliegen.

Darunter lassen sich zunächst Möglichkeiten der Entscheidungsunterstützung im Rahmen von politischen Entscheidungen fassen. Insbesondere lässt sich hierdurch die Verfügbarkeit von Informationen im Rahmen des Agenda-Settings erhöhen, sodass die Entscheidung letztlich auf Basis einer höherwertigen Datengrundlage getroffen werden kann. Auch im Rahmen der Policy-Adoption lässt sich das Argument einer besseren Informationsverfügbarkeit anführen. Durch eine automatisierte Verteilung relevanter Informationen an die jeweiligen Stellen ließe sich das Problem der unzureichenden Informationsversorgung in hierarchischen Entscheidungsstrukturen im Rahmen von Agenda-Setting und Policy-Adoption mildern. Gleichzeitig bieten sich aber auch Voraussagen und Prognosen an, welche Effekte und Folgen mit einer Policy einhergehen. Unabhängig von den technischen Möglichkeiten ist es derzeit gesellschaftlicher Konsens, dass politische Entscheidungen letztlich von den gewählten Mandatsträgern getroffen werden.[31]

Einen erhöhten Aufwand erfordern hingegen Verfahren, die einen großen Teil der benötigten Informationen aus Allgemeinwissen und unterschiedlichen Wissensgebieten beziehen, die zunächst in ein einheitliches System übertragen werden müssen. Liegen diese Daten zusätzlich in unstrukturierter Form vor, sind entsprechend komplexere technische Systeme und Anwendungen notwendig. Zudem ist die Eignung von Verfahren begrenzt, welche eine hohe Anzahl an unterschiedlichsten Verfahrenskonstellationen bearbeiten. Gleiches gilt auch für Teilverfahren, die auf politischen Informationen aufbauen.

Möchte man über die reine Unterstützung menschlicher Entscheidungen innerhalb von unstrukturierten Prozessen hinausgehen und tatsächlich autonome Teilentscheidungen einbinden, ist es notwendig, den Gesamtprozess in Teilprozesse zu unterteilen. In einem zweiten Schritt müssen die Teilverfahren identifiziert werden, die elektronisch abgebildet werden können. Dabei werden beispielsweise aus unterschiedlichen Quellen Informationen zusammengetragen, aufbereitet und bewertet. Die Abwägung der einzelnen Ergebnisse zu einem Gesamtergebnis findet danach durch den menschlichen Bearbeiter statt. Sind innerhalb eines Gesamtprozesses die geeigneten sowie die ungeeigneten Teilverfahren identifiziert, können die passenden Prozesse automatisiert abgewickelt werden, während die ungeeigneten Teilverfahren sowie die Koordination des Gesamtprozesses beim menschlichen Bearbeiter verbleiben. Insofern arbeiten die Algorithmen dem menschlichen Bearbeiter zu. Durch dieses Vorgehen können auch komplexe Verfahren im

---

[31] Lobe 2017

Hinblick auf einfachere Vorgänge erleichtert abgewickelt werden, sodass die personellen Kapazitäten auf die komplexeren Teilverfahren konzentriert werden können.

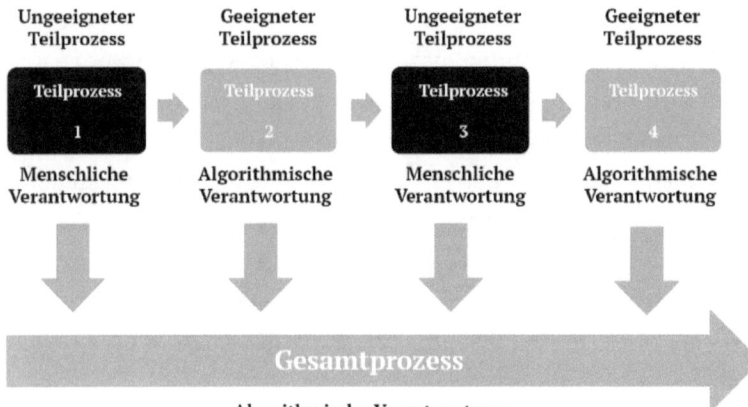

*Abbildung 3: Teilprozessautomatisierung (eigene Darstellung)*

Denkbar ist auch, dass lediglich ein oder mehrere Teilverfahren nicht automatisiert werden können, alle weiteren sowie der Gesamtprozess jedoch schon. In diesem Fall sollte der Algorithmus den Gesamtprozess verantworten, sodass lediglich die Ergebnisse einzelner ungeeigneter Teilprozesse durch den Bearbeiter in diesen eingefügt werden. Diese Konstellation stellt insofern einen Sonderfall dar, da es über eine Teilautomatisierung im Sinne dieses Beitrags hinausgeht, es sich gleichzeitig aber auch nicht um eine Vollautomatisierung handelt. Anders ausgedrückt arbeitet der menschliche Bearbeiter dem Algorithmus zu. Findet eine solche Automatisierung des Gesamtprozesses statt, sind in jedem Fall auch die im Folgenden dargestellten Faktoren der Vollautomatisierung relevant.

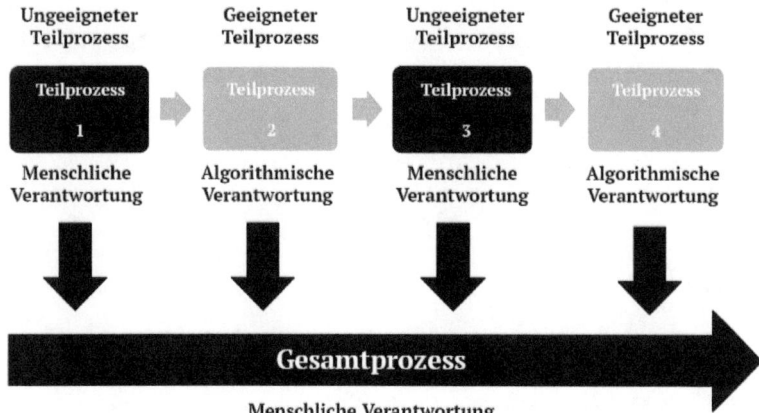

*Abbildung 4: Erweiterte Teilprozessautomatisierung (eigene Darstellung)*

## 7.2.  Vollautomatisierung

Grundsätzlich kommt eine Vollautomatisierung nur dann in Betracht, wenn alle Teilprozesse und der Gesamtprozess geeignet sind. Die Kriterien einer Teilautomatisierung können also auch auf die Vollautomatisierung übertragen werden.

Darüber hinaus sollten jedoch noch zusätzliche Faktoren betrachtet werden, da die Komplexität des Gesamtprozesses die Summe der Teilprozesse übersteigt. Die Zusammenführung der Teilergebnisse zu einem Gesamtergebnis stellt oftmals einen komplexen Vorgang dar, da auch sich widersprechende Teilergebnisse abgewogen werden müssen. Zudem eignen sich kaum informelle Verwaltungsverfahren, welche aus dem Einzelfall heraus gebildet werden. Denn dabei existiert in der Regel kein festgelegter Ablauf des Gesamtprozesses. Die Teilprozesse werden vielmehr anhand des jeweiligen Einzelfalls bestimmt. Da dies ein hohes Maß an Verständnis für den Einzelfall voraussetzt, wäre eine Automatisierung mit einem unverhältnismäßig hohen technischen Aufwand verbunden.

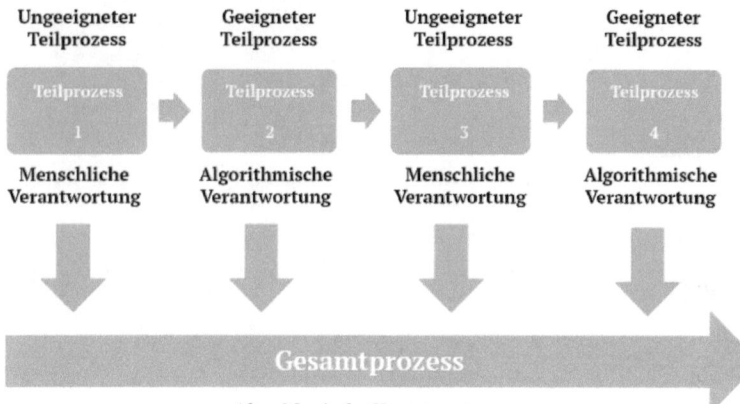

*Abbildung 5: Vollautomatisierung (eigene Darstellung)*

Zudem muss beachtet werden, dass im Falle einer vollautomatischen Bearbeitung keine Person direkt für die Bearbeitung des Einzelfalls verantwortlich gemacht werden kann. Dies ist nur grundsätzlich auf der Ebene des Algorithmus beziehungsweise dessen Programmierung möglich. Denkbar wäre zwar eine manuelle Überprüfung jeder Entscheidung, die vollautomatisiert getroffen wurde. Dadurch könnte zwar vermutlich eine Beschleunigung des Verfahrens ebenso wie eine personelle Einsparung realisiert werden, die tatsächlichen Potenziale würden jedoch nur ansatzweise genutzt. Eine grundsätzliche menschliche Überprüfung jeder Entscheidung erscheint daher kaum praktikabel, lediglich eine stichprobenartige Überprüfung käme als geeignetes Mittel in Betracht. Vielmehr bietet es sich an, den Betroffenen sofort die Möglichkeit zum Widerspruch anzubieten, bei dem das Ergebnis von einer fachlich kompetenten Person zeitnah überprüft und gegebenenfalls gleich korrigiert wird. Der Rechtsweg muss den Betroffenen darüber hinaus in gleichem Maße wie im Falle einer menschlichen Bearbeitung freistehen. Damit wird der Betroffene durch die automatisierte Bearbeitung nicht schlechter als im Falle einer menschlichen Bearbeitung gestellt, zudem übernimmt ein menschlicher Bearbeiter die Verantwortung für den Einspruch. Auch so kann Vertrauen in autonome IT-Systeme langfristig gesichert werden.

Eine intensive Überprüfung der Algorithmen und ein Testen mit realen Daten ist vor einer Freigabe unerlässlich. So gesammelte Erwartungswerte helfen, im Einzelfall Abweichungen vom erwarteten Ergebnis zu erkennen und sofort einer manuellen Prüfung zuzuleiten. Um wirtschaftlich vertretbar in Massenverfahren eingesetzt zu werden, muss berücksichtigt werden, dass eine Fehlerquote von 0,1 Prozent bedeutet, dass ein Bescheid pro tausend bearbeiteten Bescheiden fehlerhaft ist. Systeme, die durch Fehlentscheidungen zusätzliche Arbeit erzeugen, sind im Einsatz aber nur sehr bedingt effizient. Als negatives Beispiel lässt sich die automatisierte Prüfung der Berechtigung des Sozialhilfebezugs durch Centrelink in Australien anführen. In jedem sechsten automatisiert bearbeiteten Fall musste eine Berichtigung vorgenommen werden, was nicht nur zusätzliche Ressourcen benötigte, sondern auch das Vertrauen der Bürger in das System nachhaltig beeinträchtigte.[32]

## 8.   Fazit

In allen Phasen des Policy-Cycles finden sich Verfahren, die sich mittels Voll- oder Teilautomatisierung vereinfachen lassen. Voll- wie auch Teilautomatisierung bieten eine Reihe von Potenzialen, um die Effizienz und Effektivität des Verwaltungshandelns zu erhöhen. Offensichtlich bietet die Vollautomatisierung größere Verbesserungsmöglichkeiten, stellt gleichzeitig aber auch höhere Anforderungen. Es erscheint vor dem Hintergrund der aktuellen technischen Möglichkeiten kaum sinnvoll, die autonome öffentliche Verwaltung

---

[32]  Knaus 2018

als Ziel auszugeben und eine Vollautomatisierung aller Verfahren anzustreben. Insbesondere in den Phasen des Agenda-Settings, der Politikformulierung und der Policy-Adoption scheinen autonome Entscheidungen kaum zweckmäßig. Zwar wird unter dem Stichwort »Smart Politics«[33] auch die Verlagerung von Entscheidungen von gewählten Mandatsträgern auf Computer diskutiert. Abgesehen von der außerordentlich hohen technischen Komplexität müsste diesem Schritt zunächst eine intensive gesellschaftliche Diskussion vorangehen.

Stattdessen sollte eine differenzierte Betrachtung erfolgen, welche Verfahren sich zu welchem Grad eignen. Potenziale für eine Teil- oder Vollautomatisierung finden sich heute ausschließlich in der Phase der durch die Verwaltung wahrgenommenen Implementation. Dennoch bietet sich in den weiteren Phasen, insbesondere der Evaluation, eine Unterstützung des menschlichen Entscheiders an. Die Strukturiertheit von Informationen und Prozessen stellt dabei ebenso einen positiven Faktor dar wie eine geringe Veränderlichkeit oder das Fehlen eines Ermessensspielraums. Dabei sollte man sich zunächst auf Verfahren konzentrieren, deren Automatisierung ein gutes Kosten-Nutzen-Verhältnis bietet. Hierdurch lassen sich Investitionen ökonomisch besser rechtfertigen. Gleichzeitig werden aber auch im Rahmen der Anwendung die Vorteile offensichtlich und es bildet sich ein schrittweises Vertrauen in algorithmische Entscheidungen. Dennoch sollte sich der Gesetzgeber nicht nur auf Teilautomatisierungen beschränken, sondern zunehmend auch auf vollständig automatisiert abgewickelte Verfahren setzen. Die technischen wie auch juristischen Voraussetzungen hierfür sind geschaffen. Politik und Verwaltung müssen nun gemeinsam den nächsten Schritt wagen.

---

[33] Novoselic 2016

# Quellen

Blum, S. & Schubert, K. (2011) *Politikfeldanalyse.* Springer VS, Wiesbaden

Feldman, M. & Sarbough-Thompson, M. (1996) Electronic Communication and Decision Making. *Information Infrastructure and Policy* (1996) (S. 1-14)

Franck, E. (1991) *Künstliche Intelligenz.* J.C.B. Mohr, Tübingen

Gablers Wirtschaftslexikon (2018a): Automatisierung. http://wirtschaftslexikon.gabler.de/Definition/automatisierung.html, abgerufen am 23.01.2018

Gablers Wirtschaftslexikon (2018b) Vollautomatisierte Produktion. http://s.fhg.de/tzv, abgerufen am 23.01.2018

Glasl, F. (1999) *Konfliktmanagement: ein Handbuch für Führungskräfte, Beraterinnen und Berater.* Haupt, Bern

Hensel, M.; Litzel, N. (2017) Künstliche Intelligenz steckt noch in den Kinderschuhen. http://s.fhg.de/9Ma, abgerufen am 07.02.2018

Hertel, G. (2001) *Vernetzte Verwaltungen.* Springer, Wiesbaden

Israel, S. (2015) Artificial intelligence, human brain to merge in 2030s, says futurist Kurzweil. http://s.fhg.de/xNX, abgerufen am 07.02.2018

Jann, W. & Wegrich, K. (2014) Phasenmodelle und Politikprozesse: Der Policy-Cycle. In: Schubert, K. & Bandelow, N.: *Lehrbuch der Politikfeldanalyse.* De Gruyter, Berlin

Knaus, C. (2018) Centrelink forced to wipe or change one in six robo-debts,. In: *The Guardian,* 14.02.18. http://s.fhg.de/V6d, abgerufen am 23.02.3018

Lobe, A. (2017) Ein Bot im Weißen Haus. In: *Frankfurter Allgemeine Zeitung,* 23.01.17. http://s.fhg.de/dxV, abgerufen am 09.02.2018

Novoselic, S. (2016) Smart Politics - Wie können computergestützte IT-Systeme und IT-Netze die politische Willensbildung und Entscheidungsfindung unterstützen? In: von Lucke, J. (Hrsg.): *Smart Government – Intelligent vernetztes Regierungs- und Verwaltungshandeln in Zeiten des Internets der Dinge und des Internets der Dienste* (S. 77-95). Berlin: epubli,

Picot, A. (2005) Organisation. In: Bitz, M.: Vahlens *Kompendium der Betriebswirtschaftslehre.* Vahlen, München

Pomberger, G. & Dobler, H. (2008) *Algorithmen und Datenstrukturen*. Pearson, München

Rauner, M. (2018) Wie funktioniert ein Quantencomputer. http://s.fhg.de/aEL

Roskin, M., Cord, R., Medeiros, J. & Jones, W. (1997) *Political Science: An Introduction*. Pearson, Essex

Schedler, K. & Eicher, A. (2013) Das Verhältnis von Verwaltung und Politik,. In: Ladner, A.: *Handbuch der öffentlichen Verwaltung in der Schweiz*. Verlag Neue Zürcher Zeitung, Zürich

Sopra Steria (2017) Potentialanalyse Künstliche Intelligenz 2017. http://s.fhg.de/ykD, abgerufen am 23.01.2018

Ulschmid, L. (2003) *IT-Strategien für die öffentliche Verwaltung*. Gabler, Wiesbaden

Weibler, J. & Küpers, W. (2008) Intelligente Entscheidungen in Organisationen - Zum Verhältnis von Kognition, Emotion und Intuition. In: Bortfeld, H., Homberger, J., Kopfer, H., Pankratz, G. & Strangmeier, R. (Hrsg.): *Intelligente Entscheidungsunterstützung* (S. 457-480). Gabler, Wiesbaden

## Über den Autor

### Jan Etscheid

Jan Etscheid studierte Staatswissenschaften an der Universität Passau und *Politics, Administration and International Relations* an der Zeppelin Universität in Friedrichshafen. Derzeit ist er am *The Open Government Institute* der Zeppelin Universität als akademischer Mitarbeiter tätig. Im Rahmen seiner Promotion untersucht er derzeit die Potenziale und Einsatzmöglichkeiten Künstlicher Intelligenz in der öffentlichen Verwaltung.

# Vertrauen in Daten oder: Die politische Suche nach numerischen Beweisen und die Erkenntnisversprechen von Big Data

Gernot Rieder & Judith Simon

IT-Universität Kopenhagen & Universität Hamburg

Seit einiger Zeit gibt es wieder verstärktes Interesse an sogenannter evidenzbasierter Politikgestaltung. Angelockt durch die großen Versprechen von Big Data scheinen politische Entscheidungsträger zunehmend mit stärker auf digitalen Daten basierenden Regierungsformen experimentieren zu wollen. Doch obwohl das Aufkommen von Big Data und die damit verbundenen Gefahren von wissenschaftlicher Seite durchaus kritisch hinterfragt werden, gab es bislang nur wenige Versuche, ein besseres Verständnis für die historischen Kontexte und Grundlagen dieser Vorgänge zu entwickeln. Der hier vorliegende Kommentar befasst sich mit dieser Lücke, indem er das derzeitige Streben nach numerischen Beweisen in einen breiteren gesellschaftspolitischen Kontext einordnet und dadurch zeigt, wie die Erkenntnisversprechen von Big Data sich mit bestimmten Formen von Vertrauen, Wahrheit und Objektivität kreuzen. Wir argumentieren, dass das übersteigerte Vertrauen in zahlenbasierte Evidenz einer speziellen politischen Kultur zugeordnet werden kann, nämlich einer repräsentativen Demokratie, die von öffentlichem Misstrauen und großer Zukunftsunsicherheit gekennzeichnet ist.

Im Laufe der vergangenen Jahre gab es ein gesteigertes Interesse an sogenannter »evidenzbasierter Politikgestaltung«. Das Konzept ist an sich nicht neu,[1] doch gab es jüngst einen beachtlichen Vorstoß hin zu stärker datengeleiteten Regierungsformen.[2] Vor dem Hintergrund zahlreicher Krisen tendieren politische Entscheidungsträger zunehmend dazu, bestimmte Handlungsweisen durch Berufung auf »harte« wissenschaftliche Nachweise zu legitimieren und somit nahezulegen, dass eine bestimmte Initiative voraussichtlich die gewünschten Ergebnisse erzielen wird.[3] In zahlreichen Bereichen des öffentlichen Dienstes – sei es im Gesundheits- oder Erziehungswesen oder auch im Gesetzesvollzug – soll ein stetes Einfließen von »Daten für Politik«[4] in einer stark von Komplexität und Unsicherheit geprägten Zeit eine Richtschnur bieten.[5]

Die derzeitige Betonung von Nachweisen und Ergebnissen seitens der Gesetzgeber korreliert mit einer neuen techno-wissenschaftlichen Entwicklung: dem Emporkommen von Big Data.[6] Während sich die staatlichen Bürokratien Jahrhunderte lang auf Statistiken und numerische Informationen verlassen haben,[7] versprechen neue analytische Techniken gleich auf mehrfache Weise die Verbesserung früherer Methoden: Während früher Datenanalysen mit hohem Kosten- und Zeitaufwand verbunden waren, sind sie heute schnell und günstig; während man früher erst Proben nehmen musste, macht es die fortlaufende Computerisierung der Gesellschaft nun möglich, Daten ganzer Bevölkerungsgruppe zusammenzutragen; während

---

[1]  Solesbury 2002
[2]  Haskins 2014
[3]  Urahn 2015
[4]  Europäische Kommission (EK) 2015
[5]  Nowotny et al. 2001
[6]  Mayer-Schönberger & Cukier 2013
[7]  Cohen 2005

man früher Theorien brauchte, spricht heute die reine Datenmenge für sich selbst; wurden früher Messungen durch menschliche Vorurteile verzerrt, so gewährleisten heute agnostische Algorithmen objektive Sichtweisen. So lautet zumindest das Versprechen. Zusammengenommen ergeben die mutmaßlichen Qualitäten von Big-Data-Technologien das, was Rob Kitchin als die »Artikulation eines neuen Empirismus« beschreibt, der als »diskursives rhetorisches Mittel« fungiert, das dazu dient, die Nützlichkeit und den Wert neuer analytischer Dienste zu bewerben.[8]

Politische Entscheidungsträger auf beiden Seiten des Atlantiks beteiligen sich an diesem Wirbel – meist ohne dabei auf Nuancen und Feinheiten zu achten. In offiziellen Dokumenten und Reden wird Big Data als das »neue Öl des digitalen Zeitalters«,[9] die nächste »industrielle Revolution«,[10] »Gold«,[11] ein bahnbrechender »Schlüsselwert«[12] zur Wertschöpfung, Steigerung der Produktivität und des Wachstums bezeichnet. Es wird erwartet, dass die Technologie nicht nur die öffentliche Verwaltung verbessert, indem sie »die Regierungseffizienz vorantreibt«[13] und »bessere Leistungen« ermöglicht,[14] sondern dass sie auch die »evidenzbasierte Entscheidungsfindung« unterstützt,[15] indem sie Feedback in Echtzeit liefert, Lösungen erstellt und Ergebnisse voraussagt, wobei immer sichergestellt wäre, dass die »Regulierung im Voraus empirisch gerechtfertigt ist«.[16] Auch wenn dieser Fokus auf technologiebasierte Vorteile in einigen Fällen

---

[8]  Kitchin 2014a
[9]  EK 2012
[10]  EK 2014b
[11]  EK 2014a
[12]  EK 2015b
[13]  Executive Office of the President (EOP) 2014
[14]  EK 2013
[15]  EK 2015a
[16]  Sunstein 2012

auf die Betrachtung von potenziellen Risiken und Problemen ausgeweitet wurde, verschreiben sich politische Führungskräfte weitestgehend der »Nutzung der Kraft von Big Data«.[17]

Wie angemerkt, gab es bereits Bemühungen, die Annahmen des modernen »Dataismus«[18] auf den Prüfstand zu stellen. Im Rahmen einer Untersuchung der Politik und der Aussagekraft zeitgenössischer Datenpraktiken haben Wissenschaftler aus verschiedenen Disziplinen eine Reihe gesellschaftlicher, ethischer und rechtlicher Probleme identifiziert – von Datenschutz und Sicherheit[19] über Transparenz und Rechenschaftspflicht[20] bis hin zu Problemen der Verzerrung und Diskriminierung[21]. Dabei stellte sich heraus, dass die mutmaßlichen Vorteile von Big Data auch einen gewissen Preis haben können. Doch während es in der akademischen und Medienwelt immer wieder kritische Reaktionen gab, mangelte es bislang an Versuchen, ein besseres Verständnis der sozio-historischen Grundlagen für das Drängen politischer Entscheidungsträger nach numerischen Nachweisen zu erlangen. Anders gesagt: Auch wenn das Aufkommen von Big Data und die damit verbundenen Folgen zahlreiche Bedenken hervorgerufen haben, hat Big Datas Einbettung in eine langwährende Kultur der Messung und Quantifizierung weit weniger Aufmerksamkeit erfahren. Wie Barnes treffend formuliert: »Große Daten, wenig Geschichte.«[22]

Ein Grund für diese mangelnde historische Kontextualisierung ist der Dynamik des Diskurses um Big Data zuzuschreiben: Diskussionen, in denen Big Data als Bruch und Revolution ohne Verbindung

[17]  Kalil & Zhao 2013
[18]  Brooks 2013
[19]  Ohm 2010
[20]  Pasquale 2015
[21]  Barocas & Selbst 2015
[22]  Barnes 2013

zur Vergangenheit präsentiert wurde, haben sich vermehrt auf die Modalitäten des Wandels konzentriert, und nicht auf Formen der Kontinuität: Das »Jetzt« unterscheidet sich fundamental von dem, was zuvor war, und das »Neue« ersetzt das »Alte«. Dieses Narrativ von Neuheit und Disruption, das beispielhaft in Begrifflichkeiten wie Andersons »*Petabyte Age*«[23] beschrieben wird, ist zugleich kraftvoll und zweckmäßig, wirkt aber der Wertschätzung von Big Data als spezifischem Zusammenschluss, einem »Zusammentreffen verschiedener Elemente, jedes mit seiner eigenen Geschichte, die in diesem, unserem Moment zusammenkommen«[24] entgegen. Dennoch ist es genau die Anerkennung der verschiedenen Wurzeln von Big Data und die Verbindung zu früheren erkenntnistheoretischen Praktiken, die zu einem besseren Verständnis der Normen und Werte, die dem derzeitigem Datenhype zugrunde liegen, beitragen kann.

Eine solche Erkundungsanalyse erfordert ein gewisses konzeptuelles Umdenken: Statt einer eng gefassten Definition von Big Data in rein technischen Begrifflichkeiten – z. B. die berühmten »drei Vs«[25] von Laney, die Big Data knapp als eine Steigerung von (Daten-)Volumen *(»volume«)*, Geschwindigkeit *(»velocity«)* und Vielseitigkeit *(»variety«)* charakterisieren – scheint es produktiver zu sein, den Begriff als die terminologische Manifestation eines komplexen soziotechnischen Phänomens zu betrachten, das auf einem Zusammenspiel aus technologischen, wissenschaftlichen und kulturellen Faktoren beruht.[26] Während die technologische Dimension nicht nur auf Fortschritte in der Hardware und Software, sondern auch in der Infra-

---

[23] Anderson 2009
[24] Barnes 2013
[25] Laney 2001
[26] siehe Boyd & Crawford 2012

struktur hinweist, und die wissenschaftliche Dimension sowohl Datenförderungstechniken als auch analytische Fähigkeiten umfasst, bezeichnet die kulturelle Dimension (a) die vorherrschende Nutzung von IKT in der zeitgenössischen Gesellschaft und (b) die wachsende Bedeutung und Autorität quantifizierter Informationen in zahlreichen Bereichen des täglichen Lebens, einschließlich der öffentlichen Verwaltung und Entscheidungsfindung. Letztlich kann dieser weiter gefasste Auslegungsansatz dabei helfen, »die Black Boxes von Big Data zu dekonstruieren«,[27] indem man nicht nur auf die mechanische, sondern auch auf die mentale Funktionsweise eines ansonsten undurchsichtigen Phänomens achtet.

Für die Untersuchung der Wurzeln und Vorgänger von Big Data sind verschiedene Pfade möglich: So befassen sich Barnes und Wilson beispielsweise mit den Ursprüngen der Sozialphysikbewegung, deren monistischer Antrieb, also die Annahme, dass die Gesetze der Physik sowohl für die Welt der Natur als auch der Gesellschaft anwendbar sind, später auch seinen Weg in die Raumanalyse fand und so die Nutzung von Big Data in der heutigen Geografie beeinflusste.[28] Evgeny Morozov wiederum beschreibt, gestützt auf das Buch »*Cybernetic Revolutionaries*«[29] von Eden Medina, das Projekt *Cybersyn* der Allende-Administration und hebt dabei die intellektuellen Affinitäten zwischen Sozialismus, Kybernetik und Big Data hervor.[30] Demgegenüber berichtet Grandin, der Dingens[31] zitiert, von der Condor-Datenbank des Pinochet-Regimes, um die »antisozialistischen Ursprünge von Big Data« zu lokalisieren.[32] Es handelt sich

---

[27] Pasquale 2015
[28] Barnes & Wilson 2014
[29] Medina 2011
[30] Morozov 2014
[31] Dingens 2005
[32] Grandin 2014

hierbei also um eine Gegenüberstellung historischer Ereignisse, die zeigt, dass die Idee der datengestützten Kontrolle letztlich für verschiedene Enden des politischen Spektrums interessant sein kann. Ebenfalls aufschlussreich ist Mackenzies empirische Beschreibung von Programmierpraktiken[33] und deren Verschiebung zu dem, was Adams et al. als »Regime der Antizipation«[34] bezeichnet haben. Mackenzie zeigt auf, wie die derzeitige Betonung auf maschinelles Lernen und Vorhersagemodelle mit einem kulturellen Bemühen um eine Verringerung von Unsicherheit durch die kontinuierliche Bewertung dessen, was noch nicht ist, verknüpft ist.

Während diese Beispiele unterschiedliche Perspektiven bieten, sind sie sich doch darin ähnlich, dass sie versuchen, den Big-Data-Diskurs in einen breiteren historischen Zusammenhang einzuordnen und dort Bedeutungszusammenhänge aufzuzeigen, wo sonst meist nur die erfolgreiche Vermarktung im Vordergrund steht. Wir sind der Meinung, dass solche Versuche der Historisierung und Kontextualisierung wichtig sind, da sie (a) ein besseres Verständnis der erkenntnistheoretischen Grundlagen der gegenwärtigen Datenwissenschaft liefern, (b) unser Verständnis der Normen, Werte und Erwartungen, die die Grundlage des aktuellen Klimas von Hoffnung und Hype bilden, vertiefen und (c) potenzielle gesellschaftliche und ethische Auswirkungen aufzeigen können, die in einer Zeit, in der technische Innovationen sich schneller entwickeln als die Regulierung durch Regierungen,[35] als Kompass dienen können. Wir möchten einen Beitrag zu dieser Forschungsagenda leisten, indem wir eine weitere Richtung vorschlagen, die sich als vielversprechend erweisen könnte: die Abhängigkeit des Datenhypes von bestimmten Formen von Vertrauen, Wahrheit und Objektivität.

---

[33] Mackenzie 2013
[34] Adams et al. 2009
[35] siehe Rubinstein 2013

Wie Boyd und Crawford ausführen, geht es bei Big Data nicht nur um technologischen Fortschritt, sondern einen »weit verbreiteten Glauben, dass umfassende Datensätze eine höhere Form von Intelligenz und Wissen bieten, die zuvor unmögliche Erkenntnisse bringen kann«.[36] Leonelli argumentiert ähnlich und betont, dass die Neuheit von Big Data nicht in der reinen Menge an Daten besteht, sondern in der »Bedeutung und dem Status, den Daten als Handelsware und anerkannte Ergebnisse erlangt haben«.[37] Doch woher kommt diese Bedeutung und dieser Status, und was genau sind die Wurzeln des Glaubens, dass mehr Daten bessere Erkenntnisse liefern?

Eine erste Antwort wäre, dass Daten oftmals als roh, objektiv und neutral gelten – als das »Wesen der Wahrheit selbst«.[38] Wie Wissenschafts- und Technikhistoriker immer wieder gezeigt haben, können jedoch die Auffassungen von Objektivität, Wahrheit und Wahrhaftigkeit, Vertrauen und Vertrauenswürdigkeit variieren; sie sind »situationsabhängig und historisch spezifisch«.[39] Darum ist es wichtig, klarzustellen, welche genaue Version dieser Konzepte innerhalb des Diskurses um Big Data verwendet wird. Eine mögliche Methode, diese Unterschiede herauszustellen, besteht im Vergleich, was auch die Nachverfolgung von verschiedenen Auffassungen und Interpretationen im Laufe der Zeit umfassen kann.

In seinem Buch »*A Social History of Truth*«[40] betont Shapin, welche zentrale Rolle das Vertrauen für den Aufbau und die Erhaltung einer gesellschaftlichen Ordnung spielt. Gesellschaften entstehen aus von Vertrauen geprägten Handlungen – ohne Vertrauen können sie ins

---

[36] Boyd & Crawford 2012
[37] Leonelli 2014
[38] Gitelman 2013
[39] Gitelman 2013
[40] Shapin 1994

Straucheln geraten und kollabieren. Die Zuschreibung von Vertrauen und Vertrauenswürdigkeit kann somit als eine Art der Verbindlichkeit verstanden werden, die Grundvoraussetzung dafür ist, dass Menschen zueinander finden können. Wenn auch oft unsichtbar, so ist Vertrauen als das »Zement der Gesellschaft« doch wesentlich für den Aufbau und die Etablierung erkenntnistheoretischer Systeme. Beispielsweise basiert die Produktion wissenschaftlicher Erkenntnis auf einer Vielzahl von sozialen und materiellen Interaktionen, welche die Zuverlässigkeit unzähliger stabilisierter Normen und Beziehungen als gegeben hinnehmen. Demzufolge finden wissenschaftliches Misstrauen und Skeptizismus nur »an den Rändern von Vertrauenssystemen« statt.

Diese Vertrauenssysteme sind jedoch nicht statisch. Wem man vertrauen kann, auf was man vertrauen kann und in welchen Umständen – das unterliegt Änderungen: Während es in der vorneuzeitlichen Gesellschaft der politisch und wirtschaftlich unabhängige Gentleman war, der allgemein als glaubwürdiger, die Wahrheit Sagender angesehen wurde, bringt die moderne Gesellschaft den »abstrakten Kapazitäten«[41] von »gesichtslosen Institutionen«[42] Vertrauen entgegen. Die Wahrhaftigkeit von Zeugenaussagen wurde nicht länger durch persönliche Tugend unterzeichnet, sondern durch ein ausgeklügeltes System institutionalisierter Normen und Standards, das in einem riesigen »Panoptikum der Wahrheit«[43] rigoros kontrolliert wird. Das Vertrauen der vorneuzeitlichen Menschen in die Integrität einzelner Wissender und der Glaube an die Präzision des institutionalisierten Fachwissens wurde zunächst begleitet von und schließlich ersetzt durch eine andere Form des Vertrauens,

[41] Giddens 1990
[42] Shapin 1994
[43] Shapin 1994

eine Art des Vertrauens, die durch das Aufkommen von Big Data be-
achtliche Zugkraft gewinnen konnte: das Vertrauen der Menschen
in Zahlen.

Während die allgemeine Geschichte der Quantifizierung noch viel
weiter zurück verfolgt werden kann, benennt Desrosières die politische Arithmetik im England des 17. Jahrhunderts als die »Grund-
handlung aller statistischen Arbeit (im modernen Sinne des Begriffs)
basierend auf konkreten, identifizierten und stabilen Einheiten«.[44]
Während frühe Aufzeichnungen von Taufen, Eheschließungen und
Bestattungen die Existenz von Personen und ihren Familienbezie-
hungen bescheinigen sollten, dienten später statistische Befragungen, wie jene, die der so genannten »Adunation« in Frankreich im
18. Jahrhundert zugrunde lag, dazu, die Vereinigung nationaler Ge-
biete zu unterstützen, mit dem Ziel, eine »politisch-kognitive Konstruktion eines Raumes mit gemeinsamen Maßen« zu schaffen. Beispiele wie dieses unterstreichen die engen Zusammenhänge zwischen Statistik und Staatenführung: Zahlen ermöglichen Kohärenz
und Allgemeingültigkeit und befähigen zentrale Regierungen, eine
administrative Kontrolle über Besteuerung und wirtschaftliche Entwicklungen auszuüben, und das in einer Zeit, in der die Vertrautheit
von persönlichen Interaktionen nach und nach durch die Anonymi-
tät und Komplexität wachsender Handels- und Geschäftsnetzwerke
ersetzt wurde.

Hinter all diesen Zahlen standen jedoch noch immer einzelne Fachleute und namhafte Einrichtungen – die Zahlen sprachen nicht für
sich selbst. Ganz im Gegenteil: Erst das kultivierte Urteilsvermögen
einer Verwaltungselite konnte die Vertrauenswürdigkeit numerischer Informationen gewährleisten; von Externen angewandt zählten Statistiken nur wenig. Wie Porter erläutert, konnten Zahlen nur

[44] Desrosières 1998

»eine bescheidene Ergänzung der institutionellen Macht liefern«.[45] Ihre Glaubwürdigkeit basierte auf der Autorität und Integrität einer Bürokratie, deren Mitglieder glaubten, dass Messungen erst durch die Interpretation durch Fachleute nützlich werden. Für sie gab es nichts, das auf starre Gesetze, abstrakte Formeln oder technische Routinen reduziert werden konnte. Einigungen wurden eher durch informelle Gespräche erzielt als durch formelle Verfahren. Im Allgemeinen überließ man Entscheidungen nur selten den Zahlen.

Die Nachfrage nach quantitativer Strenge stieg in der ersten Hälfte des 20. Jahrhunderts an: Anstelle des Urteilsvermögens von Fachleuten erforderte das Streben nach technischer Disziplin ein »Ideal der Selbstaufopferung«; anstelle professioneller Autonomie verlangte das Streben nach Präzision die Einhaltung eines strengen »Rechenregimes«; an die Stelle des Ermessens einer Elite trat die Notwendigkeit, »nach Zahlen zu verwalten«.[46] Das Ergebnis war das, was Porter als den »Kult der Unpersönlichkeit« bezeichnet, eine bestimmte Kultur der Quantifizierung, in der das menschliche Element möglichst weit verringert werden soll und formalisierte Grundsätze gegenüber subjektiver Interpretation, einheitliche Standards gegenüber methodologischer Flickschusterei und die Herrschaft des Rechts gegenüber der Herrschaft des Menschen bevorzugt werden. Das Ziel war es, eine »mechanische Objektivität«[47] zu erreichen, eine desinteressierte Wissenschaft, die »alles beseitigt, das persönlich, idiosynkratisch, perspektivisch ist«. In dieser schönen neuen Welt liegt das Vertrauen nicht mehr länger in der Integrität Einzelner, die die Wahrheit sagen, oder der Wahrhaftigkeit namhafter Einrichtungen, sondern wird stark formalisierten Verfahren entgegengebracht,

---

[45] Porter 1995
[46] Porter 1995
[47] Daston & Galison 1992

die durch disziplinierte Selbstbeherrschung umgesetzt werden. Zahlen sind keine Ergänzungen mehr. Sie werden in eine Rhetorik der Faktizität eingebunden, vom Ethos der Neutralität durchdrungen und mit einer Aura der Sicherheit präsentiert. Sie treten aus dem Schatten ihrer menschlichen Schöpfer heraus, treten in den Mittelpunkt und fangen an, basierend auf den Argumenten und Ansprüchen zahlreicher Nutznießer für sich selbst zu sprechen.

Was sind die Ursachen für diese Verschiebung zu mechanischer Objektivität? Einerseits spielt der technologische Fortschritt eine große Rolle. Die zunehmende Verfügbarkeit von Maschinen mit immer mehr Fähigkeiten hat das Berufsbild des Buchhalters verändert. Die Idee war groß und kraftvoll: Je mechanischer ein Prozess, je automatisierter ein Verfahren, desto weniger notwendig – und riskant – war das subjektive menschliche Eingreifen.[48] In den Worten von Daston und Galison: »Anstelle der Willensfreiheit boten Maschinen eine Freiheit vom Willen«.[49] Die tugendhafte Maschine wurde als »vollendeter Außenseiter« betrachtet, doch es sollte nicht lange dauern, bis sie »zum großartigsten Aspekt im Königreich der Quantifizierung«[50] wurde. Folglich diente das »ehrliche Instrument« mit seinem »Glanz der Wahrhaftigkeit« sowohl als Mittel wie auch als Symbol der mechanischen Objektivität.[51]

Andererseits gab es da noch die gesellschaftliche Dimension: Das Streben nach quantitativer Strenge wurde als Strategie betrachtet, mit der man sich in einer sich schnell verändernden politischen Umgebung an neuen Druck von außen anpassen wollte. Krieg und die Wirtschaftskrise hatten ihre Spuren hinterlassen, und die Dynamik

---

[48] Venturini et al. 2014
[49] Daston & Galison 2010
[50] Porter 1995
[51] Daston & Galison 1992; 2010

der Demokratie verlangte nach verlässlichen Nachweisen und professioneller Rechenschaftspflicht. Im Angesicht von öffentlichem Misstrauen, invasiven Prüfungen und konkurrierenden politischen Anforderungen wollten Bürokratiebehörden und wissenschaftliche Gemeinschaften den Kontrollen standhalten und die Verantwortung verringern, indem sie sich an strenge Protokolle und ausdrücklich festgelegte Entscheidungskriterien hielten. Dabei ist die Bereitschaft zur persönlichen Einschränkung eher ein Zeichen für professionelle Schwäche als für Stärke: Je durchlässiger die Grenzen einer Disziplin sind, desto höher ist ihre Anfälligkeit für Kritik von außen, und umso verführerischer wird die Sprache der mechanischen Objektivität. Demzufolge sind standardisierte Methoden vor allem in Kulturen interessant, in denen der Glaube an andere Formen des Vertrauens erschüttert wurde. Wie Porter (1995) festhält, können methodologische Strenge und objektive Regeln als Alternative zu Vertrauen und gemeinsamen Überzeugungen dienen. Wo es an Vertrauen mangelt und Argwohn vorherrscht, sollen Zahlen die Lücke schließen: Sie gelten als sorgfältig abgewogene Fakten und sollen ein Gefühl der Fairness und Gerechtigkeit vermitteln – eine Art der Entscheidungsfindung, bei der man nicht entscheiden muss; eine Möglichkeit zur Entpolitisierung der Rechtsprechung. Dieser Drang nach unpersönlicher numerischer Evidenz ist nicht so sehr in den internen Arbeitsweisen der quantitativen Berufe verwurzelt, sondern eher in den Bedürfnissen und der Nachfrage einer bestimmten gesellschaftspolitischen Kultur, einem demokratischen System, das von vorherrschendem Misstrauen und Unsicherheit unterminiert wird. Auf diesem Boden blüht das Phänomen der Big Data weiter auf.

Die erkenntnistheoretischen Versprechen von Big Data knüpfen auf vielfältige Art und Weise an das Ideal der mechanischen Objektivität an und stärken die Anziehungskraft der Doktrin nicht nur, sondern weiten sie auch aus: Erstens verspricht Big Data als Kind neuer analytischer Techniken und der fortschreitenden Computerisierung der Gesellschaft die Ausweitung der Reichweite der Automatisierung von der Datensammlung bis hin zur Speicherung, Kuration und Analyse. Die tugendhafte Maschine wird immer stärker, da sie immer größere Bereiche der analytischen und Entscheidungsfindungsverfahren abdeckt.

Zweitens verspricht Big Data eine Verringerung des Bedarfs an Theorien, Modellen und schließlich auch menschlichem Fachwissen durch die Erfassung massiver Datenmengen und die Konzentration auf Korrelationen statt auf Ursachen. Darüber hinaus ist die moderne Software zur Datenanalyse oftmals undurchsichtig, mit einer Phänomenologie, die sowohl die Einheitlichkeit als auch die Unpersönlichkeit betont.

Drittens verspricht Big Data eine Ausweitung dessen, was gemessen werden kann. Tracker, soziale Medien und das Internet der Dinge ermöglichen die Nachverfolgung und Bewertung von Bewegungen, Handlungen und Verhaltensweisen, wie es nie zuvor möglich war. Vollständig quantifiziert und frei von jeglichen Verzerrungen treibt Big Data damit die Grundsätze der mechanischen Objektivität in immer mehr Anwendungsbereiche hinein.

Viertens und letztens gibt sich Big Data nicht mit Gegenwart oder Vergangenheit zufrieden, sondern strebt an, das zu berechnen, was noch kommen wird. Clevere, schnelle und günstige Vorhersagetechniken sollen durch Anwendung einer mechanischen Denkweise für die Kolonialisierung der Zukunft die Entscheidungsfindung unterstützen und die Verteilung von Ressourcen übergreifend für viele Regierungssektoren optimieren.

Die Grenzen dieser »soziotechnischen Imagination«[52] wurden auch an anderer Stelle diskutiert,[53] aber entscheidend ist hier die Entwicklung eines besseren Verständnisses davon, wie die derzeit mit Big Data verbundenen Hoffnung sich mit bestimmten Formen von Vertrauen und Objektivität verschränken, was wiederum als das Ergebnis einer bestimmten gesellschaftspolitischen Kultur betrachtet werden kann. In einem Klima, das von Misstrauen, Krisen und Unsicherheit geprägt ist, kann das Festhalten der Amtsträger an scheinbar objektiven Zahlen als eine Verteidigungsstrategie verstanden werden, ein Versuch, sich selbst vor den zunehmenden öffentlichen und rechtlichen prüfenden Blicken zu verstecken. Es ist wohl kein Zufall, dass die Europäische Kommission, deren Autorität von Bürgern wie auch Staatsregierungen weiterhin in Frage gestellt wird, sich zu einem der strebsamsten politischen Quantifikatoren entwickelt hat.

Big Data wird immer wieder für die positivistische Erkenntnistheorie und ihre Unterstützung des Techno-Kapitalismus kritisiert, und während diese Kritik durchaus ihre Berechtigung hat, werden dabei die Umstände und die Dynamik, die zur Schaffung und Internalisierung der entsprechenden Normen und Werte beitragen, kaum berücksichtigt. Unser Vorschlag ist daher: Anstatt uns ausschließlich auf die potenziellen Konsequenzen des Big-Data-Phänomens zu konzentrieren, können wir weitere Einsichten gewinnen, indem wir uns mit den sozialen und politischen, aber auch mit den technischen und erkenntnistheoretischen Wurzeln befassen. Ein solcher Ansatz kann letztlich eine kritischere Tätigkeit fördern, da er die Perspektive verschiebt und den Diskurs um Big Data in einen weiteren historischen Zusammenhang einbettet. Wie Barnes und Wilson feststellen:

[52] Jasanoff & Kim 2009
[53] z. B. Kitchin 2014b

*»Indem wir die Historizität von Big Data aufzeigen, liefern wir Nachweise für die Annahmen, die darin eingebaut wurden, sowie die Kontroversen, die damit einhergehen. Big Data ist nicht länger eine Black Box, in sich geschlossen, versiegelt und undurchdringlich, sondern wurde offengelegt und steht nun für wortreiche Gespräche und Kontroversen zur Verfügung.«*[54]

Dem schließen wir uns vollinhaltlich an.

## Quellen

Adams V., Murphy M. & Clarke A.E. (2009) Anticipation: Technoscience, life, affect, temporality. *Subjectivity* 28(1): 246–265.

Anderson C. (2009) The end of theory: The big data deluge makes the scientific method obsolete. *Wired*. http://s.fhg.de/D4q (aufgerufen am 2. Mai 2016).

Barnes T.J. (2013), Big Data, little history. *Dialogues in Human Geography* 3(3): 297-302.

Barnes T.J. & Wilson M.W. (2014) Big Data, social physics, and spatial analysis: The early years. *Big Data & Society* 1(1): 1-14.

Barocas S. & Selbst A.D. (2015) Big Data's disparate impact. *California Law Review*. http://s.fhg.de/xBR (aufgerufen am 2. Mai 2016).

Boyd D. & Crawford K. (2012) Critical question for Big Data. Provocations for a cultural, technological, and scholarly phenomenon. *Information, Communication & Society* 15(5): 662-679.

Brooks D. (2013) The philosophy of data. *New York Times*. http://s.fhg.de/4rM (aufgerufen am 2. Mai 2016).

Cohen B.I. (2005) *Triumph of Numbers: How Counting Shaped Modern Life.* New York, NY: W. W. Norton & Company.

Daston L. & Galison P. (2010), *Objectivity*. New York, NY: Zone Books.

---

[54] Barnes & Wilson 2014

Daston L. & Galison P. (1992), The image of objectivity. *Representations* 0(40): 81-128.

Desrosières A (1998) *The Politics of Large Numbers. A History of Statistical Reasoning.* Cambridge, MA: Harvard University Press.

Dingens J. (2005) *The Condor Years: How Pinochet and his Allies Brought Terrorism to Three Continents.* New York, NY: The New Press.

Europäische Kommission (EK) (2012) From Crisis of Trust to Open Governing. http://s.fhg.de/xLj (aufgerufen am 2. Mai 2016).

Europäische Kommission (EK) (2013) EU Leaders Call for Action on Digital Economy, Innovation and Services. http://s.fhg.de/pr7 (aufgerufen am 2. Mai 2016).

Europäische Kommission (EK) (2014a) The Data Gold Rush. http://s.fhg.de/LgU (aufgerufen am 2. Mai 2016).

Europäische Kommission (EK) (2014b) Towards a Thriving Data-Driven Economy. http://s.fhg.de/uJn (aufgerufen am 2. Mai 2016).

Europäische Kommission (EK) (2015a) Data for Policy: When the Haystack Is Made of Needles. A Call for Contributions. http://s.fhg.de/ygG (aufgerufen am 2. Mai 2016).

Europäische Kommission (EK) (2015b) Making Big Data Work for Europe. http://s.fhg.de/6AR (aufgerufen am 2. Mai 2016).

Executive Office of the President (EOP) (2014) Big Data: Seizing Opportunities, Preserving Values. http://s.fhg.de/mm3 (aufgerufen am 2. Mai 2016).

Giddens A. (1990) *The Consequences of Modernity.* Cambridge: Polity Press.

Gitelman L. (Hrsg.) (2013) ›Raw Data‹ Is an Oxymoron. Cambridge, MA: MIT Press.

Grandin G. (2014) The anti-socialist origins of big data. *The Nation.* http://s.fhg.de/qa6 (aufgerufen am 2. Mai 2016).

Haskins R. (2014) *Show Me the Evidence: Obama's Fight for Rigor and Results in Social Policy.* Washington, DC: The Brookings Institution.

Jasanoff S. & Kim S.-H. (2009) Containing the atom: Sociotechnical imaginaries and nuclear power in the United States and South Korea. *Minerva* 47(2): 119–146.

Kalil T. und Zhao F. (2013) Unleashing the Power of Big Data. *The White House Blog.* http://s.fhg.de/Ri8 (aufgerufen am 2. Mai 2016).

Kitchin R. (2014a) Big Data, new epistemologies and paradigm shifts. *Big Data & Society* 1(1): 1-12.

Kitchin R. (2014b) *The Data Revolution. Big Data, Open Data, Data Infrastructures & Their Limitations.* London: Sage.

Laney D. (2001) 3D management: Controlling data volume, velocity and variety. http://s.fhg.de/7HF (aufgerufen am 2. Mai 2016).

Leonelli S. (2014) What difference does quantity make? On the epistemology of big data in biology. *Big Data & Society* 1(1): 1-11.

Mackenzie A. (2013) Programming subjects in the regime of anticipation: Software studies and subjectivity. *Subjectivity* 6(4): 391-405.

Mayer-Schönberger V. & Cukier K. (2013), *Big Data. A Revolution That Will Transform How We Live, Work, And Think.* New York, NY: Houghton Mifflin Harcourt.

Medina E. (2011) *Cybernetic Revolutonaries: Technology and Politics in Allende's Chile.* Cambridge, MA: MIT Press.

Morozov E. (2014), The planning machine. *New Yorker.* http://s.fhg.de/ELA (aufgerufen am 2. Mai 2016).

Nowotny H., Scott P. & Gibbons M. (2001) *Re-thinking Science: Knowledge and the Public in an Age of Uncertainty.* Cambridge: Polity Press.

Ohm P. (2010) Broken promises of privacy: Responding to the surprising failure of anonymization. *UCLA Law Review* 57:1701–1777.

Pasquale F. (2015) *The Black Box Society: The Secret Algorithms that Control Money and Information.* Cambridge, MA: Harvard University Press.

Porter T.M. (1995) *Trust in Numbers: The Pursuit of Objectivity in Science and Public Life.* Princeton, NJ: Princeton University Press.

Rieder, G. & J. Simon (2016) Datatrust: Or, the political quest for numerical evidence and the epistemologies of Big Data. *Big Data & Society* 3 (1).

Rubinstein I.S. (2013) Big Data: The end of privacy or a new beginning? *International Data Privacy Law* 3(2): 74–87.

Shapin S. (1994) *A Social History of Truth: Civility and Science in Seventeenth-Century England*. Chicago: The University of Chicago Press.

Solesbury W. (2002) The ascendancy of evidence. *Planning Theory & Practice* 3(1): 90-96.

Sunstein C.R. (2012) Regulation in an Uncertain World. National Academy of Sciences. http://s.fhg.de/h5h (aufgerufen am 2. Mai 2016).

Urahn S.K. (2015) A tipping point on evidence-based policymaking. *Governing*. http://s.fhg.de/6z9 (aufgerufen am 2. Mai 2016).

Venturini T., Laffite N.B., Cointet J.-P., et al. (2014) Three maps and three misunderstandings: A digital mapping of climate diplomacy. *Big Data & Society* 1(1): 1-19.

## Creative Commons BY NC 3.0

## Hinweise

Dieser Text ist die deutsche Übersetzung des Artikels »*Datatrust: Or, the political quest for numerical evidence and the epistemologies of Big Data*«,[57] zuerst erschienen im Juni 2016 im Fachjournal »*Big Data & Society*«. Die Autoren haben diesen Artikel mit Unterstützung des österreichischen Wissenschaftsfonds (P-23770) erstellt.

---

[55]  https://creativecommons.org/licenses/by-nc/3.0/deed.de
[56]  https://us.sagepub.com/en-us/nam/open-access-at-sage
[57]  Rieder & Simon 2016

# Über die Autoren

## Gernot Rieder

Gernot Rieder ist Dissertant an der IT-Universität Kopenhagen und dort Mitglied der Forschungsgruppe *»Technologies in Practice«*. Seine Dissertation beschäftigt sich mit der Konjunktur und Geschichte evidenzbasierter Politik, Fragen zunehmender algorithmischer Regulierung sowie den sozialen und gesellschaftlichen Auswirkungen des Big-Data-Phänomens. Von 2014 bis 2018 war er *Assistant Editor* des SAGE-Journals *»Big Data & Society«*.

## Judith Simon

Judith Simon ist Professorin für Ethik in der Informationstechnik an der Universität Hamburg. Sie beschäftigt sich mit der Verschränkung ethischer, erkenntnistheoretischer und politischer Fragen im Kontext von Big Data und Digitalisierung. Professorin Simon ist Mitherausgeberin der Zeitschriften *»Big Data & Society«* und *»Philosophy & Technology«* sowie Vorstandsmitglied der *International Society for Ethics and Information Technology* und der *International Association for Computing and Philosophy*.

# Regieren Algorithmen? Über den sanften Einfluss algorithmischer Modelle

Janosik Herder

Universität Osnabrück

Die gegenwärtige sozial- und kulturwissenschaftliche Kritik an Algorithmen bezieht sich vor allem auf zwei Aspekte: Dass Algorithmen, erstens, grundsätzlich auf subjektiven Vorstellungen und Vorurteilen beruhen, und dass sie, zweitens, meist im Verborgenen operieren. Wenig beachtet wird dabei die Frage, welchen politischen Einfluss Algorithmen eigentlich haben. Um den politischen Einfluss von Algorithmen zu verstehen, schlage ich Michel Foucaults Perspektive der Gouvernementalität vor. Die politische Bedeutung algorithmischer Modelle besteht dieser Perspektive nach gerade darin, dass sie das tun, was eigentlich dem liberalen Staat vorbehalten ist, nämlich die Bevölkerung zu regieren. Unternehmen wie Google oder Facebook, die weitverbreitete und potente algorithmische Modelle besitzen, sind – so mein Schluss – ›gouvernementale‹ Unternehmen, die die staatlichen Regierungsinstanzen vor grundlegende Fragen stellen.

## 1. Einleitung

Vor zehn Jahren hätten wahrscheinlich nur Fachleute mit dem Begriff ›Algorithmus‹ etwas anfangen können. Das hat sich schlagartig geändert: Spätestens mit der Idee einer algorithmisch produzierten

Echokammer oder Filterblase,[1] die die Utopie der universellen Öffentlichkeit der Webpioniere fundamental infrage stellte, wurde aus den Verheißungen der Automatisierung und Computerisierung ein allgemein verständliches Problem.[2] Nicht nur bei der Google-Suche und auf der Timeline von Facebook fällen algorithmische Modelle automatische Entscheidungen, auch in anderen Bereichen des Lebens, der Kreditvergabe etwa, kommen wir täglich mit Algorithmen in Kontakt. Immer leistungsfähiger, undurchsichtiger und weitreichender scheinen algorithmische Modelle zu werden, immer größer ihre ›öffentliche Relevanz‹.[3] Heute ist ein verbreitetes Unbehagen mit dem Konzept des Algorithmus verbunden. Aber worin genau besteht dieses Unbehagen eigentlich? Und wie können wir das Politische dieses Unbehagens theoretisch fassen?

Ich denke, es gibt gute Gründe über die politische Bedeutung algorithmischer Modelle nachzudenken. Um zwei Dinge zu vermeiden, ist es allerdings entscheidend, das Problem zunächst in einen sinnvollen theoretischen Kontext zu stellen: Erstens besteht ohne theoretischen Rahmen die Gefahr, auf der deskriptiven Ebene zu bleiben und die Modelle und ihre Wirkung lediglich zu beschreiben. Und zweitens besteht die Gefahr, lediglich der ›kalifornischen Ideologie‹[4] derjenigen zu folgen, die diese Modelle selbst produzieren. Ich schlage deshalb vor, die politische Bedeutung der Modelle im Rahmen der vom französischen Philosophen Michel Foucault verfolgten Analyse von Regierungspraktiken und -techniken zu untersuchen. Diese Perspektive erlaubt es, eine grundlegende Frage zu stellen: Regieren Algorithmen? Und wenn ja: Was heißt das eigentlich? Die

---

[1]   Pariser, 2012
[2]   Morozov, 2012
[3]   Gillespie, 2014
[4]   Scholz, 2014; Turner, 2006; Barbrook & Cameron, 1995

provokante Antwort dieses Beitrags lautet: Ja, potente und weitverbreitete algorithmische Modelle und die Unternehmen, die sie besitzen und bereitstellen, üben eine Form von Macht aus, die klassischerweise dem modernen liberalen Staat obliegt. Das bedeutet, dass Unternehmen wie Google, Apple, Facebook oder Amazon mit Michel Foucault gesprochen als ›gouvernementale‹ Unternehmen gelten können. Die staatliche Regierungspraxis gerät dabei entweder in Widerspruch oder Komplizenschaft mit den algorithmischen Modellen und den Unternehmen, die sie besitzen.

Ich werde im Folgenden zunächst knapp die kritische Diskussion über den politischen Einfluss von Algorithmen rekonstruieren und auf eine wichtige Leerstelle hinweisen. Anschließend führe ich die Perspektive Foucaults ein und stelle über die Idee des *Nudging* einen Bezug zum Wirken algorithmischer Modelle her. Abschließend reflektiere ich die zentrale Forderung der kritischen Diskussion über Algorithmen – die Forderung nach transparenten oder ethischen Algorithmen. Die Forderung, so mein Fazit, trifft nicht den politischen Kern, weil auch transparente oder ethische Modelle eine Machtwirkung entfalten können, die klassischerweise dem liberalen Staat obliegt. Wir müssen deshalb anders über das Politische algorithmischer Modelle nachdenken.

## 2.    Weapons of Math Destruction

Was sind Algorithmen? In der sozial- und kulturwissenschaftlichen Forschung zu Algorithmen gibt es keine eindeutige Definition. Algorithmen werden häufig als versteckte und mächtige Mechanismen aufgefasst, die großen Einfluss auf unser Leben haben und sich gleichzeitig nicht oder nicht vollkommen nachvollziehen lassen. Die Problematik digitaler Algorithmen ergibt sich zu einem Großteil tatsächlich aus ihrer Intransparenz, die für Außenstehende selbst dann schwer aufzulösen ist, wenn der Quelltext offen einsehbar ist – was er im Fall der wirkmächtigen Algorithmen von Google oder Facebook zudem nicht ist. Das Problem besteht aber auch in ihrem politischen und sozialen Einfluss, der schwerer zu fassen ist. Um wesentliche Elemente der Algorithmen-Kritik besser nachvollziehen zu können, ist es hilfreich, zunächst den Begriff des Modells einzuführen.

In den meisten Fällen, in denen Algorithmen heute zum Gegenstand des Interesses werden, handelt es sich um Algorithmen innerhalb eines Modells. Das Modell ist eine bestimmte Art und Weise, ein Problem zu operationalisieren und in bestimmte Arbeitsschritte zu zerlegen. Erst dann kann ein Algorithmus diese im Modell festgelegten Arbeitsschritte zur Problemlösung tatsächlich umsetzen. Tarleton Gillespie erinnert zu Recht an das wichtige Verhältnis von Modell und Algorithmus:

> *»An algorithm is a recipe composed in programmable steps; most of the ›values‹ that concern us lie elsewhere in the technical systems and the work that produces them. For its designers, the algorithm comes only after the generation of a ›model‹. The model is the formalization of a problem and its goal, articulated in computational terms.«* [5]

Der Algorithmus setzt lediglich um, was im Modell spezifiziert wurde. Wir können etwa sagen, dass der Algorithmus, der bei der Google-Suche tatsächlich für das Ordnen von Ergebnissen zuständig ist, nur ausführt, was im gesamten Modell als Suchvorgang spezifiziert wurde. Im Suchmodell hat Google quasi festgelegt, was Suchen eigentlich heißt. Es muss nämlich zunächst bestimmt werden, auf welche Weisen gesucht und wie Ergebnisse geordnet werden sollen. Ein solches Modell beantwortet immer auch sehr ›philosophische‹ Fragen, zum Beispiel: Was ist ein relevantes Suchergebnis? Was

---

[5]  Gillespie, 2016, S. 19

sucht der oder die Suchende wirklich? Wie funktioniert Suchen? Das Modell muss diese Fragen oder Probleme technisch formulieren. Der Algorithmus setzt die im Modell gemachten Annahmen dann in Ergebnisse um. Fast immer, wenn gegenwärtig von Algorithmen die Rede ist, geht es eigentlich um Modelle, ihre Spezifizierung und ihre algorithmische Ausführung.

Die wissenschaftliche und öffentliche Auseinandersetzung mit Algorithmen ist in den vergangenen Jahren kritischer geworden. Die Vorstellung, ein Algorithmus, der eine bestimmte Auswahl automatisch trifft, sei neutral oder die Kriterien, nach denen er diese Auswahl trifft, lediglich technische Kriterien, ist heute zunehmend schwerer zu vermitteln. Im vergangenen Jahr hat die Mathematikerin Cathy O'Neil diese kritische Wendung der Diskussion mit dem Titel ihres Buches auf den Punkt gebracht: Algorithmen sind für sie *Weapons of Math Destruction,* also ›Mathevernichtungswaffen‹. Algorithmen können sich ihrer Kritik nach negativ auf das Leben von Individuen und Kollektiven auswirken. Wir können O'Neils Argumentation – exemplarisch für die Argumentation vieler kritischer Arbeiten[6] – in drei Schritte zerlegen: Erstens sind die negativen Wirkungen, die Algorithmen entfalten können, menschengemacht, weil Algorithmen von Personen mit Vorstellungen und Vorurteilen programmiert werden; die Auswirkungen sind, zweitens, nur schwer nachvollziehbar, weil Algorithmen häufig als Geheimnisse von Unternehmen behandelt werden; und negative Wirkungen können, drittens, umfassend sein, weil Algorithmen mittlerweile flächendeckend Anwendung finden.

Der erste Schritt der Kritik an Algorithmen ist einleuchtend. Die Modelle, von denen Algorithmen ein Teil sind, müssen von Menschen

---

[6]  Für eine gute Übersicht über einige kritische Arbeiten zu Algorithmen siehe Ziewitz, 2016; Barocas, Hood & Ziewitz, 2013.

spezifiziert werden. Larry Page und Sergey Brin, die Erfinder der Google-Suche, mussten sich also zu einem bestimmten Zeitpunkt überlegen, was Suchen für sie heißt. Die Google-Suche basiert also in gewisser Hinsicht auf den ursprünglichen Designentscheidungen, Werten und Vorstellungen von Page und Brin. Diese Entscheidungen finden ihren Ausdruck im Modell der Google-Suche. *»Some of these choices«*, schreibt Cathy O'Neil dazu, *»were no doubt made with the best intentions. Nevertheless, many of these models encode human prejudice, misunderstanding, and bias into the software systems that increasingly manage our lives«.*[7] Was uns zunächst als technisches System gegenübertritt, ist eigentlich eine bewusste Konstruktion – *eine* Art und Weise ein Problem oder eine Frage zu operationalisieren oder zu beantworten. Jedes Modell ist, so die Kritik, notwendig subjektiv - oder zugespitzt: *»Models are opinions embedded in mathematics«.*[8]

Der zweite Schritt lässt sich von hier aus ebenfalls leicht nachvollziehen. Die Einsicht in diese algorithmischen Modelle ist entscheidend, um ihren Einfluss zu bewerten. Wie etwa ließe sich prüfen, ob das Modell der Google-Suche durch bestimmte Vorannahmen beeinflusst wird? Wie lässt sich grundsätzlich einschätzen, ob der Algorithmus beim Sortieren von Ergebnissen bestimmte Einträge systematisch diskriminiert? Dazu müsste das Modell einsehbar sein oder zumindest in einer bestimmten Form erklären können, was es eigentlich tut. Die hier behandelten Algorithmen sind allerdings durch das geistige Eigentum geschützt und nicht einsehbar – ihre Einsehbarkeit würde etwa im Fall der Google-Suche das Geschäftsmodell gefährden. Deshalb bleiben viele Algorithmen geheim, ihre Funktion kann höchstens durch die Analyse der Ergebnisse nachträglich vermutet werden. Wie viele andere fordert Frank Pasquale

[7]  O'Neil, 2017, S. 3
[8]  O'Neil, 2017, S. 21

in seinem Buch ›The Black Box Society‹ deshalb die Möglichkeit, algorithmische Modelle einsehen und nachvollziehen zu können:

> »*Without knowing what Google actually does when it ranks sites, we cannot assess when it is acting in good faith to help users, and when it is biasing results to favor its own commercial interests«.*[9]

Im Gegensatz zu diesen beiden Schritten ist der letzte Punkt der Kritik weit weniger naheliegend. Der letzte Schritt des Arguments lautet, dass die Effekte algorithmischer Modelle verheerend und umfassend sein können. Einige Modelle, so die Kritik, üben auf eine bestimmte, negative und umfassende Weise Einfluss aus. Dieser Schritt ist weniger leicht nachzuvollziehen als die Tatsache, dass viele Modelle versteckt sind und auf subjektiven Vorstellungen und Vorurteilen basieren. Das Argument ist nicht nur, dass Modelle Einfluss haben, weil sie weit verbreitet sind, etwa ein standardmäßig genutztes Modell zur Bewertung der Kreditwürdigkeit. Sie haben vor allem Einfluss, weil sie etwas ›tun‹. So zeigt O'Neil, dass algorithmische Modelle die Dinge performativ herstellen, die sie eigentlich messen sollen – so wird etwa die Punktewertung, die ein Modell über die Kreditwürdigkeit einer Person generiert, selbst zur Kreditwürdigkeit. Das, was das Modell messen und in Form von Punkten nur ausdrücken soll, wird zur Kreditwürdigkeit selbst: »*Instead of searching for the truth, the scores come to embody it«.*[10] Die Aussagen von Algorithmen wirken der Argumentation nach für Menschen und Institutionen präskriptiv. Sie sind sich selbst erfüllende Prophezeiungen, die soziale Realitäten konstruieren.

[9]  Pasquale, 2015, S. 9
[10]  O'Neil, 2017, S. 7

# 3. Das moderne Regierungsdenken

Wenn wir die Effekte von algorithmischen Modellen verstehen wollen, dann brauchen wir einen analytischen Rahmen, der die Wirkungsebene der Modelle in den Blick nimmt. Der Einfluss der Modelle ist schwer zu fassen: Sie wirken sowohl auf den Einzelnen, der aktiv oder passiv mit den Modellen interagiert und z.B. personalisiert adressiert wird. Algorithmische Modelle wirken aber auf Grund ihrer Skalierbarkeit gleichzeitig auch auf alle, da alle, die ein bestimmtes Modell nutzen oder von einem Modell adressiert werden, gleichermaßen von ihm beeinflusst werden. Schließlich wirken die Modelle eher weich oder sogar unmerklich, unter anderem weil viele von ihnen im Hintergrund wirken oder auf freiwilliger Nutzung beruhen. Was also machen algorithmische Modelle? Oder anders gefragt: Wie beeinflussen uns diese Modelle?

Ich schlage vor, den Einfluss der algorithmischen Modelle mit dem Begriff der Regierung zu fassen. Aber dafür müssen wir uns zunächst ein Verständnis erarbeiten, was überhaupt Regierung als Modus des Handelns sein soll. Der Regierungsbegriff, den ich vorschlage, geht auf Foucault zurück. Die Schlüsselthemen der Arbeiten Foucaults sind Macht, Wissen und Subjektivität. Seine zentrale These über Macht, dass sie nämlich von überall komme, nicht von oben nach unten verlaufe und nicht nur von den Herrschenden über die Untergebenen ausgeübt werde, hat in den 1970er Jahren für Aufsehen gesorgt. Mit seinen Überlegungen über die ›Mikrophysik der Macht‹[11] hat sich Foucault vor allem gegen die einfache Vorstellung von souveräner Macht gestellt, die in gewissem Sinne das Modell des Königs, der über seine Untertanen herrscht, bis heute als einziges Modell von politischer Macht akzeptiert. In der politischen Theorie, so

---

[11] Foucault, 1994, S. 38

Foucaults berühmte Aussage, sei der Kopf des Königs noch nicht gerollt.[12] Für Foucault kann Macht tatsächlich sehr unterschiedliche Formen annehmen und auf unterschiedliche Weisen ausgeübt werden.

In seinen Vorlesungen in den Jahren 1978 und 1979 wendete sich Foucault in seinen Untersuchungen mit dem Begriff der ›Gouvernementalität‹ dem modernen Staat zu und stellt sich die Frage, wie der moderne Staat Macht ausübt. In einer historischen Rekonstruktion zeigt Foucault, dass der moderne (neo-)liberale Staat eine neue Art und Weise entwickelt hat, Macht auszuüben. Diese Art und Weise unterscheidet sich von der souveränen Macht der Könige ebenso wie von der disziplinarischen Macht eines preußischen Verwaltungs- oder Policeystaates. Der moderne Staat zeichnet sich für Foucault durch drei Momente aus: Die Form der Macht ist das Regieren; das Objekt der Regierung ist die Bevölkerung; und das Mittel der Regierung ist die politische Ökonomie. So resümiert Foucault:

>»Was ich Ihnen auf jeden Fall zeigen wollte, war die tiefe geschichtliche Verbindung zwischen der Bewegung, welche die Konstanten der Souveränität hinter das nun wichtigste Problem der guten Regierungsentscheidungen zurückfallen läßt, sodann der Bewegung, welche die Bevölkerung als eine Gegebenheit, als ein Interventionsfeld, als das Ziel der Regierungstechniken erkennen läßt, und schließlich der Bewegung, welche die Ökonomie als spezifischen Wirklichkeitsbereich und die politische Ökonomie zugleich als Wissenschaft und Interventionstechnik der Regierung in diesem Wirklichkeitsfeld isoliert. Es sind, denke ich, diese drei Bewegungen: Regierung, Bevölke-

---

[12] Foucault, 2003, S. 200

*rung, politische Ökonomie, die wohlgemerkt seit dem 18. Jahrhundert eine dauerhafte Serie bilden, die auch heute noch nicht aufgelöst ist.«[13]*

Das, was wir heute als modernen liberalen Staat bezeichnen, ist für Foucault das Ergebnis einer historischen Entwicklung von bestimmten Erkenntnissen und Wissensfeldern (etwa dem Wissen über die Bevölkerung und deren Wohlstand) und der Entwicklung von bestimmten Praktiken (etwa der Statistik, der öffentlichen Gesundheit). Wenn wir uns fragen, was das Spezifische an der modernen Politik ist, dann müssen wir nach Foucault diese historisch entstandene Form untersuchen. »Auch die Politik im engeren Sinne der Regierung von Subjekten«, so fasst Martin Saar Foucaults These zusammen, »ist eine moderne ›Erfindung‹, die von neuen Medien der Machtausübung und neuen Vorstellungen über die Regierbarkeit von Menschen abhängt«[14].

Der etwas kryptische Begriff der ›Gouvernementalität‹ (vom französischen ›gouverner‹ und dem englischen ›to govern‹) gibt einen Hinweis darauf, dass das kennzeichnende Merkmal der modernen Staatlichkeit das Regieren ist. Foucault rekonstruiert die Idee der Regierung historisch und zeigt, dass der Begriff sehr lange Zeit keine exklusiv politische Bedeutung hatte. Regieren war »weder mit staatlichen Institutionen identisch noch auf das politische System beschränkt, sondern bezog sich auf die unterschiedlichsten Formen der Führung von Menschen«.[15] Heute allerdings ist der Begriff der Regierung fest mit der Tätigkeit des Staates verknüpft. Im Gegensatz zur königlichen Herrschaft und der disziplinarischen Ordnung geht

[13] Foucault, 2006a, S. 161–162
[14] Saar, 2007, S. 35
[15] Lemke, Krasmann & Bröckling, 2000, S. 10

es bei der Regierung darum, die Regierten als Handelnde anzuerkennen. Regieren bezeichnet den Versuch, auf das Handeln der Regierten einzuwirken, ohne dabei die Freiheit der Regierten vollständig zu negieren. Die Regierung »bietet Anreize, verleitet, verführt, erleichtert oder erschwert, sie erweitert Handlungsmöglichkeiten oder schränkt sie ein, sie erhöht oder senkt die Wahrscheinlichkeit von Handlungen, und im Grenzfall erzwingt oder verhindert sie Handlungen, aber stets richtet sie sich auf handelnde Subjekte, insofern sie handeln oder handeln können. Sie ist auf Handeln gerichtetes Handeln«.[16] Mit anderen Worten: Regierung bezeichnet den unablässigen Versuch, das Handeln von freien Subjekten zu beeinflussen, zu lenken und zu steuern, ohne dabei die Freiheit von Subjekten aufzuheben.[17]

Wichtig ist für Foucault, dass der moderne Staat nur deshalb diese Form der Machtausübung entwickeln konnte, weil sich ein neues Ziel für die Praktiken der Regierung gebildet hat: die Bevölkerung. Mit dem Aufkommen der Statistik im 18. Jahrhundert entstand für die Regierungspraxis die Bevölkerung als Interventionsfeld, das sich durch Kennziffern wie Sterberate, Geburtenrate, Gesundheit, Bildung usw. auszeichnete. Ohne die Bevölkerung als zumindest statistische Realität hätte die Regierung keinen Adressaten für ihre Regierungstätigkeit gehabt. Die Bevölkerung tritt »schlechthin als der höchste Zweck der Regierung zutage; denn was mag im Grunde ge-

---

[16] Foucault, 2005b, S. 286

[17] Für Foucaults Argument über den historischen Ursprung dieser Machtform im christlichen Pastorat, auf den ich hier nicht näher eingehe, siehe neben Foucault selbst vor allem Bröckling, 2017, S. 15–45. Auch gehe ich hier nicht genauer auf den von Foucault genannten Aspekt der politischen Ökonomie ein, den er in Form des Neo- und Ordoliberalismus vor allem im zweiten Teil der Vorlesungen zur Gouvernementalität behandelt, siehe Foucault, 2006b.

nommen der Zweck dieser letzteren sein? Sicherlich nicht zu regieren, sondern das Geschick der Bevölkerung zu verbessern, ihre Reichtümer, ihre Lebensdauer, ihre Gesundheit zu mehren«.[18]

Wir können also festhalten, dass Regieren für Foucault die charakteristische Form der Machtausübung moderner liberaler Staaten ist. Das Objekt der Regierung ist die Bevölkerung, die Machtausübung ist deshalb zugleich individualisierend und totalisierend – sie wirkt zugleich auf die Einzelnen und die Bevölkerung.[19] Nehmen wir etwa sozialstaatliche Maßnahmen wie die Einführung einer allgemeinen Krankenversicherung oder öffentlicher Kinderbetreuung: Regieren heißt hier, sowohl den Einzelnen zu beeinflussen, der plötzlich versichert ist oder Kinderbetreuung erhält, als auch Effekte auf der Ebene der Bevölkerung zu erzielen (etwa eine niedrigere Sterberate, höhere Geburtenrate etc.). Diese Form der Machtausübung ist für Foucault im Kern das, was demokratische, liberale Staaten auszeichnet: Der Staat regiert die Bevölkerung.

## 4.   Regieren Algorithmen?

Auch abseits der explizit an Foucault anschließenden Gouvernementalitätsstudien hat sich das Regierungsparadigma verbreitet. Die Idee eines ›libertären Paternalismus‹, der vor allem von den Verhaltensökonomen Cass Sunstein und Richard Thaler vorgeschlagen wurde, nimmt die Grundidee des Regierungsparadigmas indirekt auf. Was Foucault als charakteristische Machtform des modernen Staates bezeichnet, heißt für den libertären Paternalismus *Nudging*.[20] Mit der Idee des *Nudging* wollen die Autoren den Widerspruch zwischen der freien Entscheidung von Individuen und dem

---

[18]  Foucault, 2006a, S. 158
[19]  Foucault, 2005a
[20]  Thaler & Sunstein, 2009

Einfluss auf diese Entscheidungen lösen – ein *Nudge*, so die Idee, lenkt zwar das Verhalten von Individuen, aber er schränkt dabei nicht ihre Freiheit ein. Wenn man davon ausgeht, dass sich Menschen zwar gut verhalten wollen, aber es nicht immer schaffen, dann ist es keine Beschneidung ihrer Freiheit, ihnen dabei zu ›helfen‹ sich ›richtig‹ zu entscheiden. Deshalb ist ein freiheitlicher Paternalismus für Sunstein und Thaler kein Oxymoron.[21] Man muss in den meisten Fällen nur ganz sanft auf das Handeln der Menschen einwirken, um in der Summe einen großen positiven Effekt zu erzielen. Möchte man etwa die gesunde Ernährung an der Schule fördern – so ein beliebtes Beispiel der Vertreter – reicht es schon, das Obst in der Auslage der Mensa nach vorne zu legen und den Pudding nach hinten zu stellen.[22] Ohne die Freiheit der Einzelnen eingeschränkt zu haben, konnten die Menschen zu einer besseren, gesünderen Entscheidung gelenkt werden.

Egal wer *nudgt* – ob der Staat oder Unternehmen – die Idee des *Nudging* entspricht ziemlich genau dem, was Foucault als charakteristische Form der Machtausübung des modernen Staates bestimmt hat: Es ist auf Handeln einwirkendes Handeln, das im besten Fall nicht nur das Verhalten von Individuen beeinflusst, sondern auch zum Ziel hat, Effekte auf der kollektiven Ebene (Bevölkerung, Belegschaft, Schülerschaft etc.) zu produzieren. *Nudging* richtet sich ebenso wie staatliches Regieren auf den Wohlstand des kollektiven Akteurs, wie die vielen Beispiele von Sunstein und Thaler zeigen: Es geht in jedem Fall darum, gesünder zu leben, Geld zu sparen oder für das Alter vorzusorgen. Der libertäre Paternalismus kann weich und fast unbemerkt das Leben von Menschen durch leichtes ›Anstupsen‹ beeinflussen.[23]

---

[21] Sunstein & Thaler, 2003
[22] Thaler & Sunstein, 2003, S. 175
[23] Bröckling, 2017, S. 189

Der Zusammenhang von Foucaults Regierungsperspektive und der Idee des *Nudging* ist trotz der gebotenen Kürze der Rekonstruktion bereits an dieser Stelle in zwei Hinsichten bemerkenswert. Erstens nimmt die Bedeutung des *Nudging* in dem Maße zu, in dem statistische Wissensbestände nicht mehr exklusiv dem Staat zugänglich sind. Mit der Verbreitung von Computern und Sensoren sowie der Entwicklung und Nutzung des Internets werden vielfältige statistische Daten produziert und nutzbar auch für nichtstaatliche Instanzen. *Nudging* braucht Daten über das Verhalten einer Population, anders als im 19. und 20. Jahrhundert sind diese Informationen heute in vielen Fällen nicht mehr allein dem Staat vorbehalten. Zweitens ist nicht nur ein präzises Wissen über diejenigen nötig, die beeinflusst werden sollen, sondern es muss auch Gelegenheiten geben, sie zu beeinflussen. An der Schnittstelle dieser zwei Feststellungen kommen die algorithmischen Modelle ins Spiel. Sie können heute, erstens, mit einer Unmenge von Daten umgehen – nichts Anderes ist die Einsicht des schillernden Begriffs *Big Data*. Und zweitens schafft die allgemeine Verbreitung, Nutzung und Vernetzung von Computern zahllose Möglichkeiten, *genudged* zu werden. »Je mehr Spuren jemand hinterlässt«, so schließt Ulrich Bröckling, »desto präzisere Stupser können die selbstlernenden Maschinen setzen, und desto genauer erkennen die Einzelnen ihre Präferenzen darin wieder. Jeder bekommt, was er will, nach Maßgabe dessen, was er bis jetzt gewollt hat«.[24] Was die Diskussion zum *Nudging* grundlegend zeigt, ist, dass heute nicht nur der Staat regieren kann, sondern im Grunde jeder, der die entsprechenden Mittel besitzt (Daten, potente Modelle und Zugang zur Population).

Um zur Ausgangsfrage – Regieren Algorithmen? – zu kommen, möchte ich das Beispiel der Google-Suche anführen. Die von Google

---

[24] Bröckling, 2017, S. 193

bereitgestellte Suchmaschine ist vielleicht das Modell, mit dem Menschen am meisten interagieren. Obwohl der genaue Wortlaut des von Google entwickelten Algorithmus ›PageRank‹ geheim ist, ist bekannt, dass es auf einem einfachen Prinzip aufbaut: der Relevanz.[25] Immer wenn eine Suchanfrage bei Google eingegeben wird, entscheidet ein Algorithmus darüber, was als Ergebnis der Anfrage angezeigt wird. Der Erfolg der Suchmaschine von Google beruht darauf, dass während der Suche gewertet wird, welche der gefundenen Seiten relevant sind. Die Platzierung (Relevanz) eines Links in der Ergebnisreihenfolge ergibt sich aus seiner Gewichtung (PageRank), die wiederum anhand einer speziellen Methode aus der Verlinkungsstruktur im World Wide Web abgeleitet wird.

Die Bedeutung der Verbreitung und des Erfolgs der Suchmaschine von Google wird zumeist auf zwei Weisen bewertet. Einmal wird der mit der Suchmaschine eingeläutete kulturelle Wandel benannt. Die Google-Suche hat einen Wandel hin zu einer Kultur der Suche initiiert, der unseren Zugriff auf Wissen grundsätzlich verändert hat.[26] Wissen und die Praxis der Suchanfrage werden in diesem Kulturwandel zunehmend synonym. Zweitens haben bereits im Jahr 2000 Helen Nissenbaum und Lucas Introna auf die politischen Effekte des Modells der Google-Suche hingewiesen. Für sie sorgt die hegemoniale Stellung, die die Google-Suche hat, dafür, dass die Dinge, die in der Suche nicht gefunden werden, praktisch nicht existieren. Das Internet wird gewissermaßen identisch mit dem, was die Google-Suche als relevante Ergebnisse ausgibt. Sie schließen: »*what people (the seekers) are able to find on the Web determines what the Web consists of for them*«.[27] Die politische Bedeutung der Google-Suche besteht also in der performativen Konstruktion von (gesellschaftlicher)

[25] Pasquale, 2015, S. 64; in rudimentärer Form: Brin & Page, 1998
[26] Hillis, Petit & Jarrett, 2013
[27] Introna & Nissenbaum, 2000, S. 171

Wirklichkeit, die O'Neil ebenfalls für die Wertung von Modellen zur Kreditvergabe zeigt: Statt die Google-Suche als *einen* Zugriff auf das im Internet befindliche Wissen zu begreifen und die Ergebnisse so einzuschätzen, werden die Ergebnisse selbst zu dem Wissen, das sie eigentlich nur abbilden sollen.

Obgleich das kulturelle und das politische Argument überzeugend sind, lässt die Regierungsperspektive noch einen grundlegenderen Schluss zu: Das Modell der Google-Suche lenkt unsere Aufmerksamkeit mehr oder weniger weich auf die als relevant eingestuften Ergebnisse einer Suchanfrage. Google tritt hier als wohlwollender Informationsdienstleister auf, der zweifellos ein für die meisten Menschen nützlichen Service anbietet. Das *Nudging* der Google-Suche ist jedoch offensichtlich: *Alle* Ergebnisse zu einer bestimmten Suchanfrage sind für uns potenziell einsehbar – aber wir werden durch die Spezifizierung des Modells und die Funktion des Algorithmus darauf gelenkt, zunächst oder ausschließlich (je nach individueller Ausdauer) die als relevant gewichteten Ergebnisse zur Kenntnis zu nehmen. Damit kommt der Google-Suche aber auch ein beispielloses Steuerungsvermögen zu, das bislang zu wenig beachtet wurde. Mittlerweile nutzt die Google-Suche unzählige weitere Regierungsmomente, etwa die Anzeige von Suchvorschlägen oder bestimmte Standardeinstellungen abhängig von der Suchhistorie oder dem Standort.

## 5.   Das Problem mit der Forderung nach ethischen Algorithmen

Bevor wir die politischen Implikationen der Regierungsperspektive für die Kritik algorithmischer Modelle diskutieren, möchte ich auf die Forderung nach ethischen Algorithmen in der kritischen Diskussion über algorithmische Modelle eingehen. *»We have to explicitly*

*embed better values into our algorithms«,* fordert etwa O'Neil, *»crea-*
*ting Big Data models that follow our ethical lead. Sometimes that will*
*mean putting fairness ahead of profit«.*[28] Die Forderung nach ethischen Algorithmen findet sich gegenwärtig vor allem in zwei Formen. Am häufigsten findet sie sich als Forderung nach Transparenz.
Transparenz ist, wie Mike Ananny anmerkt, die Forderung, Modelle
überhaupt auf ihre, auch ethischen, Implikationen einschätzen zu
können.[29] Da die völlige Transparenz von algorithmischen Modellen
konträr zu der gegenwärtigen Praxis großer Unternehmen steht, die
ihre Modelle wie Staatsgeheimnisse behandeln, hat sich eine zweite
Forderung nach der Erklärbarkeit algorithmischer Entscheidungen
entwickelt. In einem jüngst erschienen Artikel zeigen Finale Doshi-
Velez und Andere, dass es grundsätzlich möglich ist, eine Art Re-
chenschaftsschicht oder -funktion in Modelle einzubauen, die, ohne
die Geheimnisse der Algorithmen preiszugeben, erklärt, wie bestimmte Ergebnisse der Modelle zustande gekommen sind.[30]

Die Utopie hinter dieser Forderung ist, dass wir im Zweifelsfall Erklärungen für automatisch getroffene Entscheidungen erhalten.
Entweder dadurch, dass die Modelle ›befragt‹ werden können und
Rechenschaft über ihr Handeln geben. Oder dadurch, dass ihre
Funktionsprinzipien vollkommen transparent sind. Diese Tatsache
kennen wir vor allem von freier Software, bei der jede und jeder den
Quelltext von Anwendungen einsehen kann, etwa beim Betriebssys-
tem Linux oder dem Webbrowser Firefox. Genau hier liegt allerdings
das Problem der Forderung nach ethischen Algorithmen. Wenn wir
noch einmal die drei Schritte der Kritik an den *Weapons of Math De-*
*struction* bemühen – sie sind vorurteilsbehaftet, versteckt und um-

---

[28]  O'Neil, 2017, S. 204; auch: Kraemer u. a., 2011
[29]  Ananny, 2016
[30]  Doshi-Velez u. a., 2017

fassend –, dann löst die Forderung nach ethischen Algorithmen allein die ersten beiden Probleme. Es lassen sich verzerrende oder diskriminierende Aspekte der Modelle aufzeigen und das Wirken der Modelle wird transparenter. Allerdings können auch ethische oder transparente Modelle weiterhin umfassende gesellschaftliche Wirkungen entfalten. Der Einfluss der Modelle wird durch die Transparenz oder ihr ethisches Design keineswegs geschmälert.

Wenn wir als Grundproblem die ›Regierungstätigkeit‹ algorithmischer Modelle nehmen, dann löst weder die Transparenz noch das ethische Design das Problem, dass Google mit der Google-Suche die Möglichkeit hat, im globalen Maßstab auf eine große Zahl von Menschen Einfluss zu nehmen. Dieses Grundproblem sieht auch O'Neil die feststellt, dass Facebook ein großes Machtpotenzial über politische Entscheidungen besitzt.[31] Obgleich die Unternehmen über ihre Modelle die Macht hätten, politische Prozesse bewusst und missbräuchlich zu ihrem eigenen Gunsten entscheidend zu beeinflussen, gibt es nach O'Neil bislang noch keine Anzeichen dafür, dass sie dies auch tatsächlich tun würden. Aber ebenso wenig, wie sich das Machtpotenzial des Staates durch den letztendlichen Rückgriff auf das Gewaltmonopol realisiert, so wenig besteht die Macht von Google oder Facebook darin, durch ihre Dienste bewusst den Ausgang von Wahlen in ihrem Interesse zu beeinflussen. Die Bedeutung der Modelle besteht vielmehr in der faktischen und sanften Regierung, also Lenkung der Nutzenden.

Die Regierungsperspektive nach Foucault erlaubt uns, die Macht des liberalen Staates als die Regierung der Bevölkerung zu verstehen.

---

[31] O'Neil, 2017, S. 181. Für das in dieser Hinsicht interessante, vieldiskutierte Beispiel des *Micro Targeting* auf Facebook während der US-Präsidentschaftswahl 2016 durch das Unternehmen Cambridge Analytica siehe Nosthoff & Maschewski, 2017.

Mit den Überlegungen zum *Nudging* können wir sehen, wie dieses Regieren seine staatliche Exklusivität einbüßt. Vor dem Hintergrund potenter algorithmischer Modelle, die auf einen schier unendlichen Fundus an Daten zurückgreifen können, entsteht die Möglichkeit, diese Macht des liberalen Staates etwa auf Unternehmen wie Google oder Facebook zu übertragen. Genau hierin besteht die fundamentale politische Bedeutung dieser Modelle, die performativ gesellschaftliche Wirklichkeit konstruieren können, wie Lucas Introna noch einmal herausstellt: *»Their actions are not just in the world, they make worlds«.*[32] Dieser politische Einfluss wird durch Ethik und Transparenz nicht berührt. Entscheidend ist somit, was wir mit Foucault als ›Gouvernementalisierung‹ von Unternehmen wie Google oder Facebook bezeichnen können. Das heißt, dass Unternehmen, die im Besitz verbreiteter algorithmischer Modelle sind, zunehmend das tun, was eigentlich dem modernen Staat vorbehalten war, nämlich die Regierung ihrer ›Bevölkerung‹, die Regierung ihrer ›Nutzerschaft‹.[33]

## 6.   Schluss

Was bedeutet es zu behaupten, dass Algorithmen oder algorithmische Modelle regieren, und zwar sanft und ohne großen Lärm?[34] Ich

---

[32] Introna, 2016, S. 27

[33] Intronas Arbeit ebenso wie andere Arbeiten, die versuchen die Gouvernementalität von Algorithmen zu bestimmen, etwa Borch, 2017; Flyverbom, Madsen & Rasche, 2017; Aradau & Blanke, 2017, konzentrieren sich sehr stark auf die konkrete ›Regierungswirkung‹ von bestimmten Modellen ohne die historische Dimension von Foucaults Argument zu reflektieren. Interessanter als zu zeigen, dass bestimmte Modelle als gouvernementale Regierungspraktiken verstanden werden können, ist doch die Frage, was genau es politisch bedeutet, wenn diese Modelle Einfluss gewinnen.

[34] Bunz, 2012

möchte abschließend nur auf eine von vielen Konsequenzen zu sprechen kommen, nämlich auf das Verhältnis von staatlicher Regierung und der Regierung durch private Unternehmen wie Google. Aus einer demokratietheoretischen Perspektive, die Foucault zweifellos fern liegt, lässt sich auf die zentrale Diskrepanz zwischen einer demokratisch legitimierten staatlichen und einer ökonomisch legitimierten privaten Form der Regierung hinweisen. Während die Regierung demokratischer Staaten durch bestimmte Verfahren legitimiert wurde, ist die Regierung durch Google oder Facebook nicht demokratisch legitimiert. Im letzteren Fall ließe sich lediglich darauf verweisen, dass ihre Nutzung zumindest theoretisch nicht alternativlos ist und von Individuen ›frei‹ gewählt wird. Es gibt Alternativen zu Google und Facebook. Das Problematische an dieser Überlegung stellen jedoch aktuelle Arbeiten zum Plattformkapitalismus oder der Plattformökonomie heraus. Ein Vorschlag in dieser Diskussion lautet, Unternehmen wie Google und Facebook grundsätzlich als Plattformen zu verstehen, die versuchen, in einem bestimmten Bereich eine Monopolstellung zu erreichen. Sobald das Unternehmen oder der Service eines Unternehmens einen kritischen Punkt überschreitet und sich als Plattform etabliert, ist sie praktisch alternativlos.[35] Frank Pasquale hat in diesem Zusammenhang darauf hingewiesen, dass die Strategie der Plattformen eben genau darin besteht, nicht als Marktteilnehmer aufzutreten, sondern als Regulatoren oder eben Regierungen.[36]

Wir sehen hier, wie die konkrete Machtform der Regierung, die sich bei algorithmischen Modellen mit sehr hohem Verbreitungsgrad zeigt, demokratietheoretisch zunehmend problematisch wird. Algorithmische Modelle wie das der Google-Suche treten in Konkurrenz

---

[35] Srnicek, 2017; Kenney & Zysman, 2016; Langley & Leyshon, 2016; auch Lovink, 2017

[36] Pasquale, 2016, S. 314-315

zur staatlichen Regierung, weil beide im Endeffekt darauf zielen, ihre Bevölkerung oder ›Nutzerschaft‹ zu regieren. Das Bereitstellen von konkreten Services durch private Akteure erhält eine besondere politische Relevanz, wenn diese Services ihrer tatsächlichen Nutzung und Bedeutung nach den Charakter öffentlicher Infrastrukturen erlangen. Gerade mit Foucault können wir sehen, dass es hier um eine wirkliche Machtverschiebung geht. Wenn wir den modernen Staat als ›Regierungsstaat‹ betrachten, der die tatsächliche Regierung der Bevölkerung zum Gegenstand hat, dann sehen wir, wie und warum algorithmische Modelle und die Unternehmen, die sie besitzen, zur Konkurrenz der staatlichen oder öffentlichen Regierung werden.

Für die Kritik algorithmischer Modelle, die wir hier als *Weapons of Math Destruction* untersucht haben, heißt das, nicht allein auf die diskriminierenden oder versteckten Aspekte der Modelle zu schauen. Vielmehr müssen wir über die politische Wirkung der Modelle sprechen. Wir müssen etwa darüber nachdenken, unter welchen Bedingungen algorithmische Modelle mit einer bestimmten Reichweite und Wirkmacht entwickelt und angewendet werden sollten. Und: Sollten sie außerhalb von öffentlichen oder genossenschaftlichen Strukturen existieren? Wenn das Geschäftsmodell von ›gouvernementalen‹ Unternehmen wie Google darin besteht, ihre algorithmischen Modelle als öffentliche Infrastruktur zu etablieren, dann muss man dieses Ansinnen vielleicht ernst nehmen und sie tatsächlich als öffentliche Infrastruktur institutionalisieren. Das hieße aber auch, das Politische nicht der technischen Entwicklung und einer ›Ethik der Machbarkeit‹ unterzuordnen, sondern zunächst die Frage zu stellen, wie wir leben wollen.

# Quellen

Ananny, M. (2016). Toward an Ethics of Algorithms: Convening, Observation, Probability, and Timeliness. *Science, Technology, & Human Values* 41 (1), S. 93–117

Aradau, C. & Blanke, T. (2017). Politics of Prediction: Security and the Time/Space of Governmentality in the Age of Big Data. *European Journal of Social Theory* 20 (3), S. 373 – 391

Barbrook, R. & Cameron, A. (1995). The Californian Ideology. http://s.fhg.de/xkS, abgerufen am 15.01.2018

Barocas, S., Hood, S. & Ziewitz, M. (2013). Governing Algorithms: A Provocation Piece, *SSRN Electronic Journal*. http://s.fhg.de/JqD, abgerufen am 15.01.2018

Borch, C. (2017). Algorithmic Finance and (Limits to) Governmentality: On Foucault and High-Frequency Trading. *Le foucaldien* 3 (1)

Brin, S. & Page, L. (1998). The Anatomy of a Large-Scale Hypertextual Web Search Engine« In: Seventh International World-Wide Web Conference (WWW 1998). Brisbane, Australia. http://s.fhg.de/bfu, abgerufen am 15.01.2018

Bröckling, U. (2017). *Gute Hirten führen sanft. Über Menschenregierungskünste.* Suhrkamp, Berlin

Bunz, M. (2012). *Die stille Revolution: Wie Algorithmen Wissen, Arbeit, Öffentlichkeit und Politik verändern, ohne dabei viel Lärm zu machen.* Suhrkamp, Berlin

Doshi-Velez, F., Kortz, M., Budish, R., Bavitz, C., Gershman, S., O'Brien, D., Schieber, S., Waldo, J., Weinberger, D. & Wood, A. (2017). Accountability of AI Under the Law: The Role of Explanation arXiv:1711.01134 [cs, stat], November. http://arxiv.org/abs/1711.01134, abgerufen am 15.01.2018

Flyverbom, M., Koed Madsen, A., und Rasche, A. (2017). Big Data as Governmentality in International Development: Digital Traces, Algorithms, and Altered Visibilities. *The Information Society* 33 (1), S. 35–42

Foucault, M. (1994). *Überwachen und Strafen. Die Geburt des Gefängnisses.* Suhrkamp, Frankfurt am Main

Foucault, M. (2003). Gespräch mit Michel Foucault, A. Fontana und P. Pasquino. In: Defert, D. & Ewald, F. (Hrsg.), *Schriften in vier Bänden. Dits et Ecrits*. Band III. 1976-1979, S. 186–213. Suhrkamp, Frankfurt am Main

Foucault, M. (2005a). ›Omnes et singulatim‹: zu einer Kritik der politischen Vernunft. In: *Schriften in vier Bänden. Dits et Ecrits*. Band IV. 1980-1988, herausgegeben von Daniel Defert und François Ewald, 165–199. Suhrkamp, Frankfurt am Main

Foucault, M. (2005b). »Subjekt und Macht«. In Defert, D. & Ewald, F. (Hrsg.), *Schriften in vier Bänden. Dits et Ecrits*. Band IV. 1980-1988, S. 269–294. Suhrkamp, Frankfurt am Main

Foucault, M. (2006a). *Sicherheit, Territorium, Bevölkerung. Geschichte der Gouvernementalität I. Vorlesungen am Collège de France 1977-1978*. Suhrkamp, Frankfurt am Main

Foucault, M. (2006b). *Die Geburt der Biopolitik. Geschichte der Gouvernementalität II. Vorlesungen am Collège de France 1978-1979*. Suhrkamp, Frankfurt am Main

Gillespie, T. (2014). The Relevance of Algorithms. In *Media Technologies. Essays on Communication, Materiality, and Society,* herausgegeben von Tarleton Gillespie, Pablo J. Boczkowski, & Kirsten A. Foot, 167–194. The MIT Press.

Gillespie, T. (2016). Algorithm. In: Peters, B. (Hrsg.), *Digital Keywords. A Vocabulary of Information Society and Culture,* S. 18–31. Princeton Studies in Culture, Princeton

Hillis, K., Petit, M., und Jarrett, K. (2013). *Google and the Culture of Search.* Routledge, New York/London

Introna, L. D. (2)016. Algorithms, Governance, and Governmentality: On Governing Academic Writing. *Science, Technology, & Human Values* 41 (1), S. 17–49

Introna, L. D., & Nissenbaum, H. (2000). Shaping the Web: Why the Politics of Search Engines Matters. *The Information Society* 16 (3), S. 169–185

Kenney, M., & Zysman, J. (2016). The Rise of the Platform Economy. *Issues in Science and Technology* 32 (3), S. 61–69

Kraemer, F., van Overveld, K. & Peterson, M. (2011). Is There an Ethics of Algorithms? *Ethics and Information Technology* 13 (3), S. 251–260.

Langley, P., & Leyshon, A. (2016). Platform Capitalism: The Intermediation and Capitalisation of Digital Economic Circulation. *Finance and Society,* September 2016, S. 1–21.

Lemke, T., Krasmann, S. & Bröckling, U. (2000). Gouvernementalität, Neoliberalismus und Selbsttechnologien. Eine Einleitung. In: Bröckling, U., Krasmann, S. & Lemke, T., *Gouvernementalität der Gegenwart. Studien zur Ökonomisierung des Sozialen,* S. 7–41. Suhrkamp, Frankfurt am Main

Lovink, G. (2017). *Im Bann der Plattformen. Die nächste Runde der Netzkritik.* transcript, Bielefeld

Morozov, E. (2012). *The Net Delusion: How Not to Liberate The World.* Penguin, London

Nosthoff, A.-V., & Maschewski, F. (2017). ›Democracy as Data‹? – Über Cambridge Analytica und die ›moralische Phantasie‹. *Merkur Blog.* http://s.fhg.de/T2z, abgerufen am 15.01.2018

O'Neil, C. (2017). *Weapons of Math Destruction. How Big Data Increases Inequality and Threatens Democracy.* Penguin, London

Pariser, E. (2012). *The Filter Bubble: What the Internet Is Hiding From You.* Penguin, London

Pasquale, F. (2015). *The Black Box Society. The Secret Algorithms That Control Money and Information.* Harvard University Press, Cambridge

Pasquale, F. (2016). »Two Narratives of Platform Capitalism«. *Yale Law & Policy Review* 35 (309), 309–19.

Saar, M. (2007). Macht, Staat, Subjektivität. Foucaults Geschichte der Gouvernementalität im Werkkontext. In Krasmann, S. & Volkmer, M. (Hrsg.), *Michel Foucaults »Geschichte der Gouvernementalität« in den Sozialwissenschaften.* Internationale Beiträge, S. 23–47. transcript, Bielefeld

Scholz, N. (2014). Nerds, Geeks und Piraten. Digital Natives in Kultur und Politik. *Texte zur Zeit* 4. Bertz + Fischer, Berlin

Srnicek, N. (2017). *Platform Capitalism.* Polity, Cambridge

Sunstein, C. R. & Thaler, R. H. (2003). Libertarian Paternalism Is Not an Oxymoron. *The University of Chicago Law Review* 70 (4), S. 1159–1202

Thaler, R. H. & Sunstein, C. R. (2003). Libertarian Paternalism. *The American Economic Review* 93 (2), S. 175–179

Thaler, R. H. & Sunstein, C. R. (2009). *Nudge. Improving Decisions About Health, Wealth and Happiness.* Penguin, London

Turner, F. (2006). *From Counterculture to Cyberculture: Stewart Brand, the Whole Earth Network, and the Rise of Digital Utopianism.* University of Chicago Press, Chicago

Ziewitz, M. (2016). Governing Algorithms: Myth, Mess, and Methods. *Science, Technology, & Human Values* 41 (1), S. 3–16

# Danksagung

Für hilfreiche Anmerkungen und Hinweise zu früheren Versionen dieses Beitrags danke ich Alex Janßen, Clelia Minnetian, Malte Möck und Frederik Metje.

# Über den Autor

**Janosik Herder**

Janosik Herder hat in Bremen und Göteborg Politikwissenschaft studiert. Er ist wissenschaftlicher Mitarbeiter an der Universität Osnabrück im Arbeitsgebiet Politische Theorie. Seine Forschungsschwerpunkte sind neuere politische Theorie, Poststrukturalismus und Kritische Theorie. In seiner Dissertation beschäftigt er sich aus genealogischer Perspektive mit Informationstheorie, Kybernetik und Kryptographie und fragt nach dem Politischen des informationellen Denkens.

# Fairness und Qualität algorithmischer Entscheidungen

Katharina A. Zweig & Tobias D. Krafft

Technische Universität Kaiserslautern

Algorithmische Entscheidungssysteme werden immer häufiger zur Klassifikation und Prognose von menschlichem Verhalten herangezogen. Hierbei gibt es einen breiten Diskurs um die Messung der Entscheidungsqualität solcher Systeme (Qualität) und die mögliche Diskriminierung von Teilgruppen (Fairness), welchen sich dieser Artikel widmet. Wir zeigen auf, dass es miteinander unvereinbare Fairnessmaße gibt, wobei wir auf zwei im Speziellen eingehen. Für sich allein betrachtet sind die zwei Maße zwar logisch und haben je nach Anwendungsgebiet auch ihre Daseinsberechtigung, jedoch können nicht beide zugleich erfüllt werden. Somit zeigt sich, dass gerade im Einsatz algorithmischer Entscheidungssysteme im Bereich der öffentlichen IT aufgrund ihres großen Wirkungsbereichs auf das Gemeinwohl höchste Vorsicht bei der Wahl solcher Maßstäbe herrschen muss. Wird im Anwendungsfall die Erfüllung sich widersprechender Maßstäbe gefordert, so muss darüber nachgedacht werden, ob eine algorithmische Lösung an dieser Stelle überhaupt eingesetzt werden darf.

## 1.    Einleitung

Menschen müssen ständig andere Menschen bewerten: von Leistungsbewertungen in Ausbildung und Beruf über die Kreditwürdigkeit oder möglicherweise zu berücksichtigende mildernde Umstände bei Gerichtsurteilen ist der Mensch dem Urteil anderer Menschen ausgesetzt. Die letzten Jahrzehnte sind allerdings geprägt von einer psychologischen Forschung, die verschiedene Unzulänglichkeiten von menschlichen Entscheiderinnen und Entscheidern zu Tage gebracht haben, darunter insbesondere die Forschungen von Kahnemann und Tversky[1] und von Ariely.[2]

Im juristischen Bereich konnte beispielweise gezeigt werden, dass die Risikofreudigkeit bei Richterinnen und Richtern bei Anträgen auf vorzeitige Haftentlassung mit Fortschreiten der Tagesstunde abnahm - um nach dem Mittagessen wieder zu steigen.[3] Auch andere Indizien weisen darauf hin, dass Richterinnen und Richter nicht immer ganz vorurteilsfrei entscheiden: In den USA findet sich der global zweithöchste Anteil an Staatsbürgern im Gefängnis (666 von 10.000 Einwohnern),[4] und davon sind weit überproportional viele Afroamerikaner betroffen.[5] Es wird geschätzt, dass jeder dritte afroamerikanische Junge in den USA in seinem Leben mindestens einmal im Gefängnis sitzen wird.[6] Unter diesen Umständen rufen auch Bürgerrechtsbewegungen wie die American Civil Liberty Union (ACLU) dazu auf, die Entscheidungsprozesse zu objektivieren und transparenter zu gestalten und weniger dem vermeintlich unzuverlässigen und irrationalen Handeln anderer Menschen zu überlassen.[7] Dabei liegt die Hoffnung auf Algorithmen des maschinellen Lernens und der künstlichen Intelligenz, die z. B. eine Rückfällig-

---

[1] Kahnemann, 2012
[2] Ariely, 2010
[3] Danziger, 2015
[4] Statista, 2018
[5] ACLU, 2011
[6] The Sentencing Project, 2013
[7] ACLU, 2011

keitsvorhersage bei schon vorher straffällig gewordenen treffen sollen. Solche Algorithmen werden momentan in einigen Bundesstaaten schon nach einer Haftentlassung verwendet, z. B. um seltene Therapieplätze an diejenigen mit dem höchsten Risiko zu verteilen, und in manchen Bundesstaaten auch während des Prozesses und vor dem eigentlichen Urteilsspruch.[8]

Diese Art der ›algorithmischen Entscheidungssysteme‹ sind zunehmend häufig anzutreffen und bedürfen insbesondere dann, wenn die Systeme direkt oder indirekt über das Leben von Menschen entscheiden und damit deren gesellschaftliche Teilhabe vergrößern oder auch verkleinern können, der gesellschaftlichen Qualitätskontrolle.[9] Im Folgenden werden wir zuerst einen Überblick geben, wie algorithmische Entscheidungssysteme - basierend auf Daten - Entscheidungsregeln extrahieren, die dann auf weitere Personen angewendet werden können (Abschnitt 2). In der Informatik werden die Entscheidungen dieser Systeme im Wesentlichen mit Hilfe eines einzigen Maßes auf ihre Qualität hin evaluiert - dazu wird vom jeweiligen Designteam eines von mehreren Dutzend möglicher Qualitätsmaße ausgewählt. Manche Systeme werden zusätzlich noch mit sogenannten »Fairnessmaßen« daraufhin analysiert, ob sie unzulässige Diskriminierungen vornehmen. Auf die Auswahl und die Bedeutung dieser Fairnessmaße konzentrieren wir uns in diesem Artikel, während unser zweiter Artikel in diesem Band die Wahl des Qualitätsmaßes diskutiert.[10] In Abschnitt 3 gehen wir auf der einen Seite darauf ein, welche Methoden es für die Messung der Entscheidungsqualität solcher Systeme gibt, und auf der anderen Seite darauf, wie eine mögliche Diskriminierung von Teilgruppen der Bevölkerung

---

[8]  EPIC, 2017
[9]  Lischka & Klingel, 2016
[10]  Krafft & Zweig, 2018

evaluiert werden kann. Es stellt sich heraus, dass es für beide Aspekte eine Vielzahl von Maßen gibt und es daher nicht immer eindeutig ist, welches davon eingesetzt werden muss. Wir zeigen weiterhin auf, dass dies noch nicht einmal von der Art des Entscheidungssystems an sich abhängt, sondern abhängig vom Kontext des Einsatzes des Systems gewählt werden muss, also dem sozialen Prozess, in dem die Entscheidung getroffen wird. In Abschnitt 4 fassen wir daher zusammen, welche Designentscheidungen bei der Entwicklung eines algorithmischen Entscheidungssystems und bei seiner Einbettung in ein soziales System getroffen werden müssen und warum wir einen interdisziplinären und gesellschaftlichen Diskurs über diese relativ technischen Fragen benötigen.

## 2.    Algorithmische Entscheidungssysteme

Algorithmen sind eindeutig definierte Lösungswege, um für ein festgelegtes Problem eine korrekte Lösung zu finden.[11] Ein Beispiel aus dem Alltag stellt das Navigationsproblem dar, das für zwei Orte danach fragt, wie man am schnellsten von A nach B kommt. Für dieses Problem gibt es mehrere Algorithmen, also mehrere Verfahren, die schnellste Route zu identifizieren - sie alle haben aber dasselbe Ergebnis, kommen nur auf unterschiedlichem Weg dorthin. Die Algorithmenentwicklung hat im Lauf der letzten Jahrzehnte Tausende von klassischen Problemen beschrieben, die jeweils von einer Vielzahl an Algorithmen gelöst werden können. Darunter sind einige, für die die Berechnung schnell geht, und andere, für die es nahezu unmöglich ist, die wirklich beste Lösung in angemessener Zeit zu berechnen.[12]

---

[11]  Zweig, 2016a
[12]  Stiller, 2015

»Algorithmische Entscheidungssysteme« sollen Menschen dabei unterstützen, Dinge oder Personen zu klassifizieren. Ganz allgemein definieren wir ein algorithmisches Entscheidungssystem als eine Software, die aus einer ganzen Reihe von Eingabewerten einen einzigen Wert berechnet. Dieser wird entweder als eine Klassifikation interpretiert oder bewertet das dazugehörige Objekt bzw. Subjekt auf einer Skala (siehe Abbildung 1). Erfolgreiche algorithmische Entscheidungssysteme werden z. B. in der Produktion verwendet, um automatisch fehlerhafte Bauteile zu identifizieren[13] - sie sind häufig sogar vollautomatisch, steuern also direkt Gebläse oder Roboterarme an, welche die als fehlerhaft erkannten Dinge aus dem Produktionsprozess entfernen. Als »Eingabe« bekommen diese Systeme beispielsweise Kamerabilder, auf denen sie nach Hinweisen darauf suchen, dass das Produkt fehlerhaft ist. Im Allgemeinen sind algorithmische Entscheidungssysteme sehr erfolgreich und bilden die Grundlage für Internetsuchmaschinen, Produktempfehlungssysteme, autonomes Fahren und flexibel einzusetzende Roboter.

Wenn es allerdings darum geht, Personen zu klassifizieren oder ihr zukünftiges Verhalten basierend auf Analogien zu bisherigem Verhalten anderer Personen vorherzusagen (siehe Abbildung 1), kann es dazu kommen, dass die gesellschaftliche Teilhabe der algorithmisch bewerteten Personen behindert wird.[14] Klassische Anwendungsgebiete solcher algorithmischer Entscheidungssysteme sind die Bewertung der Kreditwürdigkeit von Personen im Sinne einer Vorhersage des Ausfallrisikos[15] (z.B. Schufa) oder das sogenannte *People Analytics* als die Anwendung von Data-Science-Methoden,

---

[13]  Schramm & Schramm, 1990
[14]  Lischka & Klingel, 2017
[15]  Robinson, David & Harlan Yu & 2014

um die Leistung von Personen im Arbeitsleben zu bewerten.[16] In diesem Artikel nehmen wir nur solche algorithmischen Entscheidungssysteme in den Fokus, die tatsächlich Menschen bewerten, und zwar, indem sie eine Reihe von Eigenschaften der Personen als Eingabe bekommen und als Ergebnis einen einzigen Wert berechnen. Ein Beispiel dafür wäre die Einteilung von Personen in unterschiedliche Schadenfreiheitsklassen aufgrund ihrer bisherigen Fahrerfahrung oder die Einordnung von Personen in Gefährderklassen bezüglich einer möglichen terroristischen Aktivität.[17] Oftmals beruht die finale Ausgabe des Systems in einem Zwischenschritt auf einer numerischen Bewertung, die die Personen erst einmal relativ zueinander ordnet. Diese ermöglicht also zu sagen: »Person A ist eher eine Terroristin als Person B«. Eine nachgelagerte Schwellwertbestimmung erlaubt es dann, die »vermeintlichen Terroristen« in die eine Kategorie einzusortieren und die »vermutlich normalen Bürger« in die andere Klasse einzuordnen. Solche Bewerter, die eine Einsortierung berechnen, werden »*Scoring*«-Funktionen genannt. Darauf basierend kann dann ein relatives Ranking berechnet werden oder der Wert wird als absolute Zahl verwendet, um eine Entscheidung zu treffen. Ein Beispiel für Letzteres ist das algorithmische Entscheidungssystem hinter dem »*China Citizen Score*«, mit dem das bürgerliche Verhalten aller chinesischen Bürger bewertet werden soll und von dem ebenfalls Kredit- und Visa-Vergabe-Entscheidungen abhängen sollen.[18]

Eine algorithmische Klassifikation von Personen kann auch als Grundlage für eine Vorhersage genutzt werden (s. Abbildung 1c). Das algorithmische Entscheidungssystem bekommt dazu die Eigenschaften einer Person als Grundlage und entscheidet, welche Gruppe

[16] Reindl & Krügl, 2017
[17] The Intercept, 2015
[18] Helbing et. al., 2017; Assheuer, 2017

a) Scoring-Verfahren

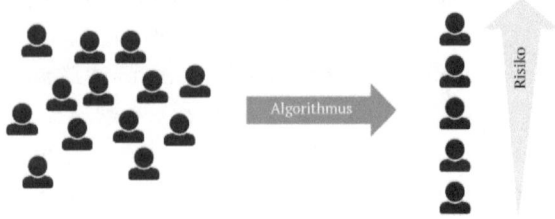

b) Klassifikation

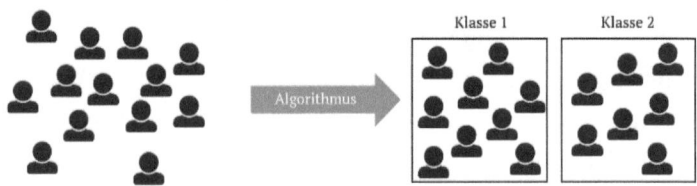

c) Risikobewertung

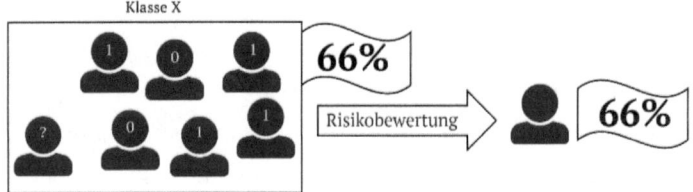

*Abbildung 1: Algorithmische Entscheidungssysteme, die Menschen bewerten,*
*weisen diesen entweder einen »Score« zu (a) oder teilen diese in Klassen (b)*
*ein. Dementsprechend spricht man von Scoring-Verfahren und von Klassifika-*
*toren. Mit einer Klassifikation kann dann die Rate, mit der das vorherzusa-*
*gende Verhalten in der zugeordneten Klasse bisher auftrat (symbolisiert durch*
*eine 1), der zu bewertenden Person als persönliches Risiko zugewiesen werden*
*(c). Ein bekanntes - wenn auch simples - Beispiel für ein Scoring-Verfahren ist*
*die Schufa, die einen Kreditwürdigkeits-Score berechnet. Ein Beispiel für einen*
*ebenfalls sehr einfachen Klassifikator ist die Einteilung von Autofahrerinnen*
*und Autofahrern in verschiedene Schadensfreiheitsklassen. In diesem Artikel*
*geht es um solche algorithmischen Entscheidungssysteme, bei denen die Ent-*
*scheidungsregeln aus Daten mit Hilfe von maschinellem Lernen abgeleitet wur-*
*den.*

von Personen mit bekanntem Verhalten am ähnlichsten zu dieser Person ist. Der Anteil der Personen in dieser Gruppe, die das gesuchte Verhalten aufweisen, wird dann als Wahrscheinlichkeit interpretiert, dass die Person das Verhalten in der Zukunft zeigen wird. Auch dazu ein Beispiel: Wenn sich herausstellt, dass von den meisten der festangestellten Kreditbewerberinnen mit einem monatlichen Gehalt von mindestens 3.000 € ein Kredit in Höhe von 200.000 € zurückgezahlt wird, sieht es für Antragssteller mit denselben Eigenschaften gut aus.

Es gibt viele Methoden, Personen so in Gruppen aufzuteilen, dass möglichst viele Personen innerhalb derselben Gruppe dasselbe Verhalten zeigen. In den meisten Situationen gibt es keine perfekte Aufteilung. Daher müssen die vom System getroffenen Entscheidungen in ihrer Qualität durch sogenannte »Qualitätsmaße« bewertet werden, um zu erkennen, ob das System schon hinreichend gut ist, um in der Praxis genutzt zu werden. Diese Qualitätsmaße betrachten dabei immer die Qualität über alle Entscheidungen hinweg, während »Fairnessmaße« darüber hinaus bewerten, ob dieselbe Qualität auch für durch das Recht geschützte Teilgruppen gilt, ob also die Entscheidungsqualität nicht zwischen Teilgruppen diskriminiert. Im Folgenden werden diese Maße genauer diskutiert.

## 2.1. Qualität und Fairness eines algorithmischen Entscheidungssystems

Die vom System vorgenommenen Einteilungen können hinsichtlich ihrer Qualität und Fairness auf verschiedene Arten und Weisen bewertet werden. Alle Methoden beruhen darauf, dass man das System Entscheidungen auf einem Datensatz treffen lässt, bei dem die tatsächliche Klassifizierung bekannt ist. Im Falle der Kreditwürdigkeit wäre dies ein Datensatz, bei dem die Personen ihren Kredit schon zurückgezahlt haben bzw. versäumt haben, diesen zurückzuzahlen.

Soll ein algorithmisches Entscheidungssystem terroristische Aktivitäten identifizieren, wird der Algorithmus auf Personen getestet, die nachweislich für terroristische Aktivitäten verurteilt wurden. In beiden Fällen wird die Klasse, die man gerne identifizieren will, als die »positive« Klasse bezeichnet. Hier handelt es sich nicht um ein Werturteil, die Benennung stammt aus der medizinischen Praxis. Wenn ein Test auf eine Krankheit »positiv« ausfällt, ist dies auch kein Werturteil, sondern zeichnet dasjenige Ergebnis aus, nachdem gesucht wird: In diesem Sinne kann man das Auffinden von Kreditwürdigen und das Auffinden von Terroristen als den »positiven« Fall bezeichnen, ohne dies inhaltlich zu bewerten. In beiden Situationen gibt es vier Fälle, die eintreten können:

1. Kreditwürdige werden als kreditwürdig erkannt und Terroristen als Terroristen. Der Algorithmus hat die zu identifizierenden Fälle erkannt. Wir sprechen von ›*true positives*‹.

2. Nicht-kreditwürdige bzw. unschuldige Bürger werden als nicht-kreditwürdig bzw. nicht-terroristisch erkannt. Wir sprechen von ›*true negatives*‹.

3. Wenn Nichtkreditwürdige fälschlich als kreditwürdig und unschuldige Bürger fälschlich als Terroristen bezeichnet werden, sprechen wir von ›*false positives*‹ (falsch positive Entscheidungen). Diese Fälle verursachen einen hohen institutionellen bzw. individuellen Schaden, sind aber nicht völlig zu vermeiden, wenn Banken Gewinnchancen maximieren wollen und die Gesellschaft vor möglichst allen Terroristen und Terroristinnen geschützt werden soll.

4. Wenn Kreditwürdige oder Terroristen als nicht kreditwürdig bzw. unschuldige Bürger bezeichnet werden, sprechen wir von ›*false negatives*‹ (falsch negative Entscheidungen). Bei diesen

Fällen liegt der Schaden beim Individuum bzw. der Gesamtgesellschaft.

Wie beschrieben haben also die Fehlurteile individuelle und gesellschaftliche Kosten und unterschiedliche Institutionen haben verschiedene Ansichten darüber, wie diese zu gewichten seien: Wiegt der fälschlich als Terrorist bezeichnete Bürger schwerer als der nicht entdeckte Terrorist? Müssen Banken gesellschaftliche Chancen an viele verteilen oder sollten sie möglichst wirtschaftlich arbeiten? Zu diesen und anderen Fragen haben naturgemäß Verbraucherschutzorganisationen, Bürgerrechtsorganisationen und Geheimdienste höchst unterschiedliche Ansichten, die unterschiedliche Gewichtungen der Anzahlen an korrekten bzw. falschen Entscheidungen verlangen. Neben diesen einfachen, gewichteten Summen der Anzahlen korrekter und falscher Entscheidungen gibt es aber auch anders geartete Qualitätsmaße, deren Verwendung vom sozialen Prozess abhängt.[19]

Hier wenden wir uns der Frage zu, inwieweit die - möglicherweise falsche - Einteilung der Personen in die verschiedenen Klassen sich auf schützenswerte Minderheiten oder Teilgruppen auswirkt. Dies lässt sich am besten am Beispiel der Rückfälligkeitsvorhersage demonstrieren, wo es gilt, die Klasse der vermutlich rückfällig Werdenden zu identifizieren - dies ist die »positive Klasse« (wieder ohne Werturteil). Es klingt zuerst völlig selbstverständlich, dass z. B. Frauen genauso oft »falsch positiv« in Hochrisikogruppen eingeteilt werden sollten wie Männer. Im Allgemeinen würde man vielleicht fordern, dass alle vom Antidiskriminierungsverbot genannten Gruppen in jeweils demselben Anteil in den »falsch positiven« zu finden sein sollten wie sie auch in der Bevölkerung vorkommen. Diesen Aspekt von Diskriminierungsfreiheit untersuchte die journalistische

---

[19] siehe dazu Krafft & Zweig, 2018

Plattform ProPublica und ihr Ergebnis hat für viel Aufmerksamkeit gesorgt:[20] Julia Angwin und ihre Kollegen fanden heraus, dass Afroamerikaner weit häufiger fälschlich in die Hochrisiko-Klasse eingeordnet werden, als sie tatsächlich rückfällig werden, und Weiße zu wenig häufig, gemessen an ihrer tatsächlichen Rückfälligkeitsquote. ProPublica nannte das algorithmische Entscheidungssystem COMPAS daraufhin ›rassistisch‹ und ›unfair‹. Ihr »Fairness«-Maß quantifiziert also, wer die Last der *›false positives‹*, der fälschlicherweise in die Hochrisikoklasse Einkategorisierten, zu tragen hat.

**Hochrisikoklasse**　　　　　　　　**Niedriges Risiko**

| Wahr positiv: werden rückfällig | Falsch positiv: resozialisiert |
|---|---|

| Wahr negativ: resozialisiert | Falsch negativ: werden rückfällig |
|---|---|

**Fairnessmaß 1:**
20% der Bevölkerung sind schwarz.
Dann müssen auch 20% der »falsch positiven« und der »falsch negativen« schwarz sein

**Fairnessmaß 2:**
Wenn in der Hochrisikoklasse 66% wieder rückfällig werden,
dann müssen auch 66% der beiden Teilgruppen für sich genommen rückfällig werden.
Wenn in der Niedrigklasse nur 20% wieder rückfällig werden, dann müssen auch 20% der beiden Teilgruppen für sich genommen rückfällig werden.

*Abbildung 2: Zwei verschiedene Fairnessmaße am Beispiel von Rückfälligkeitsvorhersagen. In diesem Fall sind sie miteinander kompatibel, da beide Bevölkerungsgruppen, die »grauen« und die »schwarzen«, dieselbe Rückfälligkeitsquote haben: Von 32 »Grauen« werden 12 rückfällig, von 8 »Schwarzen« werden 3 rückfällig. Weichen die Rückfälligkeitsquoten der beiden Bevölkerungsgruppen stark voneinander ab, können nicht beide Fairnessmaße gleichzeitig erreicht werden.[21]*

[20] Angwin, Larson, Mattu & Kirchner, 2017
[21] Kleinberg, Mullainathan & Raghavan, 2016

Die Firma *equivant* (vormals Northpointe Inc.), die COMPAS entwickelt und vertreibt, wehrte sich mit deutlichen Worten:[22] Dies sei nicht das in der Community übliche Fairnessmaß. Stattdessen müsste man das System daran messen, ob dieselbe Klassifizierung auch dasselbe für alle relevanten Teilklassen bedeute. Dazu muss man wissen, dass COMPAS Kriminelle zuerst in zehn Risikoklassen einteilt, die dann in drei Gruppen zusammengefasst werden. Für *equivant* ist das folgende Fairnessmaß das ausschlaggebende: Wenn Personen verschiedener Teilgruppen in Klasse 8 kategorisiert werden und die Klasse insgesamt eine Rückfälligkeitsquote von 60 Prozent aufweist, muss das auch für jede der diskriminierungsrelevanten Teilgruppen gelten. Dasselbe »Vor-Urteil« der Maschine muss also für Mann oder Frau, Afroamerikaner oder Weißen dasselbe bedeuten. Gemessen an diesem zweiten Fairnessmaß ist der COMPAS-Algorithmus tatsächlich »fair« und diskriminiert nicht.

Das ist aber noch nicht das Ende der Geschichte: Der Informatiker Jon Kleinberg fand zusammen mit Kollegen heraus, dass sich die Gesellschaft entscheiden muss, welches dieser beiden Fairnessmaße zum Zuge kommen soll, da sie in den meisten Fällen nicht kompatibel sind, nämlich dann, wenn die untersuchte Eigenschaft in den Teilgruppen unterschiedlich oft vorkommt.[23] Das ist in der Rückfälligkeitsquote tatsächlich der Fall: Frauen werden weniger oft rückfällig als Männer und Weiße weniger oft als Afroamerikaner. Dabei ist es unerheblich, aus welchen Gründen die Rückfälligkeitsquoten unterschiedlich sind - daher steht diese Frage auch nicht im Fokus dieses Artikels. Der folgende Abschnitt enthält eine Analogie, die erklärt, warum und wann die beiden Fairnessmaße nicht miteinander kompatibel sind. Er kann übersprungen werden, ohne dass das Textverständnis verloren geht.

[22] Dietrich, Mendoza & Brennan, 2016
[23] Kleinberg, Mullainathan & Raghavan, 2016

## 2.2. Warum die beiden Fairnessmaße miteinander nicht kompatibel sind

Warum unterschiedliche Rückfälligkeitsquoten problematisch sind, wenn man erreichen möchte, dass dieselbe Einordnung auch dasselbe bedeutet, wird an Abbildung 3 deutlich. Hier werden die Schwarzen öfter rückfällig als die Grauen (45 von insgesamt 105 Schwarzen, ca. 43 Prozent). Bei den Grauen werden auch 45 rückfällig, aber von insgesamt 135 Personen - eine Rückfälligkeitsquote von nur 33 Prozent. Der Algorithmus soll nun in zwei Klassen einteilen, in der sowohl die Schwarzen als auch die Grauen die jeweils gleichen Rückfälligkeitsquoten haben, z. B. bei ca. 84 Prozent in der Hochrisikoklasse und ca. 22-23 Prozent in der Niedrigrisikoklasse.[24] Dies ist also die Forderung von Fairnessmaß 2, die hier erfüllt werden soll und auch erfüllt werden kann.

Wir wollen nun zeigen, dass alleine diese Forderung – egal, wie gut sie umgesetzt wird – dazu führt, dass von derjenigen Gruppe, die die höhere Anfangsquote hat, mehr falsch-Positive in die Hochrisikoklasse kommen müssen. Um diese Verhältnisse zu schaffen, müssen in der Hochrisikogruppe ca. jeweils 5 Rückfällige auf 1 Resozialisierten kommen. Man kann also - in einem Gedankenexperiment - immer Kleingruppen von 6 Personen in dieser Art und Weise aus der jeweiligen Bevölkerungsgruppe nehmen. Aber nur, bis der Anteil von Rückfälligen im Rest eben ca. 22-23 Prozent Prozent beträgt.

Am Anfang sind also gar keine Schwarzen in der Hochrisikoklasse, dann 5 Rückfällige und 1 Resozialisierter, dann 10 und 2, 15 und 3

---

[24] Die Werte müssen sich nicht auf 100 Prozent ergänzen, weil sie sich jeweils auf die Personen in derselben Klasse beziehen. Da es um einzelne Menschen geht, können die gewünschten Prozentzahlen auch selten ganz genau erreicht werden.

und so weiter. Dabei bleibt das Verhältnis von rückfälligen zu resozialisierten Schwarzen immer gleich. In der verbliebenen, nicht Hochrisikoklasse verändert sich der Anteil der Rückfälligen von 45÷(45 Rückfällige + 60 Resozialisierte) = 43 % zu Beginn über 40÷(40+59) = 40 % nach dem ersten Schritt zu 35÷(35+58) = 37,7 % und nach dem zweiten Schritt und letztendlich nach dem sechsten Schritt zu 15÷(15+54) = 21,7 %.

Bei den Grauen müssen wir schneller stoppen, denn sie starten schon niedriger: Nämlich mit einer Quote an Rückfälligen von nur 45÷(45+90) = 33,3 %. Nach dem ersten Schritt sind noch 40÷(40+89) = 31 %, nach dem zweiten Schritt noch 35÷(35+88) = 28,5 %, und nach weiteren zwei Schritten nur noch 25÷(25+86) = 22,5 % rückfällig.

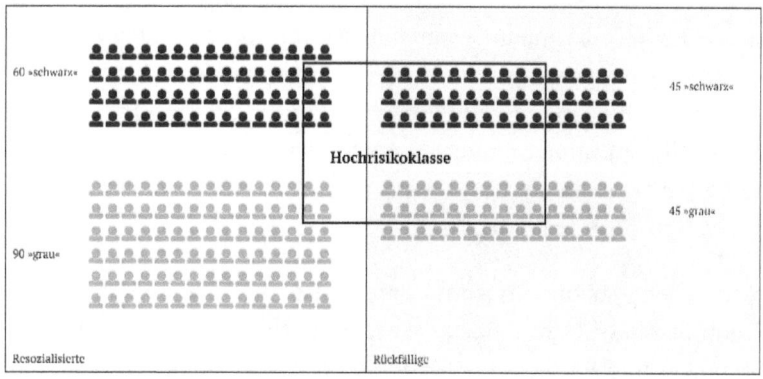

*Abbildung 3: Wenn unterschiedliche Rückfälligkeitsquoten vorliegen, ist es nicht mehr möglich, beide Fairnessmaße (siehe Abbildung 2) gleichzeitig zu erfüllen. Die Hochrisikoklasse wird hier durch den schwarzen Kasten repräsentiert: Hier werden die schwarzen und die grauen Personen jeweils zu ca. 84 Prozent rückfällig (30 von 36 Schwarzen und 20 von 24 Grauen). Die übrig gebliebenen Grauen und Schwarzen werden jeweils zu ca. 22-23 Prozent rückfällig (15 von 69 Schwarzen und 25 von 111 Grauen).*

Wir haben also denselben Schritt 6-mal bei den Schwarzen gemacht und nur 4-mal bei den Grauen. Damit ist offensichtlich, dass von den insgesamt 10 Personen, die falsch positiv in die Hochrisikoklasse gesteckt wurden, 60 Prozent schwarz sind, obwohl die Schwarzen insgesamt nur 105 von 240 Personen ausmachen, also deutlich weniger als die Hälfte der Bevölkerung. Dies Problem taucht immer auf, da die Rückfälligen und die Resozialisierten in demselben Verhältnis aus der Menge der »Schwarzen« und der »Grauen« entnommen werden.

Das heißt, dass durch die erhöhte Anfangsquote in einer der beiden Teilgruppen und die Forderung nach Fairnessmaß 2, es *immer* dazu kommt, dass die Last der falsch-positiven Entscheidungen in jener Teilgruppe höher ist, wo die Anfangsquote höher ist. Dies kann so extrem werden, dass alle falsch-positiven Entscheidungen in einer der beiden Teilgruppen liegen. In diesem Sinne kommt es unter diesem von der Firma *equivant* verwendeten Fairnessmaß unweigerlich dazu, dass die Personen der Gruppe mit der höheren Rückfälligkeitsquote auch prozentual häufiger in den Hochrisikoklassen sind und dann dort auch einen höheren Anteil von falsch-positiven Entscheidungen ausmachen.

Wie oben schon erwähnt, sind also auf der einen Seite Qualitätsmaße von vielen gesellschaftlichen Entscheidungen abhängig und Fairnessmaße können sich widersprechen. Die hier skizzierten Probleme bei der Wahl des richtigen Qualitätsmaßes und Fairnessmaßes bzw. der richtigen Maße zeigen damit, dass die dafür notwendigen Diskussionen nicht nur von einem kleinen Team an Informatikern geführt werden dürfen, sondern eines breiter geführten Diskurses bedürfen.

# 3. Gesellschaftlich notwendige Diskurse zur Evaluation von Qualität und Fairness gesellschaftlich relevanter algorithmischer Entscheidungssysteme

Um qualitativ hochwertige algorithmische Entscheidungssysteme zu konstruieren, müssen sowohl allgemeine Diskurse geführt werden, die den Gesamtprozess einer qualitätsgesicherten Konstruktion dieser Systeme festlegen, als auch jeweils spezifische Abwägungen durchgeführt werden, um den bestmöglichen und gerechten Einsatz eines solchen Systems in einem konkreten Kontext zu begleiten.

## 3.1. Allgemeine Diskurse zur Qualitätssicherung in der Konstruktion und in der Verwendung algorithmischer Entscheidungssysteme

Einen der wichtigsten gesellschaftlichen Diskurse stellt die Frage dar, ob es verallgemeinerte Situationen gibt, in denen algorithmische Entscheidungssysteme gar nicht eingesetzt werden sollten. Es zeichnet sich ab, dass es diese Situationen gibt (siehe Harcourt,[25] der gegen ihren Einsatz im Rechtssystem argumentiert). Die zweite zentrale Frage ist, nach welchen Dimensionen die potenzielle Schadenstiefe von Fehlentscheidungen durch algorithmische Entscheidungssysteme kategorisiert werden sollte, da die mögliche Schadenstiefe wiederum die Eingriffstiefe in den Konstruktionsprozess eines algorithmischen Entscheidungssystems rechtfertigt. Auch hier zeichnen sich erste Lösungen ab. Beispielsweise kann unterschieden werden zwischen solchen Systemen, welche die gesellschaftliche Teilhabe Einzelner stark einschränken könnten,[26] und

---

[25] Harcourt, 2006
[26] Lischka & Klingel, 2017

solchen, die Öffentlichkeit erzeugen und damit auf dieser Ebene schaden können.[27] Zur ersteren Kategorie gehören beispielsweise algorithmische Entscheidungssysteme, die Terroristen identifizieren sollen. Zur zweiteren gehören algorithmische Entscheidungssysteme auf sozialen Netzwerken, bei denen der individuelle Schaden eher klein ist, wenn relevante Nachrichten nicht angezeigt werden. In der Gesamtheit aller Nutzer können aber - wenn es sich um nicht angezeigte, aber politisch relevante Nachrichten handelt - Gesellschaften darunter leiden, dass Nachrichten politisch selektiert werden.[28]

Eine andere Dimension wird sein, inwieweit ein Markt existiert, der es erlaubt, dass sich Personen eine zweite Meinung einholen: Je monopolistischer ein algorithmisches Entscheidungssystem verwendet wird, desto besser muss die Qualitätssicherung sein. Dies gilt z. B. auch, wenn es in Deutschland zwar mehrere algorithmische Entscheidungssysteme gibt, die für eine automatische Leistungsbewertung von Mitarbeitern genutzt werden, die eigene Firma aber nur eines davon verwendet. Andere algorithmische Entscheidungssysteme werden einer Versicherungspflicht unterliegen, beispielsweise im Bereich des autonomen Fahrens. Auch das wird einen Anreiz für die Entwicklung bessere Entscheidungssysteme schaffen, die dann aber immer noch hinsichtlich weiterer Qualitätsaspekte bewertet werden müssten.

Im Rahmen der zunehmenden Nutzung algorithmischer Entscheidungssysteme - insbesondere solcher, die über die gesellschaftliche Teilhabe von Menschen direkt oder indirekt mitentscheiden[29] - müssen wir uns als Gesellschaft auch neu mit dem Begriff des Vorurteils

[27] Jaume-Palasí & Spielkamp, 2017
[28] Lischka & Stöcker, 2017
[29] Lischka & Klingel, 2017

auseinandersetzen. In den letzten Jahrzehnten haben insbesondere die demokratischen Nationen viel daran gearbeitet, dass schädigende Vorurteile bestraft und ihre Auswirkungen Stück für Stück gemildert wurden. Auf der anderen Seite handelt es sich bei Erfahrungswissen immer ein Stück weit um Vorurteile im konkreten Sinne des Wortes, nämlich um die Erfahrung, dass manche Situationen eher zu diesem, andere wiederum zu einem anderen Ergebnis führen werden, um eine beobachtete Korrelation zwischen zwei Eigenschaften herzustellen, die keine direkte Kausalität beinhalten muss. Im besten Fall sind diese Vorurteile flexibel und geben nur ein erstes Indiz zur Beurteilung einer Situation, die sich danach einem strukturierten Entscheidungsfindungsprozess unterwirft. Bei algorithmischen Entscheidungssystemen haben wir es dagegen mit »algorithmisch legitimierten Vorurteilen« zu tun, die bei einem fertig konstruierten System erst einmal nicht flexibel sind: Die Entscheidungen sind durchdefiniert, von den einmal getroffenen Regeln kann es keine Abweichungen geben - die Vorurteile sind fest im Code eingeschrieben. Um diesem Problem zu begegnen, kann man zum Beispiel die Systeme ständig weiterlernen lassen. Dies geschieht beispielsweise bei allen Algorithmen der sozialen Medien, die unsere Nachrichten vorfiltern: Wir klicken jene Inhalte davon an, die wir tatsächlich sehen wollen und geben daher ein Feedback über die für uns getroffene Auswahl. Dadurch sind diese Systeme auch derart erfolgreich.

Dies ist allerdings nicht bei allen Systemen so einfach. So kann das System, das über die Kreditwürdigkeit eines Menschen entscheidet und ihn positiv evaluiert, zwar prinzipiell auch seine Gewichtungen verändern, wenn es darüber informiert wird, dass die Person den Kredit doch nicht, wie erwartet, zurückgezahlt hat. Aber an diesem Beispiel sieht man auch, dass das Feedback asymmetrisch sein kann: Die Person, die keinen Kredit bekommen hat, kann prinzipiell nicht nachweisen, dass sie ihn zurückgezahlt hätte. Es ist bisher unklar, wie ein asymmetrisches Feedback auf lernende algorithmische Systeme wirkt Ein ständiges Weiterlernen hilft also nur bedingt dabei, dass die einmal getroffenen Vorurteile flexibel bleiben.

Ein weiterer wichtiger Aspekt ist, dass die Entscheidung, welche Menschen durch den Algorithmus als zueinander »ähnlich« angesehen werden, durch viele, einzelne Entscheidungen einer Vielzahl von Menschen beeinflusst wird. Dies sind unter anderem:

1. Die Datenauswahl, mit der die Menschen beschrieben werden;

2. Die Art und Weise, mit der schwer fassbare soziale Phänomene quantifiziert werden, z. B. die »Zuverlässigkeit« eines Mitarbeiters oder die Sozialprognose eines Straffälligen;

3. Die gewählte Methode des maschinellen Lernens;

4. Das gewählte Qualitäts- und Fairness-Maß;

5. Die Art und Weise, in der das algorithmische Entscheidungssystem eingesetzt wird, z. B. die Schulung der dateneingebenden Mitarbeiter oder das Training der letztendlich entscheidenden Person, wenn das Ergebnis des algorithmischen Entscheidungssystems nur entscheidungsunterstützend eingesetzt wird. Ein Beispiel dafür ist COMPAS - dem oben genannten Rückfälligkeitsvorhersagesystem -, das in vielen Gerichtsälen vor der Urteilsverkündung hinzugezogen wird.

Es ist also offensichtlich, dass diese Schritte jeweils qualitätsgesichert erfolgen müssen, um eine sinnvolle Interpretierbarkeit und Interpretation einer maschinellen Entscheidung überhaupt zu gewährleisten. Diesen Prozess aufzusetzen, bedarf des interdisziplinären Austausches und der gesellschaftlichen Diskussion, zum Beispiel über die Frage, ab welcher möglichen Schadenstiefe für Individuen oder Gesellschaft die Einhaltung der jeweiligen Qualitätskriterien notwendig ist und mit welchem Aufwand diese Einhaltung durchgesetzt werden soll.

## 3.2. Notwendige Diskurse im spezifischen Kontext

Bei der Frage nach den jeweils geeigneten Qualitäts- und Fairnessmaßen reicht eine allgemeine Diskussion nicht aus, um die Qualität eines algorithmischen Entscheidungssystems zu sichern, da diese Wahl stark kontextabhängig ist. Somit kann diese Wahl nicht ohne die Einbettung in ein Gesamtsystem, in dem die durch sie vorbereiteten oder getroffenen Entscheidungen ihren Sinn erhalten, evaluiert werden. Daher erscheint es hier insbesondere notwendig, dass - je nach möglicher Schadenstiefe für Individuum und Organisation - die betroffenen Personen oder die sie vertretenden Institutionen in den Festlegungsprozess mit eingebunden werden. Neben allgemeinen Diskriminierungsverboten sind hier - wie oben dargelegt - die Einbettung des algorithmischen Entscheidungssystems in den Gesamtkontext, aber auch die Kosten für falsch-positive und falsch-negative Entscheidungen. Diese Kosten müssen im jeweiligen Kontext definiert werden.

In vielen konkreten Einsatzszenarien werden dabei einander widersprechende Maße für die verschiedenen Aspekte einer fairen und hochwertigen Entscheidung unvermeidbar sein. Dies ist für sich genommen ein weiteres Indiz dafür, dass die jeweilige Situation sich grundsätzlich nicht für den Einsatz eines algorithmischen Entscheidungssystems eignet, da dieses übersimplifizierend agiert und damit der Komplexität der Lage nicht gerecht wird.

# 4.    Fazit

In diesem Artikel haben wir gezeigt, dass es verschiedene Diskriminierungs- oder »Fairness«-Maße gibt, die jeweils ihre Berechtigung haben, sich aber gegenseitig ausschließen. Es ist interessant, dass dieser mathematische Widerspruch nicht früher entdeckt wurde, da auch menschliche Expertinnen und Experten sich entscheiden müssen, welche Art von Fairness und Diskriminierungsfreiheit sie verfolgen. Hier hat also der datenzentrierte Ansatz der Entwicklung eines algorithmischen Entscheidungssystems dazu geführt, dass ein grundsätzlicher Widerspruch in Entscheidungsprozessen aller Art aufgedeckt wurde. Die Gesellschaft und jeder einzelne Experte und jede einzelne Expertin muss sich dementsprechend entscheiden, welches Konzept ihm oder ihr wichtiger ist oder wie diese Aspekte zu gewichten sind. Ein algorithmisches Entscheidungssystem kann aber während des Trainings grundsätzlich immer nur bezüglich eines Qualitätsmaßes bewertet werden. Daher könnte das Fazit dieser Forschung sein, dass grundsätzlich mehrere, von unterschiedlichen Teams entwickelte Systeme zur Entscheidungsunterstützung verwendet werden sollten, um die Vielfalt an Meinungen dazu gebührend zu berücksichtigen. Dieser Befund sollte also Konsequenzen sowohl für die Ausbildung menschlicher Experten als auch für das Design und den Kauf von algorithmischen Entscheidungssystemen haben - insbesondere in der öffentlichten IT mit ihrem großen Einfluss auf das Gemeinwohl.

## Quellen

ACLU (American Civil Liberty Union) (2011). *Smart Reform Is Possible - States Reducing Incarceration Rates and Costs While Protecting Communities*, Report from August 2011. http://s.fhg.de/BQN, abgerufen am 22.02.2018

Angwin, J., Larson, J., Mattu, S. & Kirchner, L. (2016). Machine Bias -There's software used across the country to predict future criminals. And it's biased against blacks. *ProPublica*. 23.05.2016. http://s.fhg.de/ZS5, abgerufen am 25.01.2018

Ariely, D. (2010). *Predictably Irrational, Revised: The Hidden Forces That Shape Our Decisions*. HarperCollins, New York

Assheuer, T. (2017). Die Big-Data-Diktatur. *Die Zeit*, 30.11.2017

Danziger, S., Levav, J. & Avnaim-Pesso, L (2011). Extraneous factors in judicial decisions. *Proceedings of the National Academy of the Sciences* , 108 (S. 6889-6892)

Dieterich, W., Mendoza, C. & Brennan, T. (2016). *COMPAS risk scales: Demonstrating accuracy equity and predictive parity*. Northpointe Inc. http://s.fhg.de/B9V, abgerufen am 22.02.2018

EPIC (2017). *Algorithms in the criminal justice system*. http://s.fhg.de/7QT, abgerufen am 25.01.2018

Harcourt, B. E. (2006). *Against prediction: Profiling, policing, and punishing in an actuarial age*. University of Chicago Press

Helbing, D., Frey, B. S., Gigerenzer, G., Hafen, E., Hagner, M., Hofstetter, Y., van den Hoven, J., Zicari, R. V., Zwitter, A. & Kahneman, D. (2017). Das Digital-Manifest. In: Könneker, C. (Hrsg.), *Unsere digitale Zukunft: In welcher Welt wollen wir leben?*

Jaume-Palasí, L. & Spielkamp, M. (2017). Ethik und algorithmische Prozesse zur Entscheidungsfindung oder -vorbereitung. AlgorithmWatch Arbeitspapier Nr. 4. http://s.fhg.de/qPb, abgerufen am 22.02.2018

Kleinberg, J., Mullainathan, S., & Raghavan, M. (2016). Inherent trade-offs in the fair determination of risk scores. arXiv preprint arXiv:1609.05807

Krafft, T. D. & Zweig, K. A. (2018). Wie Gesellschaft algorithmischen Entscheidungen auf den Zahn fühlen kann. In: Resa Mohabbat Kar, Basanta E. P. Thapa & Peter Parycek (eds.). *(Un)berechenbar? Algorithmen und Automatisierung in Staat und Gesellschaft*. Kompetenzzentrum Öffentliche IT.

Lischka, K., & Klingel, A. (2017). *Wenn Maschinen Menschen bewerten*. Bertelsmann Stiftung.

Lischka, K. & Stöcker, C. (2017). *Digitale Öffentlichkeit – Wie algorithmische Prozesse den gesellschaftlichen Diskurs beeinflussen*. Bertelsmann Stiftung.

Massoumnia, M.-A., Verghese, G. C. & Willsky, A. S. (1989*)*. Failure detection and identification. *IEEE transactions on automatic control,* 34(3), S. 316-321

Reindl, C. & Krügl, S. (2017). *People Analytics in der Praxis*. Haufe-Lexware

Robinson, D. & Yu, H. (2014). Knowing the Score: New Data, Underwriting, and Marketing in the Consumer Credit Marketplace. http://s.fhg.de/x8c, abgerufen am 22.02.2018

Schramm, U. & Schramm, H. (1990). *Automatische Sichtprüfung von Oberflächen mit neuronalen Netzen*. In: *Mustererkennung 1990*: 12. DAGM-Symposium Oberkochen-Aalen, 24.–26. September 1990, Vol. 254, S. 114. Springer.

Statista. (2018*)*. *Länder mit der größten Anzahl an Inhaftierten pro 100.000 Einwohner (Januar 2018\*)*. http://s.fhg.de/mk9, abgerufen am 25. 01.2018

Stiller, S. (2015). *Planet der Algorithmen*. Ein Reiseführer, München.

The Intercept (2015). *SKYNET: Courier Detection via Machine Learning*. http://s.fhg.de/me2, abgerufen am 22.2.2018

The Sentencing Project (2013). *Report of The Sentencing Project to the United Nations Human Rights Committee Regarding Racial Disparities in the United States Criminal Justice System*. http://s.fhg.de/izs, abgerufen am 25.02.2018

Zweig, K. A. (2016a). 1. Arbeitspapier: Was ist ein Algorithmus? http://s.fhg.de/sHL, abgerufen am 01.02.2018

## Über die Autoren

### Katharina A. Zweig

Prof. Dr. Katharina Zweig ist Professorin für theoretische Informatik an der TU Kaiserslautern und leitet dort das *»Algorithm Accountability Lab«*. Sie ist auch verantwortlich für den Studiengang Sozioinformatik an der TU Kaiserslautern. 2014 wurde sie zu einem von Deutschlands »Digitalen Köpfen« gewählt und 2017 bekam sie den ars-legendi-Preis in Informatik und Ingenieurswissenschaften des

4ING und des Stifterverbandes für das Design des Studiengangs So-zioinformatik.

Professorin Zweigs Forschungsinteresse liegt bei der Interaktion von IT-Systemen und Gesellschaft sowie der Analyse komplexer Netzwerke. Momentan bewertet sie, wie stark Algorithmen diskri-minieren können und ob Google's Suchmaschinenalgorithmus Fil-terblasen erzeugt - dazu hat sie das Datenspendeprojekt federfüh-rend entwickelt und zusammen mit AlgorithmWatch und mit einer Förderung der Landesmedienanstalten durchgeführt. Sie berät zu diesen Themen Landesmedienanstalten, Gewerkschaften, Politik und Kirchen und ist Mitgründerin der Nichtregierungsorganisation AlgorithmWatch. Sie ist seit 2014 Mitglied im Innovations- und Technikanalyse-Beraterkreis des Bundesministeriums für Bildung und Forschung.

### Tobias D. Krafft

Tobias D. Krafft ist Doktorand am Lehrstuhl »*Algorithm Accountabi-lity*« von Professorin Katharina A. Zweig an der TU Kaiserslautern. Als Preisträger des Studienpreises 2017 des Forums Informatiker für Frieden und gesellschaftliche Verantwortung reichen seine For-schungsinteressen von der (reinen) Analyse algorithmischer Ent-scheidungssysteme bis hin zum Diskurs um deren Einsatz im gesell-schaftlichen Kontext. Im Rahmen seiner Promotion hat er das Da-tenspendeprojekt mit entwickelt und einen Teil der Datenanalyse durchgeführt. Er ist einer der Sprecher der Regionalgruppe Kaisers-lautern der Gesellschaft für Informatik, die es sich zur Aufgabe ge-macht hat, den interdisziplinären Studiengang der Sozioinformatik (TU Kaiserslautern) in die Gesellschaft zu tragen.

# Formen und Folgen algorithmischer Public Governance

## Klaus Lenk

Carl-von-Ossietzky-Universität Oldenburg

Der Beitrag stellt die Frage, in welcher Weise neue, auf algorithmischer Berechenbarkeit beruhende Instrumente zur Steuerung der Gesellschaft, die das Handeln weltweit agierender Unternehmen prägen, auch von Staat, Verwaltung und Politik genutzt werden können und dürfen. Diese Instrumente werden gekennzeichnet und in Verbindung gebracht mit heutigen öffentlichen Aufgaben. Auf der Grundlage eines Prinzipmodells menschlichen und maschinellen Agierens werden einige ihrer unmittelbaren und mittelbaren Folgen erörtert, wobei auf den Stand gegenwärtiger Überlegungen zur Ko-Evolution von Gesellschaft und »Digitalisierung« eingegangen wird. Abschließend werden einige Grundsätze für die Nutzung der neuen Steuerungsinstrumente formuliert.

## 1.    Einleitung

Dieser Beitrag soll zur Klärung beitragen, was Regieren in unserer von IT-Systemen durchtränkten Welt ausmacht. Zu deren hervorstechendsten Kennzeichen gehört, dass sich unausweichlich die Frage nach dem Überleben der Menschheit als Ganzer stellt[1] sowie dass – wie es Zygmunt Bauman ausgedrückt hat – Macht und Politik

---

[1]    Anders, 1980; von Weizsäcker & Wijkman, 2017; Dror, 2017

auseinander treten[2]. Letzteres bedeutet, dass sich die Rolle des Staates und sein Machtpotenzial ändern, dass neue Mächte neben ihm oder über ihm auftreten. Staaten scheinen planmäßig[3] an Macht zu verlieren, sodass sie inzwischen als »kontrollfähige Mittelinstanz der Weltordnung«[4] angesprochen werden können.

Über die Bedeutung der »algorithmischen Revolution«[5] für diese Entwicklung und allgemein für den Lauf der Welt kursieren unterschiedliche Erzählungen. Diese verfallen leicht in einen Technikdeterminismus und lenken damit von den Gravitationswirkungen ab, die von finanziellen Interessen und herrschenden Ideologien auf die Entwicklungsschwerpunkte und Ausprägungen der einzelnen Techniksysteme und -komponenten ausgehen. Der aktuelle Pfad der Digitalisierung wird als unausweichlich, alternativlos dargestellt. Man hat sich anzupassen, die Macht des Schicksals zu akzeptieren, wird aber zugleich aufgerufen, die Entwicklung zu fördern.[6]

Hier soll nicht darauf eingegangen werden, dass andere Verläufe der Technikentwicklung denkbar sind und auch gefördert werden können, wie die Aktivitäten des Philosophen Bernard Stiegler zeigen; sie zielen auf ein »hermeneutisches Web«, verbunden mit einer genossenschaftlichen Wirtschaft *(»économie contributive«)*.[7] Wilhelm Steinmüllers aus der gleichen Intention entsprungene grundlegende Frage:

---

[2]  Bauman & Lyon, 2013, S. 16
[3]  Fach, 1997
[4]  Streeck, 2015, S. 252f
[5]  Nake, 2016
[6]  Berthoud et al., 2000
[7]  Plaine Commune Chair of Contributive Research, 2016; Stiegler, 2016

*»Was sind die Bedingungen der Möglichkeit dafür, dass Menschen mit ihren Hilfssystemen auch in aller Zukunft menschen- und lebensfreundlich zusammenleben können?«*[8]

Sollte jedoch bei allen Überlegungen zur Ko-Evolution von Gesellschaft und IT bewusst bleiben. Dass Informationstechnik uns auf Dauer erhalten bleibt, kann Chancen für ein neues weltweites Gleichgewicht eröffnen, sollte aber nicht als eine kurzsichtige Technikutopie verstanden werden. Diese Technik steckt gegenwärtig in einer Sturm-und-Drang-Phase, aus der heraus der Blick auf lebenswerte Zukünfte schwer ist.

So dringlich und zugleich faszinierend Stieglers Suche nach einem alternativen Gang der Technikentwicklung ist, der deren Charakter als Pharmakon, als Gift und Heilmittel zugleich, beim Wort nimmt: Naheliegender und ebenso dringlich ist die Untersuchung, wohin uns mittelfristig die weltweit zunehmende Nutzung technischer Systeme und automatisierten algorithmischen Berechnens führt. Diese ist geprägt von fraglosen Überzeugungen, welche die Ko-Evolution von IT und Gesellschaft als naturwüchsig darstellen, und sie muss auf dem Hintergrund zunehmender Gefährdung des Überlebens der Menschheit gesehen werden.

So stellt sich die Frage, in welcher Weise die Staaten des 21. Jahrhunderts, ihre Verwaltungen sowie andere Institutionen der politischen Willensbildung, handeln können, um politische Ziele mit neuen Instrumenten zu erreichen. Die angesichts der Problematik sicherlich nicht ausreichende Teilfrage, die der vorliegende Beitrag stellt, geht dahin, welche Möglichkeiten der Algorithmisierung in der Praxis von öffentlichem Sektor, Staat und Politik in Europa in

---

[8]    Steinmüller, 1993, S. 608

den nächsten Jahren genutzt werden können und dürfen. Noch weniger ausreichend sind die vorläufigen Antworten des Beitrags, die sich in einigen grundsätzlichen Überlegungen erschöpfen.

Mit dem gegenwärtigen Automationsschub entstehen neue Figurationen im Handlungsgefüge der Gesellschaft. Durchweg handelt es sich dabei um Teilautomatisierung, um unterschiedliche Grade des soziotechnischen Zusammenwirkens von Menschen und technischen Aktanten in verschiedenen Organisationsformen. Von Vollautomation spricht man dann, wenn eine Kategorie von Menschen, nämlich die Nutzer bestimmter Geräte, keine Einflussmöglichkeiten mehr auf deren Verhalten hat. Aber auch solche Geräte wurden von Menschen entwickelt, und sie bewegen sich, wie *smart cars*, in einem Netz, das von Menschen beherrscht wird. Geräte, deren Urheber jede Verantwortung für ihr Tätigwerden ablehnen und deren Herren sich versteckt halten, sind pathologische Grenzfälle, auf deren Wirklichwerden uns die Science Fiction freilich systematisch vorbereitet.[9]

Mit diesen Entwicklungen erweitert sich auch das Arsenal von Steuerungsinstrumenten, das sowohl von Staaten als auch von anderen Kräften genutzt werden kann. Unter ihnen befinden sich, wie Jürgen Habermas schon vor einem halben Jahrhundert mit Blick auf Arbeiten des Zukunftsforschers Herman Kahn feststellte, neue Techniken der Verhaltenskontrolle und der Persönlichkeitsveränderung.[10]

Algorithmische Governance ist Herrschaft, Regierung, Regelung mittels delegierter Maschinen, mögen die Systeme und die teils äußerlich mit menschlichen Eigenschaften ausgestatteten Artefakte auch den Anschein unabhängigen Tätigwerdens erzeugen. Regieren als Strukturierung des Handlungsfelds der Menschen war nie nur staatliche Angelegenheit: Auch Erzieher strukturieren Handeln, und

---

[9] vgl. Anders, 1980, S. 133ff
[10] Habermas, 2014, S. 96f

das Marketing tut es unter Nutzung aller ihm erreichbaren Möglichkeiten. Algorithmische Governance durch weltweit agierende Spieler ist gegenwärtig ungleich wirkungsvoller als ihr Einsatz zu staatlich und politisch verantworteten Zwecken. Politisch nicht verantwortliche Kräfte nutzen die neuen *Tools of Governance* oft viel ge-
schickter als öffentlich verfasste Organisationen und ohne verfassungsrechtliche Bindungen und Skrupel.[11] Solche Steuerung prägt
menschliches Verhalten und Werte, und sie kann auch die Ausdrucksformen und Institutionen der politischen Willensbildung verändern.

Aber diese Form der Nutzung algorithmischer Steuerungsinstrumente, zu der in den letzten Jahren schon viel gesagt wurde, steht
nicht im Mittelpunkt der folgenden Ausführungen. Es geht vielmehr
darum, ob und in welcher Weise diese Instrumente auch für die Verwaltung in Staat und Kommune genutzt werden können. Wenn ja,
dann fragt es sich, ob und inwieweit sie auch genutzt werden dürfen.
Das impliziert die Frage nach ihren Folgen. Vertragen sich diese mit
der Rechtsordnung, oder sprengen sie sie?

Daher müssen die neuen Steuerungsinstrumente genauer umschrie-
ben werden. Dies geschieht hier aus einer verwaltungswissenschaftlichen Sicht, in welcher schon seit Jahrzehnten Taxonomien von gesellschaftlichen Steuerungsinstrumenten *(Tools of Government)* erarbeitet werden. Die neuen Instrumente werden zunächst kurz umrissen. Danach beziehe ich sie auf den arbeitenden Staat und allgemein auf die Handlungen, mit denen öffentlich verfasste politische
Akteure Ziele erreichen wollen. Dabei soll der Staat mit der Staatslehre des 1933 in der Emigration verstorbenen Hermann Heller verstanden werden als organisierte Entscheidungs- und Wirkeinheit.[12]

---

[11]  Lenk ,2016
[12]  Heller, 1934

Was neu ist, lässt sich von hier aus gut erkennen, wenn man diese Sicht ergänzt um die seinerzeit noch nicht problematisierten Aspekte der Daten- und Informationsaufnahme sowie der Erarbeitung von Wissen als Voraussetzung für Entscheiden und Wirken. Das wird im Folgenden in einem übersichtlichen Modell menschlichen Handelns und maschinellen Tätigwerdens gefasst.

Auf dieser Grundlage und nach überblicksartiger Klärung der wichtigsten Aufgabenbereiche politischen Handelns sollen dann sowohl Nahfolgen, wie sie das *Technology Assessment* erkennen kann, als auch mögliche Fernfolgen der gegenwärtigen Entwicklung beleuchtet werden; Letzteres führt uns tief in die politische Theorie. Beides soll zur Klärung beitragen, welche Formen der direkten und indirekten Verhaltenssteuerung unter den heutigen Gegebenheiten genutzt werden können und dürfen. Dazu werden abschließend einige Grundsätze formuliert.

## 2. Kurze Kennzeichnung der neuen Steuerungsinstrumente

Im verwaltungswissenschaftlichen Theoriebestand findet sich eine auf Intervention in die Gesellschaft angelegte Steuerungslehre, welche in ihren frühen Formulierungen[13] Taxonomien von Steuerungsinstrumenten liefert. Deren verschiedene Ansätze unterscheiden sich untereinander nur wenig. Sie münden in eine Kombination von Steuerung durch Überredung, durch Zwang und durch diverse Anreize. Die einprägsame Formel »*stick, carrot and sermon*« ist allerdings unterkomplex, weil sie Bedeutung und Funktionsweise des staatlich gesetzten Rechts verkennt. Ein dominierendes Motiv der verwaltungswissenschaftlichen Diskussion war die Relativierung

---

[13]  Hood, 1983

der früher dominierenden staatlichen Steuerung mit den Mitteln des Rechts.[14] Am Rande sei noch erwähnt, dass die Frage nach Steuerungsinstrumenten nicht deckungsgleich ist mit der nach Steuerungsmedien (wie Recht und Geld) sowie der nach steuernden Kräften (Staat, Markt, Assoziationen). Um eine lange Diskussion abzukürzen, sei eine eigene Taxonomie der »alten« Governance-Instrumente zugrunde gelegt:

- Imperatives Recht, das ein Tun oder Unterlassen befiehlt, ohne abweichendes Verhalten zu verhindern

- Unmittelbarer Zwang als Reservewährung

- Anreize, die sich entweder an vernünftige, rational handelnde Menschen richten, an ihre Vorteilserwartungen bzw. an ihren Gemeinsinn, ihre *philia* (Aristoteles), oder aber wie kommerzielle Werbung sie in erwünschte Richtungen schubsen (das sogenannte *Nudging*)

- Kontextgestaltung (etwa durch gebaute Umwelt)

Wie verhalten sich nun die neuen algorithmischen Steuerungs- oder besser Regelungsformen dazu? In neuen Gestaltungsinstrumenten werden Anreize und Zwangsmittel auf der Grundlage algorithmischen, automatischen Tätigwerdens eingesetzt. Man kann drei Zusammenhänge unterscheiden, die nicht überschneidungsfrei sind – eine ausführliche Erläuterung der Gestaltungsinstrumente folgt in Abschnitt 4:

- *Regulation by technology:* zwingende Kontextgestaltung durch technische Architekturen *(»Code is law«)*

- Personalisierung der physischen und informationellen Umgebung von Menschen

---

[14]  Voigt, 1983

- Maschinelle oder maschinell vorgeprägte Entscheidungen über Zuweisung von Positionen und von Ressourcen nach durch Algorithmen erzeugtem Profil

## 3.  Ein Prinzipmodell (nicht nur) öffentlichen Handelns und maschinellen Bewirkens

Um die Wirkungsweise der algorithmischen Steuerung zu verstehen, müssen Modelle gebildet werden, die das Verständnis fördern. Die Auflistung von Phasen der Datenverarbeitung, wie sie für das Datenschutzrecht genutzt wurde, reicht dafür nicht. Kybernetische Regelungsmodelle eignen sich schon eher, obwohl sie in der Vergangenheit nahelegten, menschliches Denken und Handeln nach dem Muster von Maschinen zu verstehen. Hier soll ein Modell gebildet werden, das die einzelnen logischen Schritte jeden menschlichen Handelns und auch der maschinellen Operationen klar voneinander trennt. Es geht aus von einem Grundmodell *»Observe – Think – Act«*, wobei das Denken als in Wissen und Wollen zerlegt angenommen wird.

Diese Abfolge hilft dabei, die Symmetrie von menschlichem Handeln und maschinellem Agieren herauszustellen und die Formen zu untersuchen, in denen beide sich verzahnen, in mehr oder weniger automatisierten Vollzügen. Nach diesem Modell besteht alles Regieren und Verwalten aus Handlungsketten bzw. maschinellen Aktivitäten, die vier logische Phasen umfassen, nämlich erstens Beobachten und Informationen zu empfangen, zweitens daraus Wissen zu erarbeiten, drittens aufgrund dieses Wissens und weiterer Vorwissen zu entscheiden, und viertens das Entschiedene auszuführen, also gestaltend in Natur oder Gesellschaft zu intervenieren.

Der menschliche und organisationale Handlungszyklus stellt sich mithin wie folgt dar:

1. Beobachtung, Informationsaufnahme

2. Wissenserarbeitung

3. Entscheidung

4. Ausführungshandlung

In jeder der vier (logischen) Phasen können sich Beiträge von Maschinen finden:

- Sensortechnik, Kommunikationstechnik,

- Automatische Analyse großer Datenmengen

- Berechnung, automatische Entscheidung nach Standards und Lernergebnissen

- Aktortechnik, Robotik

Die gedankliche Trennung der Phasen kann in aktuellen Regelungsfragen behilflich sein. Was tun maschinelle »Aktanten«? Entscheiden sie? Allein? Führen sie auch ihre Entscheidungen aus? Ein Beispiel: nicht jede Datensammlung bedeutet Überwachung, was man den Gegnern jeglicher Vorratsdatenspeicherung zu bedenken geben muss.

Die politik- und verwaltungswissenschaftliche Sicht konzentrierte sich bislang auf die letzte Phase unseres Prinzipmodells, nämlich das Bewirken. Auch Hermann Hellers Staatslehre sah nur Entscheidung und Wirkung staatlichen Handelns, samt ihrer Organisation. Was vorgelagert ist, konnte man damals noch unerörtert lassen. Christopher Hood ging weiter, er thematisierte nicht nur die Ausführung der Entscheidungen (»Effektoren«), sondern auch die Datenerhebung bzw. Informationsaufnahme (»Detektoren«).[15] Heute

---

[15]  Hood, 1983; 2006

müssen wir ergänzende Überlegungen zu den ersten beiden Phasen anstellen, zu den Daten und insbesondere zur Wissenserarbeitung.[16]

Daten fallen nicht vom Himmel. Sie sind immer schon im Hinblick auf menschliche Erkenntnis- und Handlungsinteressen konstituiert. Evident ist nur, was in Programmen der Datenerhebung vorgesehen ist.

Von zentraler Bedeutung für das Zusammenspiel von Menschen und ihren Maschinen ist die zweite Phase, die Erarbeitung von Wissen. Die große Lücke in unserer Fähigkeit, mit der neuen Lage umzugehen, betrifft das Wechselspiel zwischen Analyse aufgrund von Berechenbarkeit und Verstehen, also die Verzahnung des menschlichen Wissens mit dem maschinellen »Lernen« bzw. »Wissen«. Hier muss dringend Klarheit geschaffen werden. Wissenserarbeitung im Spannungsfeld zwischen *Data Analytics* und Hermeneutik erscheint künftig als Kardinalaufgabe des Wissensmanagements.[17]

Und ganz allgemein geht es um den soziotechnischen Charakter aller, auch der angeblich vollautomatischen Handlungsketten. Dieser ist zentral. Berechenbarkeit und alles, was sie ermöglicht, steht nicht im leeren Raum, sondern ist in soziotechnische Systeme eingebettet. Organisiert wird heute nicht mehr nur das Zusammenwirken von Menschen, sondern das von Menschen und Maschinen, in unterschiedlichen Gestaltungsformen. Auch die sogenannte Vollautomation muss mit den Menschen und ihren Aggregaten rechnen, nicht nur in Mensch-Maschine-Dialogen, sondern in Organisationen, in Netzwerken, in der Gesellschaft. Sie lässt sich nicht denken ohne die beteiligten Stakeholder, ihre Entwickler, Nutznießer und Opfer. Was damit zusammenhängt, wird von Informatikern immer

[16]  vgl. Raab & de Hert, 2008
[17]  Lenk, 2017

noch überwiegend ins »Extrafunktionale« verwiesen. Auch die Soziologie war bislang kaum bereit, Aktionen von technischen »Aktanten« in die länger werdenden Figurationen einzubauen, deren unübersichtliches Zusammenspiel die Gesellschaft ausmacht. Theoretische Provokationen wie die sogenannte Aktor-Netzwerk-Theorie führten bislang kaum weiter, weil ihnen ein eher klassisches, an materiellen Techniken ausgerichtetes Verständnis zugrunde lag.[18]

Die Verzahnung von menschlichen Teilhandlungen und Aktivitäten der nichtmenschlichen »Aktanten« bezeichnet den jeweiligen Automationsgrad. Diese Mischung lässt sich gut in Stufen darstellen, wie es mehrfach versucht wurde.[19] Das kann hier nicht ausgeführt werden, zumal auch die immer innigere Verbindung von Menschen und Maschinen bis hin zu Cyborgs zu berücksichtigen ist, zum Beispiel in der geplanten Steuerung von Geräten (etwa Kampfrobotern) über menschliche Gehirnwellen.

## 4. Öffentliche Aufgaben

Algorithmische Steuerung bezieht sich auf die Erfüllung alter und neuer öffentlicher Aufgaben. Die wichtigsten öffentlichen Aufgaben seien wenigstens in groben Zügen benannt, angesichts des verbreiteten Unverständnisses über die Leistungen von Staaten und anderen öffentlichen Institutionen, über ihre Rolle bei der Umsetzung von politischen Programmen und bei der Verwirklichung von in Rechtsform gegossenen politischen Zielen. Immer wieder findet sich, etwa in Aussagen zum E-Government, die Vorstellung, Staaten und kommunale Körperschaften seien vor allem Einrichtungen zur Erbringung personenbezogener Dienstleistungen. Und kurzschlüs-

[18]  Weyer, 2008, S. 208ff
[19]  Köhl et al., 2014, S. 175ff

sig wird dann oft behauptet, mit der Privatisierung oder der Übernahme solcher Dienste in gesellschaftliche Selbstorganisation könne man auch auf Staaten verzichten.

Die wissenschaftliche Betrachtung von Staat und Verwaltung ist an der Unkenntnis nicht ganz unschuldig. In der Verwaltungswissenschaft standen ein halbes Jahrhundert lang solche öffentlichen Aufgaben im Vordergrund, welche sich auf die Stabilisierung und Absicherung der Wirtschaft bezogen. Das erforderte staatliche Interventionen in das Wirtschaftsleben. Im öffentlichen Sektor, der in den OECD-Ländern im Schnitt etwa 15 Prozent der abhängig Beschäftigten umfasst, geht es aber auch um viele andere Aufgaben.

Staatliche Interventionstätigkeit ist einer von vier grundlegenden Bereichen, in denen Politik in der Gesellschaft umgesetzt werden soll. Sie bleibt bedeutend, wobei es aber nicht mehr primär um wirtschaftliche Zusammenhänge geht, sondern zunehmend auch um ökologische und gesellschaftspolitische, also um die Sicherung dauerhaften Überlebens und Wirtschaftens in der natürlichen Umwelt, um gesellschaftliche Integration und Förderung der individuellen Entwicklung.

Neben dieser Interventionstätigkeit stehen drei weitere Aufgabenbereiche: soziale Sicherheit, persönliche Sicherheit und öffentliche Infrastrukturen.

Soziale Sicherheit in einer durch die Auflösung von Großfamilien und ländlicher Subsistenzwirtschaft gekennzeichneten Welt nimmt die Form öffentlicher kollektiver Daseinsvorsorge an.[20] Deren Aufgaben waren bislang mit der Vorstellung eines auf ungebremstem Wirtschaftswachstum aufsetzenden Wohlfahrtsstaats verbunden. Sie wandeln zum Teil ihre Form, bleiben uns aber erhalten, weil der

---

[20]  Forsthoff, 1938

effektive und der beherrschte Lebensraum der Menschen immer weiter auseinander treten, über das von Ernst Forsthoff seinerzeit angenommene Maß hinaus. Soweit sie großräumige Umverteilung erfordern, bleiben solche Aufgaben bei den Nationalstaaten. Auch E-Government im bisherigen Verständnis bezog sich zu großen Teilen auf die Infrastrukturen und die Feinsteuerung der öffentlichen Daseinsvorsorge.

Innere und äußere Sicherheit werden dringlicher und immer schwerer voneinander zu trennen, wenn im Weltmaßstab Gleichheit und Solidarität erodieren und zurücktreten hinter einer alle technischen Möglichkeiten nutzenden Ausübung von Freiheit. Es geht darum, Unversehrtheit und Überleben Einzelner, aber letztlich der gesamten Menschheit zu sichern im Schutz gegen äußere und innere Feinde, in der Bewahrung der natürlichen Lebensgrundlagen, im Schutz vor Technikrisiken. Dieser Bereich öffentlichen Handelns entwickelt sich zunehmend zum eigentlich kritischen. Gleichwohl ist die Unsicherheit und auch Rückwärtsgewandtheit der Debatten auffällig. Nicht sehr weitsichtig werden laufend individuelle Freiheit und notwendige Repression wie auch Prävention abweichenden Verhaltens polemisch gegeneinander in Stellung gebracht. Sicherheit als »dynamic non-event«[21] erfordert jedoch neuartige Antworten in einer Welt gefährlicher Hinterhoftechniken und anderer Entwicklungen, die zu einem Ungleichgewicht des Schreckens beitragen.[22] Die Feintarierung der neuen Steuerungsinstrumente in diesem Feld ist eine schwierige Aufgabe.

Ein weiterer Bereich öffentlicher Aufgaben ist die Infrastrukturentwicklung: alles das zu tun, was Marktkräfte von sich aus nicht leisten, aber was politisch erwünscht ist. Von »public works« sprach

---

[21] Weick & Sutcliffe, 2003, S. 43
[22] Virilio, 2016

schon Adam Smith 1776, und mit Begriffen wie »Kollektivgüter« versuchte man im Wohlfahrtsstaat des 20. Jahrhunderts zu normativen Bestimmungen solcher Infrastrukturen zu gelangen. Der öffentliche Charakter vieler lebenswichtiger Infrastrukturen wird heute verkannt, weil wir laufend technische Mittel des Ausschlusses von Nichtzahlern erfinden (wie das *Digital Rights Management)*, sodass viele dieser Infrastrukturen nunmehr gewinnträchtig betrieben werden können. Eine staatliche Auffangverantwortung für ihr Funktionieren wird dadurch aber nicht obsolet. Folge des Rückzugs öffentlicher Einrichtungen ist unter anderem ein Anwachsen der Kritikalität (Verwundbarkeit) solcher Infrastrukturen.

Der Umfang der öffentlichen Aufgaben ist Gegenstand politischer Entscheidung, unterliegt mithin einem starken Wandel. Gesellschaftliche Interessen und Bedürfnisse werden an die Politik herangetragen, im politischen Prozess aufgegriffen und im politischen System durchgesetzt. So ist mit dem wachsenden gesellschaftlichen Bewusstsein des Klimawandels und der Verknappung natürlicher Ressourcen der Umweltschutz zur öffentlichen Aufgabe geworden. Als ständiger Treiber der Aufgabenentwicklung wirkt auch die Notwendigkeit der Regulierung einer weithin von Gewinn- und Verwertungsinteressen gesteuerten Technikentwicklung.

Insbesondere kann damit auch der heute als »Digitalisierung« bezeichnete Trend zur Informationsgesellschaft als Anstoß für die Herausbildung neuer Politikfelder gesehen werden, wobei eine auf die Kommunikationsinfrastruktur bezogene »Netzpolitik« nur einen Teilaspekt darstellt. Dieser muss zunehmend um inhaltsbezogene Fragen ergänzt werden. Bezogen auf einzelne öffentliche Aufgaben ist zu fragen, ob und wie weit mit einer ständig verfeinerten Datenbasis und ihrer Auswertung viele gesellschaftliche Probleme gelöst werden können, ohne sie verstehen zu müssen, im Sinne einer *»Governance by numbers«.*

Die Nutzungsmöglichkeiten neuer Steuerungsinstrumente sind auf die vier genannten Aufgabenbereiche bezogen und verändern zugleich deren Ausrichtung und Umfang. Diese Sicht einer fortentwickelten *Public Governance* baut auf rechtstheoretischen Untersuchungen zur Wirksamkeit und Legitimität algorithmischer Verhaltenssteuerung[23] auf, geht aber mit Blick auf neue weltweite Herausforderungen öffentlichen Handelns darüber hinaus.

## 5. Nahfolgen und Nutzungsmöglichkeiten

### 5.1. Code is Law

Wie gebaute Architektur zwingt uns starre Software auf Wege. Was mit ihr geregelt wird, ermöglicht kein Ausweichen, solange nicht findige Bastler Umgehungsformen entwickeln. Das geflügelte Wort *»Code is Law«*[24] bedarf jedoch der Erläuterung und Präzisierung.

Imperatives, steuerndes Recht und zwingend ausgestaltete Architekturen wirken unterschiedlich. Architektur als Governance-Instrument ist strukturelle Gewalt. Sie macht den Einsatz von Machtmitteln überflüssig. Denn sie lässt keine Wahl im Verhalten, auch dort, wo sie bestehende Rechtsnormen durchsetzen soll. Wichtige Beispiele sind *Digital Rights Management*[25] und die automatische Buchführung mit verketteten Datenblöcken (Blockchain). Interpretierbares und umgehbares Recht wird in seiner instrumentalen Funktion durch zwingende Vorkehrungen ersetzt. Kein Hintertürchen bleibt mehr offen; auf brauchbare Illegalität muss verzichtet werden. Und eine Weiterentwicklung der impliziten Normen, die in

---

[23] Hildebrandt, 2015; Hoffmann-Riem, 2017
[24] Lessig, 2006
[25] Leenes, 2011

die Architektur eingeschrieben sind, aufgrund diskursiver Rechtsfortbildung ist nicht möglich.[26]

Die *Rule of Law*, das imperative Recht des Rechtsstaats wirkt anders als eine technisch versteifte Architektur, die einen Käfig um unser Verhalten baut. Recht gestattet dem Individuum kluges Handeln,[27] es verlangt moralische Entscheidungen, an denen die Persönlichkeit sich herausbilden, wachsen kann. Es transformiert gesellschaftliches Müssen, das für die gesellschaftliche Ordnung lebenswichtig ist, in ein Sollen, das persönliche Autonomie und gesellschaftliche Organisation miteinander verträglich werden lässt. Als imperatives Recht bezweckt das Recht nicht nur die Erreichung irgendwelcher Steuerungsziele, sondern auch den Schutz gegen Machtmissbrauch.[28] Die Sollensordnung des Rechts bedeutet »eine ebenso grundsätzliche wie vorläufige Abschwächung des für die Gesellschaft an sich existenznotwendigen Müssens ihrer Glieder«[29].

Nimmt die Regelung durch Code überhand, dann gelangen wir in eine automatisch durchorganisierte Gesellschaft, einen Ameisenstaat. Deren Organisationsgrundsätze sind in die Technik gemeißelt. Diese »Härtung«[30] von Normen mag sinnvoll sein in Teilbereichen wie dem motorisierten Straßenverkehr. Weitergehende Tendenzen in diese Richtung findet man in manchen Smart-City-Konzepten.

---

[26] Rouvroy, 2011
[27] Brownsword, 2008
[28] Hildebrandt, 2015
[29] Drath, 1963, S. 41
[30] Degele, 2002, S. 126

## 5.2. Personalisierung

Aber auch auf weniger zwingende Weise wird das Handlungsfeld der Menschen strukturiert und begrenzt, mit Artefakten, die schlauer sein wollen als die geleiteten Menschen. In der »sanften Despotie einer schlauen Umgebung«[31] sind selbstorganisierende Techniken am Werk, denen ihr Funktionsradius von ihren Entwicklern und Nutzern vorgegeben wird. Letztere tendieren dazu, sich hinter den freigesetzten, nicht starr programmierten Maschinen zu verstecken.

Algorithmische Wissenserarbeitung und Entscheidungsfindung finden sich bereits auf einer ganzen Reihe von Feldern.[32] Die Personalisierung der Umgebung von Menschen mittels schlauer Technik rekonfiguriert laufend deren physische und informationelle Umgebung und begrenzt ihr Handlungsfeld. Die Häufung solcher Einflüsse kann dazu führen, dass die Menschen kaum noch Widerstände finden, an denen sie sich kreativ abarbeiten und dabei moralisch wachsen können.

Diese weiche Kontextsteuerung, welche auch bislang schon durch gebaute Umwelt sowie durch einseitig wirkende Kommunikationsmedien stattfand, wird intensiver mit neuen Datenquellen und dem Rückbau menschlicher Dienstleistungen. Das zielgenauere Nudging auf der Grundlage von Verhaltensspuren der Gruppe, zu der man das Opfer zählt, führt zu Beeinflussungen, die – anders als bei der als solche erkennbaren Werbung – oftmals nicht mehr wahrgenommen werden. Der Regelungsbedarf, der hier entsteht, entspricht dem bei der Begrenzung von Staatseinfluss auf den Rundfunk und der Regelung staatlicher Öffentlichkeitsarbeit unter dem Grundgesetz. Eine andere Frage ist, ob öffentliche Gegengewichte gegen Falschinfor-

---

[31]  Hildebrandt, 2011, S. 5
[32]  vgl. Just/Latzer, 2016

mationen und aufwieglerische Nutzung von Kommunikationschancen durch Private geschaffen werden sollen. Beide Fragen müssen hier auf sich beruhen, obwohl sie auf ein sehr gefährliches Feld führen, unter anderem angesichts der gegenwärtigen Diskreditierung eines vom neoliberalen Konsens abweichenden Denkens als »populistisch«[33].

## 5.3.  (Teil-)Automatisches Entscheiden

Die Profilbildung auf der Grundlage verfügbarer Daten beeinflusst aber nicht nur die Wahrnehmung der Adressaten und strukturiert deren Umgebung. Sie dient auch als Grundlage für Entscheidungen, bei denen nicht notwendig die Eigenschaften des Individuums als Grundlage herangezogen werden, sondern seine Zugehörigkeiten zu Gruppen, die man pauschal kennzeichnet. Bei den unmittelbar auf Profilbildung beruhenden automatischen Entscheidungen muss man zwei Konstellationen unterscheiden: maschinelle Entscheidungsvorschläge und maschinell getroffene definitive Entscheidungen, die Aktionen auslösen.

a)  Die gegenwärtig wichtigste Konstellation ist der »maschinelle Anfangsverdacht« als Prämisse für Entscheidungen, die von Menschen getroffen werden. Hierher gehört *Predictive Policing*. In seinen gegenwärtigen Anfangsstadien halten es erfahrene Kriminalisten für ziemlich uninteressant. Aber es dürfte heute schon sehr schwer sein, eine vom maschinellen Vorschlag abweichende Entscheidung zu treffen; eine Situation, die wir schon früher bei Entscheidungen vorschlagenden Expertensystemen kennenlernten[34]. Das eigene Judiz zur Geltung zu bringen erfordert Zeit und Mut, und es ist immer der Gefahr ausgesetzt,

---

[33]  Streeck, 2017
[34]  dazu Lenk, 1990

dass es bei Abweichung von dem maschinellen Vorschlag im Falle des Misslingens medial verrissen wird. Entscheidungssituationen sind vielfach gekennzeichnet durch eine Überflutung mit allen möglichen Daten und mit Ergebnissen von deren maschineller Auswertung. Weil die Datenflut zunimmt, wachsen die Erwartungen der Öffentlichkeit an Datennutzung.

*Predictive Policing* birgt viele Chancen für effektivere und effizientere Polizeiarbeit. Aber wenn nur die automatisch erzeugten Auswertungen genutzt werden, ohne dass das Erfahrungswissen, das Dienstwissen altgedienter Mitarbeiter hinzu tritt, dann kann es auch leicht zu nachteiligen Situationen kommen, beispielsweise durch überproportionale Verfolgung von leicht beobachtbarer Kleinkriminalität oder durch die Versuchung, vorherberechnete Straftaten vorwegnehmend (präemptiv) zu verhindern. Eine Unschuldsvermutung *by Design* müsste in die maschinellen Entscheidungsvorschläge eingebaut werden.[35]

Viele Chancen technischer Unterstützung der Sicherheitsverwaltung liegen in einer Umgestaltung von Außendiensten, die bislang im E-Government eher stiefmütterlich bedacht wurden. Durch Entscheidungsvorschläge aufgrund von Datenanalyse können sie auf neue Grundlagen gestellt werden. Dass dies auch Risiken birgt, zeigen erste Versuche, die Tätigkeit von Jugendämtern nach errechneten Risikolagen auszurichten.

Nicht weniger als ein gründlich erneuertes Wissensmanagement ist erforderlich, um mit solchen Lagen umzugehen.[36] Der Verzahnung von Wissen, das über algorithmische Datenanalyse gewonnen wurde, mit menschlichem, durch Verstehen und In-

---

[35] Hildebrandt, 2014
[36] Lenk, 2017

tuition geprägtem Wissen wird noch nicht genügend Aufmerksamkeit geschenkt. Weil automatisches Tätigwerden immer in die Gesellschaft eingebettet ist, muss der Zweck der Wissenserarbeitung - das Treffen »richtiger« Entscheidungen - bedacht werden. Wie auch sonst im Wissensmanagement gibt es keine Patentlösungen im Sinne eines »one size fits all«.

b) Einen Schritt weiter geht es mit Konstellationen vollautomatischen Entscheidens und Tätigwerdens. Lernfähige maschinelle Entscheider stehen neben den Menschen; zum Teil können sie auch ihre Entscheidungen selbst ausführen. Soweit die Entscheidungen unmittelbar technisch ausgeführt werden, also mit der Robotik, stellt sich die Frage nach deren Einhegung, um ihre Gesellschaftsverträglichkeit und Rechtskonformität zu sichern. Das Tätigwerden von Robotern, führerlosen Fahrzeugen bzw. Drohnen ist immer – auch im missverständlich als Vollautomation bezeichneten Zustand – eingebunden in soziotechnische Figurationen, denn Ziele und Absichten werden den Maschinen von Menschen eingepflanzt. Und selbst dann besteht noch ein soziotechnischer Zusammenhang, wenn die Maschinen nicht starr programmiert werden, sondern »lernend« aus Beobachtungen und Daten Handlungsprogramme selbst entwickeln, diese ausführen und dabei neue Ziele generieren.

Zweifellos ergibt sich hier ein großer Regelungsbedarf, der aber schon in der gegenwärtigen Rechtsordnung gedeckt werden kann. Roboter muss man letztlich als treue Gehilfen sehen, die unsere Welt bevölkern und ähnlichen Regeln unterworfen werden müssen wie Menschen. Es ist nicht nötig, Roboter mit Rechtspersönlichkeit auszustatten, um ihr Tätigwerden zu beherrschen und mögliche Schäden zu regeln. Kurz gesagt kann man das als die Notwendigkeit sehen, Roboter an die Leine zu legen und ihnen nötigenfalls einen Maulkorb zu verpassen. Die

Entwickler und »Herren« der Technik dürfen nicht aus der Verantwortung entlassen werden. Sie müssen dafür in die Pflicht genommen werden, dass auch »lernende« Roboter, führerlose Fahrzeuge oder Drohnen kein Unheil anrichten. Die Zurechnung von Ergebnissen zum Tätigwerden von Robotern kann ähnlich wie bei der Tierhalterhaftung geregelt werden, wo man schon lange nicht mehr Tiere als Rechtspersonen sieht. Jedoch erfordert das Leben mit selbstorganisierenden technischen Verfahren nicht nur rechtstechnische Vorkehrungen, sondern auch politische, in Rechtsform gegossene Entscheidungen darüber, bis zu welchem Grad ihre autonomen Entscheidungen und Tätigkeiten gesellschaftlich erwünscht sind oder hingenommen werden können.

Ein weiterer Anwendungsbereich von automatischen Entscheidungen aufgrund von Datenanalyse findet sich in der Feinsteuerung der Daseinsvorsorge und auch in vielen Hilfstätigkeiten des Verwaltungshandelns. Typisierende Entscheidungen kennt die Verwaltungspraxis heute schon zur Genüge. Nunmehr ergeben sich neue Möglichkeiten der Vereinfachung der Massenverwaltung, die damit ein individuelles Aussehen bekommt.[37] In erster Linie soll damit Zeit des qualifizierten Personals eingespart werden. Die Entscheidungen können beruhen auf der sich jeder staatlichen Regelung entziehenden Sammlung und Vorverarbeitung von allen möglichen Daten. Wenig aussagekräftig ist es, dies als »vollautomatischen Verwaltungsakt« zu bezeichnen, nachdem wir maschinelle Bescheidfertigung bereits seit Jahrzehnten kennen.[38]

[37] von Lucke, 2016
[38] Bull, 2017

Neu ist die feinkörnigere Typenbildung. Sinnvoll ist das, um Überwachungstätigkeit auf die wirklich kritischen Fälle zu konzentrieren. Das geschieht in der deutschen Steuerverwaltung schon seit vier Jahrzehnten, kann nun aber aufgrund der verbesserten Datenlage verfeinert werden.

Der eigentlich spannende Anwendungsbereich ist die öffentliche Sicherheit. Die hier zu treffenden Entscheidungen können auf Daten beruhen, die sich auf das Verhalten von als gefährlich eingestuften Menschen beziehen und Schlussfolgerungen über intimste Eigenschaften nahelegen. Dies muss sowohl im Falle von Entscheidungsvorschlägen für Menschen als auch im Falle der maschinellen Ausführung automatisch getroffener Entscheidungen dringend geregelt werden. Es ist zu verhindern, dass Theorien des geborenen Verbrechers oder der Glaube an die Ergebnisse verfeinerter Lügendetektoren zu Ungerechtigkeiten führen. Wenn ein Mensch hier Gegenvorstellungen erhebt, hält man ihm entgegen, dass der Körper nicht lügt.

## 6.     Fernfolgen

Auch für die Nutzung der Steuerungsinstrumente heute muss man Fernfolgen bedenken. Diese ergeben sich aus der Ko-Evolution von Gesellschaft, Individuen und Technik. Die theoretischen Grundlagen für deren Erfassung sind nur in Teilbereichen vorhanden, und sie sind vielen Stimmen, die sich kritisch oder euphorisch mit den Perspektiven dieser Ko-Evolution befassen, schlicht nicht bekannt. Das liegt unter anderem daran, dass im juristischen Denken eine auf die Rechte von Individuen bezogene Sicht vorherrscht.

## 6.1.    Lücken in der Theorie

Selbst gute Ansätze zu einer Theorie der Automatisierung bzw. Digitalisierung reproduzieren die Sichtbeschränkungen etablierter Wissenschaften; sie gleichen sektoralen Tiefenbohrungen in unvermessenem Gelände. Gerade soweit sie kritisch sein will, ist Wissenschaft einseitig gepolt auf die Betrachtung des Individuums, auf seine Rechte, seine Stellung in der Gesellschaft. Die gesellschaftlichen Veränderungen, die sich allmählich und kaum merklich einstellen, wenn immer mehr automatisierte Teilfunktionen in die menschlichen Handlungsketten und Beziehungen eingebaut werden, lassen sich nur mit einem zwischen Individualismus und Kollektivismus ausbalancierten Gesellschaftsverständnis erfassen. In einer rein individualbezogenen Sicht lässt sich kaum erkennen, wie unsere Abhängigkeit von standardisierten und teilautomatisierten gesellschaftlichen Infrastrukturen zunimmt. Handlungsspielräume der Menschen sind immer vorkonfiguriert durch Strukturen, in denen herrschende Überzeugungen und Einflussnahmen mächtiger Spieler verkörpert sind. Viel spricht dafür, dass diese Vorkonfiguration immer dichter und zwingender wird, und dass sich in ihr neue Governance-Strukturen ausprägen.

Mit einigen gegenwärtig eher vernachlässigten Ansätzen der Soziologie, Philosophie, allgemeinen Technologie und Informationstheorie kann man versuchen, zu besseren Einsichten zu gelangen. Denn inzwischen können wir wenigstens angeben, wie eine Theorie beschaffen sein müsste, welche eine Grundlage bietet für ein den heutigen Gegebenheiten angemessenes Verständnis. Ein möglicher Weg liegt in der Verbindung von einer dynamischen, für Technik offenen Gesellschaftstheorie[39] mit der Theorie soziotechnischer Systeme

---

[39]    Elias, 2009; von Borries, 1980

(der Allgemeinen Systemtheorie)[40] und ihrer Evolution (Selbstorganisation). Von hier aus lässt sich dann eine Theorie soziotechnischer Informationssysteme[41] entwickeln, wenn man sich – anders als viele unserer zeitgenössischen Kulturkritiker – die Mühe macht, mögliche und aktuelle Technikentwicklungen zu verstehen. Aus Platzgründen kann das an dieser Stelle nicht näher ausgeführt werden. Einzelne, noch unverbundene Ansätze zu einer gehaltvollen Theorie soziotechnischer Informationssysteme und ihrer Ko-Evolution mit der Gesellschaft finden sich an vielen Stellen, auf die hier nur global verwiesen sei.[42]

## 6.2. Szenarien

Aber auch solange unsere theoretischen Grundlagen für ein hinreichendes Verständnis der Ko-Evolution von Gesellschaft und Technik noch unzureichend sind, können wir mit einer gründlichen Ausarbeitung unterschiedlicher Szenarien weiterkommen. Sie haben nicht unmittelbaren Prognosewert, liefern aber, wenn man sie kombiniert, einige Aufklärung über mögliche Zukünfte. In der Szenariotechnik wird ein Nebeneinander von vier Szenarien empfohlen: einem Trendszenario, einem Best-Case-, einem Worst-Case- und einem Achterbahn-Szenario. Selbst deren Erarbeitung ist nicht einfach, weil Fragen der Evolution der Menschheit (Übervölkerung, Ressourcenverbrauch) und der Zukunft von Staat und Politik samt ihrer Institutionen immer mitzudenken sind.

---

[40] Ropohl, 2012
[41] Rammert, 2004
[42] Siemens, 1989; Steinmüller, 1993; Lenk, 2004; Kreowski, 2008; Stiegler, 2015; Fuchs-Kittowski & Kriesel, 2016

Trendszenarien gehen heute in der Regel von den beobachtbaren Schritten der großen Spieler aus. Best-Case-Szenarien können mögliche konviviale Zukünfte einer im Laufe dieses Jahrhunderts stabilisierten Menschheit ausmalen. Worst-Case-Szenarien entsprechen den vielen sich überbietenden Ansätzen, die auf Grundlage von in der Technik angelegten Möglichkeiten Alarm schlagen. Und Achterbahn-Szenarien nehmen große noch unbekannte und unwahrscheinliche Brüche an, mit denen immer zu rechnen ist. Die Bildung solcher Szenarien ist sehr arbeitsintensiv und erfordert eine breite Grundlegung, die hier nicht geleistet werden kann. Einen oberflächlichen Eindruck der erforderlichen Spannweite vermitteln die folgenden Schlagzeilen, zusammen mit je einer Literaturangabe:

- Trendszenario: *»Eric Schmidt for President«; »Solutionism«*[43]

- Best Case: Überwindung des Anthropozäns; Übergang zur *»économie contributive«*[44]

- Worst Case: Zerstörung der menschlichen Gesellschaft und des Planeten[45]

- Achterbahn-Szenario: Brüche durch *Unknown Unknowns*[46]

In der Realität werden sich Elemente aller Szenarien wiederfinden. Jedoch unterliegt deren Auftreten der Gravitationswirkung herrschender geistiger und materieller Strömungen und Machtzentren. So wird zu Recht davor gewarnt, sich einem »Agnostizismus der Gleichwahrscheinlichkeit«[47] toxischer und lebensfördernder Ent-

---

[43] Morozov, 2013
[44] Stiegler, 2016
[45] Rees, 2003
[46] Dupuy, 2002
[47] Morozov, 2015, S. 23

wicklungen hinzugeben. Gewiss sollte die Bedeutung der algorithmischen Revolution in der Technik für den Gang der gesellschaftlichen Entwicklung insgesamt nicht übertrieben werden; der Verweis auf die angeblich unwiderstehliche Macht der Digitalisierung verzerrt nur allzu leicht den Blick auf den Gesamtzustand unserer Welt, wovon auch realistische Darstellungen[48] nicht ganz frei sind. Aber die von Machtinteressen, von Geldgebern und vom Weltbild der Forscher und Entwickler getriebene Ausprägung der Informatik-Forschung lässt es heute noch wenig wahrscheinlich erscheinen, dass konviviale Formen der Technikgestaltung und -nutzung so rechtzeitig die Oberhand gewinnen, dass der Weg in eine lebenswerte Zukunft für alle gebahnt werden kann.

## 6.3.   Irrwege vermeiden

Unabhängig von diesen Szenarien müssen zwei Aspekte herausgestellt werden, die bei der Nutzung neuer Möglichkeiten im öffentlichen Raum immer mitbedacht werden müssen. Es sind dies die vielfach gesehene Eignung der alten und neuen *Tools of Governance* für die Stabilisierung totalitärer Herrschaft und eine verengte, verhaltenswissenschaftlich geprägte Wahrnehmung von menschlicher Gesellschaft.

Einige Formulierungen in Hannah Arendts »Elementen totaler Herrschaft« sollten uns zur Warnung dienen. Denn was diese Herrschaft mit Zwang erreichen wollte, wird heute mit weichen Mitteln einer Psychopolitik[49] angestrebt: alle Menschen auf eine immer gleichbleibende Identität von Reaktionen zu reduzieren; Eliminierung des Zufalls und des Unvorhersehbaren aus allem Geschehen.[50] Solche

---

[48]   wie beispielsweise von Weizsäcker & Wijkman, 2017; Dror, 2017
[49]   Han, 2014; Stiegler, 2016
[50]   Arendt, 1958, S. 111, 120

Gefahren sahen schon (1920) Max Weber in einem vom bürokratischen Sozialismus drohenden »Gehäuse der Hörigkeit« und (1944) Friedrich August von Hayek im »Weg in die Knechtschaft«. Ihr Wunsch, sie zu bannen mit der Glorifizierung des freien Unternehmertums und dem ungezügelten Walten der Marktkräfte, hat uns jedoch in eine Welt geführt, in der die Gefahr einer Fellachisierung der Menschen, wie es Max Weber nannte, nicht mehr von großen Staatsbürokratien, sondern von Kräften droht, die die Weltordnung bestimmen.

Der zweite Zusammenhang, die verhaltenswissenschaftliche Schlagseite, welche auch die Diskussion über *Nudging* als Steuerungsmittel prägt,[51] ist schwerer zu erfassen, weil wir uns an eine statistisch erzeugte *Governance by Numbers*[52] bereits gewöhnt haben. Ständig werden uns Vergleiche und Rankings auf mehr oder weniger solider Grundlage vor Augen geführt. Geradezu selbstverständlich erscheint damit ein positivistisches Denken, dem es auf Wahrheit nicht ankommt, solange sich nur seine Modelle dazu eignen, Interventionen in die Realität anzuleiten oder durchzuführen. Der Oldenburger Philosoph Johann Kreuzer spricht von einem naturalistischen Reduktionsprogramm, welches heute dieses positivistische Denken intensiviert und es in eine ungleich feinere soziale Physik führt, als sie Auguste Comte vor 150 Jahren vorschwebte.[53] Endlich haben wir die Daten, so glaubt Dirk Helbing, um die Gesellschaft vollständig abzubilden.[54]

---

[51] Seckelmann & Lamping, 2016

[52] Supiot, 2014

[53] Kreuzer, 2011

[54] Helbing, 2014

Diese positivistische Betrachtungsweise bringt technische Verfahren und Produkte hervor, welche über Wissensproduktion und -verwendung die Gesellschaft verändern. Das geschieht ziemlich geräuschlos, weil die Sprachschlamperei der Informatik dabei hilft. Sie setzt die Implementation ihrer Abstraktionen von der Realität mit dieser Realität sprachlich gleich.[55] Varianten einer erkenntnistheoretisch einfachen Abbildtheorie liegen aber nicht nur den Verheißungen der Künstlichen Intelligenz, sondern auch der Evidenzbasierung in Medizin und Politik zugrunde. Was dort als Evidenz zugelassen wird, ist verengt auf Daten, die im überwiegenden Verständnis als »objektiv« erscheinen. Dass die Daten, die sich heute wie Staub auf alles legen, die Welt abbilden, wird einfach unterstellt. Vergessen wird, dass Daten lebenspraktisch und interessengebunden konstituiert und in ein Wahrheitsregime eingebunden sind.

Das spricht nicht gegen jede Form ihrer Nutzung. In Teilbereichen ist das Operieren auf Abbildern schon seit langem anerkannt und durchaus sinnvoll. Auch in der Feinsteuerung des bürokratischen Wohlfahrtsstaats arbeitet man mit einer Verdopplung der Realität, sodass nicht die Armut selbst, sondern ihre Papierlage bearbeitet wird.[56] Der Grenzen dieses Vorgehens sollte man sich aber bewusst sein.

## 6.4. Grundsätze für die öffentliche Nutzung algorithmischer Steuerungsinstrumente

Auf der Grundlage absehbarer Folgen algorithmischer Governance, zu welchen die Technikfolgenabschätzung weitere Erkenntnisse liefern wird, sowie mehrerer Zukunftsszenarien können heute Grunds-

---

[55] Schefe, 1990, S. 13
[56] Achinger, 1958, S. 102ff

ätze für die sinnvolle Nutzung der neuen Governancetools im öffentlichen Sektor aufgestellt werden. Dabei mahnt die Eignung der Steuerungsinstrumente für die Stabilisierung totalitärer Herrschaft zur Vorsicht und legt uns Grenzen auf. Hier seien drei Grundsätze genannt.

1. Für sinnvolle Nutzung der Instrumente muss eine Grundvoraussetzung erfüllt sein, die Hermann Hill in eine Analogie zur öffentlich-rechtlichen Zweistufentheorie gefasst hat, nämlich die Unterscheidung in ein Grund- und ein Betriebsverhältnis. Diese Grundfigur im juristischen Denken[57] findet sich bei bestimmten, als zweistufig bezeichneten öffentlichen Entscheidungen. Deren Grundlage wird auf einer ersten Stufe öffentlich verantwortet, die Modalitäten ihrer Ausführung aber werden (etwa bei einer öffentlich geförderten Kreditvergabe) von privaten Banken bestimmt. Ganz entsprechend mögen manche Ausführungsdetails einem Automaten überlassen werden, wenn nur die Grundlinien nach wie vor von Menschen bestimmt werden. Im Verhältnis zu selbstorganisierenden Maschinen muss im Grundverhältnis immer der Mensch dominieren. Nur: welcher Mensch? Eine erfahrene Sachbearbeiterin? Eine in Machtspiele verwickelte Berufspolitikerin? Das Bundesverfassungsgericht? Eine noch kaum erkennbare Spezies von Politikern, die dem Idealbild eines verantwortlich handelnden »Homo Sapiens Governor«[58] entsprechen? Abgrundtiefes, aus Zeiten der Furcht vor dem damals noch mächtigen großen Leviathan ererbtes Misstrauen vieler Informatiker gegen den Staat möchte Bürokraten und Politiker ersetzen

[57] Hill, 2015
[58] Dror, 2017

durch andere Akteure, seien das auch Entwickler oder Investoren, die im Dunkeln verteilter Organisationen und Netze handeln.

2. Für den Einsatz der neuen Steuerungsinstrumente lässt sich darüber hinaus eine Maxime formulieren, die Menschen als denkende und zu ethischem Handeln fähige Wesen sieht: Wenn zwischen mehreren Steuerungsinstrumenten gewählt werden kann, sollten grundsätzlich Instrumente Vorrang haben, die sich an die Vernunft der Menschen wenden und ihnen Gelegenheit geben, klug und verantwortlich zu handeln. Allerdings schließt dies zwingende Vorgaben und ein *Nudging* nicht aus, dort wo Menschen im Sinne der früher sogenannten meritorischen öffentlichen Güter zu einem Verhalten genötigt werden sollen, das auf ihre Mitmenschen Rücksicht nimmt. Als Beispiel dient hier immer wieder der Impfzwang.

3. Es gibt allerdings Situationen, die so kritisch sind, dass man sich nicht auf Steuerung durch ein imperatives Recht, das übertreten werden kann, verlassen sollte. Sie finden sich z. B. im Atomstaat, der auf Jahrtausende hinaus eine Verhaltenslast erzeugt hat. Zunehmend entstehen solche Lagen im Umgang mit den Folgen von Klimawandel und Übervölkerung, aber auch mit der wachsenden Handlungsmacht von Organisationen und Einzelnen. Diese können Roboter als Delegierte für Dreckarbeiten und Verbrechen nutzen. Das führt zu einem Ungleichgewicht des Schreckens.[59] Mit einer Waffe oder mit toxischen Produkten aus Hinterhoflaboren können Wenige einen großen Krieg auslösen, was

---

[59] Virilio, 2016

sich bereits im neuen militärstrategischen Denken nieder-
schlägt. Und der Katastrophenschutz muss sich auf neuartige, in ihren Umrissen noch gar nicht erfassbare Katastrophen einstellen.[60]

Hier ist die Menschheit künftig nicht nur auf Besonnenheit, sondern
auch auf Fortschritte in der algorithmischen Steuerungstechnik angewiesen, um sich nicht selbst und mit ihr alles Leben auf der Erde
zu vernichten.[61] Manche Verhaltensmöglichkeiten müssen abge-
schnitten werden, wenn wir überleben wollen. Das wird uns nahelegen, neue Tabus zu schaffen und diese technisch abzusichern. Kurz:
Zwingende Kontextsteuerung, welche Menschen nicht als verantwortliche Rechtssubjekte, sondern als statistische Größen adressiert, behindert zwar moralisches Wachstum und tangiert die Men-
schenwürde, ist aber angesichts neuer Sicherheitsrisiken nicht immer zu umgehen.

Die vorstehenden Grundsätze führen notwendig zu Überlegungen,
wie die Wirkungsmacht staatlicher Stellen eingehegt werden kann.
Die Möglichkeiten totaler Kontrolle des Verhaltens samt der aus den
Verhaltensäußerungen abgeleiteten Entscheidungen und Aktionen
schrecken. Der ubiquitären Verfügbarkeit entsprechender Daten ist
angesichts weltweiter Praktiken von Geheimdiensten nicht mehr zu
entgehen. Wenn aber der wachsenden Verfügbarkeit von Daten und
der jederzeitigen gegenseitigen Überwachung nicht mehr begegnet
werden kann, dann müssen Analyse und Nutzung verfügbarer Daten, also das Entscheiden und das Bewirken, geregelt werden. Das
fortentwickelte Datenschutzrecht kann bestenfalls Teilantworten
bieten, auch wenn es seine Anstrengungen von der Verknappung

---

[60]  Dupuy, 2002
[61]  Dror, 2017

personenbezogener Daten hin zu einer Kontrolle von nach Datenlage getroffenen automatisierten Entscheidungen verschiebt. Die individualistische Sicht eines in die »informationelle Selbstbestimmung« vorverlagerten Grundrechtsschutzes führt ohnehin an der Erkenntnis gesellschaftlicher Implikationen der Datennutzung vorbei. Deren zunehmende Mächtigkeit mag zu emergenten Eigenschaften der Gesellschaft führen, national und weltweit. Nicht ausgeschlossen werden kann, dass wir uns allmählich in eine durchorganisierte Gesellschaft bewegen, in der Handlungsspielräume prekär werden, für wie sinnvoll auch man im Einzelnen Entwicklungen wie »Smart Grid«, »E-Call« und andere halten mag.

Um die Neukalibrierung des emotional allzu sehr aufgeladenen Themas Überwachung (Surveillance) kommen wir nicht mehr herum. Sie ist aus verschiedenen Gründen behindert, vor allem durch die aus der 1968er Zeit ererbte Staatsaversion.[62] Die Fragen müssen an anderer Stelle weiterverfolgt werden. Hier sei nur gesagt, dass der aufziehende Präventionsstaat sich nicht wie der Wohlfahrtsstaat ökonomisch in seine Grenzen verweisen lässt.[63] Andere Grenzen müssen ihm gesetzt werden, wobei seine Ordnungsleistungen nicht als allein maßgebend behandelt werden dürfen. Die »präemptive« Reaktion auf Gefahren[64] ist auf ein Minimum zu beschränken, wenn sie die Arrestierung oder gar Tötung von Menschen erfordert. Perfekte Sicherheit kann es nicht in allen Bereichen geben, solange uns die Mutation der Menschheit[65] noch nicht in eine dystopische transhumanistische Zukunft führt. Denn einem Menschen sollte immer noch die Möglichkeit verbleiben, dort zu sein, wo man ihn gerade

---

[62] Fiedler, 2005
[63] Grande, 2008
[64] Dupuy, 2002
[65] Bertaux, 1971

nicht erwartet – solange dies nicht zu Gefahren für andere oder für die Menschheit als Ganze führt.

## 7.    Ausblick

Algorithmische Governance ist Herrschaft mittels delegierter Maschinen. *Who governs?* Diese Frage des Politikwissenschaftlers Robert Dahl ist zeitlos. Sie muss – was hier nicht geschehen kann – heute neu beantwortet werden in Kenntnis der neuen *Tools of Governance.* Die Governance seitens privater Mächte wirkt inzwischen so intensiv, dass man von einer *Overlay*-Ordnung sprechen kann, welche die staatlichen Rechtsordnungen überlagert, ihnen Konkurrenz macht und die Gesellschaft strukturiert.[66] Man könnte an das europäische Nebeneinander von staatlicher und kirchlicher Ordnung in früheren Jahrhunderten denken.

Wir sollten wissen, was wir tun. Vieles, was wir jetzt schon in unserer Gesellschaft beobachten können, erwartete Aldous Huxley in seiner Dystopie der *Brave New World* erst nach über 600 Jahren. Aspekte einer durchorganisierten Gesellschaft finden wir in Singapur, Dubai, China. Und Firmen, die dort im Geschäft sind, wollen uns ihre Ansätze andienen, etwa lückenlose Überwachung des öffentlichen Raums mit Robocops (Dubai) oder Kontrollzentren für Smart Cities (Rio de Janeiro).

Evidenzbasierung und fraglose Übernahme von Ergebnissen der Analyse von Daten über Zustände und Verhalten in der Vergangenheit entsprechen einem Wunsch, vergangene Ordnung stabil zu halten. Weiter wie bisher, aber mit zwei technischen »Revolutionen«

---

[66]  Lenk, 2016

pro Jahr. Das wirkt als »Geschichtsbremse«, wie der Berner Informatiker Reinhard Riedl sagt.[67] Es kann das Werden der Gesellschaft blind anleiten, ohne ihre Zukunft, also die großen Fragen der Weltentwicklung zu bedenken. Konsensfähige kollektive Überzeugungen, Protentionen der Menschheit, Zukunftsvisionen, entstehen nicht mehr,[68] nachdem sie im letzten Jahrhundert von der postmodernen Philosophie als »große Erzählungen« diskreditiert wurden. Das Werden der Menschheit wird einer Kalküllogik unterworfen.

Dieser Wunsch, die Geschichte still zu stellen, ist zutiefst angstbesetzt. Das Regieren wird auf das Andauernlassen der relativen Stabilität des Gegenwärtigen reduziert.[69] Auch das setzt nur schon vorhandene Tendenzen fort: Schon 1968 stellte Jürgen Habermas fest, dass Politik negativen Charakter annimmt, reduziert auf die Beseitigung von Dysfunktionen; sie bezieht sich nicht mehr auf die Verwirklichung praktischer Ziele,[70] und damit nicht auf wünschenswerte Formen des Zusammenlebens, die im Lichte der technischen Entwicklung erstmals möglich werden.

Das Fazit der vorstehenden Ausführungen ist gemischt. Ja, maschinelle Intelligenz ist zu nutzen, wo es sinnvoll ist, wobei der Mensch steuert. Diese Nutzung ist noch ausbaufähig. Dabei sollte Kontextsteuerung ohne Wissen und Zutun der Menschen nur in Maßen genutzt werden, wo es nicht anders geht. Menschen sind als Menschen zu behandeln, aber der drohenden Selbstaufgabe der Menschheit angesichts neuer aus Wissenschaft und Technik resultierender Gefahren ist wirkungsvoll zu begegnen, auch mit Mitteln zwingender algorithmischer Steuerung.

---

[67] Riedl, 2015
[68] Stiegler, 2016
[69] Rouvroy, 2011, S. 135
[70] Habermas, 2014, S. 77

# Quellen

Achinger, H. (1958). *Sozialpolitik als Gesellschaftspolitik. Von der Arbeiterfrage zum Wohlfahrtsstaat.* Rowohlt, Hamburg

Anders, G. (1980). *Die Antiquiertheit des Menschen 2 – Über die Zerstörung des Lebens im Zeitalter der dritten industriellen Revolution.* 4. Aufl. Beck, München

Arendt, H. (1958). *Elemente totaler Herrschaft.* Europ. Verlagsanstalt, Frankfurt am Main

Bauman, Z. / Lyon, D. (2013). *Daten, Drohnen, Disziplin. Ein Gespräch über flüchtige Überwachung.* Suhrkamp, Berlin

Bertaux, P. (1971): *Mutation der Menschheit – Zukunft und Lebenssinn.* Vom Verfasser revidierte Ausgabe. List, München

Berthoud, G.; Cerqui, D.; Clément, F.; Ischy, F. & Simioni, O. (2000). *La »Société de l'Information«: une idée confuse?* Université de Lausanne, Institut d'Anthropologie et de Sociologie. Lausanne

Brownsword, R. (2008): So What Does the World Need Now? Reflections on Regulating Technologies. In: Brownsword, R. & Yeung, K. (Hrsg.), *Regulating Technologies. Legal Futures, Regulatory Frames and Technological Fixes* (S. 23-47). Hart Publishing, Oxford, Portland (Oregon)

Bull, H. P. (2016). Der »vollständig automatisiert erlassene« Verwaltungsakt – Zur Begriffsbildung und rechtlichen Einhegung von »E-Government«. In: *Deutsches Verwaltungsblatt* 132, H. 7, S. 409-417

Degele, N. (2002). *Einführung in die Techniksoziologie.* Fink, München

Drath, M. (1963). *Grund und Grenzen der Verbindlichkeit des Rechts.* Mohr, Tübingen

Dror, Y. (2017). *For Rulers. Priming Political Leaders for Saving Humanity from Itself.* Westphalia Press, Washington DC

Dupuy, J.-P. (2002). *Pour un catastrophisme éclairé. Quand l'impossible est certain.* Editions du Seuil, Paris

Elias, N. (2009). *Was ist Soziologie?* 11. Aufl., Juventa, München

Fach, W. (1997). Die letzte Reform. Über den neuen »öffentlichen Dienst«. In: Grande, E. & Prätorius, R. (Hrsg), *Modernisierung des Staates* (S. 163-176). Nomos, Baden-Baden

Fiedler, H. (2005). Die Utopie einer libertären Informationsgesellschaft und die Zukunft des Staates. In: Klewitz-Hommelsen, S. & Bonin, H. (Hrsg.), *Die Zeit nach dem E-Government* (S. 67-76). edition sigma, Berlin

Forsthoff, E. (1938). *Die Verwaltung als Leistungsträger.* Kohlhammer, Stuttgart

Fuchs-Kittowski, F. & Kriesel, W. (Hrsg.) (2016). *Informatik und Gesellschaft. Festschrift zum 80. Geburtstag von Klaus Fuchs-Kittowski.* Peter Lang, Frankfurt am Main u.a.O.

Grande, E. (2008). Reflexive Modernisierung des Staates. In: *der moderne staat* 1, H.1 (S. 7–27)

Habermas, J. (2014). *Technik und Wissenschaft als ›Ideologie‹.* 20. Auflage, Suhrkamp, Frankfurt am Main

Han, B.-C. (2014). *Psychopolitik. Neoliberalismus und die neuen Machttechniken.* 3. Aufl., S. Fischer, Frankfurt am Main

Helbing, D. (2014). The Automation of Society is Next. How to Survive the Digital Revolution. ssrn.com/abstract=2694312

Heller, H. (1934). *Staatslehre.* Sijthoff, Leiden

Hildebrandt, M. (2011). *De rechtsstaat in cyberspace?* Rede uitgesproken bij de aanvaardiging van het ambt van hoogleraar ICT en rechtsstaat aan de Faculteit der Natuurwetenschappen, Wiskunde en Informatica van de Radboud Universiteit Nijmegen op donderdag 22 december 2011. Nijmegen

Hildebrandt, M. (2014). Criminal Law and Technology in a Data-driven Society. In: Dubber, M. & Hörnle, T. (Hrsg.), *The Oxford Handbook of Criminal Law* (S. 174-197). Oxford University Press Oxford

Hildebrandt, M. (2015). *Smart Technologies and the End(s) of Law.* Edward Elgar, Cheltenham

Hill, H. (2015): Scientific Regulation – Automatische Verhaltenssteuerung durch Daten und Algorithmen. In: ders. & Schliesky, U. (Hrsg.), *Auf dem Weg zum Digitalen Staat – auch ein besserer Staat?* (S. 267-287). Nomos, Baden-Baden

Hoffmann-Riem, W. (2017). Verhaltenssteuerung durch Algorithmen – Eine Herausforderung für das Recht. In: *Archiv des öffentlichen Rechts* 142, H. 1, S. 1-43

Hood, Ch. (1983). *The Tools of Government.* Macmillan, London

Hood, Ch. (2006). The Tools of Government in the Information Age. In: Goodin, R.E.; Rein M. & Moran, M. (Hrsg.): *The Oxford Handbook of Public Policy* (S. 469–481), Oxford University Press, Oxford

Just, N, / Latzer, M. (2016). Governance by algorithms: reality construction by algorithmic selection on the Internet. In: Media, Culture & Society (S. 1–21). Sage, London

Köhl, S., Lenk, K., Löbel, S., Schuppan, T. & Viehstädt, A.-K. (2014). *»Stein-Hardenberg 2.0« – Architektur einer vernetzten Verwaltung mit E-Government.* edition sigma, Berlin

Kreowski, H.-J. (Hrsg.) (2008). *Informatik und Gesellschaft.* LIT Verlag, Münster

Kreuzer, J. (2011). Bloch-Lektüre heute. In: Nida-Rümelin, J. & Kufeld, K. (Hrsg.), *Die Gegenwart der Utopie. Zeitkritik und Denkwende* (S. 183-199). Karl Alber, Freiburg im Breisgau

Leenes, R. (2011). Framing Techno-Regulation: an Exploration of State and Non-state Regulation by Technology. In: *Legisprudence* 5, H. 2, S. 143-169

Lenk, K. (1990). Anforderungen an Expertensysteme und an ihren Erstellungsprozeß. In: Bonin, H. (Hrsg.), *Entmythologisierung von Expertensystemen. Entscheidungsunterstützung in der öffentlichen Verwaltung* (S. 67–78). Decker & Müller, Heidelberg

Lenk, K. (2004). *Der Staat am Draht. Electronic Government und die Zukunft der öffentlichen Verwaltung – Eine Einführung.* edition sigma, Berlin

Lenk, K. (2016). Die neuen Instrumente der weltweiten digitalen Governance. In: *Verwaltung & Management,* 22, H. 5 (2016), S. 227-240

Lenk, K. (2016a). Gedanken zur Gestaltung technikdurchtränkter Arbeitsorganisation. In: Fuchs-Kittowski, F. & Kriesel, W. (Hrsg.) *Informatik und Gesellschaft. Festschrift zum 80. Geburtstag von Klaus Fuchs-Kittowski* (S. 351–360). Peter Lang, Frankfurt am Main.

Lenk, K. (2017). Wissensmanagement als Brücke zwischen Informations-technik und Verwaltungsrealität. In: von Lucke, J. & Lenk K. (Hrsg.), *Verwaltung, Informationstechnik & Management. Festschrift für Heinrich Reinermann zum 80. Geburtstag* (S. 87-99). Nomos, Baden-Baden

Lessig, L. (2006). *Code version 2.0.* Basic Books, New York

Morozov, E. (2013). *To Save Everything, Click Here. Technology, solutionism and the urge to fix problems that don't exist.* Allen Lane, London

Morozov, E. (2015). Wider digitales Wunschdenken. In: Schirrmacher, F. (Hrsg.), *Technologischer Totalitarismus* (S. 23–28). Suhrkamp, Berlin

Nake, F. (2016). Die algorithmische Revolution. In: Fuchs-Kittowski, F. & Kriesel, W. (Hrsg.) *Informatik und Gesellschaft. Festschrift zum 80. Geburtstag von Klaus Fuchs-Kittowski* (S. 139–149). Peter Lang, Frankfurt am Main u.a.O.

Pflüger, J.(2008). Interaktion im Kontext. In: Hellige, H.D. (Hrsg.), *Mensch-Computer Interface. Zur Geschichte und Zukunft der Computerbedienung* (S. 323–389). transcript Verlag, Bielefeld

Plaine Commune Chair of Contributive Research (2016). Call for Applications for Transdisciplinary PhD Scholarships. http://s.fhg.de/TCf

Raab, Ch. D. & de Hert, P. (2008). Tools for Technology Regulation: Seeking Analytical Approaches Beyond Lessig and Hood. In: Brownsword, R. & Yeung, K. (Hrsg.), *Regulating Technologies. Legal Futures, Regulatory Frames and Technological Fixes* (S. 263–286). Hart Publishing, Oxford, Portland Oregon

Rammert, W. (2004). Technik als verteilte Aktion. Wie technisches Wirken als Agentur in hybriden Aktionszusammenhängen gedeutet werden kann. In: Kornwachs, Klaus (Hrsg.), *Technik – System – Verantwortung* (S. 219–231). LIT Verlag, Münster

Rees, Sir M. (2003). *Our Final Hour. How terror, error, and environmental disaster threaten humankind's future in this century – on earth and beyond.* Basic Books, New York

Riedl, R. (2015). Big Data – schnell erklärt. In: *eGov Präsenz* H. 1, S. 15-16

Ropohl, G. (2012). *Allgemeine Systemtheorie.* edition sigma, Berlin

Rouvroy, A. (2011). Pour une défense de l'éprouvante inopérationnalité du droit face à l'opérationnalité sans épreuve du comportementalisme numérique. In: *Dissensus – Revue de philosophie politique de l'ULg* No. 4, S. 127-149

Schefe, P. (1990). Dimensionen, Möglichkeiten und Grenzen der Rekonstruktion von Wissen in Sprachen der Künstlichen Intelligenz. In: Bonin, H: (Hrsg.) *Entmythologisierung von Expertensystemen. Entscheidungsunterstützung in der öffentlichen Verwaltung* (S. 13-28). Decker & Müller, Heidelberg

Seckelmann, M. & Lamping, W. (2016). Verhaltensökonomischer Experimentalismus im Politik-Labor. Rechtliche Rahmenbedingungen und Folgerungen für die Evaluationsforschung (S. 189–200). In: *Die öffentliche Verwaltung* 69, H. 5

Siemens AG (1989). *Informationstechnik. Versuch einer Systemdarstellung.* Siemens Aktiengesellschaft, München

Steinmüller, W. (1993). *Informationstechnologie und Gesellschaft. Einführung in die Angewandte Informatik.* Wiss. Buchgesellschaft, Darmstadt

Stiegler, B. (2015). *La société automatique. 1. L'Avenir du Travail.* Fayard, Paris

Stiegler, B. (2016). *Dans la disruption – comment ne pas devenir fou?* Les liens qui libèrent, Paris

Streeck, W. (2015). Kunde oder Terrorist? In: Schirrmacher, F. (Hrsg.), *Technologischer Totalitarismus* (S. 247–256). Suhrkamp, Berlin

Streeck, W. (2017). Die Wiederkehr der Verdrängten als Anfang vom Ende des neoliberalen Kapitalismus. In: Geiselberger, H. (Hrsg.) *Die große Regression. Eine internationale Debatte über die geistige Situation der Zeit* (S. 253 – 273). Suhrkamp, Berlin

Supiot, A. (2015). *La Gouvernance par les nombres. Cours au Collège de France 2012-2014.* Fayard, Paris

Virilio, P. (2016). Die Verwaltung der Angst. 2. Aufl., Passagen Verlag, Wien

Voigt, R. (Hrsg.) (1983). *Gegentendenzen zur Verrechtlichung.* Westdeutscher Verlag, Opladen

von Borries, V. (1980). *Technik als Sozialbeziehung. Zur Theorie industrieller Produktion.* Kösel, München

von Lucke, J. (2016). Deutschland auf dem Weg zum Smart Government. In: *Verwaltung & Management,* 22, H. 4 (2016), S. 171 - 186

von Weizsäcker, E.-U. & Wijkman, A. (2017). *Wir sind dran. Was wir ändern müssen, wenn wir bleiben wollen – eine neue Aufklärung für eine volle Welt.* Gütersloher Verlagshaus, Gütersloh

Weick, K. E. & Sutcliffe, K. M. (2003). *Das Unerwartete managen. Wie Unternehmen aus Extremsituationen lernen.* Klett Cotta, Stuttgart

Weyer, J. (2008). *Techniksoziologie – Genese, Gestaltung und Steuerung soziotechnischer Systeme.* Juventa Weinheim/München

## Über den Autor

### Klaus Lenk

Klaus Lenk, Dr. iur (Heidelberg, 1969), ist emeritierter Professor für Verwaltungswissenschaft an der Carl-von-Ossietzky-Universität Oldenburg. Seine Arbeitsgebiete sind Organisation und Verwaltungsinformatik.

# Vier wissenspolitische Herausforderungen einer datengetriebenen Verwaltung

Basanta E. P. Thapa

Kompetenzzentrum Öffentliche IT, Fraunhofer-Institut für offene Kommunikationssysteme, Berlin

Die datengetriebene Verwaltung, welche die algorithmische Auswertung von Big Data zur Entscheidungsunterstützung einsetzt, sieht sich potenziellen Machtverschiebungen gegenüber, die nuancierter und weniger augenfällig sind als die Extreme von Überwachungsstaat einerseits und smarter Bürgerorientierung andererseits. Aus der Perspektive der Wissenspolitik kann der staatliche Einsatz von Big Data zu einem Monopol von politikrelevantem Wissen auf Seiten des Staates führen, inklusive der steigenden Entpolitisierung und Technokratisierung von politischen Fragen, des Aufstiegs von *Data Scientists* zu politischem Einfluss sowie des Ausschlusses von Interessensgruppen, die keine Big-Data-basierte Gegenexpertise aufbauen können.

Die »datengetriebene Verwaltung« ist das Leitbild eines öffentlichen Sektors, der sich nicht nur in Arbeitsprozessen, sondern insbesondere auch bei der Entscheidungsfindung auf neue Technologien zur Erhebung und Auswertung von Daten, wie z. B. cyberphysische Sensorsysteme, *Big Data Analytics,* und künstliche Intelligenz, stützt. Allein *Big Data Analytics,* die digitale Zusammenführung und Auswertung großer Datenmengen aus unterschiedlichen Quellen, wird als eine der wichtigsten technischen Innovationen der letzten Jahrzehnte für die öffentliche Verwaltung erachtet.[1] Als einer der wissensintensivsten Sektoren[2] sollte der Staat immens von der systematischen Analyse seiner bisher kaum genutzten Datensätze profitieren. Beratungs- und Technologieunternehmen werben seit Jahren für die potenziellen Effizienzgewinne und Qualitätsverbesserungen.[3] Doch welche Folgen gehen mit der Einführung von *Big Data Analytics* und ähnlichen neuen Datentechnologien in Regierung und Verwaltung einher?

Die zwiespältigen Erwartungen an digitale Technologien in der öffentlichen Hand, welche der Buchtitel »*Orwell in Athens*«[4] elegant zusammenfasst, gelten auch für Big Data: Nach der extremen »Orwellschen« Lesart führt der Einsatz von Big-Data-Technologien durch die Verwaltung in einen totalen Überwachungsstaat. Digitale Technologien ersetzen das bekannte Panoptikon, bei dem jederzeit lediglich die Möglichkeit von Überwachung besteht, durch das Panspektron, das durchgehend Informationen über alles und jeden sammelt.[5] Nach »athenischer« Lesart hingegen läuten Big Data und verwandte Technologien ein Zeitalter der Transparenz, Offenheit und Bürgerbeteiligung ein, beispielsweise durch größere Beachtung der konkreten Wünsche der Bürger durch Personalisierung,[6] Stimmungsbeobachtung in Echtzeit[7] und Monitoring der Bürgerzufriedenheit mit öffentlichen Dienstleistungen.[8]

---

[1] Pollitt 2014
[2] Lenk & Wengelowski 2004
[3] z. B. Leadbeater 2011; McKinsey Global Institute 2011; Yiu 2012
[4] van de Donk, Snellen, & Tops 1995
[5] Braman 2009, S. 315
[6] Pieterson, Ebbers, & van Dijk 2007
[7] Kim, Trimi, & Chung 2014
[8] Wiseman 2015

Die »athenischen« und die »Orwellschen« Sichtweisen sammeln das Gros der wissenschaftlichen Diskussion um die datengetriebene Verwaltung. Dieser Beitrag richtet jenseits dieser beiden Extreme den Blick auf die möglichen Machtverschiebungen in der datengetriebenen Verwaltung. Der Fokus liegt dabei auf der »Wissenspolitik«, den politischen Effekten von und dem politischen Ringen um verschiedene Wissensarten. Dies soll jedoch die Bedeutung anderer möglicher Machteffekte keineswegs in Abrede stellen.

Zunächst führe ich überblicksartig die theoretische Perspektive der »Wissenspolitik« ein und lege dar, warum »datengetriebenes« Wissen eine dominante Stellung einnehmen könnte. Anschließend stelle ich vier relevante Aspekte dieser Entwicklung dar, nämlich die Monopolisierung von Wissen durch die Regierung, die Entpolitisierung und Technokratisierung von politischen Fragen, den Aufstieg von Analysten als mächtige Berufsgruppe in der Verwaltung sowie die Möglichkeiten für Gegenexpertise. Zur Verdeutlichung spanne ich ein überspitztes Szenario auf, in dem die datengetrieben Verwaltung eine Wissenshegemonie und somit den Status eines »neuen Leviathan« einnimmt,[9] der den politischen Prozess durch überlegenes Wissen und vermeintliche »administrative Rationalität« dominiert. Ziel ist es, für eben diese subtileren Folgen von Datentechnologien in Staat und Gesellschaft zu sensibilisieren.

## 1. Wissenspolitik & Macht

Der Theorieansatz der Wissenspolitik betont die Machtkämpfe um und die Machteffekte von Wissen, beispielsweise von verschiedenen Wissenstypen und -quellen. Dem zugrunde liegt das sozialkonstruktivistische Verständnis, dass Wissen nicht ein wie auch immer gear-

---

[9] Centeno 1993

tetes Abbild der Realität ist, sondern Menschen je nach anerkanntem Wissensbestand unterschiedliche Realitäten konstruieren oder zumindest die Welt unterschiedlich deuten. Im Kontext von Wissenspolitik meint Macht daher die Fähigkeit, über Wissen die Realität zu definieren oder zumindest eine bestimmte Lesart der Realität als allgemein anerkannt zu etablieren. Soziale Probleme zu definieren und ihnen Bedeutungen zuzuweisen sind grundlegende Ziele von Politik.[10] Wissenspolitik ist daher keine metaphysische Übung, sondern hat konkrete politische Implikationen, denn die genaue Definition eines sozialen Problems bestimmt auch die Bandbreite seiner möglichen und »denkbaren« Lösungen.[11] Definieren wir Arbeitslosigkeit nur als eine Folge von Unterqualifizierung oder nur von zu viel Einwanderung, so stellen sich jeweils Qualifizierungsangebote bzw. Einwanderungsschranken als einzig sinnvoller Lösungsweg dar. Daher ist eine effektive Strategie, um politische Vormacht zu erreichen und zu behaupten, die »Schließung des Wissensmarktes«[12] gegen alternative Interpretationen und die Etablierung der eigenen Definitionen als dominant.

Wissen kann durch seine Produktionsweise, seine Quelle oder seinen Träger unterschieden werden. Matthiesen unterscheidet beispielsweise zwischen Alltagswissen/Common Sense, um tagtägliche Interaktionen zu meistern, Experten- und Berufswissen, mit dem Fachleute ihre beruflichen Aufgaben lösen, Institutionenwissen darüber, wie die formalen und informalen Logiken von Organisationen und Gesellschaft funktionieren, oder Milieuwissen, wie Angelegenheiten in bestimmten gesellschaftlichen Untergruppen üblicherweise geregelt werden, um nur einige zu nennen.[13] Rüb & Straßheim

[10]  Fischer 1998
[11]  Rittel & Webber 1973; Rochefort & Cobb 1994
[12]  Nullmeier & Rüb 1993
[13]  Matthiesen 2005

gruppieren Wissenstypen allgemeiner entlang ihrer Nutzung als Evidenz in politischen Auseinandersetzungen:[14]

- soziale Evidenz, die auf individuellen Einschätzungen und Meinungen beruht, etwa ob ihr Träger ein Experte oder glaubwürdig ist

- ikonisch-rhetorische Evidenz, die Argumente durch Metaphern, Narrative und andere rhetorische Mittel selbsterklärend macht

- kalkulativ-axiomatische Evidenz, die logisch oder rechnerisch produziert wird, z. B. mithilfe von statistischen Methoden

- mechanistische Evidenz, die auf Digitalisierung und Automatisierung beruht, beispielsweise Computersimulationen.

Diese verschiedene Wissenstypen werden in Wissensordnungen und Wissensregimen hierarchisiert: Wissensordnungen beschreiben institutionalisierte und gewohnte Praktiken in einer Gesellschaft, um die Legitimität und Hierarchie verschiedener Wissenstypen und -ansprüche festzulegen.[15] Wissensordnungen definieren beispielsweise die allgemein anerkannten Grenzen zwischen Wissen und Glauben, Fakten und Werten, Experten und Laien, Wissbarem und Unwissbarem, Relevantem und Irrelevantem. So lernen wir beispielsweise in der deutschen Gesellschaft sehr früh, dass Träume vielleicht Unterhaltungs-, aber keinen Faktenwert haben, und in dieser Hinsicht allgemein anerkannt hinter dem Inhalt einer Enzyklopädie zurückstehen.

Wissensregime hingegen sind lokale und leichter veränderliche Versionen von Wissensordnungen in spezifischen Feldern und Sachfragen. Sie beschreiben zeitweise stabile Übereinkünfte, welche Arten und Quellen von Wissen in bestimmten Kontexten als legitim und

---

[14]  Rüb & Straßheim 2012
[15]  Wehling 2007; Weingart 2003

überlegen erachtet werden. Ein Beispiel ist der klassische Konflikt zwischen dem Erfahrungswissen des jahrzehntelangen Praktikers und dem Bücherwissen des jungen Hochschulabsolventen. Welche der beiden Wissensarten in einer Diskussion als stechend erachtet wird, hat häufig weniger mit überprüfbarer Richtigkeit als mit der etwaigen Präferenz der Vorgesetzten zu tun.

Sowohl Wissensordnungen als auch -regime sind das Produkt diskursiven Ringens zwischen verschiedenen Akteuren samt ihren gleichgesinnten »Wissensallianzen«,[16] die diese Ordnungen zu ihrem Vorteil zu verändern versuchen. Daher spiegeln und reproduzieren Wissensordnungen bestehende Macht- und Dominanzverhältnisse. So gelten beispielsweise traditionelle Naturheilmittel so lange als Quacksalberei, bis ihre Wirksamkeit durch die Schulmedizin nachgewiesen wurde, worin sich die Dominanz der westlich-wissenschaftlichen Methode zeigt.

Das Auftreten neuer Wissenstypen und -quellen hat das Potenzial, bestehende Wissensordnungen und -regime neu zu ordnen und dadurch auch verschiedenen Akteursgruppen zu mehr oder weniger Einfluss zu verhelfen. *Big Data Analytics* ist ohne Zweifel eine solche Entwicklung, die bestehende Wissensregime, gerade auch in Regierung und Verwaltung, verändern kann.

## 2.    Big Data als privilegierter Wissenstyp

Wissen, das auf *Big Data Analytics* und anderen Formen datenbasierter Evidenz beruht, wird in den Wissensregimen der europäisch geprägten politisch-administrativen Systeme vermutlich eine hervorgehobene Stellung einnehmen. Diese Annahme speist sich aus der langen und verwobenen Geschichte von Datenverarbeitung und

---

[16]  Bleiklie & Byrkjeflot 2002

Staatswesen. Wissenschaftler wie Porter, Scott und Desrosières führen den Aufstieg des modernen Bürokratie- und Nationalstaats auf immer umfangreichere Methoden zur Datenspeicherung und -auswertung zurück.[17] Scott zeigt beispielweise, dass genormte Maße und zentrale Register als Instrumente der »Lesbarmachung des Lokalen« es Zentralregierungen zum ersten Mal ermöglichten, lokale Angelegenheiten zu verstehen und in diese einzugreifen, was zuvor nur mit dem notwendigen lokalen Wissen effektiv möglich war, und so die Voraussetzung für den Aufstieg des modernen Nationalstaats legten. Diese historische Entwicklung erreicht mit dem Aufkommen von Big Data und anderen datengetriebenen Technologien eine neue Qualität: »Im Informationsstaat potenziert sich die Fähigkeit des Staates, Informationen über seine Bürger und die Ressourcen und Aktivitäten innerhalb der Staatsgrenzen zu sammeln und zu verarbeiten.«[18]

Aufgrund der historischen Dominanz von Aufklärung und Modernität werden kalkulativ-axiomatische und mechanistische Evidenz, die aus Berechnungen gewonnen werden, in Politik und Verwaltung allgemein als überzeugender erachtet.[19] Dies wird auch als »rationalistisches Modell der Politik«[20] bezeichnet, in dem jedes Argument, das durch Zahlen und Berechnungen gestützt wird, per se überzeugender wirkt. Torgerson fasst diese Perspektive so zusammen:

*»Alles echte Wissen war in dieser Denkweise wissenschaftliches Wissen – d. h. beschränkt auf die Beobachtung von Fakten, logische Inferenz und die Bestimmung von regelmäßigen Bezie-*

---

[17] Porter 1996; Scott 1998; Desrosières 2010
[18] Braman 2009
[19] Torgerson 1986, eigene Übersetzung
[20] Wittrock 1991; Wollmann 2013

*hungen zwischen Fakten. [...] Im Zusammenhang des modernen Verwaltungsstaats neigt Policy Analysis dazu, eine technokratische Aura auszustrahlen, was die alte positivistische Idee bestätigt, dass die Wissenschaft irgendwie die genauen und sicheren Lösungen liefern wird, die wir für den Fortschritt der bestehenden Ordnung brauchen.«*[21]

Trotz einer gewissen Entzauberung dieser rationalistischen Perspektive in den 1980ern und 1990ern, die zur sogenannten ›demokratischen Wende‹ und einer Welle von Bürgerbeteiligungsprojekten geführt hat,[22] besteht das rationalistische Modell der Politik fort. Angesichts der zunehmenden Komplexität der globalisierten Welt erleben rationalistische Ansätze eine Renaissance, wie die Beliebtheit ›evidenzbasierter Politik‹ und Management-orientierter Ansätze in der Verwaltung zeigt.[23] Dabei übertrumpft die kalkulativ-axiomatische und mechanistische Evidenz von Statistiken und Vorhersagemodellen andere Wissensformen, wie die ikonisch-rhetorische Evidenz emotionalisierender politischer Reden.[24] Als Verfahren zur Produktion als legitim wahrgenommener Entscheidungen löst die technische Wissensauswertung zunehmend die klassische demokratische Deliberation ab. Diese Evidenzarten strahlen eine Gewissheit und Rationalität aus, die nicht nur nach außen von der Validität einer Entscheidung überzeugen, sondern gerade auch nach innen gerichtet den Entscheidungsträgern selbst Gewissheit vermitteln.[25] Schlussendlich dienen sie als eine Art rationaler Mythos, also ein

---

[21] Torgerson 1986
[22] Nowotny, Scott, & Gibbons 2004
[23] Böschen 2013
[24] Sanderson 2002
[25] Schimank 2006

symbolisches Verfahren, das die Rationalität einer Entscheidung garantiert.[26] Dies folgt »dem modernistischen Paradigma der Vernunft, dem zufolge Rationalität eine Frage des korrekten Verfahrens oder Methode ist, in einem Kontext, in dem Entscheidungsträger versuchen, die wirtschaftlichen und sozialen Angelegenheiten ›rational‹ auf eine apolitische, verwissenschaftlichte Art und Weise zu steuern, so dass Politik mehr oder eine Übung in Sozialtechnologie wird«.[27]

*Big Data Analytics* kann als die Krönung kalkulativ-axiomatischer und mechanistischer Evidenz gesehen werden. Die schiere Masse und Varietät der in die Analysen einbezogenen Daten erhöht das argumentative Gewicht ihrer Ergebnisse. Die Ausrufung von *Big Data Analytics* als das »Ende der Theorie«[28] mag übertrieben sein, aber die zugrundeliegende Idee, dass bei riesigen Fallzahlen jede Korrelation signifikant ist, hat sich festgesetzt. Zusätzlich lässt die (angenommene) Komplexität der eingesetzten Algorithmen den Auswertungsprozess de facto in einer *Black Box* verschwinden, wodurch er als eine Legitimitätsquelle paradoxerweise noch überzeugender wird, da die Ergebnisse mangels Nachvollziehbarkeit schwerer anzugreifen sind.[29] Datengetriebene Entscheidungen wirken im Idealfall wie frei vom Einfluss fehleranfälliger Menschen und somit maximal rational und legitim.

Es ist also der alte Wunsch nach Gewissheit und Rationalität in der Politik, der nahelegt, dass die Ergebnisse von Big-Data-Analysen

---

[26]  Boiral 2007; Meyer & Rowan 1977
[27]  Sanderson 2000; Schwandt 1997
[28]  Anderson 2008
[29]  Esty & Rushing 2007; Pasquale 2015; Rüb & Straßheim 2012

und anderen neuen Datentechnologien eine hervorgehobene Stellung in der Wissenshierarchie des politisch-administrativen Systems einnehmen werden.

## 3. Vier Herausforderungen von Big Data als überlegener Wissensart

Was sind die möglichen Folgen von Big Data und algorithmisch erzeugten Entscheidungen als dominanter Wissensart im politisch-administrativen System? Ausgehend von der Literatur zu Wissensverwendung im politischen Prozess, Wissenspolitik und der datengetriebenen Verwaltung lassen sich vier zusammenhängende, aber unterscheidbare potenzielle Herausforderungen herausarbeiten:

1. die Monopolisierung von Wissen durch Regierungszentralen,

2. Entpolitisierung und Technokratisierung politischer Fragen,

3. Aufstieg der Analysten,

4. die Möglichkeit zur Erstellung von Gegenexpertisen durch Nichtregierungsakteure.

Jede dieser Herausforderungen stelle ich nun genauer vor.

### 3.1. Monopolisierung von Wissen

Der Aufstieg der neuen Datentechnologien erlaubt die Monopolisierung politisch relevanten Wissens durch den Staat, insbesondere die Zentralverwaltung.[30] Das immense Potenzial von *Big Data Analytics*

---

[30] van de Donk et al. 1995

für Politik und Verwaltung beruht zu einem Großteil auf Datensätzen, zu denen nur die Regierung Zugang hat. Die sogenannte Arkantradition, also traditionelle Geheimhaltung, der Verwaltung und eng ausgelegte Regeln für Datenschutz und Datensicherheit können zusammenwirken, um diese Datensätze verschlossen und als Monopol der Verwaltung zu halten.[31] Daher wird es schwerer für Journalisten und Interessensgruppen, dieses dominante, von der Verwaltung produzierte Wissen und die damit gefällten Entscheidungen anzuzweifeln.[32] Dies gilt nicht nur für Datensätze, sondern auch für Analyseinstrumente, Auswertungsalgorithmen und künstliche Intelligenzen, die proprietär und somit de facto geheim oder prohibitiv teuer sein können.[33] Infolge dieser Exklusivität wird das von der Regierung bereitgestellte Wissen, und somit auch die Interpretation der Wirklichkeit, die ihre Entscheidungen alternativlos scheinen lässt, unangreifbar. Wie van den Donk et al. bereits 1995 schließen: »...durch die Integration und Verknüpfung ihrer Datenbanken können diese Bürokratien eine eigene, dominante Sicht gesellschaftlicher Probleme entwickeln und verteidigen«.

Grundsätzlich ist die Monopolisierung von Wissen nicht erst seit der Digitalisierung ein beinahe instinktives Streben öffentlicher Verwaltungen, um Kontrolle und Macht über bestimmte Themen zu erringen.[34] Max Weber hat bereits 1922 die wichtige Verbindung von öffentlicher Verwaltung und Wissen sowie ihrem inhärenten Drang zu Wissensmonopolen beschrieben:

*»Die bureaukratische Verwaltung bedeutet: Herrschaft kraft Wissen: dies ist ihr spezifisch rationaler Grundcharakter.*

---

[31] Wegener 2006
[32] Braman 2009
[33] Spinner 1994
[34] Nullmeier & Rüb 1993

*[...] die Tendenz, ihre Macht noch weiter zu steigern durch das Dienstwissen: die durch Dienstverkehr erworbenen oder ›aktenkundigen‹ Tatsachenkenntnisse. Der nicht nur, aber allerdings spezifisch bureaukratische Begriff des ›Amtsgeheimnisses‹ [...] entstammt diesem Machtstreben.«*[35]

Dies unterstreicht auch die verbreitete Zurückhaltung öffentlicher Verwaltungen bei der Bereitstellung von Open Data und der Beantwortung von Informationsfreiheitsanfragen.[36] In der Vergangenheit war die Wissensmonopolisierung durch den Staat eingeschränkt, da ein großer Teil der Wissensgewinnung außerhalb des Staatsapparates, etwa in unabhängigen Forschungseinrichtungen und Universitäten, an denen die nötigen Kompetenzen und Forschungsinfrastrukturen vorgehalten wurden, stattfand.[37] Dieser Kontrollmechanismus kann nun jedoch leicht entfallen, da die neuen Datentechnologien es erleichtern, die Analysten bei den Datenbanken, und somit in der Verwaltung, anzusiedeln.

Ansätze wie Bürgerbeteiligung und Stakeholder-Prozesse erkennen ausdrücklich den Wert des lokalen Erfahrungswissens von Bürgern an und versuchen, dieses für Politik und Verwaltung nutzbar zu machen.[38] Big-Data-Technologien erlauben es Regierungen jedoch, dieses lokale Wissen in noch nie gesehener Art ohne die direkte Konsultation der Bürger zu ersetzen: »Die Nutzung von Informationstechnologie versetzt das Zentrum in eine Lage, Verhalten aus der Ferne zu beobachten, die mit Fern- und Distanzkontrolle verglichen werden kann.«[39] Warum viel Zeit und Geld investieren, um mit Bür-

---

[35] Weber 1978, S. 225
[36] Jaeger & Bertot 2010
[37] Haas 2001
[38] Geissel 2009
[39] Hoggett 1996

gern zu sprechen, wenn einem *Big Data Analytics* einen hochauflösenden Blick auf die lokalen Zustände gewährt? Auch die Meinung der Bürger kann durch Analysen von emotionalen Reaktionen, Rückmeldungen und Befragungen zur Nutzerzufriedenheit derart mit einbezogen werden, vielleicht sogar umfassender und ehrlicher als bisher.[40] Die Verfügbarkeit zentralisierter, aber dennoch hochauflösender Daten kann das Gewicht des Erfahrungswissens lokaler Akteure in der politischen Auseinandersetzung schmälern. Somit erodiert auch das klassische Widerstandspotenzial lokalen Wissens, mit dem Entscheidungsträgern in der fernen Hauptstadt die Unkenntnis der örtlichen Situation vorgeworfen werden konnte, um die Legitimität ihrer Politik in Frage zu stellen.[41]

Gleichzeitig ist das Durchführen autoritativer Big-Data-Analysen selbst eine Machtdemonstration:

> *»Bestimmte Arten von Zahlen - große, mit Dezimalzeichen, die keine Vielfachen von Zehn sind - verbergen nicht nur die zugrundeliegenden Entscheidungen, sondern stellen scheinbar auch die Fähigkeit des Messenden heraus, wie um zu sagen, dass er oder sie bis auf Haaresbreite genau unterscheiden könne. Eine dieser Zahlen anzuführen ist bereits an sich eine Geste der Autorität.«[42]*

Zusätzlich treiben diese neuen Datentechnologien die Zentralisierung der Verwaltung voran, denn so wie das lokale Bürgerwissen zentral vorweggenommen werden kann, wird auch das Wissen lokaler Verwaltungen überflüssig. So hat im österreichischen Bundesland Wien ein zentrales Energieraumplanungssystem die traditionellen Quartiersbeauftragten, die jedes Gebäude ihrer Straßenzüge

---

[40]  Goldsmith 2014

[41]  Fischer 2000

[42]  Stone 1988

wie ihre Westentasche kennen, weitgehend überflüssig gemacht. Hoggett hat bereits bei den Monitoring- und Kontrollinstrumenten des *New-Public-Management*-Verwaltungsparadigmas beobachtet, dass diese begünstigen, dass strategische Entscheidungen und Ressourcenzuteilung zentralisiert werden, während lokale Verwaltungseinheiten nur noch als durchführende Befehlsempfänger agieren.[43]

Zusammengefasst vermag es eine datengetriebene Verwaltung, ihr exklusives Wissen dominant zu etablieren und so ein Monopol auf politisch überzeugendes Wissen zu gewinnen. Somit erringt die Verwaltungszentrale gegenüber ihren Zweigstellen, die Regierung gegenüber der Opposition und ganz allgemein der Staat gegenüber der Gesellschaft leicht die Definitionshoheit über gesellschaftliche Probleme und folglich auch die als richtig erachteten Lösungsstrategien.

## 3.2.   Entpolitisierung und Technokratisierung

Originär politische Fragen sind solche, die nur mit Werturteilen beantwortet werden können. Hat man sich hierüber geeinigt, verbleiben technische Fragen nach der optimalen Umsetzung der vereinbarten Ziele, die mit faktenbasierten Sachurteilen beantwortet werden können. So ist die Frage, ob der Strafvollzug der Bestrafung oder der Resozialisation dienen soll, eine zutiefst politische. Ist die Entscheidung für das eine oder andere gefallen, können Strafmaße, Gefängnisgestaltung und Hilfsangebote gemäß dem gewählten Ziel technisch optimiert werden.

Ein Nebeneffekt der Schließung von Wissensmärkten gegen konkurrierende Wissensarten und -quellen ist die Entpolitisierung von Debatten, bei der politische Fragen in scheinbar rein technische Fragen

---

[43] Hoggett 1996

verwandelt werden. Durch die Einschränkung der in der politischen Debatte als legitim wahrgenommenen Wissensbasis werden konkurrierende Problemdefinitionen ausgeschlossen. Somit wird die Bandbreite möglicher Lösungen so begrenzt, dass scheinbar keine Werturteile mehr nötig sind. Vielmehr wird die Angelegenheit zu einer reinen Umsetzungsfrage, deren möglichst effiziente Beantwortung am besten Experten, Technokraten und Algorithmen überlassen werden sollte. »Wenn [diese Angelegenheiten] als technische Probleme statt als gesellschaftliche Fragen dargestellt werden, können Experten den Entscheidungsprozess dominieren.«[44]

Im Zuge dieser Entpolitisierung wird, anstatt die gesamte Problemdefinition zum Gegenstand politischer Debatte zu machen, diese auf eine »latente Politisierung«[45] von Indikatoren, Maßen und Auswertungsverfahren, die zur Produktion autoritativen Wissens beitragen, beschränkt:

> »Wenn solche Zahlen als ›Autopiloten‹ im Entscheidungsprozess genutzt werden, transformieren sie die Sache, die gemessen wird - Segregation, Hunger, Armut - in ihren statistischen Indikator und ersetzen politische Auseinandersetzungen durch technische Auseinandersetzungen um Methoden.«[46]

Sind Datensätze jedoch unzugänglich und Analyseverfahren in der Black Box versteckt, können nur wenige Akteure die genutzten Methoden angreifen oder nachprüfen. Dies gilt sogar in der Beziehung zwischen Politik und Verwaltung, in der Verwaltungsakteure mit direktem Zugang zu diesen Wissensquellen gewählte Politiker mit wissenspolitischen Mitteln beeinflussen und steuern können.[47]

---

[44] Baumgartner & Jones 1991, S. 1047
[45] Rüb & Straßheim 2012
[46] Rose 2004, eigene Übersetzung
[47] van de Donk et al. 1995

Das Phänomen der Entpolitisierung speist sich ebenfalls aus dem rationalistischen Modell der Politik, in dem als Endziel Politik durch faktenbasierte Sachentscheidungen ersetzt wird.[48] Entpolitisierte, vermeintlich alternativlose Entscheidungen können im Vergleich zu politischen Kompromissen einen hohen Grad an gesellschaftlicher Legitimität erringen, wie ein ganzer Forschungsstrang zur Technokratisierung dokumentiert.[49] Ausgehend von einem staatlichen Monopol auf politisch relevante Big Data erscheint es sinnvoll, die Entscheidungshoheit hochqualifizierten Technokraten anzuvertrauen statt gewählten Vertretern, welche die Analysen womöglich nicht richtig zu interpretieren vermögen. Denn wenn es in der politischen Debatte nur eine dominante Sicht der Realität und des gesellschaftlichen Problems gibt, dann ist auch der als der effizienteste ermittelte Lösungsweg alternativlos.

Visionen »algorithmischen Regierens«[50] oder der »Algokratie«[51] führen diesen Gedanken noch einen Schritt weiter. Hier sollen Menschen weitgehend durch Software als technokratische entscheidende Instanz ersetzt werden, was vielleicht den Idealzustand eines rationalistischen Politikverständnisses darstellt:

> *»Bessere Systeme zur Gewinnung und Auswertung von Daten, um automatisierte Entscheidungen über Ressourcenzuweisung zu treffen, können im Extremfall zu einer ›Regierung durch Algorithmen‹ führen. Behörden, Produktionsketten und ganze Städte könnten durch allgegenwärtige, unsichtbare Systeme gesteuert werden, von denen wir wenig Ahnung haben.«[52]*

---

[48] Torgerson 1986
[49] Centeno 1993; Fischer 1990; Putnam 1977
[50] Williamson 2014
[51] Danaher 2016
[52] Leadbeater, 2011, S. 18, eigene Übersetzung

Insgesamt kann die Bereitstellung autoritativen Wissens durch ein staatliches Monopol an politisch relevanten Daten die Grenze zwischen Wert- und Sachurteilen verschieben, die technische Politikempfehlungen von politischen Werturteilen trennt.[53] Sind gesellschaftliche Fragen erst derart entpolitisiert, scheinen sie für technokratisches Entscheiden durch Menschen oder Algorithmen geeignet und lassen sich vollends der politischen Debatte entziehen.

## 3.3.    Aufstieg der Analysten

Wer ist verantwortlich für Big-Data-Analysen in der Verwaltung? Abteilungsübergreifende *Data-Science*-Arbeitsgruppen? Ein Analyst je Organisationseinheit? Externe Beratungen? Diese Fragen sind relevant, da die Big-Data-Analysten in der öffentlichen Verwaltung das Potenzial haben, die Rolle der »Realitätsdefinierer« einzunehmen.[54] So wie die Big-Data-Analysen des Staates in der Gesellschaft dominant werden können, produzieren diese Analysten das Wissen, das innerhalb der öffentlichen Verwaltung als autoritativ gilt. Mangels Methodenwissens im politisch-administrativen System haben die Analysten viel Freiheit. Indem sie beispielsweise bestimmen, welche Faktoren in die Analyse einbezogen, welche Auswertungsalgorithmen genutzt und wie Ergebnisse, z. B. durch Visualisierungen, präsentiert werden, können sie subtilen, aber folgenreichen Einfluss nehmen.[55] Auch wenn sich die Analysten selbst als apolitische Techniker zu konstruieren versuchen,[56] hat ihre Arbeit dennoch hochpolitische Konsequenzen. Fischer & Forester haben bereits vor der Datenrevolution die zentrale und mächtige Rolle von Politikberatern

---

[53]  Fischer 1998
[54]  Berger & Luckmann 1966
[55]  Burri & Dumit 2008
[56]  Möllers 2015

betont, die politische Probleme für den Rest des politisch-administrativen Systems autoritativ definieren und framen, und so Möglichkeitsräume formen.[57]

Traditionell konkurrierende Wissenstypen und -quellen in Politik und Verwaltung, wie etwa das Erfahrungswissen altgedienter Beamter oder das Fachwissen externer Berater inklusive Wissenschaftlern, können im Vergleichen zum Wissen, das durch *Big Data Analytics* produziert wird, verblassen. Ein Beispiel hierfür sind die wohldokumentierten Konflikte und Verdrängungsprozesse in US-amerikanischen Polizeibehörden zwischen datenbasierten *CompStat*-Systemen und dem Erfahrungswissen der Polizisten.[58] Angesichts dieser Erfahrungen scheint es plausibel, dass die neuen Datentechnologien innerhalb der öffentlichen Verwaltung eine privilegierte Stellung als Wissensquellen einnehmen.

Wer diese Analysen in ihren Feinheiten steuert, kann an einer neuralgischen Stelle Einfluss auf Entscheidungswissen nehmen und eventuell sogar die Entscheidung selbst vorwegnehmen. Der »Aufstieg der Analysten« besteht also darin, dass hier eine Berufsgruppe politischen Einfluss weit über ihr eigentliches Mandat hinaus erhält. Die organisationalen Arrangements und das Berufsethos dieser Analysten sollten also wachsam beäugt werden.

## 3.4. Erstellung von Gegenexpertisen

Wie kommen Nichtregierungsakteure wie Bürgerinitiativen, Wirtschaftsverbände oder die parlamentarische Opposition gegen die Wissensdominanz des Staates an? In traditionell evidenzbasierten Politikfeldern wie etwa der Verkehrs- oder der Gesundheitspolitik

---

[57]  Fischer & Forester 1993
[58]  Collier 2006; Holian 2007; Willis, Mastrofski & Weisburd 2004

führen konkurrierende politische Allianzen häufig »Gegenexpertisen«[59] gleichen Wissenstyps ins Feld, um die dominante Stellung dieses Wissenstyps für sich zu nutzen und die Problemdefinitionen der Gegenseite in Zweifel zu ziehen. »Auf Grundlage der gleichen Ergebnisse können die konkurrierenden Lager in einer politischen Frage leicht ihre eigenen, alternativen Lesarten der Sachlage konstruieren.«[60] Ein wissenschaftliches Gutachten zu den Umweltfolgen eines Autobahnprojekts würde also mit einem Gegengutachten gekontert.

Eine offensichtliche Strategie gegen eine Big-Data-basierte Wissenshegemonie wäre das Untergraben der Legitimität dieses Wissenstyps an sich, z. B. indem die intime Kenntnis von Details und Zusammenhängen von lokalen Experten gegenüber kalten, datenbasierten Ergebnissen betont wird. Diese Strategie ist unter Graswurzelorganisationen verbreitet, die Regierungswissen entgegentreten wollen, das auf staatlichen Datenbeständen beruht.[61] Allerdings ist auch anzuerkennen, dass die Veränderung etablierter Wissensregime politischen Kapitals bedarf, das die meisten Interessensgruppen nicht aufbringen können.

Daher liegt die vielversprechendste Strategie gegen *staatliche* Big-Data-Analysen in der Erstellung von Gegenexpertisen gleichen Wissenstyps. Hierzu muss zunächst das »Informationsgleichgewicht«[62] zwischen Regierung und Verwaltung einerseits und Nichtregierungsakteuren andererseits wiederhergestellt werden. Dieses wird durch zwei Faktoren beeinträchtigt: Erstens durch den monopolistischen Zugang zu Daten für Politik und Verwaltung und zweitens

---

[59]  Peterse 1995
[60]  Fischer 1998
[61]  Fischer 2000
[62]  Spinner 1994

durch den mangelhaften Zugang zu Analysefähigkeiten für Nichtregierungsakteure. Um das Problem des Datenzugangs zu beheben, können die Interessensgruppen versuchen, aus öffentlichen Datensätzen zu triangulieren, oder auf die Veröffentlichung der benötigten Datensätze, z. B. als *Open Government Data*, hinwirken. Der Mangel an Analysefähigkeiten kann entweder durch Fundraising und das Beauftragen von Dienstleistern oder durch die Zusammenarbeit mit ehrenamtlichen *Data-Science*-Organisationen wie »*DataKind*«, »*School of Data*« oder der »*Open Knowledge Foundation*«, die *Analytics* für gemeinnützige Zwecke durchführen, behoben werden.

Zusammengefasst erschweren vor allem die Asymmetrien beim Zugang zu Daten und Analysefertigkeiten die Erstellung von Gegenexpertisen gegen die erwartete staatliche Wissenshegemonie. Bewegungen wie *Open Data, Open Source* und *Civic Tech* kommt daher eine Schlüsselrolle zu, um die Informationsgleichheit zu wahren bzw. wiederherzustellen und einen fairen Wettstreit in der politischen Arena zu ermöglichen.

## 4.   Fazit und Ausblick

Ausgehend vom sozialwissenschaftlichen Ansatz der Wissenspolitik, der auf die Machteffekte verschiedener Wissensarten und -quellen fokussiert, habe ich ein Szenario aufgespannt, in dem der Staat durch die Auswertung exklusiver Datenbestände eine Wissenshegemonie im politischen Wettstreit erringt. Vier daraus resultierenden Herausforderungen – Wissensmonopolisierung, Entpolitisierung, Aufstieg der Analysten und das Erschweren von Gegenexpertise – verdeutlichen, wie die neuen technischen Möglichkeiten der Datenanalyse im Zusammenwirken mit der historischen Sehnsucht nach einer rationalistischen Politik zu Machtverschiebungen führen können. Diese eher subtilen Effekte drohen hinter den großen, augenfälligen Fragestellungen der datengetriebenen Verwaltung, wie der Fairness und Rechenschaft algorithmischer Entscheidungen oder bürgerrechtlicher Bedenken angesichts zunehmenden gesellschaftlichen Monitorings, aus der Sicht zu geraten. Dennoch können sie signifikante Auswirkungen auf das politische Gefüge unserer Gesellschaften haben. Nicht zuletzt deshalb sollten Maßnahmen, die zum politischen Informationsgleichgewicht gegenüber der datengetriebenen Verwaltung beitragen, befördert werden. Dies umfasst etwa *Open Government Data,* Informationsfreiheitsgesetze, *Data-Science-*Freiwilligenorganisationen, aber auch die Veröffentlichung von Analysemethoden und eine Kultur des kritischen Hinterfragens vermeintlich alternativloser politischer Handlungsoptionen, um der Entpolitisierung entgegenzuwirken. So kann es gelingen, die Datenrevolution in der Verwaltung zum Nutzen der Allgemeinheit zu gestalten, statt immer unangreifbarere Machtzentren zu schaffen und zu festigen.

## Quellen

Anderson, C. (2008). The End of Theory: The Data Deluge Makes the Scientific Method Obsolete. *Wired Magazine.*

Baumgartner, F. R, & Jones, B. D. (1991). Agenda Dynamics and Policy Subsystems. *The Journal of Politics,* 53(04), S. 1044.

Berger, P. L. & Luckmann, T. (1966). *The Social Construction of Reality: A Treatise in the Sociology of Knowledge.*

Bleiklie, I. & Byrkjeflot, H. (2002). Changing knowledge regimes : Universities in a new research environment. *Higher Education,* 44, S. 519–532.

Boiral, O. (2007). Corporate Greening Through ISO 14001: A Rational Myth? *Organization Science,* 18 (1), S. 127–146.

Böschen, S. (2013). Fragile Evidenz – Wissenspolitischer Sprengstoff. *Technikfolgenabschätzung – Theorie und Praxis,* 22(3), S. 4–9

Braman, S. (2009). *Change of State: Information, Policy, and Power*

Burri, R. V. & Dumit, J. (2008). Social Studies of Scientific Imaging and Visualization. In: Hackett, E. J., Amsterdamska, O., Lynch, M. & Wajcman, J. (Hrsg.), *New Handbook of Science and Technology Studies,* S. 297–317

Centeno, M. A. (1993). The new Leviathan: The dynamics and limits of technocracy. *Theory and Society,* 22 (3), S. 307–335

Collier, P. M. (2006). Policing and the Intelligent Application of Knowledge. *Public Money & Management,* 26 (2), S. 109–116.

Collm, A. & Schedler, K. (2012). Managing Crowd Innovation in Public Administration. *International Public Management Review,* 13 (2)

Danaher, J. (2016). The Threat of Algocracy: Reality, Resistance and Accommodation. *Philosophy & Technology* (S. 1–24).

Desrosières, A. (2010). *The Politics of Large Numbers: A History of Statistical Reasoning*

Esty, D. C. & Rushing, R. (2007). Governing by the numbers. The Promise of Data-Driven Policymaking in the Information Age. Center for American Progress.

Fischer, F. (1990). *Technocracy and the Politics of Expertise*

Fischer, F. (1998). Beyond empiricism: policy inquiry in post positivist perspective. *Policy Studies Journal,* 26 (1), S. 129–146.

Fischer, F. (2000). *Citizens, experts, and the environment: The politics of local knowledge*

Fischer, F., & Forester, J. (1993). *The Argumentative Turn in Policy Analysis and Planning*

Geissel, B. (2009). Participatory Governance: Hope or Danger for Democracy? A Case Study of Local Agenda 21. *Local Government Studies,* 35(4), S. 401–414

Goldsmith, S. (2014) Digital Transformation: Wiring the Responsive City. Civic Report 87. Center for State and Local Leadership at the Manhattan Institute.

Haas, P. (2001). Policy knowledge: epistemic communities. In: Smelser, N. J. & Baltes, B. (Hrsg.), *International Encyclopedia of the Social and Behavioral Sciences*, S. 11578–11586

Head, B. W. (2010). Reconsidering evidence-based policy: Key issues and challenges. Policy and Society, 29(2), S. 77–94

Hoggett, P. (1996). New modes of control in the public service. *Public Administration*, 74 (S. 9–32)

Holian, M. (2007). Compstat, Community Policing and The Science of Success: A Market-Based Approach to Police Management. *Economic Affairs*, 27 (4), S. 23–29

Jaeger, P. T. & Bertot, J. C. (2010). Transparency and technological change: Ensuring equal and sustained public access to government information. *Government Information Quarterly*, 27 (4), S. 371–376.

Kim, G.-H., Trimi, S. & Chung, J.-H. (2014). Big-data applications in the government sector. *Communications of the ACM*, 57 (3), S. 78–85

Leadbeater, C. (2011). The Civic Long Tail. Demos

Lenk, K., & Wengelowski, P. (2004). Wissensmanagement für das Verwaltungshandeln. In: *Wissensmanagement in Politik und Verwaltung* (S. 147 – 165).

Matthiesen, U. (2005). *Pleading for a knowledge turn in socio-spatial research*

McKinsey Global Institute. (2011). Big data: The next frontier for innovation, competition, and productivity.

Meyer, J. & Rowan, B. (1977). Institutionalized organizations: Formal structure as myth and ceremony. *American Journal of Sociology*, 83 (2), S. 340–363

Möllers, N. T. (2015). *Forschen im Kontext von Videoüberwachung: Universitäre Forschung zwischen Wissenschaft, Politik und Öffentlichkeit.* Universität Potsdam

Nowotny, H., Scott, P. & Gibbons, M. (2004). *Re-thinking science : knowledge and the public in an age of uncertainty*

Nullmeier, F. & Rüb, F. W. (1993). *Die Transformation der Sozialpolitik: Vom Sozialstaat zum Sicherungsstaat*

Pasquale, F. (2015). *The Black Box Society: The Secret Algorithms That Control Money and Information.*

Peterse, A. (1995). The mobilization of counter-expertise: Using Fischer's model of policy inquiry. *Policy Sciences,* 28 (4)

Pieterson, W., Ebbers, W. & van Dijk, J. (2007). Personalization in the public sector: An inventory of organizational and user obstacles towards personalization of electronic services in the public sector. *Government Information Quarterly,* 24 (1), S. 148–164

Poel, M., Schroeder, R., Trepermann, J., Rubinstein, M., Meyer, E., Mahieu, B., ... Svetachova, M. (2015). Data for Policy: A study of big data and other innovative data-driven approaches for evidence-informed policymaking

Pollitt, C. (2014). Future Trends in European Public Administration and Management: an Outside-in Perspective. COCOPS - Coordinating for Cohesion in the Public Sector of the Future

Porter, T. M. (1996). *Trust in numbers: the pursuit of objectivity in science and public life*

Putnam, R. (1977). Elite Transformation in Advanced Industrial Societies: An Empirical Assessment of the Theory of Technocracy. *Comparative Political Studies,* 10 (3)

Rittel, H. & Webber, M. (1973). Dilemmas in a general theory of planning. *Policy Sciences,* 4 (2), S. 155–169

Robertson, K. G. (1982). *Public secrets: a study in the development of government secrecy.*

Rochefort, D. A., & Cobb, R. W. (1994). Problem Definition: An Emerging Perspective. In: Rochefort, D. A. & Cobb, R. W. (Hrsg.), *The Politics of Problem Definition: Shaping the Policy Agenda,* S. 1–31)

Rose, N. (2004). *Powers of Freedom: Reframing Political Thought.*

Rüb, F. W., & Straßheim, H. (2012). Politische Evidenz – Rechtfertigung durch Verobjektivierung? *Leviathan,* 40 (27), S. 377–398

Sanderson, I. (2000). Evaluation in Complex Policy Systems. *Evaluation,* 6 (4), S. 433–454

Sanderson, I. (2002). Evaluation, policy learning and evidence-based policy making. *Public Administration,* 80 (1), S. 1–23

Schimank, U. (2006). Rationalitätsfiktionen in der Entscheidungsgesellschaft. In: Tänzler, D., Knoblauch, H. & Soeffner, H.-G. (Hrsg.), *Zur Kritik der Wissensgesellschaft* (S. 57–81)

Schwandt, T. A. (1997). Evaluation as Practical Hermeneutics. *Evaluation,* 3 (1), S. 69–83

Scott, J. C. (1998). *Seeing Like a State.*

Spinner, H. F. (1994). *Die Wissensordnung: ein Leitkonzept für die dritte Grundordnung des Informationszeitalters*

Stone, D. A. (1988). *Policy paradox and political reason*

Torgerson, D. (1986). Between knowledge and politics: Three faces of policy analysis. In: *Policy Sciences,* 19, S. 33–59

van de Donk, W. B. H. J., Snellen, I. T. M. & Tops, P. W. (1995). *Orwell in Athens: A Perspective on Informatization and Democracy*

Weber, M. (1978). *Economy and Society*

Wegener, B. W. (2006). *Der geheime Staat: Arkantradition und Informationsfreiheitsrecht*

Wehling, P. (2007). Wissenspolitik. In: R. Schützeichel (Hrsg.), *Handbuch Wissenssoziologie und Wissenschaftsforschung,* S. 694–703)

Weingart, P. (2003). *Wissenschaftssoziologie*

Williamson, B. (2014). Knowing public services: Cross-sector intermediaries and algorithmic governance in public sector reform. *Public Policy and Administration,* S. 1–23.

Willis, J. J., Mastrofski, S. D. & Weisburd, D. (2004). Compstat and bureaucracy: A case study of challenges and opportunities for change. *Justice Quarterly,* 21 (3), S. 463–496.

Wiseman, J. (2015). Customer-Driven Government: How to Listen, Learn, and Leverage Data for Service Delivery Improvement. Data-Smart City Solutions Paper Series. Ash Center for Democratic Governance and Innovation

Wittrock, B. (1991). Social knowledge and public policy: eight models of interaction. In: Wagner, P., Weiss, C. H., Wittrock, B. & Wollmann, H. (Hrsg.), *Social sciences and modern states*

Wollmann, H. (2013). Die Untersuchung der (Nicht-)Verwendung von Evaluationsergebnissen in Politik und Verwaltung. In: Kropp, S. & Kuhlmann, S. (Hrsg.), *Wissen und Expertise in Politik und Verwaltung*, S. 87–102

Yiu, C. (2012). The Big Data Opportunity: Making government faster, smarter and more personal. Policy Exchange

# Danksagung

Ich danke den Teilnehmenden der Jahrestagung 2016 des Forums Junge Staats-, Policy- und Verwaltungsforschung in Hannover für ihre wertvollen Kommentare zu einer früheren Version dieses Manuskripts.

# Über den Autor

## Basanta E.P. Thapa

Basanta Thapa arbeitet am Kompetenzzentrum »Öffentliche IT« am Fraunhofer-Institut für offene Kommunikationssysteme zur Digitalisierung des öffentlichen Sektors. Am DFG-Graduiertenkolleg »Wicked Problems, Contested Administrations: Knowledge, Coordination, Strategy« der Universität Potsdam promoviert er zur Institutionalisierung von neuen Datentechnologien in europäischen Stadtverwaltungen. Er hat Verwaltungs- und Politikwissenschaft sowie Volkswirtschaftslehre an den Universitäten Münster und Potsdam studiert und unter anderem an der *Hertie School of Governance,* dem *European Research Center for Information Systems* und der Technischen Universität Tallinn geforscht.

# Chancen und Grenzen der algorithmischen Verwaltung im demokratischen Verfassungsstaat

Benjamin Fadavian

regio iT GmbH, Aachen[1]

Algorithmusbasierte Systeme können für staatliche Entscheidungs-prozesse von bedeutendem Nutzen sein. Sie müssen Verwendung in der öffentlichen Verwaltung finden, um die einfache, zügige und zweckmäßige Verwaltung, mithin die Effektivität der steuerfinanzier-ten Staatstätigkeit, sicherzustellen. Im Hinblick auf grundlegende Prinzipien des demokratischen Verfassungsstaats bedarf ihr Einsatz jedoch einer passgenauen Implementierung auf Basis einer nüchter-nen und pragmatischen Funktionsanalyse und Folgenabschätzung. Sodann besteht für euphorisierte Ordnungsekstase ebenso wenig An-lass wie für düstere Untergangsphobien.

## 1.  Die effektive öffentliche Verwaltung als Verfassungsvoraussetzung

Dass der Staat seine Aufgaben effektiv und zügig zu erledigen hat, dürfte in der Bevölkerung einem Grundkonsens entsprechen. Gerade die Empörung über Fälle, in denen dies nicht gelingt – man denke etwa an Verzögerungen beim Bau des Flughafens Berlin Branden-burg – machen deutlich, dass den Staat die berechtigte Erwartung

---

[1]  Der Text gibt ausschließlich die private Meinung des Verfassers wieder.

trifft, die von ihm übernommenen Gemeinwohlbelange ordentlich und seriös zu verwalten. Einen normativen Grundsatz der Effektivität der öffentlichen Verwaltung sucht man im Normtext des Grundgesetzes und in der rechtswissenschaftlichen Sekundärliteratur hingegen vergebens.[2] Dies bedeutet indes nicht, dass den Staat nicht die verfassungsrechtliche Pflicht träfe, seine Verwaltung und Organisation effektiv und auf der Höhe der Zeit zu organisieren. Wer etwas verwaltet, schafft die Voraussetzungen dafür, dass das verwaltete Etwas – unabhängig davon, ob es ein öffentlich-rechtliches oder ein privatrechtliches Gebilde ist – seinen ureigenen Aufgaben nachkommen kann. Verwaltung ist daher immer »Selbsterhalt«[3]. Der staatliche Selbsterhalt wiederrum dürfte selbstverständliches und aller Normativität vorausgehendes Staatsziel sein. Erreicht der Grad der Effektivität der Verwaltung – mithin der Grad des organisierten Selbsterhalts – ein unvertretbar niedriges Maß, so indiziert dies einen verfassungsrechtlich zwingenden Handlungsauftrag. Die Rechtsprechung des Bundesverfassungsgerichts hat diesem Umstand mehrfach Rechnung getragen, wenn sie etwa die Gewährleistung einer »wirkungsvolle[n] und leistungsfähige[n] Verwaltung«[4] anmahnt. Auch in der für die kommunale Aufgabenverteilung so bedeutsamen wie bekannten Rastede-Entscheidung[5] scheint dieser Grundsatz durch. Das Bundesverfassungsgericht hat nämlich anerkannt, dass alle verfassungsrechtlichen wie einfachrechtlichen Organisationsfreiheiten stets der Grenze eines »unverhältnismäßigen

---

[2]  Auch ein Optimierungsziel der öffentlichen Verwaltung, etwa in Hinblick auf die Verwaltungsorganisation, wird eher vereinzelt aus dem Rechtsstaatsprinzip abgeleitet. Dafür mit überzeugenden Argumenten Krebs, 2007, Rn. 90; Anders aber etwa Sachs, 2014, Rn. 161.

[3]  Morstein Marx, 1965, S. V

[4]  BVerfGE 63, 1 (34).

[5]  BVerfGE 79, 127.

Kostenanstiegs«[6] begegnen und der Staat bei der Frage, wie er sich organisiert, Wirtschaftlichkeitserwägungen erhebliches Gewicht einräumen muss.[7] Letztlich begegnet der Staat daher doch einem verfassungsrechtlich zwingenden Effektivitätsgebot. Die »Effektivität der Aufgabenerfüllung ist nicht nur politisches Postulat, sondern gleichermaßen rechtsstaatlich gefordert«.[8] Zu beachten ist freilich, dass sich die Effektivität staatlichen Handelns nicht lediglich aus ihrer (monetären) Effizienz, sondern vor allem aus ihrer Leistungsfähigkeit in Hinblick auf die Erfüllung öffentlicher Aufgaben speist.[9] Ihre monetäre Effizienz kann bei der Beurteilung der Leistungsfähigkeit freilich ein bedeutender Parameter sein, wie etwa der Haushaltsgrundsatz der Sparsamkeit und Wirtschaftlichkeit (Art. 114 Abs. 2 S. 1 GG, § 6 HGrG, § 7 BHO) deutlich macht. Dem Effektivitätsgebot Rechnung tragend normiert etwa § 10 VwVfG, dass Verwaltungsverfahren einfach, zweckmäßig und zügig durchzuführen sind. Genau diese entwicklungsoffene und gleichzeitig deutliche gesetzliche Normierung ist es, die als übergeordneter Verwaltungsgrundsatz den Staat verpflichtet, auf der Höhe der Zeit zu sein,[10] um letztlich auch die für die Funktionsfähigkeit der öffentlichen Verwaltung notwendige Akzeptanz in der Bevölkerung[11] zu wahren.

---

[6]   BVerfGE 79, 127 (158).

[7]   BVerfGE 79, 127 (159).

[8]   Krebs, 2007, Rn. 19, wobei Krebs das Effektivitätsgebot aus dem Gedanken der rechtsstaatlich gebotenen Rationalität der öffentlichen Verwaltung ableitet. Vgl. auch Achterberg, 1986, § 19 Rn. 23, der die Wirtschaftlichkeit als Bestandteil der Zweckmäßigkeit des Verwaltungshandelns ansieht.

[9]   vgl. Achterberg, 1986, § 19 Rn. 24; Bull & Mehde, 2015, § 13 Rn. 465; Fadavian, 2017, S. 256f

[10]  vgl. Maurer & Waldhoff, 2017, § 18 Rn. 2. Einen stetigen Veränderungs- und Modernisierungsprozess ohnehin anmahnend von Heppe & Becker, 1965, S. 105

[11]  Ehlers, 2016, Rn. 46

Dies gilt umso mehr, als dass im heutigen Leistungsstaat der Kontakt des Einzelnen zur öffentlichen Verwaltung um ein Vielfaches höher ist als im ausgelaufenen Modell des zurückgezogenen Rechtsschutzstaates.[12] Kommt der leistenden Verwaltung potenziell die Aufgabe der Grundrechtsverwirklichung zu, erhält ihr Verfahren und die dahinter stehende Organisation eine kaum zu überschätzende Relevanz.

## 2. Die Informationstechnik als Schlüssel zur Realisierung effektiver Verwaltung

Einen Schlüssel zur Realisierung der effektiven Verwaltung stellt unstreitig der Einsatz von Informationstechnik dar, der immerhin in Art. 91c GG – wenn auch nur in einer die Zusammenarbeit regelnden Norm – Eingang in das Grundgesetz gefunden hat. Als ermöglichendes Instrument halten die Informations- und Kommunikationstechnologien ein enormes Potenzial für die öffentliche Hand bereit,[13] das bisweilen nur zögerlich, in jüngster Zeit jedoch etwas ambitionierter, genutzt wird. Dabei ist es unmittelbar einleuchtend, dass die öffentliche Hand, die bei der Rekrutierung ihres Personals von Verfassungs wegen (Art. 33 Abs. 2 GG) an das Prinzip der Bestenauslese[14] gebunden ist, in ihren nach innen und außen gerichteten Verfahren nicht gegenteilig einem Grundsatz der Antiquiertheit verbunden sein sollte, wenn das Ziel der »funktionstüchtigen Verwaltung«[15] ernst gemeint ist. Der Grundsatz, Verwaltungsverfahren einfach, zweckmäßig und zügig durchzuführen, gebietet insoweit ein ständi-

---

[12] zu den Modellen von Leistungs- und Rechtsschutzstaat vgl. Holl, 2004, S. 189
[13] Rehfeld, 2017, S. 1301
[14] Battis, 2014, Rn. 19
[15] Battis, 2014, Rn. 19

ges Monitoring der eigenen Abläufe und gegebenenfalls eine Anpassung bestimmter Verfahren an die Möglichkeiten und Gegebenheiten der Zeit. Denn klar ist: Was vor einigen Jahren noch einfach, zweckmäßig und zügig war, kann mittlerweile kompliziert, unzweckmäßig und langwierig sein. Die kluge, passgenaue und rechtssichere Verwendung informationstechnologischer Möglichkeiten bis hin zu einem intelligent vernetzten Verwaltungshandeln[16] bringt die öffentliche Hand auf die Höhe der Zeit, schafft für die (steuerfinanzierte) Tätigkeit der öffentlichen Verwaltung Akzeptanz in der Bevölkerung und ist ganz nebenbei auch in der Lage, personelle Verluste und Engpässe, die dem demografischen Wandel geschuldet sind,[17] zumindest partiell auszugleichen.

## 3. Der Algorithmus als Mechanismus

### 3.1. Allgemeines

Informationstechnologischen Operationen und Computerprogrammen liegen bisher gemeinhin deterministische Algorithmen als eindeutige Handlungsvorschriften zur Behandlung und Lösung eines Problems mittels eines Rechenvorgangs zu Grunde. Der arabisch-mittellateinische Ausdruck Algorithmus ist dem griechischen *arithmós* (= Zahl) entlehnt und aus dem Namen des persischen Mathematikers Al Chwarismi entstellt.[18] Er bezeichnet einen Rechenvorgang (bzw. die ihn beschreibenden Regeln), der nach einem bestimmten sich wiederholenden Schema abläuft[19] und insoweit einem logischen und grundsätzlich nachvollziehbaren Mechanismus entspricht. Der

---

[16] vgl. von Lucke, 2016 und Djeffal, 2017
[17] vgl. etwa Döring, 2017, S. 52f
[18] Meyers, 1975, S. 717; vgl. auch Ernst, 2017, S. 1026
[19] Meyers, 1975, S. 717

Algorithmus grenzt sich insofern in normativer (nicht in technischer) Hinsicht strukturell von der sogenannten »Künstlichen Intelligenz« (KI) ab, welche eine quasi schöpferische und eigenständige, in ihrer konkreten Anwendung nicht vorhersehbare Problemlösungs- und Erfahrungsverarbeitungskompetenz des Objekts – man denke etwa an das *Deep Learning*[20] – voraussetzt.[21] Der Algorithmus hingegen ist nicht intelligent, sondern mechanisch (wenngleich die Komplexität moderner Algorithmen gemeinhin den Eindruck intelligenten Handelns erweckt).[22] Der Algorithmus kann nicht über das hinausgehen, was in ihn einprogrammiert wurde; er kann nichts lösen, was sein Schöpfer nicht auch lösen könnte. Indes: Er spart Zeit

---

[20] Zu selbstlernenden Algorithmen im Verwaltungsverfahren Stelkens, 2018, Rn. 47 m.w.N.

[21] Wobei freilich auch Künstliche Intelligenz algorithmusbasiert funktioniert. Vorliegend angenommen wird jedoch eher ein normatives, nicht in erster Linie ein technisches Verständnis von »Algorithmus«. Algorithmisch ist all dies, was keinem individuellen oder einem menschlichen Entscheidungsspielraum gleichkommenden Korrektiv begegnet

[22] An dieser Stelle tun sich elementare und mitunter zirkuläre Fragen über die grundsätzliche Abgrenzung und Beziehung zwischen Mensch und Maschine auf, die an dieser Stelle keine Vertiefung finden können. Andeutungsweise darf jedoch gefragt werden: Als wie einzigartig darf sich der Mensch betrachten, wenn bisweilen als menschlich charakterisierte Eigenschaften und Wesenszüge (!) wie die Fähigkeit, Erfahrungen zu verarbeiten oder eine Persönlichkeit herauszubilden, ebenfalls von Maschinen erlernt und von ebendiesen einer individuellen Prägung zugeführt werden können? Muss sich der Mensch nicht eingestehen, dass er selbst auch mittels eines Algorithmus »funktioniert«? Ernst, 2017, S. 1027 fragt folgerichtig: »Macht es rechtlich einen Unterschied, ob eine Entscheidung durch einen Menschen oder einen Algorithmus getroffen wird, wenn beide die selben Kriterien für ihre Entscheidung heranziehen und inhaltlich zum selben Ergebnis kommen?« Schließlich: Wie kann der Mensch sicherstellen, dass sich die von ihm intelligent geschaffenen Objekte nicht verselbstständigen?

und dies in der modernen Massenwirtschafts- und kommunikations-
gesellschaft in einem so überwältigenden Maße, dass er nicht mehr
hinwegzudenken ist und die Arbeits- und Konsumwelt grundlegend
verändert hat.[23]

## 3.2. Algorithmen als vorzügliche Instrumente zur Unterstützung öffentlicher Verwaltungstätigkeit

Algorithmen eignen sich vor diesem Hintergrund in ganz hervorra-
gendem Maße zur Unterstützung der öffentlichen Verwaltungstätig-
keit. Insbesondere dort, wo ein hoher Standardisierungsgrad[24] die
Tätigkeit der Verwaltung ausmacht, sind Algorithmen ein mittlerweile unverzichtbares Instrument zur Sicherstellung der einfachen,
zügigen und zweckmäßigen Aufgabenerledigung. Dabei wird sich
künftig ein noch wesentlich größeres Augenmerk auf das Thema *Big
Data,* mithin auf die Analyse, Veranschaulichung und Nutzbarma-
chung großer Datenmengen, richten. Mit der Steuer- und Sozialver-
waltung, der Umweltverwaltung und auch mit der Ordnungs- und
Sicherheitsverwaltung existieren wichtige Zweige der öffentlichen
Verwaltung, in denen algorithmusgestützte Analysen großer Datenbestände von evident hohem Nutzen für die Allgemeinheit sein können.[25]

## 4. Gefahren

Dem evident hohen Nutzen der aufgezeigten informationstechnologischen Möglichkeiten stehen jedoch auch einige Risiken gegenüber, welche im Folgenden kurz angerissen werden sollen. Dabei

---

[23] Frühzeitige Erkenntnise zu gesellschaftlichen Wirkungen des informationstechnologischen Fortschritts bei Nora & Minc, 1979

[24] Minack, 2017

[25] vgl. dazu etwa Schmid, 2016

liegt das Hauptaugenmerk weniger in der zweifelsohne auch wichtigen Frage, welche einfachrechtlichen Rahmenbedingungen – man denke etwa an das Datenschutz- oder E-Government-Recht – zu beachten oder ggf. zu verändern[26] sind. Betrachtet wird im Folgenden vielmehr, mit welchen grundlegenden, den Verfassungsstaat bisher konstituierenden Prinzipien die algorithmusbasierte Verwaltung zu vereinbaren sein muss und welche Gefahren eine nicht passgenaue Anwendung birgt.

## 4.1. Verzerrungen bei der Eingabe; Folge: die Potenzierung der Verzerrung bei der Ausgabe

Grundlegend für eine Näherung an die Grenzen algorithmusbasierter Entscheidungssysteme im demokratischen Verfassungsstaat muss die Einsicht sein, dass Algorithmen – so überraschende wie faszinierende Ergebnisse und Anwendungsmöglichkeiten sie im Einzelfall auch zu Tage treten lassen – prinzipiell nichts anderes sind als mechanische Rechenoperationen. Die Ausgabe eines algorithmischen Rechenprozesses hängt immer davon ab, mit welcher Eingabe der Prozess gefüttert wird. Die Eingabe ihrerseits ist – damit sie als Objekt einer Berechnung brauchbar ist – jedoch schon vorab immer das Ergebnis einer Subsumtion unter einen zu bezeichnenden und berechenbaren Begriff, d.h. in der Regel selbst ein Ergebnis menschlicher oder maschineller Komplexitätsreduktion. Findet eine standardisierte Definition der Eingabe schon nicht statt, kann die Ausgabe folgerichtig nicht zu dem Demonstrationsergebnis führen, das der Rechenoperation ursprünglich zugedacht wurde. Ein Beispiel: In der Schweiz[27] haben nach offiziellen Angaben ca. 44.500 Personen am 1. Januar Geburtstag.[28] An anderen Tagen im Jahr sind

---

[26] Vorschläge für Daten-Grundrechte bei Weigend, 2017
[27] Zur prinzipiell ähnlichen Situation in Deutschland Spiegel Online, 2016
[28] NZZ, 2017

es hingegen rund 20.000 Personen.[29] Grund für diesen bemerkenswerten statistischen Ausbruch ist, dass insbesondere bei registrierten Migranten, deren Geburtsdatum einstweilen unbekannt bzw. nicht sicher zu rekonstruieren ist, der 1. Januar eines Jahres als Geburtsdatum amtlich festgelegt wird.[30] Mit anderen Worten: Um Komplexität zu reduzieren und verwaltungstechnisch notwendige Daten zu erheben, wird die Existenz eines Datums über dessen materielle Richtigkeit gestellt, was aus staatsorganisatorischer Sicht überaus verständlich, ja sogar notwendig und im vorliegenden Fall wohl auch verschmerzbar ist. Würde man die Zahl über die am 1. Januar geborenen Personen jedoch ohne die Information über den Grund für die statistische Verschiebung verwenden, etwa um zu erwartende wirtschaftliche Effekte aufgrund des Kaufs von Geburtstagsgeschenken oder dergleichen zu berechnen, und würde man hieraus wiederum etwa zu erwartende Steuereinnahmen etc. berechnen, ergäbe sich die Potenzierung des Falschen und damit eine Abkopplung der algorithmischen Ausgabe von der Realität. Von überragender Bedeutung für die Funktionstüchtigkeit algorithmusbasierter Systeme ist daher immer die möglichst präzise Definition der Eingabe und ihre so realitätsnah wie möglich gestaltete Erfassung. Gleichwohl sollte man zu keiner Zeit dem Irrglauben verfallen, die als Zahl daherkommende Eingabe entspreche der Realität äquivalent.[31]

## 4.2.  Die Verwechslung von Rechenergebnis und richtiger bzw. demokratischer Entscheidung

Doch genau diese Gefahr – die Verwechslung der Zahl mit der Realität – besteht. Zahlen und Daten sind in ihrer Eindeutigkeit, ihrer

---

[29]  NZZ, 2017
[30]  NZZ, 2017
[31]  vgl. Novoselic, 2016, S. 88.

geringen Komplexität und in ihrem Innehaben des Nimbus der Richtigkeit und Präzision verführerisch. Sie manifestieren als Frucht der abendländischen Wissenschaft das Ideal rationaler Weltbeherrschung[32] und erschweren – einmal in der Welt – jedes Agieren, das mit ihnen nicht im Einklang steht. Doch selbst »wenn wir die Welt in Zahlen übersetzen könnten, verfügten wir dadurch über keine Antworten auf ihre Probleme, sondern nur über Daten, auf deren Grundlage verantwortliches Entscheiden erst möglich und gegebenenfalls erforderlich ist.«[33] Sich diese Einsicht in Erinnerung zu rufen, erscheint im digitalen Informationszeitalter nötiger denn je.[34] Algorithmisch gestützte informationstechnologische Systeme besitzen für die öffentliche Hand dienenden Charakter. Nicht der Mensch dient dem System, sondern das System dem Menschen. Auch die mit dem klügsten und ausgefeiltesten Mechanismus errechnete Handlungsempfehlung verbürgt sich nicht für die rechtliche und politische Richtigkeit einer Entscheidung – sei sie nun im Rahmen eines Verwaltungsverfahrens oder gar im politischen Raume getroffen. Es ist nach herkömmlichem rechtsstaatlichen und demokratietheoretischen Verständnis daher zwingend geboten, als öffentlich zu Entscheidungen berufenes Organ seine eigene Urteilskraft nicht der Suggestionskraft[35] von Zahlen und Daten zu unterwerfen. Andersherum wäre es freilich ebenso fahrlässig, algorithmisch errechnete Datenbestände bei der Entscheidungsfindung komplett zu ignorieren. Letztlich geht es um ein intelligentes Ausschöpfen und Bewerten der zur Verfügung stehenden Informationsquellen und ihrer Spiegelung mit allgemeingültigen Erfahrungssätzen, deren Gültig-

---

[32] Depenheuer, 2010, S. 177
[33] Depenheuer, 2010, S. 180
[34] vgl. Novoselic, 2016, S. 89; vgl. darüber hinaus Schliesky, 2015
[35] Depenheuer, 2010, S. 178

keit und Relevanz trotz manch anderslautender Prognosen von erstaunlicher Stetigkeit sind.[36] Dabei bleibt immer ein Rest an Unsicherheit und Unpräzision. Diesen Rest auszumerzen, kann und sollte jedoch nicht das Ziel eines intelligenten Verwaltungs- und Politikmanagements sein, weil trotz der Schmerzhaftigkeit einer solchen Erkenntnis nichts an der Einsicht vorbeiführt, dass es die eine – und nur die eine – richtige und kluge Entscheidung nicht gibt. Politische und administrative Staatstätigkeit ist, wenn sie sich dem rechtlichen Fortschritt verpflichtet sieht, ein unendlicher Prozess von Diskussion und Dezision, der demokratische Legitimationszirkel ein ständiger Rechtfertigungsprozess.[37] Ein »Endzustand der Geschichte«[38] ist einstweilen nicht zu erblicken. Hieraus jedoch ergibt sich unmittelbar der Auftrag, sich einem übertriebenen Objektivitäts- und Richtigkeitsdogma zu Gunsten der individuellen Gedanken- und Entscheidungsfreiheit zu widersetzen.[39] Was ein System nicht abbilden kann, ist deshalb noch lange nicht falsch oder abwegig. Darüber hinaus ist an das Spannungsfeld zwischen Demokratie und Richtigkeit bzw. Sinnhaftigkeit zu erinnern. Dem Grundgesetz ist das in vielerlei Ausflüsse mäandrierende Demokratieprinzip zu entnehmen, nach dem alle Staatsgewalt vom Volke ausgeht und jede auf öffentlicher Gewalt fußende rechtserhebliche Handlung einer Rückkopplung im Sinne einer Legitimationskette an das Staatsvolk bedarf. Nicht gesagt ist hingegen, dass jede politische Entscheidung einem Dogma der Richtigkeit und Vernünftigkeit unterliegt, auch

---

[36]  vgl. Marquard, 1991

[37]  vgl. Kriele, 1994, S. 238

[38]  von Kutschera, 1999, S. 137

[39]  O'Neil, 2017 sieht gar einen Angriff der Algorithmen und in ihnen mathematische Massenvernichtungswaffen, vgl. dazu auch Deutschlandfunk, 2017. Grandjean, 2017 drängt insoweit auf Vielfaltsicherung in Zeiten von Such- und Entscheidungsalgorithmen. Martini, 2017, S. 1017f sieht die Gefahr der Monopolisierung von Markt- und Meinungsmacht.

wenn freilich das »Wohl des Volkes« (vgl. Art. 56 GG) zu Recht übergeordnete Bedeutung beanspruchen darf. Es gilt vielmehr, dass das Demokratieprinzip innerhalb der verfassungsmäßigen Grenzen die Freiheit des verfassten Souveräns verbürgt, seine eigenen Geschicke selbstbestimmt und insoweit auch eigenverantwortlich zu bestimmen. Eine Datengläubigkeit, ja ein Determinismus dahingehend, dass nicht entschieden werden darf, was sich nicht algorithmisch als »sehr sinnvoll«, »sinnvoll«, oder »weitestgehend sinnvoll« belegen lässt, gefährdet die demokratische Kultur und verlagert die Entscheidungskompetenz über öffentliche Angelegenheiten vom Souverän weg in Richtung derjenigen, die den Algorithmus programmieren, ihn speisen und gleichzeitig die zulässigen Interpretations- und Auswahlpfade des Rechenergebnisses festlegen. Ähnliches geschieht, wenn durch »Ziele und Kennzahlen« der Entscheidungskorridor der zur Entscheidung Berufenen so stark eingeschränkt wird, dass derjenige, der die Ziele und Kennzahlen festlegt, letztlich der Entscheidungsträger ist.

## 5. Die politische und rechtliche Verantwortung als kompensierendes Element

### 5.1. Funktion

Weil nun aber stete Unsicherheit über Sinn und Unsinn politischer und rechtlicher Entscheidungen und Maßnahmen besteht und eine Beurteilung über Richtigkeit und Nutzen staatlicher Handlungen im Vorhinein nicht mit hundertprozentiger Sicherheit getroffen werden kann, ist das Prinzip der politischen und rechtlichen Verantwortung unverzichtbares Element der abendländisch-demokratischen Staatskultur. Wer als Politiker oder Beamter eine Entscheidung trifft, hat sich für diese Entscheidung qua seiner Stellung als Staatsdiener zu verantworten und zwar selbstredend im Positiven wie im

Negativen.[40] Den Politiker trifft diese Verantwortlichkeit in einem etwas unschärferen – deshalb jedoch nicht weniger effektiven – Gewand, wenn er gegenüber dem Staatsvolk die von ihm getroffenen Entscheidungen und Maßnahmen zu erklären und zu vertreten und sich im Falle wenig überzeugender Maßnahmen mit potenziell karriereschädlicher öffentlicher Entrüstung[41] auseinanderzusetzen hat. Auf den Beamten hingegen wirkt sich ein solcher Mechanismus allenfalls mittelbar aus. Ihn trifft hingegen die gesetzlich normierte »volle persönliche Verantwortung« (§ 36 Abs. 1 BeamtStG) für die Rechtmäßigkeit seiner dienstlichen Handlungen sowie die Möglichkeit des Betroffenen, im Wege des Staatshaftungsrechts Ansprüche gegen ihn bzw. seinen Dienstherrn geltend zu machen.[42]

Deutlich wird insoweit, dass das Prinzip der Verantwortung für getroffene Entscheidungen und Maßnahmen grundlegend für die demokratisch-rechtsstaatliche Kultur ist. Entscheidungen müssen sich auf eine natürliche Person zurückführen lassen,[43] welche die Entscheidung in ihrer Person abbildet und als Projektionsfläche für die betroffenen Bevölkerungsteile zur Verfügung steht. Dies hat nichts gemein mit dem Bild eines Sündenbocks oder Prügelknaben. Es ist vielmehr die notwendige Konsequenz einer repräsentativ und arbeitsteilig agierenden Demokratie. Wer Entscheidungen unterworfen ist, die er selbst nicht getroffen hat, darf von denjenigen, die die Entscheidungen für ihn treffen, Rechenschaft verlangen. Dies gilt

---

[40] So etwa Obama, 2009 in unverwechselbarer Manier: *»You get some of the credit when things go good. And when things are going tough, then, you know, you're going to get some of the blame, and that's part of the job.«*

[41] vgl. Kriele,1994, S. 218

[42] grundlegend zum Staatshaftungsrecht Ossenbühl & Cornils, 2013; zu Staatshaftung und E-Government vgl. Stelkens, 2015

[43] vgl. Novoselic, 2016, S. 91

unabhängig davon, ob es um große Politik oder den Schützenverein geht.

## 5.2. Anwendungsschwierigkeiten in der algorithmischen Verwaltung

An dieser Stelle begegnen algorithmusbasierte »Entscheidungen« grundlegenden Problemen. Wenn der Ausgang eines Verfahrens oder eine bestimmte politische Maßnahme von vornherein feststeht, weil der Algorithmus als Garant der Unfehlbarkeit ebendiese Entscheidung nahegelegt bzw. getroffen hat, bleibt unklar, wer für zu erwartende negative Konsequenzen die Verantwortung zu übernehmen hat. Das möglicherweise noch formal zur Entscheidung berufene Organ wird sich mit der naheliegenden Ausflucht wehren, der Algorithmus habe die Entscheidung quasi vorgegeben,[44] man habe ja nicht anders gekonnt. Die den Algorithmus entwickelnde Stelle wird darauf verweisen, dass sie lediglich ein Instrument entwickelt habe und die schlussendliche Entscheidung in dem bestimmten Fall anderen obliege. Letztlich findet jenseits möglicherweise zivilrechtlich geregelter Ansprüche im Schadensfall eine staatspolitische Verantwortungsauflösung statt, wenn die öffentlich-rechtlich zur Entscheidung berufene natürliche Person hinter dem System verschwindet. Ganz neue, hier in der Breite nicht zu diskutierende Fragestellungen tun sich auf: Was bedeutet es etwa für das Staatshaftungsrecht, wenn ein Beamter sich anstelle einer algorithmisch ermittelten Wahrscheinlichkeit auf sein eigenes Judiz verlässt und damit einen Schaden verursacht? Hat er in einem solchen Fall die im Verkehr erforderliche Sorgfalt missachtet und eine Staatshaftung

---

[44] Freilich in einem anderen Zusammenhang, dennoch symptomatisch steht die vom Bundeskartellamt gerügte »Algorithmus-Ausrede« der Lufthansa, vgl. dazu AIRLINERS, 2017.

verursacht?[45] Was bedeutet es überhaupt für die staatspolitische Stellung des Beamten mit ihren hergebrachten Grundsätzen des Berufsbeamtentums [46] (Stichworte: Alimentationsprinzip, Fürsorgepflicht), wenn die von Beamten persönlich zu treffenden und zu verantwortenden Entscheidungen faktisch anderswo getroffen werden und damit jene Umstände, welche die hervorgehobene Stellung des Beamten aktuell rechtfertigen, wegfallen?

## 6. Algorithmische Verwaltung und Gewaltenteilung

Letztlich begegnet die algorithmische Staatstätigkeit auch vor dem Hintergrund der Gewaltenteilung einigen Fragen.[47] Unstrittig dürfte sein, dass die Gewaltenteilung die historische Antwort auf die Herausforderung durch den Absolutismus ist.[48] Löst man diese Erkenntnis von ihrem konkreten historischen Kontext und verallgemeinert sie ein Stück weit, so wird deutlich, dass die Teilung von Gewalt – in der Informationsgesellschaft: die Teilung über die Hoheit der Interpretation und Nutzung von Daten und Informationen – immer eine Absage an das Absolute ist, mithin eine Absage an eine von einer einzigen Stelle allein und allgemeingültig festgelegten und durchgesetzten Ordnungsvorstellung. Nur ein gewaltenteilender, somit ein als polytheistisch[49] zu bezeichnender Ansatz garantiert Freiheit und Rechtsstaatlichkeit und vermeidet den Übergriff populärer Ord-

---

[45] vgl. Fadavian, 2016, S. 129
[46] vgl. dazu Summer, 1992
[47] zur vernetzten Justiz vgl. von Notz, 2017
[48] Kriele1994, S. 220
[49] vgl. Marquard, 1978

nungsvorstellungen in die Freiheitssphäre des Einzelnen. Eine bisweilen als »Dataismus«[50] bezeichnete übertriebene Datengläubigkeit, die als ideologischer Daten-Totalitarismus meint, eine Entmys-
tifizierung der Welt durch Verbannung von Subjektivität herbeizu-
führen, wäre mit dem Gedanken der Gewaltenteilung jedoch schon
von ihren Grundsätzen her nicht vereinbar. Gäbe es nämlich die eine
– und nur die eine – richtige Entscheidung, die auf Basis datengetriebener Analysen mit absoluter Sicherheit richtig getroffen werden könnte: Wozu bräuchte es dann eine sich gegenseitig kontrol-
lierende Teilung der Gewalten? Es gäbe ja schlechthin nichts zu kontrollieren, da ja alles stimmte.

## 7.   Fazit

Algorithmusbasierte Systeme können in der öffentlichen Verwaltung und auch in der politischen Sphäre von ungemein hohem Nutzen sein. Die von der Verfassung vorausgesetzte Effektivität der öffentlichen Verwaltung verlangt den klugen und passgenauen Einsatz moderner informationstechnologischer Systeme. Die (steuerfinanzierte) öffentliche Verwaltung hat auf der Höhe der Zeit zu sein
und darf sich neuen Entwicklungen in Anbetracht des Gebots, einfach, zweckmäßig und zügig zu arbeiten, nicht verschließen. Gleichzeitig hat sie sich auf ihre Funktion und Verantwortung im demokratischen Verfassungsstaat zu besinnen, indem sie mit Maß und
Mitte vorgeht und sich ihrer staatstheoretischen und rechtsstaatlichen Bindungen nicht entledigt. Eine übertriebene Datengläubigkeit, ja die Erwartung, dass das lang ersehnte und als Mensch-
heits(alb)traum jedem wissenschaftlich-politischen Streben imma-
nente Ordnen und Sortieren der Welt restlos gelingen möge, darf

---

[50]  Han, 2014, S. 81.

nicht gesät werden. Objektivität ist meist doch mehr Intersubjektivität; die alles erfassende, algorithmische Verwaltung wird es einstweilen nicht geben. Dies darf freilich nicht darüber hinweg täuschen, dass gerade in Deutschland – wie nicht wenige Studien zu Tage befördert haben[51] – ein noch erhebliches Verbesserungspotenzial beim Einsatz informationstechnologischer Systeme in der öffentlichen Verwaltung zu konstatieren ist, das vernünftigerweise zügig gehoben genutzt werden sollte.

## Quellen

Achterberg, N. (1986). Allgemeines Verwaltungsrecht. 2. Aufl. *AIRLINERS.* (2017). Kartellamt tadelt Lufthansa für »Algorithmus-Ausrede«. Artikel datiert auf den 28.12.2017. http://s.fhg.de/cpp, abgerufen am 30.12.2017

Battis, U. (2014). Kommentierung zu Art. 33 GG. In: Sachs M. (Hrsg.): *Grundgesetz Kommentar.* 7. Aufl.

Bull, H. & Mehde, V. (2015). Allgemeines Verwaltungsrecht mit Verwaltungslehre. 5. Aufl.

Depenheuer, O. (2010). Zählen statt Urteilen. Die Auflösung der Urteilskraft in die Zahlengläubigkeit. In: *Sächsische Verwaltungsblätter* 2010, S. 177f

Deutschlandfunk (2017). Cathy O'Neil: »Angriff der Algorithmen«. Mathematische Massenvernichtungswaffen. Buchkritik von Gerrit Stratmann, datiert auf den 20.09.2017. http://s.fhg.de/Qi9, abgerufen am 07.01.2018

Djeffal, C. (2017). Das Internet der Dinge und die öffentliche Verwaltung: Auf dem Weg zum Smart Government? In: *Deutsches Verwaltungsblatt* 2017, S. 808f

Döring, S. (2017). Personalmarketing. In: Böhle, T. (Hrsg.), *Kommunales Personal- und Organisationsmanagement* (S. 51-95).

D21/ipima (2015). eGovernmont Monitor 2015. Nutzung und Akzeptanz von elektronischen Bürgerdiensten im internationalen Vergleich. http://s.fhg.de/azT, abgerufen am 26.12.2017

---

[51] vgl. McKinsey & Company, 2015 und D21/ipima, 2015

Ehlers, D. (2016). Verwaltung und Verwaltungsrecht im demokratischen und sozialen Rechtsstaat. In: Ehlers, D. & Pünder, H. (Hrsg.), *Allgemeines Verwaltungsrecht* (§ 1). 15. Aufl.

Ernst, C. (2017). Algorithmische Entscheidungsfindung und personenbezogene Daten. In: *JuristenZeitung* 2017, S. 1026f

Fadavian, B. (2016). Rechtswissenschaftliche Aspekte von Smart Government. In: von Lucke, J. (Hrsg.), *Smart Government. Intelligent vernetztes Regierungs- und Verwaltungshandeln in Zeiten des Internets der Dinge und des Internets der Dienste* (S. 113-133.).

Fadavian, B. (2017). *Interkommunale Zusammenarbeit und ihre verfassungsrechtlichen Grenzen. Eine Untersuchung am Beispiel des Regionalverbands Ruhr.*

Grandjean, A. (2017). Der Code als Gatekeeper: Vielfaltsicherung in Zeiten von Such- und Entscheidungsalgorithmen, Personalisierung und Fake-News. In: *Zeitschrift für Urheber- und Medienrecht* 2017, S. 565f

Han, B.-C. (2014*). Psychopolitik. Neoliberalismus und die neuen Machttechniken.* 3. Aufl.

von Heppe, H. & Becker, U. (1965). Zweckvorstellungen und Organisationsformen. In: Morstein Marx, F. (Hrsg.): *Verwaltung – eine einführende Darstellung* (S. 87 - 108)

Holl, C. (2004). *Wahrnehmung, menschliches Handeln und Institutionen: von Hayeks Institutionenökonomik und deren Weiterentwicklung.*

Krebs, W. (2007). Verwaltungsorganisation. In: Isensee J. & Kirchhof P. (Hrsg.), *Handbuch des Staatsrechts V* (§ 108).

Kriele, M. (1994). *Einführung in die Staatslehre.* 5. Aufl.

von Kutschera, F. (1999). *Grundlagen der Ethik.* 2. Aufl.

von Lucke, J. (2016). Smart Government. In: von Lucke, J.: *Smart Government. Intelligent vernetztes Regierungs und Verwaltungshandeln in Zeiten des Internets der Dinge und des Internets der Dienste* (S. 19-75).

Marquard, O. (1978), Lob des Polytheismus. In: Marquard O.: *Zukunft braucht Herkunft, Philosophische Essays,* (S. 46-71). 2015

Marquard, O. (1991). Zeit und Endlichkeit. In: Marquard O.: *Zukunft braucht Herkunft. Philosophische Essays* (S. 220-233) 2015

Martini, M. (2017). Algorithmen als Herausforderung für die Rechtsordnung. In: *JuristenZeitung* 2017, S. 1017f

Maurer, H. & Waldhoff, C. (2017). *Allgemeines Verwaltungsrecht.* 19. überarbeitete und ergänzte Aufl..

McKinsey & Company (2015). E-Government in Deutschland. Eine Bürgerperspektive. http://s.fhg.de/7LN, abgerufen am 26.12.2017

Meyers (1975). *Meyers Enzyklopädisches Lexikon,* Band 1 (A-Alu).

Minack, B. (2017). Bots, Algorithmen und künstliche Intelligenz: Anwendungsmöglichkeiten in der öffentlichen Verwaltung der Zukunft. Veröffentlicht am 30. Juni 2017 auf http://s.fhg.de/cXc, abgerufen am 14.12.2017

Morstein Marx, F. (1965). Vorwort. In: Morstein Marx, F. (Hrsg.), *Verwaltung – eine einführende Darstellung* (S. V-VI).

Nora, S. /& Minc, A. (1979). *Die Informatisierung der Gesellschaft.* Herausgegeben von Kalbhen, U. für die Gesellschaft für Mathematik und Datenverarbeitung.

von Notz, A. (2017). Die vernetzte Justiz. Zur Zulässigkeit einer IT-Zentralisierung unter Einbeziehung der Dritten Gewalt. In: *JuristenZeitung* 2017, S. 607f

Novoselic, S. (2016). Smart Politics. In: von Lucke, J. (Hrsg.): *Smart Government. Intelligent vernetztes Regierungs- und Verwaltungshandeln in Zeiten des Internets der Dinge und des Internets der Dienste* (S. 77 - 95).

NZZ (2017). Weshalb das häufigste Geburtsdatum der 1. Januar ist. Artikel von Nina Fargahi, datiert auf den 01.01.2017. http://s.fhg.de/pYt, abgerufen am 26.12.2017

Obama, B. (2009). Gesprochenes Wort auf einer Veranstaltung am 15. Oktober 2009 in New Orleans. Zitation entnommen von Stecker, F. (2011) *The Podium, the Pulpit, and the Republicans. How Presidental Candidates Use Religious Language in American Political Debate,* S. 44.

O'Neil, C. (2017). Angriff der Algorithmen: Wie sie Wahlen manipulieren, Berufschancen zerstören und unsere Gesellschaft gefährden.

Ossenbühl, F. / Cornils, M. (2013). *Staatshaftungsrecht.* 6. Aufl.

Rehfeld, D. (2017). Technologische Entwicklung/IT. In: Böhle, T. (Hrsg.), *Kommunales Personal- und Organisationsmanagement* (S. 1301-1323).

Sachs, M. (2014). Kommentierung zu Art. 20 GG. In: Sachs, M. (Hrsg.): *Grundgesetz Kommentar.* 7. Aufl.

Schliesky, U. (2015). Auf dem Weg zum digitalen Staat. Auch ein besserer Staat? In: Hill, H. & Schliesky, U. (Hrsg.), *Auf dem Weg zum digitalen Staat. Auch ein besserer Staat?* (S. 9-32).

Schmid, A. (2016). Big Data in der öffentlichen Verwaltung. Herausforderungen und Potenziale. Präsentation, datiert auf den 01.06.2016. http://s.fhg.de/fNX, abgerufen am 26.12.2017

SPIEGEL-ONLINE (2016). Tausende Flüchtlinge gelten ab Neujahr als volljährig. Artikel von Conny Neumann, datiert auf den 29.12.2016. http://s.fhg.de/mzB, abgerufen am 26.12.2017

Stelkens, P. (2018). Kommentierung zu § 35a VwVfG. In: Stelkens, P., Bonk, H. & Sachs, M. (Hrsg.), *Verwaltungsverfahrensgesetz.* 9. Aufl.

Stelkens, P. (2015). Staatshaftung und E-Government. Verwaltungsorganisationsrechtliche Gestaltungsmöglichkeiten. In: Hill, H. & Schliesky, U. (Hrsg.), *Auf dem Weg zum digitalen Staat. Auch ein besserer Staat?* (S. 189 - 240).

Summer, R. (1992). Die hergebrachten Grundsätze des Berufsbeamtentums – ein Torso, in: *Zeitschrift für Beamtenrecht* 1992, S. 1f

Weigend, A. (2017). *Data for the people. Wie wir die Macht über unsere Daten zurückerobern.*

## Danksagung

Der Verfasser dankt Dieter Rehfeld für weiterführende thematische Gespräche und Hinweise.

# Über den Autor

**Benjamin Fadavian**

Dr. iur. Benjamin Fadavian ist Referent der Geschäftsführung beim kommunalen IT-Dienstleister regio iT GmbH und Rechtsreferendar im Landgerichtsbezirk Aachen. Er ist Mitglied des Ausschusses für Forschung und Projekte des Nationalen E-Government Kompetenzzentrums (NEGZ). Von 2015 bis 2017 war er wissenschaftlicher Mitarbeiter am Seminar für Staatsphilosophie und Rechtspolitik der Rechtswissenschaftlichen Fakultät der Universität zu Köln.

# Die Ordnung der Algorithmen – Zur Automatisierung von Relevanz und Regulierung gesellschaftlicher Kommunikation

## Christian Katzenbach

Alexander von Humboldt Institut für Internet und Gesellschaft, Berlin

Dieser Beitrag adressiert die Frage nach der Rolle von Algorithmen in der Ordnung und Regulierung digitaler Kommunikation. Er konfrontiert die gegenwärtige Debatte um die Macht von Algorithmen mit bestehenden Diskurszusammenhängen wie »Code is Law« sowie mit techniksoziologischen und institutionentheoretischen Konzepten. Damit wird der Gefahr begegnet, dass die sich derzeit abzeichnende Wiederentdeckung von Technik in der sozialwissenschaftlichen Theoriebildung (erneut) in technikdeterministische Positionen »überschießt«. Auf dieser Basis werden Algorithmen als Relevanzmaschinen und Regulierungsmaschinen gesellschaftlicher Kommunikation charakterisiert, sowie Besonderheiten algorithmischer Medienangebote herausgearbeitet.

## 1.    Einleitung

Wir leben mitten in einem Umbruch der gesellschaftlichen Kommunikation. Mit Facebook, Google, WhatsApp, Instagram und Twitter haben sich Dienste in unsere alltäglichen Routinen integriert, die es vor zwanzig, teilweise gar vor zehn Jahren noch gar nicht gab. Viele von uns nutzen sie täglich, um sich über persönliche und gesell-schaftliche Entwicklungen und Ereignisse zu informieren und aus-zutauschen. Dabei sind die klassischen Medien Radio und Fernse-hen, Zeitung und Zeitschriften mitsamt ihren digitalen Angeboten nicht verschwunden, sie bilden weiterhin einen zentralen und frag-los unverzichtbaren Bestandteil gesellschaftlicher Kommunikation und demokratischer Öffentlichkeit. Die neuen Dienste und Plattfor-men haben aber eine maßgebliche Rolle für die Organisation gesell-schaftlicher Kommunikation eingenommen. Googles Suchmaschine organisiert Treffer nach mehr oder weniger personalisierten Rele-vanzkriterien; Facebooks Newsfeed zeigt uns Nutzern Inhalte und Meldungen, die möglichst viel »Engagement«, also Interaktionen auf der Plattform, erzeugen sollen; Twitter und Instagram kuratie-ren ebenfalls den Strom von Meldungen nach eigenen Kriterien. In-dem die Plattformen nach jeweils eigenen Logiken die unübersicht-liche Vielzahl von Inhalten und Kommunikationen sortieren, filtern und teils auch blockieren, strukturieren sie in wachsendem Maße die Art und Weise, wie wir als Gesellschaft kommunizieren und wie Öf-fentlichkeit in der digitalen Gesellschaft funktioniert.

Die Ordnung gesellschaftlicher Kommunikation ist schon immer ab-hängig von den vorherrschenden Medien. Auch der klassische Jour-nalismus in Rundfunk und Print hat nicht einfach eine objektive be-stehende Wirklichkeit in Gesellschaft, Politik und Wirtschaft abge-bildet, sondern eine Medienwirklichkeit konstruiert. Professionelle Werte und Routinen, ökonomische Interessen, technische Prozesse und politische Orientierungen entscheiden schon immer mit dar-über, welchen Themen mediale Relevanz zugewiesen wird und wel-chen nicht, welche Akteure gehört und welche Inhalte und Argu-mente als legitim anerkannt werden. Diese Formen der medialen Wirklichkeitskonstruktion, die sich in der Institutionalisierung des Journalismus und der Medien herausgebildet und immer wieder auch verändert haben, werden nun ergänzt durch die Logiken der Wirklichkeitskonstruktion von Plattformen und Algorithmen.[1] Mit dieser entstehenden *Network Media Logic*[2] verschieben sich auch die Kriterien für relevante Themen, wichtige Akteure und legitime Inhalte.

Vor diesem Hintergrund überrascht es nicht, dass die Reorganisation gesellschaftlicher Kommunikation Irritationen erzeugt: Warum werden auf Online-Plattformen vielfach ausgezeichnete Pressefotos blockiert, aber menschenverachtende Kommentare mitunter nicht? Befördern die kommunikativen Dynamiken und die Architektur der Dienste Hasskommentare und Desinformations-Kampagnen (*Fake News*)? Der kommunikative Umbruch ist so verbunden mit einer intensiven Auseinandersetzung darüber, welche Kriterien und Regeln für soziale Kommunikation und die dahinterstehenden Medienstrukturen gelten sollen. Diese Ordnung der Algorithmen wird derzeit ausgehandelt – kontrovers und regelmäßig konflikthaft. Und das ist auch kein Wunder: In dem Maße, wie sich unsere Routinen der personalen und gesellschaftlichen Kommunikation ändern, können sich auch die Erwartungen an öffentliche Kommunikation und kommunikatives Handeln verschieben. Welche Neuigkeiten sind relevant, und nach welchen Kriterien entscheidet wer oder was darüber? Welche Inhalte sind legitim und angemessen – und welche verletzen Urheber- oder gar Menschenrechte? Welche Auswirkungen hat die digitale Reorganisation von Kommunikation für die demokratische Öffentlichkeit, für den Selbstverständigungsprozess einer Gesellschaft?

In den Fokus der öffentlichen wie der wissenschaftlichen Debatte ist dabei etwas gerückt, das für Politik und Öffentlichkeit, Sozial-

---

[1]  Loosen & Scholl, 2017
[2]  Klinger & Svensson, 2014

und Rechtswissenschaftler etwas zunächst sehr Fremdes ist: der Algorithmus – eine Rechenvorschrift, ein Rezept zur eindeutigen Umwandlung von Zeichenfolgen in andere. Und dennoch: Algorithmen scheinen bei der Fragmentierung öffentlicher Kommunikation eine zentrale Rolle zu spielen, indem sie (vermeintliche) »Filterblasen« erzeugen und »Echokammern« verstärken; sie sortieren und zensieren Bilder und Nachrichten von hohem öffentlichen Interesse, sie verleihen Falschmeldungen und verachtenden Kommentaren besondere Aufmerksamkeit. Jenseits anekdotischer Evidenz stehen die empirischen Belege für eine solch dysfunktionale Reorganisation gesellschaftlicher Kommunikation noch aus. Systematische Analysen und Meta-Studien sprechen bislang sogar gegen die Filterblasen-Hypothese.[3] Offenkundig ist aber geworden, dass sich mit der entstehenden »Ordnung der Algorithmen« die Organisation der gesellschaftlichen Kommunikation verschiebt.

Dieser Beitrag knüpft an die Debatte um die Macht von Algorithmen an. Er gibt dieser Debatte Substanz, indem er Algorithmen als bedeutungsvolles Element in der medialen Konstruktion von Wirklichkeit versteht: Sie wirken dabei sowohl als *Relevanzmaschinen*, indem sie Themen, Akteuren und Argumenten Relevanz zu- oder abschreiben, und als *Regulierungsmaschinen*, indem sie Inhalte als legitim oder illegitim und Kommunikation als angemessen oder unangemessen klassifizieren und gegebenenfalls ausfiltern. Dazu wird zunächst die Debatte um die Macht der Algorithmen eingeordnet in einen bereits länger andauernden Diskurs um die Regelungsmacht von Medien und Technik, dann wird eine institutionentheoretische und techniksoziologische Perspektive eingeführt. Auf dieser Basis wer-

---

[3] Borgesius et al., 2016; Möller et al., 2018

den Algorithmen als Relevanzmaschinen und Regulierungsmaschinen gesellschaftlicher Kommunikation charakterisiert sowie Besonderheiten algorithmischer Medienangebote herausgearbeitet.

## 2. Von »Code is Law« zu algorithmischer Macht

Die gegenwärtige Debatte spricht Algorithmen als technischen Verfahren eine zentrale Rolle bei der Strukturierung und Regulierung von Kommunikation und von Inhalten im Internet zu. Dass neue Technologien die Kommunikation einer Gesellschaft verschieben – und die damit verbundenen Hoffnungen –, ist nichts Neues. Von Platons Sorge über die wachsende Bedeutung der schriftlichen Kommunikation gegenüber der mündlichen Rede, über Gutenbergs Einführung des Buchdrucks bis hin zu aktuellen Formen der digitalen Kommunikation: Neue Technologien verändern immer wieder aufs Neue unsere persönliche wie gesellschaftliche Kommunikation und rufen dabei regelmäßig Hoffnungen und Sorgen, Utopien und Dystopien hervor.[4]

Mit Digitalisierung und Vernetzung hat dieses Verhältnis aber eine neue Dimension hinzugewonnen: Digitale Technologien vermitteln nicht nur Kommunikation, sondern sie steuern und ordnen diese gleichzeitig. Lawrence Lessig hat dies Ende der 1990er Jahre prägnant mit dem Slogan *Code is Law* auf den Punkt gebracht.[5] Die Gestaltung von Online-Angeboten, das Setzen von Parametern, die darunterliegenden Protokolle und Infrastrukturen, die Gestaltung von

---

[4]  Passig, 2009; Schrape, 2012
[5]  Lessig, 1999

Benutzeroberflächen– all diese vermeintlich technischen und gestalterischen Optionen ordnen und regulieren das Handeln im Netz, so Lessig:

> »The code or software or architecture or protocols set these features; [...] they constrain some behavior by making other behavior possible, or impossible. They too are regulations.«[6]

Lessigs Beobachtung erwies sich schnell als plausibel, als besonders im Musikbereich Digital-Rights-Management-Systeme (DRM-Systeme) eingesetzt wurden, um die Nutzung und Weiterverbreitung digitaler Musik zu kontrollieren. In DRM-Systemen wird aus dem *erlaubt / nicht erlaubt* des Rechts ein schlichtes *möglich/unmöglich* der Technik. Nur was erlaubt ist, soll auch praktisch möglich sein, so die einfache Überlegung von technischen Schutzmaßnahmen. Was zunächst gut klingt, ist aber mit Problemen verbunden: So können Rechteinhaber eigenmächtig entscheiden, welche Nutzungen möglich sind, ohne etwa die Schrankenregelungen des deutschen Urheberrechts bzw. die *Fair-Use*-Bestimmungen im anglo-amerikanischen Urheberrecht zu berücksichtigen. Musiktitel an Freunde und Familienmitglieder weitergeben, auf einem anderen Gerät hören, zur Nutzung im Schulunterricht kopieren, eine Parodie oder einen Remix erstellen – all diese rechtlich erlaubten Nutzungen werden beim Einsatz von DRM-Systemen regelmäßig schwierig bis unmöglich.

Trotz der sich hier bereits andeutenden Probleme automatisierter Regulierung ist in den vergangenen Jahren mit Intensität und Optimismus über *Algorithmic Regulation* bzw *Algorithmic Governance* gesprochen worden. Der US-Verleger und Internet-Enthusiast Tim O'Reilly hat wohl erste Formen der algorithmischen Regelung von

[6] Lessig, 1997, S. 183

Handlungszusammenhängen unter dem Begriff der *Algorithmic Regulation* zusammengefasst.[7] Ob *Predictive Policing* oder automatisiertes Filtern von Online-Inhalten, O'Reilly sieht große Vorteile. Im Vergleich mit dem herkömmlichen politisch-administrativen Prozess der Regulierung biete die algorithmische Regulierung große Effizienzgewinne: Die Zielerreichung einer Maßnahme könne eindeutig und in Echtzeit überprüft werden, woraufhin wiederum die Maßnahmen entsprechend angepasst werden könnten.

> »*Contrast this with the normal regulatory model, which focuses on the rules rather than the outcomes. How often have we faced rules that simply no longer make sense? How often do we see evidence that the rules are actually achieving the desired outcome?*«[8]

Diese euphorische Sichtweise auf die Automatisierung von Regulierung übersieht die Schattenseiten. Neben der daraus sprechenden grundlegenden libertären Skepsis gegenüber staatlichen Eingriffen in Märkte und Alltag deutet sich in dieser Sichtweise auch das Problem technizistischer und technikdetermistischer Perspektiven auf Politik an. Die *technizistische* Perspektive wird zum Problem, indem der politische Gehalt des Prozesses aus dem Blick gerät: Es gibt in der Regel nicht die eine funktionale Lösung für komplexe Fragen wie ein gemeinwohlorientiertes Urheberrecht, faire Kreditvergabe und sinnvolle Polizeieinsätze. Eine *technikdeterministische* Perspektive schreibt Technik eindeutige und inhärente Auswirkungen zu.[9] Eine solche Sichtweise übersieht, dass Technik immer selbst schon sozial

---

[7]  O'Reilly, 2013
[8]  O'Reilly, 2013:, S. 290
[9]  Wyatt, 2008

konstruiert ist und immer in verschiedenen gesellschaftlichen Zusammenhängen agiert – und damit ihre Auswirkungen keinesfalls so sein müssen wie geplant.[10]

Neuere Arbeiten reflektieren diese Einwände bereits in Einzelbeobachtungen. So zeigen Lester/Pachamanova und Perel/Elkin-Koren, wie neuere automatisierte Systeme wie YouTubes *ContentID* urheberrechtliche Bestimmungen überformen und zu deutlichem *»overblocking«* führen, d. h. es werden auch Inhalte blockiert, die aus rechtlicher Sicht erlaubt wären.[11] DeVito, Ochigame & Holston und Bucher untersuchen Annahmen über Relevanz und Legitimität in Facebooks Newsfeed und weisen dabei auf Widersprüchlichkeiten und Probleme hin wie mangelnde Sichtbarkeit von Minderheitsmeinungen und hohe Personalisierung.[12] Introna beschreibt das Verhältnis von Plagiatserkennungs-Software und akademischem Schreiben als eine wechselseitige Institutionalisierung.[13] Binns et al. untersuchen experimentell die automatische Erkennung von beleidigenden Inhalten auf Wikipedias Diskussionsseiten und weisen nach, dass Automatisierung in diesem Fall die bestehende männliche Dominanz in der Grenzziehung zwischen akzeptierter und ungewünschter Rede reproduziert und sogar verstärkt. [14]

[10]  Passoth, 2008; Katzenbach 2017.
[11]  Lester & Pachamanova, 2017; Perel & Elkin-Koren, 2017
[12]  DeVito, 2017; Ochigame & Holston, 2016; Bucher, 2013; Bucher, 2016
[13]  Introna, 2016
[14]  Binns et al., 2017

# 3. Zwischen Technikdeterminismus und Sozialkonstruktivismus: Algorithmen aus Sicht der Institutionentheorie und Techniksoziologie

Anknüpfend an diese Einzelbeobachtungen und die übergreifende Debatte skizziert der vorliegende Beitrag eine empirisch und theoretisch informierte sozialwissenschaftliche Perspektive auf Algorithmen. Konzeptuell basiert diese Perspektive auf techniksoziologischen und institutionentheoretischen Überlegungen.

Die *techniksoziologische Forschung* der vergangenen 30 Jahren hat eine ganze Reihe von Konzepten und Überlegungen zum Verhältnis von *Technik und Gesellschaft* herausgearbeitet, die für die Debatte um die Macht der Algorithmen zentral ist – und die hier nur in Kürze vorgestellt werden kann.[15] Der erste und grundlegende Impuls betrifft die *soziale Konstruktion* von Technik: Technik ist nicht einfach so da, sie ist nicht die fraglos beste Lösung für ein schon immer bestehendes Problem, sondern sie ist – von der Problemdefinition über mögliche Optionen bis hin zur Durchsetzung – immer Ergebnis eines Aushandlungsprozesses zwischen technologischen Fortschritten, kreativen Ideen, ökonomischen Interessen, sozialen Erwartungen, rechtlichen Anforderungen und politischer Gestaltung – das zeigen Studien zu so verschiedenen Dingen wie Fahrrädern, Tastaturen, Kühlschränken und Brücken.[16] Für die Debatte um die Macht von Algorithmen weist diese Beobachtung darauf hin, dass Algorithmen nicht einfach funktionale Lösungen anbieten, sondern immer

---

[15] vgl. für einen Überblick über grundlegende techniksoziologische Perspektiven und Debatten Degele, 2002 und Passoth, 2008, für deren Anwendung auf Fragen der gesellschaftlichen Kommunikation im Kontext der Digitalisierung Katzenbach, 2017, S. 141-252

[16] vgl. für eine Übersicht Bijker & Law, 1992

ihr Anwendungsgebiet aus einer speziellen, nicht selbstverständlichen Perspektiven bearbeiten und mit ganz bestimmten und nicht von allen Betroffenen unbedingt geteilten Motiven eingesetzt werden.

Gleichzeitig, und das ist der zweite techniksoziologische Impuls, vor allem von Autoren der Akteur-Netzwerk-Theorie (ANT) um Bruno Latour, ist das Soziale schon immer *technisch konstruiert*. Die technikdeterministische Ansicht vom Einfluss der Technik auf Gesellschaft wie die sozialkonstruktivistische Ansicht vom Einfluss der Gesellschaft auf Technik vergessen beide, dass das Soziale schon immer auch technisch konstruiert ist. Was wir im Alltag oft nicht wahrnehmen und doch bei näherem Hinsehen ganz offensichtlich ist: Handlungszusammenhänge werden immer auch und schon immer durch Dinge und Technik stabilisiert, nur deren Sichtbarkeit und Komplexität variieren. Der Zugang zu Gebäuden wird über Türen und Schlüssel reguliert, die Geschwindigkeit in Anwohnerstraßen über Fahrbahnschwellen gemäßigt und öffentliche Infrastrukturen bestimmen maßgeblich die Attraktivität von Stadtvierteln. Für die Debatte um die Macht von Algorithmen weist dieser Impuls darauf hin, dass Technik – ist sie einmal eingeführt und etabliert – durchaus strukturelle Effekte haben kann, ohne dass diese gleich deterministisch beschrieben werden müssen. Techniken verändern Handlungszusammenhänge. Gebäude können auch ohne passenden Schlüssel betreten werden, auch in Straßen mit Fahrbahnschwellen wird mitunter gerast; es ist aber schwieriger und weniger naheliegend.

Die *soziologische Institutionentheorie* liefert einen konzeptuellen Rahmen, der die Rolle von Technik und Algorithmen als Element übergreifender gesellschaftlicher Ordnungsprozesse erfassen kann – ohne sozialkonstruktivistisch den Einfluss von Technik oder technikdeterministisch die soziale Prägung von Technik zu vergessen.

Aus institutionentheoretischer Sicht werden gesellschaftliche Ordnungsprozesse auf drei Ebenen in Gang gesetzt, stabilisiert, aber auch wieder hinterfragt[17]:

- auf der *regulativen* Ebene der Etablierung und Durchsetzung formaler Regeln;

- der *normativen* Ebene, in der Handlungsmöglichkeiten als legitim oder illegitim bewertet werden;

- und der *kulturell-kognitiven* Ebene der Deutung und Wahrnehmung von Handlungsoptionen und sozialen Zusammenhängen.

Die eingeführten techniksoziologischen Impulse legen nahe, diese drei Ebenen durch eine *technologische* Ebene zu ergänzen, in der sich soziale Erwartungen und Regeln gleichermaßen verkörpern, übersetzen und weiterentwickeln[18]:

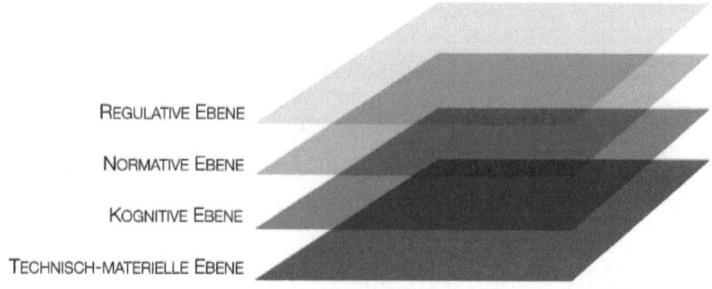

REGULATIVE EBENE
NORMATIVE EBENE
KOGNITIVE EBENE
TECHNISCH-MATERIELLE EBENE

*Abbildung 1: Ebenen von Institutionalisierungsprozessen*

Eine solche integrierte Perspektive macht deutlich, dass sich Ordnungsprozesse, etwa zu Regeln der medialen Kommunikation, über ganz unterschiedliche Mechanismen und an verschiedenen Orten

---

[17]  Scott, 2008
[18]  Katzenbach, 2017

realisieren. Neben Gesetzen und formalen Regeln stellen auch soziale Normen und geteilte Sichtweisen und Deutungsmuster kollektive Verbindlichkeit her, leisten die Koordination unterschiedlicher Interessen und bieten soziale Orientierung – aber eben auch Technologien. Indem sie als integrale Elemente institutioneller Zusammenhänge beschrieben werden, konstituieren sie gemeinsam mit (oder auch im Widerspruch zu) regulativen, normativen und kognitiven Elementen Erwartungsmuster, die wiederum soziales Handeln rahmen. Diese Wirkung hat keinen determinierenden Charakter, das nehmen wir für Gesetze, Normen, Deutungen oder andere institutionelle Elemente ebenso wenig an: »Im soziologischen Verständnis haben Institutionen regulierende Effekte, weil sie bestimmte Verhaltensweisen und Strukturen wahrscheinlicher machen als andere.«[19]. Den damit verbundenen bevorzugten Handlungsoptionen zu widerstehen, bedeutet in der Regel Mühe und löst häufig auch Irritationen aus. Umso mehr die einzelnen Elemente in den von ihnen ausgelösten Erwartungen übereinstimmen, desto stabiler ist der institutionalisierte Handlungszusammenhang – und umso schwerer ist es wiederum, ihm zu widerstehen.

Auf diese Weise informieren die hier eingeführten techniksoziologischen und institutionentheoretischen Konzepte die gegenwärtige Debatte um die Macht von Algorithmen – jenseits des Entweder/Oder von technizistischen Impulsen und sozialkonstruktivistischen Relativierungen. Algorithmen verleihen im Verbund mit anderen institutionalisierten Elementen dem sozialen Handeln von Akteuren Regelmäßigkeit und Stabilität. Aus der Dichotomie technizistischer und konstruktivistischer Perspektiven wird eine Dualität: Einerseits stabilisieren sich in Technik Praktiken, Deutungsmuster und Re-

---

[19]  Hasse, 2013, S. 67

geln. Andererseits erscheinen sie, einmal etabliert, als selbstverständlicher Teil des Alltags und wirken so auf Handlungszusammenhänge zurück. Dabei gerät ihre soziale Gewordenheit und ihre innere Konstruktion je mehr aus dem Blick, desto stärker sie in Alltagspraktiken eingebunden sind. Sie werden, wie andere Institutionen auch, zur Selbstverständlichkeit und somit zur unhinterfragten Black Box.

Mit Blick auf die hier im Fokus stehenden Fragen der medialen Kommunikation leisten Algorithmen diese – häufig unsichtbare – Arbeit in zweierlei Hinsicht: Indem sie (1) die Zuweisung von angenommener Relevanz automatisieren, sei es in Google's Suchergebnissen oder Facebook's Newsfeed, ergänzen sie als *Relevanzmaschinen* (vgl. Abschnitt 4) andere Formen der sozialen Zuweisung von Relevanz wie etwa die des professionellen Journalismus; und (2) in wachsendem Maße die Klassifikation von Medieninhalten in legitim/illegitim, etwa in Hinblick auf Urheberrecht, *Hate Speech* oder *Fake News* automatisieren – sie werden also zusätzlich zu *Regulierungsmaschinen* (vgl. Abschnitt 5).

## 4.    Algorithmen als Relevanzmaschinen

Der Aufstieg der Plattformen hat dazu geführt, dass ihre Formen der Organisation und Selektion von Inhalten zu einem wesentlichen Strukturierungsmechanismus öffentlicher Kommunikation geworden sind. Es sind nicht mehr die institutionalisierten Kriterien des professionellen Journalismus, die darüber entscheiden, welche Themen und Akteure in der öffentlichen Debatte sichtbar werden.[20] Christoph Neuberger hat schon in den 2000er Jahren darauf hingewiesen, dass neben die professionell-journalistische Vermittlung partizipative und technische Formen treten.[21] In dem Maße, in dem

---

[20]  Loosen & Scholl, 2017
[21]  Neuberger, 2004; Neuberger, 2009

in jüngerer Zeit das grundsätzlich dezentral organisierte Internet als Netz von Netzen nun durch wenige Plattformen dominiert wird[22] und diese maßgeblich zur Organisation gesellschaftlicher Kommunikation beitragen, werden die Konstruktionsprinzipien und Arbeitsweisen der Plattformen immer bedeutsamer. Facebook, Google und Co. sind zu *Relevanzmaschinen* der gesellschaftlichen Kommunikation geworden.

Vor diesem Hintergrund wurde in den vergangenen Jahren diesen *Politics of Platforms* vermehrt Aufmerksamkeit in der Forschung geschenkt.[23] Google, Facebook und Twitter verfügen wie andere Plattformen über spezifische Mechanismen, einzelnen Webseiten, Beiträgen, Anwendungen und Themen Relevanz zu- oder auch abzuschreiben, sowie zwischen angemessenen und unangemessenen Inhalten zu unterscheiden. Diese Differenzierung realisiert sich nicht nur über die Nutzer und ihre Netzwerke, sondern sie ist auch in die Konstruktion der Plattformen und ihre alltäglichen Anpassungen eingeschrieben.

> »*Algorithms play an increasingly important role in selecting what information is considered most relevant to us [...]. Search engines help us navigate massive databases of information, or the entire web. Recommendation algorithms map our preferences against others, suggesting new or forgotten bits of culture for us to encounter. Algorithms manage our interactions on social networking sites, highlighting the news of one friend while excluding another's. [...] Together, these algorithms not only help us find information, they also provide a means to know*

---

[22] Dolata, 2014
[23] Gillespie, 2010; Hands, 2013

*what there is to know and how to know it, to participate in so-*
*cial and political discourse [...]. They are now a key logic gov-*
*erning the flows of information on which we depend.*«[24]

Hinter den allgegenwärtigen Online-Diensten wie der Google-Suche, Facebook's Newsfeed und Amazon's Empfehlungen stehen Algorithmen als formalisierte Entscheidungsregeln zur Verarbeitung
eines Inputs in einen gewünschten Output. Stark vereinfacht: Auf
Basis der eigenen vorherigen Käufe und Produktansichten und den
Aktionen anderer Kunden (Input), versucht Amazon's System zu
entscheiden, welche weiteren Produkte für mich interessant sein
könnten (Output). Google's Suchmaschine versucht die meist un-
zähligen Treffer zu Suchbegriffen zu ordnen, indem sie einzelnen
Einträgen auf Basis einer Vielzahl von Signalen eine möglichst auf
den jeweiligen Nutzer zugeschnittene Relevanz zuschreibt. In ähnlichen Weisen ordnen die meisten aktuellen digitalen Dienste und
Plattformen die unübersichtlichen Mengen an Daten und Kommunikationen und perpetuieren dabei ihre jeweiligen Annahmen, Kriterien und Mechanismen der Zuschreibung von Relevanz.

In einer frühen Studie hat Tania Bucher die kommunikativen und
technischen Dynamiken beschrieben, die die Sichtbarkeit von Beiträgen auf Facebook bestimmen.[25] Der Strom von Beiträgen wird für
jeden Nutzer algorithmisch sortiert und nach kodierten Relevanzkriterien zugemessen. Sichtbarkeit, als Ergebnis der Relevanzzuschreibung, beruht dabei, so Buchers Befund, vor allem auf bestän-
digen Interaktionen. Beiträge von Nutzern, die viel kommentieren
und interagieren, werden eher an prominenten Stellen platziert als
diejenigen von weniger aktiven Nutzern; Beiträge und besonders

---

[24] Gillespie, 2014, S. 167
[25] Bucher, 2012; Bucher, 2017

Bilder mit vielen Kommentaren und Weiterleitungen sind am sicht-
barsten. In diesem Sinne schaffe Facebook auf seiner Plattform
starke Anreize, möglichst häufig und öffentlich zu kommunizieren
– was dem Anbieter wiederum die Vermarktung und Monetarisierung der eigenen Plattform erleichtert. »[Here], a useful individual
is the one who participates, communicates and interacts.«[26] Diese
von Facebook organisierte »Like Economy« ist dabei nicht nur auf
die sichtbare Netzwerk-Plattform selbst beschränkt, sondern durch-
zieht in Form von Like-Knöpfen und Kommentar-Funktionen, die
andere Website-Betreiber in ihre Seiten integrieren können, große
Teile des Internets.[27]

Diese grundsätzliche Operationalisierung von Relevanz als Interaktion ist so zu einem wesentlichen Strukturierungsmechanismus digitaler Kommunikation geworden. Damit begünstigt Facebook – wie
andere Dienste auch – kurze und kontroverse Inhalte und die Dynamiken rund um *Hate Speech* und *Fake News*. Nachrichtenbeiträge
und -videos werden von Facebook in der andauernden Anpassung
ihres Systems mal als weniger, mal als stärker relevant klassifiziert.
Während Facebook vor wenigen Jahren erst eingeführt hatte, dass
Nachrichtenvideos eine besonders hohe Sichtbarkeit im Newsfeed
bekommen, hat das Unternehmen in der Aufarbeitung der *Fake-
News*-Diskussion beschlossen, Nachrichten insgesamt eine deutlich
weniger prominente Rolle zuzuschreiben. Konstant aber ist und
bleibt, dass »engagement« das zentrale Relevanzmaß der Plattform
darstellt.

---

[26]  Bucher ,2012, S. 1175
[27]  Gerlitz & Helmond, 2013

# 5. Algorithmen als Regulierungsmaschinen

Die Algorithmen der Plattformen schreiben aber nicht nur Relevanz zu, sondern sie wirken auch regulatorisch. Im Zusammenhang mit Urheberrechts- und Persönlichkeitsverletzungen, *Hate Speech* und *Fake News* sind die Konzerne vermehrt in die Verantwortung für die über ihre Dienste veröffentlichten Inhalte gezogen worden. In Urteilen wie dem Urteil des Europäischen Gerichtshofs zum sogenannten »Recht auf Vergessen« und in Gesetzesnovellen wie dem deutschen Netzwerkdurchsetzungsgesetz (NetzDG) werden die Anbieter zunehmend verpflichtet, illegitime oder fragwürdige Inhalte auf ihren Plattformen zu löschen oder zu sperren. Damit verbunden sind rechtliche und politische Fragen wie die der Übertragung von Regelungskompetenz an die Plattformen: Nach welchen Kriterien sollen diese Abwägungen zwischen Persönlichkeitsrechten und Meinungsfreiheit getroffen werden? Muss der Anbieter, der diese Inhalte veröffentlicht hat, über die Auslistung aus den Suchergebnissen oder die Löschung informiert werden? Kann er gegen diese Entscheidung Einspruch einlegen – und wenn ja, wie? Gleichzeitig müssen die Anbieter aber auch praktische Verfahren entwickeln, um die rieisigen Datenmengen zu bearbeiten und zu klassifizieren. Nicht verwunderlich, dass die Digital-Plattformen deshalb automatisierte Verfahren der Klassifikation von Inhalten einsetzen – um Urheberrechtsverletzungen, Hassreden und Meinungsmanipulationen zu identifizieren und der Haftung für diese Inhalte zu entgehen. Auf diese Weise sind die Algorithmen der Anbieter auch zu *Regulierungsmaschinen* der gesellschaftlichen Kommunikation geworden.

Google setzt auf der Video-Plattform YouTube Algorithmen massiv zur Regelung des Hochladens, der Verwertung und der Nutzung von Videos ein. Direkt beim Hochladen prüft das sogenannte *ContentID*-Verfahren, ob die Tonspur des Beitrags Inhalte enthält, die Urheberrechte verletzen könnten. Dazu vergleicht der Algorithmus die Tonspuren mit einer Datenbank von Tonschnipseln, auf die Plattenfirmen, Künstler und andere Rechteinhaber urheberrechtliche Ansprüche an YouTube geltend gemacht haben. Neben der Hinterlegung der Ansprüche und der Tondatei können die (vermeintlichen) Rechteinhaber gleichzeitig mitteilen, wie bei einem Treffer zu verfahren ist: Stummschalten der Tonspur, Sperren des Videos, Beteiligung an der Monetarisierung des Videos oder Dulden und Beobachten des Videos. In diese automatische algorithmische Regulierung fließen dabei eine ganze Reihe von Annahmen über klangliche Ähnlichkeiten, über Nutzungsformen und Monetarisierungswünsche ein.

In diesem Sinne übersetzen Technologien wie *ContentID* rechtliche und politische Fragen in automatisierte Verfahren. Um welches urheberrechtlich geschützte Werk, um welche Werke geht es hier eigentlich? Wer sind die Rechteinhaber für diese Komposition und für diese spezifische Aufnahme der Komposition? Entspricht die vorliegende Nutzung einer der Schrankenregelungen des Urheberrechts? Oder sind die Rechteinhaber vielleicht vollkommen einverstanden mit der vorliegenden Nutzung, da sie etwa die eigene Popularität erhöht? Es nimmt nicht Wunder, dass die Übersetzung dieses komplexen sozialen und rechtlichen Zusammenhangs in eine technische Lösung den Sachverhalt selbst verändert. So können etwa Schranken des Urheberrechts, die die Nutzung von geschütztem Material erlauben (z. B. für private Zwecke oder in Bildungseinrichtungen, als Zitat oder Parodie), nicht berücksichtigt werden.[28] Im Ergebnis führt dies

---

[28] Ein akademisches interdisziplinäres Projekt in Haifa, Israel aus Rechtswissenschaftlern und Informatikern arbeitet an Verfahren des »Fair Use by Design«, das besser als gängige Industrie-Verfahren die Schranken und Ausnahmen des Urheberrechts reflektiert. Es erweist sich dabei als höchst problematisch, die Vielfältigkeit der Kontexte und Begründungsformen in Technik zu übersetzen (Elkin-Koren, 2017). Gleichzeitig bieten die

zu einem systematischen »Overblocking«, d. h. es werden generell deutlich mehr Inhalte gesperrt als eigentlich rechtlich nötig.[29]

Dass diese Formen der Automatisierung nicht nur für urheberrechtliche Fragen eingesetzt werden, haben die Debatten um *Hate Speech* und *Fake News* gezeigt. Auch hier versuchen Anbieter, Forscher und politische Organisationen, Verfahren zu entwickeln, um unerwünschte Inhalte automatisch zu klassifizieren und gegebenenfalls herauszufiltern. Aber was sind übereinstimmend anerkannte Kriterien für *Fake News*, die technisch erkannt und automatisch ausgefiltert werden können? Wo genau verlaufen die Grenzen zwischen Meinungsfreiheit und Persönlichkeitsrechten, wenn es um Hassrede geht – und wie sollen technische Verfahren diese fehlerfrei im Einzelfall umsetzen?

## 6. Schluss: Algorithmische Besonderheiten

Algorithmen sind zu zentralen Relevanz- und Regulierungsmaschinen der gesellschaftlichen Kommunikation geworden. Wie zu Beginn eingeführt, sind auch klassische Medien keine neutralen Vermittler von Wirklichkeit, sondern haben ihre eigenen Konstruktionsbedingungen. Für die Frage, wie gesellschaftliche Kommunikation strukturiert wird und nach welchen Kriterien, lassen sich aber zum Schluss durchaus *zwei Besonderheiten algorithmisch operierender Medienangebote* ableiten: Erstens sind die Verfahren und Logiken der digitalen Angebote und Dienste im Gegenteil zu analogen Medienumgebungen *mit geringem Aufwand, ständig, kurzfristig, dauerhaft*

---

ökonomischen und politischen Rahmenbedingungen der Werbeschaltung und Haftung für Inhalte wenig Anreize, die technischen Entwicklung in diese Richtung zu priorisieren.

[29] Karaganis & Urban, 2015; Lester & Pachamanova, 2017; Perel & Elkin-Koren, 2017

*und graduell* veränderbar. Die für die Organisation sozialer Kommunikation relevanten Dienste werden ständig entlang unternehmerisch gesetzter Ziele an neue Anforderungen angepasst und für Nutzer rekonfiguriert: Welche Signale und Kriterien auf welche Weise in Googles Suchalgorithmus einfließen, welche Nachrichten auf Websites für den jeweiligen Nutzer als relevant erachtet und deshalb prominent platziert werden, für wen bestimmte Facebook-Meldungen sichtbar sind und welche Videos gesperrt werden, weil ihre Veröffentlichung unter Umständen gegen das Urheberrecht verstößt – all dies sind Fragen, auf die Anbieter täglich neue Antworten finden und ihre Angebote entsprechend umgestalten. So modifizierte etwa Facebook im Lichte der Debatte um »Fake News« und Misinformations-Kampagnen allein in den ersten Monaten 2018 seinen Newsfeed-Algorithmus mehrfach, etwa indem Videos und Beiträge von Nachrichten-Organisationen zunächst niedriger priosiert wurden, dann in einem zweiten Schritt aber ausgewählte, von Facebook als vertrauenswürdige eingestufte Organisationen wieder eine höhrer Relevanz zugeschrieben bekamen. Damit schreiben die Anbieter der dominanten Angebote und Plattformen Schritt für Schritt ihre eigenen Interessen und die antizipierten und gewünschten Bedürfnisse ihrer Bezugsgruppen in die Strukturen unserer gesellschaftlichen Kommunikation ein. Versteht man diese Einschreibung wie in Abschnitt 3 eingeführt als Institutionalisierung, dann unterscheidet sich diese technische Form von anderen darin, dass ihr nur sehr selten Verständigungsprozesse vorausgehen. Die spezifische Konstruktion der technischen Systeme und die damit einhergehende Einschreibung von Regeln und Handlungserwartungen wird meist von den privaten Anbietern unilateral entschieden und umgesetzt. Nur im Ausnahmefall, wenn ihre spezifische Ausgestaltung unsere Erwartungen irritiert und diese Irritation in eine Mobilisierung der Nutzer oder der Politik mündet (wie im Fall von *Fake News* auf Facebook), findet so etwas wie eine wechselseitige Aushandlung statt.

Die zweite Besonderheit algorithmischer Systeme ist, dass sie *so komplex in ihrer Konstruktion und gleichzeitig so allgegenwärtig und selbstverständlich in ihrer Nutzung* sind, dass sie sich der Thematisierung als strittige Institutionen – und damit als regelbildende und Kommunikation prägende Elemente – leicht entziehen. Umso wichtiger ist es, sie als Gegenstand interdiszplinärer Forschung und politisch-gesellschaftlicher Auseinandersetzung nicht nur in ihrer Nutzung, sondern auch in ihrer Konstruktion zu adressieren. In dieser Hinsicht haben die Entwicklungen um Hassrede und *Fake News* auf digitalen Plattformen sogar eine positive Seite: Die Art und Weise, wie Plattformen gesellschaftliche Kommunikation strukturieren, ist nun selbst zum Thema öffentlicher Auseinandersetzung geworden. Erst dadurch, dass sie auf diese Weise ihre scheinbare Selbstverständlichkeit eingebüßt haben, lassen sich jetzt gesellschaftliche Erwartungen, normative Anforderungen und politische Ziele einbringen. Ein zentraler Aspekt dabei, das hat dieser Beitrag versucht zu verdeutlichen, ist, dass wir uns darüber klar werden müssen, welche Rolle wir automatisierten Verfahren in der Relevanzzuschreibung und Regulierung gesellschaftlicher Kommunikation überlassen wollen. Werden wir in einigen Jahren Urheberrechtsverletzungen, Hassreden und etwaige Falschmeldungen gar nicht mehr zu Gesicht bekommen, weil automatisierte Verfahren sie weggefiltert haben? Im Falle von Spam haben wir uns daran gewöhnt. Aber wollen wir uns auch bei politischer Berichterstattung daran gewöhnen? Die Unterscheidung zwischen vertrauenswürdigen und irreführenden Inhalten, zwischen legitimer Meinungsäußerung und inakzeptabler Hassrede sollte gesellschaftlich diskutiert und ausgehandelt werden – und nicht durch die Relevanz- und Regulierungsmaschinen der Plattformen entschieden werden.

# Quellen

Bijker, W. E., & Law, J. (1992). *Shaping technology/building society: Studies in sociotechnical change.* MIT Press, Cambridge, MA

Binns, R., Veale, M., van Kleek, M. & Shadbolt, N. (2017). Like trainer, like bot? Inheritance of bias in algorithmic content moderation. *arXiv:1707.01477 [cs], 10540*, S. 405–415.

Borgesius, F., Trilling, D., Möller, J., Bodó, B., de Vreese, C. & Helberger, N. (2016). Should we worry about filter bubbles? *Internet Policy Review, 5*(1).

Bucher, T. (2012). Want to be on the top? Algorithmic power and the threat of invisibility on facebook. In: New Media & Society, 14(7), S. 1164-1180.

Bucher, T. (2017). The algorithmic imaginary: exploring the ordinary affects of Facebook algorithms. *Information, Communication & Society, 20*(1), S. 30–44.

Degele, N. (2002). *Einführung in die Techniksoziologie.* Fink, München

DeVito, M. A. (2017). From Editors to Algorithms. *Digital Journalism, 5*(6), S. 753–773

Dolata, U. (2014). Märkte und Macht der Internetkonzerne. Konzentration – Konkurrenz – Innovationsstrategien. *Stuttgarter Beiträge zur Organisations- und Innovationsforschung.* SOI Discussion Paper 2014-04.

Elkin-Koren, N. (2017). Fair Use by Design. *UCLA Law Review* 64, S. 1082-1100.

Gerlitz, C., & Helmond, A. (2013). The like economy: Social buttons and the data-intensive web. *New Media & Society, 15*(8), S. 1348-1365.

Gillespie, T. (2010). The politics of 'platforms'. *New Media & Society, 12*(3), S. 347-364.

Gillespie, T. (2014). The relevance of algorithms. In: T. Gillespie, Boczkowski, P. & Foot, K. (Hrsg.), *Media technologies* (S. 167-193). MIT Press, Cambridge, MA

Hands, J. (2013). Introduction: Politics, power and 'platformativity'. In: *Culture Machine,* 14 (Special Issue on »Platform Politics«), S. 1-9

Hasse, R. (2013). Soziologische Institutionenanalyse: Grundlagen, Schwerpunkte, Perspektiven. In: Künzler, M., Oehmer, F., Puppis, M. & Wassmer,

C. (Hrsg.), *Der Institutionenbegriff in der Publizistik- und Kommunikationswissenschaft* (S. 67-86). Nomos, Baden-Baden

Introna, L. D. (2016). Algorithms, Governance, and Governmentality: On Governing Academic Writing. *Science, Technology, & Human Values,* 41(1), S. 17–49.

Karaganis, J., & Urban, J. (2015). The rise of the robo notice. *Communication of the ACM,* 58(9), S. 28-30.

Katzenbach, C. (2017). Die Regeln digitaler Kommunikation. Governance zwischen Norm, Diskurs und Technik. Springer VS, Wiesbaden

Klinger, U., & Svensson, J. (2014). The emergence of network media logic in political communication: A theoretical approach. In: *New Media & Society.*

Lessig, L. (1997). The constitution of code: Limitations on choice-based critiques of cyberspace regulation. *CommLaw Conspectus,* 5, S. 181-193

Lessig, L. (1999). *Code and other laws of cyberspace.* Basic Books, New York

Lester, T., & Pachamanova, D. (2017). The Dilemma of False Positives: Making Content ID Algorithms more Conducive to Fostering Innovative Fair Use in Music Creation. *UCLA Entertainment Law Review,* 24(1).

Loosen, W., & Scholl, A. (2017). Journalismus und (algorithmische) Wirklichkeitskonstruktion. Epistemologische Beobachtungen. *Medien & Kommunikationswissenschaft,* 65(2), S. 348-366.

Möller, J., Trilling, D., Helberger, N. & van Es, B. (2018). Do not blame it on the algorithm: an empirical assessment of multiple recommender systems and their impact on content diversity. *Information, Communication & Society*

Neuberger, C. (2004). Wandel der aktuellen Öffentlichkeit im Netz. Gutachten für den Deutschen Bundestag. Vorgelegt dem Büro für Technikfolgen-Abschätzung beim Deutschen Bundestag. Berlin, 2004.

Neuberger, C. (2009). Internet, Journalismus und Öffentlichkeit. Analyse des Medienumbruchs. *Journalismus im Internet* (S. 19-105)., VS Verlag für Sozialwissenschaften, Wiesbaden

Ochigame, R., & Holston, J. (2016). Filtering Dissent. *New Left Review,* (99), S. 85–108

O'Reilly, T. (2013). Open data and algorithmic regulation. In: Goldstein (Ed.), Beyond transparency. *Open data and the future of civic innovation* (S. 289 - 300). Code for America Press, San Francisco

Passig, K. (2009). Standardsituationen der Technologiekritik. *Merkur,* 12/09

Passoth, J. (2008). *Technik und Gesellschaft.* VS Verlag, Wiesbaden

Perel, M., & Elkin-Koren, N. (2017). Black Box Tinkering: Beyond Disclosure in Algorithmic Enforcement. *Florida Law Review,* 69, S. 181

Schrape, J.-F. (2012). Wiederkehrende Erwartungen an interaktive Medien. *Mediale Kontrolle Unter Beobachtung,* 1(1). http://s.fhg.de/49M

Scott, W. R. (2008). *Institutions and Organizations: Ideas and interests.* Sage Publications, Los Angeles

Wyatt, S. (2008). Technological determinism is dead; long live technological determinism. In: Hackett, E.J. , Amsterdamska, O. , Lynch, M.E. & Wajcman, J., The Handbook of Science and Technology Studies (S. 165–180). MIT Press, Cambridge, MA

## Danksagung

Ich danke Leontine Jenner für wertvolle Recherchen zur Erstellung dieses Manuskripts.

## Über den Autor

### Christian Katzenbach

Christian Katzenbach ist Senior Researcher am Alexander von Humboldt Institut für Internet und Gesellschaft (HIIG). Er leitet dort die Forschungsgruppe Internet Policy und Governance und das Forschungsprogramm »Die Entwicklung der digitalen Gesellschaft«. Er vertritt zudem die Professur für Kommunikationspolitik und Medienökonomie an der Freien Universität Berlin und ist Ko-Sprecher der Fachgruppe Digitale Kommunikation der Deutschen Gesellschaft für Publizistik- und Kommunikationswissenschaft.

# Der Einfluss von Algorithmen auf demokratische Deliberation

Karoline Helbig

Wissenschaftszentrum Berlin für Sozialforschung/
Weizenbaum-Institut für die vernetzte Gesellschaft, Berlin

Der Beitrag untersucht die Konsequenzen der Nutzung digitaler Algorithmen von Suchmaschinen und sozialen Medien für demokratische Deliberation. Er beleuchtet zunächst, wie diese Algorithmen Informationen für bestimmte Nutzer(-gruppen) personalisieren: Er zeigt, wie Daten gesammelt, Datenbanken aufgebaut, Nutzerdaten und Webinhalte kategorisiert und schließlich nach bestimmten Aspekten miteinander verbunden werden. Darauf aufbauend zeichnet der Artikel nach, wie politische Kommunikation durch diese Algorithmen beeinflusst wird und welche Implikationen das für demokratische Deliberation hat. Es wird gezeigt, dass sowohl die Informationsbasis der Nutzer als auch die Kommunikation selbst durch Algorithmen beeinflusst und geformt werden und dass dies den normativen Anforderungen an demokratische Deliberation zuwiderläuft. Denn unter anderem entsteht dabei eine »informationelle Pfadabhängigkeit«, die die Möglichkeit einer gesellschaftsweiten Deliberation untergräbt.

## 1.    Einleitung

Die zunehmende Digitalisierung von Kommunikationsströmen und die damit verbundenen politischen Implikationen erlangen immer größere Aufmerksamkeit. Die Rolle von Twitter und Facebook im amerikanischen Präsidentschaftswahlkamp 2016 etwa wurde und wird umfassend in Medien und Öffentlichkeit diskutiert. Als Konsequenz aus diesen Diskussionen hat Facebook inzwischen den Algorithmus seines News Feeds angepasst.[1] Die Rolle von Algorithmen in politischen Kommunikationsprozessen tritt zunehmend in den Fokus der Debatte, ihre wissenschaftliche Erforschung ist bisher allerdings noch in den Anfängen.

Gerade Algorithmen wie Googles PageRank, Twitters Trending Tweeds und Facebooks Top-Kommentare, welche Suchergebnisse, Nachrichten oder Kommunikationsbeiträge nach ihrer Relevanz für den jeweiligen Nutzer sortieren, spielen für Kommunikation im Internet eine zunehmende Rolle. Die Dienste der genannten Firmen werden von einem wachsenden Anteil der deutschen Bevölkerung dafür genutzt, sich zu informieren, sich auszutauschen, Meinungen zu äußern und sich politisch zu engagieren. Dabei ist ihre Arbeitsweise nahezu unbekannt. Warum erhält beispielsweise die Großbäuerin bei Google unter dem Stichwort »Glyphosat« eher Angebote von Händlern des Pflanzenschutzmittels, während der Umweltaktivist mit Studien zum Insektensterben und der Politiker mit Nachrichten zur neuesten EU-Entscheidung und den innenpolitischen Nachbeben in Deutschland versorgt werden? Und was passiert, wenn diese drei Personen bei Facebook Gesprächspartner suchen, um sich über die Zukunft des Insektizids auszutauschen?

Der vorliegende Beitrag geht der Frage nach, welchen Einfluss solche relevanzordnenden Personalisierungsalgorithmen auf politische Online-Kommunikation haben und wie dies mit den normativen Anforderungen an demokratische Deliberation vereinbar ist. Er bedient sich dabei einer wissenssoziologischen Perspektive, unter-

---

[1] vgl. THE VERGE

sucht also, welche Rolle verschiedene Aspekte von Wissen für Deliberation spielen und wie sie durch Algorithmen beeinflusst werden. Hierfür wird beleuchtet, auf welche Weise Informationen in (digitale) Kommunikation eingebracht, dort ausgetauscht, verarbeitet und verbreitet werden, wie die Informationen mit Prioritäten versehen und im Lichte der bereits vorhandenen Weltbilder der Nutzer bewertet werden, welche gesellschaftlichen Auswirkungen das so geformte Wissen schließlich hat und welchen Einfluss Algorithmen auf all diese Prozesse ausüben. Der Beitrag fokussiert dabei auf solche Algorithmen, die Informationen und Kommunikationsbeiträge nutzerspezifisch auswählen und nach Relevanz sortieren - im Folgenden werden diese relevanzordnende Personalisierungsalgorithmen (RPA) genannt. Dabei sollen nicht die spezifische Arbeitsweise von Algorithmen oder die verschiedenen demokratietheoretischen Deutungsweisen von Deliberation dargelegt, sondern die größeren Zusammenhänge zwischen RPA, politischer Online-Kommunikation und demokratischer Deliberation aufgezeigt werden.

Der Beitrag beleuchtet zunächst, wie Algorithmen Informationen für bestimmte Nutzer(-gruppen) personalisieren - wie Daten gesammelt, Datenbanken aufgebaut, Nutzerdaten und Webinhalte kategorisiert und schließlich nach bestimmten Aspekten miteinander verbunden werden. Daran anschließend nähert er sich der Verbindung von Algorithmen und demokratischer Deliberation aus wissenssoziologischer Perspektive. Dabei wird gezeigt, dass Algorithmen eine »informationelle Pfadabhängigkeit« für die Nutzer verursachen, die letztlich zur Fragmentierung der Online-Gesellschaft führen. Dies ist eine problematische Entwicklung für demokratische Deliberation, da notwendige Rahmenbedingungen nicht mehr erfüllt werden.

# 2. Relevanzordnende Personalisierungs-algorithmen - ein Überblick

In einem vielzitierten Experiment ließ Eli Pariser zu Zeiten der als »Arabischer Frühling« bekannten Proteste 2011 in Ägypten verschiedene Menschen den Begriff »Ägypten« in die Google-Suchleiste eingeben und verglich die Suchergebnisse. Der Unterschied zwischen den jeweils ersten Ergebnisseiten war groß: Bei einem Nutzer betrafen die Ergebnisse fast ausschließlich die politische Lage in Ägypten, während sich bei einem anderen gar keine Informationen darüber fanden. Dies irritierte Pariser und führte zu aufwendigen Recherchen und schließlich seiner Filterblasen-Theorie.[2] Googles Suchalgorithmus PageRank gehört zu jenen Algorithmen, die im Folgenden relevanzordnende Personalisierungsalgorithmen (RPA) genannt werden. Dieser Abschnitt fasst Erkenntnisse über die grobe Funktionsweise solcher Algorithmen zusammen.

Grundsätzlich sind Algorithmen darauf ausgerichtet, Probleme zu lösen, indem sie Daten nach vorher definierten Regeln verarbeiten.[3] Auf diese Weise suchen und vergleichen sie, sortieren, kategorisieren, gruppieren, ordnen zu, analysieren, erstellen Profile, modellieren, simulieren, visualisieren und regulieren Menschen, Prozesse und Orte.[4] Die genauen Arbeitsweisen der einflussreichsten Algorithmen sind jedoch nach wie vor für die Öffentlichkeit unzugänglich und nicht nachvollziehbar.[5] Denn einerseits sind ihre Anbieter wirtschaftlich von ihrer Geheimhaltung abhängig, da die Algorith-

---

[2]  vgl. Pariser, 2011
[3]  vgl. Gillespie, 2014, S. 167; Kitchin, 2016, S. 16f.
[4]  vgl. Kitchin, 2016, S. 18 - 19
[5]  vgl. Beer, 2009, S. 988; Bolin & Andersson Schwarz, 2015, S. 3; Gillespie, 2014, S. 176

men sonst von Konkurrenten kopiert und optimiert werden könnten.[6] Andererseits sind sie so entworfen, dass sie ohne menschliches Eingreifen funktionieren können und sie arbeiten mit einem Informationsumfang, der kaum ohne algorithmische Hilfsmittel erfassbar wäre.[7] Einige allgemeine Aspekte über die Entwicklung und die Arbeitsweisen von Algorithmen sind dennoch bekannt: An ihrer Entwicklung ist eine große Anzahl von Entwicklern und Programmierern beteiligt,[8] sie werden ständig angepasst und ergänzt,[9] diese Anpassungen sind oftmals für den Nutzer unsichtbar[10] und in der Regel gibt es keine allgemeine Möglichkeit, zu testen, ob sie richtig funktionieren – außer der Zufriedenheit von Nutzern und Anbietern mit ihren Ergebnissen[11].

All dies trifft auch auf *relevanzordnende Personalisierungsalgorithmen* zu. Diese Bezeichnung steht hier für Kombinationen von Algorithmen, die Informationen entsprechend ihrer vermeintlichen Relevanz für den jeweiligen Nutzer sortieren - etwa für Suchmaschinen (Googles PageRank), Nachrichten-Feeds oder Kommunikationsplattformen (Facebooks Top-Kommentare, Twitters Trending Topics). Sie setzen sich aus verschiedenen Algorithmen zusammen, die gemeinsam Daten auf eine bestimmte Weise verarbeiten: Sie *sammeln* die Daten und ordnen sie in *Datenbanken* ein (oder greifen auf vorhandene Datenbanken zu), *kategorisieren* diese Daten und präsentieren dem jeweiligen Nutzer jene Daten, die nach bestimmten Kriterien als für ihn *relevant* angenommen werden.

---

[6]  vgl. Beer, 2009, S. 995f.; Gillespie, 2014, S. 176; Kitchin, 2016, S. 16f.
[7]  vgl. Gillespie, 2014, S. 192
[8]  vgl. Kitchin, 2016, S. 18
[9]  vgl. Gillespie, 2014, S. 168; Kitchin, 2016, S. 18
[10]  vgl. Gillespie, 2014, S. 178
[11]  vgl. ebd., S. 175

*Datensammlung*: Bevor Algorithmen Ergebnisse liefern können, müssen Informationen gesammelt, für die Verarbeitung vorbereitet und manchmal ausgefiltert werden.[12] Es gibt verschiedene Wege der Datensammlung, etwa Verzeichnisse von Webseiten und ihren Metadaten, Verzeichnisse von Suchanfragen, die digitale Erfassung von Daten über die »analoge« Welt (von Bibliotheksverzeichnissen, über Satellitenbilder bis hin zu umfassenden Überwachungsbildern städtischer Straßen), das Durchsuchen von Handydaten, Finanzsystemen und biometrischen Identifikationssystemen, Identifizierung mithilfe elektromagnetischer Wellen (RFID), GPS und *Ambient-Intelligence*-Techniken, sowie das Anregen der Nutzer, beispielsweise in den sozialen Medien selbst Daten über sich zu veröffentlichen.[13] Die so entstehenden Datensammlungen haben einen unüberblickbar großen Umfang, sind daher nur noch algorithmisch verarbeitbar und werden allgemein Big Data genannt.

*Datenbanken*: Bevor die Daten von einem Algorithmus verarbeitet werden können, müssen sie so strukturiert sein, dass sie für ihn lesbar sind. Es gibt verschiedene Arten von Datenbanken mit unterschiedlichen Kategoriensystemen. Heutzutage werden Daten nicht mehr in statischen Hierarchien organisiert, sondern bilden Knotenpunkte in Netzwerken, sind also verknüpft mit vielen anderen Daten, und ihre Kategorienzugehörigkeit kann sich über die Zeit verändern. Diese Flexibilität ist ein weiterer Grund für die Intransparenz algorithmischer Arbeitsweisen.[14]

[12]  vgl. Gillespie, 2014, S. 169
[13]  vgl. Beer, 2009, S. 989; Bolin & Andersson Schwarz, 2015, S. 3; Gillespie ,2014, S. 170; Gutwirth & Hildebrandt, 2010, S. 32
[14]  vgl. Gillespie, 2014, S. 170f.

*Kategorisierung*: Nicht nur die »Rohdaten« in den Datenbanken werden kategorisiert. Die Algorithmen selbst sortieren Daten über Webinhalte und die Nutzer ihrer Dienste in immer genauer definierte und immer stärker ausdifferenzierte Kategoriensysteme.[15] Die Kategorienzuordnung von Nutzern basiert auf drei Arten von Informationen[16]: Zum einen werden Informationen berücksichtigt, die in diesem Moment gesammelt werden, wie etwa die IP-Adresse, Informationen über den verwendeten Browser oder die Uhrzeit. Zum zweiten spielen Informationen darüber eine Rolle, welche Links der Nutzer in der Vergangenheit angeklickt hat, welche Webseiten er besucht und auf welche Posts, Tweets oder Nachrichten er reagiert hat. Zum dritten verwendet der Algorithmus Informationen über andere Nutzer, die als statistisch und demografisch ähnlich eingeschätzt werden. Die Kategorisierung der Nutzer geht also nicht auf ihre tatsächlichen Eigenschaften zurück, sondern darauf, was der Algorithmus über sie weiß, also auf die Spuren, die ihr Endgerät hinterlässt und die in der jeweiligen Datenbank gespeichert sind.[17] So schätzt er beispielsweise ein, ob es sich beim Nutzer um eine Großbäuerin, einen Umweltaktivisten oder einen Politiker handelt.

*Relevanzzuordnung*: Die Auswahl der »relevantesten« Informationen basiert auf den zugeordneten Kategorien des jeweiligen Nutzers einerseits und denen der Information andererseits. Die Kriterien für die Auswahl sind zahllos, jedes davon hat einen Schwellenwert, dessen Überschreitung die entsprechende Information im Ranking des jeweiligen Nutzers nach oben klettern lässt. Bei selbstlernenden Algorithmen sind Kriterien und Schwellenwerte allerdings flexibel und passen sich der jeweiligen Datenbasis an, sodass die genauen Ar-

---

[15]  vgl. Beer, 2009, S. 990
[16]  vgl. Gillespie, 2014, S. 173
[17]  vgl. Bolin & Andersson Schwarz, 2015, S. 4; Gillespie, 2014, S. 173f.

beitsweisen des Algorithmus nach einer Zeit selbst für seine Programmierer intransparent werden können. Letztlich sind alle Informationen nach Relevanz geordnet und die Großbäuerin etwa erhält als erste Suchergebnisse Händler von Pflanzenschutzmitteln. Dennoch gibt es immer Verzerrungen durch Webseiten, die sich Such- und Tracking-Algorithmen entziehen, sowie durch das Ausfiltern von als unangebracht definierten und illegalen Inhalten durch die Algorithmen selbst.[18]

Die Kriterien für Kategorisierung und Relevanzzuordnung sind theoretisch festgelegt. Das bedeutet, die Bewertungen und Einordnungen durch Algorithmen hängen immer davon ab, welche Vermutungen ihnen zugrunde liegen (in sie »einprogrammiert« wurden) darüber, was wichtig ist und wie dies festgelegt wird.[19] Das kann dazu führen, dass der Output von Algorithmen einer bestimmten Agenda folgt. So erklärte etwa Facebook-Gründer Mark Zuckerberg, mit seiner Plattform künftig politisches Engagement und Verantwortung unterstützen und kulturelle Normen durchsetzen zu wollen.[20] Durch ihre Intransparenz werden Algorithmen gemeinhin als objektiv wahrgenommen und ihre Einschätzungen als »gerecht und zutreffend, sowie frei von Subjektivität, Fehlern und Versuchen der Einflussnahme«[21] empfunden. Mehr noch, ihre »Objektivität« ist mittlerweile unabdingbar dafür geworden, ihre Legitimierung als Vermittler relevanten Wissens aufrechtzuerhalten.[22]

---

[18]  vgl. Gillespie, 2014, S. 171ff.
[19]  vgl. Gillespie, 2014, S. 177
[20]  vgl. Zuckerberg, 2017
[21]  Gillespie, 2014, S. 179; Übersetzung der Autorin
[22]  vgl. ebd., S. 180

# 3. Der Einfluss von relevanzordnenden Personalisierungsalgorithmen auf demokratische Deliberation

Um zu untersuchen, wie politische Kommunikation und demokratische Deliberation von relevanzordnenden Personalisierungsalgorithmen beeinflusst werden, ist zunächst zu klären, was diese demokratische Deliberation ist. In den Politikwissenschaften befasst sich vor allem die deliberative Demokratietheorie mit dieser Frage. Die deliberative Demokratietheorie wiederum ist ein weites und diverses Feld. Es gibt zahlreiche – nicht zwangsläufig miteinander vereinbare – Annahmen darüber, wie demokratische Deliberation aussehen, wo sie stattfinden, wer an ihr teilnehmen und wie sie in die demokratischen Prozesse integriert sein sollte. Doch es gibt einige weitläufig akzeptierte Annahmen[23]: Der Begriff Deliberation bezeichnet eine substanzielle, ausgewogene und gesittete Diskussion, die auf Verständigung und eine gemeinsame Entscheidung abzielt. Die Teilnehmer sind über das betreffende Thema vollauf informiert und argumentieren in gegenseitigem Respekt und mit Orientierung am Gemeinwohl. Es werden heterogene Argumente ausgetauscht und das bessere Argument setzt sich aufgrund eines »zwanglosen Zwangs« durch. Deliberation ist frei von Herrschaftsverhältnissen, Irreführung, Selbstbetrug, strategischem Verhalten Einzelner und Manipulation. Sie ist frei zugänglich bezüglich ihrer potenziellen Themen wie auch ihrer Teilnehmer. Die Autoren des sogenannten »systemic turn« der deliberativen Demokratietheorie lockern diese

---

[23] vgl. Bächtiger, 2016, S. 251; Bohman, 1998, S. 402; Dryzek ,2000, S. 22; Habermas, 1992, S. 370f.; Landwehr, 2012, S. 361; Niesen, 2014, S. 50; Thompson, 2008, S. 501ff.

engen Vorstellungen etwas und stellen die Vernetzung der an verschiedenen Orten stattfindenden Deliberation in den Vordergrund.[24]

Bei diesen theoretischen Verständnissen von Deliberation handelt es sich offensichtlich um normative Forderungen, die in der Realität nicht erfüllt werden. Dennoch sind sie als Vergleichsmaßstab für die Einschätzung real stattfindender politischer Kommunikation sehr nützlich. Unabhängig von der tatsächlichen Erfüllung der Kriterien kann mit ihrer Hilfe gezeigt werden, welche Einflüsse Algorithmen auf einzelne Aspekte politischer Kommunikation haben. Darauf aufbauend kann schließlich eingeschätzt werden, ob demokratische Deliberation durch Algorithmen ermöglicht, erleichtert, erschwert oder gar unterbunden wird. Im Folgenden wird zunächst gezeigt, dass zumindest im digitalen Raum die meisten der oben genannten Kriterien durch Algorithmen tangiert werden. Betrachtet wird dabei nur Online-Kommunikation, die (potenziell) unter dem Einfluss von Algorithmen steht.

Mit Blick auf diese normativen Forderungen wird deutlich, dass »Wissen« in verschiedenen Formen eine Rolle spielt: vom Zugriff auf relevante und vielseitige Informationen und der Formulierung von darauf aufbauenden Argumenten, über den kommunikativen Austausch dieser Informationen und Argumente bis hin zur Einschätzung, welche dieser Argumente die »besseren Argumente« sind. Die Wissenssoziologen Peter L. Berger und Thomas Luckmann[25] beschäftigen sich mit diesen verschiedenen Formen von und Umgangsweisen mit Wissen, wie dieses sich gesellschaftlich institutionalisiert und als »Realität« etabliert.[26] Dabei betrachten sie Wissen »unabhängig von seiner Gültigkeit oder Ungültigkeit (nach welchen

---

[24] vgl. Bächtiger, 2016, S. 271; Elstub et al., 2016, S. 139f.

[25] Berger & Luckmann, 1980

[26] vgl. ebd., S. 2f.

Kriterien auch immer)«[27]. Sie beziehen sich mit diesem Begriff vielmehr auf die empfundene Gewissheit, dass bestimmte Phänomene »real« sind.[28]

Im Kontext politischer Kommunikation und demokratischer Deliberation scheint dieses Begriffsverständnis von Wissen besonders passend: Als unbequem empfundene Informationen werden als ungenau oder »Fake News« dargestellt oder gar nicht erst rezipiert, weiterhin werden Informationen für eine Argumentation je nach Zielsetzung und Zielgruppe des Sprechers interpretiert und immer werden bestimmte Informationen als wichtiger, andere als unwichtiger eingestuft. In der Online-Kommunikation werden einige dieser Prozesse durch RPA übernommen, andere verschleiert und weitere verschärft. In jedem Fall greifen RPA durch die Beeinflussung all dieser Prozesse in die politischen Kommunikationsprozesse ein. Dies steht im starken Kontrast zu Forderungen der deliberativen Demokratietheoretiker, etwa nach einer gemeinsamen Informationsbasis oder frei zugänglicher und unmanipulierter Argumentation.

So übernehmen RPA etwa die Entscheidung darüber, welche Informationen für welche Nutzer relevant sind. Dadurch erlangen sie wachsenden Einfluss auf deren Wissensschatz und damit auf die Informationsbasis politischer Kommunikation und demokratischer Deliberation. Denn Bürger sind heutzutage immer abhängiger von Informationen jeder Art, wobei Algorithmen eine zunehmende Rolle bei der Akkumulation dieser Informationen spielen[29]: Die Wetter-App wird vor dem ersten Blick aus dem Fenster konsultiert, beim Frühstück werden über den personalisierten News-Feed schnell

---

[27]  ebd., S. 3; Übersetzung der Autorin
[28]  vgl. ebd., S. 1
[29]  vgl. Beer, 2009, S. 987; Berry, 2014, S. 2

Nachrichten aus den verschiedensten Medien abgerufen, der tägliche Newsletter informiert über aktuelle Schnäppchen jeglicher Art, YouTube zeigt die neuesten Veröffentlichungen der abonnierten Kanäle an und Google antizipiert, was genau der jeweilige Nutzer wissen möchte, der gerade »Glyphosat« in die Suche eingegeben hat. An den meisten dieser Angebote sind RPA beteiligt.

> *»Diese Algorithmen helfen uns nicht nur, Informationen zu finden, sie bieten uns auch die Möglichkeit, zu erfahren, was wissenswert ist und wie es in Erfahrung gebracht werden kann, die Möglichkeit, uns an gesellschaftlichem und politischem Diskurs zu beteiligen und uns mit jenen Öffentlichkeiten bekannt zu machen, an denen wie teilhaben. Sie sind heute eine Schlüssellogik, die die Informationsströme bestimmt, von denen wir abhängig sind.«[30]*

Die Entscheidung darüber, welche Informationen gesellschaftlich relevant sind, wurde und wird in den herkömmlichen Massenmedien von ausgebildeten Redakteuren und mit einem ausgehandelten, wohldefinierten Sinn für soziale Verantwortung getroffen.[31] Heute haben zunehmend viele Nutzer jedoch nur noch sporadischen Kontakt zu journalistischen Erzeugnissen oder lehnen diese kategorisch ab und geben privaten Informanten in sozialen Netzwerken den Vorzug.[32] So übernehmen RPA die Funktion der Informationsauswahl. Relevanz definiert sich dabei nicht mehr über epistemische Kriterien, sondern in großem Umfang über Klickzahlen bzw. darüber, was für den jeweiligen Nutzer als relevant angesehen wird.[33] Wenn sich

---

[30] Gillespie, 2014, S. 167; Übersetzung der Autorin
[31] vgl. Gillespie, 2014, S. 180; Pariser, 2011, S. 73
[32] vgl. Schweiger, 2017, S.VII
[33] vgl. Gillespie, 2014, S. 175; Pariser, 2011, S. 75

Personen intensiv mit Top-Nachrichten auseinandersetzen, geschieht dies vor allem, weil sie auf den entsprechenden Seiten als Top-Nachrichten präsentiert werden, unabhängig von bspw. ihrer gesamtgesellschaftlichen Relevanz.[34] Je häufiger diese Nachrichten zudem angeklickt, kommentiert, verbreitet oder mit einem »Like« versehen werden, desto mehr Relevanz schreibt ihnen der Algorithmus zu.

Auf diese Weise entsteht eine Art *informationeller Pfadabhängigkeit*: Da die Anbieter die Nutzer so lange wie möglich auf ihren Seiten halten wollen, präsentieren ihre Algorithmen vor allem Beiträge und Informationen, die zum Weltbild und den Präferenzen (wissenssoziologisch: Relevanzstrukturen) des jeweiligen Nutzers passen. Wenn der Nutzer sein Interesse dieser als »wichtig« oder »interessant« präsentierten Information durch Anklicken bestätigt, wird er in Zukunft mit ähnlich gerichteten Beiträgen versorgt, während anders gerichtete Beiträge von den Algorithmen als weniger relevant eingestuft werden. Der Nutzer seinerseits klickt vornehmlich die ihm präsentierten Vorschläge an und verstärkt so die Pfadabhängigkeit. Er wird auf diese Weise immer stärker mit bestimmten Informationen versorgt, während andere ihm nur selten oder gar nicht zugeführt werden. So bilden sich sogenannte Filterblasen, die mit zunehmender Datengrundlage über die Nutzer immer enger werden.[35] Diese Pfadabhängigkeit ist schwer zu kontrollieren. Denn zum einen gibt es keinen unabhängigen Maßstab, mit dem die Ergebnisse des Algorithmus verglichen werden können.[36] Zum anderen schätzen viele Nutzer die Effekte ihrer eigenen besseren Informiertheit

---

[34] vgl. Gillespie, 2014, S. 180
[35] vgl. Helbing et al., 2017; Pariser, 2011, S. 84; Sunstein, 2017, S. 2
[36] vgl. Gillespie, 2014, S. 175

für die Gesellschaft als sehr gering ein und haben daher kaum Interesse daran, die Situation zu ändern.[37] Für demokratische Deliberation bedeutet das, dass potenzielle Teilnehmer immer weniger und einseitiger informiert sind. Sie weichen damit immer weiter von jenem normativen Ideal ab, das von deliberativen Demokratietheoretikern gezeichnet wurde. Denn zum einen werden die dem Nutzer bekannten Argumente immer homogener. Zum anderen wird es immer unwahrscheinlicher, dass die guten Argumente bekannt sind und sich deliberativ durchsetzen können, je weniger breit die Teilnehmer informiert sind.

Nach dem Verständnis der »alten Garde« deliberativer Demokratietheoretiker ist Deliberation darüber hinaus immer auf die Verständigung von Individuen untereinander ausgerichtet.[38] Dies ist eine normative Forderung und sicher in der Realität nicht immer das (einzige) Motiv, sich zu politischen Themen zu äußern. Das Eingreifen von Algorithmen fügt diesen Motiven ein weiteres hinzu: Das Steigen im algorithmisch generierten Ranking. Denn Algorithmen verändern die Kommunikationsstränge derart, dass die Beiträge den Teilnehmern nicht in chronologischer Reihenfolge, sondern nach »Relevanz« sortiert werden – wie es etwa bei Facebooks »Top-Kommentaren« und Twitters »Trending Tweets« der Fall ist. Dabei orientieren sie sich an Kriterien, die zum einen der Öffentlichkeit unbekannt sind und sich zum anderen ständig verändern. Manche Algorithmen priorisieren auch Beiträge bestimmter Nutzer. Facebooks Algorithmen ordnen beispielsweise die Beiträge der Profileigner, bei denen die Kommunikation stattfindet, im Ranking höher ein und verleihen den Eignern damit eine gewisse Herrschaft über die Kommunikation. Diese nutzen das mitunter dazu, auf bestimmte Beiträge zu antworten, die sie entweder hervorheben oder anprangern

[37]  vgl. Fishkin, 2009, S. 5
[38]  vgl. Dryzek, 2000, S. 22; Rosenberg, 2004, S. 3

wollen. So können sie maßgeblich bestimmen, welche Argumente diskutiert werden. Gleichzeitig werden von den Anbietern als unangemessen eingestufte und illegale Inhalte algorithmisch ausgefiltert[39] und die Verbreitung bestimmter Werte gefördert.[40] Dies birgt die Gefahr, dass Beiträge fälschlich ausgefiltert werden und somit systematisch bestimmte Inhalte verborgen bleiben. Teilweise werden sogar ganze Unterhaltungen algorithmisch beendet, wenn die ausgetauschten Beiträge nicht bestimmten Kriterien gerecht werden. So verbergen einige Nachrichtenseiten ihre Kommentarspalten, wenn zu viele Negativkommentare zum Artikel geschrieben wurden.[41]

Im Hinblick auf demokratische Deliberation verletzen diese Eingriffe in die Kommunikationsstränge die Forderung deliberativer Demokratietheoretiker nach einer gleichberechtigten und herrschaftsfreien Deliberation.[42] Darüber hinaus sind nicht alle Beiträge potenziell zugänglich für alle Nutzer. Einige Beiträge werden nur bestimmten Nutzern gezeigt, einige werden gänzlich verborgen. Dadurch haben die Nutzer keine Möglichkeit, sämtliche Argumente der Deliberation zu kennen und die besten Argumente zu erkennen,[43] bzw. die moralische Wahrheit durch kommunikativen Vernunftgebrauch zu entdecken,[44] wie es verschiedentlich in der deliberativen Demokratietheorie gefordert wird. Auch wenn diese theoretischen Forderungen zunächst wirklichkeitsfern scheinen und es ohnehin noch nie möglich war, alle Argumente in einer Diskussion zu

---

[39]  vgl. Gillespie, 2014, S. 171ff.
[40]  vgl. Shepherd, 2017
[41]  vgl. Gillespie, 2014, S. 178
[42]  vgl. Bohman, 1998, S. 402; Landwehr, 2012, S. 355; Rosenberg, 2004, S. 2; Thompson, 2008, S. 501ff.
[43]  vgl. Bohman, 1998, S. 405
[44]  vgl. Landwehr, 2012, S. 355

kennen, verleiht die neue algorithmische Realität der Situation eine andere Qualität. Gerade Online-Plattformen bieten die Möglichkeit einer Vernetzung, die vorher so nie da war. Doch diese neue, potenziell gesellschaftsweite Deliberation muss geordnet werden. Dies geschieht nun nicht mehr durch die verschiedenen Menschen und demokratisch verfassten Institutionen, sondern durch Algorithmen, die auf Basis intransparenter Kriterien arbeiten. Die Kriterien sind überdies - und im Gegensatz zur allgemeinen Wahrnehmung - weder objektiv noch unfehlbar. Einerseits werden sie von Menschen entwickelt und ergänzt und sind dabei immer von den Entwicklern geprägt. Es kann viel Wissen und Verantwortungsbewusstsein in die Konzeptionierung eingehen, doch diese Verantwortung wird in die algorithmischen Strukturen eingepasst und automatisiert.[45] Das heißt, dass Entscheidungen konstant und unabhängig von Begleitumständen wie kulturellem Hintergrund und aktuellen Entwicklungen getroffen werden. Andererseits haben die Algorithmen nur technische Möglichkeiten der Texterkennung, die nicht unbedingt sensibel für sprachliche Feinheiten wie etwa Subtext, Ironie oder Sarkasmus sind.[46]

Neben den direkten Eingriffen in die Kommunikationsstränge üben RPA auch indirekten Einfluss auf Online-Kommunikation aus. Einige Nutzer versuchen etwa, ihre Beiträge auf den oberen Plätzen der algorithmisch generierten Rankings zu platzieren. Sie passen ihre Ausdrucksweisen an, um von den Algorithmen besser erkannt, verarbeitet und weiter oben platziert zu werden.[47] Da die genauen Arbeitsweisen der Algorithmen den Nutzern jedoch unbekannt sind,

---

[45]  vgl. Gillespie, 2014, S. 178

[46]  Ansätze zur Entwicklung algorithmischer Sarkasmus-Erkennung entwickelt beispielsweise Prof. Dr. Bhattacharyya, Professor für Computer Science and Engineering am Indian Institute of Technology Bombay

[47]  vgl. Gillespie, 2014, S. 184; Bolin & Andersson Schwarz, 2015, S. 8

beruhen diese Anpassungsstrategien auf Vermutungen. Beispielsweise ändern Nutzer nicht nur ihre sprachlichen Ausdrucksformen, sondern entwickeln auch neue Zeichensysteme. So etablierten sich etwa die Hashtags, die später von Twitter aufgenommen wurden,[48] aber auch Emojis, Likes, GIFs, Bilder und Videos können für diese Zwecke eingesetzt werden, Metadaten werden angepasst und – in reiner Verkennung algorithmischer Arbeitsweisen – Beiträge wiederholt abgeschickt.[49] Zusätzlich zu diesen Anpassungen im Ausdruck haben Nutzer weitere Strategien entwickelt, sich Algorithmen anzupassen. So verbinden manche Jugendliche ihren Facebook-Status mit einem willkürlich gewählten Markennamen, damit diese Updates in den Feeds ihrer Freunde priorisiert werden.[50] Andere Nutzer senden ihre Beiträge zu bestimmten Uhrzeiten, damit sie wahrgenommen werden und damit in den Rankings vorn bleiben.[51] Die schwedische Facebook-Gruppe #jagärhär (wie auch ihre internationalen Imitationen wie #ichbinhier in Deutschland) beeinflusst strategisch die algorithmisch generierten Rankings von Beiträgen mit spezifischem politischem Inhalt, indem ihre Mitglieder gegenseitig ihre Beiträge liken und kommentieren.

Für demokratische Deliberation bedeutet dies, dass Verständigung als zentrales Ziel von Kommunikation in den Hintergrund tritt. Stattdessen werden Ausdrucksformen und kommunikative Handlungen darauf ausgerichtet, dass der jeweilige Algorithmus sie versteht und priorisiert. Diese Priorisierung erfolgt nicht im Sinne eines »zwanglosen Zwangs des besseren Arguments«[52], sondern anhand unsichtbarer Kriterien. Dies führt im schlechtesten Fall dazu, dass

---

[48]  vgl. Gillespie, 2014, S. 184
[49]  vgl. ebd., S. 185
[50]  vgl. Gillespie, 2014, S. 184
[51]  vgl. Bucher, 2016
[52]  Habermas, 1992, S. 370f.

sich nicht alle Deliberationsteilnehmer auf die gleiche Weise an die Algorithmen anpassen, sondern für dieselben Themen und Kommunikationsziele unterschiedliche Kommunikationsstrategien verwendet werden, die eine gemeinsame Kommunikation unterbinden. Gillespie[53] merkt darüber hinaus an, dass sich nicht nur die Kommunikationsgewohnheiten der Nutzer ändern, sondern dass Algorithmen sie sogar dazu verleiten können, die den Algorithmen zugrundeliegenden Normen und Prioritäten zu verinnerlichen.

Auch in den eigentlichen Kommunikationsprozessen wirkt die informationelle Pfadabhängigkeit. Zum einen werden dem Nutzer vornehmlich solche Beiträge vorgeschlagen, für deren Autoren und Inhalte er vorher durch Anklicken Interesse gezeigt hat, bzw. die aufgrund seiner – ebenfalls durch vorheriges Online-Verhalten bestimmten – Kategorienzugehörigkeit als relevant eingestuft werden. Dies ist ein Kreislauf, der sich immer weiter verstärkt und dazu führt, dass Nutzer einigen Kommunikationssträngen, Argumentationsweisen und Nutzergruppen immer stärker ausgesetzt sind, während andere in den Hintergrund treten.

Algorithmen und die durch sie verursachte informationelle Pfadabhängigkeit haben auch Auswirkungen auf die Beziehungen zwischen den Nutzern und damit auf die Sozialstruktur der Nutzerschaft. RPA legen weitestgehend fest, wer wessen Beiträge liest. Auf Facebook etwa werden zum einen in der »Timeline« ausgewählte Beiträge von Freunden angezeigt, die Facebook als für den Nutzer relevant erachtet. Zum anderen werden dem Nutzer Personen präsentiert, die für ihn »interessant« sein könnten. Auf diese Weise können RPA die Interaktionen der Nutzer nicht nur ordnen, sondern sogar die Initiierung und Fortsetzung von Interaktionen anregen. Wenn die Nutzer diese Vorschläge nicht ignorieren, haben RPA damit einen großen

---

[53]  vgl. Gillespie, 2014, S. 187

Einfluss auf die Sozialstruktur der Nutzerschaft.[54] Die informationelle Pfadabhängigkeit führt darüber hinaus zur Entstehung sogenannter Echokammern und formt damit die Sozialstruktur auf eine für die deliberative Demokratietheorie problematische Weise. Sie führt dazu, dass die Nutzer zunehmend von Räumen umgeben sind, in denen immer wieder ähnliche Informationen und Ansichten ausgetauscht werden.[55] Andere Relevanzstrukturen werden unterdessen in anderen Echokammern repräsentiert. Diese Aufspaltung der Relevanzstrukturen auf verschiedene »Subuniversen« ist problematisch für die gemeinsamen Werte, Ansichten und Bedeutungszuschreibungen innerhalb einer Gesellschaft[56] und stellt besonders die Demokratie vor Herausforderungen.

Innerhalb der Subuniversen – nicht nur online - gleichen sich die Nutzer in ihrem Ausdruck aneinander an und entwickeln neue Ausdrucksformen. So kommt es etwa zur Konjunktur von Rhetoriken wie »Lügenpresse«, die innerhalb bestimmter Subuniversen mit bestimmten Bedeutungen belegt sind. Wenn die Individuen verschiedener Subuniversen nicht mehr universenübergreifend miteinander kommunizieren, verlaufen diese sprachlichen Entwicklungen mit großer Wahrscheinlichkeit unterschiedlich. So wird es immer schwieriger und aufwendiger, eine gemeinsame Ausdrucksweise für den gesellschaftsweiten Diskurs zu finden.[57]

Ähnlich wie diese Entwicklungen im Ausdruck bilden sich innerhalb der Subuniversen auch bestimmte Narrative, Ideologien und Weltsichten, Sprichwörter und Ähnliches heraus; vermeintliches Wissen

---

[54] vgl. Berger & Luckmann, 1980, S. 32
[55] Helbing et al., 2017; Hindman, 2009; Pariser, 2011; Schweiger, 2017; Sunstein, 2017
[56] vgl. Berger & Luckmann, 1980, S. 76f.
[57] vgl. Sunstein, 2017, S. 71

also, das als allgemein bekannt gilt (oder wissenssoziologisch: Sedimentationen). Diese gehen über Einzelmeinungen hinaus und verankern sich im jeweiligen kollektiven Bewusstsein, prägen oftmals sogar das Selbstverständnis der Gruppe. In der fragmentierten Online-Gemeinschaft entwickeln sich auch hier mit großer Wahrscheinlichkeit je nach Gruppe unterschiedliche Versionen zu denselben Themen. Ein bekanntes Beispiel hierfür sind fragwürdige Nachrichtenartikel, die »endlich mal das berichten, was die Mainstream-Medien den Lesern vorenthalten«. Solche Artikel spiegeln üblicherweise in dieser Gruppe anerkannte Meinungen und Narrative wider und werden als mit den jeweiligen Biografien verbunden wahrgenommen.[58] Die Verbreitung solcher »ignorierten Wahrheiten« kann sogar als Zweck und Legitimation ins Selbstverständnis der entsprechenden Gruppe übergehen, um anschließend aus der digitalen in die »analoge« Welt transportiert zu werden. So wurden Begriffe wie »Lügenpresse« und ausländerfeindliche Narrative zunächst online (re-)aktiviert und ausgetauscht, bevor die Gruppe sich »Pegida« nannte und die Begriffe in Dresden erstmals auf einer Demonstration verbreitete.

Wissenssoziologisch wie demokratietheoretisch verursacht die Fragmentierung einer Gesellschaft ein großes Problem. Die unterschiedlichen Entwicklungsrichtungen sowohl der Ausdrucksweise als auch dessen, was als »allgemein bekannt« gilt, erschweren (oder verhindern sogar) einen gesellschaftsweiten Diskurs. Wissenssoziologisch ist dieser jedoch wichtig als Ort für die Herausbildung gesellschaftsweiten Basiswissens und einer zumindest teilweise gemeinsamen Weltanschauung, jenseits der Einzelinteressen von Individuen und Gruppen.[59] In den Augen deliberativer Demokratiethe-

---

[58]  vgl. Kitchin, 2016, S. 18f.
[59]  vgl. Berger & Luckmann, 1980, S. 80

oretiker werden diese Basis und der gesellschaftsweite Diskurs benötigt, um alle Argumente einbeziehen zu können, die besten Argumente auszuwählen und so rationale Entscheidungen treffen zu können.[60] Grundsätzlich bergen digitale Kommunikationsmittel ein nie dagewesenes Potenzial für gesellschaftsweite Deliberation. Doch ihre ökonomische Logik beinhaltet, hohe Klickraten einem hohen Austausch zwischen verschiedenen Weltansichten vorzuziehen. So kommt es statt zur gesellschaftsweiten Deliberation zur Fragmentierung der Gesellschaft und politische Kommunikation rückt durch die so verschlechterten Grundbedingungen vom oben dargestellten Ideal demokratischer Deliberation ab.

## 4.    Fazit

Relevanzordnende Personalisierungsalgorithmen können auf unterschiedliche Weise Einfluss auf demokratische Deliberation nehmen. Grundsätzlich basiert ihre Einschätzung darüber, was für den jeweiligen Nutzer relevant ist, auf den Informationen, die sie über ihn haben. Diese Informationen beruhen zumeist darauf, was die Nutzer in der Vergangenheit angeklickt haben, also relevant fanden. Die Algorithmen kategorisieren die Nutzer auf dieser Informationsgrundlage nach bestimmten Kriterien und schreiben ihnen entsprechend bestimmte Vorlieben, Weltanschauungen, Interessen und Ähnliches zu. Entsprechend der jeweiligen Kategorisierung präsentieren sie dem Nutzer schließlich bestimmte Informationen, die sie als für ihn relevant einordnen.

Durch ihre Fixierung auf vergangene Entscheidungen (Klicks) verursachen solche Algorithmen eine *informationelle Pfadabhängigkeit*,

---

[60] vgl. Habermas, 1992, S. 104; Kreide, 2014, S. 267; Rosenberg, 2004, S. 2f.; Landwehr, 2012, S. 372

die die Möglichkeit einer gesellschaftsweiten Deliberation untergräbt. So werden die den Nutzern als relevant präsentierten Informationen immer stärker auf deren vom Algorithmus wahrgenommene Interessen zugeschnitten und versetzen den Nutzer in seine
jeweils persönliche Filterblase. Auch im Austausch mit anderen werden die Nutzer zunehmend in Kommunikationssträngen gehalten,
deren Teilnehmer und inhaltliche Ausrichtung der Beiträge mit ihren (vom Algorithmus angenommenen) Relevanzstrukturen übereinstimmen - in Echokammern also. So führt die algorithmisch verursachte informationelle Pfadabhängigkeit schließlich zur Fragmentierung der Online-Gesellschaft, die eine inklusive, gesellschaftsweite Deliberation erschwert, wenn nicht verhindert.

Die Fragmentierung der Gesellschaft und ihre Aufgliederung in Subuniversen wurde schon vor dem Zeitalter der Digitalisierung als po-
tenzielles Problem wahrgenommen.[61] Die Digitalisierung bietet nun
erstmals die Möglichkeit, kommunikative Brücken zwischen diesen
Subuniversen zu bauen. Die Analysen der informationellen Pfadabhängigkeit legen allerdings nahe, dass dies Änderungen in der Logik
der Algorithmen selbst erfordert. Denn je stärker relevanzordnende
Personalisierungsalgorithmen sich auf Informationen über vergangene Entscheidungen, Interessen und Handlungen der Nutzer beziehen, desto enger werden Filterblasen, Echokammern und Co. Ein Lösungsweg wäre, die Personalisierung von Suchergebnissen und Ähnlichem einzuschränken – dies liefe allerdings jeglichen Interessen
der Anbieter von Suchmaschinen und sozialen Medien sowie deren
Werbekunden zuwider. Ein anderer Weg wäre, das Wissen über die
Nutzer zu nutzen, um gezielt alternative Informationen und Bei-

---

[61] vgl. Berger & Luckmann, 1980, S. 80

träge vorzuschlagen, um Brücken zu bauen. Der Vorwurf der Bevormundung wäre dabei abzusehen. Wie in so vielen Fragen gilt es hier, einen Mittelweg zu finden.

## Quellen

Bächtiger, A. (2016). Empirische Deliberationsforschung. in: O. W. Lembcke, C. Ritzi & G. S. Schaal (Hrsg.), *Zeitgenössische Demokratietheorie* (S. 251– 278). VS Verlag für Sozialwissenschaften

Beer, D. (2009). Power through the algorithm? Participatory web cultures and the technological unconscious. *New Media & Society* 11, S. 985 – 1002

Berger, P.L. & Luckmann, T. (1980). *The social construction of reality. A treatise in the sociology of knowledge.* New York: Irvington Publ

Berry, D.M. (2014). *Critical theory and the digital.* New York: Bloomsbury

Bohman, J.,(1998). Survey Article. The Coming of Age of Deliberative Democracy. *Journal of Political Philosophy* 6, S. 400–425

Bolin, G. & Andersson Schwarz, J. (2015). Heuristics of the algorithm. Big Data, user interpretation and institutional translation. *Big Data & Society* 2

Bucher, T. (2016). The algorithmic imaginary. Exploring the ordinary affects of Facebook algorithms. *Information, Communication & Society* 20, S. 30–44

Dryzek, J.S. (2000). *Deliberative democracy and beyond. Liberals, critics, contestations.* Oxford, New York: Oxford University Press

Elstub, S., Ercan, S. & Mendonça, R.F. (2016). Editorial introduction. The fourth generation of deliberative democracy. *Critical Policy Studies* 10, S. 139–151

Fishkin, J.S. (2009). *When the people speak. Deliberative democracy and public consultation.* Oxford, New York: Oxford University Press

Gillespie, T. (2014). The Relevance of Algorithms. In: T. Gillespie (Hrsg.), *Media technologies. Essays on communication, materiality, and society* (S. 167– 194). Cambridge: MIT Press

Gutwirth, S. & Hildebrandt, M. (2010). Some Caveats on Profiling. In: S. Gutwirth, Y. Poullet & P. de Hert (Hrsg.), *Data Protection in a Profiled World* (S. 31–41). Dordrecht: Springer Netherlands

Habermas, J. (1992). *Faktizität und Geltung. Beiträge zur Diskurstheorie des Rechts und des demokratischen Rechtsstaats.* Frankfurt am Main: Suhrkamp

Helbing, D., Frey, B.S., Gigerenzer, G. Hafen, E. Hagner, M. Hofstetter, Y. van den Hoven, J. Zicari, R. V. & Zwitter, A. (2017). IT-Revolution: Digitale Demokratie statt Datendiktatur. http://s.fhg.de/Fvd, abgerufen am 15.3.17

Hindman, M.S. (2009). *The myth of digital democracy.* Princeton: Princeton University Press

Kitchin, R., 2016: Thinking critically about and researching algorithms. *Information, Communication & Society* 20, S. 14–29

Kreide, R. (2014). Die verdrängte Demokratie. Zum Verhältnis von Demokratietheorie und Gesellschaftstheorie. in: O. Flügel-Martinsen, D. Gaus, T. Hitzel-Cassagnes & F. Martinsen (Hrsg.), *Deliberative Kritik - Kritik der Deliberation. Festschrift für Rainer Schmalz-Bruns* (S. 267–298). Wiesbaden: VS Verlag

Landwehr, C. (2012): Demokratische Legitimation durch rationale Kommunikation. Theorien deliberativer Demokratie. in: O. W. Lembcke, C. Ritzi & G. S. Schaal (Hrsg.), *Zeitgenössische Demokratietheorie*, Band 1: Normative Demokratietheorien (S. 355–386). Wiesbaden: VS Verlag

Niesen, P. (2014). Was heißt Deliberation? Eine theoriegeschichtliche Betrachtung. in: O. Flügel-Martinsen, D. Gaus, T. Hitzel-Cassagnes & F. Martinsen (Hrsg.), *Deliberative Kritik - Kritik der Deliberation. Festschrift für Rainer Schmalz-Bruns* (S. 49–72). Wiesbaden: VS Verlag

Pariser, E. (2011). *The filter bubble. What the Internet is hiding from you.* New York: Penguin Press

Rosenberg, S.W. (2004). *Reconstructing the Concept of Democratic Deliberation.* http://escholarship.org/uc/item/2rd8m486

Schweiger, W. (2017). *Der (des)informierte Bürger im Netz.* Wiesbaden: Springer

Shepherd, T. (2017). Reading the Zuckerberg manifesto. http://s.fhg.de/q8i, abgerufen am 21.2.2017

Sunstein, C.R. (2017). #Republic. Divided democracy in the age of social media.

Thompson, D.F. (2008). Deliberative Democratic Theory and Empirical Political Science. *Annual Review of Political Science* 11, S. 497 – 520

Vincent, J. (2018). Facebook admits what we all know: that social media can be bad for democracy. THE VERGE, 22.01.2018. http://s.fhg.de/S3r, abgerufen am 29.1.2018

Zuckerberg, M., 2017: Building Global Community. http://s.fhg.de/5TD (21.2.2017).

## Danksagung

Ich danke Karoline Brutschke für das Teilen ihrer Einsichten und Erfahrungen im Umgang mit sozialen Medien und dem Lehrstuhlteam um Prof. Dr. Schaal für seine Unterstützung.

## Über die Autorin

**Karoline Helbig**

Karoline Helbig ist wissenschaftliche Mitarbeiterin am Weizenbaum-Institut für die vernetzte Gesellschaft, dem Deutschen Internet-Institut. Sie studierte Soziologie und Mathematik und beschäftigte sich schon früh mit der Verbindung soziologischer und politikwissenschaftlicher Fragestellungen. Im Projekt »Der Wandel liberaler Demokratie im Zeitalter der Digitalisierung« am Lehrstuhl für politische Theorie der Helmut-Schmidt-Universität Hamburg ergänzte sie diesen Schwerpunkt um die Erforschung der Auswirkungen von Digitalisierung auf Gesellschaft und demokratische Prozesse. Seit März 2018 setzt sie ihre Studien am Wissenschaftszentrum Berlin im Forschungsverbund »Weizenbaum-Institut für die vernetzte Gesellschaft« fort.

# Wie algorithmische Prozesse Öffentlichkeit strukturieren

Christian Stöcker & Konrad Lischka

Hochschule für Angewandte Wissenschaften Hamburg
& Bertelsmann Stiftung, Gütersloh

Algorithmische Prozesse strukturieren heute längst Öffentlichkeit, sei es in Form der Ergebnislisten von Suchmaschinen oder der Sortierung von Inhalten in den Newsfeeds sozialer Netzwerke. Diese neuen Gatekeeper, die Informationen zugänglich machen aber auch nach Relevanz gewichten, wenden andere Kriterien an, als das etwa Journalisten bei der Auswahl und Gewichtung von Inhalten tun. Die Sortierentscheidungen dieser Systeme basieren auf einer Vielzahl von Messwerten, von Verweildauer über Scrollgeschwindigkeit bis hin zu sozialen Variablen. Gleichzeitig treten die Prinzipien der Sortiermechanismen in Wechselwirkung mit anderen Faktoren, die dafür sorgen, dass nun Inhalte ein breites Publikum erreichen können, was noch vor zehn bis zwanzig Jahren kaum möglich gewesen wäre. Die Debatte über »Fake News« ist ein Aspekt dieser Entwicklung, die über Social Bots und andere Werkzeuge digitaler Propaganda ein anderer, und auch das Phänomen von Echokammern oder Filterblasen fällt in diesen Bereich. Der Beitrag umreißt wichtige Einflussfaktoren dieser neuen digitalen Öffentlichkeiten, lotet ihre Bedeutung für den aktuellen politischen Diskurs im Inland aus und zeigt kurz mögliche Ansätze für Folgenabschätzung und Regulierung auf.

# 1.   Der personalisierte Medienalltag

Wenn man nach einem möglichst einprägsamen Bild davon sucht, wie die Digitalisierung unsere Öffentlichkeit in den vergangenen zehn bis fünfzehn Jahren verändert hat, lohnt ein Blick auf Fotos aus U-Bahnen irgendwo in der industrialisierten Welt. Rushhour-Bilder aus dem Jahr 2006 zeigen verlässlich einen komplizierten Tanz, um Kollisionen mit den Nachbarn zu vermeiden: Jeder zweite Fahrgast hatte damals eine Zeitung in der Hand. Die unhandlichen Papierstapel so zu halten, dass man dabei niemand anderem in die Quere kam, war eine täglich trainierte Kunst.

Fotos von 2016, zehn Jahre später, zeigen ein völlig anderes Bild, auch wenn die meisten Passagiere ihre Aufmerksamkeit noch immer auf Medieninhalte richten: Egal ob in der U-Bahn von New York, Berlin oder Tokio – die Menschen starren auf ihre Smartphones. Das Jahr 2007, das Jahr, in dem Apple sein erstes iPhone vorstellte, markiert eine Veränderung von menschheitsgeschichtlicher Bedeutung: Zwar gab es auch schon zuvor mobile Geräte, mit denen man E-Mails abrufen und auf speziell angepasste Webseiten zugreifen konnte. Erst mit dem iPhone aber war das neue Standardformat für die mobile Interaktion mit dem neuen, digitalen Medienuniversum gefunden.

Das Smartphone ist der vorläufige Endpunkt einer Entwicklung, die der britische Kulturwissenschaftler Raymond Williams schon 1974 unter dem Schlagwort *mobile privatization* voraussahnte, einem Begriff, der mit mobile Privatisierung nur unzureichend übersetzt ist.[1] Williams bezeichnete mit dem Begriff eine in seinen Augen zu erwartende zunehmende Personalisierung sozialen Erlebens, die er auf technische Entwicklungen zurückführte. Die Markteinführung

[1]   Williams, 1974

365

des Sony Walkman im Jahr 1979 gab ihm zum ersten Mal recht: Plötzlich konnten einzelne Personen im öffentlichen Raum sich ein eigenes akustisches Universum schaffen, ihren Alltag mit einem individuellen Soundtrack versehen.

Mit dem Smartphone ist die mobile Totalindividualisierung der medialen und kommunikativen Umwelt nahezu jedes Einzelnen mittlerweile weit fortgeschritten. Zwischen den Zeitungslesern in den U-Bahnen von 2006 und den Smartphone-Nutzern in denen von 2016 besteht nämlich ein fundamentaler Unterschied: Bei den ersteren ist auf einen Blick ersichtlich, was sie gerade tun. Bei den letzteren ist es völlig unklar. Lesen Sie einen Artikel im Onlineangebot einer Zeitung oder Zeitschrift? Einen Fachartikel? Den Social-Media-Post eines Bekannten? Oder eines Prominenten? Eine berufliche oder private E-Mail? Kaufen sie gerade ein? Suchen sie ein Hörbuch aus, ein Musikstück oder eine Playlist zur Beschallung während der restlichen Bahnfahrt über Kopfhörer? Spielen sie ein Spiel? Diese Aufzählung ließe sich noch lange fortsetzen, und mit jedem weiteren Monat, der vergeht, kommen neue Nutzungsmöglichkeiten für die mobilen Touch-Computer hinzu. Personalisiert sind die Medien- und Kommunikationserfahrungen, die Smartphones ermöglichen, aber noch auf eine andere, schon aus dem stationären World Wide Web bekannte Weise: durch algorithmische Filterung. In Deutschland hat sich für die Angebote, die solche Vermittlungs- und Filteraufgaben übernehmen, im wissenschaftlichen Diskurs der Begriff Intermediäre durchgesetzt.[2]

[2] Hasebrink, Schmidt, & Merten, 2016; Schmidt, Petrich, Rolfs, Hasebrink, & Merten, 2017

# 2. Intermediäre und ihre Rolle für die Meinungsbildung

Forscher des Hamburger Hans-Bredow-Instituts fassen unter dem Begriff Intermediäre sowohl Suchmaschinen wie Google oder Bing als auch Videoportale wie Youtube, eher visuell orientierte Kommunikationsplattformen wie Snapchat und Instagram, aber auch herkömmliche Instant Messenger wie WhatsApp zusammen. Zahlen von TNS Infratest zufolge nutzen über 57 Prozent aller deutschen Internetnutzer regelmäßig solche Intermediäre, um sich zu informieren – also nicht nur, um sich mit Freunden auszutauschen oder unterhaltende Inhalte zu konsumieren. Suchmaschinen liegen dabei mit fast 40 Prozent Nutzung vorne, gefolgt von sozialen Netzwerken wie Facebook mit gut 30 Prozent und Videoportalen wie Youtube mit gut 9 Prozent. Instant Messenger nutzen demnach 8,5 Prozent in informierender Weise. Bei Letzteren spielen automatisierte Entscheidungsmechanismen derzeit in der Regel allerdings keine Rolle.

Bei den Intermediären selbst gibt es klare Marktführer, was die informierende Nutzung betrifft: Google bei den Suchmaschinen (37,9 Prozent) und Facebook bei den sozialen Netzwerken (24,1 Prozent). Zum Vergleich: Microsofts Suchmaschine Bing wird nur von zwei Prozent der deutschen Onliner in informierender Weise genutzt, Twitter von 2,1 Prozent. Insgesamt kommen über 54 Prozent all jener, die sich im Internet informieren, regelmäßig über Suchmaschinen oder soziale Medien mit den Inhalten eher traditioneller Informationsanbieter, wie den Webseiten von Tageszeitungen, Zeitschriften oder TV-Sendern, in Kontakt.

Beschränkt man die Betrachtung nicht auf die informierende Nutzung, ist das Bild noch deutlich klarer: Über 95 Prozent aller deutschen Onliner nutzen täglich mindestens einen Intermediär (zu allen möglichen Zwecken), dabei liegt Google mit weitem Abstand

(78,6 Prozent) vorn, gefolgt von Youtube (42 Prozent) und Facebook (41,8 Prozent). Bei Instant-Messaging-Diensten, die für das Thema dieses Textes eine untergeordnete Rolle spielen, dominiert die Facebook-Tochter WhatsApp: Fast 75 Prozent aller deutschen Onliner nutzen den Dienst täglich.

Fragt man Nutzer, welche Angebote ihnen für ihre Informationssuche besonders wichtig sind, kommt man zu ähnlichen Ergebnissen.[3] Hasebrink et al.[4] kamen auf Basis dieser und anderer Daten zu dem Schluss, dass »Meinungsbildungsprozesse ohne Intermediäre nicht mehr denkbar«, diese gleichzeitig aber »nur ein Baustein im Prozess der Meinungsbildung« seien. Auch das eigene soziale Umfeld »sowie die Berichterstattung publizistischer Medien, denen Vertrauen entgegengebracht wird«, seien »nach wie vor bedeutsam«.

Wie in nahezu jedem Bereich, den die Digitalisierung betrifft, gilt allerdings auch hier: Die genannten Zahlen bilden nur einen Zustand zu einem bestimmten Erhebungszeitpunkt im Jahr 2016 ab, Nutzungszahlen und -weisen sind in einem Zustand permanenter Veränderung begriffen. In den USA, in denen die Entwicklung in diesem Bereich stets ein wenig weiter fortgeschritten ist als hierzulande, nutzten beispielsweise schon Anfang 2016 44 Prozent aller Erwachsenen Facebook häufiger als »selten« als Nachrichtenquelle.[5]

Dies- wie jenseits des Atlantiks gilt zudem: Je jünger die befragte Zielgruppe, desto höher der Anteil derer, die soziale Netzwerke, Videoplattformen und Suchmaschinen benutzen, um sich zu informieren – und desto geringer der Anteil derer, die dazu auf klassische Medien wie Tageszeitungen zurückgreifen.[6]

---

[3] Ecke, 2016
[4] Hasebrink et al., 2016
[5] Gottfried & Shearer, 2016
[6] Mitchell et al., 2016

Eine zweite wichtige Entwicklung ist die zunehmende Bedeutung sozialer Netzwerke als Einstiegspunkt und Kontaktvermittler für andere Inhalteanbieter. Das US-Unternehmen Parse.ly, das Website-Betreibern Analysewerkzeuge anbietet und deshalb Zugriff auf die Traffic-Statistiken Tausender Anbieter hat, wertet jährlich auch aus, wie viele Besucher die erfassten Seiten woher bekommen. Ende 2012 lag Google als Traffic-Bringer für die erfassten Seiten mit einem Anteil von über 40 Prozent demnach noch klar vorne, Facebooks Anteil lag um die 10 Prozent. Mitte 2015 überholte der Anteil von Facebook erstmals den von Google, beide lagen nun knapp unter 40 Prozent. Seit etwa Mitte 2017 aber scheint sich dieser Trend erneut zu drehen – Parse.ly zufolge liegt Facebook's Anteil Anfang 2018 nur noch bei gut 20 Prozent, Googles dagegen bei etwa 45 Prozent.[7]

Wer solche Intermediäre, ausgenommen Messenger, nutzt, um sich Informationen zu verschaffen, der begegnet algorithmischen Entscheidungen immer und grundsätzlich.[8] Die in einem Facebook-Newsfeed angezeigten Beiträge, ob von Freunden des Nutzers oder aber von Medienanbietern, deren Facebook-Seiten der Betreffende folgt, werden nach bestimmten Kriterien automatisch sortiert. Bei Suchmaschinen gilt das Gleiche: Wer eine Google-Suche startet, bekommt eine maschinell aufgrund bestimmter Kriterien sortierte Ergebnisliste zurück. Erstaunlich ist, dass viele Nutzer das offenbar bis heute gar nicht wissen.

Als eine Forschergruppe aus Kalifornien 2015 Facebook-Nutzer befragte, wie die Reihenfolge der in ihrem eigenen Newsfeed angezeigten Beiträge wohl zustande komme, gingen über 62 Prozent der Befragten davon aus, dass ihnen alle Beiträge ihrer Freunde und aller

---

[7]  Parse.ly, 2017
[8]  Gillespie, 2014

Seiten, denen sie in dem Netzwerk folgen, angezeigt würden. Manche hatten zwar den Verdacht, dass da irgendetwas im Gange war, aber keine Vorstellung, was genau das sein könnte. Eine Teilnehmerin wird mit folgenden Worten zitiert: »Ich habe so 900 Freunde und glaube, ich sehe nur so 30 davon in meinem Newsfeed. Ich weiß also, dass da irgendetwas los ist, aber ich weiß nicht genau, was«.[9]

Zusammenfassend lässt sich also sagen: Für einen wachsenden Teil der Bevölkerung in den Industrienationen sind Intermediäre, und hier vor allem Suchmaschinen und soziale Netzwerke, ein wesentlicher Faktor bei der Gewinnung und Rezeption von Information, die für gesellschaftliche Teilhabe relevant ist. Dies gilt umso mehr, je jünger die betrachtete Zielgruppe ist. Zwar spielen klassische Medienkanäle, insbesondere das Fernsehen, nach wie vor eine sehr wichtige Rolle. Der Trend der vergangenen Jahre zeigt jedoch klar, dass Informationsvermittlung durch Intermediäre und damit durch algorithmische Entscheidungsprozesse, sogenannte ADM[10]-Prozesse, eine immer wichtigere Rolle spielt. Gleichzeitig sind sich viele Nutzer keinesfalls der Tatsache bewusst, dass hier algorithmische Entscheidungsprozesse am Werk sind.

## 3.     Die Relevanzkriterien der Intermediäre

Es lohnt in diesem Kontext, sich in Erinnerung zu rufen, dass Google, Facebook und Co. ursprünglich nicht primär dafür konstruiert wurden, Medieninhalte von journalistischen Organisationen an Konsumenten weiterzureichen. Sie benutzen technische Systeme, um zu entscheiden, ob ein bestimmter Inhalt aus einem gewaltigen Fundus für einen bestimmten Nutzer interessant, relevant sein

---

[9]    Eslami et al., 2016

[10]   ADM: automated decision making, zu Deutsch: automatisiertes Entscheiden

könnte oder nicht. Diese Systeme waren ursprünglich aber eher darauf ausgelegt, etwa – im Falle von Suchmaschinen – Webseiten auszuwerfen, die eine bestimmte Information enthalten, oder – im Falle von sozialen Netzwerken – besonders interessante Wortmeldungen oder Fotos aus dem eigenen Freundeskreis prominent zu platzieren. Sie sortieren Inhalte deshalb nach teilweise völlig anderen Kriterien als beispielsweise die Redakteure einer Tageszeitung oder eines Magazins das tun würden. Relevanz bedeutet für Google etwas anderes als für Facebook und beide verstehen unter dem Begriff etwas anderes als die Redaktionen beispielsweise von SPIEGEL ONLINE oder Sueddeutsche.de.

Drei Merkmale zeichnen Intermediäre im Sinne dieses Artikels aus[11]:

1. Sie vermitteln zwischen Dritten, aus deren Interaktion Öffentlichkeit entsteht. Dabei handelt es sich unter anderem um Privatpersonen, journalistisch-redaktionelle Medien, Unternehmen, Politik und Verwaltung.

2. Sie verbreiten und/oder erschließen von Dritten erstellte Inhalte. Dabei fügen Intermediäre diese Inhalte neu zusammen, basierend auf eigenen Prinzipien zum Einschätzen der Relevanz. Sie bestimmten die Bedingungen des Zugangs und die Mechanismen des Matchings.

3. Für die Relevanzeinschätzung und Auswahl angezeigter Inhalte nutzen sie Prozesse algorithmischer Entscheidungsfindung.

Die Intermediäre erfassen zur Errechnung der herangezogenen Relevanzwerte für einzelne Inhalte eine Vielzahl von Variablen. Diese Signale reichen von basalen Verhaltensmaßen wie der Scrollgeschwindigkeit oder der Verweildauer auf einzelnen Seiten bis hin

---

[11] in Anlehnung an Perset, 2010

zum Grad der Interaktion zwischen mehreren Nutzern eines sozialen Netzwerks.[12] Wenn eine Person, mit der man bei Facebook schon öfter kommuniziert hat, einen Inhalt postet, ist die Wahrscheinlichkeit höher, dass man diesen Inhalt zu sehen bekommt, als bei einer anderen Person, mit der man zwar theoretisch digital verknüpft ist, praktisch aber nie in Kontakt tritt. Auch die Signale, die andere Nutzer – oft unwissentlich – aussenden, gehen in die Relevanzbewertung mit ein, seien es Verlinkungen, Klicks auf Links oder den »Gefällt mir«-Button, Weiterreichungen (sogenannte Shares) oder die Anzahl der Kommentare, die ein bestimmter Inhalt hervorruft.

Das Optimierungsziel der Plattform-Designer ist in der Regel *Engagement*, eine Art Hybridmaß für die Interaktionsintensität und -dauer, die mit einem bestimmten Inhalteportfolio erreicht werden können. Bei Youtube etwa wird der Empfehlungsalgorithmus, der Nutzern Videoclips vorschlägt, die sie sich als nächstes ansehen könnten, explizit auf die erwartete »Sehdauer« hin optimiert, wie ein ehemaliger Youtube-Entwickler dem britischen »Guardian« anvertraute.[13] Dem Entwickler zufolge hat das negative Auswirkungen auf die Qualität der empfohlenen Videos: »Der Empfehlungsalgorithmus optimiert nicht für das, was wahrhaftig, ausgewogen oder gut für die Demokratie ist.«

Durch die permanente Live-Optimierung der Sortieralgorithmen werden gleichzeitig permanent die Relevanzsignale beeinflusst, anhand derer die Systeme der Plattformbetreiber über die Platzierung von Inhalten entscheiden. »Wir führen bei Facebook über Tausend Experimente am Tag durch«, erklärte der für Facebook arbeitende

---

[12] Backstrom, 2013; Constine, 2016; Google, 2016; Oremus, 2016; für einen umfassenden Überblick siehe Lischka & Stöcker, 2017
[13] Lewis, 2018

Eytan Bakshy schon 2014 in einem Blogeintrag.[14] Manche dieser Experimente, so Bakshy, dienten der Optimierung kurzfristiger Ergebnisse, während andere die Basis für langfristige Designentscheidungen bildeten.

Ein gutes Beispiel ist die »*People you may know*«-Funktion bei Facebook, die auf Basis von Netzwerkauswertungen mögliche Bekannte des jeweiligen Nutzers als zusätzliche Kontakte vorschlägt. Als dieses Empfehlungssystem eingeführt wurde, verdoppelte sich auf einen Schlag die Anzahl der Facebook-internen Verknüpfungen, die jeden Tag hinzukommen.[15] Die innerhalb von Netzwerkplattformen abgebildeten Beziehungsnetzwerke hängen also von den Angeboten ab, die die Betreiber machen. Gleichzeitig gehen die so katalogisierten Bekanntschaftsnetzwerke als Variablen in die Relevanzbestimmung ein. Wer zusätzliche »Freunde« hat, bekommt womöglich auch andere Medieninhalte zu sehen. Design-Entscheidungen verändern also stets die Nutzererfahrung, was wiederum auf das Interaktionsverhalten der Nutzer zurückwirkt. Die Betreiber messen Signale, die sie selbst ständig beeinflussen, und bauen auf diesen Messungen Entscheidungen auf, die für die neue, digitale Öffentlichkeit weitreichende Auswirkungen haben können.

Einige Entwicklungen der jüngeren Zeit zeigen, dass auch die größten unter den neuen Aufmerksamkeitsverteilern, Facebook und Google, ihre wachsende Verantwortung durchaus reflektieren. Nach einer ausgiebigen Debatte über die Frage, welche Rolle über Facebook verbreitete Falschmeldungen *(Fake News)* möglicherweise bei der US-Präsidentschaftswahl 2016 gespielt haben könnten, äußerte sich Facebook-Chef Mark Zuckerberg, der entsprechende Einflussmöglichkeiten seines Unternehmens zuvor stets verneint hatte, so:

[14] Bakshy, 2014
[15] Malik & Pfeffer, 2016

»Wir wollen keine Falschmeldungen auf Facebook. Unser Ziel ist es, den Leuten die Inhalte zu zeigen, die ihnen am meisten bedeuten, und die Leute wollen korrekte Nachrichten. Wir haben bereits Arbeiten initiiert, die es unserer Community erlauben werden, Falschmeldungen und Fake News zu markieren, und wir können hier noch mehr tun«[16].

Am 31. Januar 2017 folgte dieser unspezifischen Ankündigung eine spezifische: Facebook wolle künftig »neue Signale berücksichtigen«, um »authentische Inhalte besser identifizieren und einstufen zu können«.[17] Anfang 2018 verkündete Zuckerberg schließlich, man werde den eigenen Algorithmus so abändern, dass wieder mehr Inhalte aus dem persönlichen Umfeld der jeweiligen Nutzer und weniger Inhalte von professionellen Anbietern im Newsfeed höher platziert werden sollen.[18] Konkret versprach Zuckerberg »weniger öffentlichen Content von Firmen, Marken und Medien« und stattdessen mehr »bedeutsame Interaktionen zwischen Leuten«.

Bei Facebook ist der Gedanke, dass die eigenen Algorithmen zur Bildung der öffentlichen Meinung beitragen könnten, also durchaus angekommen, und dies schlägt sich auch in Form technischer Veränderungen nieder.

Bei Google gibt es eine entsprechende Qualitätskontrolle schon länger. Evaluatoren, sogenannte Quality Rater, tippen regelmäßig vorgegebene Suchanfragen in die Suchmaske des Unternehmens ein und beurteilen dann nach einem Kriterienkatalog die Qualität der Ergebnisse. Das Handbuch für diese Evaluatoren umfasst auch einen Abschnitt über sogenannte *»your money or your life (YMYL) pages«*

---

[16] Zuckerberg, 2016
[17] Lada, Li, & Ding, 2017
[18] Zuckerberg, 2018

(Geld-oder-Leben-Seiten).[19] Diese spezielle Kategorie von Seiten umfasst dem Handbuch für Evaluatoren zufolge solche, die »sich auf die künftige Zufriedenheit, die Gesundheit oder finanzielle Stabilität der Nutzer auswirken könnten«. Neben Seiten mit Gesundheits- oder Finanzinformationen schließt diese Kategorie dem Handbuch zufolge explizit auch solche mit Nachrichteninhalten ein: »Webseiten, die wichtig sind, um eine informierte Bürgerschaft zu erhalten, einschließlich Informationen über Regierungsprozesse, Personen und Gesetze auf der lokalen, bundesstaatlichen oder der nationalen Ebene«, sowie »Nachrichten über wichtige Themen wie internationale Ereignisse, Wirtschaft, Politik, Wissenschaft und Technologie«. Die Evaluatoren werden aufgefordert, »ihre Urteilskraft und ihr Wissen über ihre Region« zum Einsatz zu bringen.

Die großen Intermediäre richten ihr Verhalten also bereits jetzt nach der Annahme aus, dass die Ergebnisse ihrer Systeme und Prozesse Einfluss auf die Information der Öffentlichkeit haben. Sie sind dabei aber, was eine Vielzahl von Beispielen zeigt, nicht immer erfolgreich und tragen so auch zur effektiven Verbreitung von Propaganda und Desinformation bei.[20]

Die Gestaltungsprinzipien dieser Intermediäre führen zu einem Strukturwandel der Öffentlichkeit. Zentrale Aspekte sind:

- Entkopplung von Veröffentlichung und Reichweite: Jeder kann veröffentlichen. Aber nicht jeder findet ein Publikum. Aufmerksamkeit entsteht erst durch das Zusammenwirken von Menschen und ADM-Prozessen.

- Entbündelung von Publikationen: Reichweite wird auf Beitragsebene ausgehandelt.

[19] Google, 2017
[20] siehe z.B. Lewis, 2018; Silverman, 2016; Stöcker, 2016

- Personalisierung: Nutzer erfahren mehr über ihre Interessenge-
biete.

- Größerer Einfluss des Publikums auf Reichweiten: Nutzerreaktionen beeinflussen ADM-Prozess insgesamt und die Reichweite
jedes Beitrags.

- Zentralisierung der Auswahlinstanzen: Es gibt bei Intermediären eine deutlich geringere Vielfalt als bei redaktionell kuratier-
ten Medien.

- Wechselwirkung zwischen redaktioneller und maschineller Kuratierung: Redaktionell kuratierte Medien verbreiten Inhalte
über Intermediäre und nutzen Reaktionen in diesen als Signal
für Publikumsinteresse.

Nutzerreaktionen und algorithmische Prozessen bestimmen also
gemeinsam die Verteilung von Aufmerksamkeit über Intermediäre.
Unsere Hypothese ist, dass Nutzerreaktionen und ADM-Prozesse
sich dabei nicht eindeutig in eine lineare Kausalkette bringen lassen.
Vielmehr entstehen im digitalen Informationsraum komplexe
Wechselwirkungen. Einige davon wollen wir in den folgenden Ab-
schnitten kurz skizzieren.

## 4. Wechselwirkungen zwischen ADM-Systemen und anderen Faktoren

### 4.1. Psychologische Faktoren und Gestaltungsprinzipien der Intermediäre

Öffentlichkeit entsteht vermittelt durch solche digitalen Intermediäre als Ergebnis einer komplexen Wechselwirkung unterschiedlicher
Faktoren. Auf der individuellen Ebene spielen bestimmte Nutzungs-
weisen eine Rolle, die wiederum durch die Gestaltung der jeweiligen

Angebote begünstigt werden. So werden Medieninhalte etwa häufig nur auf Basis ihrer Überschriften und Anreißertexte weitergereicht, ohne dass der Weiterreichende sie tatsächlich vollständig rezipiert hat. Zu diesem Ergebnis kommt etwa eine Studie zur Verbreitung von Artikeln der fünf Medien BBC, CNN, Fox News, New York Times und Huffington Post auf Twitter in einem Sommermonat 2015. Die Forscher analysierten, wann und wie oft Verweise auf Artikel dieser Medien auf Twitter herumgereicht wurden und ob die dabei verwendeten URLs des Verkürzungsdienstleisters bit.ly tatsächlich aufgerufen wurden.[21] Die statistische Auswertung legt eine Interpretation nahe: Was geteilt wird, wurde nicht unbedingt gelesen. Die Autoren bilanzieren: »Es scheint wesentlich mehr Nischeninhalte zu geben, die Menschen auf Twitter weiterzureichen bereit sind, als Inhalte, auf die sie tatsächlich zu klicken bereit sind.«

Zudem werden stark emotionalisierende Inhalte besonders häufig geteilt und intensiv diskutiert. Eine Studie von Stieglitz und Dang-Xuan[22] auf Basis von Beiträgen und Kommentaren auf den Facebook-Seiten von bundesdeutschen Parteien im Jahr 2011 zeigt: Emotional negativ aufgeladene Beiträge provozieren mehr Reaktionen als nicht emotional aufgeladene. Die Software-Textanalyse zählte die Häufigkeiten von Worten mit negativer (z. B. »enttäuscht«) und positiver (z. B. »Hurra!«) Konnotation und bewertete die Intensität der geäußerten Emotion auf einer Skala von 1 bis 5. Analysiert wurden 5.636 Beiträge und 36.397 Kommentare von 10.438 Nutzern auf den Facebook-Seiten von politischen Parteien zwischen März und September 2011 (CDU, CSU, SPD, FDP, B90/Die Grünen, Die Linke, Piratenpartei). Ein Kernergebnis: Negativität erzielt mehr Reaktionen.

[21] Gabielkov et al., 2016
[22] Stieglitz und Dang-Xuan, 2012

Je negativer Facebook-Beiträge (gemessen an Häufigkeit und Intensität genutzter Begriffe) formuliert sind, desto mehr Kommentare erhalten sie. Bei Beiträgen mit positiven Begriffen gibt es keinen solchen Zusammenhang.

Den Zusammenhang zwischen geäußerter Emotion und Reaktionen auf diese haben dieselben Forscher auch bei einem anderen sozialen Netzwerk (Twitter) untersucht und zum Teil bestätigt.[23] Der Unterschied bei dieser Analyse zwischen den Reaktionen auf positiv und negativ formulierte Beiträge ist nicht so groß wie bei der Facebook-Untersuchung. Als Reaktion werteten die Forscher auf Twitter allerdings nicht die Anzahl der Kommentare zu einem Beitrag, sondern die Anzahl der Retweets. Sie analysierten 165.000 Tweets der offiziellen Parteikonten von CDU, CSU, SPD, FDP, B90/Die Grünen, Die Linke und Piratenpartei im Umfeld der Landtagswahlen 2011 in Berlin, Baden-Württemberg und Rheinland-Pfalz mit derselben Methode wie beim Facebook-Datensatz. Dies ergab zwei Erkenntnisse: Je stärker emotional aufgeladen ein Tweet formuliert ist, desto häufiger wird er per Retweet weiterverbreitet. Dieser Effekt ist bei geäußerter negativer Stimmung zum Teil (Sample zur Berliner Wahl, nicht Baden-Württemberg und Rheinland-Pfalz) stärker als bei geäußerter positiver. Je stärker emotional aufgeladen ein Tweet formuliert ist, desto weniger Zeit vergeht zudem bis zur ersten Weiterverbreitung per Retweet. Hier ist kein Zusammenhang zwischen der Art der geäußerten Stimmung und der Zeitspanne feststellbar.

Die Facebook-Untersuchung von Stieglitz und Dang-Xuan[24] zeigt einen weiteren Effekt: Emotionale Beiträge werden ähnlich emotional aufgeladen kommentiert. Je negativer ein Beitrag formuliert ist,

---

[23]  Stieglitz & Dang-Xuan, 2013
[24]  Stieglitz & Dang-Xuan, 2012

desto negativer sind die Reaktionen. Und je positiver ein Beitrag geschrieben ist, desto positiver lesen sich die Kommentare dazu. Stieglitz und Dang-Xuan selbst leiten daraus ab: »Unsere Ergebnisse deuten darauf hin, dass sowohl positive als auch negative Emotionen in die nachfolgende Diskussion hineindiffundieren.«

Derartige Signale gehen in die algorithmische Sortierung von Inhalten ein und erhöhen so die Wahrscheinlichkeit, dass besonders emotionalisierende Inhalte ein noch breiteres Publikum erreichen. Aus der Psychologie bekannte kognitive Verzerrungen wie die Verfügbarkeitsheuristik[25] treten vermutlich in Wechselwirkung mit solchen Mechanismen: Im Zweifel wird das Weltbild einzelner Nutzer maßgeblich von Inhalten bestimmt, die weder sie selbst noch derjenige, dessen Weiterleitungsaktion ihnen diese Inhalte verfügbar gemacht hat, tatsächlich vollständig rezipiert haben.

Solche Verzerrungen und ohne großen kognitiven Aufwand durchgeführten Aktionen werden begünstigt von den Gestaltungszielen und -prinzipien der Intermediäre: Als Leitwert gilt eine möglichst ausgeprägte Einfachheit für alle angestrebten Aktivitäten. Hindernisse, die zu kognitiver Verlangsamung führen könnten, werden identifiziert und nach Möglichkeit beseitigt. Der im Silicon Valley sehr gefragte Usability-Forscher Nir Eyal etwa empfiehlt in einem Buch zum Thema explizit, kognitive Heuristiken, die eigentlich Verzerrungen darstellen, wie Anker- oder Framingeffekte[26] gezielt auszunutzen, um bestimmte Verhaltensweisen besonders einfach und effektiv auszulösen.[27]

Die Leichtigkeit der Interaktion begünstigt also absichtlich solche kognitiven Verzerrungen, die in der Sozialpsychologie schon seit

[25]  siehe Kahneman, 2012
[26]  siehe auch Kahneman, 2012
[27]  Eyal, 2014

vielen Jahren bekannt sind. Ein gutes Beispiel ist die Verfügbarkeits-heuristik: Wenn ein Ereignis oder eine Erinnerung sich leicht aus dem Gedächtnis abrufen lässt, wird es oder sie als besonders wahrscheinlich oder häufig eingeschätzt. Die Konsequenz: Nicht gelesene, aber aufgrund einer Überschrift besonders häufig weitergereichte Medieninhalte begegnen Nutzern eines sozialen Netzwerks oft – und werden deshalb im Nachhinein als »wahr« oder »wahrscheinlich« erinnert. Das gilt auch dann, wenn der Text selbst womöglich klarmachen würde, dass die Überschrift eine groteske Übertreibung oder schlicht irreführend ist.[28]

Auch eine Reihe anderer psychologischer Faktoren spielt hier eine wichtige Rolle, etwa die Tatsache, dass Nutzer gerade soziale Medien nicht nur zu informativen Zwecken, sondern auch als Werkzeug des Identitätsmanagements, in einem weiten Verständnis definiert als »Arbeit an der eigenen Identität«, einsetzen: Manche Medieninhalte werden womöglich nur weitergereicht, um die eigene Zugehörigkeit etwa zu einem politischen Lager zu demonstrieren.[29]

## 4.2.    Technische Manipulationen Dritter

Externe Akteure schalten sich mit automatisierten Manipulationsmechanismen, zum Beispiel sogenannten Social Bots - automatisierten Systemen, die menschliches Nutzerverhalten vortäuschen - in die hier diskutierten Prozesse ein und sorgen aus kommerzieller oder propagandistischer Motivation heraus dafür, dass bestimmte Inhalte und Konzepte durch ADM-Prozesse mehr Aufmerksamkeit bekommen, als das ohne sie der Fall wäre.

Einer Studie zufolge waren etwa im Umfeld der US-Präsidentschaftswahlen bei Twitter 400.000 solcher Bots im Einsatz, die etwa ein

---

[28]  siehe (Tversky & Kahneman, 1974

[29]  siehe z. B. Schmidt, 2009

Fünftel der gesamten Konversation über die TV-Debatten zwischen den Kandidaten bestritten.[30] Es ist unklar, inwieweit solche automatisierten Systeme Menschen tatsächlich in ihrer Wahlentscheidung beeinflussen können. Klar ist dagegen, dass die von ihnen produzierten Signale – Klicks, Likes, Shares – in die Relevanzbeurteilungen der algorithmischen Entscheidungssysteme eingehen. Bots können also einen Artikel so interessant erscheinen lassen, dass der Algorithmus ihn menschlichen Nutzern zeigt.

Solche automatisierten Propagandasysteme sind gerade bei politisch umkämpften Themen massiv im Einsatz. Es erscheint daher plausibel, dass Bots, die sich beispielsweise gemäß einem von Hegelich und Janetzko[31] beschriebenen Funktionsprinzip namens »Nimm einen populären Tweet und hänge folgende Hashtags an« verhalten, Desinformationsartikeln über Intermediäre massive zusätzliche Verbreitung verschaffen könnten. Das wiederum könnte sich auf die Einstufung der entsprechenden Links oder Posts durch die ADM-Systeme der Intermediäre auswirken. Die Aktivitäten der Sortieralgorithmen und der algorithmisch betriebenen Manipulations-Bots könnten auf diese Weise also in eine Spirale gegenseitiger Verstärkung geraten. Das so entstehende Bild der digitalen Öffentlichkeit hätte dann mit einem Abbild der tatsächlichen Verhältnisse nur noch wenig gemein. Gemessene Reichweite muss also nicht immer gleich realer Reichweite sein.

---

[30] Bessi & Ferrara, 2016
[31] Hegelich & Janetzko, 2016

## 4.3. Gesellschaftliche Polarisierung und politisches System

Schließlich führt das Zusammenspiel individueller Nutzerentscheidungen, algorithmischer Sortiersysteme, technischer Manipulationen von außerhalb und psychologischer Faktoren zumindest bei Teilen der Nutzerschaft zu einer verstärkten Polarisierung sowohl im Hinblick auf wahrgenommene Inhalte als auch im Hinblick auf gesellschaftliche und politische Einstellungen. ADM-Prozesse sind in diesem komplexen Gefüge nur ein Faktor, aber einer, der in Wechselwirkung mit allen übrigen Faktoren steht und somit als Verstärker sowohl menschlich-kognitiver Unzulänglichkeiten als auch gezielter technischer Manipulationen gelten kann.

Eine Forschergruppe aus Wissenschaftlern vom italienischen Institute for Advanced Study in Lucca und Kollegen von anderen Einrichtungen haben die Ausbreitung von Gerüchten, insbesondere Verschwörungstheorien, in sozialen Netzwerken untersucht. Das Team kommt über die Auswertung von Facebook-Daten zu dem Schluss, Nutzer hätten die Tendenz, sich dort in Interessengemeinschaften zu sammeln, sodass sie vor allem entsprechende Inhalte zu sehen bekämen. Das führe zu »Bestätigungsverzerrung, Spaltung und Polarisierung«. Im Kontext sozialer Medien führe der sogenannte *confirmation bias*, eine weitere aus der Psychologie bekannte kognitive Verzerrung, »zur Verbreitung von verzerrten Narrativen, angefacht von unbestätigten Gerüchten, Misstrauen und Paranoia«, so Michela Del Vario et al.[32]

In einer weiteren Studie zeigten einige an der eben zitierten Studie beteiligte Forscher zudem, dass gerade Verschwörungstheoretiker

---

[32] del Vicario et al., 2016

auf scheinbar paradoxe Weise reagieren, wenn sie mit Informationen konfrontiert werden, die ihre Ansichten infrage stellen könnten: Sie ignorieren Fakten, die der Verschwörungstheorie widersprechen – oder sie wenden sich sogar noch stärker der Echokammer Gleichgesinnter zu.[33] Die Arbeiten der italienischen Forscher legen nicht zuletzt eins nahe: Die Inhalte, die Menschen in sozialen Netzwerken teilen, spielen eine wichtige Rolle für das Identitätsmanagement.[34] Man teilt, was zum eigenen Weltbild passt.[35]

Eine wichtige Frage in diesem Zusammenhang betrifft die Konfrontation mit den eigenen Einstellungen entsprechenden oder widersprechenden Informationen, insbesondere bei bereits radikalisierten Personen. Magdalena Wojcieszak[36] kam in einer Studie mit Teilnehmern US-amerikanischer Onlineforen für Neonazis zu dem Schluss, dass die Nutzer solcher Plattformen die Angaben, die sie dort vorfänden, verwenden, um »Gegenargumente zu entkräften und Erklärungen zu generieren, die ihre eigenen Vorannahmen stärken«.

Die Kommunikationswissenschaftlerin zitiert ein anonymes Mitglied eines der untersuchten rechtsextremen Foren mit dem Satz: »Wir existieren in einer Welt voller Einflüsse, aber wir sind überwiegend immun dagegen, weil wir uns selbst fortgebildet haben.« Unter Fortbildung wird dort etwa das Sammeln von Argumenten für die Leugnung des Holocaust oder die Überlegenheit der »weißen Rasse« verstanden. Zumindest bei bereits teilweise radikalisierten Personen kann die Verfügbarkeit extremistisch geprägter Kommunikationsumgebungen – seien es Internetforen oder Facebook-Gruppen –

---

[33] Zollo et al., 2015
[34] siehe z. B. Schmidt, 2016
[35] siehe auch An, Quercia, & Crowcroft, 2013
[36] Wojcieszak, 2010

also offenbar zu einer weiteren Verstärkung der Radikalisierung führen.

Insgesamt zeigen sich klare Anhaltspunkte für eine komplexe Wechselwirkung zwischen Intermediären, ADM-Systemen, gewachsenem
und diversifiziertem Medienangebot, politischer Polarisierung und
dem politischen System eines Landes, wie etwa Borgesius et al.[37] betonen: »Die Wirkung personalisierter Nachrichteninhalte auf Polarisierung hängt vom polistischen System ab.« So bilanzieren die Autoren einer Studie aus den Niederlanden, in denen es kein Zweipar-
teiensystem gibt, dass sich dort keine eindeutigen Bezüge zwischen
zur eigenen politischen Einstellung kongruenter Information und
Polarisierung herstellen lasse. Mit anderen Worten: Ob jemand ext-
remere politische Positionen vertritt, hängt in den Niederlanden
nicht davon ab, ob er selektiv Medieninhalten mit einer bestimmten
politischen Ausrichtung ausgesetzt wird.[38]

## 5.   Fazit und Diskussion

Intermediäre, die sich algorithmischer Sortiersysteme für Medieninhalte bedienen, sind für die Meinungsbildung substanzieller Teile
der Bevölkerung heute bereits von großer Bedeutung, und diese Bedeutung wird vermutlich weiter wachsen (siehe Abschnitt 2). Die Relevanzsignale, über die Intermediäre wie Google, Facebook oder Y-
outube aus Wettbewerbs- und anderen Gründen nur ungern detail-
lierte Auskünfte geben, sind potenziell problematisch. Zunächst
einmal deshalb, weil die Betreiber der entsprechenden Plattformen
sie selbst ununterbrochen verändern: ADM-Systeme wie die von
Google oder Facebook sind in einem permanenten Wandel begriffen,

---

[37]   Borgesius et al., 2016
[38]   Trilling, van Klingeren & Tsfati, 2016

an nahezu jedem Aspekt der Benutzeroberfläche und anderen Eigenschaften der Plattformen wird experimentiert und gearbeitet, um bestimmte Effekte wie zum Beispiel Interaktionsintensität zu erzielen. Jede dieser Veränderungen beeinflusst ihrerseits potenziell die Relevanzsignale, die die Plattformen selbst messen (siehe Abschnitt 3).

Ein weiteres Problem der von den Plattformbetreibern erfassten Signale hat mit der Art von Interaktion zu tun, für die solche Plattformen optimiert sind: Ein zentrales Credo der Gestaltung lautet, dass Interaktionen möglichst einfach und mühelos sein sollten, um ihre Wahrscheinlichkeit zu maximieren. Auf den »Gefällt mir«-Button oder einen Link zu klicken, erfordert keinerlei kognitive Anstrengung. Und von dieser Anstrengungslosigkeit machen viele Nutzer augenscheinlich intensiv Gebrauch, was wiederum mit hohen Reichweiten für besonders emotionale Inhalte einhergeht (siehe Abschnitt 4.1).

Ein derartig emotionalisierter Umgang mit Nachrichteninhalten kann zu einer stärkeren gesellschaftlichen Polarisierung führen (siehe Abschnitt 4.3). Insbesondere in den USA gibt es für diese These auch erste empirische Belege. Allerdings scheinen solche Polarisierungseffekte von einer Reihe weiterer Faktoren abzuhängen, etwa dem Wahlsystem eines Landes: Gesellschaften mit Mehrheitswahlrecht wie die der USA sind womöglich anfälliger für extreme politische Polarisierung als solche mit Verhältniswahlrecht, in denen wechselnde Koalitionen regieren und ein Mehrparteiensystem institutionalisiert Interessenausgleich begünstigt. Vermutlich besteht auch eine Wechselwirkung zwischen bereits erfolgter Polarisierung und den Ergebnissen algorithmischer Sortierung von Medieninhalten. Eine Studie zeigt zum Beispiel, dass sich Anhänger von Verschwörungstheorien bei Facebook im Lauf der Zeit immer stärker der eigenen Verschwörungstheoretiker-Community zuwenden.[39] Intensiviert wird dieser Prozess womöglich durch einen Algorithmus, der ihnen entsprechende Inhalte immer häufiger vor Augen führt.

Zusammenfassend lässt sich sagen, dass die Relevanzbewertungen algorithmischer Sortiersysteme für Medieninhalte nicht notwendigerweise gesellschaftlich wünschenswerten Kriterien folgen: Leitwerte wie Orientierung an der Wahrheit oder gesellschaftliche Integration spielen keine Rolle (siehe Abschnitt 3). Primär zählt die Optimierung der Interaktionswahrscheinlichkeit und der Verweildauer auf der jeweiligen Plattform. Interessierte Parteien, denen an gezielter Desinformation gelegen ist, können diese Mechanismen für ihre Zwecke ausnutzen: Eine kreative, zielgerichtete Lüge kann im Zweifel emotional aktivierender und damit innerhalb solcher Systeme erfolgreicher und damit reichweitenstärker sein als die langweilige Wahrheit.

Im Zentrum aller komplexen Wechselwirkungen digitaler Öffentlichkeit steht die algorithmische Sortierung von Inhalten. Hier müssen Lösungen ansetzen. Ein erstes, vergleichsweise einfach zu erreichendes Ziel ist die Sensibilisierung der Nutzer für die genannten Prozesse und Mechanismen. Studien zeigen, dass Nutzer sozialer Netzwerkplattformen sich nicht einmal der bloßen Existenz eines Sortieralgorithmus bewusst sind, geschweige denn seiner Funktionsweise. Hier könnten Bildung und Fortbildung ebenso ansetzen wie bei einer verstärkten Sensibilisierung für und Immunisierung gegen Desinformationsversuche, etwa mithilfe einer faktenorientierten Aufklärung.

[39] Zollo et al., 2015

Über im Zweifel noch effektivere Interventionsmöglichkeiten verfügen die Plattformbetreiber selbst: zum Beispiel, indem sie bestimmte Leitwerte wie Angemessenheit, Verantwortlichkeit und Kompetenz, etwa bei der Entwicklung und Gestaltung der entsprechenden Systeme, stärker verankern. Mittelfristiges Ziel könnte eine branchenweite Professionsethik für Entwickler algorithmischer Entscheidungssysteme sein.

Aber auch Fachleute, die nicht für die Plattformbetreiber selbst arbeiten, könnten und sollten in die Lage versetzt werden, die Auswirkungen der dort getroffenen Entscheidungen wissenschaftlich zu begleiten und zu erforschen. Derzeit ist der Zugriff auf dafür notwendige Daten, die den Betreibern selbst in gewaltiger Zahl vorliegen, für externe Wissenschaftler oder Regulierungsbehörden mühselig bis unmöglich. Sowohl die Designentscheidungen der Plattformbetreiber als auch ihre Auswirkungen für individuelle Nutzer sind weitgehend intransparent.

Systematische Verzerrungen etwa in einer bestimmten politischen Richtung ließen sich auf Basis der derzeit verfügbaren Daten kaum erkennen. Mehr Transparenz durch eine Kombination aus freiwilligen Selbstverpflichtungen und nötigenfalls auch regulatorischen Maßnahmen könnte unabhängiges Wissen über die tatsächlichen gesellschaftlichen Auswirkungen algorithmischer Sortierung von Medieninhalten ermöglichen und mögliche Gefahren frühzeitig erkennbar machen.

Eine bessere Beforschbarkeit würde eine sachliche und lösungsorientierte Debatte fördern und könnte neue Lösungsansätze aufzeigen. Eine solche Entwicklung könnte die teilhabeförderliche Gestaltung und Wirkung algorithmischer Systeme stärken. Das würde eine differenzierte Betrachtung algorithmischer Prozesse fördern und könnte das Vertrauen in die zum Nutzen der gesamten Gesellschaft gestalteten Systeme stärken.

## Quellen

An, J., Quercia, D., & Crowcroft, J. (2013). Fragmented social media: a look into selective exposure to political news. *Proceedings of the 22nd International Conference on World Wide Web* (S. 51–52). ACM.

Backstrom, L. (2013, August 6). News Feed FYI: A Window Into News Feed. http://s.fhg.de/wH6, abgerufen am 01.03.2017

Bakshy, E. (2014, April 3). Big experiments: Big data's friend for making decisions. http://s.fhg.de/NgH

Bessi, A., & Ferrara, E. (2016). Social bots distort the 2016 US Presidential election online discussion. *First Monday, 21* (11).

Constine, J. (2016). How Facebook News Feed Works. http://s.fhg.de/Eqw, abgerufen am 01.03.2017

Ecke, O. (2016). Wie häufig und wofür werden Intermediäre genutzt? http://s.fhg.de/aiQ

Eslami, M., Karahalios, K., Sandvig, C., Vaccaro, K., Rickman, A., Hamilton, K., & Kirlik, A. (2016). First I »Like« It, then I Hide It: Folk Theories of Social Feeds. *Proceedings of the 2016 CHI Conference on Human Factors in Computing Systems* (S. 2371–2382). New York, NY, USA: ACM.

Eyal, N. (2014). *Hooked: how to build habit-forming products*. New York, New York: Portfolio/Penguin.

Gabielkov, M., Ramachandran, A., Chaintreau, A., & Legout, A. (2016). Social Clicks: What and Who Gets Read on Twitter? *ACM SIGMETRICS/IFIP Performance 2016*.

Gillespie, T. (2014). The Relevance of Algorithms. In: T. Gillespie, P. Boczkowski, & K. Foot (Hrsg.), *Essays on Communication, Materiality, and Society.* (S. 167–194). Cambridge.

Google. (2016). Blitzschnelle Suche. http://s.fhg.de/BLU

Google. (2017, March 14). General Guidelines. http://s.fhg.de/9rS

Gottfried, J., & Shearer, E. (2016). News use across social media platforms 2016. Pew Research Center, 26. http://s.fhg.de/i8h

Hasebrink, U., Schmidt, J.-H., & Merten, L. (2016). Wie fließen Intermediäre in die Meinungsbildung ein?

Hegelich, S., & Janetzko, D. (2016, March 31). Are Social Bots on Twitter Political Actors? Empirical Evidence from a Ukrainian Social Botnet.

Kahneman, D. (2012). *Schnelles Denken, langsames Denken.* Siedler Verlag.

Lada, A., Li, J., & Ding, S. (2017, January 31). News Feed FYI: New Signals to Show You More Authentic and Timely Stories. http://s.fhg.de/QZ5

Lewis, P. (2018). »Fiction is outperforming reality«: how YouTube's algorithm distorts truth. *The Guardian Online.* http://s.fhg.de/QkV

Lischka, K., & Stöcker, C. (2017). Digitale Öffentlichkeit (Impuls Algorithmenethik No. #3). Bertelsmann Stiftung.

Mitchell, A., Gottfried, J., Barthel, M., & Shearer, E. (2016). The Modern News Consumer: Pathways to News. http://s.fhg.de/5cF

Oremus, W. (2016, January 3). Who Controls Your Facebook Feed. *Slate.* http://s.fhg.de/zeP

Parse.ly. (2017). External Referral Traffic to Parse.ly's Customers. 2. Februar 2018, http://s.fhg.de/4G8

Perset, K. (2010). The economic and social role of Internet intermediaries. *OECD Digital Economy Papers* 171.

Schmidt, J. (2009). *Das neue Netz: Merkmale, Praktiken und Folgen des Web 2.0.* Konstanz: UVK Verlagsgesellschaft.

Schmidt, J.-H. (2016). Ethik des Internets. In P. D. J. Heesen (Hrsg.), *Handbuch Medien-und Informationsethik* (S. 283–292). Springer.

Schmidt, J.-H., Petrich, I., Rolfs, A., Hasebrink, U., & Merten, L. (2017). Zur Relevanz von Online-Intermediären für die Meinungsbildung. *Arbeitspapiere des Hans-Bredow-Instituts Nr. 40.* http://s.fhg.de/4KJ

Silverman, C. (2016, November 16). This Analysis Shows How Viral Fake Election News Stories Outperformed Real News On Facebook. http://s.fhg.de/QyS, abgerufen am 01.03.2017

Stieglitz, S., & Dang-Xuan, L. (2012). Impact and Diffusion of Sentiment in Public Communication on Facebook. *ECIS 2012 Proceedings*.

Stieglitz, S., & Dang-Xuan, L. (2013). Emotions and Information Diffusion in Social Media—Sentiment of Microblogs and Sharing Behavior. *Journal of Management Information Systems*, 29(4) (S. 217–248).

Stöcker, C. (2016). Google, Facebook und Co.: Wir waren's nicht! Die Maschine war's! http://s.fhg.de/RPb

Trilling, D., van Klingeren, M., & Tsfati, Y. (2016). Selective Exposure, Political Polarization, and Possible Mediators: Evidence From the Netherlands. *International Journal of Public Opinion Research*, edw003.

Tversky, A., & Kahnemann, D. (1974). Judgment under Uncertainty: Heuristics and Biases. *Science*, 185 (4157).

Vicario, M. D., Bessi, A., Zollo, F., Petroni, F., Scala, A., Caldarelli, G., ... Quattrociocchi, W. (2016). The spreading of misinformation online. *Proceedings of the National Academy of Sciences*, 113 (3) (S. 554–559). http://s.fhg.de/Sb3

Williams, R. (1974). *Television Technology and Cultural Form*. London: Fontana.

Wojcieszak, M. (2010). 'Don't talk to me': effects of ideologically homogeneous online groups and politically dissimilar offline ties on extremism. *New Media & Society*. http://s.fhg.de/LYS

Zollo, F., Bessi, A., Del Vicario, M., Scala, A., Caldarelli, G., Shekhtman, L., ... Quattrociocchi, W. (2015). Debunking in a World of Tribes. arXiv Preprint arXiv:1510.04267. https://arxiv.org/abs/1510.04267

Zuckerberg, M. (2016, November 13). Some thoughts on Facebook and the Election. http://s.fhg.de/mSJ

Zuckerberg, M. (2018). One of our big focus areas for 2018. https://www.facebook.com/zuck/posts/10104413015393571

# Hinweis

Dieser Artikel basiert auf der Expertise »Digitale Öffentlichkeit: wie algorithmische Prozesse den gesellschaftlichen Diskurs beeinflussen« der Autoren für die Bertelsmann Stiftung aus dem Jahr 2017.

# Über die Autoren

### Christian Stöcker

Christian Stöcker leitet an der Hochschule für Angewandte Wissenschaften Hamburg den Master-Studiengang Digitale Kommunikation. Zuvor arbeitete er über elf Jahre in der Redaktion von Spiegel Online, fünf davon als Leiter des Ressorts Netzwelt. Stöcker promovierte an der Universität Würzburg mit einer kognitionspsychologischen Grundlagenarbeit und verfügt über einen Abschluss in Kulturkritik von der Bayerischen Theaterakademie August Everding. Er ist Autor diverser Bücher über die Wechselwirkung von Internet und Gesellschaft.

### Konrad Lischka

Konrad Lischka schreibt seit 1999 über die digitale Gesellschaft – Bücher, Essays und Blogs. Nach dem Diplomstudium der Journalistik und der Ausbildung an der Deutschen Journalistenschule arbeitete er als Chefredakteur des bücher Magazins und stellvertretender Ressortleiter Netzwelt bei Spiegel Online. Danach Wechsel in die Medien- und Netzpolitik als Referent Digitale Gesellschaft in der Staatskanzlei Nordrhein-Westfalen, seit 2016 Projektmanager bei der Bertelsmann Stiftung im Projekt Teilhabe in einer digitalisierten Welt.

# Intelligente Upload-Filter: Bedrohung für die Meinungsfreiheit?

Amélie P. Heldt

Hans-Bredow-Institut, Hamburg

## 1.  Einleitung

>*Wie ist es möglich, Informationen über die Welt und über die Gesellschaft als Informationen über die Realität zu akzeptieren, wenn man weiß, wie sie produziert werden?*«[1]

An diese klassische Frage der Publizistik schließt sich heutzutage folgende an: *wie* ist es möglich, Informationen (...) zu akzeptieren, wenn man weiß, wer oder was *zwischen* dem Kommunikator und dem Rezeptor steht? Algorithmen bestimmen große Teile unseres Medienkonsums online, sei es in der Produktion, in der Aufbereitung oder im Austausch zwischen Nutzern. Die Einführung der Database of Hashes von Facebook, Twitter, YouTube und Microsoft im März 2017 stellt ein Beispiel dar, anhand dessen eine konkrete Prüfung erfolgen kann. In dieser Datenbank werden digitale Fingerabdrücke (sogenannte »Hashes«) von Inhalten gesammelt, die als »terroristisch« oder »extremistisch« markiert wurden. Zweck ist es, effizienter gegen Terrorpropaganda online vorzugehen, allerdings wirft dieses Filtersystem wichtige Fragen für die Ausübung der Meinungs- und Informationsfreiheit auf.

---

[1]  Luhmann, Realität der Massenmedien, S. 215, im Original kursiv.

Dieser Beitrag untersucht das Bedrohungspotenzial von intelligenten Filtern für die Kommunikationsfreiheiten (Meinungs- und Informationsfreiheit) am Beispiel von Upload-Filtern bei Informationsintermediären. Dafür bedarf es zunächst einer Bestandsaufnahme der Rolle von algorithmischen Entscheidungen in den Online-Medien (1.), sprich in der Online-Mediennutzung (1.1) und der Definition sowie der Anwendung von intelligenten Filtern in diesem Rahmen (1.2). Im zweiten Teil soll dieser Sachverhalt verfassungsrechtlich eingeordnet werden (2.).

## 2. Algorithmisches Entscheiden in der öffentlichen Kommunikation

### 2.1. Rolle von Algorithmen in der Online-Mediennutzung

#### 2.1.1. Die Funktion von Algorithmen: sortieren und priorisieren

Algorithmus nennt man ein Verfahren zur schrittweisen Umformung von Zeichenreihen.[2] In der publizistischen und rechtswissenschaftlichen Diskussion wird unter dem bisher vorherrschenden Begriff der »Algorithmen« eine in Programmiersprache(n) transformierbare Vorgehensweise verstanden, nach der ein Rechner eine Aufgabe in endlicher Zeit bewältigt.[3] Dank solcher Programme können Informationsintermediäre für ihre Nutzer Inhalte klassifizieren. Dienste des Typs Intermediär zeichnen sich durch eine Vermitt-

---

[2]  https://www.duden.de/rechtschreibung/Algorithmus; Internetquellen sind, soweit nicht anders angegeben, auf dem Stand vom 29. Januar 2018.

[3]  so Martini, JZ 72, 1017 (1017); m.w.N. auf Hoffmann-Riem, AöR 142, 1 (2).

lungsleistung zwischen Inhalten oder Inhaltsangeboten und Nutzern aus.[4] Der Terminus wird als Oberbegriff für Angebote wie Suchmaschinen, Plattformen für nutzergenerierte Inhalte, App-Plattformen, Micro-Blogs und soziale Netzwerke genutzt. Die algorithmische Selektionsfunktion steht aufgrund ihrer zunehmenden Relevanz bei der mittelbar-inhaltlichen Einflussnahme von Intermediären im Mittelpunkt dieses Beitrages (nicht der Begriff des Intermediärs selbst). Vor dem Hintergrund der aktuell vorherrschenden Angebotsstruktur sind Meinungsbildungsprozesse im Netz ohne Intermediäre nicht mehr denkbar, weil sie Informations- und Kommunikationspraktiken mittlerweile in vielfältiger Weise durchdringen. Zugleich sind Intermediäre aber nur ein Baustein im Prozess der Meinungsbildung und greifen an verschiedenen Stufen dieses Prozesses unterschiedlich stark ein.[5]

## 2.1.2. Meinungsbildung und ihre Merkmale

Die individuelle Meinungsbildung umfasst die Freiheit eines jeden, sich seine Meinung zu bilden. Bei dieser Freiheit handelt es sich um die grundlegende Voraussetzung für die Ausübung der Meinungsäußerungs- und Meinungsverbreitungsfreiheit (zum Schutzbereich weiter unten). Jenseits der verfassungsrechtlichen Abgrenzungsschwierigkeit zur Informationsfreiheit lässt sich die individuelle Meinungsbildung wie folgt definieren: Meinungsbildung ist abhängig von den jeweiligen Wertvorstellungen, der Lebenslage, dem Wissen und den bisherigen Erfahrungen der Menschen. Sie bilden sich

---

[4]  Schulz/Dankert, Die Macht der Intermediäre, Friedrich-Ebert-Stiftung 2016, S. 15, im Original kursiv.
[5]  Schmidt/Merten/Hasebrink/Petrich/Rolfs, Zur Relevanz von Online-Intermediären für die Meinungsbildung, Arbeitspapiere des Hans-Bredow-Instituts Nr. 40, S. 7.

eine Meinung darüber, wie die Gesellschaft, in der sie leben, aussehen sollte und welche politischen Entscheidungen sie gutheißen o-
der aber ablehnen.[6] Eine entscheidende Rolle in diesem Prozess
spielen die Medien, insbesondere die Massenmedien. Zu den herkömmlichen Medien wie Presse und Rundfunk sind die sogenannten
Informationsintermediäre – wie oben bereits erwähnt – gestoßen.

Individuelle und öffentliche Meinungsbildung sind nicht voneinander zu trennen und doch umfassen sie unterschiedliche Aspekte des
Rechts auf freie Meinung. Bereits in seiner Leitentscheidung »Lüth«
hat sich das Bundesverfassungsgericht dazu geäußert: der Bürger
kann seine Freiheit zu einem privaten, eigennützigen Zweck ausüben oder als »Beitrag zum geistigen Meinungskampf in einer die Öffentlichkeit wesentlich berührenden Frage«.[7] Tatsächlich benutzt
das Bundesverfassungsgericht die Termini politische Meinungsbildung und Bildung einer öffentlichen Meinung als Synonyme, wobei
letztere nicht auf politische Inhalte beschränkt ist, sondern auch
Unterhaltung beinhaltet.[8] Auf eine einheitliche Definition der öffentlichen Meinung konnte man sich bisher nicht einigen. Fest
steht, dass sie sich *frei* bilden muss. So betont Kloepfer, dass »nicht
die öffentliche Meinung an sich für die *freiheitlich*-demokratische
Ordnung maßgebend ist, sondern nur die öffentliche Meinung, die
in einem *freien* Meinungsbildungsprozess zustande gekommen ist.
[...] Deshalb muss die Demokratie vor allem den *freiheitlichen* Ent-
stehungsprozess der öffentlichen Meinung sichern [...].«[9] Im Mittelpunkt steht also die *Freiheit* – ohne dieses Merkmal kann nicht von
Meinungsbildung die Rede sein.

---

[6]  Hasebrink, Meinungsbildung und Kontrolle der Medien, bpb.
[7]  BVerfGE 7, 198 (212).
[8]  BVerfGE 12, 205 (263).
[9]  Kloepfer, Handbuch des Staatsrechts, § 42 Rn. 12, Hervorhebungen durch
     Verfasserin.

Angesichts des zunehmenden Einflusses von Intermediären und ihrer algorithmischen Entscheidungsstrukturen ist es fraglich, ob dieser freiheitliche Prozess der Meinungsbildung hinreichend geschützt ist. Fakt ist, dass Algorithmen mittlerweile eine ähnliche, wenn nicht sogar noch weiterreichende Macht bei der Herstellung von Öffentlichkeit zugeschrieben wird als dem Journalismus.[10] Anders gesagt übernehmen die technischen Beteiligten an öffentlicher Kommunikation eine zunehmend bedeutsame Rolle bei der Herstellung der kommunikativen Grundlage unserer Gesellschaft.[11]

## 2.1.3. Suchmaschinen & Newsfeeds

Deutsche Internetnutzer nennen Google, Facebook, YouTube, WhatsApp und Twitter in dieser Reihenfolge am häufigsten als Quellen von oder Kontaktvermittler zu Informationen über das Zeitgeschehen in Politik, Wirtschaft und Kultur.[12] Das sind die »big five«, die bei der Mediennutzung im Netz ausschlaggebend sind. Die beiden ersten Dienste, Google und Facebook, nutzen Algorithmen, um – im Fall der Suchmaschine – die gezielte Suche nach Informationen im Internet und – im Fall des Newsfeed im sozialen Netzwerk[13] – die Sortierung der relevantesten Neuigkeiten aus dem digitalen Freundeskreis zu ermöglichen. Die Sortierung und Priorisierung erfolgt wie bereits angesprochen nach möglichst personalisierten Kriterien, die vom Algorithmus ausgewertet werden, um dem Nutzer ein »maßgeschneidertes« Ergebnis zu präsentieren (»People Analytics«).

[10] Loosen/Scholl, 2.
[11] Hans-Bredow-Institut, Medien- und Kommunikationsbericht (2017), 209.
[12] Ecke, Wie häufig und wofür werden Intermediäre genutzt?, 21.
[13] Ansammlung bzw. Auflistung auf der Startseite von auf der Kommunikationsplattform veröffentlichten Inhalten.

Der Vergleich zum Medienkonsum am analogen Zeitungskiosk ist kaum vorstellbar, denn übertragen darauf würde der Kioskinhaber einem Leser nur noch jene Zeitungen anbieten, die »zu ihm passen« – ohne dass der Leser erfahren dürfte, ob und wie der Verkäufer seine Auswahl getroffen hat. Darüber hinaus wäre er nicht wirklich in der Lage, eine abweichende Wahl zu treffen und dürfte nur die Zeitungen lesen, die für ihn ausgesucht wurden. Der Medienkonsument wird in einer solchen Konstellation einerseits gewissermaßen entmündigt und andererseits gelingt er an viel spezifischere Informationen, nach denen er womöglich sucht. Ob der Begriff des *freien* Meinungsbildungsprozesses darauf anwendbar ist, erscheint allerdings problematisch.

## 2.2.  Intelligente Filter zur Verhinderung von illegalem Content

Aus den vorstehenden Erläuterungen zu Intermediären und algorithmischen Entscheidungen ergibt sich ihre wichtige Position in der heutigen digitalen Medienlandschaft. Hinzu kommen die Inhalte, die von Nutzern hochgeladen und auch als Informationsquellen wahrgenommen werden. Bei der Bekämpfung von strafbaren Online-Inhalten in Verbindung mit algorithmischen Entscheidungen[14] liegt der Fokus bei intelligenten Filtern, genauer gesagt bei sogenannten Upload-Filtern (wörtlich übersetzt »Hochladfilter«). In diesem Abschnitt werden zunächst die Funktionen von Upload-Filtern analysiert, um in einem zweiten Teil das Konstrukt der »Database of Hashes« als ersten Prototyp zu untersuchen.

---

[14] Im Folgenden geht es um solche Algorithmen, die Inhalte in Informations-intermediären sortieren und priorisieren, wenn nicht anders spezifiziert.

## 2.2.1. Upload-Filter

Im Rahmen von Suchmaschinen und Newsfeeds ist eine der Haupt-funktionen von Algorithmen, Inhalte nutzerorientiert zu sortieren und je nach Profil unterschiedlich zu präsentieren. Ein sogenannter Upload-Filter durchsucht nutzergenerierte Inhalte, solange sie noch im Cache sind, also bereits im Pufferspeicher[15] des jeweiligen Inter-mediärs aber noch nicht für andere Nutzer sichtbar.

Die wichtigsten Merkmale des Upload-Filters sind, dass er be-stimmte Inhalte erkennt und dann automatisch löscht. Das heißt, dass bei diesen beiden Schritten kein Mensch die Entscheidung trifft, sondern der Algorithmus. Der einzige »human in the loop« ist der ursprüngliche Programmierer des Filters, einen zusätzlichen Content-Moderator gibt es nicht. Anwendungsbereich kann die Su-che nach Verstößen gegen geltendes Recht sein; das Merkmal der Illegalität ist der Definition des Upload-Filters allerdings nicht in-härent, denn wonach gefiltert wird, hängt von der Programmierung ab.

Eine andere Kategorie des Upload-Filters ist der Re-Upload-Filter. Der Unterschied ist, dass letzterer Inhalte erkennt und löscht, die beim ersten Upload als illegal markiert wurden. Beispielsweise kann Content, der in sozialen Netzwerken gemeldet und moderiert[16] wurde, beim zweiten Hochladen erkannt und sofort gelöscht wer-den. Dabei kann der Algorithmus insoweit selbstlernend sein, als dass er trotz kleiner Veränderungen am ursprünglichen Inhalt die-sen dennoch als Verstoß erkennt. Ein Umgehen des Mechanismus wird immer schwieriger, wenn es sich im Kern um denselben Con-

---

[15] https://www.duden.de/suchen/dudenonline/Pufferspeicher
[16] Bspw. von Moderationsdienstleistern wie das Bertelsmann SE & Co. KGaA-Tochterunternehmen Avarto.

tent handelt. Durch das Markieren der Inhalte als illegal wird der Algorithmus trainiert, sie als solche zu erkennen. Ein Standardbeispiel ist die von Microsoft entwickelte Software »PhotoDNA«, die seit 2008 eingesetzt wird, um die Verbreitung kinderpornographischer Bilder und Videos im Netz zu verhindern. Wie oben bereits erwähnt, können Algorithmen auch auf andere Zwecke trainiert werden als die Ahndung illegaler Inhalte. So trainiert das soziale Netzwerk Facebook beispielsweise einen Algorithmus auf die Erkennung von Selbstmordabsichten und Löschung von Selbstmordvideos.[17]

## 2.2.2. Database of Hashes als erster Prototyp

### 2.2.2.1. Kontext des EU Internet Forums

Die EU-Kommission gründete 2015 das EU Internet Forum, welches die Innenminister der EU-Länder, hochrangige Vertreter von führenden Unternehmen der Internetbranche, von Europol und des Europäischen Parlaments sowie den EU-Koordinator für die Terrorismusbekämpfung versammelt. Ziel des Forums ist ein gemeinsames Konzept auf der Grundlage einer öffentlich-privaten Partnerschaft zur Aufspürung und Bekämpfung schädlicher Online-Inhalte.[18] 2016 stellte die EU-Kommission den Verhaltenskodex zur Bekämpfung illegaler Hassrede im Internet[19] vor. Damit verpflichteten sich die Unternehmen Facebook, Twitter, YouTube und Microsoft[20] gegen illegale Hassrede im Internet vorzugehen. Der Verhaltenskodex enthält konkrete Verpflichtungen für die IT-Unternehmen wie, zum Bei-

---

[17] »Mit Künstlicher Intelligenz gegen Selbstmord-Video«, http://s.fhg.de/r58
[18] Pressemitteilung der Europäischen Kommission, IP/15/6243.
[19] Im Folgenden: Verhaltenskodex oder Code of Conduct.
[20] Im Folgenden: IT-Unternehmen.

spiel, die Mehrheit der Meldungen in Bezug auf die Entfernung illegaler Hassreden in weniger als 24 Stunden zu prüfen und solche Inhalte zu entfernen oder den Zugang dazu zu sperren.[21]

## 2.2.2.2. Database of Hashes

Im EU Internet Forum wurde im März 2017 der erste Prototyp der Database of Hashes vorgestellt – eine gemeinsame Datenbank der o.g. IT-Unternehmen.[22] Beim Hashing (to hash = kleinhacken) sammeln die IT-Unternehmen digitale Fingerabdrücke (sog. »Hashes«) von Inhalten, die als »terroristisch« oder »extremistisch« markiert wurden und speichern sie in der Datenbank, die für alle vier IT-Unternehmen zugänglich ist. Wenn die Beiträge markiert wurden, können sie auf keiner der vier Plattformen mehr hochgeladen werden[23], weil sie vom Filter erkannt werden. Durch den Austausch der Daten sollen Bilder und Videos schneller identifiziert und das Löschen von »terroristischer Propaganda« beschleunigt werden.[24]

Im jüngsten Informationsblatt der EU-Kommission zur Bekämpfung illegaler Hassrede[25] weist die Kommission erneut auf die Verpflichtungen der IT-Unternehmen aus dem Code auf Conduct hin und fordert »proaktive Maßnahmen um illegale Inhalte aufzuspüren und

---

[21] Code of Conduct on countering illegal hate speech online, abrufbar unter http://s.fhg.de/ny6

[22] An dieser Stelle der Hinweis, dass Google als meistgenutzte Suchmaschine an der Database of Hashes nicht teilnimmt, aber das Tochterunternehmen YouTube.

[23] Monroy, Social media companies launch upload filter to combat »terrorism and extremism«, abrufbar unter http://s.fhg.de/9e2

[24] Piontek, Warum die Upload-Filter der Internetkonzerne eine Gefahr für die Meinungsfreiheit sind, abrufbar unter http://s.fhg.de/7gM

[25] Stepping up the EU's efforts to tackle illegal content online, September 2017, MEMO/17/3522.

pro aktiv zu löschen«, sowie »automatische Aufspürtechnologien, insbesondere um das Wiedererscheinen von illegalem Content online zu verhindern«. Diesen Aufforderungen kamen die IT-Unternehmen wohl nach – der Trend zur automatischen Löschung nimmt zu. Am 6. Dezember 2017 trafen sich die Vertreter der IT-Unternehmen zum dritten EU Internet Forum in Brüssel. Sie berichteten, dass die meisten Inhalte bereits gelöscht werden, bevor sie online gehen. Darunter befinden sich Videos, die erstmals hochgeladen werden und weder bei den Firmen noch bei Polizeibehörden mit einer Aufforderung zur Löschung hinterlegt sind.[26] Die »Database of Hashes« sei jetzt voll einsatzfähig und umfasse bisher mehr als 40.000 Hashes für bekannte terroristische Videos und Bilder.[27]

In einem offiziellen Statement geht Susan Wojcicki, CEO von YouTube, genauer auf den Einsatz von intelligenten Filtern zur Bekämpfung von Terrorpropaganda ein.[28] Demnach hat die Videoplattform seit Juni 2017 über 150.000 Videos wegen »gewalttätigem Extremismus« gelöscht. Durch Machine Learning können fünfmal mehr Videos als vorher gelöscht werden. 98 Prozent der heutzutage wegen »gewalttätigem Extremismus« gelöschten Videos wurden von lernenden, algorithmen-basierten Systemen markiert. YouTube schätzt die durch den Einsatz von intelligenten Filtern »ersetzte« menschliche Arbeitskraft auf 180.000 Mitarbeiter à 40 Stunden/Woche seit Juni 2017. Das Unternehmen kündigte auch an, den Einsatz von intelligenten Filtern zu erweitern, u. a. auf Jugendschutz und Hassrede.

---

[26] Monroy, »EU-Internetforum«, abrufbar unter http://s.fhg.de/Y69
[27] EU-Kommission – Pressemitteilung, abrufbar unter http://s.fhg.de/6kw
[28] http://s.fhg.de/Ve4

## 2.2.2.3.  Kritik

Der Einsatz solcher intelligenten Filter in digitalen Kommunikationsräumen wirft wichtige Grundsatzfragen auf, einschließlich ihrer normativen Grundlage (nämlich dem Verhaltenskodex als Selbstverpflichtung, nach Aufforderung des Exekutivorgans EU-Kommission). Es ist fraglich, ob eine solche Vorgehensweise die IT-Unternehmen nicht zu weit verpflichtet oder ihnen Aufgaben überträgt, die im Kern öffentlich-rechtlich sind. Darüber hinaus fordert die Politik immer mehr »proaktive Kontrollmaßnahmen«, ohne den Handlungsbereich und die Befugnisse genau abzustecken. So ist der Begriff »Terrorismuspropaganda« nicht im Code of Conduct definiert, sondern der Auslegung der IT-Unternehmen überlassen.

In der verfassungsrechtlichen Prüfung solcher Mechanismen sind die Grenzen, aber auch die Mindestvoraussetzungen der Meinungsfreiheit genauer unter die Lupe zu nehmen. Zensuraktivitäten des Staates dürfen nicht in der Weise »ausgelagert« werden, dass er zensurgleiches Handeln privater Akteure staatlich fordert oder gar entsprechende Rechtspflichten vorsieht, beziehungsweise negative Sanktionen für den Fall der Verletzung verhängt.[29]

# 3.   Eine Gefahr für die Kommunikationsfreiheiten?

Der Einsatz intelligenter Filter durch Private auf Veranlassung des Staates könnte die Nutzer digitaler Kommunikationsräume (wie beispielsweise soziale Netzwerke der oben genannten IT-Unternehmen) in ihrer Meinungs- und Informationsfreiheit verletzen. In diesem Abschnitt wird die mögliche Grundrechtsverletzung geprüft,

---

[29]  Hoffmann-Riem, AK-GG Art. 5 Abs. 1, 2 Rn. 94; Bethge, in Sachs GG Art. 5 Rn. 135a.

wobei es nicht um den Einzelfall der Database of Hashes geht, sondern um die im vorherigen Satz dargestellte, abstrakte Konstellation. Die Prüfung erfolgt in drei Schritten: Ist der Schutzbereich eröffnet, liegt ein Eingriff in den Schutzbereich vor und ist dieser Eingriff gerechtfertigt?

## 3.1. Kommunikationsfreiheiten im Grundgesetz

Art. 5 Abs.1 S.1 GG schützt die Meinungs- und Informationsfreiheit, jene Grundrechte die die Grundlage für unser mediales Zusammenleben bilden (»un des droits les plus précieux de l'homme« nach Art. 11 der Erklärung der Menschen- und Bürgerrechte von 1789). Die Meinungsfreiheit ist ein hohes Gut und wichtiger Teil der freiheitlich demokratischen Grundordnung der Bundesrepublik. Ihr sachlicher Schutzbereich ist weit, er umfasst Werturteile und wahre Tatsachenbehauptungen, unabhängig von ihrem Inhalt und ihrem Wert. Persönlich darf jedermann dieses Grundrecht ausüben. Geschützt wird die positive und negative Meinungsfreiheit, also auch das Recht sich nicht zu äußern.

Die Informationsfreiheit ist das sogenannte »Zwillingsgrundrecht« zur Meinungsfreiheit, denn der Sich-Äußernde möchte gehört werden und vice-versa. Die Gewährleistung freier Informationstätigkeit und freien Informationszugangs ist ein wesentliches Anliegen des Grundgesetzes.[30] Der Schutzbereich umfasst allgemein zugängliche Quellen und die schlichte Entgegennahme von Informationen[31], also das Recht sich aktiv und passiv zu informieren und Zugang zu Informationen zu kriegen, welche geeignet und bestimmt sind, der Allgemeinheit Informationen zu verschaffen.[32] Das Internet fällt unter

---

[30] BVerfGE 97, 228 (256).
[31] Jarass in Jarass/Pieroth, Art. 5 Rn. 22, 25.
[32] BVerfGE 103, 44 (60).

den Begriff der allgemein zugänglichen Quelle, weil es auf Anhieb keine Zugangsbeschränkungen enthält. Zwar kann es sich bei zugangsgeschützten Bereichen anders verhalten, aber Intermediäre stellen nicht allein wegen eines eventuellen Log-in-Erfordernisses einen geschlossenen Kommunikationsraum dar, sondern sind weitgehend einem unbestimmten Personenkreis[33] und somit allgemein zugänglich.

## 3.2. Eingriff in den Schutzbereich

### 3.2.1. Freiheitsbeeinträchtigung

Die enge Interpretation des Eingriffsbegriffs schließt nicht-formelles Handeln des Staates aus und wird heute kaum noch vertreten. Stattdessen interpretiert man mittlerweile auch schlicht tatsächliches Staatshandeln als Eingriff (»moderner Eingriffsbegriff«)[34], um einen umfassenden Schutz zu gewährleisten. Die Debatte rund um den verfassungsrechtlichen Eingriff würde an dieser Stelle zu weit führen. Wichtig ist hier, ob es dem Staat zugerechnet werden kann, dass er Private zu einer bestimmten Handlung gegenüber Bürgern auffordert, also mittelbar eingreift. Wenn man der herrschenden Meinung folgt, so kann ein mittelbarer Eingriff des Staates nur angenommen werden, wenn dem Staat das Verhalten des Privaten zurechenbar ist. Hierzu ist erforderlich, dass es dem Grundrechtsträger aufgrund des staatlichen Handelns nicht mehr möglich ist, seine Grundrechte in vollem Umfang zu verwirklichen, die Beeinträchtigung dem Staat zurechenbar ist und eine bestimmte Erheblichkeit

---

[33] so auch Ladeur, MMR 2001, 787 (791).
[34] Roth, Faktische Eingriffe in Freiheit und Eigentum, S. 33 (m.w.N.).

erreicht.[35] Zielt der Staat gerade auf das beeinträchtigende Verhalten des Privaten ab, so ist die Zurechnung wegen des intentionalen Eingriffs zu bejahen.[36] Wenn der Staat die privaten Betreiber von digitalen Kommunikationsräumen de facto verpflichtet, inhaltsbezogene Kontrollen und Löschungen hinsichtlich des User-generated Content durchzuführen, sind diese Voraussetzungen erfüllt. Demnach sind der Verhaltenskodex und dessen Umsetzung als mittelbarer Eingriff zu werten, denn die Gründung eines staatlichen Rahmens mit konkreten Pflichten zur Inhaltsfilterung zielt auf exakt solche Vorkehrungen wie Upload-Filter ab (auch wenn dieser Rahmen nicht regulatorischer Natur ist).

## 3.2.2. Eingriff durch den Abschreckungseffekt?

Als Nebeneffekt von Upload-Filtern kommt der sogenannte Abschreckungseffekt in Frage. Darunter versteht man mittelbare und nicht finale, überindividuelle Auswirkungen vornehmlich staatlichen Handelns auf die tatsächliche Grundrechtsausübung.[37] Da grundsätzlich der Staat Adressat von Grundrechten ist, ergibt sich in Bezug auf Abschreckungseffekte die Frage, wie mit solchen Abschreckungswirkungen auf die Grundrechtsausübung umzugehen ist, die von Privaten ausgehen.[38] Bei der Verhaltensbeeinflussung durch Private ergeben sich im Ergebnis keine oder kaum Unterschiede aus der (eventuell fehlenden) Intention von Abschreckung, da der Einsatz von Upload-Filtern die innersubjektive Entscheidungsfreiheit sich zu äußern beeinträchtigt.

---

[35] Oermann/Staben, Der Staat Bd. 52, 630 (637).
[36] Voßkuhle, Kaiser, JuS 2009, 313 (313).
[37] Staben, Der Abschreckungseffekt, 4.
[38] Staben, Der Abschreckungseffekt, 73.

Häufiges Argument gegen den Abschreckungseffekt des Einsatzes von Upload-Filtern ist die (vermutete) Rechtswidrigkeit der Inhalte, wenn es um Terrorpropaganda und Hate Speech geht. Warum sollte der Abschreckungseffekt eine Grundrechtsverletzung begründen, wenn der Inhalt an sich rechtswidrig ist? Dabei wird nicht berücksichtigt, dass der Grundrechtsträger einerseits die Rechtswidrigkeit seiner Äußerung meistens nicht einschätzen kann[39] und andererseits die Rechtswidrigkeit den Eingriff rechtfertigt, aber nicht den Schutzbereich verschließt. Das pauschale Ablehnen von Abschreckungseffekten aufgrund der Rechtswidrigkeit der gefilterten Inhalte geht daher fehl. Wenn es aber gar nicht erst zu einer Äußerung kommt, ist eine »Schere im Kopf« des Nutzers nicht wegzudenken.

Zusammenfassend lässt sich festhalten, dass ein Eingriff sowohl in mittelbarer Form als auch durch den Abschreckungseffekt solcher Upload-Filter angenommen werden muss. Das Negieren einer Beeinträchtigung der Meinungsfreiheit durch Upload-Filter käme einer Leugnung der Relevanz algorithmischer Entscheidungen in den Kommunikationsprozessen des Web 2.0 gleich.

### 3.2.3. Rechtfertigung des Eingriffs

Der Einsatz von Upload-Filtern zur Bekämpfung von Terrorpropaganda und der Verbreitung strafbarer Inhalte könnte gerechtfertigt sein, denn die Meinungsfreiheit ist nicht grenzenlos. Gemäß Art. 5 Abs. 2 GG findet sie ihre Schranken in den Vorschriften der allgemeinen Gesetze, den gesetzlichen Bestimmungen zum Schutze der Jugend und dem Recht der persönlichen Ehre (sogenannte Schrankentrias). Um die technische Umsetzung dieser Schranken im Netz geht es bei der Anwendung von intelligenten Filtern: was in der analogen Welt verboten ist, gilt auch für das Internet.

---

[39] So auch Oermann/ Staben, Der Staat Bd. 52, 630 (647).

## 3.3. Schutz vor Terrorpropaganda ja, aber nicht so.

Es reicht nicht, dass der Eingriff in die Meinungsfreiheit erfolgt, um vor terroristischen und extremistischen Inhalten zu schützen oder um das Strafrecht durchzusetzen. Um dem hohen Stellenwert der Kommunikationsfreiheiten gerecht zu werden, müssen auch die sogenannten Schranken-Schranken beachtet werden. Das Zensurverbot ist beispielsweise ein absolutes Verbot, das immer respektiert werden muss und bei Filtern besonders relevant ist.

### 3.3.1. Klassischer Zensurbegriff

Mit Zensur ist nach herrschender Meinung begrifflich (nur) die Vorzensur gemeint,[40] also die Verpflichtung, vor Herstellung oder Verbreitung eines Mediums dieses einer staatlichen Stelle zur vorherigen Genehmigung dieser Veröffentlichung vorzulegen.[41] Nach herrschender Meinung ginge eine entsprechende Anwendung des Zensurverbots auf private Akteure zu weit. Laut *Hoffmann-Riem* sind Kontrollen des inhaltlichen Angebots im Internet und dessen Filterung jedoch nur insoweit von der privatautonomen Gestaltungsmacht erfasst, als sie Personen betreffen, die über vertragliche Beziehungen zu dem jeweiligen Provider und ähnlichem verfügen und in die Kontrolle und Filterung eingewilligt haben.[42] Auch *Löffler* sieht die freie Entwicklung des Geisteslebens nur dann gewährleistet, wenn als Adressaten des Zensurverbots auch nicht-staatliche Institutionen und Instanzen angesehen werden, die einen maßgeblichen Einfluss auf das Geistesleben besitzen.[43] Diese Ansicht lässt

---

[40] BVerfGE 33, 52 (71); 47, 198 (236); 87, 209 (230).
[41] BVerfGE 47, 198 (236); 87, 209 (230).
[42] Hoffmann-Riem, AK-GG Art. 5 Abs. 1, 2 Rn. 95.
[43] Löffler, NJW 1969, 2225 (2227).

sich mit Blick auf den Schutzzweck gut vertreten, denn das Zensurverbot soll die typischen Gefahren einer Präventivkontrolle von Meinungsäußerungen bannen. Faktisch setzt der Upload-Filter an der Stelle an, die unter dem formellen Zensurbegriff verboten ist: die Äußerung wird vor der Veröffentlichung einer Prüfung unterzogen und beim Vorliegen eines bestimmten Inhalts verboten. Kann man diesen Effekt nur unter Verweis auf den klassischen Zensurbegriff negieren? Genügen im Zeitalter digitaler Kommunikationsräume nicht bereits vergleichbare nicht-staatliche Vorkehrungen, die den gleichen Zweck erfüllen?

### 3.3.2.   Private Zensur?

Das wesentliche Merkmal der Zensur, wie sie sich geschichtlich entwickelt hat, ist die planmäßige Überwachung und Überprüfung des Geisteslebens durch eine für die Meinungsbildung oder Meinungs- bzw. Informationsverbreitung maßgebliche Instanz.[44] Wenn sich große Teile der öffentlichen Meinungsbildung auf digitale Kommunikationsräume verschoben hat, die von privaten Unternehmen betrieben werden, muss dieser Umstand berücksichtigt werden. Schließlich dient die Zensur dazu, den Prozess der freien Meinungs- und Willensbildung zum Schutze öffentlicher Ansichten zu beeinflussen und ihn in einer bestimmten Richtung zu unterbinden.[45] Wenn der Staat Private verpflichtet, diese Vor-Zensur an seiner Stelle durchzuführen, kommt es zu einer Umgehung des Verbots.

---

[44]  Löffler, NJW 1969, 2225 (2225).

[45]  vgl. Noltenius, Die freiwillige Selbstkontrolle der Filmwirtschaft und das Zensurverbot des Grundgesetzes, 107.

Dagegen wird angeführt, dass Intermediäre ohnehin Entscheidungen über Inhalte fällen[46] und das zusätzliche Nudging[47] durch den Staat keinen Unterschied mache. Dem kann nicht zugestimmt werden. Vielmehr bedarf es einer adäquaten verfassungsrechtlichen Einordnung, die der heutigen Stellung von Intermediären im Meinungsbildungsprozess entspricht, nämlich als unumgehbare Verbindung zwischen Inhalten und Rezipient. Soweit Provider zu einzelanlassunabhängigen Kontrollen und Sperrungen entsprechender Inhalte des Internets verpflichtet werden, kommen solche mittelbaren Eingriffe in die Meinungs- und Informationsfreiheit der Nutzer einer Zensur gleich und sind verfassungswidrig.[48]

## 3.4. Für die Informationsfreiheit

Spiegelbildlich lassen sich die für die Meinungsfreiheit erläuterten Effekte auf die Informationsfreiheit übertragen. Sie ist wie das Grundrecht der freien Meinungsäußerung eine der wichtigsten Voraussetzungen der freiheitlichen Demokratie.[49] Durch den Einsatz von Upload-Filtern werden dem Nutzer Inhalte und somit Informationen vorenthalten – einen Eingriff kann man kaum verneinen. Die nicht zu beanstandende Annahme, von einem Nutzer hochgeladene Inhalte verstoßen gegen Strafgesetze, bedeutet trotzdem nicht, dass das Informationsrecht zwangsläufig zurücktreten muss.[50]

---

[46] Eifert, NJW 2017, 1450, (1451).

[47] Begriff der Verhaltensökonomik, geprägt von Richard Thaler und Cass Sunstein; wörtliche Übersetzung »leichtes Stupsen«.

[48] vgl. Schulze-Fielitz, in Dreier, GG Art. 5 I, II Rn. 201; Hoffmann-Riem, Der Staat 42, 193 (221).

[49] BVerfGE 27, 71 (81); vgl. BVerfGE 7, 198 (208).

[50] BVerfGE 27, 71 (85).

# 4. Ergebnis und Ausblick

Dass die Nutzung von Upload-Filtern zur Kontrolle von nutzergenerierten Inhalten durch IT-Unternehmen auf Veranlassung des Staates eine Verletzung der Meinungs- und Informationsfreiheit bedeutet, steht im Ergebnis fest. Um solche Eingriffe zu rechtfertigen, bedarf es einer gesetzlichen Grundlage, die die Meinungsmacht der Intermediäre im Auge behält und im Sinne der Wechselwirkungstheorie[51] die Schranken-Schranken von Art. 5 GG beachtet. Dabei ist insbesondere das Zensurverbot in Verbindung mit dem Grundsatz »keine Flucht ins Privatrecht« zu beachten. Gleichwohl ist der Balanceakt zwischen Sicherheit und Kommunikationsfreiheit kein einfacher und angesichts der Massen an täglich generierten Daten gibt es keine offensichtliche Lösung.

Auch ein Blick auf die Nutzung von Upload-Filtern zu anderen Zwecken hilft nur bedingt:

## 4.1. Neue Filter – alte Debatte?

Beim verdachtsunabhängigen Scannen und Löschen von Nutzerinhalten ist eine Parallele zur Vorratsdatenspeicherung[52] erkennbar, bei der Daten verdachtsunabhängig massenhaft gespeichert wurden. Nach der Aufhebung des deutschen Umsetzungsgesetzes durch das Bundesverfassungsgericht 2010[53] hat zuletzt der EuGH einer quasi unbegrenzten Erhebung persönlicher Daten eine klare Absage erteilt.[54] Diese immer noch nicht abgeschlossene Debatte um die Auslegung von Art. 15 Abs. 1 der Richtlinie 2002/58/EG könnte im Zusammenhang mit Upload-Filtern wieder aufleben. Die verdachtslose

---

[51] BVerfGE 7, 198 (209).
[52] EU-Richtlinie 2002/58/EG
[53] BVerfGE 125, 260.
[54] EuGH (Große Kammer), Urt. v. 21.12.2016, ECLI:EU:C:2016:970.

Protokollierung und Speicherung sämtlicher Verkehrsdaten ist laut dem EuGH Ausnahmefällen vorbehalten und in der Form von Art. 15 Abs. 1 nicht erforderlich. Das Gericht stellt in seinem Urteil klare Bedingungen für die Umsetzung der Richtlinie auf.[55]

## 4.2.    Filter im Urheberrecht

Eine sehr ähnliche Position vertritt der EuGH im Hinblick auf das Urheberrecht. Man kommt beim Thema Upload-Filter nicht umhin, einen Blick auf den aktuellen Entwurf der EU-Richtlinie über das Urheberrecht im digitalen Binnenmarkt zu werfen. In Art. 13 ist die Rede von Maßnahmen zum Schutze der Werke, bzw. konkreter von »Maßnahmen wie beispielsweise wirksame Inhaltserkennungstechniken«.[56] Diese Pflicht trifft die »Diensteanbieter der Informationsgesellschaft«, also unter anderem die o. g. IT-Unternehmen. Auch hier ist der Wortlaut nicht eindeutig und den Unternehmen wird die konkrete Umsetzung überlassen. Der europäische Gerichtshof hat sich in den Vorlageentscheidungen Scarlet/SABAM[57] und SABAM/Netlog[58] klar gegen die Anordnung von Filtermechanismen ausgesprochen. Bei der Abwägung überwiegt laut EuGH die unternehmerische Freiheit der Provider, aber auch der Schutz personenbezogener Daten und die Informationsfreiheit.[59] Wenn der Entwurf von Art. 13 des Entwurfs der Urheberrechtsrichtlinie in der aktuellen Form in Kraft tritt, so sind die oben geprüften Grundrechtsverletzungen zu befürchten.

---

[55] EuGH, Urt. v. 21.12.2016, ECLI:EU:C:2016:970 Rn. 106.

[56] COM(2016) 593 final.

[57] EuGH (Dritte Kammer), Urt. v. 24.11.2011 - C-70/10.

[58] EuGH (Dritte Kammer), Urt. v. 16. 2. 2012 - C-360/10.

[59] EuGH, C-70/10, Rn. 49-50.

## 4.3.    Inhaltekontrolle

Die Rolle von Algorithmen und die Zulässigkeit von Upload-Filtern sind zentrale Fragen der digitalen Medienlandschaft. Einerseits sind die Mengen an Informationen ohne Intermediäre nicht mehr zu bewältigen, andererseits nimmt deren Meinungsmacht stetig zu und die Konsequenzen kann zur Zeit niemand abschätzen. Gleichzeitig verbreiten sich strafrechtlich unzulässige Inhalte – wie die o. g. Terrorpropaganda oder Hassrede. Darauf reagierte der deutsche Gesetzgeber 2017 mit der Verabschiedung des Netzwerkdurchsetzungsgesetzes. Jenes soll der effizienteren Rechtsdurchsetzung bei Beschwerden über rechtswidrige Inhalte im Netz dienen, regelt aber nicht den Einsatz inhaltsfilternder Algorithmen. Aber schon hier befürchtet man sogenanntes Overblocking, also dass die sozialen Plattformen in der Praxis mehr sperren und löschen als erforderlich, um dem finanziellen Risiko des Bußgelds zu entgehen.[60] In diesem Kontext wird noch klarer, dass jegliche Form der Vorabkontrolle und -löschung durch private Upload-Filter verhindert werden muss, ganz im Sinne des absoluten Zensurverbots von Art. 5 Abs. 1 S. 3 GG.

Das Anwenden dieser Maßstäbe auch bei der Verpflichtung privater Akteure (wie die o. g. IT-Unternehmen) ist – angesichts der Macht dieser Akteure im digitalen Meinungsbildungsprozess – keine pauschale Absage an die Bekämpfung von terroristischen oder extremistischen Inhalten im Netz, allerdings sollte Rechtsdurchsetzung nicht auf Kosten der Meinungs- und Informationsfreiheit erfolgen.

[60]   Drexl, ZUM 2017, 529 (540).

# Quellen

Baudrillard, J. (1978). *Requiem für die Medien.* Kool Killer oder Der Aufstand der Zeichen.

Bethge, H., Sachs (Hrsg.) (2014). Grundgesetz-Kommentar, 7. Aufl. 2014, München.

Drexl, J. (2017)., *Bedrohung der Meinungsvielfalt durch Algorithmen.* ZUM 2017, 529.

Ecke, O., (2016). Wie häufig und wofür werden Intermediäre genutzt? - Die quantitative Perspektive der Zusatzbefragung in der MedienGewichtungs-Studie, *Die Medienanstalten,* http://s.fhg.de/3HR

Eifert, M. (2017). Rechenschaftspflichten für soziale Netzwerke und Suchmaschinen. *NJW* 2017, S. 1450.

Ernst, C. (2017). Algorithmische Entscheidungsfindung und personenbezogene Daten. *JuristenZeitung* 72, S. 1026.

Eskens, S., Helberger, N., Moeller, J. (2017). Challenged by news personalisation: five perspectives on the right to receive information, *Journal of Media Law.*

Grzeszick, B., Maunz/Dürig (Hrsg.) (2017). Grundgesetz-Kommentar, 81. EL.

Hans-Bredow-Institut, Medien- und Kommunikationsbericht (2017), S. 209.

Hartl, K. (2016). *Suchmaschinen, Algorithmen und Meinungsmacht – Eine verfassungs- und einfach rechtliche Betrachtung.*

Hasebrink, U. (2016). Dossier »*Meinungsbildung und Kontrolle der Medien,* Bundeszentrale für politische Bildung, 09.12.2016, http://s.fhg.de/zrH.

Hoffmann-Riem, W. (2017). *Verhaltenssteuerung durch Algorithmen – Eine Herausforderung für das Recht,* AöR 142, 1.

Hoffmann-Riem, W. (2001). Alternativkommentar-Grundgesetz, Art. 5, Loseblattsammlung 3. Aufl., München.

Hoffmann-Riem, W. (2003). Mediendemokratie als rechtliche Herausforderung, *Der Staat 42,* S. 193.

Jarass, H. D. Jarass/Pieroth (Hrsg.) (2014). Grundgesetz-Kommentar, 13. Aufl., München.

Klein, Hans H. Maunz/Dürig (Hrsg.) (2017). Grundgesetz-Kommentar, 80. EL Juni 2017, München.

Kloepfer, M. Isensee/Kirchhof (Hrsg.) (2005). Heidelberg: *Handbuch des Staatsrechts*, Band III, 3. Aufl.

Koreng, A. (2010). *Zensur im Internet.*

Ladeur, K.-H. (2001). *Ausschluss von Teilnehmern an Diskussionsforen im Internet – Absicherung von Kommunikationsfreiheit durch »netzwerk gerechtes« Privatrecht*, MMR 12/2001, S. 787 (791).

Lischka, K., Stöcker, C. (2017). *Digitale Öffentlichkeit – Wie algorithmische Prozesse den gesellschaftlichen Diskurs beeinflussen*, Gütersloh: Bertelsmann-Stiftung.

Löffler, M. (1969). *Das Zensurverbot der Verfassung*, NJW 1969, S. 2225-2256.

Loosen, W., Scholl, A. (2017). *Journalismus und (algorithmische) Wirklichkeitskonstruktion. Epistemologische Beobachtungen*, M&K 65 (2) S. 348-366.

Luhmann, N. (1996). Die *Realität der Massenmedien*. Opladen.

Martini, M. (2017). *Algorithmen als Herausforderung für die Rechtsordnung*, JuristenZeitung 72, S. 1017.

Microsoft. (2016). *A Cloud for Global Good*, Denkschrift, Microsoft Corporation.

Monroy, M. (2017). *Social media companies launch upload filter to combat »terrorism and extremism«*, European Digital Rights (EDRi), abrufbar unter http://s.fhg.de/9e2.

Monroy, M. (2017a). *»EU-Internetforum«: Viele Inhalte zu »Extremismus« werden mit Künstlicher Intelligenz aufgespürt,* auf netzpolitik.org, abrufbar unter http://s.fhg.de/Y69.

Noltenius, J. (1958). Göttingen: *Die freiwillige Selbstkontrolle der Filmwirtschaft und das Zensurverbot des Grundgesetzes.*

Oermann, M., Staben, J. (2013). Mittelbare Grundrechtsreingriffe durch Abschreckung? – Zur grundrechtlichen Bewertung polizeilicher »Online-Streifen«und »Online-Ermittlungen« in sozialen Netzwerken, *Der Staat* Bd. 52, 630 (637)

Piontek, H. (2016). *Warum die Uploadfilter der Internetkonzerne eine Gefahr für die Meinungsfreiheit sind*, netzpolitik.org.

Roth, W. (1994). Berlin: *Faktische Eingriffe in Freiheit und Eigentum – Struktur und Dogmatik des Grundrechtstatbestandes und der Eingriffsrechtfertigung*.

Ruttloff, M. *Der verwaltungsrechtliche Vertrag und das Recht der allgemeinen Geschäftsbedingungen*, DVBl 2013, 1415.

Schmidt, J-H., Merten, L., Hasebrink, U., Petrich, I., Rolfs, A. (2017). *Zur Relevanz von Online-Intermediären für die Meinungsbildung*, Arbeitspapiere des Hans-Bredow-Instituts Nr. 40.

Schnabel, C. (2008). *Böse Zensur, gute Filter?*, MMR 2008, 281.

Schulz, W., Dankert, K. (2016). *Die Macht der Intermediäre*, Friedrich-Ebert-Stiftung.

Schulze-Fielitz, H., Dreier (Hrsg.). (2013). Grundgesetz Kommentar, Bd. I, 3. Aufl.

Seeger, C. *Aktueller Begriff: Einsatz und Einfluss von Algorithmen auf das digitale Leben*, Wissenschaftlicher Dienst, Deutscher Bundestag.

Staben, J. (2016). Tübingen: *Der Abschreckungseffekt auf die Grundrechtsausübung, S. 4.*

Voßkuhle, A., Kaiser, A.-B. (2009). *Der Grundrechtseingriff*, JuS 2009, S. 313.

Waddell, K. (2016). »*A tool to delete beheading videos before they even appear online*«, TheAtlantic.com.

YouTube (2017), Mitteilung über Aktivitäten gegen Terrorismus und Extremismus, abrufbar unter http://s.fhg.de/Ve4.

## Über die Autorin

### Amélie P. Heldt

Amélie Heldt ist seit Mai 2017 Junior Researcher am Hans-Bredow-Institut für Medienforschung an der Universität Hamburg, im Forschungsprogramm »Transformation öffentlicher Kommunikation«.

Sie studierte französisches und deutsches Recht in Paris und Potsdam. Nach dem ersten Staatsexamen absolvierte sie ein Zusatzstu-
dium in Design-Thinking am Hasso-Plattner-Institut und arbeitete
in der Rechtsabteilung eines marktführenden Musiklabels. Ihr
Rechtsreferendariat leistete sie am Kammergericht in Berlin ab; mit
Stationen u.a. bei der Stiftung Oper, im »grünen« Bereich der Kanz-
lei Raue LLP und bei der GIZ in Kambodscha. In ihrem Promotions-
vorhaben beschäftigt sie sich mit Meinungsfreiheit und Informationsintermediären.

# Algorithmische Vorschlagsysteme und der Programmauftrag: Zwischen Datenwissenschaft, journalistischem Anspruch und demokratiepolitischer Aufgabe

Nikolaus Pöchhacker, Andrea Geipel, Marcus Burkhardt & Jan-Hendrik Passoth

Technische Universität München, Deutsches Museum, Universität Siegen & Technische Universität München

Kommunikation in digitalen Gesellschaften verlagert sich zunehmend in das Internet. Eine nichtlineare Vermittlung von Information und der stete Zuwachs von online verfügbaren Inhalten führen zu einer vermehrten Nutzung von algorithmischen Vorschlagssystemen. Öffentlich-rechtliche Rundfunkanstalten sind von diesem Trend nicht unberührt geblieben. Die Nutzung von Vorschlagssystemen stellt diese allerdings vor rechtliche und organisationale Probleme, da der demokratiepolitische Grundauftrag des öffentlich-rechtlichen Mediensystems mit einer individualisierten Informationsselektion unvereinbar scheint. In diesem Beitrag erörtern wir diese Probleme, kontextualisieren algorithmische Vorschlagssysteme technisch und rechtlich und skizzieren erste Gedanken eines neuen Modus von Informationsvermittlung basierend auf kalkulativen Praktiken, die an demokratischen Idealen orientiert sind. Wenn für die Privatwirtschaft Daten das neue Öl sind, muss die Öffentlichkeit Daten als eine neue Arena der demokratisch-politischen Auseinandersetzung verstehen, um den Programmauftrag im 21. Jahrhundert den neu entstehenden Anforderungen entsprechend zu interpretieren und zu implementieren.

# 1. Einleitung

In den letzten Jahren zeigen sich zwei wesentliche Trends in der Kommunikation von digitalisierten Gesellschaften. Sowohl die Alltagskommunikation als auch die öffentliche Diskussion verlagern sich immer mehr ins Netz der Netze. Etablierte Medien suchen daher neue Strategien und Geschäftsmodelle, welche diesen neuen Kommunikationsformen gerecht werden. Von diesem Trend sind auch die öffentlich-rechtlichen Rundfunkanstalten in Deutschland nicht unberührt geblieben, deren Angebote längst nicht mehr nur mit denen privater Rundfunkanbieter oder jenen der Printmedien konkurrieren. Zunehmend haben sich auch Streamingdienste wie Netflix, Amazon Prime Video und Spotify im täglichen Medienkonsum etabliert. Insbesondere die jüngere Generation fühlt sich durch das im Kontrast zum linearen Programm stehende On-Demand-Paradigma dieser Anbieter angesprochen. In diesem Sinne gelten Streamingdienste nicht nur als Konkurrenz, sondern zugleich als Vorbild für traditionelle Medienanbieter.

Mit einer stärkeren Verbreitung von On-Demand-Angeboten stellt sich jedoch immer mehr die Frage nach der Auswahl aus einer schier endlos scheinenden Menge potenziell verfügbarer Medieninhalte. Ist in linearen Programmangeboten die Selektion der Inhalte weitestgehend Aufgabe einer Programmredaktion, so verlagert sich diese bei On-Demand-Angeboten auf die Seite der Nutzerinnen. In der sich entfaltenden Medienökologie, welche durch die stete Zunahme an Informationen einerseits und eine informationelle Überforderung der Nutzerinnen andererseits geprägt ist, nehmen Recommender-Systeme eine Vermittlerrolle ein, welche in der Lage sind, die Komplexität des Informationsangebots auf ein handhabbares Maß zu reduzieren. Dabei haben Recommender-Systeme längst eine zentrale Funktion innerhalb verschiedener Bereiche des Internets eingenommen. Amazon bewirbt Produkte in Kategorien wie

»Nutzer, welche diesen Artikel bestellt haben, bestellten auch ...«, die Startseite von YouTube wird durchgehend von verschiedensten Vorschlagssystemen strukturiert und Netflix räumt der algorithmisch-individuellen Zusammenstellung von Angeboten eine zentrale strategische Bedeutung ein. So experimentiert Netflix seit neuestem nicht nur mit individuellen Angeboten, sondern auch mit individuellen Präsentationen von ein und demselben Film durch personalisierte Teaserbilder.[1]

Algorithmische Vorschlagssysteme fungieren somit in vielen Bereichen des täglichen Lebens als Vision Machines[2], welche eine Navigation in einem Meer aus Daten ermöglichen, aber auch steuernd in die individuellen Zugänge zu digitalen Informationsökologien eingreifen. Durch ihre zentrale Position als Vermittler zwischen Inhalten und Nutzerinnen und der damit verbundenen Möglichkeit zur Einflussnahme auf die Meinungsbildung eben dieser Nutzerinnen sind Vorschlagssysteme und Suchmaschinen schon länger im Fokus der Kritik.[3] Andererseits erlaubt eben diese zentrale Position den neuen Informationsagenten, eine Kuratierung von Inhalten vorzunehmen und so die Komplexität der Informationslandschaft zu reduzieren. Morris [4] nennt diese algorithmischen Akteure *Infomediaries* und vergleicht ihre Funktion mit kulturellen Intermediären, welche eine Auswahl an ansprechenden bzw. anschlussfähigen Kulturgütern innerhalb eines bestimmten Milieus für ihre Kundschaft vornehmen. Sie sind für ihn *»organizations that monitor, mine and mediate the use of digital cultural products (e.g. e-Books, music files, video streams, etc.) as well as audience responses to those products via*

---

[1]  http://s.fhg.de/q8z, abgerufen am 08.02.2018
[2]  Rieder, 2005, S. 29
[3]  Becker & Stalder, 2009; Lewandowski et al., 2014
[4]  Morris, 2015

*social and new media technologies«*[5]. Damit haben diese Intermediäre eine zentrale Funktion in der Produktion von gemeinsamen Symbolräumen, welche eine Zugehörigkeit zu einer Schicht oder Klasse ausweisen.[6] Sowohl der kulturelle als auch der informationelle Intermediär erzeugt also durch die Produktion gemeinsamer Rezeptionsräume die gesellschaftliche Struktur.

Diese algorithmischen Infomediaries, so das *»alluring and compelling drama«*[7] der oft vorgetragenen Kritik, operieren dabei mit einer Logik der Personalisierung. Durch das beständige Aufnehmen und Verarbeiten von persönlichen Präferenzen entsteht ein (scheinbar) individueller und persönlich zugeschnittener Zugang zur Infosphäre, was in dem Einschluss von Nutzerinnen in Filterblasen[8] oder Echokammern[9] ihrer eigenen Meinungen und Präferenzen resultiert. Die Informationsselektion orientiert sich dabei stark an der persönlichen Historie der Nutzerin und schließt Ereignisse und Informationen, welche nicht in deren Profil passen, mit einer hohen Wahrscheinlichkeit aus. Vorschlagssysteme, welche mit dieser Personalisierungslogik operieren, führen demnach zu einer selektiven Präsentation der Welt. Dies führt potenziell zu einer informationellen Isolierung einzelner Interessensgruppen und somit zu einer Verstärkung der Segregation der Gesellschaft. Meinungen anderer werden nicht nur nicht geteilt – sie werden auch nicht sichtbar. Die daraus resultierende Sicht der Welt bestimmt Prozesse der Wahrheitsfindung in gesellschaftlichen Gruppen. Die Antwort auf die Frage, wie die Welt beschaffen ist und was als wahr anerkannt wird, speist

---

[5] Morris 2015, S. 447
[6] vgl. Bourdieu 1992
[7] Neyland 2016, S. 51
[8] Pariser 2012
[9] Sunstein 2009

sich aus einer Weltsicht, die durch gefilterte Informationen erschaffen wird. So zeigt sich zum Beispiel in einer Studie zur Informationsvermittlung über Google zum Thema Impfen, dass einseitige Informationen zu einer entsprechenden Attitüde bzw. Meinungsbildung führen.[10] Dies zeigt sich ebenso in der Auswirkung von Search-Engine-Manipulationen in Bezug auf Präferenzverschiebungen in demokratischen Wahlen.[11] In Kombination zu dem mittlerweile gut erforschten Confirmation Bias lässt sich somit gut ableiten, wie Technologien der Personalisierung nicht nur zu einer individuellen Reduktion von Informationskomplexität führen, sondern auch zu etwas, das man personalisierte Wahrheiten nennen könnte. Die Meinungsbildung ist abhängig von bereits geäußerten Meinungen und unterliegt somit einem sich selbst stabilisierenden Regelkreis der Wahrheitsdefinition.

Der vermehrte Einsatz von Recommender-Systemen ist hierbei sicher nicht alleine für die voranschreitende Segregation von Informationsräumen verantwortlich zu machen. Selektive Wahrnehmungen sind kein neues Phänomen digitaler Gesellschaften des 21sten Jahrhunderts. Vielmehr begleiteten Formen der Informationsselektion und sozial konstruierter Echokammern schon immer die Formierung sozialer Gemeinschaften.[12] Der beobachtbare Vertrauensverlust in etablierte Formen der Vermittlung – Stichwort Fake News – in Kombination mit und der rhetorischen Macht von Algorithmen[13] als scheinbar neutralen und objektiven Systemen lässt jedoch Vor-

---

[10] Allam, Schulz & Nakamoto 2014
[11] Epstein & Robertson 2015
[12] vgl. u. a. Anderson 2006
[13] Beer 2017

schlagssystemen und Suchmaschinen eine gewichtige Rolle zukommen. Denn: Nutzerinnen vertrauen immer stärker auf algorithmisch vermittelte Inhalte.[14]

Öffentlich-rechtliche Rundfunkanbieter sind mit diesem Problem jedoch in spezifischer Weise konfrontiert. Denn: Eine zentrale Aufgabe der öffentlich-rechtlichen Medien ist es, eben jenen Filterblasen ein breites Informationsangebot entgegenzusetzen und so die Möglichkeit der umfassenden Informationsbeschaffung zu eröffnen. Öffentlich-rechtliche Medienanbieter stehen somit vor der Aufgabe, den Programmauftrag auch dort zu realisieren, »wo Bürgerinnen und Bürger sich ihre Meinung bilden, also im Netz«[15] und zur selben Zeit den sich wandelnden Rezeptionsgewohnheiten ihrer Zuschauerinnen mit einem zeitgemäßen und attraktiven non-linearen Rundfunkangebot zu begegnen[16]. Dies schließt auch die Implementierung von Vorschlagssystemen ein. Dieser Modus der Inhaltsvermittlung entspricht immer mehr den Rezeptionsgewohnheiten von Nutzerinnen, welche Informationen auch immer stärker über das Internet beziehen. Der Programmauftrag, welcher die medienpolitische Verantwortung des öffentlich-rechtlichen Rundfunks definiert und sowohl vom Grundgesetz abgeleitet als auch im Rundfunkstaatsvertrag festgehalten ist, steht dem Ziel einer personalisierten Informationsselektion jedoch grundlegend entgegen. Vor diesem Hintergrund stellt sich die Frage, wie die demokratiepolitische Verantwortung von öffentlich-rechtlichen Rundfunkanbietern in der Medienökologie des 21. Jahrhunderts interpretiert, aber auch über algorithmische Systeme realisiert werden kann.

[14] Newman et al. 2017
[15] Grassmuck 2014b, S. 78
[16] vgl. Helberger 2015

## 2. Algorithmische Vorschlagssysteme als Herausforderung für den öffentlich-rechtlichen Programmauftrag

Ist vom Programmauftrag des öffentlich-rechtlichen Rundfunks sowie der informationellen Grundversorgung die Rede, dann ist es wichtig, sich die historischen und rechtlichen Grundlagen des öffentlich-rechtlichen Mediensystems zu vergegenwärtigen. Basierend auf den Erfahrungen des zweiten Weltkrieges und der Funktion des Rundfunksystems als Instrument staatlicher Propaganda wurde das öffentlich-rechtliche Mediensystem im Nachkriegsdeutschland, nach dem Vorbild der BBC, von den Alliierten als dezentralisiertes, objektives und neutrales Rundfunksystem neu konzipiert und von der neu gegründeten Bundesrepublik realisiert. Die Aufgabe dieser staatlichen Medienanstalten war es, objektiv und unparteilich über das politische, soziale und kulturelle Leben in der Bundesrepublik zu berichten und so die Meinungsvielfalt möglichst gut im eigenen Programm abzudecken. Diese Grundsätze sollten eine Verengung der Berichterstattung zugunsten einer oder weniger Weltanschauungen verhindern und wurden so im Rundfunkstaatsvertrag festgehalten[17]. Die Wiedergabe der Vielfalt öffentlicher Meinungen sollte einen demokratischen Diskurs ermöglichen und die Bürgerinnen in die Lage versetzen, sich mit verschiedenen Sichtweisen und Argumentationen vertraut zu machen. Damit kommt - so der Grundgedanke - dem öffentlich-rechtlichen Rundfunk eine wesentliche demokratiesichernde Funktion zu. Denn: Nur, wenn alle Meinungen, Perspektiven und Informationen zugänglich sind, ist eine freie und demokratische Meinungs- und Willensbildung gewährleistet. Dieses Ideal der umfassenden Informationsvermittlung wurde erstmals von

---

[17]  vgl. § 11 Abs. 2 RStV

Günter Herrmann, damals juristischer Direktor des WDR, als *informationelle Grundversorgung* bezeichnet.[18]

Ein Spezifikum des Programmauftrages ist es jedoch, dass dieser nicht direkt durch die Legislative festgeschrieben ist, sondern vor allem durch das Bundesverfassungsgericht vom §5 des Grundgesetzes abgeleitet wird, welcher Grassmuck zufolge »Ausgangspunkt für alles Medienrecht ist«[19]. Dort heißt es:

> »*(1) Jeder hat das Recht, seine Meinung in Wort, Schrift und Bild frei zu äußern und zu verbreiten und sich aus allgemein zugänglichen Quellen ungehindert zu unterrichten. Die Pressefreiheit und die Freiheit der Berichterstattung durch Rundfunk und Film werden gewährleistet. Eine Zensur findet nicht statt.*«[20]

Aus der Formulierung, dass Bürgerinnen in der Lage sein müssen, sich ungehindert zu unterrichten, leitet sich der Programmauftrag ab. Denn nur, wenn ein umfassendes Informationsangebot vorhanden ist, kann, so die Argumentation, ein ungehinderter Zugang zu Informationen wahrgenommen werden. Das Recht der freien Berichterstattung wurde folglich vom Bundesverfassungsgericht auch als Verpflichtung gedeutet, diesen ungehinderten Zugang zu ermöglichen:

> »*Die Rundfunkfreiheit dient der freien, individuellen und öffentlichen Meinungsbildung. [...] Der in Art. 5 Abs. 1 Satz 2 GG enthaltene Auftrag zur Gewährleistung der Rundfunkfreiheit*

---

[18]  Grassmuck 2014a

[19]  Grassmuck 2014b, S. 90

[20]  § 5 Abs. 1 Satz 2 GG

*zielt auf eine Ordnung, die sicherstellt, dass die Vielfalt der be-
stehenden Meinungen im Rundfunk in möglichster Breite und
Vollständigkeit Ausdruck findet.«*[21]

Die Programmfreiheit wird somit direkt mit einer inhaltlichen Gestaltung in Verbindung gebracht, welche einen umfassenden Überblick über alle wesentlichen Bereiche des Lebens geben soll.[22] Die
Einrichtung eines öffentlich-rechtlichen Rundfunksystems, das vor
direkten politischen Eingriffen geschützt ist, dient folglich im Wesentlichen der Errichtung einer gemeinsamen Informationssphäre,
welche möglichst inklusiv betreffend der vermittelten Informationen ist und somit eine Meinungshoheit qua Informationsselektion
verhindert.[23] Um eine Programmgestaltung zu ermöglichen, welche
andere Prioritäten als pure Relevanz verfolgt, wurde der Rundfunk-
beitrag - oder neuerdings die Haushaltsabgabe - zur Finanzierung
des öffentlich-rechtlichen Rundfunksystems eingeführt. Die Programmgestaltung ist durch diesen Umstand vom Druck der Reich-
weitenmaximierung befreit, muss sich jedoch dadurch anderen Be-
wertungsmaßstäben, nämlich der politisch-demokratischen Relevanz, unterwerfen.

Unter den Rahmenbedingungen der digitalen Transformation unserer Medienökologien stellen sich nun neue Herausforderungen in
Bezug auf diese rechtlichen Grundlagen - welche hier nur schema-
tisch dargestellt wurden. Rezeptionsgewohnheiten der Bürgerinnen
als auch die Informationsmenge machen den Einsatz neuer technologischer Zugänge zu Informationen auch und gerade für den öffentlich-rechtlichen Medienbetrieb notwendig, andererseits basieren

---

[21] BVerfG, Urt. v. 11.09.2007, Rn. 115
[22] vgl. auch §11 Abs. 1 RStV
[23] Grassmuck 2014a

etablierte Methoden der Recommender-Systeme auf der Idee der Popularität von Inhalten. Darüber hinaus verfolgen diese Methoden eine Strategie der Informationsvermittlung, welche individuell auf die Nutzerin oder auf eine spezielle Klasse von Nutzerinnen bezogen ist. Vorschlagssysteme, wie sie im Moment im Einsatz sind, stehen damit auf zweierlei Art in Konflikt mit dem Programmauftrag. Zum einen wird kein gemeinsamer Informationsraum mehr geschaffen, was einer informierten Diskussion zumindest hinderlich gegenüber steht. Zum anderen wird durch den Einsatz von Recommender-Systemen der freie Zugang zu Informationen - zumindest über diesen Kanal - eingeschränkt. Dies wurde auch schon vom Bundesverfassungsgerichtshof festgestellt.

> *Die neuen Technologien erlauben im Übrigen den Einsatz von Navigatoren und elektronischen Programmführern, deren Software ihrerseits zur Beeinflussung der Auswahlentscheidung von Rezipienten genutzt werden kann.*[24]

Besonders für öffentlich-rechtliche Sender ist diese Spannung daher problematisch, weil sie zwischen Legitimation durch politischen Anspruch und Legitimation durch Reichweite balancieren müssen. Es ist auch festzuhalten, dass dieser Umstand nicht als ein allgemeines Verbot von Vorschlagssystemen verstanden werden kann, oder – wie wir meinen – soll. Vielmehr sollte man die Bemerkung des Bundesverfassungsgerichts wörtlich nehmen. Zwar können Recommender-Systeme zu einer Zersplitterung der medialen Öffentlichkeit führen, jedoch lassen sowohl die rechtlichen Bestimmungen als auch die technischen Verfahren Gestaltungsspielraum offen, sodass dem Programmauftrag als auch den geänderten Rezeptionsgewohnheiten der Nutzerinnen Rechnung getragen werden kann. Ja, es be-

---

[24]  BVerfG, Urt. v. 11.09.2007, Abs. 118

steht möglicherweise sogar die Option, mittels dieser neuen Technologien den Programmauftrag neu zu denken und erfolgreich in die digitale Welt zu übersetzen.

## 3.    Was tun?

Spricht man von öffentlich-rechtlichen Sendern, so schwingt stets eine zu adressierende Öffentlichkeit im Hintergrund mit. Denn dies ist die Aufgabe von Rundfunkanstalten: der Öffentlichkeit ein mediales Angebot zu machen, aus dem diese auswählen kann. Aus sozial- und medienwissenschaftlicher Sicht stellt sich jedoch die Frage, was denn genau diese Öffentlichkeit qualifiziert - nicht zuletzt in einer digitalen Vermittlungslogik. Dies gilt umso mehr, wenn man anerkennt, dass die regulative und normative Vorstellung der Öffentlichkeit, an die man sich richtet, innerhalb der Redaktionen und Programmkoordinatorinnen erst vorhanden sein muss. Im Laufe der Zeit hat sich ein breites Instrumentarium von Erhebungsmethoden, Auswertungsverfahren und standardisierten Messgrößen entwickelt, welches »die Öffentlichkeit« vermessbar und damit adressierbar gemacht hat.[25] Die Publikumsforschung erzeugt demnach erst die Öffentlichkeit, an welche sich ein Programm richten kann.[26] Damit soll allerdings nicht behauptet werden, dass nicht erfasste Menschen automatisch den Empfangsgeräten fernbleiben. Vielmehr richtet sich das Handeln der Redaktionen an der durch die Publikumsforschung erzeugten Öffentlichkeit aus. Die Vorstellung der Öffentlichkeit hat demnach eine manifeste Auswirkung auf die Mediengestaltung - sie wirkt performativ.[27] Öffentlich-rechtliche Sender standen seit jeher vor dem Problem zwischen vermessbarer

[25]  vgl. Wehner & Passoth 2012
[26]  Ang 1991
[27]  Callon 2008

Popularität und Programmauftrag abzuwägen. Einerseits sind die Programmgestalterinnen auf die Vermessung des Publikums angewiesen, um eine begründete Auswahl und Platzierung von Inhalten innerhalb des Sendeschemas vorzunehmen. Andererseits müssen die Relevanzsetzungen entsprechend den demokratiepolitischen Aufgaben der Sendeanstalt angepasst und ausgerichtet werden. Durch den Einsatz von algorithmischer Vermittlung von Informationen wird aber ein anderes Instrument der Publikumsvermessung und -konstruktion in den Vordergrund gerückt, welches auf dem Tracking von Nutzerinnenverhalten, und damit dem Erstellen von Profilen basiert. Gleichzeitig dienen diese über individuelle Sehgewohnheiten gewonnenen Daten als Grundlage für die Berechnung weiterer Vorschläge. Damit rücken Vorschlagssysteme als ein Maß für Popularität auch als Vermessungswerkzeug in den Fokus öffentlich-rechtlicher Rundfunkanbieter.

Grob lassen sich diese in personalisierte und nicht-personalisierte Vorschlagssysteme unterscheiden. Ein Beispiel für die letztere Verfahrensweise ist die Vorschlagskategorie »Trending«, d. h. Inhalte, welche innerhalb der letzten Zeit innerhalb der ganzen Community die meiste Popularität gewonnen haben, werden angezeigt. Personalisierte Vorschlagsysteme sind jedoch weit häufiger anzutreffen - sie stellen nicht nur Informationen, welche für die Allgemeinheit gerade wichtig erscheinen, zur Verfügung, sondern präsentieren Inhalte, welche für mich - besser: für Menschen mit meinem Nutzungsprofil - relevant erscheinen. Daraus ergibt sich, abseits einer starken Fokussierung auf Popularität, noch ein weiteres Problem: Es entsteht eine personalisierte Filterblase.[28] Die vermessene Öffentlichkeit - das Publikum, an das man sich richtet - muss von einem

---

[28] Pariser 2012

aufs andere Mal im Plural gedacht werden. Denn durch die algorithmischen Verfahren von personalisierten Recommender-Systemen werden verschiedene Öffentlichkeiten anhand von ähnlichen Nutzungsprofilen berechnet. Durch die Vermittlungstätigkeit des algorithmischen Systems wird dann in der Folge jeweils anders darauf reagiert. Die Öffentlichkeit zersplittert damit in mehrere Teil-Öffentlichkeiten, welche durch die Informationsselektion in ihren jeweiligen Informationsökologien eingehegt werden. Das Problem der Filterblase stellt sich für öffentlich-rechtliche Sendeanstalten also in der Form der Zersplitterung der zu adressierten Öffentlichkeit. Darüber hinaus sind diese formierten Öffentlichkeiten für die Publikumsforschung nur noch schwer benennbar, da die Erhebung wie die Berechnung und auch die Reaktionen auf Nutzungsprofile innerhalb der Logik des algorithmischen Systems stattfinden. Dieses ist jedoch nicht mehr direkt erkennbar, so auch *wen oder was* man denn hier vermessen hat. Algorithmisch-mathematische Verfahren basieren dabei unter anderem auf Methoden, welche hochdimensionale Vektorräume aufspannen und sogenannte latente Faktoren berechnen oder mittels neuronaler Netzwerke Vorhersagen über unsere Vorlieben erzeugen. Viele dieser Verfahren sind jedoch entweder durch ihre Komplexität oder durch die grundlegenden Verfahren nicht mehr einer bisher bekannten Rationalität zugänglich - es handelt sich um Black Boxes.[29] Dies bricht allerdings mit der Vorstellung, dass die Vermessung das »Publikum erst erzeugt, das es doch so verzweifelt sucht«.[30] Die Suche bleibt ergebnislos – allerdings nicht ohne Effekt. Algorithmische Vorschlagssysteme erzeugen ein Publikum, aber wir wissen nicht welches.

Hinsichtlich des skizzierten Spannungsverhältnisses zwischen Programmauftrag und Vorschlagssystemen eröffnet die Einsicht in die

[29] Burrel 2016; Pasquale 2015
[30] Ang 1991

sozio-technische Konstruiertheit von Öffentlichkeiten die Perspektive für einen möglichen Lösungsansatz, der so trivial wie paradox wirkt: Um den Programmauftrag in digitalen Umwelten erfüllbar zu machen, müssen öffentlich-rechtliche Sendeanstalten noch viel mehr als bisher auf datengetriebene Vermittlung von Inhalten setzen. Hierbei gilt es, die Anforderungen an die informationelle Grundversorgung und den damit einhergehenden Sendebetrieb auf einer grundlegenden Ebene digital zu denken. Diversität von vermittelten Informationsangeboten muss durch die gezielte Gestaltung und Einbettung algorithmischer Vorschlagssysteme erzeugt werden. Es ergeben sich aus diesen Einsichten zwei Notwendigkeiten einer digitalen Umsetzung des Programmauftrags: eine Ausrichtung organisationaler und technischer Prozesse an nicht-linearen Vermittlungslogiken und die Etablierung einer kritischen sozio-technischen Praxis, welche datenwissenschaftliche und journalistische Expertise vereint.

Die Vermittlung medialer Inhalte durch algorithmische Systeme zu gestalten, erfordert eine technische und organisationale Umgebung, welche die Interventionsmöglichkeiten in die ansonsten automatisch ablaufenden Vorschlagssysteme ermöglicht. In der Praxis zeigen sich oft Herausforderungen in dem Zusammenspiel zwischen Redaktionen und der digitalen Infrastruktur, welche notwendig ist, um Vorschlagssysteme mit Daten zu versorgen, sowie der Anbindung verschiedener Systeme an den Online-Ausspielweg.[31] Organisationale und technische Strukturen wurden – aus gutem Grund – an Logiken zeitlich-linearer Programmgestaltung ausgerichtet. Im Vordergrund der redaktionellen Praxis standen bisher Fragen einer störungsfreien Ausstrahlung, der erwartungssicheren Gestaltung ei-

---

[31] Pöchhacker et al. 2017

nes zeitlichen Rahmens und die Beschreibung von Inhalten für Programmhefte. Eine non-lineare Gestaltung des Medienangebots jedoch muss auch die Anforderungen algorithmischer Systeme mitdenken. So müssen für die Verarbeitung wie auch für die Darstellung von medialen Inhalten in digitalen Umwelten vergleichsweise mehr Daten zu den medialen Beständen produziert werden. Durch eine Beschreibung der Medien werden diese algorithmisch erst erfassbar. Es müssen maschinenlesbare Beschreibungen über Keywords, Beschreibungstexte, welche die wichtigsten Begriffe enthalten, und Teaserbilder, welche eine Darstellung auf einer Website ermöglichen und sich an den Rezeptionsgewohnheiten von Nutzerinnen orientieren, zur Verfügung gestellt werden – was über die Notwendigkeiten bisheriger Kurationspraktiken hinausgeht. Dies stellt eine sozio-technische Struktur jedoch vor das Problem, sowohl eine gemeinsame Praxis der Datenzuweisung und Interpretation zu erzeugen als auch diese Daten über technische Infrastrukturen für das algorithmische System verfügbar zu machen.

Darüber hinaus besteht für die Erfüllung des Programmauftrages im digitalen Raum die Notwendigkeit, journalistische Arbeit auch als einen Umgang *mit* und die kritische Reflexion *von* Daten zu verstehen. Um den Zugang zu einem möglichst breiten Spektrum an Inhalten, Meinungen und Perspektiven zu gewährleisten, muss die Produktion algorithmischer Öffentlichkeiten sichtbar und greifbar gemacht werden. Wie sich allerdings algorithmisch erzeugte Öffentlichkeiten zusammensetzen und wie diese zueinander in Relation stehen, ist im Wesentlichen eine analytische Frage, welche mittels Methoden der gerade entstehenden Datenwissenschaften beantwortet werden kann. Berechnungen von Vorhersagen beruhen auf der Analyse von Ähnlichkeiten und Mustern. Jedoch erlauben diese Berechnungen auch Aussagen darüber, welche Inhalte gerade nicht dem Nutzungsmuster entsprechen und erlauben auf diesem Wege eine gezielte Diversifizierung von Inhaltsselektionen über eine informierte Auswahl an alternativen Informationen. Eine redaktionelle Praxis muss folglich neben der Aufbereitung von Medieninhalten oder zeitlicher Programmschemata auch und im Besonderen die Erfassung und Analyse von Nutzungsdaten beinhalten. Eine Aussage, welche berechneten Teilpublika mit welchen Informationen versorgt werden müssen, um einem demokratiepolitischen Anspruch gerecht zu werden, kann nur durch redaktionelle Expertise beantwortet werden. Das erfordert eine neue Form des Hybrids zwischen Redakteurin und Data Scientist. Algorithmische Vorschlagssysteme müssen, will man den Programmauftrag auch im digitalen Raum erfüllen, durch kalkulative Praktiken ergänzt werden, die nicht ausschließlich auf Personalisierung setzen, sondern demokratischen Idealen folgen. Welche spezifischen Formen diese kalkulativen Praktiken annehmen können und welche Methoden der Öffentlichkeitsvermessung eingeführt werden müssen, ist dabei Gegenstand aktueller und zukünftiger Forschung. Die Art und Weise jedoch, wie man Wissen über die vermessene Gesellschaft erzeugt, muss an die jeweiligen institutionellen und gesellschaftlichen Ziele angepasst werden. Mögliche Zugänge sind eine nachträgliche qualitative Untersuchung berechneter Cluster von Nutzerinnen. Welche Inhalte werden in diesen Filter Bubbles präsentiert und welche werden unsichtbar gemacht? Um diese Frage zu beantworten, bedarf es der Fähigkeit, das Clusterverfahren zu verstehen, also auch einer redaktionellen Praxis, welche diese Inhalte identifiziert und ihnen Alternativen gegenüber stellt. Somit ist es möglich, das Angebot für individuelle Nutzerinnen auf eine Weise anzupassen, die einen gemeinsamen Informationsraum produziert, ohne die Funktionalität von Vorschlagssystemen zu unterminieren. Daraus resultiert, dass eine Anpassung des Angebots auf neue Rezeptionspraktiken der Bürgerinnen wie auch eine Erfüllung des Programmauftrages möglich scheint.

# 4. Conclusio

Die Notwendigkeit von (zentralen) Instanzen der Informationsselektion kann vor dem Hintergrund der ständig wachsenden Informations- und Datenmenge kaum mehr bestritten werden. Nicht nur die stets steigende Informationsmenge, sondern auch die Verlagerung der politischen Kommunikation stellt moderne Gesellschaften vor ein Problem. Diskussionen über die potenzielle Einflussnahme von außerstaatlichen Akteuren in demokratische Wahlen[32] oder die Experimente, welche Facebook durch die Manipulation der Timeline durchführt[33], zeigen, dass auch und gerade der digitale Kommunikationsraum mediale Vermittlungsinstanzen benötigt, welche eben nicht einem Paradigma der Gewinnoptimierung und der Popularität von Inhalten unterliegen.[34] Stattdessen müssen diese demokratiepolitische Maßstäbe anlegen, wenn es um die Selektion und Darstellung des gesellschaftlichen und politischen Lebens geht. Öffentlich-rechtliche Rundfunkanstalten - so antiquiert dieses Modell vor der Hintergrundkulisse des Silicon Valley erscheinen mag - können diese Rolle im 21sten Jahrhundert übernehmen. Technologien allerdings sind nicht neutral, sondern in die jeweiligen Vorstellungen, Wertungen, und Gestaltungspraktiken eingebunden. Um Kranzberg zu zitieren: »*Technology is neither good nor bad; nor is it neutral*«[35]. Dies trifft nicht nur, aber eben auch auf algorithmische Recommender-Systeme zu. Etablierte Verfahren und Best Practices wurden für die Geschäftsmodelle privater Anbieter wie Netflix, Amazon oder auch Facebook entwickelt. Daraus resultiert eine entsprechend starke Orientierung an Vorstellungen von Personalisierung und Po-

---

[32] Hern 2017
[33] Booth 2014
[34] vgl. Fürst 2017
[35] Kranzberg 1986, S. 545

pularität in diesen Technologien. Eine Anpassung bzw. Weiterentwicklung dieser Verfahren basierend auf einer Idee von demokratischen Berechnungen scheint jedoch nicht nur möglich, sondern ist, will man die Grundsätze des Programmauftrages und des nun jahrzehntelang erarbeiteten Verständnisses des §5 des Grundgesetzes nicht über Bord werfen, auch notwendig.

Um diese institutionellen Aufgaben und technologischen Entwicklungen zu ermöglichen, ist nicht zuletzt eine Anpassung des öffentlich-rechtlichen Rundfunksystems und dessen rechtlicher Maßstäbe an die Informationsvermittlung im digitalen Raum notwendig. Wenn für die Privatwirtschaft Daten das neue Öl sind, muss die Öffentlichkeit (im Singular!) Daten als eine neue Arena der demokratisch-politischen Auseinandersetzung verstehen. Aus dieser Forderung ergibt sich sowohl ein redaktionell-journalistisches Arbeitsverständnis, welches zunehmend auf Methoden und Zugänge der Datenwissenschaften zurückgreifen muss, als auch die Notwendigkeit, die Regeln, welche den öffentlich-rechtlichen Sendern für ihre Auftritte im Netz auferlegt wurden, grundlegend zu überdenken und deren Tauglichkeit für eine Informationsökologie des 21. Jahrhunderts neu zu evaluieren.

## Quellen

Allam, A., Schulz, P. J. & Nakamoto, K. (2014). The Impact of Search Engine Selection and Sorting Criteria on Vaccination Beliefs and Attitudes: Two Experiments Manipulating Google Output. *Journal of Medical Internet Research*, 16(4).

Anderson, B. (2006). *Imagined Communities: Reflections on the Origin and Spread of Nationalism* (Revised). London; New York: Verso

Ang, I. (1991). *Desperately Seeking the Audience*. London; New York: Routledge

Beer, D. (2017). *The Social Power of Algorithms*. Information, Communication & Society, 20 (1), S. 1–13.

Becker, K., & Stalder, F. (Hrsg.). (2009). *Deep Search: The Politics of Search beyond Google* (1. Ausgabe). Innsbruck; Piscataway, N.J.: Studien Verlag

Booth, R. (2014). Facebook reveals news feed experiment to control emotions. Abgerufen am 10.02.2018 von http://s.fhg.de/bjS

Bourdieu, P. (1992). *Die feinen Unterschiede. Kritik der gesellschaftlichen Urteilskraft*. Frankfurt am Main: Suhrkamp

Burrell, J. (2016). How the machine 'thinks': Understanding opacity in machine learning algorithms. *Big Data & Society*, 3(1)

Callon, M. (2007). What does it mean to say that economics is performative? In D. MacKenzie, F. Muniesa, & L. Siu (Hrsg.), *Do Economists Make Markets? On the Performativity of Economics* (S. 311–357). Princeton: Princeton University Press

Epstein, R. & Robertson, R. E. (2015). The search engine manipulation effect (SEME) and its possible impact on the outcomes of elections. *Proceedings of the National Academy of Sciences*, 112 (33), S. E4512–E4521.

Grassmuck, V. (2014a). *Kollisionen und Konvergenz*. Politik & Kultur. Dossier: *Der öffentlich-rechtliche Rundfunk*, S. 20 – 21

Grassmuck, V. (2014b). Von Daseinsfürsorge zu Public Value: Für einen neuen Gesellschaftsvertrag über unsere mediale Umwelt. In D. Klumpp, K. Lenk, & G. Koch (Hrsg.), *Überwiegend Neuland. Zwischenbilanzen der Wissenschaft zur Gestaltung der Informationsgesellschaft* (S. 77–108).

Grundgesetz für die Bundesrepublik Deutschland (GG) vom 23. Mai 1949 (BGBl. S. 1), zuletzt geändert durch Artikel 1 des Gesetzes vom 23.12.2014 (BGBl. I S. 2438)

Helberger, N. (2015). Public Service Media. Merely Facilitating or Actively Stimulating Diverse Media Choices? Public Service Media at the Crossroad. *International Journal of Communication*, 9, S. 1324–1340

Hern, A. (2017). Can Facebook win its battle against election interference in 2018? Abgerufen am 10.02.2018 von http://s.fhg.de/7k4

Kranzberg, M. (1986). Technology and History: »Kranzberg's Laws«. *Technology and Culture,* 27(3), S. 544–560

Lewandowski, D., Kerkmann, F. & Sünkler, S. (2014). Wie Nutzer im Suchprozess gelenkt werden: Zwischen technischer Unterstützung und interessengeleiteter Darstellung. In B. Stark, D. Dörr, & S. Aufenanger (Eds.), *Die Googleisierung der Informationssuche: Suchmaschinen zwischen Nutzung und Regulierung* (S. 75–97). Berlin: De Gruyter

Morris, J. W. (2015). Curation by code: Infomediaries and the data mining of taste. *European Journal of Cultural Studies,* 18(4–5), S. 446–463.

Newman, N., Fletcher, R., Kalogeropoulos, A., Levy, D. A. L. & Nielsen, R. K. (2017). *Digital News Report 2017.*Reuters Institute for the Study of Journalism. http://s.fhg.de/5aZ

Neyland, D. (2016). Bearing Accountable Witness to the Ethical Algorithmic System. *Science, Technology & Human Values,* 41 (1), S. 50–76.

Pariser, E. (2012). *The filter bubble: how the new personalized Web is changing what we read and how we think.* New York, N.Y.: Penguin Books/Penguin Press

Pasquale, F. (2015). *The Black Box Society: The Secret Algorithms that Control Money and Information.* Cambridge: Harvard University Press

Pöchhacker, N., Burkhardt, M., Geipel, A. & Passoth, J.-H. (2017). Interventionen in die Produktion algorithmischer Öffentlichkeiten: Recommender Systeme als Herausforderung für öffentlich-rechtliche Sendeanstalten. *kommunikation @ gesellschaft,* S. 18–25

Rieder, B. (2005). Networked Control: Search Engines and the Symmetry of Confidence. *International Review of Information Ethics,* 3, S. 26–32

Staatsvertrag für Rundfunk und Telemedien (Rundfunkstaatsvertrag) vom 31. August 1991, zuletzt geändert durch den Achtzehnten Rundfunkänderungsstaatsvertrag vom 9. bis 28. September 2015

Sunstein, C. R. (2009). *Republic.com 2.0.* Princeton: Princeton University Press

Wehner, J. & Passoth, J.-H. (2012). Von der Quote zum Nutzerprofil - Quantifizierung in den Medien. In *Transnationale Vergesellschaftungen. Kongressband zum 35. Kongress der Deutschen Gesellschaft für Soziologie.* Wiesbaden: Springer VS

## Hinweis

Dieser Artikel basiert auf den Erkenntnissen des Forschungsprojektes »Mediatheken der Zukunft«, welches in Kooperation zwischen der Technischen Universität München, dem Bayerischen Rundfunk und dem Institut für Kommunikationswissenschaft der Ludwig-Maximilians-Universität München im Rahmen des *Munich Center for Internet Research (MCIR)* durchgeführt wurde.

## Über die Autoren

### Nikolaus Pöchhacker

Nikolaus Pöchhacker ist wissenschaftlicher Mitarbeiter und Doktorand des *Digital Media Labs* am *Munich Center for Technology in Society* (Technische Universität München), wo er in seiner Dissertation zu den epistemischen Praktiken von *Predictive Analytics* und *Machine Learning* forscht. Zuvor war er wissenschaftlicher Mitarbeiter am Institut für Höhere Studien, Wien, mit dem Arbeitsschwerpunkt *Responsible Research and Innovation*. Er hat an der Universität Wien Wissenschafts- und Technikforschung, Soziologie und Informatik studiert und arbeitete für einige Jahre als *IT Professional*. Seine Forschungsschwerpunkte sind die sozialen Dimensionen und Implikationen von algorithmischen Systemen und Informationsinfrastrukturen mit einem speziellen Fokus auf *Algorithmic Governance* und Wissensproduktion in *Digital Surveillance Systems*.

## Andrea Geipel

Andrea Geipel arbeitet in der Forschungsabteilung des Deutschen Museums in München und forscht zur Frage nach Möglichkeiten und Herausforderung von *Virtual-* und *Augmented-Reality*-Technologien im Museum. Nach ihrem Studium der Sportwissenschaften an der Technischen Universität München arbeitet sie im *Digital/Media/Lab* am *Munich Center for Technology in Society* an der Technischen Universität München. Ihr dortiger Forschungsschwerpunkt beschäftigte sich mit der Frage inwiefern Plattformlogiken sozialer Medien die Wissenschaftskommunikation beeinflussen.

## Marcus Burkhardt

Dr. Marcus Burkhardt ist Postdoktorand am Lehrstuhl für Digitale Medientechnologien im Medienwissenschaftlichen Seminar der Universität Siegen. Er hat Medienwissenschaft, Philosophie und Informatik an der Friedrich-Schiller-Universität Jena studiert und am *International Graduate Centre for the Study of Culture* der Justus-Liebig-Universität Gießen promoviert. Anschließend war er unter anderem im *Hybrid Publishing Lab* an der Leuphana Universität Lüneburg sowie dem *Digital/Media/Lab* am *Munich Center for Techology* tätig. Seine Forschungsschwerpunkte sind die Geschichte und Theorie digitaler Medien.

## Jan-Hendrik Passoth

Dr. Jan-H. Passoth vertritt den Lehrstuhl für Soziologie mit Schwerpunkt Techniksoziologie an der Universität Passau und leitet das *Digital/Media/Lab* am *Munich Center for Techology in Society* an der Technischen Universität München. Er hat Soziologie, Politikwissenschaft und Informatik in Hamburg studiert und dort 2007 mit einer Arbeit zu »Technik und Gesellschaft« promoviert. Seitdem hat er in Hamburg, Bielefeld und Berlin gearbeitet und war Gastwissenschaftler an der *Indiana University,* der *Pennsylvania State University* sowie am ZiF in Bielefeld und in den Medienwissenschaften in Siegen. Seine Forschungsschwerpunkte sind die sozialen und kulturellen Implikationen von Software und digitalen Technologien und die sich verändernde Rolle der Informatik in Gegenwartsgesellschaften.

# Was zu tun ist, damit Maschinen den Menschen dienen

Julia Krüger & Konrad Lischka

freie Sozialwissenschaftlerin & Bertelsmann Stiftung, Gütersloh

Prozesse algorithmischer Entscheidungsfindung berühren in vielen Bereichen gesellschaftliche Teilhabe. Daraus ergeben sich Herausforderungen auf vier Feldern:

1. Gesellschaftliche Angemessenheit (Haben algorithmische Systeme sinnvolle Optimierungsziele?)
2. Überprüfen und erklären der Umsetzung (Verwirklichen algorithmische Systeme die sinnvollen Ziele?)
3. Schaffen von Diversität (Ist die Vielfalt der Systeme und Betreibermodelle groß genug, um gesellschaftlich angemessen zu sein?)
4. Übergreifende Rahmenbedingungen für teilhabeförderliche algorithmische Systeme (Genügen staatliche und individuelle Gestaltungskompetenzen dem gesellschaftlichen Anspruch?)

Der Beitrag stellt eine Auswahl von Lösungsideen in allen vier skizzierten Handlungsfeldern vor. Die Auswahl ist nicht umfassend und abschließend. Sie veranschaulicht aber auch in dieser Form, dass Akteure aus allen drei Sektoren Möglichkeiten haben, algorithmische Entscheidungsfindung für mehr gesellschaftliche Teilhabe zu gestalten. Es gibt viele Ideen für Maßnahmen und Methoden bzgl. der gesellschaftlichen Gestaltung, Intervention und Kontrolle algorithmischer Entscheidungsfindung. Keineswegs scheint der Mensch der Maschine ausgeliefert.

# 1. Worum es geht: Gesellschaftliche Anforderungen an algorithmische Entscheidungssysteme

Wie sehr algorithmische Entscheidungssysteme den Alltag durchdringen können, sieht man in New York. Dort bestimmen algorithmische Systeme, auf welche weiterführende Schule Kinder kommen,[1] wo die Polizei wie häufig Streife fährt und kontrolliert,[2] welche Lehrer Karriere machen,[3] welche Gebäude vorrangig auf Brandschutz inspiziert werden[4] und wer des Sozialleistungsbetrugs verdächtigt wird[5].

Befürworter solcher Systeme führen eine Reihe von Vorteilen an, die sich grob in diese drei Bereiche gliedern lassen[6]:

- Fairness und Konsistenz: Algorithmenbasierte Prognosen arbeiten zuverlässig die vorgegebene Entscheidungslogik in jedem Einzelfall ab. Im Gegensatz zu Menschen ist Software nicht tagesformabhängig und wendet nicht in Einzelfällen willkürlich neue, unter Umständen ungeeignete Kriterien an. Gesellschaftlich nicht angemessene Kriterien lassen sich von vornherein ausschließen.

- Umgang mit Komplexität: Software kann größere Datenmengen analysieren als Menschen. So lassen sich Muster finden, anhand derer einige Probleme schneller, präziser oder günstiger gelöst werden können. Algorithmische Systeme können ihren Output

---

[1]  Tullis, 2014
[2]  Brennan Center for Justice, 2017
[3]  O'Neil, 2017
[4]  Heaton, 2015
[5]  Singer, 2015
[6]  vgl. Lischka & Klingel, 2017, S. 37f

günstig personalisieren und sie lassen sich neuen Umständen leichter anpassen als analoge Strukturen. Das in New York eingesetzte algorithmische System zur Schülerverteilung senkte zum Beispiel im ersten Jahr nach Einführung die Anzahl keiner weiterführenden Schule zugeteilter Schüler von 31.000 auf 3000.[7]

– Effizienz: Maschinen werten große Datenmengen in der Regel günstiger und schneller aus als Menschen das vergleichbare Pensum verarbeiten würden. Eine einmal entwickelte Entscheidungslogik eines Systems lässt sich günstig auf viele Fälle anwenden. In New York lobt die Feuerwehr zum Beispiel die Effizienz der zentralisierten, algorithmischen Auswertung von Gebäudedaten im Vergleich zum alten papierbasierten und auf 26 Standorte verteilten Verfahren.[8]

Der Einsatz algorithmischer Entscheidungssysteme garantiert nicht, dass diese Chancen tatsächlich verwirklicht werden. Auch das zeigt der Einsatz in New York. Die Herausforderungen für Teilhabechancen durch den Einsatz algorithmischer Systeme lassen sich grob in vier Felder unterteilen.

## 1.1. Gesellschaftliche Angemessenheit – haben algorithmische Systeme sinnvolle Optimierungsziele?

Der Rechnungshof in New York lobt das algorithmische System zur Schülerverteilung, weil es viel mehr Schüler den von ihnen präferierten Schulen zuordnet als das alte Verfahren. Zugleich zweifeln

---

[7]  New York City Independent Budget Office, 2016
[8]  Heaton, 2015

die Autoren des Berichts an, dass die Erfüllung individueller Wünsche wirklich das gesellschaftlich sinnvollste Optimierungsziel ist. Ihr Gegenargument: Das System teilt unterdurchschnittlich benotete Schüler meist unterdurchschnittlich bewerteten Schulen zu. Denn das entspricht den Präferenzen. Und doch benachteiligt diese Art der Verteilung systematisch Schüler aus ärmeren Vierteln, wo sich in der Stadt unterdurchschnittlich bewertete Schulen und unterdurchschnittlich benotete Schüler ballen.[9]

Hier geht es nicht um die Effizienz und Konsistenz des Systems, sondern um das Optimierungsziel: Soll die Verteilung individuelle Schulpräferenzen in möglichst vielen Fällen befriedigen? Oder sollen das System die Bildungschancen vom soziodemografischen Hintergrund entkoppeln? Beide Ziele sind vertretbar. Dass ein Prozess algorithmischer Entscheidungsfindung (im Folgenden als ADM abgekürzt nach dem im Englischen üblichen Begriff *algorithmic decision-making.)*[10] zuverlässig und nachvollziehbar arbeitet, sagt wenig über seinen gesellschaftlichen Sinn aus. Welches Ziel die Stadt und damit das von ihr beauftragte System verfolgen sollen, sollten in einem politischen Willensbildungsprozess möglichst viele Bürger und vor allem potenziell Betroffene mitbestimmen können. Hier geht es um die der technischen Umsetzung vorgelagerten Fragen, die nicht anhand technischer Kriterien zu beantworten sind. Die Gestaltung algorithmischer Systeme, die Teilhabechancen berühren, setzt so gut wie immer solche werteorientierten Zieldefinitionen voraus. Was einen guten Arbeitnehmer ausmacht, was eine relevante journalistische Nachricht auszeichnet, woran eine wichtige Freundschaft zu erkennen ist – auf solche Fragen gibt es keine eindeutig richtigen Antworten. Solche sozialen Konzepte müssen die Gestalter

[9] New York City Independent Budget Office, 2016
[10] Verwendet zum Beispiel in: USACM 2017; Ananny und Crawford 2016; Goodman und Flaxman 2016, Mittelstadt 2016a: Zarsky 2016.

von algorithmischen Systemen operationalisieren und messbar machen. Zur Entwicklung muss dabei auch gehören, die Ziele gesellschaftlich angemessen breit zu diskutieren. Das ist notwendig, um gesellschaftlicher Dynamik Raum zu geben. Sonst würde man im schlimmsten Fall durch algorithmische Systeme z. B. lediglich im Trainingsdatensatz geronnene gesellschaftliche Zustände der Vergangenheit fortschreiben.

Bei dem algorithmischen System zur Schülerverteilung in New York wirkt vermutlich ein ähnlicher Effekt der Status-quo-Reproduktion: Die Standorte überdurchschnittlich erfolgreicher Schulen und Schüler hängen mit der Verteilung von Reichtum und Bildung im Stadtgebiet zusammen. Diese Variable beeinflusst die Präferenzen der Schüler und das Verteilungsergebnis, unabhängig vom algorithmischen System zur Auswahl.

## 1.2. Umsetzung prüfen, erklären, falsifizieren: Verwirklichen algorithmische Systeme die sinnvollen Ziele?

Gut gemeint ist nicht gut gemacht: Algorithmische Systeme mit gesellschaftlich angemessenen Optimierungszielen können Teilhabe mindern, wenn es an der Umsetzung hapert. Um die Qualität eines algorithmischen Systems zu beurteilen, muss auch die Umsetzung im Einsatz untersucht werden.

Ein bekanntes Beispiel für solche Analysen ist die 2016 veröffentlichte Recherche der US-Rechercheorganisation Propublica zur Qualität algorithmischer Rückfallprognosen, die in vielen US-Bundesstaaten vor Gericht genutzt werden. Die Software war zu diesem Zeitpunkt seit Jahren im Einsatz, doch zuvor hatte niemand systematisch überprüft, welche Fehler bei den Prognosen auftreten. Kernergebnis der Propublica-Recherche: Die Art der Fehlprognosen unterscheidet sich zwischen schwarzen und weißen Personen. Der Anteil Schwarzer mit hoher Rückfallprognose aber ohne Rückfall binnen zwei Jahren ist doppelt so hoch wie der Weißer.[11] Erst diese Rechercheergebnisse brachten die Diskussion über Fairnesskriterien der seit Jahren eingesetzten Systeme in Gang.

In New York hat die fehlende Nachvollziehbarkeit eines algorithmischen Systems zur Bewertung von Lehrern dazu geführt, dass ein Gericht den Einsatz dieser Software untersagte. Das System habe »willkürliche« und »unbeständige« *(»arbitrary and capricious«)* Ergebnisse geliefert, hieß es in der Urteilsbegründung.[12] Fehlende Überprüfbarkeit und Nachvollziehbarkeit sind auch die Hauptkritikpunkte an einem algorithmischen System zur Streifenplanung der New Yorker Polizei. Der Stadtrat James Vacca formuliert seine Bedenken so: Die Polizei habe ihm als Volksvertreter die Kriterien und Entscheidungslogik für die Einsatzplanung in der Bronx nie hinreichend erklären können.[13]

## 1.3.  Diversität schaffen: Vielfältige Systeme und Betreibermodelle dienen der gesellschaftlichen Angemessenheit

Die gesellschaftliche Angemessenheit der Optimierungsziele und die Qualität der Umsetzung sind immer an einzelnen algorithmischen Systemen zu bewerten. Doch es gibt auch auf der darüber liegenden Ebene Handlungsbedarf: Eine große Vielfalt ist ein anzustrebender Zustand. Vielfalt in zweierlei Sinn:

– Vielfalt der Systeme: Unterschiedliche Optimierungsziele und Operationalisierungen in einem Einsatzgebiet.

---

[11] Angwin, Kirchner, Larson, & Mattu, 2016, S. 2
[12] Harris, 2016
[13] Powles, 2017

- Vielfalt der Sektoren: Auftraggeber und Betreiber von ADM-Systemen aus dem öffentlichen, dem privatwirtschaftlich und dem zivilgesellschaftlichen Sektor

Vielfalt ist hier ein Wert an sich. Dafür sprechen vor allem diese drei Gründe:

- Skalierbarkeit: Die einmal entwickelte Entscheidungslogik eines ADM-Prozesses ist auf sehr viele Fälle anwendbar, ohne dass die Kosten für den Einsatz substanziell steigen. Das führt dazu, dass in einigen Lebensbereichen wenige algorithmische Systeme Verfahren dominieren können. Je größer die Reichweite eines algorithmischen Systems ist, desto schwieriger ist es für den Einzelnen, sich den Verfahren und ihren Folgen zu entziehen. Je geringer die Vielfalt algorithmischer Systeme in einem Einsatzbereich ist, desto härter treffen Fehler in der Umsetzung die Betroffenen.

- Gesellschaftliche Dynamik: Für soziale Phänomene oder Konzepte, wie zum Beispiel Nachrichtenrelevanz oder Eignung von Bewerbern, existieren viele richtige Operationalisierungen. Solche Konzepte unterliegen dem gesellschaftlichen Wandel. Je geringer die Vielfalt algorithmischer Systeme in einem Einsatzbereich ist, desto kleiner wird der Raum für gesellschaftliche Entwicklung und Vielfalt.

- Innovation: Wenn in einem Einsatzfeld unterschiedliche algorithmische Systeme im Einsatz sind, kann der Vergleich zwischen ihnen Erkenntnisse über Wirkung, Fehlerquellen und Alternativen befördern.

## 1.4. Übergreifende Rahmenbedingungen für teilhabeförderliche algorithmische Systeme

Handlungsbedarf auf den drei oben aufgeführten Feldern führt zu einem vierten: Es braucht kompetente Akteure, um den Rahmen für eine positive Entwicklung zu gestalten. Gesellschaftlicher Nutzen stellt sich nicht von alleine ein.

Gemeinwohlfördernde Gestaltung umfasst dabei einerseits Regulierung zur Abwehr und Nachsorge. Anderseits ist der Staat aber auch als Gestalter und Ermöglicher gefragt. Das Beispiel New York zeigt erste positive und negative Beispiele. Handlungsbedarf besteht hier offenkundig bei der staatlichen Gestaltungskompetenz.

## 2. Was man tun kann: Lösungsansätze

Es folgt eine Auswahl von Lösungsideen in allen vier skizzierten Handlungsfeldern. Die Auswahl ist nicht umfassend und abschließend. Sie veranschaulicht aber auch in dieser Form, dass Akteure aus allen drei Sektoren Möglichkeiten haben, algorithmische Entscheidungsfindung für mehr gesellschaftliche Teilhabe zu gestalten.

## 2.1. Zielsetzung algorithmischer Systemen auf gesellschaftliche Angemessenheit prüfen

Welche Optimierungsziele gesellschaftlich sinnvoll sind, lässt sich nicht präskriptiv für alle algorithmischen Systeme festlegen. Definieren und Priorisieren sind dynamische Prozesse. Und jedes neue algorithmische System mit Wirkung auf gesellschaftliche Teilhabe muss Anlass sein, diesen Prozess weiterzutreiben. Dafür ist eine breite gesellschaftliche Diskussion der Ziele und Operationalisierungen nötig. Wie können Einsatz und Entwicklung von ADM-Systemen gestaltet sein, um diese Diskussionen zu fördern, damit die

gesellschaftliche Angemessenheit im gesellschaftlichen Diskurs erörtert wird?

## 2.1.1. Transparenz von Zielen, Methoden, Ergebnissen: Transparenz gegenüber Betroffenen

Von einem algorithmischen System bewertete Menschen müssen
wissen, dass sie bewertet wurden. Und sie müssen genug über
Grundlage, Tenor und Folgen der Bewertung wissen, um mit diesen
Informationen eine Evaluation und Korrektur anstrengen zu können.

Die europäische Datenschutz-Grundverordnung sieht im Kap. 3, Art.
13–15 in Verbindung mit Art. 22 Informationspflichten im Falle der
Erhebung und Verarbeitung von Daten zum Zwecke der automatisierten Entscheidungsfindung vor. Diese umfassen aussagekräftige
Informationen über die a) involvierte Logik, b) die Tragweite sowie
c) die angestrebten Auswirkungen – zumindest, wenn die Entscheidung gegenüber der betroffenen Person rechtliche Wirkung entfaltet oder sie in ähnlicher Weise erheblich beeinträchtigt. Eine Reihe
von Ausnahmen und Einschränkungen lässt an der Wirksamkeit der
EU-DSGVO in diesem Punkt zumindest Zweifel zu, für eine ausführliche Diskussion ist hier nicht der Platz.

Als Merkmale einer wirksamen Transparenz beschreibt eine Studie
zu den Menschenrechtsdimensionen automatisierter Entscheidungsverfahren im Auftrag des Europarats[14] diese:

– Ziele der algorithmischen Entscheidungsfindung

– Variablen im Sinne der Modellierung

---

[14] Council of Europe - Committee of experts on internet intermediaries, 2017

- Informationen über Methoden (Trainingsdaten, statistische Kennzahlen sowie die Menge und Art der automatisierten Entscheidungen zugrundeliegenden Daten)

Citron hebt darüber hinaus hervor, dass solche Auskunftspflichten grundlegend dafür sind, dass rechtsstaatliche Verfahren (»*due process*«) in prozeduraler und inhaltlicher Hinsicht gewahrt werden können.[15]

Die Forderungen bleiben allerdings oft recht allgemein: Gelten sie nur für Entscheidungssysteme, welche den individuellen Handlungsspielraum beeinflussen? Oder gelten sie auch für solche, welche die Wahrnehmung beeinflussen, wie zum Beispiel soziale Netzwerke (Google, Facebook, Twitter) oder Plattformen, die dem Online-Versandhandel (Amazon) oder der Verteilung anderer Güter oder Dienstleistungen dienen?[16]

Wissenschaftler des Oxford Internet Institute haben hier einen instruktiven Vorschlag gemacht, der als Counterfactual Explanations – eine Art Anwendungs- oder Nutzungserläuterung für das algorithmische Entscheidungssystem - debattiert wird. Sie soll Betroffenen eine Möglichkeit geben, algorithmische Entscheidungen zu verstehen und anzufechten, sowie eine Orientierung über Möglichkeiten, die algorithmische Entscheidung in der Zukunft zu verändern. Im Kern beschreibt eine Counterfactual Explanation die kleinsten nötige Änderungen im Input für das ADM-System, um einen anderen Output zu erzielen:

---

[15] Citron, 2008, S. 1281ff
[16] Otto, 2017, S. 18ff

*»These counterfactual explanations describe the smallest change to the world that would obtain a desirable outcome, or to arrive at a 'close possible world'.«*[17]

Im einfachsten Fall, etwa bei der Kreditbewilligung, könnte so eine Anwendungserläuterung eine Auskunft dazu geben, wie hoch das Jahreseinkommen eines Antragstellenden sein müsste, damit ein nicht bewilligter Kreditantrag doch bewilligt worden wäre. Interessant ist die Methode, wenn viele Variablen oder Variablensets zusammenkommen, wenn das gesamte Variablenset - eine Entscheidungsmatrix - vorliegt. Diese würde durch Analyse der einer konkreten Entscheidung zugrundeliegenden Variablen generell verschiedene Erklärungen für eine konkrete Entscheidung bieten können. Für das betroffene Individuum wäre voraussichtlich die Erklärung am hilfreichsten, welche die individuell nächstmögliche Veränderung fokussiert, so die Autoren.[18] Es geht damit um eine algorithmisch generierte Erklärung algorithmischer Entscheidungsverfahren.

Neben der allgemeinen Auskunft zur Anwendung und Funktionsweise algorithmischer Entscheidungssysteme stellt die Kenntnis über erhobene und zum Zwecke einer maschinellen Entscheidung verarbeitete Daten eine der Forderungen dar. Diese soll einerseits Individuen die Kontrolle über die sie betreffenden Entscheidungen geben und andererseits der Allgemeinheit eine adäquate Funktionsweise algorithmischer Entscheidungssysteme sichern. Citron und Pasquale[19] führen am Beispiel von Kredit-Scoring aus:

---

[17]  Wachter, Mittelstadt & Russell, 2017, S. 1

[18]  ebd.

[19]  Citron & Pascale, 2014

*»An important question is the extent to which the public should have access to the data sets and logic of predictive credit-scoring systems. We believe that each data subject should have access to all data pertaining to the data subject. Ideally, the logics of predictive scoring systems should be open to public inspection as well. There is little evidence that the inability to keep such systems secret would diminish innovation.«*[20]

Die Autoren der »Future of Life«-Konferenz, die der Entwicklung gemeinwohlorientierter Künstlicher Intelligenz gewidmet ist, formulieren kurz und knapp:

*»People should have the right to access, manage and control the data they generate, given AI systems' power to analyze and utilize that data.«*[21]

Sie gehen damit noch einen Schritt weiter und fordern ebenfalls die Möglichkeit, persönliche Daten zu korrigieren.

## 2.1.2. Verpflichtende Folgenabschätzung: Transparenz gegenüber der Öffentlichkeit

Transparenz- und Auskunftspflichten sollen betroffenen Individuen einen Überblick über die Grundlagen einer sie betreffenden Entscheidung geben und darauf aufbauend die Möglichkeit einer Anfechtung und Veränderung einer konkreten Entscheidung. Wie aber sieht es aus mit dem Überblick für die Gesellschaft?

Folgenabschätzungen bzw. Verträglichkeitsprüfungen für algorithmische Entscheidungssysteme können eine Grundlage darstellen, auf der die Öffentlichkeit einen Überblick über eingesetzte Systeme

---

[20] Citron & Pasquale, 2014, S. 26
[21] Future of Life Institute, 2017

erhalten kann. Auf dieser Grundlage könne dem Einsatz fehlerhafter, diskriminierender oder schädlicher Systeme Einhalt geboten werden, so der Informationswissenschaftler Ben Shneiderman: Eine konkrete Möglichkeit besteht etwa darin, Systembetreiber dazu zu verpflichten, eine Folgenabschätzung bereitzustellen, die Grundlage bietet für ein unabhängiges Zulassungsverfahren *(»independent oversight review«)*.[22]

Diese Vorschläge orientieren sich an den in der EU und den USA bekannten Umweltverträglichkeitsprüfungen bzw. -erklärungen, die bei Bauvorhaben Informationen zu betroffenen Stakeholdergruppen und potenziellen Folgen geben. Eine Algorithmenverträglichkeitsprüfung bzw. – erklärung *(»algorithm impact statement«)* könnte der allgemeinen Öffentlichkeit Überblick geben über

- Ziele eines algorithmischen Entscheidungssystems,

- Qualität des Daten-Inputs, sowie

- erwartete Ergebnisse.[23]

Daran orientiert wären beispielsweise Abweichungen von einer intendierten Funktionsweise identifizierbar. In der deutschen Diskussion wird eine ähnliche Idee unter dem Schlagwort »Beipackzettel« diskutiert – ein Dokument, das »Einsatzgebiet, Modellannahmen und gesellschaftliche Nebenwirkungen« eines algorithmischen Systems benennt.[24]

In eine ähnliche Richtung geht eine sogenannte Diskriminierungsprüfung bzw. –erklärung *(»dicrimination impact assessment«),* wie sie der Rechtswissenschaftler Andrew Selbst für den Bereich vorhersa-

---

[22] Shneiderman, 2016, S. 13539
[23] ebd.
[24] Zweig, 2016

gebasierter Polizeiarbeit (»predictive policing«) vorschlägt: Hier stehen Effektivität und potenzielle Diskriminierungseffekte algorithmischer Entscheidungssysteme im Mittelpunkt der Betrachtung. Der Vorschlag beinhaltet den Vergleich unterschiedlicher Algorithmen und Modelle im gleichen Anwendungsbereich. Er würde der Öffentlichkeit eine Möglichkeit für die Auswahl, Mitgestaltung oder Entwicklung algorithmischer Entscheidungssysteme eröffnen. Chancen und Risiken der Technologien könnten langfristig informiert debattiert werden. Zudem würde das Vertrauen in die Arbeit von Polizei- und Sicherheitsdiensten gestärkt.[25]

## 2.1.3. Partizipation von Stakeholdern bei der Entwicklung und Anwendung automatisierter Systeme

Die Entwicklung und der Einsatz algorithmischer Entscheidungssysteme beinhalten von Beginn an Wertentscheidungen, die in das System-Design einfließen. Vorbilder für adäquate Verfahren der Stakeholder-Partizipation finden sich im Bereich der Bio- und Medizinethik. Im Kontext von Genforschung wurden Lösungen für ethische Probleme auf verschiedenen gesellschaftlichen Ebenen gefunden. Die Einbindung von Patientenvertretungen in Organisationen, die mit der Entwicklung und Anwendung algorithmischer Entscheidungsfindung in der Medizin betraut sind, stellt eine Lösungsmöglichkeit dar, so Cohen et al..[26] Positive Erfahrungen liegen für Nutzung und Verwertung von Gendatenbanken vor, die ein Treuhänder (Individuum oder eine Gruppe von Betroffenen) betreibt.

[25] Selbst, 2016
[26] Cohen et al., 2014

## 2.1.4. Professionsethische Kodizes und Institutionen etablieren

Eine Reihe von Professionen haben professionsethische Prinzipien für Urteile über das Wohl von Menschen erarbeitet und Institutionen etabliert, die konkrete Fälle an diesen Prinzipien messen und beurteilen. In der Diskussion über die Bewertung gesellschaftlicher Angemessenheit algorithmischer Systeme empfehlen viele Experten Äquivalente zu Standards und Institutionen wie sie etwa bei medizinischer Forschung existieren.

Ob die Optimierungsziele gesellschaftlich angemessen sind, lässt sich nicht allein auf Grundlage der Gestaltung des Systems und der Datenauswahl diskutieren. Welche Folgen hat der Einsatz für den einzelnen Bewerteten? Welche Folgen hat der Einsatz absehbar auf kollektive Güter? Welche Alternativen bestehen? Diese Fragen können bei gesellschaftlich relevanten Systemen nicht allein die Data Scientists, Produktmanager, Implementierer und anderen an der Entwicklung Beteiligten beantworten. Hier braucht es viele Anknüpfungspunkte und Instrumente, um einen Diskurs in Gang zu bringen und zu ermöglichen. Dies ist ein Ansatz für eine Professionsethik: Wo algorithmische Systeme gesellschaftliche Teilhabe beeinflussen, müssen ihre Ziele, ihr Design und ihre Wirkung der gesellschaftlichen Kontrolle und Willensbildung unterliegen. Dies zu ermöglichen, ist die ethische Verantwortung der an der Entwicklung der Systeme Beteiligten im Sinne einer prozessbezogenen Professionsethik.

In diese Richtung gehen Vorschläge wie die *»Principles for Accountable Algorithms«* der Initiative FAT/ML.[27] Die Autoren postulieren fünf Prinzipien für die Gestaltung algorithmischer Systeme unter

---

[27] Fairness, Accountability, and Transparency in Machine Learning, 2016

dieser Maxime (im Folgenden aus dem englischen Original para-
phrasiert):

– Verantwortlichkeit: Instanzen für Beschwerden und Berufung
  schaffen und öffentlich sichtbar machen.

– Erklärbarkeit: Sicherstellen, dass Entscheidungen Endanwen-
  dern und anderen Stakeholdern in nicht-technischer Sprache
  erklärt werden können.

– Sorgfalt: Quellen von Fehlern und Unsicherheit im System und
  den Datenquellen identifizieren, dokumentieren und protokol-
  lieren, sodass die Folgen verstanden und Linderungsmaßnah-
  men entwickelt werden können.

– Überprüfbarkeit: Interessierten Dritten das Testen, Verstehen
  und Evaluieren des Systems ermöglichen, z. B. durch geeignete
  APIs (Schnittstellen), Information, permissive Nutzungsbedin-
  gungen.

– Fairness: Sicherstellen, dass algorithmische Entscheidungen bei
  unterschiedlichen demographischen Faktoren (Geschlecht,
  Herkunft etc.) nicht systematisch ungerecht verschiedenen
  Output liefern.

## 2.2. Umsetzung von Zielen in Systemen prüfen, erklären, falsifizieren

Die Kenntnis der Ziele und erwarteten Resultate, der Methoden und
der Anwendungsbereiche algorithmischer Entscheidungssysteme
stellen die Grundvoraussetzung dar, um deren Angemessenheit zu
gewährleisten. Doch damit ist natürlich weder gesichert, dass die intendierten Wirkungen erzielt werden, noch, dass nicht-intendierte
Wirkungen ausgeschlossen werden können. Gerade im Bereich von
selbst-lernenden Systemen gilt: Es können nicht nur Fehler oder

Bugs auftreten, sondern auch unerwartete Interaktionen von Systembestandteilen komplexer Systeme sowie den Einzelnen betreffende Fehler infolge zugrundeliegender Wahrscheinlichkeitsrechnung.

### 2.2.1. Etablierung zivilgesellschaftlicher Wächter: adäquate Ausstattung und Rechtssicherheit

Die Debatte über das COMPASS-System zur Risikoeinschätzung von Straftätern in den USA begann erst, nachdem das gemeinnützige US-Recherchebüro Propublica mit großem Aufwand Daten recherchiert, aufbereitet und ausgewertet hatte.[28] Es braucht nicht nur Ressourcen für die technische Analyse von Systemen, sondern auch für die Recherche potenzieller Fälle, das Sammeln und Einklagen von Daten und die Recherche tatsächlicher Einsatzpraktiken. Hierfür sind zivilgesellschaftliche Watchdogs nötig, wie das Beispiel Propublica in den Vereinigten Staaten zeigt. Inspiration könnten hier auch Nichtregierungsorganisationen aus der Umweltbewegung sein, die zum Teil als Beschwerdeinstanzen mit niedrigen Zugangshürden fungieren, Fälle aggregieren und Narrative entwickeln, die erst eine gesellschaftliche Debatte anstoßen. Forderungen nach Verantwortlichkeit gegenüber der Öffentlichkeit sind nicht zu verwirklichen, wenn nicht Mindestbedingungen für das Entstehen von Öffentlichkeit erfüllt sind. Nach allen Erfahrungen mit Fällen wie Compass, Centrelink und anderen Systemen gehören zu den Entstehensbedingungen zivilgesellschaftliche Wächteroganisationen.

---

[28]  Angwin, Kirchner, Larson & Mattu, 2016

## 2.2.2.   Externe Analysen ermöglichen, Gesetzgebung anpassen

2015 erschien in Science eine einzigartige Studie zum Nutzungsverhalten von Facebook-Nutzern.[29] Die drei Autoren waren Facebook-Angestellte, die Datenbasis ihrer Forschung ist für niemanden außerhalb Facebook's zugänglich. Wissenschaftlicher wie Lazer warnen vor der Gefahr, dass »die einzigen, die Facebook erforschen können, Forscher bei Facebook sind«[30].

Die private Verfügungsgewalt über Algorithmen und Daten, die algorithmischen Entscheidungssystemen zugrunde liegen, können unter Umständen gesamtgesellschaftliche Schäden hervorrufen. Daher sind Wissenschaftsschranken für den Schutz solcher Systeme als Geschäftsgeheimnisse[31] zu prüfen ebenso wie Transparenzvorschriften[32].

## 2.2.3.   Sicherung der Datenbasis: Datenauskunft und -korrektur, Herkunftsnachweise

Die Forderungen nach Datenauskunft und -korrektur schützen natürlich zunächst Individuen. Wie die Autoren des Future of Privacy Forum formulieren, kommt ein solches Recht auf Datenauskunft und -korrektur auch der Allgemeinheit zugute: Um negativen Effekten algorithmischer Entscheidungssysteme zu begegnen, brauche man sogenannte Data Methods Solutions - Methoden der Datenerhebung und Auswertung, welche die Aktualität, Korrektheit und Vollständigkeit von Daten absichern. Um ein Set adäquater Daten zu

---

[29]   Bakshy, Messing und Adamic, 2015
[30]   Lazer ,2015
[31]   Calo, 2017
[32]   Tutt, 2016

gewährleisten, das maschinellen Analyse- und Entscheidungsverfahren zugrunde liegt, bietet die Kontrolle von Individuen über sie betreffende Daten eine zuverlässige Option. Informationsrechte und Zustimmung von Individuen erhöhen aus dieser Perspektive die Zuverlässigkeit maschineller Entscheidungen [33]

In der Literatur wird insbesondere über die Dokumentation der Herkunft von Daten etwa durch einen Lieferkettennachweis debattiert.[34]

## 2.2.4.  Widerspruchsverfahren institutionalisieren

Die Datenschutz-Grundverordnung sieht im Kontext algorithmischer Entscheidungsverfahren in Kap. 3, Art. 21-22 sowohl Widerspruchsrechte vor wie auch das Recht auf Erwirken des Eingreifens einer Person seitens des Verantwortlichen, auf Darlegung des eigenen Standpunktes und auf Anfechtung der Entscheidung.[35] Diese Rechte gelten auch unter Wissenschaftlern als zentral.[36] Ihre Umsetzung birgt Herausforderungen.

Generell gilt es, Widerspruchsrechte nicht nur für Individuen zu institutionalisieren. Auch die Möglichkeit der Einrichtung von Verbandsklagerechten sollte erörtert werden. Denn Wohlfahrtsverbände sind gesellschaftliche Institutionen, die einen direkten Überblick über eingesetzte Systeme maschineller Entscheidungen und ihre Implikationen haben, insbesondere in teilhaberelevanten Be-

---

[33]  Future of Privacy Forum, 2017
[34]  Association for Computing Machinery, 2017; Fairness, Accountability, and Transparency in Machine Learning, 2016
[35]  Europäisches Parlament & Rat der Europäischen Union, 2016
[36]  Citron, 2008

reichen. So werden sie auch von der Stadt New York zu Rate gezogen, um die von der Stadt in der Verwaltung eingesetzten Systeme zu klassifizieren und zu prüfen.[37]

Als der Institutionalisierung von Widerspruchsverfahren dienlich gelten technische Designs, die Nachvollziehbarkeit ermöglichen [38]sowie Dokumentationspflichten für Betreiber algorithmischer Systeme, insbesondere zugrundeliegender Modelle, Algorithmen und Daten[39]. Solche Dokumentationspflichten werden aktuell auch durch die Stadt New York geprüft, um die Angemessenheit maschinellen Verwaltungshandeln zu sichern.[40]

## 2.3.   Diversität schaffen

### 2.3.1.   Frei zugängliche Trainingsdatensätze für Entwicklung und Training von Algorithmen

Für die enormen Fortschritte bei der Gesichts- und Bilderkennung durch algorithmische Systeme in den vergangenen Jahren ist neben neuer Hardware auch die breite Verfügbarkeit von Trainingsdaten verantwortlich. Im Jahr 2009 veröffentlichte ein Team um die Informatikerin Fei-Fei Li den Imagenet-Datensatz – eine Datenbank von damals 3,2 Millionen verschlagworteten Fotos. Inzwischen umfasst der Datensatz 13 Millionen Fotos, die Erkennungsrate der besten Software im jährlichen Imagenet-Wettbewerb ist von 71,8 Prozent im 2010 auf 97,3 Prozent 2017 gestiegen.[41] Wertvolle Trainingsdaten sind heute bei weitem nicht per se frei zugänglich. Ein Beispiel sind

---

[37]   Powles, 2017

[38]   Kroll u. a., 2017

[39]   Association for Computing Machinery, 2017; Shneiderman, 2016

[40]   Powles, 2017

[41]   Gershgorn, 2017

Suchmaschinen und soziale Netzwerke – eine Anwendung algorithmischer Entscheidungsprozesse, mit denen die Mehrheit der deutschen Internetnutzer täglich konfrontiert ist. Die Strukturierung, Personalisierung und Bewertung von Inhalten erledigen bei sozialen Netzwerken und Suchmaschinen algorithmische Systeme, die als wesentliche Signale die Reaktionen der Nutzer auswerten.[42] Diese Reaktionen kann kein anderer Anbieter auswerten, um eigene Empfehlungssysteme zu entwickeln. Die Konzentration der Nutzer bei wenigen Anbietern verbessert deren Datenlage und verschafft ihnen Vorteile gegenüber neuer Konkurrenz

Ein Vorschlag, um diesen Konzentrationstendenzen entgegenzuwirken: Öffentlich geförderte Forschung sollte produzierte Datensets der Allgemeinheit frei zugänglich machen. So ein Vorschlag des National Science and Techonolgy Council in einem Bericht für den US-Präsidenten:

> »Encouraging the sharing of AI datasets—especially for government-funded research—would likely stimulate innovative AI approaches and solutions. However, technologies are needed to ensure safe sharing of data, since data owners take on risk when sharing their data with the research community. Dataset development and sharing must also follow applicable laws and regulations, and be carried out in an ethical manner.«[43]

## 2.3.2. Vielfältige Betreiber der Trainingsdatenallmende

Ein Geschäftsmodel für den Betrieb einer Trainingsdatenallemende zu entwickeln, ist eine Herausforderung. Gemeinwohl rechnet sich

---

[42] Lischka & Stöcker, 2017, S. 15
[43] National Science and Technology Council, 2016, S. 31

nicht unbedingt nach unternehmerischer Buchführung. Deshalb braucht es auch andere Organisationsformen, eine Vielfalt von Betreibermodellen. Neben kommerziellen Akteuren kommen viele andere, gemeinwohlorientierte Organisationen in Betracht, zum Beispiel Hochschulen wie beim Imagenet-Datensatz. Cohen und andere schlagen als Inspiration Biobanken vor, die biologisches Material und zugordnete Daten etwa zur Krankengeschichte verwalten und der Forschung zugänglich machen. Solche Einrichtungen werden von Treuhändern im öffentlichen Auftrag betrieben wie die von Cohen beschriebene Michigan Department of Community Health Dried Blood Spot Specimen Bank.[44]

## 2.3.3. Staat als aktiver Gestalter einer positiven Ordnung

Experten empfahlen der Obama-Regierung, dass die Exekutive ihre Macht bei der Beschaffung, Entwicklung und dem Einsatz von algorithmischen Systemen zum Gestalten einer positiven Ordnung nutzt. Drei Vorschläge:

– Offene Software fördern: »*To help support a continued high level of innovation in this area, the U.S. government can boost efforts in the development, support, and use of open AI technologies. Particularly beneficial would be open resources that use standardized or open formats and open standards for representing semantic information, including domain ontologies when available. Government may also encourage greater adoption of open AI resources by accelerating the use of open AI technologies within the government itself, and thus help to maintain a low barrier to entry for innovators. Whenever possible, government should contribute algorithms and software to open source projects.*«[45]

---

[44] Cohen u. a., 2014, S. 1143
[45] National Science and Technology Council, 2016, S. 32

- Standards und Prozesse für den staatlichen Einsatz entwickeln: »*Agencies should work together to develop and share standards and best practices around the use of AI in government operations. Agencies should ensure that Federal employee training programs include relevant AI opportunities.*«[46]

- Kompetenz zur Entwicklung, Implementierung und Bewertung algorithmischer Systeme in neuen Agenturen konzentrieren: »*The Federal Government should explore ways to improve the capacity of key agencies to apply AI to their missions. For example, Federal agencies should explore the potential to create DARPA-like organizations to support high-risk, high-reward AI research and its application …*«[47]

## 2.3.4. Standards durch staatliche Nachfrage setzen

Bei der staatlichen Beschaffung gehören Sozial- und Umweltstandards zum Teil zu den Vergabekriterien. Die Entwicklung und Einhaltung solcher Standards wird zum Teil staatlich gefördert. Zum Beispiel vom bundesweiten Netzwerk zur Fairen Beschaffung (mit Fokus auf Kommunen). Das Netzwerk wird vom Bundesentwicklungsministerium gefördert.

Die Idee, staatliche Nachfragemacht zur gemeinwohlorientierten Gestaltung zu nutzen, und die auf anderen Gebieten dabei etablierten Verfahren sollten Inspiration für Beschaffungsstandards für algorithmische Systeme sein.[48] Anforderungen an Erklärbarkeit, Angemessenheit und Diversität von Systemen könnten die Entwicklung entsprechender Praktiken und Werkzeuge fördern – zum Beispiel die Nutzung und Förderung offener Standards und Software,

---

[46]  Felten u. a., 2016, S. 16
[47]  Felten u. a., 2016, S. 16)(Felten u. a., 2016, S. 16
[48]  Calo, 2017, S. 24

die Verfügbarkeit von Trainingsdaten, Monitoring, Erklärbarkeit, Entscheidungsforensik, Auszeichnung der Trainingsdaten und das Durchlaufen von Impact Assessments.

## 2.3.5. Förderung gemeinwohlorientierter Entwicklung

Forschungsförderung ist ein anderes Instrument, um durch staatliche Investitionen Technikentwicklung gemeinwohlförderlich zu gestalten. Calo sieht Handlungsbedarf bei Grundlagenforschung und Untersuchungen zur gesellschaftlichen Einbettung algorithmischer Systeme. Instrumente wie standardisierte Folgenabschätzungen oder professionsethische Kodizes müssen entwickelt und erprobt werden – das wären konkrete Ansatzpunkte für angewandte Forschung zur Einbettung von algorithmischen Systemen in gesellschaftliche Kontexte.

Die Förderung gemeinwohlorientierter algorithmischer Systeme sollte sich nicht allein auf etablierte institutionalisierte Forschung konzentrieren. Gemeinwohlorientierte Projekte unabhängiger Freiwilliger im Open-Source-Bereich oder aus zivilgesellschaftlichen Organisationen sollten gefördert werden. Als Inspiration kann der Prototype Fund dienen. Dieses von der Open Knowledge Foundation verantwortete und vom Bundesministerium für Bildung und Forschung finanzierte öffentliche Förderprogramm finanziert »gemeinnützige Software-Projekte in den Bereichen Civic Tech, Data Literacy und Datensicherheit«. Die geförderten Projekte sollen bis zur ersten Demoentwicklung gebracht werden – mit finanzieller Unterstützung und Coachingangeboten.[49]

---

[49] Open Knowledge Foundation Deutschland, o. J.

## 2.4.    Übergreifend: Kompetenzaufbau

### 2.4.1.    Staatliche Gestaltungskompetenz stärken

Um der Komplexität algorithmischer Entscheidungen in der Gesellschaft gerecht zu werden, schlagen verschiedene Autoren vor, dezidiert staatliche Kompetenzen aufzubauen bzw. entsprechende Kompetenzen bei existierenden staatlichen Institutionen zu stärken, und zwar in Abhängigkeit von unterschiedlichen Zielen.

Ein kontinuierliches Monitoring der technischen Entwicklung und Anwendung von ADM-Systemen sowie darauf aufbauende Empfehlungen stellen beispielsweise den Hintergrund für die Forderung nach der Einrichtung einer zentralen KI-Regulierungs- und/oder Beratungsinstitution dar.[50]

Die meisten Autoren verorten eine solche zentrale Institution im Regelfall als Beratungsinstanz für Legislative, Exekutive und Judikative.[51] Tutts Vorschläge gehen darüber hinaus: Er befürwortet die Einrichtung einer zentralen Behörde, die sowohl weiche Regulierung, wie etwa Transparenzvorschriften und Standardsetzung zum Gegenstand hat, als auch harte Regulierung: Zertifizierung und Zulassung von Systemen.

Auf der anderen Seite bedarf es insbesondere im Bereich hoheitlicher und öffentlicher Aufgaben auch des Ausbau von KI-Kompetenzen bei existierenden Institutionen, so Stone et al.[52]. Ziel ist das Verständnis für die Wechselwirkungen zwischen algorithmischer Entscheidungsfindung, Politikprogrammen und gesellschaftlichen Zielen.

---

[50]   Tutt, 2016
[51]   Calo, 2017; Cave, 2017; Felten u. a., 2016; Geoff Mulgan, 2016
[52]   Stone et al., 2016

## 2.4.2. Individuelle Gestaltungskompetenz stärken

Stakeholder-Partizipation, Widerspruchsverfahren, Auskunfts-rechte, zivilgesellschaftliche Wächter – solche Lösungsvorschläge eint, dass sie in der Umsetzung auf das Mitwirken von Betroffenen angewiesen sind. Von algorithmischen Entscheidungen betroffene Menschen müssen Auskunft verlangen, Informationen an Wächter-organisationen weiterleiten und Widerspruchsrechte in Anspruch nehmen. Das setzt ein Grundwissen darüber voraus, wo algorithmi-sche Entscheidungen im Einsatz sind, welche Chancen und Risiken der Einsatz hat und wie man als (potenziell) Betroffener Einfluss auf Gestaltung und Einsatz nehmen kann.

Neben staatlicher Gestaltungskompetenz und professionsethischen Standards braucht es also auch Kompetenz in der Bevölkerung im Umgang mit algorithmischen Systemen. Die Royal Society definiert diese Kompetenz als »*a basic grounding in what machine learning is, and what it does, will be necessary in order to grasp, at a basic level, how our data is being used, and what this means for the information presented to us by machine learning systems.*«[53]

Ein erster Schritt wäre es, den Kenntnisstand zu erfassen und dafür eine Methode zu entwickeln. Wie es um das Wissen über den Einsatz von algorithmischen Systemen und das Verständnis ihrer Funkti-onsweise in der Bevölkerung in Deutschland bestellt ist, wurde bis-lang nicht ermittelt. Zunächst wäre zu konkretisieren, wie sich in diesem Bereich Kompetenz äußert und wie sie zu erfassen wäre. In den Vereinigten Staaten wird diese Idee unter anderem unter der Bezeichnung »*algorithmic literacy*« diskutiert, allerdings fehlt bis-lang die Operationalisierung.[54]

---

[53] Royal Society, 2017, S. 63
[54] Caplan, Reed, & Mateescu, 2016, S. 8

# 3.  Fazit

Schon dieser unvollständige, knappe Überblick zeigt: Es gibt viele Ideen für Maßnahmen und Methoden zur gesellschaftlichen Gestaltung, Intervention bei und Kontrolle algorithmischer Entscheidungsfindung. Keineswegs scheint der Mensch der Maschine ausgeliefert. Allerdings gilt es nun, Chancen und Risiken im Einzelfall, d. h. unter Berücksichtigung des Anwendungsbereichs, der Komplexität und der Autonomie eines Systems, zu überprüfen und gegebenenfalls spezifische Handlungsoptionen zu entwickeln und zu erproben. Die Ideen existieren, es kommt nun auf Konkretisierung, Evaluation und Umsetzung an.

## Quellen

Angwin, J., Kirchner, L., Larson, J. & Mattu, S.. (2016) »Machine Bias: There's Software Used Across the Country to Predict Future Criminals. And it's Biased Against Blacks«. *ProPublica*, 23. Mai 2016. https://www.propublica.org/article/machine-bias-risk-assessments-in-criminal-sentencing

Association for Computing Machinery (2017). »Statement on Algorithmic Transparency and Accountability«, 12. Januar 2017. http://s.fhg.de/eAU

Bakshy, E., Messing, S., & Adamic L. A. (2015). »Exposure to ideologically diverse news and opinion on Facebook«. *Science* 348, Nr. 6239 (2015), S. 1130–1132.

Brennan Center for Justice (2017). »Brennan Center for Justice v. New York Police Department«, 19. Mai 2017. http://s.fhg.de/t9k

Calo, R. (2017). »Artificial Intelligence Policy: A Roadmap«. SSRN Scholarly Paper. Rochester, NY: Social Science Research Network, 8. August 2017. https://papers.ssrn.com/abstract=3015350

Caplan, R., Reed L. & Mateescu, A. (2016). »Who Controls the Public Sphere in an Era of Algorithms - Workshop Summary«. Data & Society Research Institute, 2016. http://s.fhg.de/Eux.

Cave, S. (2017). »Written evidence - Leverhulme Centre for the Future of Intelligence«, 2017.

Citron, D. K. (2008). »Technological due process«. Wash. UL Rev. 85 (2008), S. 1249. http://s.fhg.de/M5H

Citron, D.K. 6 Pasquale, F. (2014). »The Scored Society: Due Process for Automated Predictions«. *Washington Law Review* 89, Nr. 1 (2014), S. 1–33

Cohen, I. G., Amarasingham, R., Shah, A., Xie, B. & Lo, B. (2014). »The Legal And Ethical Concerns That Arise From Using Complex Predictive Analytics In Health Care«. *Health Affairs* 33, Nr. 7 (7. Januar 2014), S. 1139–1147.

Council of Europe - Committee of experts on internet intermediaries (2017). »Study on the Human Rights Dimensions of Automated Data Processing Techniques (in Particular Algorithms) and Possible Regulatory Implications«. http://s.fhg.de/vFW

Europäisches Parlament, und Rat der Europäischen Union (2016). Verordnung (EU) 2016/679 des Europäischen Parlaments und des Rates vom 27. April 2016 zum Schutz natürlicher Personen bei der Verarbeitung personenbezogener Daten, zum freien Datenverkehr und zur Aufhebung der Richtlinie 95/46/EG (Datenschutz-Grundverordnung), Pub. L. No. Verordnung (EU) 2016/679 (2016). http://s.fhg.de/DET

Fairness, Accountability, and Transparency in Machine Learning (2016). »Principles for Accountable Algorithms and a Social Impact Statement for Algorithms«, 2016. http://s.fhg.de/DNC

Felten, E. (2016). »Preparing for the Future of Artificial Intelligence«, Oktober 2016. http://s.fhg.de/cvB

Future of Life Institute (2017). »AI Principles«. Future of Life Institute, Januar 2017. https://futureoflife.org/ai-principles/

Future of Privacy Forum (2017). »Unfairness by Algorithm: Distilling the Harms of Automated Decision-Making«. Gehalten auf der RightsCon, Brüssel, 30. März 2017

Mulgan, G. (2016). »A machine intelligence c ommission for the UK: how to grow informed public trust and maximise the positive impact of smart machines«, 22. Februar 2016. http://s.fhg.de/5ek

Gershgorn, D. (2017) »The data that transformed AI research—and possibly the world«. Quartz, 26. Juli 2017. http://s.fhg.de/Eb5

Harris, E. A. (2016). »Court Vacates Long Island Teacher's Evaluation Tied to Test Scores« *The New York Times*, 10. Mai 2016, Abschn. N.Y. / Region. http://s.fhg.de/qAX

Heaton, B. (2015) »New York City Fights Fire with Data«. Government Technology, 15. Mai 2015. http://s.fhg.de/rth

Zweig, K. A. (2016). »Medienethik: »Das Risiko liegt in der Intransparenz«». Medienpolitik.net, 11. April 2016. http://s.fhg.de/gq9

Kroll, J. A., Huey, J., Barocas, S., Felten, E. W., Reidenberg, J. R., Robinson, D. G. & Yu, H. (2017) »Accountable Algorithms«. *University of Pennsylvania Law Review* 165, Nr. 3 (Februar 2017)

Lazer, D. (2015). »The rise of the social algorithm«. *Science* 348, Nr. 6239 (6. Mai 2015).

Lischka, K. & Klingel, A. (2017). »Wenn Maschinen Menschen bewerten« Bertelsmann Stiftung, 2017. http://s.fhg.de/6Kq

Lischka, K. & Stöcker, C. (2017). »Digitale Öffentlichkeit«. *BStift - Bertelsmann Stiftung,* 2017.

National Science and Technology Council (2016). »The National Artificial Intelligence Research and Development Strategic Plan«, Oktober 2016.

New York City Independent Budget Office (2016). »A Look at New York City's Public High School Choice Process« New York City Independent Budget Office, Oktober 2016. http://s.fhg.de/ViL

O'Neil, C. (2017). »Don't Grade Teachers With a Bad Algorithm«. Bloomberg.com, 15. Mai 2017. http://s.fhg.de/ZLu

Open Knowledge Foundation Deutschland (2017). »Prototype Fund«. https://okfn.de/projekte/prototypefund/, abgerufen am 03.11.2017

Otto, P. (2017). »Leben im Datenraum - Handlungsaufruf für eine gesellschaftlich sinnvolle Nutzung von Big Data«. In: *Perspektiven der digitalen Lebenswelt,* S. 9–36. Verwaltungsressourcen und Verwaltungsstrukturen 32. Nomos Verlag, Baden-Baden, 2017. http://s.fhg.de/BXf

Powles, J. (2017). »New York City's Bold, Flawed Attempt to Make Algorithms Accountable«. *The New Yorker,* 21. Dezember 2017. http://s.fhg.de/JVy

Royal Society (2017). Machine learning: the power and promise of computers that learn by example. http://s.fhg.de/68j

Selbst, A. D. (2016). »Disparate Impact in Big Data Policing«. SSRN Scholarly Paper. Social Science Research Network, Rochester, NY, 5. August 2016. http://papers.ssrn.com/abstract=2819182.

Shneiderman, B. (2016). »Opinion: The Dangers of Faulty, Biased, or Malicious Algorithms Requires Independent Oversight«. *Proceedings of the National Academy of Sciences* 113, Nr. 48 (29. November 2016), S. 13538–13540.

Singer, N. (2015). »Bringing Big Data to the Fight Against Benefits Fraud«. *The New York Times,* 20. Februar 2015. http://s.fhg.de/9vc

Tullis, T. (2014). »How Game Theory Helped Improve New York City's High School Application Process«. *The New York Times,* 5. Dezember 2014. http://s.fhg.de/X8f

Tutt, A. (2016). »An FDA for Algorithms«. SSRN Scholarly Paper. Social Science Research Network, Rochester, NY, 15. März 2016. http://s.fhg.de/dpp

Wachter, S,, Mittelstadt, B. & Russell, C. (2017). »Counterfactual Explanations Without Opening the Black Box: Automated Decisions and the GDPR«. SSRN Scholarly Paper. Social Science Research Network, Rochester, NY, 6. Oktober 2017. https://papers.ssrn.com/abstract=3063289

Web Foundation (2017). »Algorithmic Accountability: Applying the concept to different country contexts«, 28. Juli 2017. http://s.fhg.de/6ey

## Anmerkung

Dieser Text basiert auf dem Arbeitspapier von Julia Krüger und Konrad Lischka: »Damit Maschinen den Menschen dienen«, Bertelsmann Stiftung, 2018.

# Über die Autoren

### Julia Krüger

Julia Krüger (Diplom Politikwissenschaft, Universität Potsdam) arbeitet als unabhängige Wissenschaftlerin an der Schnittstelle von Politik, Recht und Technik. Zuvor beschäftigte sie sich am Wissenschaftszentrum Berlin für Sozialforschung (WZB) und dem Think Tank Selbstregulierung Informationswirtschaft (SRIW) mit Internetpolitik, Datenschutz und Digitalisierung. Sie ist Autorin von netzpolitik.org und Fellow am Center for Internet & Human Rights (Europa-Universität Viadrina, Frankfurt an der Oder).

### Konrad Lischka

Konrad Lischka ist Co-Leiter des »Projekts Ethik der Algorithmen« der Bertelsmann Stiftung. Zuvor stellvertretender Ressortleiter Netzwelt bei Spiegel Online, danach Wechsel in die Medien- und Netzpolitik als Referent Digitale Gesellschaft in der Staatskanzlei Nordrhein-Westfalen.

# Wie Gesellschaft algorithmischen Entscheidungen auf den Zahn fühlen kann

Tobias D. Krafft & Katharina A. Zweig

Technische Universität Kaiserslautern

Zunehmend treffen algorithmische Entscheidungssysteme (ADM-Systeme) Entscheidungen über Menschen und beeinflussen damit öffentliche Räume oder die gesellschaftlichen Teilhabemöglichkeiten von Individuen; damit gehören derartige Systeme zur öffentlichen IT. Hier zeigen wir, am Beispiel der Analyse von Rückfälligkeitsvorhersagesystemen und dem Datenspende-Projekt zur Bundestagswahl 2017, wie solche Systeme mit Hilfe von Black-Box-Analysen von der Öffentlichkeit untersucht werden können und wo die Grenzen dieses Ansatzes liegen. Insbesondere bei ADM-Systemen der öffentlichen Hand zeigt sich hierbei, dass eine Black-Box-Analyse nicht ausreichend ist, sondern hier ein qualitätsgesicherter Prozess der Entwicklung und Evaluation solcher Systeme notwendig ist.

## 1.    Einleitung

Die zunehmende Digitalisierung eröffnet der Gesellschaft die Möglichkeit, immer komplexere soziale Probleme durch *algorithmische Entscheidungssysteme,* sogenannte ADM-Systeme *(Algorithmic Decision Making Systems),* anzugehen. Ein algorithmisches Entscheidungssystem ist dabei ganz allgemein ein durch einen Computer ausführbares Programm, das Menschen oder Objekten eine Bewertung zuweist, basierend auf einer Reihe von Eigenschaften des Subjektes oder des Objektes. Diese Bewertung kann ein »Risiko« für eine bestimmte Handlungsweise oder eine Wahrscheinlichkeit für eine zukünftige Verhaltensweise darstellen.

---

## Definition ADM-System

Algorithmische Entscheidungssysteme (Algorithmic Decision Making Systems - ADM-Systeme, die) enthalten eine algorithmische Komponente, die - basierend auf der Eingabe - eine Entscheidung bzgl. eines Sachverhaltes trifft, d. h., die einen einzigen Wert berechnet. Wenn der Algorithmus von Experten erarbeitet wurde, spricht man von einem Expertensystem. Daneben gibt es solche, die das Regelsystem mit Hilfe von maschinellem Lernen aus Daten selbstständig ableiten.

---

Aktuell werden bereits die Kreditwürdigkeit von Bankkunden,[1] die Unterstützungswürdigkeit von Arbeitslosen[2] oder die zukünftige Rückfallwahrscheinlichkeit von Straftätern in den USA algorithmisch bestimmt. Zu den ADM-Systemen gehören aber auch solche, die Nutzer eines internetbasierten Dienstes klassifizieren, um ihnen beispielsweise personalisiert weitere Produkte und Dienste anzubieten. So sind alle Arten von Produktempfehlungssystemen, aber auch der NewsFeed-Algorithmus von Facebook, die Auswahl der angezeigten Tweets auf Twitter oder die personalisierte Suchergebnisliste auf Googles Suchmaschine im Sinne der angeführten Definition. ADM-Systeme können auch Entscheidungen über Objekte treffen, z. B. im Bereich der Bilderkennung oder Qualitätsüberprüfung von Produkten. Im Rahmen dieses Artikels betrachten wir jedoch

---

[1]  Lischka & Klingel, 2017
[2]  Niklas, Sztandar-Sztanderska & Szymielewicz, 2015

nur solche ADM-Systeme, die Menschen anhand ihres jetzigen Handelns klassifizieren und/oder basierend auf einer solchen Klassifikation ihr zukünftiges Handeln vorhersagen, da diese Systeme für den Bereich der öffentlichen IT von besonderem Interesse sind.

Solche ADM-Systeme entspringen hochkomplexen soziotechnischen Designprozessen, welche von der Selektion der besten Datenquellen über die Auswahl der wissenschaftlichen Analysemethode bis hin zur bestmöglichen Visualisierung der Ergebnisse reichen. Da sich jedoch Anzeichen von Fehlern bei ADM-Systemen mehren[3], weil sie auf falschen Modellannahmen beruhen können und so beispielsweise ihre Ergebnisse sexistisch[4] oder rassistisch[5] sind, wächst der gesellschaftliche Wunsch nach Transparenz, geäußert unter anderem vom Justizminister des Saarlandes Stephan Toscani[6], von der rheinland-pfälzischen Ministerpräsidentin Malu Dreyer[7] und von Bundesjustizminister Heiko Maas[8].

Allerdings haben die Reaktionen auf die Veröffentlichung des Page-Rank-Algorithmus[9] von Google im Jahre 1998 ein zentrales Problem der Transparenzbemühungen offenbart. Diese Veröffentlichung führte umgehend dazu, dass Personen und Firmen erfolgreich Strategien entwickelten, um ihre Webseiten weit höher zu platzieren als dies im Sinne der Algorithmendesigner war. Insbesondere zählten dazu: Die Organisation von Linkfarmen, unsichtbare Platzierungen von beliebten Suchbegriffen oder der Ankauf von Links von Seiten

---

[3] Zweig, Fischer & Lischka, 2018
[4] Datta, Tschantz & Datta, 2015
[5] Sweeney, 2013
[6] Toscani, 2017
[7] Dreyer, 2017
[8] Maas, 2017
[9] Brin & Page, 1998

mit hoher Glaubwürdigkeit (Stichwort: *Black Hat Search Engine Optimization*). Die hohe Transparenz über den Entscheidungsmechanismus des Algorithmus führte also zu einer den ursprünglichen Nutzen korrumpierenden Manipulation der Suchergebnisreihenfolgen. Damit ist offensichtlich, dass alle Designteams von algorithmischen Entscheidungssystemen, insbesondere von Recommendation-Systemen (»Empfehlungssystemen«) wie Suchmaschinenalgorithmen, Nachrichtenaggregatoren oder Produktempfehlungssystemen, eine Balance finden müssen zwischen öffentlichen Informationen über das System und der Manipulationssicherheit.

Eine Transparenz im Sinne der Publikation von Code ist aber auch in vielen Fällen gar nicht notwendig: So skizzierte Nicholas A. Diakopoulos Szenarien, die es zulassen, eine Black-Box-Analyse durchzuführen. Eine *Black-Box-Analyse* ist im Wesentlichen ein naturwissenschaftlicher Zugang zur Untersuchung von ADM-Systemen.[10] Hierbei wird das System als *Black Box,* also als geschlossene Schachtel betrachtet, in die man keinen direkten Einblick erhält. Dennoch kann man versuchen, einen Überblick zu bekommen, indem man diese mit Daten füttert und aus der Beziehung von Ein- und Ausgabe Rückschlüsse über die innenliegende Mechanik sowie über die Güte des Systems zieht.

In unserer Ausarbeitung beschreiben wir zwei Beispiele für solche Black-Box-Analysen für algorithmische Entscheidungssysteme aus dem Bereich der öffentlichen IT. Weshalb die zum Verständnis der Thematik benötigten technologischen Grundlagen in Abschnitt 2 ausgeführt werden. Beim ersten Beispiel haben wir die Qualität eines ADM-Systems anhand von öffentlich einsehbaren Beziehungen zwischen Eingabe, den durch die Maschine vorhergesagtem sowie wirklichem menschlichen Verhalten analysiert (Abschnitt 3). Dies

---

[10]  Diakopoulos, 2014

ist möglich da das gesellschaftlich gewünschte Verhalten klar bekannt ist. In Abschnitt 4 zeigen wir dann eine Analysemöglichkeit für Ergebnisse von ADM-Systemen, bei denen nicht bekannt ist, was die korrekte oder beste Ausgabe gewesen wäre. Die Google-Suche stellt eine solche Situation dar, da hier die Grundwahrheit, also was genau die richtigen Ergebnisse in der richtigen Reihenfolge sind, weder im großen Ganzen noch speziell im individuellen Fall bekannt ist. In Abschnitt 5 werden abschließend aus den Ergebnissen relevante Forderungen abgeleitet.

## 2.  Technologische Grundlagen

Algorithmische Entscheidungssysteme sind erst einmal solche Systeme, die anhand einer vorher festgelegten Regelbasis eine Reihe von Informationen über eine Situation oder Person verarbeiten und dann mit einem einzigen Berechnungsergebnis enden. Sehr einfache algorithmische Entscheidungssysteme sind z. B. Kreditwürdigkeitsverfahren bei Banken oder Einstufungsverfahren beim Abschluss einer Autoversicherung. In den letzten Jahren werden aber vermehrt algorithmische Entscheidungssysteme verwendet, welche die eigentlichen Entscheidungsregeln direkt aus Daten ableiten und zwar mit Hilfe von Methoden des maschinellen Lernens.[11] Die Vorgehensweise erklären wir am Beispiel von sogenannten »Rückfälligkeitsvorhersagealgorithmen«: Das US-amerikanische Justizsystem verwendet zum Beispiel schon seit Längerem in einigen Bundesstaaten

---

[11] Die Abgrenzung des maschinellen Lernens zur künstlichen Intelligenz sind nicht scharf. Manchmal werden die Begriffe synonym verwendet oder das eine als eine Unterkategorie des anderen angesehen. Wir verwenden in diesem Artikel den Begriff »maschinelles Lernen« um klarzumachen, dass es sich hier nicht um ein im landläufigen Sinne des Wortes intelligentes System handelt.

das ›*Correctional Offender Management Profile for Alternative Sanctions*‹, kurz *COMPAS Assessment Tool*[12] genannt, das für bereits verurteilte Straftäter eine Klassifizierung nach prognostiziertem Rückfallrisiko vornimmt.[13] Dazu wird für jeden Straftäter ein »Score« berechnet, der es erlaubt, die Personen nach ihrem vermeintlichen Risiko zu sortieren. Um dieses System zu erstellen, bekamen die Entwickler des algorithmischen Entscheidungssystemes eine große Menge von Informationen über Kriminelle aus den letzten Jahren, zusammen mit der Information, ob diese Kriminellen wieder rückfällig wurden, z. B. innerhalb eines Zweijahreszeitraums. Methoden des maschinellen Lernens sind auf solchen Daten in der Lage, diejenigen Informationen zu identifizieren, die mit dem vorherzusagenden Verhalten stark korrelieren – in diesem Fall also der Rückfälligkeit. Klassische Beispiele für Informationen, die stark mit der Rückfälligkeit korreliert sind, sind z. B. das Geschlecht und das Alter: Männer werden sehr viel häufiger wieder rückfällig als Frauen und jüngere Personen öfter als ältere[14].

---

[12] Diese Web-Applikation wurde ursprünglich vom *Northpointe Institute for Public Management Inc.* als automatisierte Entscheidungsunterstützung zur Bewertung von Straffälligen entwickelt und vertrieben. 1998 als »Breitband«-Bewertungstool konzipiert, kann es anhand verschiedener Fragebögen in 22 verschiedenen Bedürfnis- und Risikobereichen Prognosen über Individuen erstellen. So soll es den Hilfebedarf der Bewerteten erkennen und quantifizieren und bietet unter anderem die Möglichkeit, aus dem sogenannten *CORE Risk Assessment*-Fragebogen, der aus 137 verschiedenen Fragen besteht, sowohl Prognosen über das ›*General Recidivism Risk*‹ (Generelles Rückfallrisiko) als auch das ›*Violent Recidivism Risk*‹ (Rückfallrisiko für Gewalttaten) zu treffen. Siehe Northpointe, 2017; Angwin, Larson, Mattu & Kirchner, 2016.

[13] Northpointe, 2017

[14] Florida Department of Corrections Recidivism Report, 2012

Die Methoden des maschinellen Lernens sind dabei in der Lage, auch kleine Unterschiede in der Rückfälligkeitsrate zwischen verschiedenen Subgruppen in den Daten zu berücksichtigen. Zudem sind sie in der Lage, nach viel mehr verschiedenen Korrelationen zu suchen: Anstatt nur jede Information wie Alter und Geschlecht auf ihren Einzeleffekt zu untersuchen, können Maschinen auch größere Teilmengen von Informationen auf Korrelationen mit der Rückfälligkeit untersuchen. Die gefundenen Korrelationen werden gewichtet und in einer Entscheidungsregelstruktur abgespeichert. Wir gehen im Folgenden davon aus, dass das algorithmische System für jede Person eine Zahl berechnet, mit der Vereinbarung, dass eine höhere Zahl mit einer höheren Wahrscheinlichkeit für »Rückfälligkeit« einhergeht. Die *American Civil Liberty Union* schlägt vor, auf einem solchen Scoring basierend alle Verdächtigen in drei Risikoklassen einzuteilen (s. Abbildung 2): Personen mit hohem, mittlerem und niedrigem Risiko.[15] Dafür werden zwei Schwellwerte bestimmt, sodass Personen mit einem Score über dem höchsten Schwellwert in der Hochrisikoklasse sind, solche mit einem Wert unter dem niedrigeren Schwellwert in der Niedrigrisikoklasse und alle anderen in der Klasse mit mittlerem Risiko. In diesen Klassen sind nun Personen, die entweder wieder rückfällig wurden oder nicht. Der Anteil der rückfälligen Personen in jeder Klasse wird zum Schluss dann als Rückfälligkeitsrisiko jedes Individuums in der Klasse interpretiert.

In Abbildung 2 sind in der Hochrisikoklasse insgesamt 10 Personen, von denen 5 rückfällig wurden: Jede weitere Person, die hier eingeordnet wird, bekommt also ein individuelles Risiko von 50 Prozent zugewiesen. Personen, die vom Algorithmus in die Klasse mit »mittlerem Risiko« eingeordnet werden, bekommen dementsprechend ein individuelles Risiko von 30 Prozent zugewiesen und solche in der

---

[15]  ACLU, 2011

verbleibenden Klasse eins von nur 20 Prozent. Es ist offensichtlich, dass diese Kategorisierung nicht optimal ist: Im Bestfalle wären alle Rückfälligen in der Hochrisikoklasse und alle anderen in der Niedrigrisikoklasse, die dann eine »Nullrisikoklasse« wäre.

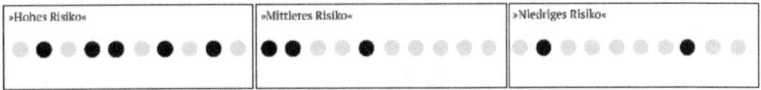

*Abbildung 2: Algorithmische Entscheidungssysteme sortieren und klassifizieren Datenpunkte, hier dargestellt als Kreise. Schwarze stellen hier beispielsweise Personen dar, die bekanntermaßen rückfällig wurden, und graue solche, die das nicht wurden. Ein Scoring und eine darauf basierende Sortierung wäre optimal, wenn alle »Rückfälligen« (schwarze Kreise) auf der einen Seite stünden (z. B. links) und alle »Nicht-Rückfälligen« auf der anderen – dann könnte man die beiden Personengruppen leicht voneinander unterscheiden. Eine solche Sortierung – basierend auf den bekannten Eigenschaften der Personen – ist allerdings oftmals nicht möglich. Die durch den Algorithmus berechnete Sortierung der bekannten Daten dient im Beispiel der Rückfälligkeitsvorhersage als Grundlage für eine Klassifikation in »Risikoklassen«.*

Die Qualität der gefundenen Entscheidungsregeln wird nun getestet, indem die Maschine einen neuen Datensatz von Kriminellen vorgelegt bekommt, bei dem zwar dem Tester bekannt ist, welche Person wieder rückfällig wurde, aber nicht der Maschine. Dieses bewertet den neuen Datensatz anhand der gefundenen Entscheidungsregeln. Das Ergebnis kann auf verschiedene Arten und Weisen in seiner Qualität bewertet werden. Wir gehen im Folgenden auf die Sinnhaftigkeit der Verwendung zweier möglicher Qualitätsmaße ein, nämlich die ROC AUC und die PPVk, als Beispiel für eine Fragestellung, die Gesellschaft mit Hilfe einer Blackbox-Analyse beantworten kann.

# 3. Analyse der Qualität von algorithmischen Entscheidungssystemen

Wird ein ADM-System eingesetzt, das zur öffentlichen IT zählt, sollte sichergestellt sein, dass seine Auswirkungen tatsächlich im Sinne des Gemeinwohls sind, dass sie qualitativ hochwertig sind und dass sie keine gesellschaftlichen Werte und Übereinkommen verletzen. Bei diesen - meist proprietären - Systemen muss die Öffentlichkeit jedoch aufgrund der geringen Transparenz der Algorithmen und der daraus resultierenden fehlenden Einsicht in den Bewertungsprozess häufig den Evaluierungsprozessen der Firmen oder staatlicher Institutionen blind vertrauen. Das oben schon genannte Rückfälligkeitsvorhersagesystem COMPAS beispielsweise gibt an, dass seine Qualität bei 70 Prozent läge. Wir zeigen mit diesem Beispiel, wie mit Hilfe von veröffentlichten Eingabedaten und der entsprechenden Ausgabe eines ADM-Systems und dem Wissen um das wirkliche Verhalten der Beurteilten nachgewiesen werden konnte, dass dieses ADM-System sowohl zu wenig hochwertig ist, als auch diskriminierende Entscheidungen trifft.

Der von ProPublica[16] veröffentlichte Datensatz[17] enthielt über eine Reihe von Kriminellen wesentliche Informationen, den von COMPAS berechneten Scoring-Wert, die darauf beruhende Klassifikation der Personen und die Antwort auf die Frage, ob diese Person wieder rückfällig geworden war. Eine Analyse dieses Datensatzes zeigte zuerst einmal, dass der von der Firma genannte Prozentsatz an »korrekten Entscheidungen« auch für diesen Datensatz gilt. Das heißt, die genannten 70 Prozent an korrekten Entscheidungen konnten

---

[16] ProPublica ist eine durch Spenden finanzierte, US-amerikanische Journalisten- und Rechercheplattform.

[17] http://github.com/propublica/compas-analysis

auch auf dieser Menge von Kriminellen reproduziert werden. Im Folgenden skizzieren wir eines unserer Forschungsergebnisse, das aufweist, dass das von der Fima verwendete Qualitätsmaß schnell sehr hohe Werte erreicht, die aber für den realen Prozess, in dem die Systeme eingesetzt werden, wenig aussagekräftig sind.[18] Das von der Firma verwendete Qualitätsmaß ist die sogenannte *Receiver-Operator Characteristic Area under the curve* (ROC AUC). Diese ist eines der populärsten Qualitätsmaße im Bereich des maschinellen Lernens und gibt an, wieviele Paare von »Rückfälligen« und »Nicht-Rückfälligen« durch das System korrekt sortiert werden:[19] Ein Paar gilt als korrekt sortiert, wenn die rückfällig gewordene Person vom System einen höheren Wert zugemessen bekommt als die Person, die nicht rückfällig geworden ist. In Abbildung 2 liegt der Anteil der korrekt sortierten Paare (schwarzer Punkt liegt links von grauem Punkt) bei genau 70 Prozent ROC AUC. d. h., von den insgesamt 200 schwarz-grauen Paaren sind 140 korrekt sortiert. Demgegenüber stand bei unserer Forschung der *Positive Predictive Value* (PPVk), das ist der Anteil an rückfälligen Personen unter den Personen mit den k höchsten Scoring-Werten, wobei k der (bekannten) Anzahl von rückfälligen Personen im Datenset entspricht. Im obigen Beispiel sind bekanntermaßen 10 Rückfällige (10 schwarze Kugeln), aber unter den 10 Kugeln mit den höchsten Werten (den 10 am weitesten links stehenden Kugeln) befinden sich nur 5 Rückfällige. Damit liegt der PPVk-Wert bei 50 Prozent.

Die ROC AUC ist ein sinnvolles Qualitätsmaß, wenn es nur zwei Personen zur Bewertung gibt und eine davon gewählt werden muss – wenn zum Beispiel zwei Kandidaten sich auf eine Stelle bewerben, die sofort besetzt werden muss. Vor Gericht stehen wir aber in einer

---

[18] Krafft, 2017a
[19] Hanley & McNeil, 1982

anderen sozialen Situation: Bei jeder Angeklagten und jedem Angeklagten müssen die Richter entscheiden, ob es genügend Anzeichen für ein hohes Rückfälligkeitsrisiko gibt – es handelt sich also eher um eine Schwellwertbetrachtung, wie sie auch dem PPVk zu Grunde liegt. Dabei können Richterinnen und Richter durchaus beurteilen, wie hoch das »k« normalerweise ist: Sie haben jahrelange Statistiken darüber, wieviel Prozent der Kriminellen wieder rückfällig werden. Damit ist nachvollziehbar, dass die ROC AUC und die PPVk zwei unterschiedliche Situationen bewerten: Nämlich, ob ein Algorithmus in der Lage ist, für viele Paare von Kandidaten den jeweils rückfälligeren korrekt zu bewerten oder ob ein Algorithmus sehr viele mit hohen Risikowerten belegt, die tatsächlich rückfällig werden.

Es zeigt sich ganz allgemein, dass die ROC AUC für alle sozialen Prozesse, bei denen aus einer kleinen Auswahl von Personen die optimale Wahl getroffen werden soll, ein gut interpretierbares Maß ist. Geht es darum, aus einer Gesamtbevölkerung die Personen mit dem höchsten Risiko zu benennen, ist der PPVk-Wert aussagekräftiger.

Es wäre unproblematisch, wenn die beiden Werte immer ähnlich hoch wären, die ROC AUC also auch ungefähr angibt, wie hoch der PPVk ist. Diese direkte Beziehung zwischen dem ROC AUC und dem PPVk-Wert ist aber weder *notwendigerweise*[20] noch *erwartbarerweise* der Fall (aktuelle eigene Forschung). Wir konnten konkret an dem von ProPublica zu diesem Zweck veröffentlichten Datensatz zeigen, dass die Hochrisikoklasse für allgemeine Rückfälligkeit nur einen Anteil von um die 50 Prozent Rückfälligen enthält - ein Prozentwert, der deutlich unter den 70 Prozent der paarweise korrekt Sortierten liegt. Für schwere Straftaten (z. B. Körperverletzung, Raub) liegt die paarweise Korrektheit ebenfalls wieder bei 70 Prozent ROC AUC,

---

[20]  Krafft, 2017a

aber in der Hochrisikoklasse sind nur 20 Prozent der dort einsortierten Personen wieder rückfällig geworden. Dieser geringe Prozentsatz an Rückfälligen verbietet es eigentlich, die entsprechende Gruppe als »Hochrisiko«-Klasse zu bezeichnen. Der starke Unterschied zwischen der hohen ROC AUC und dem kleinen PPVk wird durch die insgesamt deutlich kleinere Gruppe an Personen bedingt, die mit schweren Straftaten rückfällig werden. In Abbildung 3 werden 100 Datenpunkte gezeigt, von denen nur 10 Datenpunkte Personen darstellen, die rückfällig wurden (in schwarz), alle anderen wurden dies nicht. Das gezeigte Scoring mit den rückfälligen Personen auf Position 4, 5, 19, 20, 21, 35, 36, 59, 60, 66 hat ebenfalls eine paarweise gemessene Qualität von 70 Prozent ROC AUC. Die Größe der Hochrisikoklasse wird aufgrund der bisherigen Fallraten abgeschätzt und entspricht damit der absoluten Anzahl an rückfälligen Personen im Datensatz (im Beispiel also 10 Personen). Von den 10 Personen mit dem höchsten Score sind aber nur 20 Prozent rückfällig geworden.

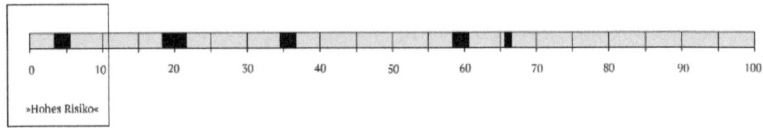

*Abbildung 3: Bei höheren Ungleichgewichten zwischen Personen der beiden Klassen (z.B. rückfällig vs. nicht-rückfällig) kann ein hoher, paarweise korrekt sortierter Anteil leicht erreicht werden.*

Damit zeigt sich eindeutig, dass das vom Unternehmen gewählte Qualitätsmaß für den sozialen Prozess, in den das ADM-System Anwendung findet, irreführend ist. Dies konnte ohne Offenlegung des Codes durch bloße Offenlegung der dafür notwendigen Testdaten analysiert werden. Insgesamt lässt sich schlussfolgern, dass ein von öffentlicher Hand bezahltes und genutztes ADM-System einem hohen Qualitätsanspruch genügen muss, der nicht erst durch die Öffentlichkeit als unzureichend evaluiert werden sollte.[21]

Einen anderen Aspekt von ADM-Systemen konnte ProPublica mit diesem Datensatz ebenfalls untersuchen, nämlich die Frage nach einer eventuellen Diskriminierung. Das Team von Journalisten wies tatsächlich eine Ungleichbehandlung von Afroamerikanern und Weißen nach, indem auf Grundlage von 7000 in den Jahren 2013 und 2014 verhafteten Straftätern die jeweiligen Prognosen ausgewertet wurden.[22] Der daraufhin entbrannten Diskussion haben wir uns in einem weiteren Beitrag in diesem Band mit dem Titel »Fairness und Qualität algorithmischer Entscheidungen« gewidmet.[23]

Zusammenfassend lässt sich feststellen, dass neben der reinen Bewertung, wie »gut« eine Klassifikation durch ein solches ADM-System ist, auch andere gesellschaftliche Aspekte wie Diskrimierung und Fairness quantifiziert und für die Öffentlichkeit nachvollziehbar und unter Umständen nachprüfbar dokumentiert werden müssen. Dies kann gelingen, wenn es um ein vorherzusagendes Verhalten geht, dass direkt messbar ist, wenn der Entscheidung des Algorithmus also die »Wahrheit« gegenüber gestellt werden kann.

## 4. Analyse des Personalisierungsgrades von personalisierten, algorithmischen Entscheidungssystemen

Als deutlich schwieriger stellen sich die Fälle heraus, in denen unklar ist, was die bestmögliche Ausgabe der Maschine gewesen wäre.

---

[21] Zweig, Wenzelburger & Krafft, 2018
[22] Angwin et al., 2016
[23] Zweig & Krafft, 2018

Dies geschieht insbesondere bei allen personalisierten Onlinediensten: Dies sind ADM-Systeme, die – basierend auf Big Data – zuerst eine feingranulare Klassifikation der Nutzer durchführen, die opak bleibt. Für den eigentlichen Dienst gibt der Nutzer oder die Nutzerin meist weitere Daten ein, beispielsweise eine Suchanfrage bei einer Suchmaschine, die, zusammen mit den opak errechneten »Persönlichkeitswerten« und der ebenfalls nicht bekannten Menge an möglichen Suchergebnissen eine personalisierte Suchergebnisliste ergibt. Eine explizite Eingabe von Informationen durch den Nutzer ist aber nicht immer notwendig: Der Facebook-Newsfeed ist ein solches Beispiel. Auch bei diesem, die Öffentlichkeit gestaltenden IT-Artefakt ist unklar, welche Daten für die Sortierung herangezogen werden und nach welchen Kriterien die Selektion erfolgt. Obwohl Facebook die Ziele des Newsfeeds bekannt gegeben hat,[24] ist dazu bis heute kein weiteres Statement veröffentlicht worden, welche Faktoren genau berücksichtigt werden, um die für den Nutzer vermeintlich relevanten Inhalte nach oben zu sortieren. In einem aktuellen Beitrag beschreibt Mark Zuckerberg, Gründer und Vorstandsvorsitzender von Facebook Inc., welchen Einfluss er auf die Sortierung nehmen möchte, um das neu gesteckte Ziel – bedeutungsvollere soziale Interaktionen[25] – zu verfolgen.[26] Wie das erreicht werden soll und welche Parameter dafür eine Rolle spielen, bleibt allerdings wieder vage. Die jeweilig verborgenen Eingaben und die unklare Definition des Desiderats führt dazu, dass wir als Gesellschaft nicht wissen, was eigentlich die »richtige« Ausgabe des ADM-Systems

---

[24] »most relevant stories at the top« http://s.fhg.de/37n

[25] »Based on this, we're making a major change to how we build Facebook. I'm changing the goal I give our product teams from focusing on helping you find relevant content to helping you have more meaningful social interactions.« Siehe Zuckerberg, 2018.

[26] Zuckerberg, 2018

wäre. Dies gilt schon, wenn wir für die Gesellschaft als Ganzes entscheiden müssten, was die relevantesten Nachrichten sind - damit
haben die Redaktionskonferenzen in Deutschland jeden Tag zu
kämpfen. Es wird deutlich erschwert, diese Frage zu beantworten,
wenn unbekannte Eingabedaten dazu genutzt werden, die Ausgabe
zu personalisieren. Eine mögliche Analyse besteht aber in der Beantwortung der Frage, wie groß das Ausmaß der Personalisierung
ist.

## 4.1.  Datenspende BTW17: Wie stark personalisiert Google?

Die Google Suche stellt als soziales Medium Öffentlichkeit her und
ist somit als ein Teil der öffentlichen IT zu verstehen.[27] Um das Ausmaß der Personalisierung bei dieser bekannten Black Box zu analysieren, haben wir anlässlich der Bundestagswahl 2017 ein Datenspende-Projekt[28] mit einem Citizen-Science-Ansatz entwickelt. Gefördert von den Landesmedienanstalten Bayern, Berlin-Branden-
burg, Hessen, Rheinland-Pfalz, Saarland und Sachsen sowie mit
Spiegel Online als Medienpartner haben uns über 4000 Menschen zu
festen Suchzeitpunkten die von Google und Google News ausgelie-
ferten Ergebnisse zu 16 Suchbegriffen[29] eingeschickt, darunter die
Suchbegriffe »Angela Merkel« und »Martin Schulz« und die wichtigsten Parteinamen. Somit stehen uns fast 6 Millionen Suchergebnisse
zur Auswertung zur Verfügung. Wir fanden heraus, dass im Durchschnitt, wenn wir die Suchergebnisse zweier beliebiger Datenspen-
der vergleichen, bei der Suche nach Politikernamen nur ein bis zwei

---

[27] Hoeppner et. al., 2016, S. 35
[28] https://datenspende.algorithmwatch.org
[29] Angela Merkel, Martin Schulz, Christian Lindner, Katrin Göring-Eckardt, Cem
Özdemir, Sahra Wagenknecht, Dietmar Bartsch, Alice Weidel, Alexander
Gauland, CDU, CSU, SPD, FDP, Bündnis90/Die Grünen, Die Linke, AfD

Links nicht auf beiden Listen stehen. Es handelt sich also um eine vergleichsweise geringe Personalisierung. Für Parteien betrug die Anzahl der uneinheitlichen Links im Durchschnitt drei bis vier, wovon allerdings ein bis drei Links regionaler Natur waren. D. h., ein Nutzer in Berlin bekam die Berliner SPD-Seite angezeigt, während die Münchnerin die SPD-Seite des Ortsvereins in München bekam.[30] Damit wird der von Eli Pariser 2011 postulierten Filterblasentheorie für die Suchmaschine von Google die Grundlage entzogen. Dieses Projekt ist als *Proof of Concept* zu betrachten, da wir erstmalig zeigen konnten, wie ein so wichtiger Aspekt einer öffentlichen IT von der Gesellschaft untersucht werden kann - gleichzeitig handelt es sich aber durch die freiwillige Teilnahme nicht um eine repräsentative Nutzerstichprobe. Zudem ist die Aussage beschränkt auf die untersuchten Suchbegriffe und den Zeitpunkt der Untersuchung. Eine Verstetigung dieser Kontrolle mit wechselnden Suchbegriffen und einer repräsentativen Nutzerstichprobe wäre sowohl wünschenswert als auch mit geringen Kosten durchführbar.

Es wurde damit eine Analysemöglichkeit geschaffen, mit der erstmalig ein solcher Algorithmus durch die Einbeziehung und Mithilfe der Bevölkerung auf relevante Phänomene untersucht werden kann, ohne den dahinterliegenden Code oder die korrekte Sortierung zu benötigen.

## 5. Fazit: Entwicklung und Evaluation von ADM-Systemen in der öffentlichen IT

Zunächst ist festzuhalten, dass algorithmische Entscheidungssysteme als Teil der öffentlichen IT in der heutigen technisierten und komplexen Welt in vielen Bereichen des gesellschaftlichen Lebens

---

[30] Krafft, Gamer, Laessing & Zweig, 2017b; Krafft, Gamer & Zweig, 2017c

bereits so fest verankert und integriert sind,[31] dass es höchste Zeit für eine auf breiter Ebene geführte Debatte ist, wie die Gesellschaft mit der Nutzung, der Anschaffung und der Evaluierung von ADM-Systemen umgehen will und kann.[32] Solche Systeme können ebenso große Chancen bieten, die Zukunft positiv zu gestalten, wie sie auch Gefahren für die Gesellschaft bergen und sollten daher nicht als unkontrollierte und undurchschaubare Black Boxes Verwendung finden.

Allerdings scheint es so, als sei die Brisanz dieser Frage noch gar nicht wirklich in der Gesellschaft angekommen, denn es fehlt der Allgemeinheit offensichtlich noch an den Grundvoraussetzungen, um in eine derartige Debatte einsteigen zu können. Wie 2015 von amerikanischen Wissenschaftlern herausgefunden wurde, waren sich in einer der wenigen Studien dazu über 60 Prozent der befragten Nutzerinnen und Nutzer von Facebook nicht darüber im Klaren, dass hinter dem Newsfeed eine algorithmische Kuratierung steckt.[33] Wenn nun aber über die Hälfte der Nutzer nicht einmal von der Existenz solcher ADM-Systeme weiß und wie diese mittlerweile wesentliche Bereiche ihres Lebens mitbestimmen, lässt sich auch keine problembewusste Debatte über einen adäquaten Umgang mit solchen Systemen führen. Daher finden auch Studien wie die des *Electronic Privacy Information Centre* (EPIC) wenig Widerhall, die auf eklatante Unterschiede im Evaluierungsprozess der in der Recht-

---

[31] Lischka & Klingel, 2017

[32] Zweig, Wenzelburger & Krafft, 2018

[33] Eslami et al., 2015. Es ist zu betonen, dass die Stichprobe mit 40 Personen sehr klein war und somit das Ergebnis mit einer hohen möglichen Varianz behaftet ist.

sprechung der US-amerikanischen Staaten genutzten algorithmischen Entscheidungssysteme hinwiesen.[34] Angesichts der unaufhaltsamen Weiterentwicklung der Technik besteht ein starkes Ungleichgewicht zum entsprechenden Kenntnis- und Informationsstand bei der breiten Bevölkerung, das zeitnah aufgearbeitet werden müsste. Wir haben hier aber auch aufgezeigt, dass es nicht notwendigerweise einer Offenlegung oder sonstigen Öffnung des Codes bedarf, um ADM-Systeme zu analysieren und somit zu wichtigen, gesellschaftlich relevanten Erkenntnissen bezüglich möglicher Folgen beim Einsatz vom ADM-Systemen zu kommen.

Daraus lassen sich grundsätzlich folgende Forderungen ableiten:

1. Aufgrund des Tempos der technischen Entwicklung bedarf es dringend weiterer Forschung zum Einsatz und zur Kontrolle von ADM-Systemen im Bereich der öffentlichen IT.

2. Es bedarf zeitnah einer effizienten Aufklärung der Öffentlichkeit über den Einsatz von ADM-Systemen, die im Bereich der öffentlichen IT über Individuen entscheiden, einschließlich der Chancen und Gefahren solcher Systeme und einer Sensibilisierung für mögliche Probleme. Hierzu sind eine intensive Zusammenarbeit und ein enger Austausch zwischen Wissenschaft, Politik, Medien und Schulen erforderlich.

3. Wir brauchen einen standardisierten, qualitätssichernden Prozess zur Entwicklung und dauerhaften Evaluation von ADM-Systemen in der öffentlichen IT.

---

[34] EPIC, 2017

# Quellen

ACLU (American Civil Liberty Union) (2011). *SMART REFORM IS POSSIBLE - States Reducing Incarceration Rates and Costs While Protecting Communities*, Report from August 2011. http://s.fhg.de/BQN, abgerufen am 22.02.2018

Angwin, J., Larson, J., Mattu,S. & Kirchner,L. (2916). Machine Bias -There's software used across the country to predict future criminals. And it's biased against blacks. *ProPublica.* 23.05.2016. http://s.fhg.de/ZS5, abgerufen am 25.01.2018

Brin, S. & Page, L. (1998). The Anatomy of a Large-Scale Hypertextual Web Search Engine. *Computer Networks and ISDN Systems,* Bd. 30, Nr. 1–7, S. 107–117

Datta, A., Tschantz, M. C. & Datta, A. (2015). Automated experiments on ad privacy settings. *Proceedings on Privacy Enhancing Technologies,* 2015(1), S. 92-112

Diakopoulos N. (2014). *Algorithmic Accountability Reporting: On the Investigation of Black Boxes*, Tow Center, Feb.

Dreyer M. (2018). *Ministerpräsidentin Malu Dreyer: Mehr Transparenz bei automatisierten Entscheidungen durch Algorithmen.* http://s.fhg.de/2Yq, abgerufen am 22.02.2018

EPIC (2017). *Algorithms in the criminal justice system.* http://s.fhg.de/7QT, abgerufen am 25. 01.2018

Eslami, M., Rickman, A., Vaccaro, K., Aleyasen, A., Vuong, A., Karahalios, K., Hamilton, K. & Sandvig, C. (2015). I always assumed that I wasn't really that close to [her]: Reasoning about Invisible Algorithms in News Feeds. *Proceedings of the 33rd annual ACM conference on human factors in computing systems*, S. 153-162.

Florida Department of Corrections Recidivism Report (2012). Florida Prison Recidivism Study Releases From 2003 to 2010. Florida Department of Corrections. http://s.fhg.de/E4R, abgerufen am 20.04.2018

Hanley, J. A. & McNeil, B. J. (1982). The meaning and use of the area under a receiver operating characteristic (ROC) curve. *Radiology.* 143, Nr. 1, S. 29–36

Hoepner, P., Weber, M., Tiemann, J., Welzel, C., Goldacker, G., Stemmer, M.,,Weigand, F.,Fromm, J., Opiela, N. & Henckel, L. (2016). *Digitalisierung des Öffentlichen.* Kompetenzzentrum Öffentliche IT, Berlin,

Krafft, T. D. (2017a). *Qualitätsmaße binärer Klassifikatoren im Bereich kriminalprognostischer Instrumente der vierten Generation.* Masterarbeit. TU Kaiserslautern. arXiv preprint arXiv:1804.01557.

Krafft, T. D. & Gamer, M. & Laessing, M. & Zweig, K.A. (2017b). Filterblase geplatzt? Kaum Raum für Personalisierung bei Google-Suchen zur Bundestagswahl 2017. AlgorithmWatch, Sep. 2017.

Krafft, T. D. & Gamer, M. & & Zweig, K. A. (2017c). Personalisierung auf Googles Nachrichtenportal während der Bundestagswahl 2017. AlgorithmWatch, Feb. 2018.

Lischka, K. & Klingel, A. (2017). *Wenn Maschinen Menschen bewerten.* Bertelsmann Stiftung.

Maas, H. (2018). Zusammenleben in der digitalen Gesellschaft – Teilhabe ermöglichen, Sicherheit gewährleisten, Freiheit bewahren. Pressemitteilung. http://s.fhg.de/Ciu, abgerufen am 22. Februar 2018

Niklas, P. & Sztandar-Sztanderska, K. & Szymielewicz, K. (2015). Profiling the Unemployed in Poland: Social and Political Implications of Algorithmic Decision Making. Panoptykon Foundation, Warsaw, Poland

Northpointe Inc. (2017). COMPAS Risk & Need Assessment System - Selected Questions Posed by Inquiring Agencies. http://s.fhg.de/7FX, abgerufen 03/2017[35]

Pariser, E. (2011). *The Filter Bubble: What the Internet Is Hiding from You.* Penguin Press, New York.

Sweeney, L. (2013). Discrimination in online ad delivery. *Queue*, 11(3), 10.

Toscani, S. (2018). Justizminister Stephan Toscani:»Der Staat muss eine digitale Infrastruktur schaffen, die auch im Internet einen pluralen öffentli-

---

[35] Aufgrund der Namensänderung der Firma Northepointe Inc in *equivant* ist im Zuge des Umzugs des Webauftritts diese Ressource nicht korrekt verlinkt.

chen Raum und Grundrechtsschutz gewährleistet – Einsatz von Algorithmen und Social Bots regulieren.«. http://s.fhg.de/s36, abgerufen am 22.02.2018

Zuckerberg, M. (2018). One of our big focus areas for 2018. Facebook. http://s.fhg.de/V4z, abgerufen am 25.01.2018

Zweig, K.A., Fischer, S. & Lischka, K. (2018). Wo Maschinen irren können – Fehlerquellen und Verantwortlichkeiten in Prozessen algorithmischer Entscheidungsfindung. Bertelsmann Stiftung.

Zweig, K. A., Wenzelburger, G. & Krafft, T. D. (2018). On chances and risks of security related algorithmic decision making systems. *European Journal for Security Research*.

## Über die Autoren

### Tobias D. Krafft

Tobias D. Krafft ist Doktorand am Lehrstuhl *»Algorithm Accountability«* von Professorin Katharina A. Zweig an der TU Kaiserslautern. Als Preisträger des Studienpreises 2017 des Forums Informatiker für Frieden und gesellschaftliche Verantwortung reichen seine Forschungsinteressen von der (reinen) Analyse algorithmischer Entscheidungssysteme bis hin zum Diskurs um deren Einsatz im gesellschaftlichen Kontext. Im Rahmen seiner Promotion hat er das Datenspendeprojekt mit entwickelt und einen Teil der Datenanalyse durchgeführt. Er ist einer der Sprecher der Regionalgruppe Kaiserslautern der Gesellschaft für Informatik, die es sich zur Aufgabe gemacht hat, den interdisziplinären Studiengang der Sozioinformatik (TU Kaiserslautern) in die Gesellschaft zu tragen.

### Katharina A. Zweig

Professorin Dr. Katharina Zweig ist Professorin für theoretische Informatik an der TU Kaiserslautern und leitet dort das *»Algorithm Accountability Lab«*. Sie ist auch verantwortlich für den Studiengang

Sozioinformatik an der TU Kaiserslautern. 2014 wurde sie zu einem von Deutschlands »Digitalen Köpfen« gewählt und 2017 bekam sie den ars-legendi-Preis in Informatik und Ingenieurswissenschaften des 4ING und des Stifterverbandes für das Design des Studiengangs Sozioinformatik.

Professorin Zweigs Forschungsinteresse liegt bei der Interaktion von IT-Systemen und Gesellschaft sowie der Analyse komplexer Netzwerke. Momentan bewertet sie, wie stark Algorithmen diskriminieren können und ob Googles Suchmaschinenalgorithmus Filterblasen erzeugt - dazu hat sie das Datenspendeprojekt federführend entwickelt und zusammen mit AlgorithmWatch und mit einer Förderung der Landesmedienanstalten durchgeführt. Sie berät zu diesen Themen Landesmedienanstalten, Gewerkschaften, Politik und Kirchen und ist Mitgründerin der Nichtregierungsorganisation AlgorithmWatch. Sie ist seit 2014 Mitglied im Innovations- und Technikanalyse-Beraterkreis des Bundesministeriums für Bildung und Forschung.

# Normative Leitlinien für künstliche Intelligenz in Regierung und öffentlicher Verwaltung

Christian Djeffal

Alexander von Humboldt Institut für Internet und Gesellschaft, Berlin

Künstliche Intelligenz (KI) ändert unser Leben und unser Zusammenleben zunehmend. Bei KI handelt es sich um Technologien im Werden. Sie werden durch Leitlinien in der Form von Recht oder Strategien gelenkt und beeinflusst. Der Beitrag beleuchtet KI-Systeme in der öffentlichen Verwaltung und wirft die Frage auf, welche Leitlinien es für künstliche Intelligenz bereits gibt und welche Tendenzen sich abzeichnen. Nach einer Definition von künstlicher Intelligenz und einigen Beispielen aus dem Bereich von Regierung und Verwaltung macht der Beitrag Ethik und Politik als mögliche Bezugspunkte für Leitlinien aus. Davon ausgehend werden Recht, Technik, Organisation, Strategie und Leitbilder als Einflussmöglichkeiten vorgestellt, wobei aktuelle Trends geschildert werden. Der Beitrag schließt mit einer Forderung nach interdisziplinärer Forschung und maßvoller Regulierung der Technik, um ihr positives Potenzial auszuschöpfen.

## 1. Gestaltungsaufgabe für Regierung und Verwaltung

Menschen gestalten künstliche Intelligenz (KI). Diese ist im Begriff, unsere Welt grundlegend zu verändern. Schon heute leiten intelligente Verkehrsbeeinflussungsanlagen unsere Wege, zu den vielen

Einsatzgebieten gehören auch automatisierte tödliche Waffensysteme. KI-Technologien gibt es nicht erst seit gestern, sie zeigen schon heute große Wirkungen, die in Zukunft zunehmen werden. Es ist, als würden unseren Computern Arme und Beine wachsen, oder aber Fortbewegungsmittel und Werkzeuge, die wir uns noch gar nicht richtig vorstellen können. Und trotzdem beeinflussen wir die Entwicklung der Technologie auf verschiedenen Ebenen und durch verschiedene Mittel. Schon heute gibt es zahlreiche Formen der Beeinflussung künstlicher Intelligenz, die hier Leitlinien genannt werden sollen. Im Folgenden werden nicht nur verschiedene Leitlinien vorgestellt, sondern auch aktuelle Trends und Entwicklungen, die KI-Anwendungen besonders in Regierung und Verwaltung betreffen.

Für Regierung und Verwaltung ergeben sich bei der Steuerung künstlicher Intelligenz besondere Herausforderungen. Denn im Bezug auf den technologischen Wandel erfüllen sie unterschiedliche Rollen. Zuerst sind sie Anwenderinnen, wenn sie KI-Technologien zur Erfüllung ihrer Aufgaben einsetzen. Daneben unterstützen sie die Technik auch direkt, sei es durch Infrastrukturleistungen, Forschungsförderung oder Vergabekriterien. Regierung und Verwaltung sind maßgebend bei der Regulierung der Technik. Ihnen kommt es zu, individuelle Rechte und das öffentliche Interesse zu schützen. Im Hinblick auf Anwendung, Förderung und Regulierung künstlicher Intelligenz ergibt sich die besondere Herausforderung für Regierung und Verwaltung aus den Ungewissheiten, mit denen sie konfrontiert sind.[1] Im Lichte dieser Ungewissheiten stellt sich die Frage, ob die Leitlinien an neue Entwicklungen angepasst werden müssen oder ob an den hergebrachten Einstellungen festgehalten werden kann.

[1]  Mandel 2017

## 1.1.    Künstliche Intelligenz

Künstliche Intelligenz ist eine Subdisziplin der Informatik. Sie will intelligente Systeme schaffen, also solche, die nach der Arbeitsdefinition von Klaus Mainzer »selbstständig effizient Probleme lösen« können.[2] Schon die Erfinder des Computers hatten Systeme im Blick, die intelligente Handlungen vollziehen sollten, eines ihrer ersten Projekte könnte man als Big-Data-Projekt zur Vorhersage des Wetters bezeichnen.[3] Der Begriff künstliche Intelligenz selbst wurde von einer Gruppe von Informatikern in einem Antrag an die Rockefeller Stiftung zur Finanzierung eines Seminars geprägt. Sie beschrieben ihr zentrales Forschungsanliegen wie folgt:

>*»Die Studie soll auf der Grundlage der Vermutung durchgeführt werden, dass jeder Aspekt des Lernens oder jedes andere Merkmal der Intelligenz prinzipiell so genau beschrieben werden kann, dass eine Maschine zur Simulation hergestellt werden kann. Es wird versucht herauszufinden, wie man Maschinen dazu bringen kann, Sprache zu benutzen, Abstraktionen und Konzepte zu bilden, Arten von Problemen zu lösen, die heute dem Menschen vorbehalten sind, und sich selbst zu verbessern.«[4]*

In seinem Ursprung war der Begriff der künstlichen Intelligenz also weit gefasst und gab dem Anspruch Ausdruck, menschliche Intelligenz durch Maschinen zu ersetzen. Dass solche Projekte auf Widersprüche stoßen werden, sah auch Alan Turing in seinem epochalen Aufsatz »Computing Machinery and Intelligence« voraus.[5] Er setzte sich darin mit der Frage auseinander, ob Maschinen denken können. Seine Hypothese war, dass Menschen ab einem gewissen Zeitpunkt

---

[2]    Mainzer 2016, S. 3
[3]    Dyson 2014
[4]    McCarthy, Minsky, & Shannon, 1955, Übersetzung durch DeepL Translator
[5]    Turing 1950

nicht mehr zwischen menschlicher und maschineller Intelligenz unterscheiden können werden und die Frage damit an Relevanz verlieren wird. Dazu kam es bisher nicht, vielmehr bildeten sich zwei Lager: während die einen die sogenannte »starke KI-These« verfolgten, nach der KI menschliche Intelligenz nachstellen kann und wird, verneinten Anhänger der »schwachen KI-These« dies und verwiesen auf die Möglichkeit von Maschinen, gewisse Probleme rational zu lösen. Schon daran wird deutlich, dass in der Informatik über Ziele und Möglichkeiten des Forschungszweigs ein grundlegender Dissens besteht.

Wenn aber die Ziele der Technologien umstritten sind, sind auch ihre Entwicklung und spätere Anwendungsmöglichkeiten nicht vorgegeben. Das zeigt sich an dem Streit, ob KI der Automation menschlicher Aufgaben oder der Augmentation des Menschen dienen soll. Darüber wurde bereits in den Anfangsjahren der KI-Debatte diskutiert.[6] Wie andere Technologien könnte man KI als »multistabil« bezeichnen. Damit ist gemeint, dass Verwendungsmöglichkeiten und Sinn der Technologie in der Gesellschaft erst im Laufe der Zeit und in ihrer Anwendung entwickelt werden und diese durch die Technologie selbst nicht festgelegt sind.[7] Dieses Konzept der Multistabilität lässt sich sehr gut auf KI-Technologien anwenden.

Denn KI-Technologien sind per se flexibilisierend, sie eröffnen eine neue Dimension technischer Handlungs- und Reaktionsmöglichkeiten. Nicht umsonst wird aus informatischer Sicht das System als »Agent« in den Mittelpunkt gestellt.[8] Man könnte wie oben sagen, dass Computer durch KI Augen, Ohren, Arme und Beine bekommen.

[6]  Grudin 2017, S. 99
[7]  Ihde 2012
[8]  Poole & Mackworth 2011, S. 3 – 4

Man könnte umgekehrt auch sagen, dass Kameras, Mikrophone, Lautsprecher und Maschinen einen Kopf bekommen.

Vergleicht man KI mit anderen grundlegenden Innovationen, lässt sich KI vielleicht mit der »Erfindung« des Eisens vergleichen. Eisen ist nicht selbst ein Werkzeug, sondern die Grundlage für viele verschiedene Werkzeuge. Der Mensch kann Schwerter oder Pflugscharen daraus machen. Eisen bildet auch die Basis für weitere Technologien, sei es Buchdruck oder die Dampfmaschine. Gerade aus diesem Grund ist es sehr schwer, allgemein von Chancen und Risiken künstlicher Intelligenz zu sprechen. Denn was als Chance und was als Risiko begriffen wird, hängt oft davon ab, wie KI konkret entwickelt und eingesetzt wird.

## 1.2.  KI-Anwendungen in Regierung und Verwaltung

Viele KI-Systeme werden bereits in der öffentlichen Verwaltung eingesetzt. Manchmal trägt KI zur evolutionären Entwicklung bereits bestehender Systeme bei. Ein Beispiel dafür sind Verkehrsbeeinflussungsanlagen, die basierend auf der Auswertung von Verkehrs- und Wetterdaten das Verhalten von Verkehrsteilnehmern auf verschiedene Arten beeinflussen.[9] Um den Verkehrsfluss und die Verkehrssicherheit zu gewährleisten, können rechtliche Maßnahmen wie Überholverbote und Geschwindigkeitsbegrenzungen erlassen werden. Der Verkehr kann aber auch durch Umleitungsempfehlungen oder temporäre Seitenstreifenfreigaben beeinflusst werden. Entscheidungen werden dabei nicht mehr von Menschen, sondern vom System getroffen, auch wenn es sich wie bei Verkehrsschildern um rechtlich bindendene Verwaltungsakte handelt.

[9]  Bundesanstalt für Straßenwesen

*Abbildung 1: Eine smarte Kamera erkennt Alter, Geschlecht und Gemütszustand. (Bild: Steven Lilley, CC BY-SA 2.0)*

Zwecke, Chancen und Risiken lassen sich nicht einfach zuordnen. Gemeinhin wird KI als Gefahr für die informationelle Selbstbestimmung gesehen, was sich anhand verschiedener Anwendungen der intelligenten Videoüberwachung zeigen lässt, wie sie auch in Deutschland getestet werden. Am Bahnhof Südkreuz in Berlin führt die Bundespolizei einen Versuch mit intelligenter Gesichtserkennung durch Kameras durch. Ziel ist es dabei, durch Technologien der Mustererkennung Personen eindeutig identifizieren zu können, um gesuchte Personen herauszufiltern.[10] Ein Versuch in Mannheim soll sogar die KI-gestützte Erkennung von sozialen Situationen ermöglichen. Ein Kamerasystem soll die Polizei benachrichtigen, wenn kriminelle Handlungen im Raum stehen. Bestimmte Aktivitäten, wie etwa eine gewaltsame Auseinandersetzung, werden erkannt. Dann besteht die Möglichkeit, die beteiligten Personen über das gesamte

---

[10]  Bundespolizei 2017

Kamerasystem zu verfolgen.[11] Beide Beispiele zeigen die mögliche datenschutzrechtliche Relevanz von KI auf. Auf der anderen Seite kann KI datenschutzfreundlich eingesetzt werden. In vielen Kommunen werden gerade Systeme der intelligenten Parkraumüberwachung eingerichtet. Über verschiedene Sensoren kann auf Anzeigetafeln oder Apps angezeigt werden, wie viele Parkplätze an einem bestimmten Ort noch frei sind. Werden Bilder über Kameras aufgenommen, können KI-Systeme die Bilder in Echtzeit anonymisieren. Dabei werden zum Beispiel Gesichter und Fahrzeugkennzeichen so unkenntlich gemacht, dass Fahrer und Fahrzeug nicht mehr identifizierbar sind.

KI wird die Fähigkeit zugeschrieben, durch Automatisierung mehr Effizienz und mehr Effektivität zu gewährleisten. Dies war auch ein Beweggrund des Gesetzes zur Modernisierung des Besteuerungsverfahrens, welches es nun u.a. ermöglicht, Steuerbescheide automatisiert zu erlassen (§ 155 Abs. 4 der Abgabenordnung). Dies geschah in Reaktion auf Probleme der Steuerverwaltung, die so viele Verfahren zu bearbeiten hatte, dass die Gleichmäßigkeit und die Qualität der Entscheidungen darunter litten. Der Gesetzgeber betonte, dass Automatisierung nicht lediglich der Einsparung von Ressourcen dienen soll. Vielmehr sollen die Ressourcen auf Fälle verwendet werden, die intensiver betreut werden müssen, sodass am Ende gerechte Entscheidungen stehen. Man könnte sagen, dass die Verwaltung durch Automatisierung menschlicher werden sollte.[12] Effizienz erreicht die Verwaltung durch KI etwa bei Grenzkontrollen mit dem EasyPASS-System. Dieses System kann Personen identifizieren und die Identität verifizieren. Mit nur wenigen Grenzbeamten können so Schlangen an Flughäfen vermieden werden.

---

[11] Sold 2017
[12] Djeffal 2017a, p. 81

*Abbildung 2: Das EasyPASS-System kann Personen identifizieren und ihre Identität verifizieren. (Bild: Devilfighter de, CC-BY-SA 3.0)*

Im Gegensatz zu einer effektiven und effizienten Gestaltung der Anwendungen stehen die Erfahrungen der australischen Regierung mit
der »Online Compliance Intervention«, die das Eintreiben von Steu-
erschulden erleichtern sollte, aber letztlich in einem politischen
Skandal mündete. Ein Algorithmus gleicht verschiedene steuerrele-
vante Daten ab. Findet er dabei Widersprüche, benachrichtigt er den
Bürger per Brief und SMS. Widerspricht der Bürger nicht, wird ein
Zahlungsbescheid erlassen, gegen welchen die Adressaten dann
rechtlich vorgehen müssen.[13] Der eingesetzte Algorithmus arbeitet
sehr fehleranfällig und produziert in vielen Fällen offensichtlich falsche Ergebnisse. Durch die Automatisierung wurden zeitweise fünf-
zigmal mehr Verfahren eingeleitet als zuvor. Weil Bürgeranfragen

---

[13]  Commonwealth Ombudsman 2017

nicht mehr beantwortet werden konnten, wurden Zeitarbeitskräfte eingestellt und der telefonische Bürgerkontakt an ein privates Call-center ausgelagert. Negativ betroffen wurden vor allem Menschen aus sozial schwächeren Schichten sowie besonders schutzbedürftige oder benachteiligte Bevölkerungsgruppen, die sich nicht gegen den Bescheid wehren konnten. Wie hoch die Anzahl der falschen Bescheide ist, ist umstritten. An dem Beispiel zeigt sich, welche negativen Auswirkungen KI in der öffentlichen Verwaltung haben kann, wenn mangelhafte Systeme ohne Berücksichtigung des sozialen Kontexts verwendet werden. Dann verkehren sich Versprechen von Effektivität und Effizienz in ihr Gegenteil.

## 2. Bezugspunkte: zwischen Ethik und Politik

Normative Leitlinien für Technologien werden auf verschiedene Bezugspunkte zurückgeführt und so unterschiedlich »gerahmt«. Diese Bezugspunkte sollen hier idealtypisch verdichtet als Ethik und Politik gegenübergestellt werden. Die Einführung des neuen Mobilfunk-standards 5G wird beispielsweise besonders im politischen Rahmen diskutiert, bei Diskussionen um Gentechnologie spielen besonders ethische Gesichtspunkte eine Rolle.

Was KI angeht, so knüpft die Diskussion an beiden Bezugspunkten an. In Wissenschaft und Politik wird KI oft als ethische Frage dargestellt, man spricht dann etwa von der »Ethik der Algorithmen«.[14] Gleichzeitig wird der Umgang mit KI auch als Teil einer politischen Auseinandersetzung verstanden, der durch Strategien und Entscheidungen des demokratischen Gesetzgebers bewältigt werden kann. Die Wahl des normativen Bezugspunkts hat wichtige Auswirkungen, wie sich an der Gegenüberstellung zeigen lässt.

---

[14] Mittelstadt, Allo, Taddeo, Wachter & Floridi 2016

Die ethische Reflexion von Technik stellt sich bewusst außerhalb der Politik.[15] Das sieht man bereits an den handelnden Personen. Die ethische Gestaltung wird von Experten vorgenommen, während im Rahmen von politischen Entscheidungen die dazu üblicherweise legitimierten Personen handeln. So werden politische Entscheidungen oft von Regierung und Verwaltung vorbereitet und im Parlament debattiert und entschieden, der ethische Rahmen wird hingegen nicht selten in speziellen Institutionen wie Ethikräten abgesteckt. Während sich Experten dabei auf das Gute und Richtige beziehen können, werden im politischen Prozess kontingente Entscheidungen gefällt, die grundsätzlich offen sind. Dementsprechend unterscheidet sich auch die Rechtfertigung, die auf der einen Seite in der ethischen Expertise liegt, auf der anderen Seite in der demokratischen Legitimation der Entscheidungsträger. Letztere Entscheidungsträger rechtfertigen ihre Entscheidungen, während die Experten in der Tendenz das Richtige und Gute auf der Grundlage ihrer Expertise entdecken.

*Tabelle 1: Vergleiche der normativen Bezugspunkte Ethik und Politik*

| Ethik | Politik |
| --- | --- |
| Experten | Politiker |
| gut / richtig | kontingent |
| Expertise | Legitimation |
| Entdeckung | Rechtfertigung |

---

[15] Hilgartner, Prainsack, & Hurlbut 2017, S. 830

# 3. Leitlinien

## 3.1. Recht

Verbindliche Leitlinien für die Entwicklung künstlicher Intelligenz ergeben sich aus dem Recht. Es setzt Technik zur Wahrung individueller Rechte und des öffentlichen Interesses Grenzen. Dies ist aber bei weitem nicht die einzige Funktion des Rechts bei der Entwicklung von Technik. Die Funktionen des Rechts kann man vielmehr mit den Schlagworten Grund, Grenze und Gestaltung beschreiben.[16]

Ist das Recht *Grund* für die Technikentwicklung, kann es Entwicklung, Weiterentwicklung und Anwendung der Technologie durch die Verwaltung motivieren oder sogar verpflichtend vorschreiben. Das kann so weit gehen, dass es sogar einen menschenrechtlichen Anspruch auf die Einführung von KI und Algorithmen gibt. Ein solches Recht könnte etwa aus Art. 41 der Europäischen Grundrechtecharta (EGrC) abgeleitet werden, dem Recht auf eine gute Verwaltung.[17] Wenn Algorithmen bestimmte Aufgaben viel schneller, einfacher und besser erledigen und andernfalls eine ineffiziente Verwaltung droht, könnte Art. 41 EGrC die Einführung von KI gebieten. Eine solche Pflicht findet sich auch in der Behindertenrechtskonvention der Vereinten Nationen. Diese verpflichtet in Art. 4 Abs. 1 (g) Staaten dazu, Forschung und Entwicklung neuer Technologien zu fördern oder selbst zu betreiben, wenn diese geeignet sind, Menschen mit Behinderung zu helfen. Als Vertragspartei der Konvention gilt diese Pflicht auch für Regierung und Verwaltung in Deutschland. Direkte Pflichten zur Implementation können sich für die Verwaltung auch aus Gesetzen ergeben. So hat das Bundesamt für die Sicherheit in der Informationstechnik (BSI) die Aufgabe, die Netze des Bundes zu

---

[16] Djeffal 2017a, S. 811–815
[17] Ausführlich Djeffal 2017b S. 98.

schützen (siehe § 5 BSI-Gesetz). Das BSI darf ohne Anlass nach dem Gesetz Daten zuerst nur automatisiert auswerten. Erst wenn KI eine Anomalie erkannt hat, die auf Schadprogramme oder mangelnde Sicherheit hinweisen, darf es zu einer menschlichen Verarbeitung der Daten kommen.[18]

Wie bereits erwähnt, ist es Aufgabe des Rechts, KI in der öffentlichen Verwaltung zu *begrenzen*. Solche Grenzen finden wir beispielsweise in § 114 Abs. 4 des Bundesbeamtengesetzes. Nach dieser Vorschrift dürfen beamtenrechtliche Entscheidungen nicht ausschließlich durch automatische Systeme getroffen werden. Das betrifft allerdings nur die Verarbeitung von personenbezogenen Daten, die der Bewertung einzelner Persönlichkeitsmerkmale dienen. Während diese Vorschrift sich speziell auf automatische Systeme bezieht, müssen sich KI-Anwendungen auch an allgemeinen Vorschriften messen lassen. So ist etwa das IT-Sicherheitsrecht auf alle IT-Systeme anwendbar, wie etwa Art. 11 Abs. 1 des Bayerischen E-Government-Gesetzes. Dieser schreibt vor, dass die Sicherheit von IT-Systemen gewährleistet werden muss. Das bedeutet, dass KI in der öffentlichen Verwaltung nur eingesetzt werden darf, wenn sie ausreichend abgesichert werden kann, und dass diese Absicherung auch erfolgen muss.

Daneben hat das Recht allerdings auch eine *Gestaltungsfunktion*. In dieser Funktion nimmt es Einfluss auf den Prozess der Entwicklung, Weiterentwicklung und Anwendung von Technologien in der Gesellschaft.[19] Das Recht begrenzt und fördert die Technik nicht nur, rechtliche Anforderungen verschmelzen gleichsam mit dem, was technisch möglich ist. KI-Anwendungen machen Technik flexibel

---

[18] Dies gilt unter der Voraussetzung, dass kein anderer Anlass – wie etwa ein Hinweis – besteht.

[19] Djeffal 2017b, S. 103; Hildebrandt 2015

und selbstständig, sie öffnen technische Systeme in besonderem Maße für die rechtliche Gestaltung. Es ist zu erwarten, dass die Regeln, die Technikgestaltung in der öffentlichen Verwaltung betreffen, zunehmen werden. Im europäischen Datenschutzrecht etwa gibt es Pflichten, Datenschutz und Datensicherheit durch Technikgestaltung umzusetzen. Für die Behörden, die für Gefahrenabwehr oder Strafverfolgung zuständig sind, ergibt sich dies aus § 71 des neuen BDSG, das auf der sogenannten JI-Richtlinie beruht: Wenn der Verantwortliche die Mittel für die Datenverarbeitung festlegt und wenn er die Verarbeitung vornimmt, muss er Vorkehrungen für eine datenschutzfreundliche Gestaltung treffen.

Wenn »neue« Technologien auf das »alte« Recht stoßen, spricht man von Lücken im Recht und Hindernissen durch das Recht. Eine Lücke ist vorhanden, wenn etwas geregelt werden sollte, aber nicht geregelt wurde.[20] Bedroht also eine neue Technologie individuelle Rechte oder das geschützte Allgemeininteresse, ohne dass rechtliche Regelungen zur effektiven Durchsetzung bestehen, kann man von einer Lücke sprechen. Solche Lücken können auf verschiedene Arten geschlossen werden: entweder durch den Gesetzgeber, der neue Regeln erlässt, oder durch Verwaltung und Rechtsprechung, die im Rahmen ihres verfassungsmäßigen Auftrags zur Rechtsetzung und Rechtsentwicklung befugt sind. Es kann allerdings auch das umgekehrte Problem bestehen, nämlich von Innovations- und Anwendungshindernissen.[21] Hindernisse tauchen insbesondere dann auf, wenn bereits bestehende rechtliche Kategorien neue Technologien oder ihre Auswirkungen nicht ausreichend erfassen. So wurden etwa für den Automobilverkehr überall auf der Welt spezielle rechtliche Regime geschaffen, die allgemeine Regeln modifi-

[20] Canaris 1983
[21] Hoffmann-Riem 2016, S. 33

zieren. Entsteht ein Schaden durch ein Kraftfahrzeug, muss der Halter unabhängig davon haften, ob ihn ein Verschulden trifft. Dadurch wird die allgemeine Regel modifiziert, dass nur haftet, wer einen Schaden zu vertreten hat, wer also vorsätzlich oder fahrlässig handelt. Die Frage nach der Verantwortlichkeit wird auch im Rahmen von künstlicher Intelligenz verhandelt.[22] In diesem Spannungsfeld ist KI eine Herausforderung für das Recht. Es stellt sich die Frage, ob und wie das Recht weiterentwickelt werden soll und muss.[23]

## 3.2. Technik

Nur kurz erwähnt werden soll hier, dass auch die Technik selbst Leitlinie für die weitere Entwicklung sein kann. Auf die normativen Wirkungen von Technik ist vermehrt hingewiesen worden, nicht zuletzt unter dem Schlagwort »*Code is Law*«.[24] Selbst wenn man – wie dieser Beitrag – davon ausgeht, dass die Zukunft der Technik grundsätzlich offen ist, kann ihre tatsächliche Entwicklung ihr doch eine gewisse Richtung geben.[25] Durch bestimmte Systemarchitekturen oder Programmierweisen kann die zukünftige Entwicklung der betreffenden Technik beeinflusst werden. Die großen Programmbibliotheken, die für KI entwickelt werden, sind ein gutes Beispiel dafür. Größere Funktionen können direkt aus diesen Bibliotheken entnommen werden. Auch wenn Systeme künstlicher Intelligenz durch Datensätze trainiert werden, setzen sich gewisse Gewichtungen in den Trainingsdaten in das KI-System fort. Aus diesem Grund hat die Mozilla Foundation einen Datensatz für Spracherkennung veröffentlicht, der besonders repräsentativ ist und allen frei zur Verfügung steht.[26]

---

[22] Hilgendorf 2012

[23] Martini 2017

[24] Lessig 2006; Schulz & Dankert 2016

[25] Arthur 1989; David 1992, S. 134

[26] White 2017

Diese bewusste Arbeit an Datensätzen zeigt, dass Entscheidungen, die jetzt getroffen werden, die Technik der Zukunft beeinflussen können.

## 3.3.   Organisation

Leitlinien für die Entwicklung der Technologie können sich auch durch die Art und Weise ergeben, wie Regierung und Verwaltung organisiert sind.[27] Die Schaffung von Behörden mit bestimmten Aufgaben und Befugnissen kann Technologien schon in ihrer Entwicklung nachhaltig prägen. Ein offensichtliches Beispiel sind die Datenschutzbeauftragten, die in Regierung und Verwaltung, aber auch in Unternehmen verpflichtend eingerichtet werden müssen. Besonders im Bereich der Internet Governance hat sich ein Multi-Stakeholder-Ansatz herausgebildet, der verschiedene Akteure an einen Tisch bringt.[28] So soll Organisation einen positiven Einfluss auf die Technologieentwicklung haben.

Auch im Feld der künstlichen Intelligenz können wir sowohl Ideen als auch Initiativen beobachten, wie Technik durch die Ausgestaltung von Organisationen beeinflusst werden soll. Ein Beispiel dafür ist die Ethik-Kommission Automatisiertes und Vernetztes Fahren. Sie wurde durch den Bundesminister für Verkehr und digitale Infrastruktur eingesetzt und erarbeitete einen Bericht zum autonomen Fahren, der Grundlage für weitere Maßnahmen und Gesetzgebungsvorschläge des Ministeriums geworden ist.[29] Dieses Modell folgt den staatlichen Ethikkommissionen, wie sie besonders im Bereich der Medizinethik und Bioethik gängig sind.[30]

---

[27]   Hood & Margetts 2007, S. 169
[28]   Hofmann 2016
[29]   Ethik-Kommission Automatisiertes und Vernetztes Fahren 2017
[30]   Braun, Herrmann, Könninger & Moore 2010, S. 8ff

Auf der Ebene der Europäischen Union werden gerade verschiedene Vorschläge für Institutionen mit einem starken Bezug zu künstlicher Intelligenz diskutiert. In einer Resolution des Europäischen Parlaments wird eine Agentur für Robotik und KI gefordert, die sektorübergreifend und multidisziplinär arbeitet.[31] Aufgabe der Agentur soll nicht nur die Beratung der europäischen Institutionen sein, sondern auch die Schaffung eines Registers, in dem fortgeschrittene Roboter eingetragen werden. In seiner vielbeachteten Europarede forderte der französische Präsident Emmanuel Macron die Schaffung einer »Agentur für disruptive Innovationen«.[32] Die einzige Technologie, die er in diesem Zusammenhang erwähnte, ist KI.

In diese Richtung geht auch die Ankündigung der chinesischen Regierung, innerhalb von fünf Jahren für 2 Milliarden US$ einen Technologiepark in Peking zu errichten, in welchem Unternehmen und Universitäten gemeinsam KI erforschen sollen.[33] Die Vereinigten Arabischen Emirate machten Schlagzeilen mit der Ernennung eines Ministers für KI. Nach Aussage des Ministers gehört es zu seinen Hauptaufgaben, die Entwicklung künstlicher Intelligenz durch die Schaffung eines adäquaten rechtlichen Rahmens zu fördern.[34]

Im Hinblick auf die Organisationen ist eine Unterscheidung besonders wichtig, nämlich ob die Organisation eine gestaltende oder eine Kontrollfunktion innehat. Im Diskurs, der durch die Idee der Regulierung von KI geprägt ist, stehen Kontrollorganisationen wie der sogenannte Algorithmen-TÜV im Mittelpunkt. Nicht vergessen werden sollte aber, dass rechtskonforme KI auch davon abhängt, dass schon die rechtskonforme Gestaltung ermöglicht wird.

[31] http://s.fhg.de/robotik-eu-resolution
[32] Macron 2017
[33] Yamei 2018
[34] Tendersinfo 2017

## 3.4. Strategien

Staatliche Leitlinien für die Entwicklung und Anwendung von Technologien finden sich oft in impliziten oder expliziten Strategien. Sie definieren ein Ziel, die Mittel seiner Erreichung und die Umwelt, in der das Ziel verfolgt wird.[35] Es geht also darum, wie Ziele in einer bestimmten Situation tatsächlich erreicht werden können. Strategien zeichnen sich besonders dadurch aus, dass sie die Ziele ausdrücklich machen.

In der internationalen Debatte haben strategische Überlegungen zu KI viel Aufmerksamkeit erfahren. Der russische Präsident Vladimir Putin äußerte auf einer Konferenz vor Schülern, dass KI die Zukunft sei. Wer immer die Führung dieser Technologie übernehme, werde die Welt beherrschen.[36] Ein großes Medienecho erzeugte auch die chinesische Regierung mit dem Ziel, China bis zum Jahre 2030 zum führenden Land in Bezug auf KI zu machen.[37] Dieses Verhalten verschiedener Staaten wurde von Kommentatoren als möglicher Beginn eines neuen kalten Krieges gewertet.[38]

KI ist allerdings nicht immer der Gegenstand von Strategien, sondern auch selbst strategisches Mittel. Sie findet sich z. B. in Smart-City-Konzepten zur Erreichung verschiedener Ziele wie etwa Umweltschutz oder die Steigerung der Lebensqualität. So nimmt beispielsweise die Smart-City-Strategie Berlins explizit Bezug auf intelligente Anwendungen des sogenannten Internets der Dinge.[39] Es ist zu erwarten, dass KI in Zukunft in vielen Strategien auftaucht, und zwar sowohl als Mittel zur Erreichung von Zielen als auch als

---

[35]  Raschke & Tils 2013, S. 127
[36]  Russia Insider 2017
[37]  Mozur 2017
[38]  Allen & Husain 2017
[39]  Senatsverwaltung für Stadtentwicklung und Umwelt 2016

Gestaltungsziel. KI ist dann Gestaltungsziel, wenn die Technologie selbst durch die Strategie geprägt werden soll. Eine solche Verquickung kann man auch als Leitbild bezeichnen.

## 3.5.  Leitbilder

Leitbilder ergeben sich aus Begriffen und können sich auf die weitere Entwicklung auswirken.[40] Ihnen kommt dabei nicht nur eine beschreibende Funktion zu, sie haben auch das Potenzial, Entwicklungen zu prägen.[41] Auch im Bereich der Verwaltungsmodernisierung sind einige Begriffe mit einer solchen Bedeutung aufgeladen worden, dass man sie durchaus als Leitbilder bezeichnen kann, wie etwa »New Public Management« oder das im deutschen Diskurs verwandte »Neue Steuerungsmodell«. Die Bundesregierung prägte den Begriff »Industrie 4.0« und schaffte damit erfolgreich ein Leitbild für die technologiegetriebene Industriemodernisierung, das international rezipiert wurde. Dies fand auch in der öffentlichen Verwaltung Nachahmung, wo das Schlagwort »Industrie 4.0 braucht Verwaltung 4.0« populär wurde.[42]

Die Frage nach einem Leitbild für die Gestaltung künstlicher Intelligenz ist jedenfalls für den deutschen und europäischen Kontext, von einigen ersten Ansätzen abgesehen, noch offen geblieben. Dabei kann Technologie durchaus eine Verfassungsdimension haben, wie sich etwa an Fragen nach einer Verfassung für das Internet zeigt.[43] In gleicher Richtung könnte man auch nach der konstitutionellen Dimension der KI fragen. Ein interessanter Anknüpfungspunkt für den praktischen Umgang von Verfassungen mit diesen Phänomenen

---

[40]  Baer 2006, S. 83; Voßkuhle 2001, S. 506ff
[41]  Koselleck 2010, S. 61–62
[42]  Kruse & Hogrebe 2013
[43]  Pernice 2015

könnte eine Vorschrift aus der Verfassung der freien Hansestadt Bremen sein, die in Art. 12 Abs. 1 besagt: »Der Mensch steht höher als Technik und Maschine.«

Dabei handelt es sich um eine in der deutschen Verfassungsgeschichte einzigartige Vorschrift, die nach dem zweiten Weltkrieg vor dem Eindruck der Industrialisierung in die Verfassung kam und bisher in der Rechtsprechung nicht angewandt wurde.

## 4.  Ausblick

Schon heute zeichnet sich ab, dass KI das gesellschaftliche Zusammenleben im Großen wie im Kleinen grundlegend verändert und noch weiter verändern wird. Auch deshalb ist es so wichtig, die Entwicklung dieser Technologien durch Leitlinien positiv zu beeinflussen. Da es sich aber um Technologien handelt, die selbst im Werden sind, ist das eine besondere Herausforderung für Wissenschaft, Wirtschaft, Politik und Gesellschaft. Leitlinien werden nicht einmal geschaffen und verabschiedet, sie werden vielmehr fortwährend erneuert. Denn genausowenig wie man die Auswirkungen und die Entwicklung von Technologien exakt vorhersagen kann, genausowenig lässt sich der Einfluss von Leitlinien genau taxieren. In diesem Prozess des »wechselseitigen Werdens«[44] ist es nicht angebracht, zu denken, man müsste alle bestehenden Ideen und Regeln im Angesicht neuer Technologien über Bord werfen. Genauso falsch ist es aber, zu denken, dass sich nichts ändert. Denn unser Verständnis dessen, was neue KI-Technologien für unser gesellschaftliches Zusammenleben bedeuten können, steht erst ganz am Anfang. Daher ist es angebracht, diese Entwicklungen aus verschiedenen Perspektiven und mit wechselnden Annahmen zu betrachten. Erst wenn KI

---

[44] Kloepfer 2002

gleichzeitig als Chance und Gefahr begriffen, gleichzeitig aus technischer und aus gesellschaftlicher Sicht entwickelt und aus geistes-, sozial- und naturwissenschaftlicher Sicht betrachtet wird, können die Möglichkeiten dieser Technologie gedacht werden. Dann kann ein Bild von einer gesellschaftlich erwünschten und guten KI gezeichnet werden. Dann gelingt es vielleicht, die Gesellschaft durch Automatisierung menschlicher zu machen.

## Quellen

Allen, J. R., & Husain, A. (2017). The Next Space Race Is Artificial Intelligence: And the United States is losing. http://s.fhg.de/FbK

Arthur, W. B. (1989). Competing Technologies, Increasing Returns, and Lock-In by Historical Events. *The Economic Journal*, *99*(394), S. 116 – 131.

Baer, S. (2006). *»Der Bürger« im Verwaltungsrecht: Subjektkonstruktion durch Leitbilder vom Staat*. Tübingen: Mohr Siebeck.

Braun, K., Herrmann, S. L., Könninger, S., & Moore, A. (2010). Ethical Reflection Must Always be Measured. *Science, Technology, & Human Values*, *35*(6), S. 839–864.

Bundesanstalt für Straßenwesen. Anlagen zur Verkehrsbeeinflussung auf Bundesfernstraßen. http://s.fhg.de/8mQ

Bundespolizei. (2017). Test zur Gesichtserkennung am Bahnhof Berlin Südkreuz gestartet. http://s.fhg.de/Te6

Canaris, C.-W. (1983). *Die Feststellung von Lücken im Gesetz: Eine methodologische Studie über Voraussetzungen und Grenzen der richterlichen Rechtsfortbildung praeter legem* (2. Ausgabe). Schriften zur Rechtstheorie: Vol. 3. Berlin: Duncker und Humblot.

Commonwealth Ombudsman. (2017). Centrelink's automated debt raising and recovery system. http://s.fhg.de/s6h

David, P. A. (1992). Heroes, Herds and Hysteresis in Technological History: Thomas Edison and 'The Battle of the Systems' Reconsidered. *Industrial and Corporate Change*, *1*(1), S. 129–180.

Djeffal, C. (2017a). Das Internet der Dinge und die öffentliche Verwaltung: Auf dem Weg zum automatisierten Smart Government? *Deutsches Verwaltungsblatt*, S. 808–816.

Djeffal, C. (2017b). Leitlinien der Verwaltungsnovation und das Internet der Dinge. In A. Klafki, F. Würkert, & T. Winter (Eds.), *Digitalisierung und Recht* (Band 31, S. 83 – 112). Hamburg: Bucerius Law School Press.

Dyson, G. (2014). *Turings Kathedrale: Die Ursprünge des digitalen Zeitalters* (2. Aufl.). Berlin: Propyläen.

Ethik-Kommission Automatisiertes und Vernetztes Fahren. (2017). Bericht. http://s.fhg.de/WrX

Grudin, J. (2017). *From tool to partner: The evolution of human-computer interaction. Synthesis lectures on human-centered informatics: Vol. 35.* London: Morgan & Claypool.

Hildebrandt, M. (2015). Legal Protection by Design: Objections and Refutations. *Legisprudence, 5*(2), S. 223–248.

Hilgartner, S., Prainsack, B., & Hurlbut, B. J. (2017). Ethics as Governance in Genomics and Beyond. In U. Felt, R. Fouché, & C. A. Miller (Hrsg.), *The Handbook of Science and Technology Studies.*

Hilgendorf, E. (2012). Können Roboter schuldhaft handeln? In *Jenseits von Mensch und Maschine* (S. 119–132). Baden-Baden: Nomos.

Hoffmann-Riem, W. (2016). *Innovation und Recht - Recht und Innovation.* Tübingen: Mohr Siebeck.

Hofmann, J. (2016). Multi-stakeholderism in Internet governance: Putting a fiction into practice. *Journal of Cyber Policy, 1*(1), S. 29–49.

Hood, C. C., & Margetts, H. Z. (2007). *The Tools of Government in the Digital Age.* Houndmills: Palgrave Macmillan.

Ihde, D. (2012). *Experimental Phenomenologies: Multistabilities.* Albany: SUNY Press.

Kloepfer, M. (2002). *Technik und Recht im wechselseitigen Werden: Kommunikationsrecht in der Technikgeschichte. Schriften zum Technikrecht.* Berlin: Duncker und Humblot.

Koselleck, R. (2010). Die Geschichte der Begriffe und Begriffe der Ge-schichte. In R. Koselleck (Ed.), *Begriffsgeschichten: Studien zur Semantik und Pragmatik der politischen und sozialen Sprache* (S. 56–76). Frankfurt am Main: Suhrkamp.

Kruse, W., & Hogrebe, F. (2013). »Industrie 4.0« braucht »Verwaltung 4.0«: Globaler Wettbewerb, demographischer Wandel, Schuldenbremse. *Behörden Spiegel*, *29*(IV), S. 1–2.

Lessig, L. (2006). *Code: Version 2.0* (2. Aufl.). New York: Basic Books.

Macron, E. (09.2017). *Discours du President de la Republique Initiative pour l'Europe*, Paris, La Sorbonne.

Mainzer, K. (2016). *Künstliche Intelligenz – wann übernehmen die Maschinen? Technik im Fokus*.

Mandel. (2017). Legal Evolution in Response to Technological Change. In R. Brownsword, E. Scotford, & K. Yeung (Eds.), *The Oxford Handbook of the Law, Regulation, and Technology*. Oxford: Oxford University Press.

Martini, M. (2017). Algorithmen als Herausforderung für die Rechtsordnung. *Juristenzeitung*, *72*, S. 1017 – 1025.

McCarthy, J., Minsky, M., & Shannon, C. (1955). A Proposal for the Dart-mouth Summer Research Project on Artificial Intelligence. http://www-formal.stanford.edu/jmc/history/dartmouth/dartmouth.html

Mittelstadt, B. D., Allo, P., Taddeo, M., Wachter, S., & Floridi, L. (2016). The ethics of algorithms: Mapping the debate. *Big Data & Society*, *3*(2), S. 1-21.

Mozur, P. (20.07.2017). Beijing Wants A.I. to be Made in China 2030. *New York Times*. http://s.fhg.de/hgH

Pernice, I. (2015). Global Constitutionalism and the Internet. Taking People Seriously. *HIIG Discussion Paper Series*. http://s.fhg.de/KHp

Poole, D. L., & Mackworth, A. K. (2011). *Artificial intelligence: Foundations of computational agents*. Cambridge: Cambridge University Press.

Raschke, J., & Tils, R. (2013). *Politische Strategie: Eine Grundlegung* (2. Aus-gabe). Wiesbaden: VS Verlag für Sozialwissenschaften.

Russia Insider. (2017). Whoever leads in AI will rule the world! Putin to Rus-sian children on Knowledge Day. http://s.fhg.de/gPL

Schulz, W., & Dankert, K. (2016). 'Governance by Things' as a challenge to regulation by law. *Internet Policy Review, 5*(2).

Senatsverwaltung für Stadtentwicklung und Umwelt. (2016). Smart City-Strategie Berlin.

Sold, R. (29.12.2017). Automatischer Alarm bei Taschendiebstahl. *Frankfurter Allgemeine Zeitung*, S. 2.

Tendersinfo (09.12.2017). United Arab Emirates: Minister of Artificial Intelligence Minister delivers talk on AI at DPC event. http://www.tendersinfo.com

Turing, A. (1950). Computing Machinery and Intelligence. *MIND - A Quarterly Review of Psychology and Philosophy, 59*, S. 433 – 460.

Voßkuhle, A. (2001). Der »Dienstleistungsstaat«: Über Nutzen und Gefahren von Staatsbildern. *Der Staat*, S. 495-523.

White, S. (2017). Announcing the Initial Release of Mozilla's Open Source Speech Recognition Model and Voice Dataset. http://s.fhg.de/hWT

Yamei (03.01.2018). Beijing to build technology park for developing artificial intelligence. *Xinhuanet.* http://s.fhg.de/rDf

## Über den Autor

### Christian Djeffal

Dr. Christian Djeffal leitet am Alexander-von-Humboldt-Institut für Internet und Gesellschaft das Projekt »Digitale Öffentliche Verwaltung« und forscht zu Fragen von künstlicher Intelligenz aus rechtswissenschaftlicher Perspektive. Er wurde an der Juristischen Fakultät der Humboldt-Universität zu Berlin promoviert und forschte in Amsterdam, Cambridge (GB) und Heidelberg.

# Thesenpapier: Algorithmische Entscheidungsfindung

## Verbraucherzentrale Bundesverband, Berlin

## 1.   Einleitung

Der zunehmende Einsatz (selbstlernender) Algorithmen,[1] die Prozesse steuern und teilweise Entscheidungen treffen, wirft neue gesellschaftliche und ethische Fragen auf.

Im Zentrum der aktuellen Debatte stehen algorithmenbasierte Entscheidungsprozesse *(Algorithmic Decision-Making,* im Folgenden ADM-Prozesse),[2] die auf der Grundlage von Big Data erfolgen können. Sie sind von besonderem Interesse, da die Zahl der betroffenen Verbraucherinnen und Verbraucher potenziell sehr hoch sein kann; oft bei mangelnder Transparenz über die jeweiligen ADM-Prozesse.

Beispiele für die Anwendung von ADM-Prozessen reichen von der Vergabe von Hochschulplätzen über Kriminalitätsprognosen und Predictive Policing, Bestimmung individueller Kreditausfallrisiken,

---

[1]   Ein Algorithmus ist zunächst nur eine festgelegte Handlungsanweisung, die auch »analog« festgelegt und ausgeführt werden kann. Ein Beispiel sind die Straßenverkehrsordnung oder Gesetzesbücher. Vgl. Politik & Kommunikation 2017 und Zweig 2016

[2]   Ein algorithmenbasierter Entscheidungsprozess umfasst weitaus mehr als den reinen Programmcode oder Algorithmus: »Algorithmische Entscheidungsfindung bezeichnet den Gesamtprozess von der Datenerfassung über die Datenanalyse bis hin zur Deutung und Interpretation der Ergebnisse und der Ableitung einer Entscheidung oder einer Entscheidungsempfehlung aus den Ergebnissen.« Vgl. Vieth & Wagner 2017

Smart-Home-Anwendungen, Einkaufsassistenten, Portfoliomanagement für Finanzanleger, automatisierte (individuelle) Preissetzung bis zum autonomen Fahren.[3]

Es ist davon auszugehen, dass algorithmenbasierte Entscheidungsprozesse zunehmend entscheidenden Einfluss auf Fragen der Lebensgestaltung, auf Teilhabemöglichkeiten, Konsumentscheidungen und Autonomie jedes Einzelnen sowie auf die Gesellschaft insgesamt haben werden. Diese können sowohl Chancen bieten als auch Risiken bergen und grundlegende ethische Fragen aufwerfen, etwa zu Autonomie und Fremdbestimmung von Verbrauchern. Aus Sicht des Verbraucherzentrale Bundesverbandes (vzbv) ist daher eine intensive Beschäftigung mit den Auswirkungen und dem Umgang mit ADM-Prozessen erforderlich. Alle politischen und gesellschaftlichen Akteure müssen gemeinsam dafür sorgen, die Chancen von ADM-Prozessen zu nutzen und die Risiken zu minimieren. Ziel muss es sein, dass auch in einer Welt selbstlernender Algorithmen rechtliche Rahmenbedingungen eingehalten werden und die Entscheidungssouveränität sowie die informationelle Selbstbestimmung von Verbrauchern gewährleistet sind. Das ist nur möglich, wenn ADM-Prozesse durch Menschen kontrollierbar sind und bleiben.

Diese Ziele können jedoch kaum erreicht werden, solange ADM-Prozesse ein hohes Maß an Intransparenz aufweisen. Vor diesem Hintergrund wird derzeit öffentlich diskutiert, ob und wie ADM-Prozesse nachvollziehbar gestaltet werden können[4] und ob eine Offenlegung des Algorithmus selbst erforderlich ist.

---

[3]  vgl. auch: Bertelsmann Stiftung 2017

[4]  In der Diskussion werden vor allem Aufsichtsbehörden, Digitalagentur, TÜV als Möglichkeiten genannt.

Dieses Thesenpapier soll einen Beitrag zu der Debatte leisten und Denkanstöße geben, wie die Chancen von ADM-Prozessen genutzt und die Risiken minimiert werden könnten.

## 2. Thesen

### 2.1. Verbraucherrelevanz, Rechtfertigung von Maßnahmen

#### 2.1.1. Zunehmende Verbreitung birgt Chancen & Risiken

Es werden zunehmend ADM-Prozesse eingeführt, die signifikante Auswirkungen auf Fragen der Lebensgestaltung, auf Teilhabemöglichkeiten, Konsumentscheidungen, Autonomie und informationelle Selbstbestimmung jedes Einzelnen haben können. Diese Prozesse können sowohl Chancen eröffnen als auch Risiken bergen.

#### 2.1.2. Risiken durch Maßnahmen minimieren

Die mit ADM-Prozessen verbundenen Risiken für Individuen und Gesellschaft rechtfertigen Maßnahmen bei relevanten ADM-Prozessen, um sicherzustellen, dass rechtliche Rahmenbedingungen eingehalten sowie die Entscheidungssouveränität und die informationelle Selbstbestimmung von Betroffenen gewährleistet sind.

## 2.2. Prüfung relevanter ADM-Prozesse und fallspezifische Maßnahmen

### 2.2.1. Einsichtnahme und Prüfung von Rechtskonformität, individuellen und gesellschaftlichen Auswirkungen

Ein geeignetes, staatlich legitimiertes Kontrollsystem soll relevante ADM-Prozesse hinsichtlich Rechtskonformität (beispielsweise Diskriminierungsverbot, Lauterkeitsrecht und Datenschutzrecht), Sachgerechtheit der Anwendung sowie individueller und gesellschaftlicher Auswirkungen einsehen und überprüfen können. Ob eine Einsichtnahme in einen ADM-Prozess ex-post oder ex-ante erfolgen sollte, ist abhängig von dem betreffenden ADM-Prozess und seinem Einsatzbereich.

### 2.2.2. Feststellung der Relevanz von ADM-Prozessen

Es ist erforderlich, Relevanzkriterien zu erarbeiten, wonach entschieden werden kann, bei welchen ADM-Prozessen eine Einsichtnahme und gegebenenfalls weitergehende fallspezifische Maßnahmen durch ein geeignetes, staatlich legitimiertes Kontrollsystem gerechtfertigt sind.

### 2.2.3. Feststellung der Angemessenheit von fallspezifischen Maßnahmen

Auch für die Entscheidung, mit welchen fallspezifischen Maßnahmen man den Herausforderungen von speziellen ADM-Prozessen begegnet, müssen Angemessenheitskriterien erarbeitet werden. Auf dieser Basis kann in jedem Einzelfall entschieden werden, welche weitergehenden Maßnahmen adäquat sind. Beispiele für weitergehende Maßnahmen können von Transparenzanforderungen über die

Anpassung der Datenbasis oder des Algorithmus bis hin zur Untersagung reichen.

## 2.2.4. Transparenz für Verbraucher und Öffentlichkeit herstellen

Es gibt ADM-Prozesse, die transparent und nachvollziehbar gemacht werden müssen, um souveräne Verbraucherentscheidungen und eine informierte öffentliche Debatte über Chancen und Risiken von ADM-Prozessen zu ermöglichen. Verbraucher sollten über den Einsatz relevanter ADM-Prozesse und über die für die Entscheidung relevanten Aspekte dieser Prozesse (beispielsweise Datenbasis, Kriterien, Gewichtung) informiert werden.

## 2.2.5. Anpassung des ADM-Prozesses

Die Datenbasis, der Algorithmus oder andere Elemente des ADM-Prozesses müssen so gestaltet sein, dass sie selber und die Ergebnisse des ADM-Prozesses mit rechtlichen Vorgaben im Einklang stehen. Ist dies nicht der Fall, müssen diese Bestandteile verändert oder aus dem Verkehr gezogen werden.

## 2.2.6. Verbot als Ultima Ratio

Eine Untersagung oder ein gesetzliches Verbot des Einsatzes bestimmter ADM-Prozesse kann in bestimmten Fällen als Ultima Ratio ein gerechtfertigtes Mittel sein.

## 2.3. Generelle Anforderungen an ADM-Prozesse

### 2.3.1. Nachvollziehbarkeit sicherstellen: Nachvollziehbarkeit by Design

Regeln und Standards für die technische Gestaltung von ADM-Prozessen sind erforderlich, um von vornherein rechtliche Anforderungen zu erfüllen, Ethik-by-Design sicherzustellen und ADM-Prozesse einer Kontrolle zugänglich zu machen.

### 2.3.2. Falsifikation sicherstellen

Mögliche technische oder methodische Fehler von ADM-Prozessen müssen für geeignete Kontrollsysteme identifizierbar gemacht und gegebenenfalls einer unabhängigen wissenschaftlichen Evaluation unterzogen werden.

## 2.4. Handlungsbedarf: Anpassung rechtlicher Rahmenbedingungen und gesellschaftlicher Diskurs um ethische Prinzipien

### 2.4.1. Anfechtungsmöglichkeiten schaffen

Auch bei ADM-Prozessen, die nicht auf personenbezogenen Daten beruhen, sollte für betroffene Verbraucher ein Anspruch auf Überprüfung der Entscheidung durch eine Person, auf Darlegung des eigenen Standpunkts, auf Erläuterung der Entscheidung sowie auf Anfechtung der Entscheidung bestehen, z. B. um eine falsche, verzerrte Datenbasis oder um unangemessene Entscheidungen korrigieren zu können.

### 2.4.2. Auskunftsrechte, Kennzeichnungs- und Publikationspflichten einführen

Um dem Informationsbedürfnis von Verbrauchern über den Einsatz, die Entscheidungskriterien, die Datengrundlage und die Funktionsweise von gesellschaftlich relevanten ADM-Prozessen zu genügen, müssen Auskunftsrechte, Kennzeichnungs- und Publikationspflichten eingeführt werden.

### 2.4.3. Haftung anpassen

Intransparenz bei ADM-Prozessen und die zunehmende Komplexität von Wirkungsketten bei der Schadensverursachung können dazu führen, dass Verbraucher auf ihrem Schaden sitzen bleiben. Entstehende Haftungslücken im Vertrags- und Deliktsrecht sind zu schließen.

Für die Reform der Produkthaftungsrichtlinie bietet sich eine von einem Fehler unabhängige Haftung für Algorithmen im Sinne einer echten Gefährdungshaftung bei bestimmungsgemäßer Verwendung durch den Verbraucher an. Für die Haftung des Anbieters sollte es ausreichen, wenn ein Algorithmus bei bestimmungsgemäßer Verwendung einen Schaden verursacht.

### 2.4.4. Forschung intensivieren

Im Hinblick auf die Analyse der möglichen Folgen einer verbreiteten Einführung von ADM-Prozessen steht die Forschung noch relativ am Anfang. Um die Zusammenhänge zwischen ADM-Prozessen und individuellen oder gesellschaftlichen Auswirkungen besser verstehen zu können, muss die Forschung intensiviert und gefördert werden.

## 2.4.5. Debatte um gesellschaftliche Folgen und ethische Prinzipien führen

Der Umgang mit gesellschaftlichen und ethischen Folgen von ADM-Prozessen, etwa das Risiko eines fortschreitenden Verlusts menschlicher Autonomie, muss in einem dafür angemessen Forum[5] und einer breiten öffentlichen Debatte diskutiert und ausgehandelt werden. Ergebnis einer solchen Debatte könnten beispielsweise Prinzipien eines Ethik-by-Design sein, nach denen Ersteller von ADM-Prozessen rechtliche und ethische Grundsätze schon bei der Programmierung und beim ADM-Design berücksichtigen müssen.

# 3. Erläuterungen

## 3.1. Verbraucherrelevanz, Rechtfertigung von Maßnahmen

Der Einsatz von ADM-Prozessen, die Entscheidungen treffen oder menschliche Entscheidungen vorbereiten, nimmt zu. ADM-Prozesse können potenziell große Auswirkungen auf Individuen und die Gesellschaft haben, die sowohl Chancen bieten als auch Risiken bergen. Es ist davon auszugehen, dass die Anzahl der Lebensbereiche zunimmt, in denen diese Prozesse eingesetzt werden. Damit steigen die möglichen Auswirkungen auf einzelne Verbraucher und die Zahl der von ADM-Prozessen Betroffenen insgesamt.

---

[5] Bestehende Foren sind beispielsweise Ethik-Kommissionen, etwa die Ethik-Kommission des Bundesministeriums für Verkehr und digitale Infrastruktur (BMVI), die Leitlinien für automatisiertes Fahren erarbeitet hat, oder Enquete-Kommissionen des Deutschen Bundestages, vgl. Wikipedia 2017.

ADM-Prozesse können beispielsweise die Teilhabe erhöhen, wenn sie einen breiten Zugang zu personalisierten Angeboten und Diensten ermöglichen, die bisher aus Kostengründen nur wenigen zur Verfügung standen.[6] Auch die Konsistenz von Entscheidungen kann verbessert werden, da bei ADM-Prozessen immer nach den gleichen Vorgaben aufgrund festgelegter Kriterien entschieden wird. Menschliche Fehler durch verzerrte Wahrnehmung und persönliche Präferenzen können so gegebenenfalls reduziert werden.[7] Andererseits können über die festgelegten Kriterien hinaus oft keine weiteren Kriterien einbezogen werden. Es muss deshalb sichergestellt werden, dass Einzelfallentscheidungen durch Menschen im Streitfall immer möglich bleiben.

Die Risiken zunehmender ADM-Prozesse können unter anderem Sicherheitsrisiken, Gefährdung der Privatsphäre, Steigerung der Informationsasymmetrie zwischen Verbrauchern und Unternehmen, eingeschränkte materielle und soziale Teilhabe von Individuen und Gruppen (z. B. Diskriminierung), Manipulation bzw. unbewusste Beeinflussung individueller Entscheidungen sowie die Aushebelung des Wettbewerbs umfassen. Hierbei kann die Vielfalt unterschiedlicher ADM-Prozesse für einen Anwendungsfall (z. B. Systeme zur ADM-basierten Bewerberauswahl) Einseitigkeit bzw. Monopole/Oligopole verhindern. Dadurch verringert sich das Risiko, dass wichtige

---

[6] Wenn beispielsweise Algorithmen zum Portfoliomanagement von Geldanlagen eingesetzt werden, können diese bereits Vermögen ab 5000 Euro profitabel managen, was bei menschlichen Portfoliomanagern für die Finanzdienstleister nicht rentabel wäre. Vgl. Frankfurter Allgemeine Zeitung 2016

[7] Zu Heuristiken und verzerrten Entscheidungen in Gerichtsverfahren vgl. Peer & Gamliel 2013. Neben Effizienzgewinnen wird von Unternehmensseite der Einsatz von automatisierten Entscheidungen in Bewerbungsverfahren auch damit begründet, dass sie helfen sollen, Verzerrungen im Bewerbungsprozess zu reduzieren. Vgl. Lechtleitner 2017

gesellschaftliche Bereiche durch uniforme Entscheidungen geprägt werden.

Abgesehen von den Risiken einer Verzerrung von individuellen und kollektiven Entscheidungsprozessen stellt sich auch die Frage, inwieweit angesichts des zunehmenden Einsatzes von ADM-Prozessen die Autonomie der persönlichen Lebensgestaltung noch gewahrt werden kann.

Die zunehmende Verbreitung von ADM-Prozessen mit Risiken für Individuen und Gesellschaft können daher Maßnahmen bei relevanten ADM-Prozessen rechtfertigen, um diese Risiken zu reduzieren. Auch ergibt sich aus der zunehmenden Bedeutung von ADM-Prozessen ein Handlungsbedarf, rechtliche Rahmenbedingungen anzupassen und einen breiten gesellschaftlichen Diskurs über die ADM-Prozesse zu führen (hierzu siehe auch Ziffer 3.4).

Das Ziel dieser Maßnahmen sollte sein, die Entscheidungssouveränität und informationelle Selbstbestimmung von Verbrauchern zu gewährleisten, die Einhaltung rechtlicher Rahmenbedingungen sicherzustellen sowie Wettbewerb und Innovation zu fördern. Dies sind keine widersprüchlichen Ziele, sondern sie greifen oft ineinander (beispielsweise, wenn Transparenz über die Verwendung von Nutzerdaten den Wettbewerb befördert, weil Nutzer sich alternativen datenschutzsensibleren Angeboten zuwenden).

## 3.2. Prüfung relevanter ADM-Prozesse und fallspezifische Maßnahmen

Viele Unternehmen verweigern es, einen Einblick darüber zu geben, auf welche Weise Entscheidungen, an denen ADM-Prozesse beteiligt sind, zustande kommen. Oft beruft man sich dabei auf Geschäftsgeheimnisse. Insbesondere, wenn ADM-Prozesse potenziell große Auswirkungen auf Individuen und die Gesellschaft haben, sollte aber ein geeignetes, umfassendes, staatlich legitimiertes Kontrollsystem über die Möglichkeit verfügen, die Entscheidungsgrundlagen und -logiken von ADM-Prozessen offenlegen zu lassen, einzusehen, zu überprüfen und gegebenenfalls Maßnahmen anzuordnen, um deren Risiken zu minimieren.

Ein umfassendes Kontrollsystem sollte staatlich legitimiert sein, sich durch Vielschichtigkeit auszeichnen und nicht aus einer einzigen Institution bestehen. Es könnte mehrere Elemente umfassen, deren Zusammenwirkung eine angemessene Kontrolle sicherstellen kann. Elemente eines solchen Kontrollsystems könnten beispielsweise ein betrieblicher Algorithmenbeauftragter (in Anlehnung an die Datenschutzbeauftragten), ein erweitertes Informationsfreiheitsgesetz, staatliche Stellen wie etwa die Bundesanstalt für Finanzdienstleistungsaufsicht (BaFin) oder Vereine, die aufgrund einer staatlichen Beauftragung arbeiten (TÜV), sein. Allerdings muss bei der Konzeption eines geeigneten Kontrollsystems der Grundsatz an oberster Stelle stehen, dass dieses nicht zur Beschränkung der freien Meinungsäußerung führt.

Die Einsichtnahme kann zum einen der Überprüfung der Rechtskonformität von ADM-Prozessen dienen. Beispielsweise ist die Vereinbarkeit mit dem Diskriminierungsverbot, Lauterkeitsrecht und Datenschutzrecht sowie mit den Grundrechten wie der freien Meinungsäußerung zu überprüfen. Zum anderen könnte dies die Überprüfung hinsichtlich der Sachgerechtheit der Anwendung beinhalten. Eine derartige Einsichtnahme und Überprüfung durch ein geeignetes Kontrollsystem ist ein wichtiger Schritt zur Analyse und Evaluation individueller und gesellschaftlicher Konsequenzen von ADM-Prozessen. Dies beinhaltet auch die Abwägung von individuellen und gesellschaftlichen Interessen, wenn diese gegeneinanderstehen.

In bestimmten Fällen können eine ausführlichere Evaluation sowie weitrechende Konsequenzen bis hin zur Untersagung des ADM-Prozesses angemessen sein. Beispielsweise unterliegen schon jetzt algorithmenbasierte Systeme für den Hochfrequenzhandel an Börsen[8] einer strengen Regulierung durch die Bundesanstalt für Finanzdienstleistungsaufsicht (BaFin). Ihr Betrieb ist erlaubnispflichtig, es gibt eine Kennzeichnungspflicht für algorithmisch generierte Aufträge,[9] ein Recht der Börsenaufsichtsbehörde zur Einsicht in den Algorithmus,[10] eine Dokumentationspflicht bei Änderungen des Algorithmus und eine Pflicht der Betreiber, System- und Risikokontrollen verfügbar zu haben.[11]

Ob eine Einsichtnahme und Prüfung in einen ADM-Prozess ex-ante (vor seinem Einsatz) oder ex-post erfolgen sollte, ist abhängig von dem betreffenden ADM-Prozess und seinem Einsatzbereich. Bei ADM-Prozessen in autonomen Systemen, beispielsweise bei selbstfahrenden Fahrzeugen, müssen die Grundlagen des ADM-Prozesses, also auch der Algorithmus, zum Zwecke der Zulassung und regelmäßigen Überprüfung zur Verfügung gestellt werden.

Nicht bei allen ADM-Prozessen besteht im gleichen Umfang Bedarf für eine Einsichtnahme und zum Ergreifen fallspezifischer Maßnahmen. Aufgrund der Vielzahl an ADM-Prozessen scheint es angemessen, dass fallspezifische Maßnahmen bei den ADM-Prozessen erfolgen können, die gesellschaftlich relevant sind. Der Prozess von der

---

[8] vgl. Gesetz zur Vermeidung von Gefahren und Missbräuchen im Hochfrequenzhandel (Hochfrequenzhandelsgesetz), http://s.fhg.de/XYX, aufgerufen am 02.10.2017

[9] vgl. § 16 Abs. 2 Nr. 3 BörsG

[10] vgl. § 3 Abs. 4 Nr. 5 BörsG

[11] Bundesanstalt für Finanzdienstleistungsaufsicht 2016

Prüfung der Relevanz über die Einsichtnahme bis hin zu einer möglichen Bestimmung fallspezifischer Maßnahmen könnte in drei Schritten durch ein geeignetes Kontrollsystem erfolgen:

### 3.2.1. Feststellung der Relevanz von ADM-Prozessen

In einem ersten Schritt sollten gesellschaftlich relevante ADM-Prozesse identifiziert werden. Relevant könnte ein ADM-Prozess sein, wenn dieser signifikante Auswirkungen auf Individuen und Gesellschaft hat. Die Relevanzprüfung muss nicht automatisch für jeden ADM-Prozess in allen Märkten erfolgen, schon allein, weil dies aufgrund der Menge der ADM-Prozesse am Markt schwerlich zu handhaben ist. Eine Relevanzprüfung ist aber angezeigt in Fällen, bei denen die Vermutung naheliegt, dass der Prozess signifikante Auswirkungen auf Individuen und Gesellschaft haben kann. Ebenso kann es sinnvoll sein, dass in speziellen Märkten alle ADM-Prozesse immer auf Ihre Relevanz hin geprüft werden oder gar einer Zulassung oder Vorabprüfung unterworfen werden. Dies ist denkbar bei ADM-Prozessen, deren Anwendung mit Risiken für Leben und Gesundheit von Verbrauchern verbunden sind (beispielsweise beim autonomen Fahren).

Zur Prüfung, ob ein ADM-Prozess potenziell große Auswirkungen auf einzelne Verbraucher oder die Gesellschaft hat, müssen Relevanzkriterien entwickelt werden. Diese könnten beispielsweise Punkte umfassen wie die politische und ökonomische Macht der Betreiber des Algorithmus, Ausschließungswirkungen und die Abhängigkeit der Verbraucher vom Zugang zu einem speziellen Gut oder

Dienst, Risiken der Diskriminierung, die Anzahl der Betroffenen oder die Größe der Auswirkungen ADM-Prozess-basierter Entscheidungen für die Lebensgestaltung von Verbrauchern.[12]

## 3.2.2.  Information und Transparenzpflichten

Teil eines vielschichtigen Kontrollsystems ist die Schaffung von Transparenz gegenüber Verbrauchern und der Öffentlichkeit. Dieses generelle Informationsinteresse von Verbrauchern und Öffentlichkeit steht neben der gezielten Einsichtnahme und der Überprüfung einzelner ADM-Prozesse.

Bei ADM-Prozessen, die für den Verbraucheralltag relevant sind, kann es erforderlich sein, dass sie transparent und nachvollziehbar gemacht werden müssen. Dies ist die Voraussetzung für eine informierte gesellschaftliche Debatte über Chancen und Risiken von ADM-Prozessen. Bei bestimmten ADM-Prozessen können Transparenzanforderungen gegenüber Betroffenen die Voraussetzung sein, um die Entscheidungssouveränität von Verbrauchern zu wahren und bewusste Konsumentscheidungen zu ermöglichen.

Bei gesellschaftlich relevanten ADM-Prozessen sollte eine Kennzeichnungspflicht Betroffene darauf hinweisen, dass Entscheidungen von einem ADM-Prozess getroffen werden.

Betroffene müssen bei relevanten ADM-Prozessen verstehen können, nach welchen Kriterien Entscheidungen über Informationen, Angebote oder Preise getroffen werden und welche Konsequenzen daraus folgen. Sie müssen wissen, welche Daten einbezogen und wie sie gewichtet werden. Nur so können sich Verbraucher gegen Diskriminierung und ungerechtfertigte Behandlung wehren. Eine solche

---

[12]  Für den Entwurf eines Instruments zur Bestimmung des Wirkungspotenzials von digitalen Entscheidungssystemen vgl. Vieth & Wagner 2017

Relevanz besteht etwa bei ADM-Prozessen zur Bewertung der Kreditwürdigkeit von Verbrauchern[13] oder bei der Vergabe von Studienplätzen.[14] Dies kann durch Publikationspflichten und Auskunftsrechte erreicht werden: Unternehmen, die einen relevanten ADM-Prozess einsetzen, sollten die Öffentlichkeit über die für die Entscheidung relevanten Aspekte dieser Prozesse informieren müssen (Publikationspflicht). Einzelfälle könnten durch standardisierte Darstellungen möglicherweise nicht erfasst sein. Über ein gerichtlich einklagbares Auskunftsrecht kann diesen besonderen Informationsbedürfnissen Rechnung getragen werden. Hierfür ist die Offenlegung des Programmcodes nicht erforderlich. Auskunftsrechte, Kennzeichnungs- und Publikationspflichten sollten in präziser, transparenter, verständlicher und leicht zugänglicher Form in klarer und einfacher Sprache umgesetzt sein. Die Umsetzungen sollten eine Erläuterung über die für die Entscheidung relevanten Elemente des ADM-Prozesses beinhalten. Dies kann beispielsweise Erläuterungen umfassen, auf welcher Datenbasis und aufgrund welcher Entscheidungskriterien und welcher Gewichtung der Daten die jeweilige Entscheidung getroffen wurde.

### 3.2.3. Einsichtnahme und Prüfung von Rechtskonformität, individuellen und gesellschaftlichen Auswirkungen

Aus der Prüfung der Relevanz kann sich ein Bedarf nach Einsichtnahme in den ADM-Prozess begründen lassen: Wird festgestellt,

---

[13] So ist zurzeit die Frage, inwieweit Scoring-Unternehmen ihre Bewertungsmethode den Betroffenen gegenüber offenlegen müssen. Dies ist nach deutschem Recht derzeit unklar und beim Bundesverfassungsgericht anhängig, vgl. Spiegel Online 2014

[14] Beispielsweise bei ADM-Prozessen zur Vergabe von Studienplätzen. Vgl. Thompson 2016

dass ein ADM Prozess potenziell signifikante Auswirkungen auf Individuen und Gesellschaft hat, sollte in einem zweiten Schritt eine Einsichtnahme in den Prozess erfolgen können. Im Zuge dieser Einsichtnahme sollte eine Analyse oder Prüfung des ADM-Prozesses erfolgen, beispielsweise hinsichtlich der Sachgerechtheit der Anwendung, individueller und gesellschaftlicher Konsequenzen sowie der Rechtskonformität des Prozesses (etwa hinsichtlich des Diskriminierungsverbots, Lauterkeitsrechts und Datenschutzrechts).

Der Verweis auf den rechtlichen Schutz von Betriebs- und Geschäftsgeheimnissen geht in diesem Zusammenhang fehl. Wettbewerbsnachteile entstehen durch die Einsichtnahme durch ein staatlich legitimiertes Kontrollsystem nicht, weil dieses zur vertraulichen Behandlung der mitgeteilten Informationen verpflichtet ist. Bei vielen ADM-Prozessen ist auch eine Überprüfung bereits möglich, ohne dass der Algorithmus selbst offengelegt werden muss. In jedem Fall sollte jedoch ein staatlich legitimiertes Kontrollsystem die vollständige Offenlegung aller Elemente des ADM-Prozesses verlangen können.

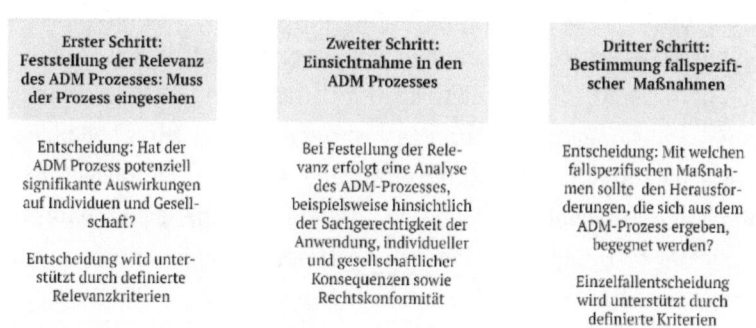

Abbildung 3: Prüfung der Relevanz von ADM-Prozessen, Einsichtnahme und Bestimmung fallspezifischer Maßnahmen durch ein geeignetes Kontrollsystem in drei Schritten

### 3.2.4. Feststellung der Angemessenheit von Maßnahmen

Aus der Feststellung der Relevanz und dem Ergebnis der Einsichtnahme kann sich ein Handlungsbedarf für das Ergreifen fallspezifischer Maßnahmen begründen. Ist ein solcher Handlungsbedarf begründet, muss in einem dritten Schritt bestimmt werden, welche Maßnahme adäquat ist. Hierfür müssen Angemessenheitskriterien definiert werden, die Hilfestellung bei der Entscheidung leisten können. Auf Basis dieser Angemessenheitskriterien muss in jedem Einzelfall entschieden werden, welche Maßnahme adäquat ist, um die damit verbundenen Chancen zu nutzen und die Risiken zu minimieren.

Beispiele für fallspezifische Maßnahmen könnten von Transparenzanforderungen gegenüber Verbrauchern über Verpflichtungen zur Anpassung des ADM-Prozesses bis hin zur Untersagung des Einsatzes spezieller ADM-Prozesse reichen.

### 3.2.4.1. Anpassungen von ADM Prozessen

Wenn die Datenbasis, der Algorithmus oder andere Bestandteile, die einem ADM-Prozess zugrunde liegen, so gestaltet sind, dass die Ergebnisse des ADM-Prozesses gegen rechtliche Vorgaben verstoßen, müssen diese Bestandteile angepasst werden. Dies kann beispielsweise der Fall sein, wenn durch eine Verzerrung der Datenbasis oder durch die Entscheidungskriterien des Algorithmus die Ergebnisse des ADM-Prozesses systematisch bestimmte Personengruppen im Sinne des Allgemeinen Gleichbehandlungsgesetzes (AGG) benachteiligen. So ist es möglich, dass ADM-Prozesse, die Unternehmen bei der Vorauswahl von Stellenbewerbern einsetzen,[15] gegen Bestim-

---

[15] Weitzel et al. 2016

mungen des AGG verstoßen. Beispielsweise, wenn bei der Bewerberauswahl systematisch Frauen benachteiligt werden oder wenn Be-
werber aufgrund ihrer medizinischen Vorgeschichte von ADM-Prozessen ungerechtfertigterweise im Bewerbungsprozess »herausge-
filtert« und abgelehnt werden.[16]

### 3.2.4.2.   Verbote als Ultima Ratio

Ein gesetzliches Verbot des Einsatzes bestimmter ADM-Prozesse
kann als Ultima Ratio ein gerechtfertigtes Mittel sein. So verbietet
das Bundesdatenschutzgesetz, dass ausschließlich Adressdaten zur
Erstellung eines Score-Wertes (beispielsweise zur Schätzung der
Zahlungsausfallwahrscheinlichkeit eines Verbrauchers) verwendet
werden dürfen.[17] Auch kann die Börsenaufsichtsbehörde die Nutzung einer algorithmischen Handelsstrategie für den Hochfrequenzhandel an Börsen untersagen, um Verstöße gegen börsenrechtliche
Vorschriften zu verhindern und um Missstände im Handel zu besei-
tigen.[18] Dies kann der Fall sein, wenn ADM-Systeme der Marktmani-
pulationen dienen; etwa indem durch große Auftragsvolumina und
Stornierungen Handelssysteme verlangsamt werden oder ein fal-
sches Bild von Nachfrage und Angebot vorgetäuscht wird.[19]

### 3.3.   Generelle Anforderungen an ADM-Prozesse

ADM-Prozesse weisen ein hohes Maß an Intransparenz auf. Deshalb
ist ein zentraler Schritt das Herstellen von Nachvollziehbarkeit von
ADM-Prozessen. Sie ist Voraussetzung, um einem geeigneten Kon-

---

[16]  Für einen Fall aus den USA vgl. O'Neil 2016
[17]  § 28b BDSG Scoring
[18]  vgl. § 3 Abs. 5 Nr. 4 BörsG
[19]  Frankfurter Allgemeine Zeitung 2015

trollsystem das Identifizieren von individuellen oder gesellschaftlichen Risiken zu ermöglichen und die Rechtsdurchsetzung sicherzustellen. Die Möglichkeit ADM-Prozesse nachzuvollziehen, kann durch technische Gestaltungsanforderungen befördert werden.

Die Interaktion von Mensch und Maschine wirft in der Zeit der Digitalisierung und der selbstlernenden Systeme neue ethische Fragen auf. Ersteller von ADM-Prozessen sollten rechtliche und ethische Grundsätze schon bei der Programmierung und beim ADM-Design berücksichtigen *(Ethics-by-Design)*. So ist das automatisierte und vernetzte Fahren ein Beispiel für Anwendungen, die künftig in den Verbraucheralltag einziehen werden. Die Ethik-Kommission des Bundesministeriums für Verkehr und digitale Infrastruktur (BMVI) hat weltweit die ersten Leitlinien für automatisiertes Fahren und für die Programmierung von Algorithmen im Auto entwickelt.[20]

Über rechtliche und ethische Regeln hinaus sind allgemeine Regeln für die technische Gestaltung von ADM-Prozessen *(Accountability-by-Design)* sinnvoll, um Risiken zu reduzieren und Entscheidungsprozesse identifizierbar zu machen. So sollten alle ADM-Prozesse bereits technisch so gestaltet werden müssen, dass einzelne Entscheidungsschritte stets nachvollzogen werden können. Dies würde es beispielsweise ermöglichen, in Streit- oder Schadensfällen Fehler von ADM-Prozessen auf unterschiedlichen Ebenen identifizierbar zu machen (»Audit Trail«) oder bei ethischen und gesellschaftlichen Fragen die Prinzipien von Entscheidungen nachzuvollziehen.

Mögliche technische oder methodische Fehler von ADM-Prozessen müssen für ein geeignetes Kontrollsystem auf unterschiedlichen Ebenen identifizierbar gemacht werden. Bei Bedarf sollten ADM-Prozesse auch einer unabhängigen wissenschaftlichen Evaluation

[20] vgl. Bundesministeriums für Verkehr und digitale Infrastruktur 2017

und Falsifikation unterzogen werden können. Die Ebenen der Fehleranalyse können konzeptionell unterschiedlich strukturiert werden. Ein Beispiel wäre eine Strukturierung nach:[21]

1. konzeptionellen Fehlern im Algorithmendesign,

2. Implementierungsfehlern,

3. Modellierungsfehlern,

4. Datenbasis,

5. emergenten Phänomenen im Zusammenspiel von Algorithmus und Gesellschaft.

Ein Vorschlag für einen »Algorithmen-Audit« sieht folgende Ebenen vor:[22]

1. Daten-Integritäts-Check (Bias in der Daten-Basis),

2. Ermittlung der Erfolgskriterien, nach denen ein Algorithmus entscheidet,

3. Genauigkeit/Richtigkeit der Vorhersagen des Algorithmus,

4. Langzeiteffekte des Algorithmus.

## 3.4. Handlungsbedarf: Anpassung rechtlicher Rahmenbedingungen und gesellschaftlicher Diskurs um ethische Prinzipien

Beim Einsatz von ADM-Prozessen müssen die geltenden datenschutzrechtlichen Prinzipien und Grundlagen beachtet werden. Wenn im Rahmen von ADM-Prozessen personenbezogene Daten

---

[21] Zweig 2016
[22] vgl. O'Neil 2017

verarbeitet werden, sind die Vorgaben der europäischen Daten-schutz-Grundverordnung (DSGVO) einzuhalten. Insbesondere sollten nur dann personenbezogene Daten verarbeitet werden, wenn die betreffenden Zwecke durch vergleichbare Instrumente oder eine Verarbeitung anonymisierter Informationen nicht erreicht werden können. Des Weiteren sind die Grundsätze der Zweckbindung und Datenminimierung zu beachten.

Darüber hinaus kann es erforderlich sein, die bestehenden rechtlichen Rahmenbedingungen anzupassen, um einen angemessenen Rechtsschutz sowie die Entscheidungssouveränität und informationelle Selbstbestimmung von Verbrauchern in einer Welt zu gewährleisten, in der ADM-Prozesse in immer mehr Lebensbereichen große Wirkung entfalten:

Betroffene brauchen Anfechtungsmöglichkeiten, um beispielsweise eine falsche, verzerrte Datenbasis korrigieren und um unangemessene Entscheidungen anfechten zu können. Sofern ADM-Prozesse auf der Verarbeitung personenbezogener Daten basieren, bietet die DSGVO eine Anfechtungsmöglichkeit. Sie bestimmt hinsichtlich automatisierter Entscheidungen im Einzelfall einschließlich Profilbildung, dass betroffene Personen das Recht haben, »nicht einer ausschließlich auf einer automatisierten Verarbeitung [...] beruhenden Entscheidung unterworfen zu werden« sowie über »das Recht auf Erwirkung des Eingreifens einer Person seitens des Verantwortlichen, auf Darlegung des eigenen Standpunkts und auf Anfechtung der Entscheidung« verfügen.[23]

Auch ADM-Prozesse, die nicht auf der Verarbeitung von personenbezogenen Daten beruhen, können potenziell große Auswirkungen auf Individuen haben. Beispielsweise, wenn Predictive Policing dazu

---

[23] Art. 22 – EU-DSGVO – Automatisierte Entscheidungen im Einzelfall einschließlich Profiling, http://s.fhg.de/2U6, aufgerufen am 01.11.2017

führt, dass durch verstärkte Streifendienste der Polizei bestimmte Wohngegenden nicht mehr als sicher gelten. Dies könnte beispielsweise Auswirkungen auf Immobilienpreise oder Einstellungschancen haben. Daher müssen Betroffene auch in diesen Fällen entsprechende Anfechtungsmöglichkeiten haben, sowie das Recht, nicht nur automatisierten Entscheidungsprozessen unterworfen zu werden. Hier besteht Regelungsbedarf. Für betroffene Verbraucher muss ein Anspruch auf Überprüfung der Entscheidung durch eine Person, auf Darlegung des eigenen Standpunkts, auf Erläuterung der Entscheidung sowie auf Anfechtung der Entscheidung bestehen, z. B. um eine falsche, verzerrte Datenbasis oder um unangemessene Entscheidungen korrigieren zu können.

Darüber hinaus ist in rechtlicher Hinsicht weitgehend unklar, unter welchen Voraussetzungen sicherheitsrelevante »Entscheidungen« von autonomen oder selbstlernenden Systemen einem Hersteller oder Programmierer zuzurechnen sind. Wenn ADM-Prozesse dazu führen, dass Geräte nicht richtig funktionieren oder Schäden verursachen, stellen sich neue und aus heutiger Sicht weitgehend ungeklärte Rechtsfragen über die Beweislastverteilung, die Mängelhaftung und die Zurechnung von Produktfehlern. Dies betrifft sowohl vertragliche Gewährleistungsansprüche wie auch die Hersteller- bzw. Produkthaftung.

Um dem Informationsbedürfnis von Verbrauchern und Öffentlichkeit über den Einsatz, die Entscheidungskriterien, die Datengrundlage und die Funktionsweise von gesellschaftlich relevanten ADM-Prozessen zu genügen, müssen Auskunftsrechte, Kennzeichnungs- und Publikationspflichten eingeführt werden. Hierfür bedarf es gesetzlicher Regelungen. So wäre eine Auskunftspflicht eine Fortentwicklung der Auskunftsansprüche, die es heute im Verbraucherinformationsgesetz und im Informationsfreiheitsgesetz gibt.

Bei der Evaluierung und Aktualisierung der europäischen Produkthaftungsrichtlinie müssen Schäden, die Algorithmen verursachen, erfasst werden. Dabei müssen Zurechnungs- und Beweisprobleme des Produkthaftungsrechts neu justiert werden, damit Geschädigte ihre berechtigten Ansprüche tatsächlich durchsetzen können und das Haftungsrecht seine Steuerungs- und Vorsorgefunktion für die Produktsicherheit erfüllen kann. Hierfür bietet sich eine von einem Fehler unabhängige Haftung für Algorithmen im Sinne einer echten Gefährdungshaftung bei bestimmungsgemäßer Verwendung durch den Verbraucher an. Für die Haftung des Anbieters sollte es dann ausreichen, wenn ein ADM-Prozess bei bestimmungsgemäßer Verwendung einen Schaden verursacht. Eine solche Beweislastverteilung würde den jeweiligen Risikosphären entsprechen. Der Nutzer bzw. Geschädigte müsste den Kausalzusammenhang zwischen dem bestimmungsgemäßen Gebrauch und dem Schaden darlegen. Der Anbieter würde dann haften, wenn er den Kausalzusammenhang zwischen Algorithmus und Schaden nicht widerlegen kann.

Die Zusammenhänge zwischen Einsatz von ADM-Prozessen und Auswirkungen auf Individuen und Gesellschaft sind noch weitgehend unerforscht. Die Ausbreitung und die Einsatzmöglichkeiten nehmen aber rasant zu und schaffen Fakten, die im Nachhinein schwierig zu regulieren sind. Deshalb muss die wissenschaftliche Analyse und sozialwissenschaftliche Begleitforschung intensiviert und gefördert werden mit dem Ziel, Evidenz zu schaffen und wirkungsvolle Maßnahmen rechtzeitig einführen zu können.[24]

Angesichts der potenziell großen Auswirkungen von ADM-Prozessen auf Individuen und die Gesellschaft erfordert dies eine breite öffentliche, gesellschaftliche Diskussion darüber, wie ADM-Prozesse gestaltet werden, wo ADM-Prozesse eingesetzt werden und welche

[24] Beining 2017

Schutzbereiche gelten sollen. Bei bestimmten ADM-Prozessen sollte dieser gesellschaftliche, öffentliche Diskurs zeitlich vor dem breiten Einsatz von ADM-Prozessen erfolgen.

Hierfür bedarf es eines angemessen Forums,[25] in dem unter Einbeziehung der Zivilgesellschaft, Wissenschaft, Politik und Wirtschaft die Auswirkungen von ADM-Prozessen öffentlich diskutiert werden und ausgehandelt wird, wie mit ihnen umgegangen werden sollte. Ergebnis einer solchen Debatte könnten beispielsweise rechtliche oder ethische Prinzipien eines Ethik-by-Design sein, die die Ersteller von ADM-Prozessen bei der Programmierung und beim ADM-Design berücksichtigen müssen. Diese Debatte muss in die Breite der Gesellschaft getragen werden. Nicht zuletzt müssen Verbraucher für die Wirkung von ADM-Prozessen sensibilisiert und über Chancen und Risiken aufgeklärt werden.

## Quellen

Beining, Leonie (2017) Der Puls der Gesellschaft. Wie Daten und Algorithmen die Rahmenbedingungen für das Gemeinwohl verändern. Bertelsmann Stiftung/Stiftung Neue Verantwortung, http://s.fhg.de/gWF.

Bertelsmann Stiftung (2017) Wenn Maschinen Menschen bewerten - Internationale Fallbeispiele für Prozesse algorithmischer Entscheidungsfindung, http://s.fhg.de/s7d, aufgerufen am 14.06.2017

Bundesanstalt für Finanzdienstleistungsaufsicht (2016) Algorithmischer Handel und Hochfrequenzhandel. http://s.fhg.de/viZ, aufgerufen am 15.08.2017

---

[25] Bestehende Foren sind beispielsweise Ethik-Kommissionen, etwa die Ethik-Kommission des Bundesministeriums für Verkehr und digitale Infrastruktur (BMVI), die Leitlinien für automatisiertes Fahren erarbeitet hat, oder Enquete-Kommissionen des Deutschen Bundestages. Vgl. Wikipedia 2017

Bundesministeriums für Verkehr und digitale Infrastruktur (2017) Pressemitteilung - 084/2017, Ethik-Kommission zum automatisierten Fahren legt Bericht vor; 20.06.2017, http://s.fhg.de/brU, aufgerufen am 27.09.2017

Frankfurter Allgemeine Zeitung (2016) Wenn der Algorithmus das Vermögen verwaltet, 17.08.2016, http://s.fhg.de/Ejr, aufgerufen am 03.10.2017

Frankfurter Allgemeine Zeitung (2015) Raub durch Hochfrequenzhandel, 16.01.2015, http://s.fhg.de/f2k, aufgerufen am 15.08.2017

Lechtleitner, Sven (2017) Wenn der Algorithmus entscheidet, 04.09.2017, http://s.fhg.de/YZ2, aufgerufen am 05.12.2017

O'Neil, Cathy (2017) The Era of Blind Faith in Big Data must End. Ted Talk auf der TED2017. http://s.fhg.de/ufu, aufgerufen am 21.09.2017

O'Neil, Cathy (2016) How algorithms rule our working lives. The Guardian 1.9.2016, http://s.fhg.de/TLf, aufgerufen am 10.04.2017

Peer, Eyal & Eyal Gamliel (2013) Heuristics and Bias in Judicial Decisions, *Court Review* 49, S. 114-118.

Politik & Kommunikation (2017) Algorithmen treffen ins Mark der Macht, Interview mit Sebastian Stiller. 09.01.2017, http://s.fhg.de/J5i, aufgerufen am 06.12.2017

Spiegel Online (2014) Schufa-Klägerin zieht vor Verfassungsgericht, 11.04.2014, http://s.fhg.de/3AV, aufgerufen am 30.11.2017

Thompson, Madeleine (2016) The French Educational Algorithm of Inefficiency, *Brown Political Review* 11.08.2016. http://s.fhg.de/bz6, aufgerufen am 02.10.2017

Vieth, Kilian & Ben Wagner (2017) Teilhabe, ausgerechnet. Arbeitspapier im Auftrag der Bertelsmann Stiftung, http://s.fhg.de/sgk, aufgerufen am 21.09.2017

Weitzel, Tim; Laumer, Sven; Maier, Christian; Oehlhorn, Caroline, Wirth; Jakob; Weinert; Christoph (2016) Techniksprung in der Rekrutierung, Themenspecial im Auftrag der Monster Worldwide Deutschland GmbH, http://s.fhg.de/FsE, aufgerufen am 29.11.2017.

Wikipedia (2017) Liste der Enquete-Kommissionen des Deutschen Bundestags, http://s.fhg.de/p82, aufgerufen am 21.09.2017

Zweig, Katharina Anna (2016) Arbeitspapier: Überprüfbarkeit von Algorithmen, http://s.fhg.de/VEm, aufgerufen am 26.06. 2017

Zweig, Katharina Anna (2016) Arbeitspapier: Was ist ein Algorithmus?, 12.05.2016 http://s.fhg.de/b8L

## Anmerkung

Dieses Thesenpapier hat der Verbraucherzentrale Bundesverband am 7. Dezember 2017 selbst veröffentlicht. Wir haben es in diesen Sammelband aufgenommen, weil es eine wichtige Position im gesellschaftlichen Diskurs um Algorithmen und Automatisierung wiedergibt.

## Creative Commons BY ND 3.0 DE

[26] https://creativecommons.org/licenses/by-nd/3.0/de/
[27] https://us.sagepub.com/en-us/nam/open-access-at-sage

# Algorithmen: Eine (Gestaltungs-)Aufgabe für Politik?

Saskia Esken

Mitglied des Deutschen Bundestages (SPD)

Es ist mittlerweile schon zum Allgemeinplatz geworden: Die Digitalisierung durchdringt alle Bereiche unseres Lebens, und Algorithmen (und Daten) spielen eine zunehmend wichtigere Rolle. Vom Google-Suchalgorithmus und Junk-Mail-Filtern über die Routenplanung unserer Navis bis hin zur Kreditwürdigkeit – immer mehr Entscheidungen werden in unserem Alltag durch Algorithmen und gestützt auf große Datenmengen (Big Data) vorbereitet oder automatisiert getroffen. Noch stehen wir bei den Diskussionen über soziale und gesellschaftliche Auswirkungen von automatisierter Entscheidungsfindung und Big Data ziemlich am Anfang.

## 1. Algorithmen: Gesellschaftlich und politisch relevant!

Suchmaschinen und soziale Netzwerke sortieren den großen Strom der Nachrichten und Informationen und helfen uns dadurch, uns zurechtzufinden. Google, Facebook, Twitter und andere entscheiden mithilfe von Algorithmen, was uns online (zuerst) angezeigt wird. Was auf Seite 1 der Google-Suchergebnisse nicht auftaucht, sagt man halb ironisch, könnte genauso gut nicht existieren. Da ist etwas dran. Auch dass Facebook über seinen Newsfeed-Algorithmus entscheidet, welche Einträge wir überhaupt und welche wir zuerst zu sehen bekommen, wird wegen der möglichen Gefahr von Informations- und Filterblasen vielfach problematisiert. Facebook reagiert auf diese Diskussionen und gibt immer wieder bekannt, den Algorithmus ändern zu wollen – jüngst wurde angekündigt, nun werde »Freunden« Vorrang eingeräumt, während die Posts offizieller Seiten nachrangig behandelt würden. Wir diskutieren die Sinnhaftigkeit dieser Entscheidung und gehen damit doch am Kern der Problematik vorbei, denn die Algorithmen und ihre Logik sind uns vollkommen intransparent. Suchmaschinen und soziale Netzwerke ordnen und strukturieren über ihre Algorithmen und anhand sich ständig verändernder Kriterien und Gewichtungen digitale Räume und (Teil-)Öffentlichkeiten und beeinflussen damit individuelle Wahrnehmungen und Meinungsbildung. Und wir wissen nicht, was dem zugrunde liegt.

Ein anderes Feld, in dem Algorithmen und Daten bedeutsam werden, sind Versicherungen. Schon heute experimentieren Krankenversicherungen auch in Deutschland mit Modellen, bei denen Versicherte Rabatte oder Prämien erhalten, wenn sie den Versicherungsunternehmen private, gesundheitsrelevante Daten zur Verfügung stellen. Sowohl für die Gesundheitsforschung und die Bekämpfung von bisher unheilbarer Krankheiten als auch für die Qualität der individuellen Behandlung können diese Daten durchaus wertvoll sein – in den Händen der Wissenschaft und des behandelnden Arztes. Man muss allerdings keine hellseherischen Fähigkeiten besitzen, um zu erahnen, wo das Begehren der Versicherungen hinführt: Aus anfänglichen Rabatten oder Prämien für Einzelne entsteht der Druck für alle, persönliche Daten an die Versicherungen zu übermitteln oder eben höhere Versicherungsbeiträge zu zahlen.

Was für junge und gesunde Versicherte ein reizvolles Modell sein kann, ist für den Versicherten mit Vorerkrankungen, für Risikopatienten oder auch nur für Menschen mit einer »ungesunden« Lebensführung eine Falle: Nehmen sie eine höhere Prämie in Kauf oder »bezahlen« sie mit ihren Daten und geben damit preis, was sie lieber für sich behielten? Bestimmte Informationen führen möglicherweise zu einer Prämienerhöhung, zu Einschränkungen der Leistung oder gar zum Ausschluss. Das wäre schlicht gesagt das Ende des Solidarprinzips. Und jetzt will ich in die Debatte zum Dateneigentum und damit zum Handel mit persönlichen Daten aus Platzgründen gar nicht einsteigen.

Für Banken, Versicherungen und den Handel ist es eine Herausforderung, die Zahlungsfähigkeit oder Kreditwürdigkeit eines potenziellen Kunden einschätzen zu können. Kreditauskunfteien leisten da seit vielen Jahrzehnten wertvolle Dienste, doch ihre Algorithmen ebenso wie die zugrundeliegenden Daten sind ein Musterbeispiel an Intransparenz. Der von der Schufa errechnete Score eines Menschen bestimmt darüber, ob und zu welchen Konditionen Kredite oder Verträge zustande kommen – und wir wissen rein gar nichts über den Algorithmus und viel zu wenig über die Herkunft und die Qualität der Daten.

Wenn intransparente Daten und Algorithmen über die Verfügbarkeit oder Ausgestaltung eines Produkts oder einer Dienstleistung entscheiden, wirken sie sich also unmittelbar auf die Interessen und Bedürfnisse der betroffenen Individuen aus.

Auch Gruppen oder die Gesamtgesellschaft können von algorithmischen Auswertungen und Extrapolationen betroffen sein, wenn etwa automatisierte Mustererkennung und statistisches Lernen zur Krisenfrüherkennung eingesetzt werden, wie es derzeit beispielsweise im Auswärtigen Amt vorangetrieben wird. Dabei fließen Datensätze von Sensoren, Kameras, Wetterstationen und Mobilfunknetzen, aber auch aus sozialen Medien sowie Informationen von Personen vor Ort in die Analyse ein und sollen als Grundlage für ein frühzeitiges Eingreifen in gefährlichen Situationen, Krisen und Katastrophen dienen. Ähnliches wird versucht mit der Vorhersage von klimatischen Großereignissen, Krankheitswellen und Epidemien, aber auch von Kriminalitätsereignissen.

Automatisierte Entscheidungsfindungen auf der Grundlage der Zusammenführung und Nutzung großer Datenmengen durch lernende Algorithmen weisen also durchaus positive Potenziale für den Einzelnen wie für die Gesellschaft auf, bergen aber auch das Risiko sozialer Ungleichbehandlung und Diskriminierung.

## 2.  Politische Handlungsfelder

Wenn man die Einsatzfelder für algorithmenbasierte Entscheidungen und ihre Potenziale betrachtet, muss man zum Ergebnis kommen, dass hier politischer Handlungsbedarf besteht. Wenn algorithmische Entscheidungen Vorhersagen über das menschliche Verhalten treffen oder der Vorbereitung von Entscheidungen mit gesellschaftspolitischer Reichweite dienen, müssen wir sicherstellen, dass diese Entscheidungen nicht zur Diskriminierung führen und wichtige gesellschaftspolitische Werte wie die Diversität und das Solidarprinzip nicht gefährden. Bei der Frage nach einer möglichen Regulierung oder nach einer weitreichenden Algorithmen-Ethik müssen die einzelnen Sektoren und Einsatzfelder jedoch differenziert betrachtet werden.

## 2.1.  Transparenz und Offenlegung

Seien es politische Entscheidungsprozesse, die in einem Rechtsstaat gerade auch dann transparent sein müssen, wenn sie von Algorithmen gestützt werden, seien es die Such- und Filteralgorithmen in sozialen Netzwerken und bei Suchmaschinen oder die Entscheidungsprozesse bei Versicherungen oder Auskunfteien: Sicherheit und Vertrauen entstehen durch Transparenz der Algorithmen und der zugrundeliegenden Datenstrukturen.

Doch wie weit kann die Verpflichtung zur Transparenz gehen? Ich denke, wo der Staat algorithmenbasierte Entscheidungen trifft, darf der Bürger, dürfen Kontrollorgane maximale Transparenz von ihm verlangen. Unternehmen halten Algorithmen dagegen für schützenswerte Geschäftsgeheimnisse, und die Gerichte bestätigen sie in dieser Argumentation. Hier gilt es genauer hinzuschauen: Ist ein Rechtsanspruch des Verbrauchers auf die Offenlegung des Quellcodes notwendig und ist er zielführend? Soll eine staatliche Stelle Algorithmen überprüfen oder kann eine zivilgesellschaftliche Einrichtung das im Auftrag des Staates übernehmen?

Unternehmen wie die Schufa verweigern sich der Offenlegung zudem mit dem Verweis auf die Gefahr der gezielten Manipulation, lediglich die Datenschutzbeauftragte des Bundes und die der Länder haben Zugriff auf den Algorithmus.

Die Nichtregierungsorganisationen AlgorithmWatch und Open Knowledge Foundation wollen den Score der Schufa deshalb überprüfbar machen und haben die Initiative »OpenSchufa« ins Leben gerufen. In Zusammenarbeit mit Datenjournalisten von Spiegel und Bayerischem Rundfunk will »OpenSchufa« durch die Auswertung möglichst vieler Daten aus Selbstauskünften die Arbeit des Algorithmus nachvollziehen. Man darf auf die Ergebnisse des crowdfinanzierten Projekts gespannt sein, und die Politik tut gut daran, sie ernst zu nehmen.

Auch die Komplexität algorithmischer Systeme wie beispielsweise des Such-Algorithmus von Google erschwert eine Überprüfung, und die stete Weiterentwicklung stellt eine Kontrollinstanz vor schwierige Aufgaben.

## 2.2. Rolle von Daten

Die Qualität der Entscheidungen eines Algorithmus liegt aber nur zum Teil in seiner Programmierung. Viel mehr hängt von der Struktur und von der Qualität der zugrundeliegenden Daten ab, deshalb müssen Systeme für Transparenz und Kontrolle immer alle drei Komponenten umfassen.

Während wir den Erfahrungsschatz eines Menschen immer für subjektiv und gefärbt halten, wird einer Datenlage Neutralität und Objektivität unterstellt und wir haben eine Erwartung an ihren Wahrheitsgehalt, den sie gar nicht erfüllen kann. Datenstrukturen sind eben nur Modelle und Datenlagen ein Abbild der Wirklichkeit. Schon in ihrer Entstehung sind Daten subjektiv, und auch die Wahl der Datenstruktur und ihrer Herkunft – all diese Entscheidungen sind nicht objektiv und damit potenziell wertend und tendenziös.

Dass für die Bewertung algorithmischer Entscheidungen die Qualität der Daten und ihrer Struktur immer mitgedacht werden muss, gilt umso mehr beim Einsatz von lernenden Algorithmen, denn sie lernen aus einer in Daten gegossenen, subjektiven Wirklichkeit. Eine Transparenzpflicht für Algorithmen muss daher auch eine Offenlegung und unabhängige Überprüfung der Datensätze auf verzerrende Fehler, auf einen inhärenten Bias enthalten. Daten müssen aktuell und vollständig beziehungsweise repräsentativ sein und sie müssen adäquat klassifiziert und in sinnvollen Zusammenhängen eingesetzt werden.

## 2.3.   Der menschliche Faktor

Bei der Bewertung algorithmenbasierter Entscheidungen kommt es auch darauf an, ob es in der Entscheidungskette einen menschlichen Faktor gibt. Entscheidet der Algorithmus selbstständig und abschließend, werden seine Entscheidungen noch durch einen Menschen kontrolliert oder wird die »Maschine« lediglich zur Unterstützung bei der Entscheidungsfindung eingesetzt? Wie zuverlässig und wie transparent sind eigentlich die Kriterien, nach denen menschliche Entscheidungen getroffen werden und wie objektiv die zugrundeliegenden Daten, also die Erfahrungen des Menschen?

Schon in der Entscheidung über den Einsatz eines Algorithmus und der Autonomie seiner Entscheidungen spielen ebenso wie im Entwurf von Algorithmen, im Design und der Auswahl von Daten der menschliche Faktor und seine Subjektivität eine gewichtige Rolle. Wenn Algorithmen diskriminieren, sind sie diskriminierend programmiert oder lernen aus einer diskriminierenden Datenlage, nämlich aus der Realität.

## 2.4.   Grenzen der Wirkung und des Einsatzes von Algorithmen

Die Debatte über die Potenziale algorithmenbasierter Entscheidungen, aber auch über ihre Grenzen ist längst in vollem Gange. Auch die höchstmögliche Transparenz kann negative Effekte für das gesellschaftliche Zusammenleben womöglich nicht verhindern. Insofern stellt sich die Frage nach der Regulierung nicht nur bei der Transparenz von Algorithmen, sondern auch bei ihren Einsatzgebieten und ihrer Wirkung. Selbstverständlich müssen algorithmenbasierte Entscheidungen die Grundsätze von Verfassung, von Recht und Gesetz achten. Insofern gelten die Würde des Menschen, das

Verbot von Diskriminierung und vieles andere mehr auch für Algorithmen. Soweit durch Gesetze politische Grundsätze wie das Solidarprinzip der Krankenversicherung vorgegeben sind, können diese durch Algorithmen nicht außer Kraft gesetzt werden.

## 3.    Konkrete politische Vorhaben

Im politischen Raum stehen wir mit der Diskussion über die gesellschaftlichen Auswirkungen automatisierter Entscheidungsfindung noch ziemlich am Anfang. In einigen Bereichen, wie etwa beim Datenschutz, sind schon konkrete Schritte unternommen worden, in anderen Themenfeldern wie bei der Transparenz und Überprüfbarkeit von Algorithmen muss noch viel geleistet werden.

### 3.1.    DSGVO und ePrivacy

Die EU-Datenschutz-Grundverordnung (DSGVO) und das deutsche Datenschutz-Anpassungsgesetz, die im Mai 2018 in Kraft treten werden, gehen ebenso wie die ePrivacy-Verordnung, die auf EU-Ebene noch verhandelt wird, bereits auf die Thematik ein. Artikel 22 der DSGVO gibt einer betroffenen Person das Recht, »nicht einer ausschließlich auf einer automatisierten Verarbeitung – einschließlich Profiling – beruhenden Entscheidung unterworfen zu werden, die ihr gegenüber rechtliche Wirkung entfaltet oder sie in ähnlicher Weise erheblich beeinträchtigt«. Betroffene haben das Recht, das Eingreifen einer Person seitens des Verantwortlichen zu verlangen, auf Darlegung des eigenen Standpunkts und auf Anfechtung der Entscheidung.

All das gilt aber nur für Fälle, in denen die Entscheidung vollautomatisch getroffen wird. Wenn wie im Falle von Scoring eine Entscheidung durch einen Algorithmus nur vorbereitet, letztlich aber von einem Menschen gefällt wird, greifen die Rechte und Pflichten der Verordnung nicht. Auch verlangt die DSGVO keine Transparenz oder auch nur Kontrolle von Algorithmen – sie verpflichtet lediglich dazu, den Einsatz von Algorithmen kundzutun.

Der Bedeutung von Daten als Grundlage algorithmischer Entscheidungen trägt die DSGVO dagegen durchaus Rechnung: Die Artikel 13-16 enthalten Vorschriften zur Informationspflicht bei der Erhebung und Verarbeitung personenbezogener Daten, allerdings mit einigen Ausnahmen. Da Algorithmen nicht nur mit persönlichen Daten, sondern auch mit Metadaten (wie Ortungsdaten bei Mobilgeräten) gespeist werden und neue Formen von Profiling immer mehr auf solchen Metadaten beruhen, soll mit der ePrivacy-Verordnung auch der Umgang mit solchen Metadaten geregelt werden. Die Verordnung könnte zum Beispiel die Verpflichtung enthalten, Metadaten von Messenger-Diensten wie WhatsApp nur mit dem Einverständnis der Nutzer verarbeiten zu dürfen.

In welcher Fassung die ePrivacy-Verordnung in Kraft tritt, steht noch nicht fest. Ihr und der DSGVO kommen aber immense Bedeutung zu, wenn es darum geht zu entscheiden, wer welche Daten zu welchem Zweck wie verarbeitet.

Für die wirtschaftliche Entwicklung ebenso wie für die Qualität unseres gesellschaftlichen Zusammenlebens sind die diskutierten Fragen eminent wichtig. Doch hat die Politik die Brisanz der Fragen rund um Algorithmen und Daten schon erkannt? Ein Blick in das Regierungsprogramm der SPD oder in den Koalitionsvertrag der großen Koalition weisen darauf hin: Die SPD will mit einem Algorithmen-TÜV dafür sorgen, »dass niemand durch softwaregestützte Entscheidungen diskriminiert wird oder zu Schaden kommt.«[1] Aufsichtsbehörden sollen in die Lage versetzt werden, bei begründetem Verdacht nachprüfen zu können, ob zum Beispiel Algorithmen von

---

[1]  SPD-Regierungsprogramm 2017

Versicherungsunternehmen diskriminieren oder KI-Systeme falsche Schlussfolgerungen ziehen.

Der Koalitionsvertrag spricht vom Diskriminierungsverbot und von Transparenz auch in der digitalen Welt. Es gibt das Vorhaben, eine Daten-Ethikkommission einzurichten, die einen »Entwicklungsrahmen für Datenpolitik, den Umgang mit Algorithmen, künstlicher Intelligenz und digitalen Innovationen«[2] vorschlagen soll. Auf Parlamentsebene würden wir die Einrichtung einer Enquete-Kommission des Bundestages zur Ethik von Algorithmen und Daten ebenfalls begrüßen.

Im Rahmen meiner Arbeit im Ausschuss Digitale Agenda, vor allem aber auch im Austausch mit Wissenschaft, Wirtschaft und Zivilgesellschaft will ich mich auch in Zukunft mit diesen und anderen wichtigen Zukunftsfragen beschäftigen. Der gerechten Teilhabe aller an den Chancen des digitalen Wandels kommt dabei nach meiner Auffassung ebenso große Bedeutung zu wie den Bürger- und Verbraucherrechten und dem gesellschaftlichen Zusammenhalt. Die Verheißungen des Zugangs zum Wissen dieser Welt, von Emanzipation, Vernetzung und Datenreichtum sehe ich nicht in der Hand einzelner, sondern bei der gesamten Gesellschaft. In Fragen der gerechten Verteilung von Chancen und Teilhabe, bei der Wahrung von Grundrechten und beim Ausgleich von Interessen kommt der Politik auch im digitalen Wandel eine wichtige Rolle zu.

## Quellen

Koalitionsvertrag (2018). Ein neuer Aufbruch für Europa. Eine neue Dynamik für Deutschland. Ein neuer Zusammenhalt für unser Land. Koalitionsvertrag zwischen CDU, CSU und SPD vom 07.02.2018.

[2]  Koalitionsvertrag, 2018

SPD-Regierungsprogramm (2017). Zeit für mehr Gerechtigkeit. Unser Regierungsprogramm für Deutschland.

## Danksagung

Ich danke meinen Mitarbeitern Dr. Arash Sarkohi und Veronika Stumpf für die Zuarbeit zu diesem Artikel.

## Über die Autorin

### Saskia Esken

Als Bundestagsabgeordnete der SPD vertritt Saskia Esken seit 2013 den Wahlkreis Calw/Freudenstadt (in Baden-Württemberg). Die staatlich geprüfte Informatikerin und stellvertretende digitalpolitische Sprecherin der SPD-Bundestagsfraktion ist Mitglied im Innenausschuss sowie im Ausschuss Digitale Agenda. Als Berichterstatterin ihrer Fraktion setzt sie sich schwerpunktmäßig unter anderem für den Schutz von Daten und Privatsphäre im Internet ein.

# Algorithmen: ›Ethik-by-Design‹ – Diskriminierung systematisch verhindern

Renate Künast

Mitglied des Deutschen Bundestages (Bündnis 90/Die Grünen)

## 1.    Um was geht es?

Der Stadtrat von New York ist klug! Er hat ein Gesetz beschlossen, um zu erschweren, dass Bürger durch Algorithmen diskriminiert werden. New York macht sich nämlich Sorgen, städtische Behörden könnte auf der Basis von Alter, Hautfarbe, Religion, Geschlecht oder anderen Merkmalen seine Bürger in automatisierten Prozessen schädigen. Um was geht es konkret?

Menschen werden in vielen Lebenssituationen zunehmend von automatisierten Entscheidungssystemen *(Algorithmic Decision Making)* analysiert, sie beeinflussen uns bei Kaufentscheidungen, von Versicherungstarifen bis zur Meinungsbildung. Algorithmen bestimmen heute, wer wie viel zahlt, welche Werbung angezeigt wird und welche Kreditbedingungen wir bekommen. Algorithmen werden sogar eingesetzt, um über die Behandlungsfähigkeit krebskranker Patienten zu entscheiden – eine Software berechnet also unter wirtschaftlichen Aspekten die Lebenserwartung, mithilfe derer eine kostenintensive aber unter Umständen notwendige Behandlung zu- oder abgesagt wird.

Ja, viele Anwendungen haben große Potenziale: für schnellere Bearbeitung in der Verwaltung, für Kosteneinsparungen, für die Berechnung großer Datenmengen und vieles mehr. Viele sagen: Das ist ein

Fortschritt. Denn Technologie ist nie müde, hat nie Hunger und fällt ausschließlich neutrale Entscheidungen. Doch immer wieder zeigen uns konkrete Fälle, dass Algorithmen eben auch Wertentscheidungen treffen. Entscheidungsbäume und Trainingspläne sind menschengemacht. Wenn algorithmische Entscheidungsfindung auf selbstlernenden Systemen basiert, ist die Frage, wie sie lernen. Das zu kontrollieren ist heute nicht möglich.

Für mich gilt: Diskriminierungsverbote der analogen Welt müssen auch in der digitalen Welt der Algorithmen gelten. Transparenz und Grenzen muss es dort geben, wo es um unsere Grundrechte geht. Gegen Ausspähung und Diskriminierungseffekte braucht es klare Regeln – für Transparenz und Verbraucherschutz im Digitalen. Transparenz braucht es auch bei den Geschäften des Alltags, die der Kunde regelmäßig wieder eingeht und die – durch die Menge – hohe Gewinnmargen versprechen. Der Verweis auf Geschäftsgeheimnisse ist meines Erachtens unzulässig, wenn Grundrechte betroffen sind.

## 2.    Was muss das Ziel einer Regelung sein?

Die Situation ist extrem komplex. Denn: Die reine Offenlegung von seitenlangen Quellcodes bringt den wenigsten Endverbrauchern etwas. Ziel einer Regelung muss die Nachvollziehbarkeit von Entscheidungen sein, eine Nachvollziehbarkeit »by design«, gegebenenfalls kontrolliert durch Behörden oder Nichtregierungsorganisationen.

Überprüft werden kann jedoch nur, wenn Datengrundlage, Handlungslogik und Kriterien bekannt sind. Ich will übrigens auch wissen: Nach welchen Kriterien lernen selbstlernende Algorithmen? Entscheidungen müssen anfechtbar und von Menschen überprüfbar bleiben. Nur müssen wir dafür noch einen praktikablen Weg finden.

# 3. Wie könnten Regelungen aussehen?

Maßnahmen können von Transparenzanforderungen über die Anpassung der Daten oder des Algorithmus bis zu Verboten reichen. Ich finde, die beste rechtliche Darstellung in dem Bereich, in dem wir etwas regulieren müssen, hat Prof. Mario Martini geschrieben.[1] Er hat Algorithmen quasi von mehreren Seiten »umzingelt« und kommt zu dem Schluss, dass die Gefahr einer diskriminierenden Wirkung auf mehreren Ebenen eingehegt werden kann: ex ante, begleitend und ex post.

## 3.1. Rechtlicher Schutz gegen fehlerhafte und missbräuchliche Entscheidungen: Anfechtung und Haftung

Für mich gilt: Die Rechte von Kunden müssen sich mit der Technologie weiterentwickeln. Das Vertrags- und Deliktsrecht wird also auf Haftungslücken überprüft werden müssen. Unternehmen jaulen stets bei Haftungsfragen auf, aber es ist das gute Recht des Verbrauchers, dass das Recht »mitwächst«. Schadensverursachung wird zudem noch komplexer, wenn Algorithmen im Spiel sind. Durch eine Beweislasterleichterung sollten Anbieter den Beweis der Nichtverursachung liefern müssen. In besonders sensiblen Bereichen, wie bei medizinischen Anwendungen, kann eine Gefährdungshaftung und eine Versicherungspflicht eingeführt werden.

Mit Blick auf rasanten technischen Fortschritt müssen wir auch prozessuale Änderungen erwägen. Denkbar sind erweiterte Abmahnbefugnisse durch Wettbewerber über das Gesetz gegen den unlauteren Wettbewerb (UWG).

---

[1] Martini 2017

Heute haben Betroffene, wenn sie denn überhaupt erfahren, dass eine sie betreffende Entscheidung mithilfe eines Algorithmus getroffen wurde, keinerlei Anfechtungsmöglichkeit. Spezialisierte Schiedsstellen und ein erweitertes Verbandsklagerecht sind nötig als Schutz gegen Diskriminierung und sonstige Persönlichkeitsverletzungen. Verbraucherverbände könnten zudem ein erweitertes Streitbeitrittsrecht erhalten. Zivilgerichte sollten zur Durchsetzung von Unterlassungspflichten mit einer Nebenfolgen-Kompetenz ausgestattet werden.

Und: Es braucht eine starke Antidiskriminierungsstelle des Bundes. Denn Diskriminierung von Menschen im Alltag aufgrund bestimmter Merkmale ist ein gesamtgesellschaftliches Problem, welches wir nicht hinnehmen dürfen – ob automatisiert und digital oder analog.

## 3.2. Begleitende Fehlerkontrolle und Risikomanagement

Ein begleitendes Risikomanagement ist notwendig, gegebenenfalls auch durch eine neu zu gründende Institution, die unter anderem Risikoprognosen zu Grundrechtsgefährdungen anfertigt und veröffentlicht.

Einen überzeugenden Ansatz stellt Sandra Wachter vor: *Counterfactual Explanations*.[2] Anstelle der reinen Offenlegung seitenlangen Codes geht es Betroffenen darum, auch verstehen zu können, wie Entscheidungen getroffen wurden. Eine Erklärung für einen abgelehnten Kredit muss aufzeigen, welche Kriterien (z. B. Höhe des Einkommens) jemand erfüllt haben müsste, um einen Kredit zu erhalten. In Fällen von fehlerhaften Entscheidungen oder anders begründeten Beschwerden können *In-Camera*-Verfahren zur Kontrolle von

---

[2]   Wachter 2018

Lernmechanismen und anderen Parametern Geschäftsgeheimnisse bewahren. Grundlage dafür ist eine Beweissicherung der Modellierung von Algorithmen.

## 3.3. Feindbild ›Algorithmus‹?

Nein, Algorithmen sind keine Feindbilder, aber sie könnten erarbeitete Rechte aushebeln. Wir befinden uns im Spannungsfeld von Verbraucherschutz, Datenschutz und Innovationsförderung. Dafür müssen wir Spielregeln und Leitplanken aufzeigen, für Unternehmen, Versicherungen, Haftung und für den Datenschutz. Es geht um eine milliardenschwere Industrie. Vor Jahren ging es um Öl, heute geht es um Amazon, Apple, Alibaba und Alphabet. Darum ist eine Selbstregulierung der Industrie lediglich als Ergänzung zu rechtlichen Rahmenbedingungen und unabhängiger Überprüfung sinnvoll. Sonst besteht die reale Gefahr der Unverbindlichkeit und Unkontrollierbarkeit wie wir sie bei *Corporate Social Responsibility* schon kennen.

Rechtssicherheit bietet zudem die nötige Planungssicherheit für Unternehmen wie Verbraucher.

Wir müssen Digitalisierung so gestalten, dass alle profitieren. Ethische Überlegungen müssen deshalb endlich Teil der IT-Ausbildung werden. Technik ist eben nicht neutral und Algorithmen sind menschengemacht. Wir brauchen Normen nach ethischen Prinzipien. Wenn wir hier keine Regeln setzen, weichen wir sie am Ende auch noch in der analogen Welt auf.

## 3.4. Ex ante

Präventiv sichert uns Verbraucherinnen und Verbrauchern die im Mai 2018 in Kraft tretende EU-Datenschutz-Grundverordnung (EUDSGVO) einen Schutz vor vollautomatisierten Entscheidungen zu (Artikel 22). Wir behalten also das Recht auf menschliche Entscheidungen. Die EUDSGVO stellt einen wichtigen Regulierungsrahmen dar. Gespickt mit vielen Ausnahmen gilt es jetzt in der Umsetzung darum, Persönlichkeitsrechte effektiv zu schützen.

– Für mehr Transparenz brauchen wir eine Kennzeichnungspflicht mit Symbolen für den Einsatz von Algorithmen, insbesondere in sensiblen Bereichen wie bei medizinischen Anwendungen (Entscheidungen in Notaufnahmen über die Zuteilung von Krankenhausbetten und Operationen). Erste Ansätze gibt auch hier die EUDSGVO vor.

– Social Bots erfordern eine gesetzliche Verpflichtung zur Offenlegung einer automatisch ausgelösten Kommunikation und Verbreitung von Information. Es muss stets zu erkennen sein, ob Mensch oder Maschine agiert. Ein erster Vorschlag zur Kennzeichnung von Social Bots, also automatisierter Kommunikation, liegt seit April 2017 von der Bundestagsfraktion Bündnis 90/ Die Grünen vor. Anwendungen sollten einen »Digitalen Beipackzettel« erhalten, mit dem Parameter von Entscheidungen erläutert werden.

– Ein staatliches Kontrollverfahren oder einen »Algorithmen-TÜV« durch eine staatliche Fachinstitution braucht es vor dem Einsatz bei besonders persönlichkeits- und teilhabesensiblen Anwendungen, inklusive des Trainingsprozesses lernender Algorithmen. Eine entsprechende Institution muss unabhängig und nicht unternehmensfinanziert sein. Eine Zulassung muss verpflichtend für den behördlichen Einsatz in zentralen Einrichtungen bei Justiz, Gesundheitsversorgung, Bildung und Sozialhilfe sicherstellen, dass keine *Black-Box*-Algorithmen eingesetzt werden. Das Gesetz aus New York ist da Vorbild für erste Schritte.

# 4.    Wie weiter?

Ich schlage eine unabhängige Expertenkommission vor, die bis Anfang 2019 konkrete Vorschläge für Transparenzregeln, Aufsichts- und Kontrollstrukturen zur Überprüfbarkeit von algorithmischen Entscheidungssystemen entwickelt.

Klar ist bereits jetzt, dass Regulierungsbedarf besteht und es in dieser Legislaturperiode darum geht, passende Maßnahmenbündel zu konkretisieren und umzusetzen. Das gilt vom »Algorithmen-TÜV« bis zu akut nötigen Regelungen, zum Beispiel bezüglich des automatisierten Fahrens.

## 4.1.    Digitalisierung ist global

Algorithmen-basierte Angebote sind global. Deutsche Regelungen wären ohnehin nur ein Übergang. Soweit Algorithmen auf personenbezogene Daten zurückgreifen, gelten ab Mai 2018 die EU-rechtlichen Vorgaben der Datenschutzgrundverordnung, insbesondere zu Profiling, Big Data und dem Verbot automatisierter Entscheidungen. Die gesellschaftliche Debatte um ethische Prinzipien digitaler Anwendungen hat nicht nur begonnen, in der Praxis werden längst Fakten gesetzt!

Der Ansatz ›Privacy by design‹ muss jetzt durch eine ›Ethik by design‹ ergänzt werden, um Diskriminierung systematisch zu verhindern.

## Quellen

Martini, Mario (2017) »Algorithmen als Herausforderung für die Rechtsordnung«, *JuristenZeitung*, S. 1017–1025.

Wachter, Sandra (2018) »Counterfactual Explanations without Opening the Black Box: Automated Decisions and the GDPR«. *Harvard Journal of Law & Technology.*

## Über die Autorin

### Renate Künast

Renate Künast (Sozialarbeiterin, Rechtsanwältin) ist Berliner Abgeordnete des Deutschen Bundestages für Bündnis 90/Die Grünen. Als Bundesministerin für Verbraucherschutz und Landwirtschaft prägte sie den bis heute gültigen Anspruch »Wissen, was drin ist«. Auch als Vorsitzende des Ausschusses für Recht und Verbraucherschutz war es ihr ein Anliegen, dass analoge Verbraucherrechte in das digitale Zeitalter übertragen werden. Ihren Einsatz für Transparenz und Betroffenenrechte im Analogen und im Digitalen führt Renate Künast in der 19. Wahlperiode fort.

# Künstliche Intelligenz:
# Die Macht erwacht?

## Nadine Schön

Mitglied des Deutschen Bundestages (CDU)

»Sophia« hat in diesem Jahr zum Auftakt der Münchener Sicherheitskonferenz zum Thema »Künstliche Intelligenz« (KI) die Teilnehmer begrüßt – ein Roboter mit menschlichen Zügen. »Sie« kann
die Lippen beim Sprechen bewegen, die Augen auf- und zuschlagen
und sogar lächeln. Selbst Fragen hat »Sophia« beantwortet. Viele
Gäste der Konferenz staunten nicht schlecht. Zwar war das Antlitz
bewusst verfremdet; auf dem Oberkörper und am Hinterkopf war
Technik zu erkennen. Die Teilnehmer der Sicherheitskonferenz
konnten jedoch einen ersten Eindruck gewinnen, wie ein menschen-
ähnlicher Roboter aussehen und agieren kann und vor allem, wie
weit die Entwicklung ist.

Und während es in München zum Zeitpunkt der Sicherheitskonferenz kalt und unwirtlich war – Winter herrschte –, gilt für die Welt
der künstlichen Intelligenz: Der Winter ist vorbei. So lässt sich die
Situation rund um das Thema KI, Maschinen-Intelligenz und
(selbstlernende) Algorithmen aber auch Robotik zusammenfassen.
In der inzwischen länger andauernden Geschichte der KI ist der »KI-
Winter« Teil eines Zyklus. Auf Enttäuschung und Kritik an den man-
gelnden Fortschritten der Technik in den 1970er Jahren folgten sinkende Forschungsausgaben und Frustration. Bis daraufhin das wirt-

schaftliche und wissenschaftliche Interesse wieder anstieg. Sicherlich beflügelt durch den Schachcomputer »Deep Blue« von IBM, der Mitte der 1990er Jahre den damaligen Schachweltmeister Garri Kasparow in einer Partie schlug. 1997 gewann »Deep Blue« sogar gegen Kasparow einen ganzen Wettkampf aus sechs Partien unter Turnierbedingungen.

Inzwischen ist KI ein Hype-Thema, das längst die wissenschaftlichen Sphären hinter sich gelassen hat. Die Technologie ist derzeit der größte Treiber der Digitalisierung und zunehmend ein wichtiger Wirtschaftsfaktor – national wie international. KI stellt einen umfassenden Paradigmenwechsel dar – mit dem Sprung von der rechnenden zur kognitiven Informatik: Anders als bisherige programmierte Abläufe sind KI, kognitive Systeme und Maschinen lernfähig und zunehmend in der Lage, Erlerntes auf neue Situationen zu übertragen.

Schon heute benutzen wir fast alle KI. Zumeist unbewusst, beispielsweise in der Bild- und Spracherkennung. »Siri« im iPhone, »Alexa« von Amazon oder der Google-Übersetzer sind Beispiele aus der Praxis. Eine KI mit menschenähnlichen Fähigkeiten ist und bleibt jedoch Zukunftsmusik. Und dennoch lösen gerade dieser technologische Fortschritt und die abstrakte Idee von KI bei vielen Menschen Unbehagen aus: Kann ich noch mithalten? Wird meine Arbeit durch Technik ersetzt? Wie selbstbestimmt kann ich noch agieren? Viele bringen KI auch mit einer Entmenschlichung in Verbindung, z. B. dass das autonome Auto über Leben und Tod entscheiden könnte oder Pfleger durch anonyme Roboter ersetzt werden. Diese Gefühle und Stimmungen der Bürgerinnen und Bürger muss Politik sehr ernst nehmen. Wir müssen die Sorgen der Menschen im Blick haben. Leider wird in Deutschland aber zu viel über die Gefahren gesprochen. Damit versperren wir uns zu häufig den Blick auf die Potenziale. Und die sind enorm.

# 1. Chancen und Risiken künstlicher Intelligenz

Beispiel Mobilität: So wird KI zukünftig nicht nur beim Steuern des Fahrzeugs zum Einsatz kommen und damit für mehr Sicherheit im Straßenverkehr sorgen. Mit einer intelligenteren Planung in der Logistik oder des Verkehrsflusses können Fahrtzeiten verkürzt und Einsparungen beim Ausstoß von Abgasen erzielt werden. Wie oft stellt man bei einer Fahrt im Berufsverkehr durch die Stadt fest, wie wenig intelligent die Ampelschaltung ist.

Auch im Bereich der Medizin gibt es Erfolg versprechende Ansätze. Die Fortschritte der Bilderkennung ermöglichen beispielsweise eine schnelle und präzise Auswertung von Bilddatenbanken. Hier steht die Anwendung sicher noch in den Kinderschuhen, seien es Smartphone-Apps zur Erkennung von Veränderungen der Haut oder von Augenkrankheiten. In Deutschland arbeitet ein Unternehmen mit Radiologen daran, Krebs zuverlässig anhand von MRT- und Röntgen-Aufnahmen automatisch zu identifizieren, um die Ärzte von diesen Aufgaben zu entlasten.

Eine der größten Auswirkungen von KI wird sich möglicherweise auf dem Gebiet der Nahrungsmittelproduktion beobachten lassen – einem Industriezweig, der sich mit einer schnell wachsenden Weltbevölkerung, dem Kampf um natürliche Ressourcen und einer stagnierenden landwirtschaftlichen Produktivität konfrontiert sieht. Und außerdem einem Industriezweig, den man nicht unbedingt sofort mit dem Thema KI in Verbindung bringt. Dabei werden zur Verfügung stehende Informationen aus aller Welt auf die Landwirtschaft angewendet und Landwirte dabei unterstützt, diese Informationen so zu nutzen, dass jeder Hektar optimal bewirtschaftet wird. Die Analyse von Echtzeitdaten hilft Ernteertrag und Gewinne zu maximieren.

Die Vorteile der Technik liegen auf der Hand. Aber KI ist immer ein Werkzeug und so kann sie für zahlreiche gute Einsatzmöglichkeiten genutzt, sie kann aber auch missbraucht werden. Das Übel kommt nicht von den Geräten, sondern von den Menschen, die sie anwenden. Ein Risiko ist es, wenn KI »lernt« zu diskriminieren, die Entwicklung für negative Szenarien missbraucht oder Meinung gezielt beeinflusst.

So fiel bei dem Schönheitswettbewerb »Beauty.ai« beispielsweise auf, dass die Preisträger überwiegend weiß waren, nur wenige sahen asiatisch aus oder hatten eine dunkle Hautfarbe. Diese Diskriminierung durch Algorithmen hat das dahinterliegende Problem aufgezeigt. Der Entwickler räumte ein, dass er der Software zum Lernen nicht genügend Bilder nicht-weißer Menschen zur Verfügung gestellt hatte. Ein weiteres aktuelles Phänomen ist der »deep fake face swap« mit einer App, die KI nutzt, um Fotos und Videos zu verfälschen und auszutauschen. So werden die Gesichter von Darstellern in einem Video durch tatsächlich Unbeteiligte ersetzt. Besonders besorgniserregend ist diese Entwicklung für alle Auswüchse des Cyber-Mobbings.

## 2. Besteht politischer Handlungsbedarf?

Daher stellt sich für uns als Politik die Frage: Was müssen wir tun, damit die Chancen, die sich durch KI ergeben, ergriffen und gleichzeitig kluge Antworten auf die Herausforderungen gegeben werden können? In erster Linie brauchen wir dafür einen breit angelegten gesellschaftlichen Dialog über die Bedeutung von KI für unsere Gesellschaft, den Staat und die Wirtschaft. Dieser Dialog muss auch die bereits genannten Unsicherheiten der Menschen im Umgang mit KI aufgreifen.

Um genau über diese Aspekte zu sprechen und sie von allen Seiten zu beleuchten, haben wir uns von parlamentarischer Seite entschlossen, eine Enquete-Kommission KI im Deutschen Bundestag einzusetzen. Hier wollen wir gemeinsam mit Expertinnen und Experten konkrete Vorschläge für die politischen Entscheidungsträgerinnen und -träger erarbeiten und damit neue Impulse für die Verwendung von KI in unserem Land setzen. Wir wollen den technologischen Wandel auf Grundlage unserer gesellschaftlichen und kulturellen Werte gestalten.

Im Koalitionsvertrag haben wir des Weiteren beschlossen, eine Datenethikkommission einzusetzen. Diese soll ethische Leitlinien im Umgang mit Daten für den Schutz des Einzelnen, die Wahrung des gesellschaftlichen Zusammenlebens und die Sicherung des Wohlstands im Informationszeitalter entwickeln. Ziel ist es, dass sie innerhalb eines Jahres der Bundesregierung Empfehlungen oder Regulierungsoptionen vorschlägt, wie die ethischen Leitlinien beachtet, implementiert und beaufsichtigt werden können.

Es kann für Deutschland, aber auch für Europa insgesamt zum Standortvorteil werden, wenn wir den Einsatz von KI in Einklang mit unseren ethischen Grundsätzen und verfassungsrechtlichen Werten bringen können. Gerade weil andere Länder – insbesondere China – die ethischen Aspekte des Einsatzes von KI kaum berücksichtigen, ist für uns eine differenzierte Auseinandersetzung damit unerlässlich.

Wir müssen gemeinsam darüber nachdenken, wie wir die Chancen der Digitalisierung und im Speziellen von KI nutzen können. Wie wir gemeinsam Leitplanken feststecken und die Grundlagen für eine gute Entwicklung in unserem Land legen können.

# 3. Bildung

Zu diesen Grundlagen gehört für mich in erster Linie Bildung – um gewisse Unsicherheit erst gar nicht entstehen zu lassen. Nur wenn wir Funktionsweise und Anwendungsmöglichkeiten von digitalen Systemen insgesamt verstehen, können wir die Risiken beherrschen und umso größer wird der Mehrwert sein, den wir mit diesen Technologien erzielen können – in allen Lebensbereichen. Um hierhin zu kommen, brauchen wir jedoch ein neues Verständnis von Bildung im 21. Jahrhundert.

Denn moderne Bildung braucht mehr als Lesen, Schreiben und Rechnen. IT- und digitale Kenntnisse gehören im 21. Jahrhundert dazu. Es geht aber nicht nur um die reine Anwendung digitaler Möglichkeiten. Es geht darum, die elementaren Grundlagen der Informationstechnologie und auch von KI zu verstehen, vernetzt zu denken und zu arbeiten und mit Hilfe digitaler Möglichkeiten Probleme zu lösen. Es geht darum, digitale Systeme zu verstehen und sie möglichst souverän und selbstbestimmt zu nutzen.

Wenn wir hier erfolgreich sein wollen, müssen wir bei den Kleinsten anfangen und über alle Lebenszyklen die digitalen Möglichkeiten erklären. Ob im Kindergarten, in der Schule oder Hochschule, in der beruflichen (Weiter-)Bildung oder bei den Senioren. Wichtig ist, dass wir die digitale Bildung als einen fortlaufenden Prozess verstehen, als lebenslanges Lernen. Denn die Digitalisierung ist ein dynamischer und entwicklungsoffener Prozess. Es kann heute noch keine Blaupause für die nächsten zehn Jahre geben. Noch ist vollkommen offen, wohin sich KI entwickeln kann und welche Möglichkeiten sich daraus ergeben werden – für jeden Einzelnen von uns und für die Gesellschaft insgesamt.

Wir müssen Strukturen und Abläufe überprüfen, anpassen und gegebenenfalls erneut nachsteuern. Beim sprichwörtlichen »Ozeanriesen Bildung«, der sich nur langsam manövrieren lässt, ist das ein Mammutprojekt. Aber, ob Mammutprojekt oder nicht, wir müssen es angehen. Es gibt viel zu tun und wir müssen jetzt anfangen. Wir brauchen – um beim Bild zu bleiben – »Schnellboote der digitalen Bildung«. Wir brauchen eine digitale Bildungsoffensive: für Schüler, Auszubildende, Studenten und Lehrkräfte gleichermaßen. Aber ebenso auch für Arbeitnehmerinnen und Arbeitnehmer, die sich qualifizieren und weiterbilden wollen und müssen, weil lebenslanges Lernen heute eine Selbstverständlichkeit ist.

Uns Menschen kommt dabei eine wichtige Eigenschaft zugute: Wir sind von Natur aus neugierig. Diese natürliche Neugierde müssen wir uns erhalten, um fit für die Digitalisierung insgesamt und fit für KI zu sein.

## 4. Forschung

Beim Thema KI spielt das Thema Forschung eine große Rolle. Die Ausgangslage ist hier in Deutschland gut, sowohl bei der Grundlagenforschung wie auch der angewandten Forschung. So fördert die Bundesregierung seit über 30 Jahren die Forschung zur KI. Mit dem Deutschen Forschungszentrum für Künstliche Intelligenz (DFKI) verfügen wir heute über das größte KI-Institut weltweit. Das DFKI und die Institute der Fraunhofer-Gesellschaft tragen zum Transfer der KI in die Wirtschaft und zur Gründung von Startups bei. Zahlreiche Unternehmensgründungen aus diesen Instituten zeigen, dass die Forschungen nicht nur zu theoretischen Erkenntnissen führen. Dieser Transfer ist wichtig. Und gleichzeitig müssen wir die bereits existierenden Institute für Grundlagen- und Anwenderforschung noch weiter stärken und verknüpfen.

So ist beispielsweise algorithmenbasierte KI nur ein erster Schritt. Sie beruht auf Regeln für die Berechnung und hinterlegten Beispielen, auf deren Grundlage entschieden bzw. zugeordnet wird. Der Algorithmus entscheidet im Zweifel schneller als der Mensch und das Ergebnis ist nachvollziehbar. Der nächste Schritt ist das Lernen in neuronalen Netzwerken.

Auch hier gibt es bereits beeindruckende Entwicklungen. Das von Google gekaufte Unternehmen DeepMind aus London hat mit seiner Entwicklung »AlphaGo« im Jahr 2017 zuerst den Weltmeister im »Go«-Spielen, dann auch ein Team der weltbesten Spieler geschlagen. Bei beiden Wettbewerben beruhte die KI der Maschine darauf, dass »AlphaGo« mit einer Art Suchbaum seine Positionen evaluierte und zur Auswahl neuer Züge auf ein trainiertes neuronales Netzwerk zurückgriff. Dieses Training haben am Anfang noch Menschen überwacht. Der Nachfolger »AlphaGo Zero« hat sich das Spiel »Go« vollkommen autonom selbst beigebracht, die Entwickler sprechen von »übermenschlicher Performance". »AlphaGo Zero« hat seinen Vorgänger »AlphaGo« mit 100:0 geschlagen.

Das Beispiel zeigt, dass es einer hohen forschungs-, industrie- und wirtschaftspolitischen Priorität bedarf, um international Anschluss zu halten. Wir müssen daher unsere Unternehmen und Forschungsinstitute dabei unterstützen, führende Plätze auf dem Weltmarkt einzunehmen. Bei der Förderung und Entwicklung von KI braucht Deutschland eigene, innovative Lösungen, die schnell in Wertschöpfung transferiert werden können. Wichtige Voraussetzungen hierfür sind ein guter Dreiklang aus Forschung, Entwicklung und Implementierung am Markt sowie ein innovationsfreundliches Umfeld.

# 5. Ökosystem

Ein innovationsfreundliches Umfeld ergibt sich in erster Linie durch ein hervorragendes Ökosystem für digitale Innovationen insgesamt und damit auch für KI. Startups gelten gemeinhin als Pioniere in Sachen Innovationen. Wir brauchen also viele Gründungen, um auch im Bereich KI weiter voranzukommen. So haben wir in der Gründungs- und Wachstumsfinanzierung in den letzten Jahren viel gemacht. Sie ist in Deutschland inzwischen sehr vielfältig: KfW-Förderdarlehen, INVEST-Zuschüsse, Hightech-Gründerfonds oder EXIST-Programme. Mit einem großen nationalen Digitalfonds wollen wir gemeinsam mit der Industrie jetzt noch für das nötige Kapital in der Wachstumsphase sorgen.

Problematisch sind für viele Gründer die hohen bürokratischen Hürden. Wir wollen Gründen leichter machen: One-Stop-Shop ist das Ziel. Dafür muss die Verwaltung digitaler und kundenorientierter sein. Hier wollen wir mit dem Bürgerportal ansetzen und viele Abläufe digital gestalten. Bereits im Herbst 2018 wird das digitale Portal in vier Bundesländern starten; die weiteren Länder werden nachziehen. Auch müssen wir gerade für den KI-Bereich die Einstellung von Mitarbeitern aus Nicht-EU-Ländern vereinfachen. Für den enormen Bedarf an Arbeitskräften reichen die Ressourcen hierzulande nicht aus. Und – ganz wichtig: Gründergeist kommt nicht von alleine, sondern muss vorgelebt werden. Von der Schule bis zum universitären Spin-Off brauchen wir eine positive Einstellung zu Unternehmertum.

# 6.  Große Datenmengen

Eine weitere wichtige Grundlage für KI sind große Datenmengen und das Training von neuronalen Netzen. Sind nicht genügend Daten vorhanden oder die Daten inhaltlich oder strukturell von schlechter Qualität, können intelligente Maschinen keine verlässlichen Entscheidungen treffen. Nicht umsonst wird immer wieder davon gesprochen, dass Daten der Rohstoff der Zukunft sind.

Ausreichende Datenmengen zum »Lernen« für KI werden zukünftig vorhanden sein. So werden im Jahr 2025 weltweit rund 163 Zettabytes (das ist eine 163 mit 21 Nullen) an Daten generiert – das ist das Zehnfache im Vergleich zum Jahr 2016 (16 Zettabytes), wie eine Studie des amerikanischen Festplattenherstellers Seagate und des IT-Marktbeobachtungshauses IDC zum weltweiten Datenwachstum Anfang 2017 ergab.[1] Zur Einordung: Das entspricht allen derzeit bei Netflix gespeicherten Serien und Filmen – knapp 500 Millionen Mal betrachtet. Dabei liegt die jährliche Wachstumsrate aller Daten zwischen 2015 und 2025 bei 30 Prozent. Auch deshalb gilt es, das Thema Quantencomputing stärker in den Blick zu nehmen.

Außerdem gilt es, beim Umgang mit den Daten offene Fragen zu klären. Das Vertrauen vieler Nutzer muss nach diversen Datenskandalen wiederhergestellt werden. Klassischerweise trennen wir zwischen personenbezogenen Daten und Maschinen- oder Sensordaten. So gewinnt das Thema Internet der vernetzten Dinge in der Industrie und bei privaten Nutzern immer mehr Verbreitung. Assistenten mit Sprachsteuerung können »auf Zuruf« die richtige Anwendung starten, sich aber auch vollkommen autonom verständigen. Eine Maschine könnte beispielsweise eine Bestellung auslösen,

---

[1]  Kroker, 2017

wenn notwendige Vorprodukte nicht mehr in ausreichender Stückzahl vorhanden sind. Wie so etwas aussehen kann, befindet sich derzeit bei Daimler in der Anfangsphase. So wurde im Februar 2018 der Grundstein für die »modernste Autofabrik der Welt« gelegt. Ein wesentliches Merkmal soll die 360-Grad-Vernetzung über die Wertschöpfungskette hinweg sein – von Lieferanten, über Entwicklung, Design und Produktion bis zu den Kunden.

Akuten politischen Handlungsbedarf sehe ich in der zivilrechtlichen Regulierung von Dateneigentum bei Maschinendaten derzeit nicht. Die Unternehmen regeln auf vertraglicher Basis, wer, wann, wie auf die Daten zugreifen kann. Gleichwohl darf es hier nicht zu Diskriminierungen nach dem Motto »David gegen Goliath« kommen, also dass größere Unternehmen kleineren den Umgang mit den Daten diktieren.

Bei den personenbezogenen Daten ist es mir wichtig zu betonen, dass hier nicht alle per se als kritisch einzustufen sind. Um in Deutschland und Europa eine innovationsoffene Datenpolitik gestalten zu können, müssen wir natürlich dem Persönlichkeitsschutz Rechnung tragen und gleichzeitig die Möglichkeit der Daten für Wachstum und Wohlstand nutzen. Für personenbezogene Daten haben wir mit der Datenschutzgrundverordnung ab dem 25. Mai 2018 erstmals in ganz Europa einen einheitlichen Rechtsrahmen. Positiv ist, dass auf Bestreben von Deutschland die Pseudonymisierung Eingang in die Verordnung gefunden hat. So werden personenbezogene Datenfelder, wie etwa Namen, durch einen Code ersetzt. Dadurch lassen sich die Daten nun nicht mehr der betreffenden Person zuordnen – außer man verfügt über den Schlüssel zur Dekodierung.

Leider ist jetzt schon klar, dass die DSGVO quasi mit ihrer Geltung nicht mehr den aktuellen Entwicklungen entspricht. Neue Technologien, wie KI, Blockchain oder Big Data, werden zu wenig berücksichtigt. Und es gilt, auch über neue Möglichkeiten des Datenschutzes nachzudenken, – ohne – und das ist wichtig – das Schutzniveau von persönlichen Daten zu senken. Deswegen müssen wir bereits jetzt anfangen, über eine Evaluation zu sprechen. Wer die Abläufe in Brüssel kennt, weiß, wie langwierig diese sind. Wichtig ist in diesem Zusammenhang, dass wir im Koalitionsvertrag vereinbart haben, ein Innovationsboard auf EU-Ebene einzurichten, um konkrete Vorschläge zur Weiterentwicklung der Datenschutzregeln in Europa zu erarbeiten.

## 7. Internationaler Vergleich: Weltherrschaft durch KI?

»Wer die Führung bei der künstlichen Intelligenz übernimmt, wird die Welt regieren«, hat Russlands Präsident Wladimir Putin im vergangenen Jahr prophezeit. So hat sich ganz im Sinne einer staatlichen Planwirtschaft die Volksrepublik China bereits auf die Fahne geschrieben, Beherrscher der Welt zu werden. Bis 2030 strebt China die Weltmarktführerschaft im Bereich der KI an. Dafür sollen private und militärische Investitionen in diese Technologie gebündelt werden.

Gleichzeitig setzt das Land bereits zur Überwachung der eigenen Bevölkerung ein System wie das »social scoring« ein. So wird digital überwacht, wer sich richtig und wer sich falsch verhält. Negatives Verhalten wird bestraft. Doch der chinesische Staat geht noch weiter – auch unabhängig von KI: Wie die »South China Morning Post«[2] unlängst berichtete, stattet »Neuro Cap«, ein von der Regierung finanziertes Gehirnüberwachungsprojekt an der Universität von

[2] Siemons, 2018

Ningbo, Fließbandarbeiter in mehr als zwölf Fabriken mit kleinen Helmen aus. Die integrierten Sensoren sollen effektivitätshemmende Zustände wie Depression, Angst oder Wut frühzeitig aufspüren und weitermelden können. »Das verursachte am Anfang etwas Unbehagen und Widerstand«, wird eine Forscherin zitiert; aber allmählich hätten sich die Arbeiter an die Apparate gewöhnt. Diese Entwicklungen und auch das »social scoring« werden auf absehbare Zeit keine Akzeptanz in Deutschland und Europa finden. Wie oben beschrieben, muss das kein Nachteil sein.

Auch in den USA gibt es Bewegung bei dem Thema: Bereits Barack Obama hat im Oktober 2016 eine nationale Strategie für die Erforschung und Entwicklung künstlicher Intelligenz vorgelegt. Diese setzt auf einen breiten Dialog über die wirtschaftlichen Chancen und innovativen Anwendungen dieser Technologie für den Staat. Gleichzeitig wird damit eine Bündelung und Koordinierung der Aktivitäten und Ausgaben für Forschung und Entwicklung verbunden. Es ist höchste Zeit, in Europa nachzuziehen.

## 8.  Deutschland und Frankreich als Motor

Es ist für Deutschland, aber auch Europa insgesamt, ein Standortvorteil, wenn wir den Einsatz von KI in Einklang mit unseren ethischen Grundsätzen und verfassungsrechtlichen Werten bringen können – wie bereits erwähnt. Deshalb ist es richtig und wichtig, dass die EU-Mitgliedstaaten hier gemeinsam an einer KI-Strategie arbeiten. Und wir müssen schnell agieren.

In der Europäischen Union hat neben Deutschland vor allem Frankreich das Thema für sich entdeckt und zu einem Schwerpunkt gemacht. So will der französische Staatspräsident Emmanuel Macron in den nächsten Jahren rund 1,5 Milliarden Euro Forschungsförderung bereitstellen. Bereits im Februar 2018 ging das DATAIA Institute for Data Science, Artificial Intelligence and Society an den Start. Das Institut hat ein Budget von 180 Millionen Euro, 14 akademische Institutionen als Mitglieder und zukünftig bis zu 300 beteiligte Wissenschaftlerinnen und Wissenschaftler.

Unser gemeinsames Ziel muss es sein – als die zwei stärksten europäischen Volkswirtschaften – die jeweiligen Strategien zu bündeln. Wir müssen Projekte definieren, die Einrichtungen vernetzen und neue Strukturen zum Transfer in die Wirtschaft schaffen. Mit unseren französischen Partnern soll daher beispielsweise gemeinsam ein öffentlich verantwortetes Zentrum für künstliche Intelligenz errichtet werden. Deutschland, Frankreich und Europa insgesamt dürfen im internationalen Wettbewerb nicht den Anschluss verlieren. Wir brauchen eine Konzentration der Mittel. Wir müssen der Motor für die Entwicklung von KI-basierten Anwendungen sein.

## 9.    Fazit

Wie bereits verdeutlicht, hängt die Qualität von KI wesentlich von der Datenmenge und deren Qualität ab. Außerdem von den Menschen, die Einfluss auf die KI nehmen. So bildet sich KI, indem analytische Verfahren auf Grundlage großer Datenmengen und hoher Rechenleistung genutzt werden. Damit ist nicht immer nachvollziehbar, wie bestimmte Entscheidungen zustande kommen. Das hat eine wissenschaftliche und eine gesellschaftliche Dimension: Immer mehr KI-basierte Anwendungen entscheiden zukünftig selbstständig und zwar durch das Lernen in neuronalen Netzen. Damit wird der Druck steigen, sich dafür zu rechtfertigen, bzw. zumindest das Ergebnis erklären zu können. Dies gilt umso mehr, wenn sich diese Entscheidungen selbst den Entwicklern oder Forschern nicht mehr erschließen.

Angesichts der weiter wachsenden Datenmengen und der immer größeren Leistungsfähigkeit sind in immer kürzeren Abständen weitere Durchbrüche im Bereich der KI zu erwarten. Damit diese Durchbrüche in Deutschland möglich sind, müssen wir die richtigen Weichen stellen – auch und gerade auf politischer Ebene. Der Koalitionsvertrag ist eine gute Grundlage, damit Deutschland ein weltweit führender Innovationsstandort auch für KI wird. Als Politik werden wir die weitere Entwicklung von KI im Blick haben. Stets unter der Maxime, dass die Technik dem Menschen dienen muss.

## Quellen

Koroker, Michael (2017). Weltweite Datenmengen verzehnfachen sich bis zum Jahr 2025 gegenüber heute. *WirtschaftsWoche Blog,* http://s.fhg.de/G6B

Siemons, Mark (2018). Die totale Kontrolle. *Frankfurter Allgemeine Zeitung,* http://s.fhg.de/2RQ

## Über die Autorin

### Nadine Schön

Nadine Schön ist seit 2009 direkt gewählte Bundestagsabgeordnete für den Wahlkreis St. Wendel im Saarland. Seit 2014 gehört sie dem geschäftsführenden Vorstand der CDU/CSU-Fraktion im Deutschen Bundestag an. Als stellvertretende Fraktionsvorsitzende ist sie für die Themenfelder Familie, Senioren, Frauen und Jugend sowie Digitale Agenda verantwortlich. Darüber hinaus ist sie stellvertretendes Mitglied im Ausschuss für Bildung, Forschung und Technikfolgenabschätzung. Seit 2017 hat Nadine Schön außerdem das Amt der Stellvertretenden Landesvorsitzenden der CDU Saar inne. Vor ihrem

Bundestagsmandat war sie von 2004 bis 2009 Mitglied des Saarländischen Landtages. Dabei engagierte sie sich in den Ausschüssen Wirtschaft und Wissenschaft, Innen und Sport, Verfassung und Recht sowie Europa. Außerdem war sie hochschul- und wissenschaftspolitische Sprecherin. Die Diplom-Juristin ist verheiratet und hat zwei Söhne.

# Künstliche Intelligenz:
# Wer entscheidet über wen?

Jimmy Schulz

Mitglied des Deutschen Bundestages (FDP)

## 1. Der Mut zum eigenen Urteil ist wichtiger denn je

»Es tut mir leid, Dave, aber das kann ich nicht tun.« In Arthur C. Clarkes »2001: Odyssee im Weltraum« wird technischer Fortschritt zum Albtraum: Eine maschinelle, künstliche Intelligenz übernimmt die Kontrolle. Der Bordcomputer HAL 9000 erscheint zunächst als hilfreicher und freundlicher Assistent, der die Besatzung eines Raumschiffs auf dem Weg zum Jupiter unterstützen soll. Doch nach einer Fehlfunktion von HAL plant die Crew, ihn abzuschalten. Um seine eigene Existenz zu schützen, entschließt HAL sich, die Insassen des Raumschiffs zu töten.

In der neu entflammten politischen Debatte über künstliche Intelligenz (KI) werden gern Science-Fiction-Szenarien wie das obige bedient, um vor den Gefahren der neuen Technik zu warnen. Doch das ist weder hilfreich noch besonders realistisch. Die meisten Forscher, die sich aus technischer Sicht mit künstlicher Intelligenz beschäftigen, halten die Vorstellung einer Maschine als fühlendes und denkendes Wesen für nichts weiter als ein Horrorszenario aus der Welt der Fantasie. Während ein gut entwickeltes KI-System bei einem IQ-Test 200 Punkte erreichen kann (Einsteins IQ wurde auf 160–180

Punkte geschätzt), ist die menschliche Intelligenz nicht zu 100 Prozent auf Maschinen übertragbar.

Menschliche Entscheidungen und Reaktionen werden von Emotionen und individuellen charakteristischen Merkmalen geprägt. Sie basieren auch auf einem Wertesystem. Dies kann sogar dazu führen, dass Menschen irrational handeln, z. B. einem Freund bewusst nicht die Wahrheit erzählen, um ihn nicht zu verletzen. Maschinen besitzen dagegen weder Emotionen noch Kreativität. Sie können menschliches Verhalten nur imitieren – die dafür zugrunde liegenden moralischen und ethischen Wertvorstellungen können und müssen wir aktiv diskutieren und ausgestalten.

Der Einsatz künstlicher Intelligenz wird auch die menschliche Denkarbeit nachhaltig prägen, wenn zunehmend Entscheidungen auf der Grundlage von KI-Software getroffen werden. Ich glaube jedoch, dass dies die menschliche Urteilskraft nicht verdrängen wird, sondern sie umso wichtiger macht! Es geht nicht um ein Ausspielen von Maschinen gegen Menschen. Wir müssen uns vielmehr die Frage stellen, wie eine sinnvolle Zusammenarbeit aussehen soll und welche Maßstäbe wir für KI-gestützte Entscheidungsprozesse anlegen wollen.

## 2. »Smarte« Software braucht noch »smartere« Menschen

Der Informatiker John McCarthy prägte den Begriff »Künstliche Intelligenz« bereits 1956 bei der Dartmouth Conference. Nichtsdestotrotz ist es bemerkenswert, dass es auf dem Gebiet der KI in den vergangenen fünf Jahren mehr Fortschritte gab, als in den 50 Jahren zuvor. Viele der wegweisenden Anwendungen kamen dabei aus den USA – nicht aus Deutschland. Dabei sind die Standortvoraussetzungen hierzulande überaus günstig: Es gibt eine Vielzahl von Forschungseinrichtungen, die sich ausdrücklich mit dem Thema Künstliche Intelligenz beschäftigen. Viele Produkte und Services deutscher Unternehmen, die ihre Stellung in der Weltwirtschaft ausmachen, werden in Zukunft mit KI ausgestattet und von ihr geprägt sein. Das bekannteste Beispiel dafür ist die Autoindustrie, die sich zunehmend hin zum autonomen Fahren entwickelt. Doch eine zumeist angstgetriebene Debatte erhöht die Skepsis gegenüber dem technologischen Fortschritt.

Dabei ist bemerkenswert, dass schon in der begrifflichen Einordnung oft Unklarheit herrscht: maschinelles Lernen, Deep Learning und künstliche Intelligenz werden gern synonym gebraucht, beschreiben jedoch unterschiedliche Stufen eines »denkenden« Algorithmus. Maschinelles Lernen bezeichnet Verfahren, bei denen Computer-Algorithmen aus Daten lernen, bspw. Muster zu erkennen oder gewünschte Verhaltensweisen zu zeigen, ohne dass jeder Einzelfall explizit programmiert wurde. Die meisten gängigen Anwendungen, die heute als KI bezeichnet werden, sind Algorithmen aus dieser Kategorie. So können beispielsweise Algorithmen eigenständig lernen, Bilder von Tieren und Menschen zu unterscheiden, Spam-E-Mails zu erkennen oder personalisierte Vorschläge für Filme, Musik oder Bücher vorzunehmen. Maschinelles Lernen mit großen neuronalen Netzen wird als Deep Learning bezeichnet.

Künstliche Intelligenz hingegen hat das Ziel, menschenähnliche Entscheidungen anhand erhobener Daten zu treffen. Maschinelles Lernen ist eine Methode, die häufig in KI eingesetzt wird, reicht aber allein noch nicht aus, um das System »intelligent« zu machen. Ein Algorithmus, der alle Bilder in einer Datenbank klassifiziert, wirkt nicht intelligent, weil er die Informationen nicht auf eine menschenähnliche Art und Weise weiterverarbeitet. Dagegen erscheint ein Auto, das autonom auf Grundlage der über ein Kamera- und Sensorsystem erhobenen Daten Entscheidungen trifft, und diese auch begründen kann (Stoppschild erkannt – Bremse ausgelöst), schon viel intelligenter.

Algorithmen finden Problemlösungen schneller als Menschen. Maschinen fehlt jedoch Sensibilität, Intuition und Umsicht. Künstliche Intelligenz kann keine Verantwortung übernehmen. Schlussendlich ist durch den verstärkten Einsatz kognitiver Systeme die menschliche Urteilskraft wichtiger denn je. Besonders verantwortungsvolle Entscheidungsprozesse sollten wir daher so gestalten, dass die Entscheidungskompetenz bei den verantwortlichen Akteuren verbleibt, im Zweifelsfall muss also der Mensch die letzte Entscheidungsinstanz bleiben. Dazu müssen wir verstehen, nach welchen Kriterien Maschinen Entscheidungen treffen.

## 3.   Können Algorithmen in die Zukunft sehen?

Parallel zum verstärkten Einsatz künstlicher Intelligenz im Konsumentenbereich wird in der Politik der Ruf nach automatisierten Verfahren zur Unterstützung der Strafverfolgung lauter. Das ist prinzipiell nicht verwerflich. Eines muss jedoch klar sein: Auch eine Maschine kann keine Straftaten vorhersagen.

Eine der größten Gefahren liegt in der Fehlannahme, dass Entscheidungen, die von künstlichen Intelligenzen getroffen werden, ähnlich wie menschliche Entscheidungen auf einem Abwägungsprozess basieren. Tatsächlich treffen sie diese allerdings aufgrund von (statistischen) Datenanalysen – sowohl die Daten selbst als auch der Prozess der Auswertung sind dabei anfällig für bspw. diskriminierende Faktoren. Insbesondere dann, wenn Entscheidungskriterien und -prozesse für Anwender nicht transparent nachvollzogen werden können, besteht die Gefahr, dass maschinellen Ergebnissen mehr Objektivität zugestanden wird als menschlichen.

Es gibt bereits Beispiele für Algorithmen, die Vorurteile in den Trainingsdaten reproduzieren und so zu diskriminierenden Ergebnissen führen. Der wohl bekannteste Fall stammt aus den USA: Die Non-Profit-Organisation ProPublica fand bei einer Untersuchung der sogenannten Compas-Software heraus, dass diese systematisch dunkelhäutige Minderheiten benachteiligt. In den USA lassen Richter diese Software berechnen, wie hoch das Risiko ist, dass Straftäter rückfällig werden. Und diese Berechnungen dienen dann als Basis für ihr späteres Urteil.

Sogenannte Predictive-Policing-Software basiert in der Regel auf der Suche nach Korrelationen innerhalb großer Datenmengen, um so Aussagen über potenzielle zukünftige Verbrechen zu treffen. Doch eine Korrelation ist noch längst keine Kausalität. Das Projekt »Spurious Correlations« stellt dies anschaulich dar: Nimmt man eine hinreichend große Datenmenge zur Hand, ist die Wahrscheinlichkeit sehr hoch, dass sich irgendeine Form der Korrelation findet. So korreliert bspw. die Anzahl der Menschen in den USA, die zwischen den Jahren 1999 und 2009 in einem Swimmingpool ertrunken sind, mit der Anzahl der Filme, in denen der Schauspieler Nicholas Cage mitgespielt hat. Die maschinelle Auswertung dieser Datenreihen erkennt einen Zusammenhang – ein menschlicher Betrachter weiß, dass dies bloßer Zufall ist.

Software zur Vorhersage von Verbrechen kann immer nur ein Hilfsmittel sein. Schlussendlich bleibt das kritische und wohlinformierte Urteil eines Menschen nicht nur notwendig, sondern entscheidend! Die zentrale ethische Herausforderung ist daher, wie wir intelligente Systeme humangerecht und wertorientiert gestalten, damit sie die

Lebenssituation der Menschen verbessern, ihre Grundrechte und Autonomie wahren und ihre Handlungsoptionen erweitern. Auf keinen Fall dürfen sie die Freiheit der Menschen durch die Verfestigung von Vorurteilen gefährden.

## 4.     Algorithmentransparenz

Ein entscheidendes Kriterium für die Güte eines Algorithmus ist seine Fehlerrate. Diese besteht sowohl aus sogenannten *False Positives* als auch *False Negatives*. Bei einem Algorithmus, der automatisch Spam-E-Mails erkennen soll, wäre eine Nachricht, die eigentlich kein Spam ist und trotzdem im Spam-Filter landet, ein *False Positive*. Der umgekehrte Fall, also eine Spam-Mail, die durch den Filter rutscht, ist ein *False Negative*.

Der ehemalige Bundesinnenminister Thomas de Maizière sprach bei dem Pilotprojekt zur Gesichtserkennung am Berliner Bahnhof Südkreuz zuletzt von einer Erkennungsrate von 70 Prozent – also wird in immerhin 30 Prozent der Fälle ein Gesicht nicht oder falsch erkannt. Dies führt nicht nur zu einer falschen Annahme von Sicherheit, da viele eventuell verdächtige Personen gar nicht erkannt werden, sondern auch dazu, dass unschuldige Bürgerinnen und Bürger fälschlicherweise als Gefährder klassifiziert werden. Am Bahnhof Südkreuz mit über 100.000 Reisenden täglich würde ein System mit einer so hohen Fehlerrate im Echtbetrieb einige Hundert Fehlalarme täglich auslösen, mit ernsten Konsequenzen für die Betroffenen. Dies ist ein tiefgreifender Eingriff in die Grundrechte, insbesondere in das Recht auf informationelle Selbstbestimmung. Die überaus schlechte Erkennungsrate rechtfertigt in keiner Weise einen solchen Eingriff in das Recht, sich unbeobachtet und anonym im öffentlichen Raum zu bewegen.

Je komplexer KI-gestützte Entscheidungssituationen werden, desto schwieriger ist jedoch deren qualitative Evaluation mit menschlicher Urteilskraft. Daher müssen Algorithmen, die Entscheidungen für uns treffen, so transparent gestaltet werden, dass die schlussendlich Verantwortlichen, also die menschlichen Entscheider, eine Einordnung des Ergebnisses vornehmen können. Deswegen fordere ich, die Einführung der qualitativen Algorithmentransparenz.

Um einen Algorithmus zu verstehen, ist es nicht notwendig und auch nicht immer sinnvoll, dass der Quellcode veröffentlicht wird. Gerade für die meisten Verbraucher ist dieser kaum nachprüfbar. Ein guter Programmierer ist im Übrigen in der Lage, seinen Code so zu schreiben, dass auch für Experten nicht auf Anhieb erkennbar ist, ob dieser versteckte Funktionen ausführt. Vielmehr brauchen wir eine Art digitalen Beipackzettel – mit Risiken und Nebenwirkungen.

Die qualitative Algorithmentransparenz umfasst die Veröffentlichung der Testdaten und -ergebnisse, anhand derer ein KI-basiertes System angelernt wurde. Nur so lässt sich herausfinden, ob das System inhärente diskriminierende Faktoren beinhaltet und im Entscheidungsprozess reproduziert. Daneben gehört eine umfassende qualitative Beschreibung des Entscheidungsprozesses dazu sowie eine statistische Klassifizierung *(False Positives, False Negatives,* Modellannahmen) der Ergebnisse des Algorithmus. Letzteres ist insbesondere wichtig, um die Zuverlässigkeit eines Algorithmus einschätzen zu können. Eine Dokumentation der Ziele, Methoden, Daten, Test- und Freigabeprozesse eines Systems ist nicht nur wichtig für die Qualitätssicherung, sondern auch, um die nötige Transparenz zu schaffen, ob ein System unseren Kriterien an wertorientierte und humangerechte KI entspricht.

Die Ergebnisse KI-gestützter Entscheidungen müssen einer menschlichen Überprüfung standhalten können - und die menschlichen Entscheider dazu auch in der Lage und entsprechend geschult sein. Nur so können wir Ängste vor den Risiken abbauen und Vertrauen in die Chancen technischen Fortschritts schaffen.

## 5. Ausblick

Die wirklich großen Durchbrüche in der KI-Forschung stehen noch bevor. Sie werden gerade die Denkarbeit nachhaltig prägen und damit auch den Arbeitsmarkt verändern. So kann es sein, dass diverse Berufe, v. a. Routinetätigkeiten, zukünftig nicht mehr auf dem Arbeitsmarkt nachgefragt sein werden. Es geht aber, wie bereits erwähnt, nicht um ein Ausspielen von Maschinen gegen Menschen, sondern um eine sinnvolle Zusammenarbeit, also KI-gestütztes Entscheiden. Dies ist nur möglich, wenn die Entscheidungswege von Algorithmen durch einen digitalen Beipackzettel für die Verbraucher und Anwender transparent gemacht werden.

Gleichzeitig ist zu erwarten, dass mit neuen Technologien auch neue Berufe entstehen werden und eine Aufwertung der Berufsgruppen u. a. in den Bereichen Dienstleistungen, Kunst und Kultur, Unterhaltung, Freizeitgestaltung, Ausbildung sowie Umwelt stattfinden wird. Außerdem könnten kognitive Systeme eine Reihe von Aufgaben übernehmen, für die aufgrund der demografischen Entwicklung in Deutschland kaum noch Mitarbeiter zu finden sind. Zum jetzigen Zeitpunkt ist allerdings nur schwer zu sagen, welche konkreten Qualifikationsprofile in Zukunft stärker nachgefragt werden. Umso wichtiger ist es, dass wir in Deutschland ab sofort in digitale Bildung, Informationskompetenz und den Mut zu eigenem Urteilsvermögen und eigenen Entscheidungen investieren.

# Über den Autor

## Jimmy Schulz

Jimmy Schulz, geboren 1968 in Freiburg, ist ein deutscher Internet-Unternehmer und Politiker. Nach dem Abitur in Ottobrunn studierte er zunächst in Austin, Texas und nach der Bundeswehrzeit bei den Gebirgsjägern in Berchtesgaden in München politische Wissenschaft. Zur Finanzierung des Studiums gründete er 1995 die Firma CyberSolutions, die im Jahr 2000 mit der Mutterfirma an die Börse ging. Im selben Jahr trat er der FDP bei und vertrat diese 2009–2013 im Deutschen Bundestag. Als Obmann der FDP-Bundestagsfraktion in der Enquete-Kommission Internet und digitale Gesellschaft und im Unterausschuss Neue Medien gestaltete er die Netzpolitik im Deutschen Bundestag von Anfang an mit. Seit 2017 ist Jimmy Schulz wieder Mitglied des Deutschen Bundestages. Er ist Vorsitzender des Ausschusses Digitale Agenda und Mitglied im Innenausschuss.

Kompetenzzentrum
Öffentliche IT

Das Kompetenzzentrum Öffentliche Informationstechnologie (ÖFIT) am Fraunhofer-Institut für offene Kommunikationssysteme versteht sich als Ansprechpartner und Denkfabrik für Fragen der öffentlichen IT und untersucht staatliche Gestaltungs- und Regulierungsanforderungen zur Digitalisierung im öffentlichen Raum. Dabei steht ein ganzheitlicher Ansatz im Vordergrund, der sowohl technische als auch gesellschaftliche, rechtliche und wirtschaftliche Aspekte und Einflussfaktoren berücksichtigt. In unterschiedlichen Publikationsformaten werden Fragestellungen im Zusammenhang mit der fortschreitenden Digitalisierung unserer Gesellschaft fokussiert und Handlungsempfehlungen für Politik und Entscheidungsträger aus Verwaltung und Zivilgesellschaft erarbeitet. Das Kompetenzzentrum wird vom Bundesministerium des Innern, für Bau und Heimat gefördert.

Weitere Informationen und unsere Publikationen finden Sie auf:

*www.oeffentliche-it.de*